HEYNE BIOGRAPHIEN

Zum Autor

J. F. BERNARD, amerikanischer Historiker und Schriftsteller, studierte am Gregorianum in Rom und am Institut d'Études Medievales in Montreal. Er ist Autor des Buches ›Up From Caesar‹ und einer kurzgefaßten Geschichte Italiens. Bernard lebt in New York.

J. F. Bernard

TALLEYRAND

Diplomat – Staatsmann – Opportunist

Wilhelm Heyne Verlag
München

HEYNE BIOGRAPHIE
12/175

Titel der amerikanischen Originalausgabe

TALLEYRAND

Deutsche Übersetzung von Renate Zeschitz

Neuausgabe des Heyne Buches Nr. 63
Copyright © 1973 by J. F. Bernard
Copyright © dieser Ausgabe 1989 by Wilhelm Heyne Verlag GmbH & Co.
KG, München
Printed in Germany 1989
Umschlagfoto: Archiv für Kunst und Geschichte, Berlin
Innenbilder: Archiv für Kunst und Geschichte, Berlin
Umschlaggestaltung: Atelier Ingrid Schütz, München
Zeittafel, Bibliographie und Register: Dr. Hubert Fritz, München
Bildteil: RMO, München
Gesamtherstellung: Presse-Druck Augsburg

ISBN 3-453-03034-6

Inhalt

1. Teil

Die Entwicklungsjahre
(1754-1789)

*Ich bin wahrscheinlich der einzige Edelmann einer großen und
hochgeschätzten Familie, der während seines ganzen Lebens nie
auch nur eine Woche unter dem gleichen Dach mit seinen Eltern
verbrachte.*
Memoiren, Band I, S. 13

1. Die Anfänge

»Er war ein seltsamer Mann«, schrieb Victor Hugo, »gleichermaßen
gefürchtet und respektiert. Sein Name war Charles-Maurice de Périgord. Er war ein Edelmann wie Macchiavelli, ein Priester wie
Gondi, wie Fouché, als er das Priestergewand auszog, und durch
sein Hinken ähnelte er dem Leibhaftigen.« Bedeutendere Männer
als Hugo äußerten sich noch weniger freundlich: »Ein Haufen Mist
in seidenen Strümpfen« lautete Napoleons Kommentar. Und Mirabeau meinte, daß »er für Geld seine Seele verkaufen würde und
Gold für Mist einhandelte«. Sogar seine Eltern hielten ihn »zu
nichts tauglich«. Und doch sollte sein Leben dazu beitragen, die
Welt in einer Weise zu verändern und zu beherrschen, wie man sich
das vor seiner Geburt nicht einmal hätte träumen lassen. Er machte
aus Bonaparte einen zweiten Karl den Großen, führte ihn dann
nach Waterloo und ließ ihn schließlich in St. Helena im Exil sterben.
Er machte Könige und Fürsten und ließ sie dann mit gleicher Leich-
tigkeit wieder fallen. Zweimal verhalf er den Bourbonen zur französischen Krone und einmal vertrieb er sie wieder vom Thron. Er war
Priester, Bischof, Aristokrat, ein überzeugter Freigeist, Schwätzer,
Spieler und Revolutionär. Er verachtete die Heuchelei, hielt die
Rechtschaffenheit hoch und frönte jedem Laster seiner Zeit und

noch einigen seiner Nachwelt. Er, der Patriot und Fürsprecher des Volkes, betrog sein Land und ruinierte sein Regime, wann immer es in seine Pläne paßte. Bei seinem Tod sprach Prosper de Barante in seiner Lobrede: »Es wird uns nicht vergönnt sein, zeit unseres Lebens derartig große Dinge noch einmal zu erleben.« Und Frankreich weinte.

Charles-Maurice de Talleyrand-Périgord wurde am zweiten Februar des Jahres 1754, in der Regierungszeit Ludwig XV., zu Paris geboren. Wie es der Brauch war in einer Zeit hochgehaltener religiöser Prinzipien und hoher Kindersterblichkeit, wurde er noch am selben Tag in der Pfarrkirche zu St.-Sulpice getauft. Das Kind war das Zweitgeborene des Charles-Daniel de Périgord, Graf von Talleyrand, Generalleutnant der französischen Armee und Gefolgsmann des Dauphin. Die Kindsmutter war Alexandrine-Marie-Victoire-Eléonore de Damas d'Antigny. Die Eltern waren ein hübsches Paar – der Graf neunzehn, die Gräfin fünfundzwanzig – und stolz als Nachkommen alter Dynastien, die zu den großen Familien Frankreichs zählten. Und wie die meisten französischen Adeligen der damaligen Zeit besaßen sie keinen Sou.

Alexandrine de Damas hatte um 1751 eine bescheidene Mitgift von 15 000 Franc[1] mitgebracht, doch lebte das Paar zur Zeit der Geburt von Charles-Maurice in so großer Armut, daß die Gräfin ihren Vater, den Marquis d'Antigny, um Geld bitten mußte, um Bettwäsche für ihre Niederkunft kaufen zu können.

So störend diese Armut auch war – sie beeinflußte vor allem die Entwicklung von Charles-Maurice – war sie jedoch kein großes Unheil. Arm zu sein war im Frankreich des *Ancien Régime* nur eine Katastrophe, wenn man zu den unteren Gesellschaftsschichten zählte. Geld zu haben war bequem und oft auch eine Notwendigkeit, aber Geld war nicht der Maßstab, an dem man gemessen wurde. Reichtum war weniger wichtig als ein großer Name, der nach Möglichkeit auch Tradition haben mußte. Dazu brauchte man dann lediglich noch ein Quentchen Talent und Ehrgeiz, um bequem und, wenn die Umstände glücklich waren, sogar in Luxus leben zu können. Der neugeborene Sohn des Grafen und der Gräfin Périgord sollte viele Jahre später mit einer Offenheit, die nicht unüblich war, in einer Zeit, in der die Bereicherung auf Kosten des Staates sozusagen dazugehörte, schreiben, daß seine Eltern »keineswegs vermögend waren, aber eine Stellung am Hof innehatten, die bei richtigem Gebrauch ausreichend war, sich und den Kindern die höchsten Ämter zu sichern«.

Der Graf und die Gräfin waren Nutznießer des Systems der ständigen Präsenz bestimmter Familien bei Hofe, denn, so erklärte Talleyrand im 18. Jahrhundert: »Man konnte nur durch des Königs Gnaden zu Macht und Ruhm gelangen.« Seit Richelieus Zeiten hatte es immer wieder den einen oder anderen am Hofe gegeben, der »bereitwilligst auf seine Unabhängigkeit verzichtete und versuchte, durch äußerst devotes Verhalten wettzumachen, daß er an letzter Stelle stand«. Die Kindeseltern konnten von der Ergebenheit ihrer Vorfahren profitieren[2], und sie – wie viele andere Verwandte – taten dasselbe, ohne dabei irgendwelche Schuldgefühle zu haben. Man handelte so mit der Billigung und dem Neid anderer, glückloserer Mitglieder der Gesellschaft.

Die Begünstigung der Talleyrand-Périgords beruhte auf der Tatsache, daß die Dynastie dieser Familie ebenso alt wie von edler Herkunft war. Die Familie ließ sich zurückverfolgen bis zu einem gewissen Wilgrin, Graf von Périgord, einem Zeitgenossen Karl des Kahlen, der gegen Ende des neunten Jahrhunderts verstarb und dessen unmittelbare Nachkommen den Nachnamen Taillefer oder Tallerang trugen. Im 12. Jahrhundert waren die Tallerangs bereits gut etablierte Grafen von Grignols und Fürsten von Chalais und herrschten als Souveräne – wenn auch als kleine – in der Umgebung von Périgord in Südwestfrankreich. Der ältere Zweig der Familie starb in der Mitte des 15. Jahrhunderts in der männlichen Linie aus. Der jüngere Zweig sah seine Gründung im Jahr 1166 durch Hélie de Périgord, Graf von Grignol. Seit 1440 führte die Familie Talleyrand-Périgord ihren Ursprung auf diesen Hélie de Périgord zurück.

Der Familienbaum und die dynastischen Ansprüche des Hauses wurden im Jahre 1613 durch König Ludwig XIII. gestärkt, der die Abstammung dieses jüngeren Familienzweiges von den karolingischen Grafen von Périgord bestätigte. Inoffiziell sollte dann im Jahre 1815 Ludwig XVIII. noch einmal bei der Geburt des jüngsten Sprosses der Familie bemerken, daß »unsere Familien aus der gleichen Zeit stammen«. Dennoch blieben zahllose zeitgenössische Ahnenforscher – und am französischen Hof betrachtete sich jeder als Ahnenforscher – sehr skeptisch über dieses zweifache königliche Aufpfropfen des Talleyrand-Zweiges auf den Périgord-Baum. In den kommenden Jahren bemerkte Ludwig XVIII. selbst, wenn er besonders zornig war, verächtlich, daß die Talleyrands *du Périgord, et non de Périgord* – aus Périgord, aber nicht *von* Périgord waren. Für den Biographen ist König Ludwigs präpositionelle Unterscheidung von geringer Bedeutung. Es zählt einzig und allein – und darüber ist man sich einig –, daß die Talleyrand-Périgords in Frankreich wie auch im Ausland von ihren Zeitgenossen als einer der größten Namen des Königreichs galten. Dies sicherte Familienehre, Hochschätzung und ausreichendes Einkommen. Es kümmerte die französische Öffentlichkeit und die Familie selbst wenig, daß es über mehrere Jahrhunderte hinweg keinen hervorragenden Talleyrand gegeben hatte. Ebenso hatte die relative Armut der Familie im 18. Jahrhundert wenig Einfluß auf ihre Selbstachtung und ihre Stellung in der Welt. Geburt und Familienherkunft bedeuteten zwar nicht alles, waren jedoch der Grundstock zu allen gewünschten Gütern. Im *Ancien Régime* galt ein großer Name als wichtige Verhandlungsgrundlage, und ein Titel galt als adäquater Ersatz für Reichtum.

In der Familie Talleyrand erzählte man einige hübsche Geschichten zum Beweis dafür, daß man mit diesen kostbaren Eigenschaften außergewöhnlich gut ausgestattet war. Die berühmteste dieser Geschichten betraf Adalbert, einen Grafen von Périgord aus dem 10. Jahrhundert, der von Hugues Capet, dem König von Frankreich und Vorläufer der Bourbondynastie, nach einigen beabsichtigten Sticheleien ärgerlich befragt wurde: »Habt Ihr vergessen, wer Euch zum Grafen gemacht hat?« Adalbert antwortete ebenso zornig: »Habt Ihr vergessen, wer Euch zum König gemacht hat?«

Adalberts hochempfindliches Naturell scheint sich auf viele seiner Nachfahren vererbt zu haben. Die Geschichte der Grafen von Périgord ist voll von Habsucht, Gier und Herrschsucht, und ihre Opfer waren zumeist keine persönlichen Feinde oder Gegner Frankreichs, sondern die eigenen Vasallen und Diener. Im 12. Jahrhundert beispielsweise befahl Hélie I. aus einer Laune heraus, dem Bischof von Limoges die Augen auszustechen. Der Vicomte von Limoges ließ Hélie daraufhin festnehmen und in den Kerker werfen mit dem Plan, ihn Auge um Auge kämpfen zu lassen. Hélie gelang aber schon bald die Flucht, jedoch nicht, ohne sich noch auf seine Art gerächt zu haben: er schwängerte die einzige Tochter des Vicomte. Später trug ein weiterer Hélie eine ganz andere Wesensart zur Schau, die wir dann auch bei Charles-Maurice finden werden. Er war ein Mann der Kirche und bekleidete das Amt eines Dekans von Richmond in der Diözese York. Papst Johannes XXII. ernannte ihn 1331 zum Kardinal, und von da an stand dieser Talleyrand als die regierende Macht hinter dem päpstlichen Thron. Über ihn meinte Petrarca: »Er zieht es vor, Päpste zu machen und nicht, Papst zu sein.«

Im frühen siebzehnten Jahrhundert versuchte ein weiterer Talleyrand, Henry, Graf von Chalais, zweimal, Kardinal Richelieu, den allmächtigen Minister Ludwig XIII., zu ermorden. Beim ersten Mal vergab der Kardinal edelmütig dem Grafen diese Verirrung; beim zweiten Mal ließ er ihn durch einen Henkersgehilfen enthaupten, der achtundvierzig Hiebe brauchte, um sein Werk zu vollenden. Danach begaben sich die Vertreter der Talleyrand-Périgord-Dynastie auf weniger gefährliche Pfade und wurden brauchbare Diener der Kirche und des Staates: Soldaten, Diplomaten und Prälaten.

In Wahrheit geschah dieser Sinneswandel genausowenig wie bei dem übrigen zeitgenössischen Adel aus Überzeugung. In Frankreich vollzogen sich unter der eisernen Faust Richelieus in der ersten Hälfte des Jahrhunderts tiefgreifende Wandlungen. Bis dahin hielt sich der alte Adel des Königsreichs, einschließlich der Talleyrands, vom königlichen Hofe möglichst fern. »Zwar konnte man nicht direkt von einem Widerwillen sprechen, wenn es darum ging, die Ämter um die Person des Herrschers zu bekleiden«, sollte Fürst Talleyrand viele Jahre später erklären, »doch war auch niemand besonders scharf darauf. Man begnügte sich damit zu glauben, oder tat jedenfalls so, daß man zu den wichtigsten Persönlichkeiten des Landes gehörte. So kam es, daß die Nachkommen der alten, großen Vasallen der Krone dem König oft weniger bekannt waren als die Abkömmlinge einiger kleiner Barone ... Der Stolz, den die meisten alten Adelsfamilien an den Tag legten, indem sie sich vom Hof fernhielten, veranlaßte den König, ihnen weniger gut gesonnen zu sein.« Eigentlich war es nicht das Fernbleiben des alten Adels, das König und Kardinal dazu bewog, »ihm weniger gut gesonnen zu sein«, als vielmehr die Unabhängigkeit von der Krone und die Gleichgültigkeit gegenüber der königlichen Autorität, die diese Haltung symbolisierte. Richelieus Bestrebungen gingen dahin, »an erster Stelle den Ruhm des Königs und an zweiter Stelle die Macht des Staates« zu sehen. Beide Maximen schlossen die Existenz eines praktisch autonomen und halbfeudalen Adels aus. Deshalb »ließ Kardinal Richelieu, um die königliche Macht zu vermehren, die Oberhäupter der großen Familien zu sich an den Hof rufen«. Die Montmorencys, die Noailles und die Talleyrands sowie andere alte Dynastien wurden mit Drohungen und Schmeicheleien dazu angehalten, ihre Unabhängigkeit aufzugeben und in die königliche Umlaufbahn einzuschwenken. Die ruhmvolle Herrschaft Ludwig XIV. vollendete den Prozeß der Zähmung des Adels. Diese Männer, deren Vorfahren sich nichts dabei gedacht hatten, einem König von Frankreich zu trotzen – oder den obersten Minister eines anderen zu ermorden –, konnten jetzt »nur noch Ruhm und Macht erlangen, die von der Majestät des Königs verliehen worden war«, und »alle Träume vom irdischen Heil waren auf das Gebiet von Versailles beschränkt«. Das Motto des Hauses Talleyrand-Périgord – *Ré qué Dieu*

»kein König außer Gott« – wurde beibehalten, verlor aber im Strudel des höfischen Lebens mehr und mehr an Wahrheit, verblaßte im Glanz der zehntausend Kerzen des Spiegelsaals zu Versailles. Der Sonnenkönig befand sich auf dem Höhepunkt seines Ruhms, und kleinere Lichter mußten sich einfach damit zufriedengeben, seinen Glanz widerzuspiegeln.

Während sich die Talleyrands mit Gleichrangigen im Prunk des Thrones sonnten, vergaßen sie jedoch nicht, wie man kämpfte. Schließlich hatten sie ihre vielen Titel nicht mit Bücklingen und höflicher Konversation erworben und gehalten: Grafen von Grignols, Fürsten von Chalais, Marquis d'Excideuil, Marquis de Talleyrand-Périgord. Aber nun kämpften sie nicht gegen andere Franzosen, sondern gegen die Feinde des Königs und unter dessen Oberbefehl. Gabriel Talleyrand fiel im Jahre 1714 bei der Belagerung von Barcelona, dasselbe Schicksal ereilte Gabriels Sohn, Louis-Charles, im Jahre 1745 bei der Schlacht von Tournai. Vor seinem Tod hatte Gabriel mit dem Instikt des Überlebens, der seine Vorfahren schon fast tausend Jahre auszeichnete, eine glückbringende, wenn auch nicht glückliche Ehe mit einer von Frankreichs großen Erbinnen geschlossen: mit Marie-Elizabeth Chamillart, der Enkelin Colberts, des ruhmreichen und genialen Finanzministers Ludwig XIV. Marie-Elizabeths Mutter war Marie-François de Rochechouart, Tochter des Herzogs von Mortemart, der sich mit Colberts Tochter verehelicht hatte. Zu ihrer Mitgift hatte die neue Marquise von Talleyrand noch verschiedene Qualitäten in die Familie ihres Gatten eingebracht: väterlicherseits konnte sie es der Abstammung nach durchaus mit den Talleyrands aufnehmen, und ihre intellektuellen Fähigkeiten und ihre Wortgewandtheit waren so berühmt, daß sie in den Sprachschatz dieser Zeit als *Esprit Mortemart* einging. Mütterlicherseits hatte sie ein ebenso berühmtes wie praktisches Talent ererbt: Geld anzuhäufen. Es gab Stimmen, die in späteren Jahren sagten, Charles-Maurice de Talleyrand sei bei seiner Schlagfertigkeit und seiner Habgier sogar noch ziemlich ehrlich geraten.

Der Marquis von Talleyrand und seine Frau, Charles-Maurice' Großeltern, hatten mehrere Kinder, von denen zwei aus verschiedenen Gründen in die Geschichte eingehen sollten. Der eine, Charles-Daniel, Graf von Périgord, heiratete 1751 Mademoiselle de Damas d'Antigny und wurde drei Jahre später Vater von Charles-Maurice von Talleyrand. Der andere bekam den Namen Alexandre-Angélique und sollte später durch die Verbindungen seiner Familie und eine natürliche Frömmigkeit Herzog und Erzbischof von Reims und später Kardinal und Erzbischof von Paris werden.

Wie bereits erwähnt, waren Talleyrands Eltern relativ arme Leute. Trotz ihrer erlesenen Abkunft und ihrer wohlklingenden Titel reichte ihr Einkommen nicht aus, den Lebensstil, den sie ihrer Auffassung nach zu führen verpflichtet waren, aufrechtzuerhalten. Diese Unbequemlichkeit wurde jedoch durch einen Umstand erträglicher gemacht, der in einer Zeit der vorbestimmten Ehen noch viel seltener war als Geld, nämlich eheliches Glück. Ihre Verbundenheit, die gegenseitige Treue und Zuneigung der beiden Eheleute war so offensichtlich, daß dies den Freunden am Hofe fast peinlich war. Liebe und, noch viel mehr, Glück in der Ehe war Sache des soliden Bürgertums in Frankreich; der Adel hielt dies für nicht standesgemäß[3]. Es ist durchaus möglich, daß ihre Liebe zueinander sie so in Anspruch nahm, daß es ihnen schwerfiel, auch noch elterliche Liebe zu ihren Kindern aufzubringen. Sicher ist, daß Charles-Maurice vom Tag seiner Geburt an vom Grafen und der Gräfin Périgord praktisch ignoriert wurde. Der Grund dafür ist, zumindest teilweise, in der Auffassung der damaligen Zeit zu sehen, in der es für Eltern nicht üblich war, ausschließlich für das Wohl ihrer Kinder zu leben. Man glaubte damals nicht, daß das künftige Wohlergehen eines Menschen von der ständigen Betreuung in seinen Kinderjahren abhinge. Dies galt im besonderen für den Adel und da wiederum für den höfischen Adel. Die Kinder der wohlhabenderen Adeligen wurden gewöhnlich im elterlichen Haus aufgezogen, waren aber in der Regel der Dienerschaft zur Pflege anvertraut. Normalerweise bedeutete das, daß sie sich selbst überlassen waren.

Die weniger begüterten Herrschaften am Hof bedienten sich zur Kindererziehung eines anderen Mittels: sie vertrauten ihren Nachwuchs der Pflege einer *femme du peuple,* einer »Frau aus dem Volke« an – einer Bäuerin oder einer Familie des Bürgertums. Dabei betrachtete man solche Eltern keineswegs als nachlässig oder lieblos. Der Familiensinn war im Frankreich der damaligen Zeit ebenso stark oder vielleicht sogar noch ausgeprägter als in späteren Jahren, aber man verstand darunter eher ein Gefühl, das die Familie als ein Ganzes und als eine Gruppe umgab, als daß es sich auf ein einzelnes Mitglied innerhalb der Familie konzentrierte. Elterliche Verpflichtung bedeutete nicht, daß Vater und Mutter ihrem Kind Aufmerksamkeit und Liebe schenkten, sondern daß sie nach Reichtum und Ruhm strebten und so für ihr Kind sorgten. Dies geschah, indem eine gewinnbringende Verehelichung arrangiert wurde und indem, wie Talleyrand erklärte, für das Kind die höchstmöglichen Ämter gesichert wurden.

Wie auch immer die Rechtfertigung im Fall des kleinen Charles-Maurice ausgesehen haben mag, er wurde jedenfalls unmittelbar nach seiner Taufe am 2. Februar 1754 an jemanden übergeben, den Talleyrand schlicht als »eine Frau« identifizierte, wobei er hinzufügte, daß sie in »einem Außenbezirk von Paris«, wahrscheinlich dem Faubourg St.-Jacques lebte. Das Kind blieb dort bis zu seinem vierten Lebensjahr; von dieser Zeit ist sehr wenig bekannt. Talleyrand selbst erinnert sich nur an ein Ereignis: »Mit vier Jahren fiel ich von einer Kommode und verrenkte mir meinen Fuß.« Dies war aller Wahrscheinlichkeit nach die Ursache seines ausgeprägten Hinkens, das dem Kind und später dem Mann so viel zu schaffen machen und seine Feinde zu Spöttereien anregen sollte. »Talleyrands Klauen« nannte Sainte-Beuve seine Füße. Jedoch ist auch dieses Ereignis nicht sicher belegt. Ein Cousin der Familie, Abt Maurice de Périgord, bestätigte Jahre später, daß Charles-Maurice bereits mit einer Gehbehinderung geboren worden war und daß in jeder Generation mindestens ein Klumpfuß in der Familie vorkam. Es erscheint unwahrscheinlich, daß der gute Abbé mehr über die Situation wissen sollte als Talleyrands Mutter, die ihrer Mutter gegenüber ihre Kinder[4] nur ein Jahr nach Charles-Maurice' Geburt als »lebhaft und gutmütig« bezeichnete. Es gibt keinen Hinweis auf einen körperlichen Mangel und keine Erwähnung eines Gebrechens, das man vor der Großmutter eventuell hätte verheimlichen wollen[5].

Es scheint möglich, daß die Frau, deren Pflege der kleine Charles-Maurice anvertraut war, nicht um die Ernsthaftigkeit der Verletzung wußte oder ihr gleichgültig gegenüberstand. Es ist noch wahrscheinlicher, daß sie einfach nicht zu der Gesellschaftsklasse gehörte, die die Dienste der Medizin in Anspruch nahm. Der Fuß wurde seinem Schicksal überlassen und heilte, so gut es eben ging. Die Frau fand es anscheinend nicht einmal der Mühe wert, die Eltern des Kindes zu verständigen. Erst einige Monate später fühlte sie sich dazu verpflichtet, nämlich dann, als es offensichtlich war, daß der Schaden dauerhaft bleiben würde.

Der Graf und die Gräfin von Périgord waren, nachdem sie vom Unfall ihres Sohnes erfahren hatten, ernsthaft besorgt.[6] Nach einer Reihe von Konsultationen mit diversen Kapazitäten auf dem Gebiet der Medizin wurde ein verspäteter Versuch gestartet, das Gebrechen des Kindes zu korrigieren oder das Gehen wenigstens weniger schmerzhaft für ihn zu machen.[7] Aber es war bereits zu spät. »Die Verformung meines Fußes«, erinnerte sich Talleyrand, »war bereits zu weit fortgeschritten, um noch korrigiert zu werden. Sogar mein zweiter Fuß war, da er ja mein ganzes Körpergewicht tragen mußte, schwächer geworden. So hinke ich für den Rest meines Lebens.«

Außer dem Hinweis auf den Unfall, der ihn zum Krüppel machte, hatte Talleyrand zu den Jahren nach seiner Geburt nur zu sagen: »Meine frühen Jahre verliefen freudlos«. Die Trostlosigkeit dieser vier Jahre sollte ihm für immer im Gedächtnis bleiben. Viele Jahre später, in London, sollte er sich daran erinnern, daß er während dieser ganzen Zeit nur einen einzigen Besuch von seiner Familie erhalten hatte, von einem Onkel, der ihn »in Lumpen gehüllt im Schnee bei der Vogeljagd« fand.

Kurz nachdem seine Eltern vom Gebrechen des kleinen Charles-Maurice erfahren hatten, wurde er von seiner Pflegemutter weggebracht und in die Obhut seiner Urgoßmutter, der Fürstin von Chalais, die in Chalais in der Provinz Périgord lebte, gebracht. Die alte Dame hatte, von der Nachricht seines Gebrechens bewegt, beschlossen, sich um den Jungen zu kümmern – eine Tat, für die ihr ihr Urenkel ewig dankbar sein würde. Er wurde mit der Kutsche direkt zu ihr gebracht, ohne vorher noch seine Eltern besuchen zu dürfen, die immer noch in der Rue Garancière neben St.-Sulpice in Paris wohnten, nur wenige Meilen vom Vorort St.-Jacques entfernt. In der Kutsche wurde er für die Dauer der Reise einer gewissen Madame Charlemagne – »einer freundlichen Frau«, wie Talleyrand sie viele Jahre später beschreibt – anvertraut. Der Weg der Kutsche führte über Bordeaux, und der kleine Fahrgast sollte unterwegs in Chalais abgesetzt werden. Die Reise, 300 Meilen über holprige Straßen, dauerte siebzehn Tage. Dann endlich konnte Madame Charlemagne den Jungen der wartenden Fürstin von Chalais übergeben.

Bis zur Zeit seines Eintreffens in Chalais hatte Charles-Maurice weder familiäre Zuneigung noch die Wärme und Geborgenheit erfahren, die ein Kind zu einer gesunden Entwicklung braucht. Er scheint aber später gegen seine Eltern wegen dieser Nachlässigkeit keinen Groll gehegt zu haben. Wenn er von seiner Kindheit sprach, bemerkte er lediglich, daß »mein Vater bezüglich der Kindererziehung die Ansichten meiner Mutter, die mit dem Vater zusammen am Hof lebte, teilte. Das heißt, daß meine Erziehung quasi sich selbst überlassen blieb. Das ist nicht als Gleichgültigkeit mir gegenüber anzusehen, sondern Resultat der Anschauung, es sei besser in dieser Beziehung so wie alle anderen zu handeln.« Von seiner Urgroßmutter sprach er jedoch nur voll warmer Anerkennung: »Madame de Chalais war eine vornehme Dame von verfeinerter Lebensart. Ihr Geist, ihre Sprache, die Würde ihres Auftretens und der Klang ihrer Stimme waren bezaubernd«. Seine Wertschätzung ihrer Person ging jedoch auch über diese Äußerlichkeiten hinaus.

Noch viele Jahre später, als er selbst schon ein alter Mann war, zeigte er sich in seinen *Mémoires* bewegt, wenn er von ihr sprach:

>»Sie war das erste Mitglied meiner Familie, das mir Zuneigung entgegenbrachte und auch die erste, die mich Sohnesliebe lehrte. Gott segne sie dafür ... Bis zum heutigen Tag ist mir die Erinnerung an sie teuer. Wie oft habe ich ihren Tod bedauert. Wie oft, und wie bitter war dies, habe ich echte Zuneigung von einem Mitglied meiner eigenen Familie vermißt. Diese Zuneigung bringt in den Kümmernissen des Lebens wahrhaftigen Trost, zumal dann, wenn unsere Lieben uns nah sind.«

In der Tat entstand zwischen der großen alten Dame von 72 Jahren und dem verkrüppelten, kleinen Jungen so etwas wie ein spontanes und intensives Gefühl der Zuneigung und Zusammengehörigkeit, das seitens des kleinen Charles-Maurice ganz einfach dem Bewußtsein entsprang, ein Zuhause gefunden zu haben. Er, der seine Eltern kaum gekannt hatte, der seit seiner Geburt der Pflege durch Fremde überlassen war, dessen für seine Entwicklung wichtigsten Jahre »freudlos« waren, bekam nun endlich die Wärme, die er so lange entbehrt hatte. »Ich erfreute sie«, sagte er einfach, und »Ich habe sie immer Großmutter genannt, obwohl sie meine Urgroßmutter war; ich glaube, ich fühlte mich ihr dann näher«.

Die Liebe, die nun aus ihm herausströmte, floß so reichlich, daß sie nicht nur Madame de Chalais umgab, sondern auch ihre ganze Umgebung. Das Kind nahm alles, was um es herum geschah, gierig auf, und die Erinnerung an die zwei in Chalais verbrachten Jahre prägten sein ganzes zukünftiges Leben. Er registrierte mit Genugtuung die Höflichkeit und Wertschätzung, mit denen sich Freunde, Nachbarn und Dienerschaft seiner Verwandten begegneten. »In den von der Hauptstadt entfernteren Provinzen«, gab Talleyrand dazu als Erklärung ab, »beherrscht eine gewisse Achtung auf Würde und Position die Beziehung zwischen der alten Aristokratie und dem auf den gleichen Gütern wohnenden Landadel sowie der Dienerschaft. Der oberste Herr einer Provinz hätte es für unziemlich gehalten, nicht freundlich und höflich zu sein ... Was die Stellung der Bauernschaft anbelangt, so bekamen sie von ihrem Lehnsherren nur Besuch, wenn sie Hilfe brauchten und er ihnen freundlichen und tröstlichen Zuspruch leisten wollte ... und der Landadel strebte danach, dem Beispiel des Hochadels zu folgen. Die Lebensart des Périgord-Adels ähnelte ihren alten Schlössern. Sie waren imposant und standen auf festen Grundmauern.« Die lehnsherrliche Würde und die Achtung vor seinen Untergebenen waren eine Lektion, die der Junge für sein ganzes Leben behalten sollte. Napoleon sagte von ihm: »Er hatte ein vornehmes Auftreten, und das gefiel den Leuten.« Diese Eigenschaft hatte er durch das Beispiel, das er im Haus seiner Urgroßmutter sah, erlernt. Dort wurde er, dessen Auftreten mit herrschaftlichen Manieren in Europa später geradezu legendär wurde, inmitten von Porträts seiner Vorfahren – Krieger, Geistliche und Diplomaten – in die höfischen Umgangsformen, die seinem Rang und dem Brauch der damaligen Zeit gebührten, eingeführt: Er lernte, wie man ein Zimmer betritt und sich wieder entfernt, wie man eine würdevolle Verbeugung macht, wie man einer Dame Komplimente macht, wie man sich mit Eleganz kleidet und was man tut, damit man nie eine Gesellschaft langweilt.

> »Die Zeit, die ich in Chalais verbrachte (schrieb er), ist mir ein unauslöschlicher Eindruck geblieben. Die Dinge, die sich dem Geist und dem Auge eines Kindes als erstes einprägen, bestimmen auch Vorstellungen und Neigungen seines späteren Lebens ... Ich verdanke diesen Jahren wahrscheinlich die großen Linien meiner Lebenshaltung. Wenn ich es vermochte, ohne allzu große Vertraulichkeit manches liebevolle, ja zärtliche Gefühl sprechen zu lassen; wenn ich mir in wechselvollen Umständen ein gewisses Maß an Würde ohne jeden Hochmut bewahrte; wenn ich betagte Menschen ehre und liebe, so danke ich das den Tagen in Chalais bei meiner Großmutter. Mit ihr verbanden sich für mich alle die schönen Empfindungen, die man, wie ich selbst es erfuhr, dort in der Provinz meiner Familie entgegenbrachte.«

Das Leben in Chalais wird in einem der wenigen wirklich bewegenden Kapitel der *Mémoires* so lebensnah beschrieben, daß man daraus die Liebe und Bewunderung des Kindes für seine betagte Urgroßmutter, die ihm ein Heim gegeben hatte, förmlich spürt. Talleyrand schildert, daß sich seine Urgroßmutter mit einer Art Hof *en miniature* umgab, der aus verschiedenen Landedelleuten alter Familien bestand, »deren Ehrerbietung und vornehme Manieren von edlen Gefühlen beseelt waren. An jedem Sonntag kamen diese Landedelleute aufs Schloß, um die Herrin zur Kirche zu geleiten, und jeder von ihnen erbot entsprechende Höflichkeitsbezeigung«, wie es rangmäßig untergeordneten Landedelleuten in Gegenwart einer Fürstin von Chalais geziemte. Keiner dieser Landedelleute durfte jedoch vergessen, daß die Herrin nicht das einzige Mitglied ihrer

Familie in der Messe war. »Ein kleiner Schemel zu Füßen meiner Großmutter war immer für mich reserviert«, erinnerte sich Talleyrand.

Nach der Messe kehrten die Fürstin, ihr Urenkel und das Gefolge zum Schloß zurück und begaben sich unverzüglich in einen großen Raum, der *apothécairerie* genannt wurde. Madame de Chalais setzte sich in einem großen samtenen Armsessel hinter einem schwarzlackierten Tisch zurecht. Um sie herum standen auf Regalen, »die peinlichst saubergehalten wurden«, Fläschchen mit diversen Heilsalben und -tränken. »Die Rezepte dafür«, so heißt es in den *Mémoires*, »wurden im Schloß immer sorgfältig aufbewahrt; einmal im Jahr wurden dann mit größter Sorgfalt vom Dorfchirurgen und vom Pastor die Heilmittel nach diesen Rezepten hergestellt.« Sobald alles fertig war, gab Madame de Chalais ein Zeichen, und ein Zimmermädchen holte »alle Kranken des Dorfes, die Hilfe benötigten und sich deshalb im Nebenzimmer versammelt hatten«.

Zwei barmherzige Schwestern fragten sie nach den Merkmalen ihrer Krankheiten und verordneten die Heilmittel, worauf einer der diensttuenden Edelleute auf Anordnung der Fürstin sich beeilte, sie herbeizuschaffen. Währenddessen stand der kleine Charles-Maurice immer neben Madame de Chalais, »wie es aufgrund der verwandtschaftlichen Bande mein Recht war«. Er war dafür verantwortlich, das Leinen für die Verbände aus der Schublade hervorzuholen, »von dem dann meine Großmutter ein entsprechendes Stück herunterschnitt«. Zusätzlich zu der verschriebenen Medizin bekamen die Armen ein paar Kräuter für ihre Gerstentränke, ein wenig Wein und »andere Stärkungsmittel; die größte Wohltat aber waren ihnen die gütigen Worte der alten Herrin, die ihnen half und ihre Leiden mitfühlte«. Die Widerstandskraft der Bauern von Chalais muß in der Tat ungeheuer groß gewesen sein, denn nur so konnten sie Priester, Bader und die Schloßherrin gemeinsam verkraften. Doch es waren nicht die Heilkräfte der Salben, Heiltränke und Wundverbände, die mit Hochschätzung gewürdigt wurden:

> »Hätte man ihnen gründlicher wirkende, wissenschaftlich erprobte Heilmittel gegeben (schrieb Talleyrand in der Erinnerung an dieses Erlebnis), ebenso kostenlos, verordnet von Ärzten glanzvollen Rufes, es wären nicht annähernd so viele arme Leute zusammengeströmt – und vor allem: die Mittel hätten ihnen nicht in solchem Maße geholfen, denn es hätten die wichtigsten Heilkräfte gefehlt ... Nichts hat mehr Wirkung als Vertrauen; und Vertrauen gewinnt seine größte Kraft, wenn

seine Quellen die Fürsorglichkeit und gütige Umsicht einer edlen Herrin sind, in der sich alle Vorstellungen von Macht und Schutz sichtbar verkörpern.«

Diese hellsichtigen Erkenntnisse Talleyrands vom Bedeutungsverhältnis zwischen Geist und Materie waren der Zeit weit voraus, doch waren sie für ihn nicht der einzige Gewinn. Wichtig waren für ihn die lebendigen Eindrücke, die aus seinen sechzig Jahre später geschriebenen *Mémoires* sprechen. »Was ich während dieser ersten frühen Lebensjahre gesehen und gehört habe, ist mir in äußerst angenehmer Erinnerung«, gestand er. Doch die Lebensfreude, die er in Chalais erlebte, war nur ein kleiner Teil seiner Erfahrungen. An der Seite von Madame de Chalais wurde ihm als Mitglied ihres kleinen »Hofes« zum ersten Mal ein echtes Freundschaftsgefühl zuteil, und eine starke Bindung zu Frauen erwachte in ihm. Diese beiden Eigenschaften verbanden sich in späteren Jahren zu einer Beständigkeit der Zuneigung, die es ihm ermöglichte, die Dauer seiner Bindungen, Freunden und Geliebten gegenüber, nicht in Monaten oder Jahren zu rechnen, sondern vielmehr in Dekaden oder einem halben Jahrhundert. In Chalais hatte er miterlebt, wie seine Urgroßmutter von Respekt und Liebe der Nachbarn und Freunde umgeben war, die sie ihr ganzes Leben lang gekannt hatte und deren Gefühle sie bis zu ihrem Todestag erwidert hatte. Wie diese Frau, die er mit der Reinheit und Intensität der ersten Liebe eines Kindes verehrte, hatte er später auch Freunde, für die er sein ganzes Leben lang alles gab und deren Fehler und Verfehlungen er großzügig übersah.

Unter Anleitung der Schloßherrin nahm die Erziehung des kleinen Charles-Maurice zum Leben allmählich geordnete Formen an. Während der Zeit, die er dort verbrachte, »lernte er alles, was man dort lernen konnte – lesen, schreiben und bis zu einem gewissen Grad den Dialekt der Provinz«. Es ist nicht bekannt, wer Talleyrands erster Lehrer war; es ist aber nicht sehr wahrscheinlich, daß es die Fürstin selbst war, wenn auch die Vorstellung von der älteren Dame mit ihrem Urenkel zu Füßen sehr reizvoll erscheinen mag. Derartige Aufgaben geziemten sich in den vornehmen Häusern der damaligen Zeit weder für Mütter, geschweige denn für Urgroßmütter. Gelegentlich übertrug man diese Aufgabe einem Diener. Weitaus üblicher aber war es, den Pfarrer zu bitten, dem Sohn des Hauses sein Wissen zu vermitteln. Deshalb erscheint es auch wahrscheinlich, daß der Priester von Chalais, wenn er nicht predigte oder seinen Verpflichtungen nachkam, den Knaben in die Geheimnisse der geschriebenen Worte einweihte.

Die idyllischen Jahre in Chalais endeten für Charles-Maurice ebenso abrupt und unerwartet, wie sie begonnen hatten. Nach etwas mehr als zwei Jahren Aufenthalt kam aus Paris die Nachricht, daß der Junge in die Stadt zurück sollte; nicht etwa, um in sein Elternhaus zurückzukehren, wie es vielleicht sein Wunsch war, sondern um ins Collège d'Harcourt[8] zu gehen. Der Junge war darüber ebenso verzweifelt wie die alte Dame, die ihm zum liebsten Menschen auf Erden geworden war. »Als wir uns trennen mußten«, schreibt er, »weinten wir beide – so groß war unsere Liebe zueinander.«

Dann kletterte er in die Kutsche und fuhr einem ungewissen Schicksal entgegen. Es sollte ein Abschied für immer sein, denn die Fürstin starb, während er am Collège zur Schule ging.

Die Reise nach Paris dauerte siebzehn Tage, und am siebzehnten Tag stieg er an der Station in der Rue d'Enfer – der Straße der Hölle – aus. Es war elf Uhr morgens. Ein Diener seiner Familie holte ihn ab und brachte ihn direkt zum Collège d'Harcourt, wo er zu Mittag »an den Mittagstisch gesetzt wurde«.

Die Verzweiflung des Jungen darüber, Chalais und die alte Fürstin verlassen zu müssen, war ihm noch durch die Hoffnung einigermaßen erträglich gemacht worden, am Ende einer schier endlos erscheinenden Reise seine Eltern wartend vorzufinden. Die Bitterkeit, die er dann darüber empfand, von einem Fremden abgeholt und zu Fremden gebracht worden zu sein, ist in seinen Erinnerungen noch ein halbes Jahrhundert später zu spüren: »Ich war zutiefst darüber gekränkt, in die Schule geschickt zu werden, ohne zuvor meinen Vater und meine Mutter gesehen zu haben. Ich war damals acht Jahre alt, und mein Vater hatte mich noch nie gesehen. Man erzählte mir – und ich glaubte es –, daß diese Eile in unvorhergesehenen und unvermeidbaren Umständen begründet lag.« Es schien, der Graf und die Gräfin de Périgord waren durch anderweitige Verpflichtungen verhindert, ihren Sohn zu treffen. Es gibt auch nicht die kleinste Andeutung dafür, daß sie das leiseste Interesse an ihrem Sohn, seinem Wesen oder seiner Gesundheit gegenüber bekundeten. Das Kind, mit der ganzen Bereitschaft eines Kindes zu glauben, daß es geliebt wird, mußte diese Gleichgültigkeit als Affront empfinden. »Ich fühlte mich isoliert«, sagte er dazu, »hilflos, verstoßen.« In den Kapiteln seiner *Mémoires*, in denen er über seine Kindheit berichtet, gibt es ein immer wiederkehrendes Thema: Freudlosigkeit, Traurigkeit, Isolation, Ablehnung.

Das heißt jedoch nicht, daß der Junge, dessen Geist und Empfindungen in der Zeit von Chalais geweckt worden waren, im Collège d'Harcourt keine Tröstungen fand. »Ich fand mich ganz gut zurecht«, bemerkte er mit einem Anflug von Stolz. »Meine Schulkameraden mochten mich, und ich paßte mich der neuen Situation mit Freude an.« Dabei half ihm einer seiner Vettern aus der Talleyrand-Familie, der Sohn des Grafen de la Suze, der das gleiche Collège besuchte und mit dem er Unterkunft und Lehrer teilte. Diese Hilfe scheint rein sozialer Natur gewesen zu sein, denn weder la Suze noch sein Lehrer, der Abbé Hardi, waren dazu angetan, geistige Freuden zu empfinden oder zu vermitteln. »Wenn ich bei meinen Studien erfolgreich war«, sagte Talleyrand, »so ist dies weder meinem Vetter noch dem Talent meines Lehrers zuzuschreiben«. So ungeeignet sein Vetter als Schulkamerad war, so glückvoll war Charles-Maurice' Begegnung mit einem anderen Jungen, Auguste de Choiseul-Beaupré[9], aus der sich seine erste Freundschaft mit einem gleichaltrigen Jungen entwickelte. Diese gegenseitige Zuneigung hielt bis zu Choiseuls Tod 55 Jahre später an. Die beiden Freunde blieben in ständiger Verbindung, obgleich sie ihre unterschiedlichen Berufe für lange Zeit voreinander trennten. Charles-Maurice hatte, auf anderer Ebene, einen Ersatz für die Zuneigung gefunden, die ihm in Chalais zuteil geworden war. Mit der Hartnäckigkeit, die alle seine Bindungen charakterisiert, hegte und bewahrte er die eine wie die andere. Im Jahre 1815 schrieb Talleyrand über seinen Freund und Vertrauten Choiseul: »Er teilte, und tut es immer noch, alle Sorgen, Freuden und Träume meines Lebens.«

Charles-Maurice hatte Glück mit seiner Beziehung zu Choiseul, denn hätte er auf die Zuneigung und das Interesse seiner Eltern gewartet, so wären seine Jahre im Collège d'Harcourt sehr öde und leer gewesen. Es gibt keine Anzeichen dafür, daß der Graf und die Gräfin de Périgord je die Schule besuchten, noch daß sie sich bemühten, die Mittel bereitzustellen, die für die Erziehung Ihres Sohnes und Erben hätten aufgewendet werden müssen. Was diese Kosten betrifft, so soll nicht unerwähnt bleiben, daß Charles-Maurice Jahre später, als er ein eigenes Einkommen hatte, an seinen früheren Lehrer im Collège Geldbeträge für die damals genossene Ausbildung schickte. Der Junge hatte jedoch zumindest Gelegenheit, seine Eltern regelmäßig zu sehen. »Mein Erzieher, Abbé Hardi, geleitete mich zu einem gemeinsamen allwöchentlichen Mittagessen.« Sonst äußerte sich Talleyrand über diese Mittagessen nur sehr spärlich. Man kann annehmen, daß es sich dabei um sehr formelle Zeremonien handelte, bei denen der Junge wie alle Kinder stillsitzen mußte und nur reden durfte, wenn er direkt angesprochen wurde. Die einzigen Worte, die er von seinen Eltern mitbekam, waren Ermahnungen. »Ich hörte immer die gleichen Worte: ›Sei ein braver Junge und tue, was Monsieur l'Abbé dir sagt.‹«

In den ersten drei Jahren im Collège passierte nichts Außergewöhnliches. Der Junge schien einigermaßen glücklich zu sein mit der Freundschaft zu Choiseul und der Anerkennung seitens seiner Schulkameraden, und seine ihm angeborene Geistesschärfe ermöglichte es ihm, die Unzulänglichkeiten einiger Erzieher[10] und das bei Kindern seines Ranges übliche Unverständnis, seine Studien als ernsthafte Lebensvorbereitung anzuerkennen, zu übergehen. Er stürzte sich mit einem derartigen Eifer und einer derartigen Befriedigung auf seine Arbeit, daß er später an diesen Lebensabschnitt mit Wehmut zurückdachte, nachdem er die ruhige Besonnenheit der Schule mit den Anstrengungen des öffentlichen Lebens eingetauscht hatte. »Ich wäre vielleicht ein erfolgreicher Gelehrter geworden«, meinte er von sich selbst. »Meine natürlichen Neigungen lassen sich gut in dieser Richtung denken, und meine früheren Schulkameraden bestätigen das. Das geringe Maß an Ermutigung, das man mir zukommen ließ, aus Angst, ich könnte zu gescheit werden, war der Grund, warum meine ersten Lebensjahre reichlich unbedeutend und öde verliefen.« Seine Leistungen waren so überragend, daß er meistenteils der Knute entkam, die damals unbotmäßigen Schülern auf die Sprünge helfen sollte. Als ihm zum erstenmal diese Strafe angedroht wurde, war er innerlich so verletzt, daß er von der Schule weglief und kurz darauf in seinem Elternhaus auftauchte. »Mein Stolz als Edelmann«, sagte er, »ließ es nicht zu, eine derartige Unwürdigkeit zu ertragen.« Deshalb wandte er sich an die einzige Person, die seiner Meinung nach Verständnis zeigen und Schutz bieten konnte: an seinen Vater. Doch seine Hoffnungen wurden bitter enttäuscht. »Mein Sohn«, sagte der Graf de Périgord, »einer unserer Vorfahren, Henri de Talleyrand, Graf von Chalais, wurde der Vertraute von Ludwig dem Dreizehnten, weil der König nicht vergessen hatte, daß dein Ahnherr sich in seiner Jugend für ihn hatte auspeitschen lassen.« So wurde der Junge in die Schule zurückgeschickt, um seine Strafe entgegenzunehmen. Wenn ein Graf von Chalais und sogar ein König von Frankreich die Erniedrigung einer körperlichen Züchtigung ertragen konnten, dann mußte es ein Sproß aus dem Hause Talleyrand erst recht können.

Am Ende des dritten Jahres in der Schule wurden seine Studien jäh durch eine der schrecklichsten, tödlichen Krankheiten der damaligen Zeit unterbrochen. Er bekam die Blattern. Wegen der Ansteckungsgefahr mußte er die Schule verlassen, wurde aber nicht von seinen Eltern aufgenommen. Als der Graf und die Gräfin de Périgord vom Zustand ihres Sohnes Charles-Maurice hörten, ließen sie ausrichten, daß er die Rue Garancière zu meiden habe. Sollte er nicht in der Schule bleiben können, so sollte er zum Haus einer gewissen Madame Lerond in die Rue St.-Jacques gebracht werden, wo man ihn pflegen sollte. Die Eltern erachteten es nicht für nötig, das leidgeprüfte Kind zu besuchen. Statt dessen schickten sie zwei Diener mit einer Sänfte, die den Jungen zu der Frau bringen sollten. Charles-Maurice erhielt die damals übliche Behandlung, die mehr oder weniger nur den Zweck verfolgte, den Patienten ersticken zu lassen. »In jenen Tagen verfrachtete man Opfer von Blatternanfällen in Betten, die von doppelten Vorhängen umgeben waren. Die Fenster im Zimmer blieben geschlossen. Man verstopfte jede auch noch so kleine Ritze, damit auch nicht der leiseste Luftzug hindurch konnte; im Raum selbst wurde ein loderndes Feuer entfacht.« Die kräftige Konstitution des Jungen widerstand auf wunderbare Weise sogar dieser Behandlung. »Trotz dieser geradezu mörderischen Pflege, die viele Patienten dahinraffte, genas ich von der Krankheit. Ja, es blieben mir nicht einmal Narben zurück.«

Während seiner langen Genesungszeit hatte Charles-Maurice viel Zeit zum Nachdenken, und seine Überlegungen waren nicht immer glücklicher Natur. »Das Desinteresse, mit dem man meiner Krankheit begegnete, bekümmerte mich ebenso wie die Tatsache, daß ich zur Schule geschickt worden war, ohne meine Eltern gesehen zu haben, wie auch andere traurige Erinnerungen.« Dieses Gefühl des Grolls auf die Gleichgültigkeit seiner Eltern taucht in seinem weiteren Leben immer wieder auf. Jedoch drückte er seine Bitterkeit, die er ganz offensichtlich über die ständigen Zurückweisungen empfunden hat, nie zu offen aus; in seinen *Mémoires* sagt er in einer Kürze, die an sich schon bezeichnend ist: »Ich möchte ein für allemal sagen und dann nicht mehr daran denken, daß ich vielleicht der einzige Edelmann einer großen und hochgeschätzten Familie bin, der während seines ganzen Lebens nie auch nur eine Woche unter dem gleichen Dach mit den Eltern verbrachte.« Ganz vergeben konnte er diese Gleichgültigkeit seinen Eltern nie. In den *Mémoires* jedoch, die für die Nachwelt bestimmt waren, gab er seiner Bitterkeit kaum Ausdruck, im Gegenteil, er versuchte sogar noch eine plausible Erklärung für die Sünden seiner Eltern zu geben:

>»In meinem späteren Leben überkam mich der Gedanke, daß meine Eltern, nachdem sie einen Beruf für mich ausgewählt hatten, zu dem ich ganz offensichtlich keine Neigung hatte, be-

fürchteten, sie könnten ihren Plan nicht durchführen, wenn sie mich zu oft sähen. Diese Angst ist Ausdruck ihrer Zuneigung zu mir, und dafür bin ich dankbar.«

Er ging sogar in dieser Darstellung von Dankbarkeit für die ihm widerfahrenen Nachlässigkeiten so weit, daß er großzügig den Nutzen darlegte, den er daraus zog.

»Ich beklage mich nicht, denn ich glaube, daß diese meine frühen Eindrücke meine intellektuellen Fähigkeiten entwickelten und bestärkten. Meine traurige und freudlose Kindheit veranlaßte mich, diese Kräfte schon früh einzusetzen und intensiver zu denken als ich es getan hätte, wenn meine frühen Jahre voll Glück und Freude gewesen wären. Sicherlich haben mich diese ersten bitteren Erfahrungen auch gelehrt, Unglück und Entäuschungen mit Gleichmut zu ertragen und ihnen mit den Mitteln zu begegnen, die ich auf Grund meiner Selbstkenntnis besaß.«

Diese generöse Haltung, zweifellos in Talleyrands stark ausgeprägtem Familiensinn begründet, hielt er in den kommenden Jahren für sich selbst nicht immer durch. Der Groll, die Frustration und die Bitterkeit des Kindes kamen in dem Erwachsenen gelegentlich zum Ausbruch. Ein Schweizer Edelmann namens Dumont, der Talleyrand während der Revolutionszeit gut kannte, berichtete:

»Ich hörte ihn des öfteren sagen, daß er, da er von seinen Eltern ständig abgewiesen und von ihnen als Bürde und Taugenichts betrachtet wurde, ein trauriges und schweigsames Kind geworden war. Er beklagte, daß er nie eine Nacht in seinem Elternhaus verbringen durfte und daß man ihn gezwungen hat, seine Ältestenrechte als Erstgeborener zugunsten seines jüngeren Bruders abzutreten.«

Loyalität zur Familie, angeborener Großmut und die verständliche Tendenz, die unangenehmen Erfahrungen in seiner Erinnerung auf ein Minimum zu reduzieren – all dies sollte Talleyrand dazu bringen, die Kränkungen, die ihm vom Graf und der Gräfin de Périgord widerfuhren, zu vergeben. Das ihm angetane Unrecht zu vergessen überstieg jedoch seine Kräfte.

Im Jahr 1769 wußte Charles-Maurice immer noch nicht, welche Pläne seine Eltern mit ihm hatten. Er war jetzt 15 Jahre alt, und die

Zeit zur Entscheidung drängte. Er hatte, wie er es nannte, »die Zeit, die man Abschluß der Grundausbildung bezeichnet«, erreicht. Nun mußte sich sein weiteres Schicksal entscheiden. Diese Entscheidung aber war bereits gefallen. Charles-Maurice hatte nur sehr undeutliche Vorstellungen davon, was man mit ihm vorhatte. »Die ersten Hinweise erhielt ich in Form von ein paar mehr oder weniger vagen Anspielungen seitens meiner Eltern.« Diese Andeutungen trafen ihn nichtsdestoweniger unvorbereitet. Talleyrands Eltern hatten nach Konsultation mit seinem Oheim, Alexandre-Angélique, dem damaligen Koadjutor am erzbischöflichen Hof zu Reims, beschlossen, daß ihr ältester Sohn die Priesterlaufbahn einschlagen sollte. »Da ich wegen meiner Gehbehinderung nicht in die Armee eintreten konnte«, sagte Talleyrand, »mußte ich den Priesterstand erwählen. Anders kann ein Mann meines Standes nicht zu höheren Ehren gelangen.« Dies setzte natürlich voraus, daß er seine Vorrechte als ältester Sohn des Hauses Talleyrand aufgeben mußte. Diese Rechte durften nur auf eine Person übergehen, die die Dynastie auf legitime Weise aufrechterhalten konnte – eine Aufgabe, für die ein geweihter Priester, der das Keuschheitsgelübde abgelegt hat, nicht in Frage kommt. So hatte die Familie entschieden, daß Charles-Maurice in den geistlichen Stand eintreten und sein jüngerer Bruder Archambaud der Familienerbe würde.

Der Junge wußte zunächst einmal nichts davon, daß er auf diese Weise seiner Erbrechte beraubt worden war. Sobald er seine Schule abgeschlossen hatte, schickten ihn seine Eltern zu seinem erzbischöflichen Oheim nach Reims. Und »da es sich nicht geziemte, am erzbischöflichen Hofe in einer öffentlichen Kutsche vorzufahren, gestaltete sich meine Reise nach Reims bequemer, als es die nach Chalais gewesen war. Ein Kutscher holte mich im Collège d'Harcourt ab und brachte mich in wenigen Tagen an meinen Bestimmungsort. Meine Eltern hatten vor meiner Abreise nicht das Bedürfnis, mich zu sehen«. Bei seiner Ankunft in Reims wurde ihm eröffnet, wie seine Zukunft aussehen würde. Er sollte sich darauf vorbereiten, die Weihen zu empfangen, wozu er zunächst einmal die Soutane anlegen mußte, die ihn offiziell und formell von der Welt trennen sollte, von der er noch nichts kennengelernt hatte.

Die Entscheidung des Grafen und der Gräfin de Périgord, ihren Sohn nach Reims zu schicken, war wohldurchdacht. Charles-Maurice waren aufgrund seiner körperlichen Behinderung seine Ältestenrechte abgesprochen worden. Gleichzeitig hatte man ihm die geistliche Laufbahn zudiktiert, woran er nie auch nur das geringste Interesse noch eine natürliche Neigung gezeigt hatte. Deshalb sparte man keine Mühen, ihm zu zeigen, wie schön und angenehm das Leben war, wenn man einmal zu hohem kirchlichen Rang aufgestiegen war. Er sollte auch lernen, daß die dem Priester auferlegte Strenge und Einschränkung keinesfalls in jedem Fall für jeden Priester verbindlich war. Der erzbischöfliche Hof in Reims war wie geschaffen dafür, die jugendliche Einbildungskraft eines fünfzehnjährigen Jungen gefangen zu nehmen. Und es gab keinen Prälat, der die Vorteile und Privilegien des geistlichen Standes überzeugender verkörperte und veranschaulichte, als der regierende Herzog-Erzbischof von Reims, Charles-Antoine de la Roche-Aymon.

Der ehrwürdige Erzbischof hatte seinen Rang auf die zur damaligen Zeit übliche Weise erreicht. Er war der jüngste Sproß einer Familie, die es an Ehrwürdigkeit und Alter mit der des kleinen Charles-Maurice aufnehmen konnte. Er war in den geistlichen Stand eingetreten, weil er der vergleichsweise strengen militärischen Ausbildung nichts abgewinnen konnte und ungeachtet einer bereits in frühen Jahren offensichtlichen Vorliebe für weltliche Genüsse. Der Einfluß seiner Familie und seine eigene Zielstrebigkeit ermöglichten es, daß er im Jahre 1725 im Alter von 27 Jahren ein Bistum bekam. 1740 wurde er Erzbischof von Toulouse und 1760 Grand Almonier von Frankreich. Der erzbischöfliche Stuhl von Reims, der wohlhabendsten und angesehensten Diözese Frankreichs, gehörte ihm im Jahre 1762. Und im Alter war es ihm gewährt, die scharlachrote, bequastete Kappe eines Kirchenfürsten zu tragen. All dies hatte er erreicht, indem er vorgab, die priesterlichen Tugenden der Armut und der Keuschheit zu pflegen. Mit dem Luxus seines Hauses und der Pracht und der Herrlichkeit seines Lebens konnte er es mit jedem weltlichen Fürsten aufnehmen. Nicht weniger als 50 Gäste fanden sich täglich zum Abendessen beim Bischof ein, und in seinen Palästen tafelte man von silbernen und goldenen Gefäßen. Ging er auf Reisen, so tat er das im Stil eines Herrschers, mit einem großen Gefolge berittener Begleiter, Bewacher, Schriftführer und Kaplane in einem von acht Pferden gezogenen Wagen. Er verbrachte seine Zeit keineswegs mit Meditation und Gebet oder etwa mit umfangreichen kirchlichen Verwaltungsarbeiten, sondern er jagte in den Wäldern, organisierte Zerstreuungen für seine Gäste und übte sich in Komplimenten für die Damen seiner Wahl. Denn die Keuschheit dieses Prälaten war genauso fiktiv wie seine Armutsliebe. Die Dame des Hauses wie auch seines Herzens war, wie in Frankreich jedermann wußte, eine gewisse Madame de Rothe, die im Palast aus- und eingehen konnte, ohne sich zu kompromittieren – schließlich war sie die Nichte des Erzbischofs.

Dies war also der geistliche Haushalt, in den Charles-Maurice von seinen Eltern mit dem Bestreben geschickt wurde, er möge die Vorteile einer geistlichen Laufbahn erkennen. Dort sollte er alles vorfinden, um seine Begeisterungsfähigkeit oder seinen Ehrgeiz anzustacheln – zwei Eigenschaften, für die die Mitglieder seiner Familie über Jahrhunderte hinweg besonders empfänglich gewesen zu sein schienen. All dies sollte ihm die Tür öffnen zum Eintritt in das Priesterseminar und ein paar Jahre später zum Empfang der priesterlichen Weihen. Aber die erhoffte Wirkung auf den Jungen blieb aus:

>»Nach meinen Vorstellungen glich mein neuer Aufenthaltsort eher einem schlecht verhüllten Ort des Exils, trotz der Mühe, die man sich gemacht hatte, ihn mir schmackhaft zu machen. Die Pracht und Herrlichkeit des erzbischöflichen Stuhls von Reims und dem seines Koadjutors ließen mich unbeeindruckt. Mit fünfzehn, wenn alle unsere Instinkte noch ihren ursprünglichen Zustand bewahrt haben, fällt es uns schwer zu glauben, daß Umsicht – also die Kunst, nur einen Teil unserer Handlungen, Gefühle und Eindrücke zu enthüllen – zu den wichtigsten Eigenschaften zählen soll. So konnte meiner Meinung nach all der Reichtum und der Pomp, der Kardinal de la Roche-Aymon umgab, nicht ausreichen, um das Opfer, meine Aufrichtigkeit aufzugeben, zu rechtfertigen.«

Die offensichtliche Indifferenz, die er an den Tag legte, mußte auch seinem Oheim oder seinen Eltern (sie nahmen sich gelegentlich die Mühe, Reims aufzusuchen, um sich über die Fortschritte im Werdegang ihres Sohnes zu informieren) zu Ohren gekommen sein, denn nun wurde ein anderer Weg versucht: Anstatt an seine Gefühle wurde nun an seinen Intellekt appelliert:

>»Nun ging man daran, mir das öffentliche Leben schmackhaft zu machen, indem man mir die daraus erwachsenden Vorteile vor Augen hielt. So appellierte man an die Talente, die ich besaß, und ließ mich die *Mémoires* des Kardinals de Retz[11] lesen, die von Kardinal Jiménez[12] sowie von Hincmar, eines früheren Kardinals von Reims.[13] Meine Eltern würden jedem Weg, den ich einschlagen wollte, zustimmen – solange er über die Schwelle der Kirche führte.«

Das Vorbild großer Prälaten, die gleichzeitig bedeutende Staatsmänner waren, machte zweifellos Eindruck auf Charles-Maurice und eröffnete gedankliche Wege, die ihm bisher verschlossen waren. »In der Jugend«, bekannte er, »sind wir am ehrlichsten. Ich konnte damals nicht verstehen, was es bedeutete, einen Beruf zu ergreifen mit dem Bestreben, einen anderen anzunehmen. Diese Maske der Selbstverleugnung zu tragen, um schließlich die eigenen Ambitionen verwirklichen zu können, die Priesterlaufbahn einzuschlagen, um Finanzminister zu werden. Das Verständnis dafür setzte eine profunde Kenntnis der Gesellschaft, in die ich eben eintrat, und der Zeiten, in denen ich lebte, voraus. Nur dann konnte man dies als Selbstverständlichkeit hinnehmen.« Charles-Maurice war zutiefst verwirrt, und das Schema, das seine Eltern und der stellvertretende Erzbischof von Reims für ihn ausgeklügelt hatten, »sollte mir bei meinem Entschluß helfen, hatte jedoch letzten Endes den gegenteiligen Effekt«. Was noch schlimmer war: es gab niemanden, an den sich Charles-Maurice für einen objektiven Rat wenden konnte. Die Szenerie war sorgfältig vorbereitet, die Schauspieler gut ausgewählt worden. »Alle mich umgebenden Personen sprachen zu mir mit vorgeschriebenen Worten und verbargen vor mir alles, was mich davon hätte abbringen können, die Pläne, die meine Eltern mit mir hatten, auszuführen.« Deshalb war er auf seine eigenen Hilfsmittel und seine Beobachtungsgabe angewiesen. Madame de Genlis, die während des Aufenthalts des Jungen als Gast im erzbischöflichen Palast weilte, war sensibel genug, um etwas von dem moralischen Dilemma zu erahnen, in dem er sich befand. »Er hinkt ein wenig«, schrieb sie, »ist blaß und schweigsam. Am meisten jedoch fällt auf, wie er alles und jeden beobachtet.« Seine Mutter spürte die Verwirrung und Verlorenheit ihres eigenen Sohnes weniger. »Mein Sohn ist in seiner neuen Umgebung sehr glücklich«, schrieb sie fröhlich an ihre Verwandten.

Der innere Kampf zwischen Talleyrands angeborener Integrität und dem natürlichen Wunsch, seine Familie zu erfreuen, dauerte ein Jahr. Es war, objektiv betrachtet, ein ungleicher Kampf. Wie aufgebracht er auch immer darüber war, »die Maske der Selbstverleugnung tragen zu müssen, um die eigenen Ambitionen verwirklichen zu können«, wie bitter auch immer sein Ressentiment gegenüber einer Gesellschaft war, die bestimmte, daß »ich die heiligen Weihen empfangen müßte, weil für einen Mann mit meinem Namen keine andere Karriere möglich war« – es gab eigentlich nie einen ernsthaften Zweifel darüber, daß er sich den Befehlen des Grafen und der Gräfin de Périgord widersetzen würde. Es gab in der Tat keine Alternative für den »jüngeren« Sohn einer berühmten, aber verarmten Dynastie. Und sicherlich war der Junge im Unterbewußtsein sehr wohl zutiefst vom Glanz und dem sprühenden Leben des herzöglichen Erzbischofs von Reims beeindruckt. Sein eigenes späteres Leben sollte genügend Beweise dafür liefern, daß der Plan seiner Eltern, trotz der Proteste seinerseits, keine verlorene Liebesmühe war.

So gab er nach einem Jahr unter seines Oheims Obhut schließlich nach. Er würde in das Priesterseminar eintreten: »Da ich die Aussichtslosigkeit, meinem Schicksal zu entrinnen, einsah, gab mein erschöpfter Geist auf, und ich ließ mich in das Seminar von Saint-Sulpice aufnehmen.«

2. Ein Priester wider Willen

Talleyrand blieb fünf Jahre in Saint-Sulpice, von 1769 bis 1774. Es waren durchwegs unglückliche Jahre. »Ich war so unglücklich«, erzählte er der Herzogin de Dino viele Jahrzehnte später, »daß ich die ersten beiden Jahre im Seminar kaum mit jemandem sprach«. In den *Mémoires* heißt es, daß er drei Jahre lang ohne zu sprechen verbrachte. Wie auch immer, es ist sicher, daß er zutiefst unglücklich war, wodurch ihm auch der einzige Trost, den er innerhalb der Seminarmauern von Saint-Sulpice hätte haben können, versagt blieb, nämlich die Gesellschaft seiner Mitbrüder. Hier war er durchaus nicht mehr beliebt, wie das im Collège d'Harcourt der Fall gewesen war.

> »Man hielt mich für hochmütig und versäumte keine Gelegenheit, mir dies vorzuwerfen. Ich fand es nicht der Mühe wert, mich zu rechtfertigen, denn schließlich hätten sie mich gut genug kennen müssen, um zu wissen, daß dies nicht der Fall war. Aber dann hieß es sogar, daß meine Arroganz kaum zu ertragen sei. Guter Gott! Dabei war ich weder hochmütig noch arrogant. Ich war ganz einfach ein unschuldiger junger Mensch, der sich äußerst unglücklich und verzweifelt fühlte.« Er war auch aufrührerisch, und das war, wahrscheinlich mehr als seine Verzweiflung, der Grund für die Isolation von seinen Kameraden. »Ich hegte Groll gegen meine Erzieher, meine Eltern und gegen Institutionen im allgemeinen – ganz besonders jedoch gegen das Konzept der ›sozialen Konventionen‹, denen ich mich hatte fügen müssen.«

Seine Enttäuschung und das Ressentiment gegen das System, das ihn gezwungen hatte, die Soutane zu nehmen, führte jedoch nicht dazu, daß sein Urteilsvermögen getrübt wurde. Er war Seminarschüler gegen seinen Willen, und er würde ein Priester gegen seinen Willen werden. Da sein Schicksal allem Anschein nach doch unwiderruflich besiegelt schien, mußte er danach trachten, das Beste daraus zu machen. Deshalb nahm er seine Studien sehr ernst und erlangte im Seminar den Ruf, ein begabter Student zu sein. Sein Geist war jedoch mit den intellektuellen Übungen, die ihm der Lehrplan von Saint-Sulpice bescherte, bei weitem nicht ausgelastet. Es gibt keinen Beweis dafür, daß er jemals mehr als ein akademisches Interesse an der Theologie als Wissenschaft oder als Kunst gehabt hätte. Seine Studien bildeten nur den Ausgangspunkt zu der großen Welt, die sich hinter dem Seminar in Saint-Sulpice befand; sie waren als Sprungbrett gedacht, von dem aus er nach Höherem strebte. Obgleich Talleyrand das Gegenteil behauptete, hatte die in Reims so unglücklich gesetzte Pflanze Wurzeln geschlagen. »Ich sagte mir oft, daß die Leute von mir dachten, ich sei zu nichts nütze. Aber nach einigen Monaten der Mutlosigkeit überkam mich ein starkes Gefühl des Selbstvertrauens, und ich wußte plötzlich, daß ich sehr wohl zu etwas taugte – und sogar zu großen und edlen Taten!«

Sowohl seinen intellektuellen Hunger wie auch seine Träume nach noblen Taten konnte er in der Seminarbücherei befriedigen. »Ich verbrachte meine Tage bei den zahlreichen und sorgfältig ausgewählten Werken in der Bücherei und las Geschichtswerke und Lebensbeschreibungen von Staatsmännern, Moralisten und einigen Poeten ... Berichte über ein Land, in dem sich große Veränderungen, eventuell durch Revolution, anbahnten, interessierten mich am meisten.« Später äußerte er sich einmal der Herzogin von Dino gegenüber über die Art von Inspiration, die er aus diesen Büchern bezog:

> »Ich lebte ruhig und alleine und verbrachte meine Mußestunden in der Bibliothek, wo ich mir die revolutionärsten Bücher heraussuchte, die ich finden konnte, und diese dann verschlang. Ich stopfte meinen Geist voll mit Geschichten von Revolten, Aufständen und Revolutionen in jedem nur erdenklichen Land. Denn auch ich rebellierte gegen die Gesellschaft, konnte jedoch nicht verstehen, warum ich, seit meiner Kindheit mit einem körperlichen Leiden behaftet, die mir zustehende Position nicht sollte einnehmen können.«

Talleyrands Bücherauswahl ist bezeichnend. Er war ehrgeizig, und er war aufrührerisch. Er nährte seinen Ehrgeiz, indem er die Lebensläufe der Männer studierte, die wie er nach großen und edlen Taten gestrebt hatten – und die schließlich auch den richtigen Weg gefunden hatten, um diese Sehnsucht in die Tat umzusetzen. Seine Auflehnung gegen die bestehende Gesellschaft ließ ihn zu Büchern greifen, die sich weltweit mit Revolten und Aufständen beschäftigten; daraus wählte er mit größter Sorgfalt diejenigen aus, die ihm nützlich und auf seine Gegenwart übertragbar erschienen: »Meine dritte und wirklich brauchbare Erziehung«, berichtet er uns, »genoß ich in dieser Zeit. Ich unterrichtete mich in Ruhe und Einsamkeit selber. Ich stand dem Autor, dessen Werk ich las, von Angesicht zu Angesicht gegenüber, und ich hatte meine Urteilskraft, auf die ich mich verlassen konnte. Wich meine Meinung von der des Autors ab, so kam ich am Ende des Buches fast immer zu dem Schluß, daß meine richtig war. So fand ich immer mehr zu mir selbst. Die Bücher, die ich las, brachten mir Vergnügen und Belehrung, machten mich jedoch nie zum Sklaven.« So verbrachte Talleyrand seine Lehrjahre, indem er sich auf eine Karriere vorbereitete, von der er selbst kaum mehr als eine vage Vorstellung hatte. Er trug Munition zusammen und schmiedete seine Rüstung für die Zukunft. »Ein nebulöses, unbeschreibliches Gefühl der Hoffnung erregte wie alle Leidenschaften der Jugend meinen Geist. Ich ließ es nie zur Ruhe kommen.«

Noch eine zweite jugendliche Leidenschaft, mehr auf die seelischen Bedürfnisse abgestimmt, erregte den jungen Seminaristen um diese Zeit. Die Erziehung am erzbischöflichen Hof zu Reims und seine Einsamkeit in Saint-Sulpice hatten logischerweise, wenn auch nicht unvermeidlicherweise, dazu geführt: Talleyrand verliebte sich.

»Ganz zufällig«, bekannte er, »traf ich eine Person, die einigen Einfluß auf meinen Geisteszustand auszuüben vermochte. Ich erinnere mich mit Vergnügen an dieses Ereignis, verdanke ich ihm doch wahrscheinlich die Tatsache, daß mir dadurch die Melancholie in ihrer extremsten Form erspart blieb.« Damals war Talleyrand achtzehn Jahre alt und verbrachte sein zweites Studienjahr in Saint-Sulpice. Er hatte das Alter erreicht, in dem Leidenschaften und Emotionen reif und bereit waren, »in Überschwang und vollem Ausmaß auszubrechen«. Zu diesem Zeitpunkt fiel sein Auge nicht nur einmal in einer der Kapellen der Kirche von Saint-Sulpice »auf ein hübsches, junges Mädchen, dessen einfaches und bescheidenes Äußeres mir außerordentlich gefiel«. Die Wirkung dieses Anblicks blieb nicht aus, und so begann Talleyrand, der nie Anzeichen von außergewöhnlicher Frömmigkeit gezeigt hatte, plötzlich dem Besuch der Messe in Saint-Sulpice eine große Bedeutung beizumessen. Und doch war es ihm nicht gegönnt, zu dem Mädchen zu sprechen. Ein Seminarist in der Soutane, und sei er ein Talleyrand und sei es im *Ancien Régime*, konnte eine fremde junge Dame an einem heiligen Ort einfach nicht ansprechen, zumindest nicht ohne plausiblen Vorwand.

Der mit Bangen gesuchte Vorwand ergab sich bald von selbst. »Als sie eines Tages die Kirche verließ, prasselte unvermutet ein heftiger Regenschauer herunter, und ich fand den Mut, ihr mein Geleit anzubieten, vorausgesetzt, daß sie nicht zu weit weg wohnte. Sie stimmte zu, den Schirm mit mir zu teilen. Ich begleitete sie zur Rue Férou.« Die Entfernung zwischen der Rue Férou und Saint-Sulpice ist nicht sehr groß, und offensichtlich hatten sich die beiden jungen Leute mehr zu sagen, als man dies auf diesem kurzen Weg tun kann, denn das Mädchen – es hieß Dorothée[14] – lud ihren Begleiter in ihre Wohnung ein. »Und da sie eine sehr korrekte junge Dame war, schlug sie vor, daß ich ihr wieder meine Aufwartung machen könne.«

Danach zog es Talleyrand sehr oft in die Rue Férou; zunächst zweimal die Woche, berichtete er und »danach auch öfter« – wahrscheinlich täglich. Die beiden jungen Leute hatten, abgesehen von ihrer unterschiedlichen Herkunft und Stellung, sehr viel Gemeinsames. Dorothée war, wie Talleyrand herausfand, von ihren Eltern gegen ihren Willen gezwungen worden, zur Bühne zu gehen, aus Ehrgeiz und aus dem Wunsche heraus, sie loszuwerden. Er war aus ähnlichen Motiven in den Priesterstand gedrängt worden. »Diese Situation erzeugte sofort tiefes, gegenseitiges Vertrauen zwischen uns. All die Mühsal meines Lebens, die Anfälle schlechter Laune sowie die Enttäuschungen und die Drangsal, die ihr das Leben bisher geboten hatten, bildeten den Mittelpunkt unserer gemeinsamen Gespräche.« Aus Dorothées Zuneigung und dem nun befriedigten Bedürfnis, sich endlich auf jemanden verlassen zu können, erwuchs ein erstes und vielleicht das rührendste all seiner Liebeserlebnisse. Noch im Alter erinnerte er sich mit Wärme, Wehmut und sogar Loyalität an das Mädchen, das ihn fast ein halbes Jahrhundert zuvor gelehrt hatte, daß das Leben mehr zu bieten hatte als Bücher, Familie oder auch Ehrgeiz. »Man hat mir in der Zwischenzeit mitgeteilt, daß sie angeblich nicht sehr klug gewesen sei«, schrieb er, »aber ich selbst konnte das nie feststellen.«

Die Wirkung dieser neuen Beziehung, die zwei Jahre dauern sollte – also für die restliche Zeit seines Aufenthalts in Saint-Sulpice – zeigte sich sofort auf sehr augenfällige Weise. »Ich wurde, auch im

chert uns, daß Talleyrand »in teuflisch böser Stimmung war an dem Tag, an dem er zum Subdiakon geweiht wurde«. Soweit heute feststellbar, nahm der Bischof von Blois nicht an der Zeremonie teil. Ein Priester aus dem Seminar, Monsieur de Cussac, berichtet, daß Talleyrand sich ihm gegenüber folgendermaßen geäußert habe: »Man zwingt mich, den geistlichen Beruf zu ergreifen, aber man wird es bereuen«. Es ist nicht auszuschließen, daß dieser gute Mann versuchte, Talleyrands spätere Haltung zu entschuldigen, gleichzeitig aber auch für sich selbst als Vorgesetzten des neuen Subdiakons den Vorwurf abzuschwächen, den er sich hätte machen müssen, weil er wider bessere Erkenntnis diese Weihe zugelassen hatte. Man darf mit Recht annehmen, daß der neugeweihte Abbé de Périgord das ihm auferlegte Joch mit unvermindertem Widerwillen auf sich nahm. Die Kürze, mit der er auf einen derart wichtigen Augenblick in seinem Leben einging, mag Ausdruck dafür sein, daß er, weit davon entfernt, den geistlichen Stand für sich im Inneren zu akzeptieren, einen Grad von Abscheu und Ernüchterung erreicht hatte, der ihm erlaubte, das Gelübde mit der selben Ignoranz zu übergehen, wie er es mit den Zeremonien selbst auch tat. Ganz gewiß gab es weder in der Zeit unmittelbar nach dem April 1774 noch in den folgenden sechzig Jahren auch nur die leiseste Andeutung in seinem Benehmen, daß er an das Gelübde zum Gehorsam, noch viel weniger an das der Keuschheit auch nur den leisesten Gedanken verschwendet hätte.

Als nächstes berichtete er in den *Mémoires*, daß ihn seine Eltern nach Reims schickten, damit er an der Krönung König Ludwigs XVI. teilnehme. Krönungen sollte Talleyrand im Laufe seines Lebens noch vielen beiwohnen; aber dies war die erste, die er sah und die letzte, die Frankreich noch unter dem *Ancien Régime* erlebte, als der Krönungsritus noch ähnlich einer Bischofsweihe vollzogen wurde – das heißt, als religiöse Zeremonie, die einem Herrscher von Gottes Gnaden das unauslöschliche Siegel der göttlichen Billigung aufprägte. Ludwig XVI. war der letzte französische König »von Gottes Gnaden«. Und doch ließ den Abbé de Périgord die religiöse Bedeutung der prachtvollen Zeremonie gänzlich unbeeindruckt. Er stellte fest, daß der junge König »überaus gewissenhaft und ungewöhnlich bescheiden« war; daß Königin Marie-Antoinettes »Liebenswürdigkeit, Anmut und Güte die strenge Ausstrahlung ihres Gatten milderte«; und daß »das Herz eines jeden Untertanen in Zuneigung zu dem jungen Herrscherpaar überfloß«. Dann erläuterte er, was ihn an der Zeremonie in Reims am meisten beeindruckte: »Die Bekanntschaft mit mehreren, auf verschiedene Weise bemerkenswerten Frauen, deren Freundschaft mir lebenslanges Entzükken bescherte, habe ich der Krönungszeremonie Ludwigs XVI. zu verdanken«.

Talleyrands Weihe zum Subdiakon veränderte in der Tat sein Leben, und dieser Wandel beschränkte sich nicht auf die Bekanntschaft von bemerkenswerten und gefälligen Damen aus seiner eigenen Gesellschaftsschicht. Da er nun effektiv zum Klerus gehörte, konnte er all die Gelegenheiten und Vorteile nutzen, die ihm seine Eltern und sein erzbischöflicher Oheim von Reims in früheren Jahren so schillernd beschrieben hatten. Schon begannen sich auch von beiden Seiten die Versprechen zu erfüllen. Zuerst bekam er von dem eben gekrönten König Ludwig XVI. eine Pfründe[17] – und zwar eine wahrhaft prächtige, die Abtei St.-Rémy in Reims. Das Einkommen von 18000 Livres genügte dem Abbé de Périgord für die Annehmlichkeiten des Lebens, und damit war er endlich von seinen Eltern zur beiderseitigen Erleichterung unabhängig. Auch sein Oheim trug sein Scherflein dazu bei, indem er Talleyrand als Mitglied in den Rat des Klerus der Provinz Reims, deren Aufgabe es war, die finanziellen Beziehungen zwischen Kirche und Staat in Frankreich abzuklären und zu regeln, berief. Fast gleichzeitig ernannte ihn der Koadjutor zum Anwalt des Rates, was bedeutete, daß es seines Amtes war, pflichtvergessene Geistliche anzuklagen. Zu seinen weiteren Aufgaben gehörte es von nun an, die Rechte, die Freiheit und die Disziplin des Klerus zu fördern.

Sobald die Amtsperiode des Rates abgelaufen war, während der sich Talleyrand klugerweise vor allem auf das Zuhören verlegt und seine neuen Pflichten nicht allzu wörtlich genommen hatte, schrieb Talleyrand sich 1775 in der Sorbonne ein, denn trotz seiner Ämter hatte er die theologischen Studien, die er für seine Priesterweihe benötigte, noch nicht beendet.

Talleyrand blieb zwei Jahre, bis 1777, als Student an der Sorbonne eingeschrieben und beendete seine Theologiestudien *nobilissimus* – mit allerhöchster Auszeichnung. Sein fundiertes Wissen verdankte er dem Unterricht in Saint-Sulpice, denn, wie er offen zugab, waren die zwei Jahre an der Sorbonne »mit allem anderen außer mit Theologie erfüllt, denn ein junger Student geht meist eher seinem Vergnügen nach«. Doch, so fügte er hinzu, verbrachte er nicht all seine Zeit mit Zerstreuungen, denn »auch Ehrgeiz füllte einen guten Teil des Tages aus, wozu das Grabmal des verehrungswürdigen Kardinals Richelieu in der Kirche der Sorbonne sein übriges tat. Damals kannte ich Ehrgeiz nur im edelsten Sinn, und ich strebte danach, alles zu unternehmen, was mir Erfolg bringen könnte.« Als der junge

Lizentiat die Sorbonne verließ, fühlte er, daß er nun endlich mit der Realisierung seiner Ambitionen beginnen könnte. »Ich war nun endlich endgültig frei und konnte tun und lassen, was ich wollte«.

Er hatte mehr als einfach nur Freiheit. Als Abt von St.-Rémy und auch als Anwalt des Rates des Klerus erwuchsen ihm kaum Pflichten. Der Zweck dieser Ämter und Titel war es, Einkünfte zu erlangen, ohne dabei Pflichten erfüllen zu müssen. Die wirkliche Verwaltungsarbeit ließ man Untergeordnete verrichten, deren familiäre Verbindungen weniger glücklich waren und die, wenn sie klug waren, ihre Ressentiments verbargen und sich mit dem begnügten, was für ihre Dienste aus den Einkünften der Pfründe abfiel. Talleyrand hatte nun nach den vielen Jahren der Abgeschiedenheit, zuerst in Harcourt, dann in Saint-Sulpice, genügend Zeit, seinem Vergnügen nachzugehen und auch die finanziellen Mittel, um sich dieses Amüsement leisten zu können. Sobald es sein Einkommen erlaubte, kaufte er sich ein kleines Haus in Paris »klein aber behaglich«, wie er sagte, im Vorort St.-Germain in der Rue de Verneuil, und ging dort den Vergnügungen nach, die er am meisten liebte. Er schaffte sich eine Bücherei an, und er bewirtete seinen Freundeskreis. Er genoß »jeden Augenblick das stolze Vergnügen, ausschließlich mir selbst meine Stellung zu verdanken«. Nach vielen Jahren war er endlich sein eigener Herr und selbst der Schmied seines eigenen Glücks geworden.

Seine Freunde waren so erlesen und wertvoll wie seine Bücher. Zu diesem auserwählten Kreis zählte auch Auguste von Choiseul, der »reizende Junge«, mit dem ihn bereits seit der Zeit im Collège d'Harcourt eine enge Freundschaft verband und der »der Mensch war, den ich am tiefsten liebte«. Dazu gesellte sich noch ein dritter, Louis de Narbonne, ein junger Mann aus sehr alter Familie. Doch »obwohl die ganze noble Welt von Paris das Dreigestirn Choiseul, Narbonne und Abbé de Périgord kannte, hatte die Beziehung zu Narbonne nicht den Charakter einer intimen Freundschaft«. Narbonne besaß zu viele Eigenschaften, die Talleyrand mißfielen: »Sein Humor verletzt oft den guten Geschmack, und sein Charakter ist nicht für die Art von Vertrauen geeignet, die für eine enge Beziehung Voraussetzung ist.« Talleyrands Freundschaften waren bedingungslos, was jedoch nicht bedeutete, daß er seine Gunst achtlos oder kritiklos verschenkte.

Es gab noch viele andere illustre Gäste, die sich im Haus in der Rue Verneuil einfanden, und die dem erlesenen Zirkel angehörten, dessen Kern Talleyrand, Choiseul und Narbonne bildeten. Es war, wie es in den *Mémoires* zu lesen ist, eine »einzigartige Mischung«.

Der alte Adel war durch den Herzog von Lauzun, Armand de Gontaut, vertreten; die Hochfinanz durch einen Schweizer Bankier namens Panchaud, die Philosophie durch Joseph Barthès, der zur damaligen Zeit einen vorzüglichen Ruf genoß; die Künste durch Abbé Delille, dessen Dichtkunst breites, wenn auch kurzlebiges Ansehen erlangt hatte und durch Sébastien Chamfort, ebenfalls Dichter und Dramatiker. Die Zukunft war gegenwärtig in der Person Mirabeaus, der später durch seine mitreißende Rednergabe die Nationalversammlung beherrschen sollte, und etwas weniger auffällig in Pierre du Pont de Nemours, der 1815 nach Amerika auswanderte und dort in der Demokratie eine eigene fürstliche Dynastie gründete. Nicht alle diese Freunde Talleyrands waren von adeliger oder auch nur von vornehmer Herkunft. Der Abbé Delille war der illegitime Sohn eines Mannes aus der Mittelschicht, und Chamfort versuchte die Tatsache, daß sein Vater ein Krämer war, dadurch zu vertuschen, daß er sich *de* Chamfort nannte und daß er darauf hinwies, auch ersterer sei ein Bastard gewesen. Zum illustren Kreis um Talleyrand gehörten natürlich auch noch andere Personen, der Abbé Louis, der aus bourgeoisen Kreisen stammte und später zum Baron Louis und zum Staatsminister avancierte. Rulhière, ein Historiker, Sohn eines Polizisten, und Marmontel, ein Bauer, der sich aufs Philospohieren verlegt hatte. »Wir berührten«, sagte Talleyrand, »jedes Thema und taten es mit größtmöglicher Freizügigkeit. Es war der Geist und die Mode der damaligen Zeit ... und es war eine wundervolle Art, den Vormittag zu verbringen.«

Die Freiheit des Denkens und Handelns war tatsächlich typisch für die damalige Zeit. In Frankreich war das Zeitalter der Philosophen auf dem Höhepunkt angelangt, das Zeitalter der Freidenker, denen, von der Kirche verachtet und von gläubigen Christen verabscheut, es gelungen war, den Samen für das zu säen, was sich später zur heidnischen Eiche der Freiheit, Gleichheit und Brüderlichkeit entwickeln sollte. Unter ihrem Einfluß wurde in den Salons von Paris über jedwedes Thema, den Himmel oder die Erde betreffend, diskutiert. Die Person, die mehr als irgendeine andere für diese Freiheit verantwortlich zeichnete, war ein Mann namens Arouet, der sich selbst Voltaire nannte und den man wegen seines unerschütterlichen Glaubens an die menschliche Freiheit ins Exil in die Schweiz geschickt hatte. 1778 kehrte Voltaire im hohen Alter von 84 Jahren, seinem letzten Lebensjahr, nach Paris zurück, wo ihm ein triumphaler Empfang bereitet wurde. Gott und die Welt strömten herbei, um ihm ihre Reverenz zu erweisen – jeder außer denen, die es sich aus Rücksicht auf die Meinung der respektablen Gesellschaft nicht leisten konnten. Talleyrand gehörte nicht zu den letzteren. Die Ansichten der sogenannten guten Gesellschaft kümmerten ihn wieder einmal herzlich wenig – und die der Kirche keinen Deut mehr. Er sprach bei dem Verfasser von *Candide* vor, kniete zu seinen Füßen nieder und ließ sich von ihm den Segen erteilen. Der alte, exkommunizierte Patriarch der Lebensweisheit, dessen Werke (zu seinem eigenen Entzücken) alle auf dem Index standen, legte unter lautem Beifall der Gesellschaft als eine seiner letzten Amtshandlungen dem jungen Sudbiakon die Hände auf.

Diese Begebenheit verbreitete sich mit Windeseile in Paris und kam auch bald dem Erzbischof Monseigneur de Beaumont zu Ohren. Er hatte bereits einiges über das Leben und Streben des Abbé de Périgord gehört. Ihm war bekannt, daß sein Subdiakon mit Freidenkern und anderen schlecht beleumundeten Personen verkehrte, daß er von den Damen der feinen Pariser Gesellschaft zutiefst bewundert wurde und daß er diese Zuneigung höchst unziemlich erwiderte. All dies war verzeihlich oder konnte ganz übergangen werden, denn der betreffende Abbé war der Neffe des regierenden Erzbischofs von Reims[18] und genoß demzufolge mehr Freiheiten als Mitglieder des Klerus aus weniger einflußreichen Familien. Aber Talleyrands öffentliche Ehrerbietung vor dem Erzfeind der Kirche war einfach zuviel, war ein zu großer Skandal, um stillschweigend übergangen werden zu können. Der Erzbischof persönlich ließ Talleyrand zu sich rufen und sprach einen strengen Tadel aus.

Doch Monseigneur de Beaumonts heiliger Zorn hatte auf Talleyrand nur eine geringe Wirkung; dieser wurde sich dadurch lediglich darüber klar, daß er, sollte er je die angestrebte gehobene Stellung bekommen, dies nicht in seiner eigenen Erzdiözese sein würde. Er müßte sich nach einer Diözese umschauen, der ein toleranterer und verständnisvollerer Prälat vorstand. Diese Gelegenheit ergab sich bald. Im September 1779 nahm ihn sein Oheim in die Erzdiözese von Reims auf. Gleichzeitig wurde er, sozusagen um das Geschäft zu besiegeln, zum Diakon geweiht.

Talleyrand war jetzt nur noch einen Schritt vom Priesterstand entfernt, einen zwar kleinen aber wichtigen Schritt. Im Möglichkeitsbereich des Priesters lagen Bistümer ebenso wie Thron und Palast des Erzbischofs, Macht und Glanz. Der Priesterstand war also eine Notwendigkeit und Talleyrand sah ihn auch als eine solche an, wenn auch als schmerzvolle. Der letzte Schritt jedoch mußte noch getan werden. Er hatte seine Theologiestudien abgeschlossen und zugleich mit seinen fünfundzwanzig Jahren das vom Kirchenrecht geforderte Mindestalter erreicht. Die Prüfung aufzuschieben würde auch die Chance, zum nächsthöheren Amt aufzusteigen, möglicherweise in weite Ferne rücken.

Es war in der Tat eine schwere Prüfung. Die Zeremonie war für den 18. Dezember 1779 angesetzt. Obgleich Talleyrand die Situation ähnlich wie seine Weihe zum Subdiakon und die zum Diakon behandelte – sie also kaum erwähnte – gibt es reichlich Beweise dafür, daß er trotz seines Strebens nach Macht innere Gewissens- und Seelenkämpfe durchzustehen hatte. Am Abend vor der Zeremonie fand ihn sein Freund Choiseul in Tränen aufgelöst. Talleyrand gestand ihm seine inneren Qualen. Am Morgen sollte er für immer in den Priesterstand eintreten und die priesterliche Bürde fortan tragen. Er liebte die Welt und würde von ihr getrennt werden. Er liebte die Freiheit und würde sich dem Gehorsam verpflichten. Er liebte die Auseinandersetzung und würde gezwungen sein, Ehrfurcht und Achtung vor seinen Vorgesetzten und deren Anschauungen zu geloben. Er liebte Frauen und würde sich nun für immer der Möglichkeit einer Heirat entziehen. Als Subdiakon und sogar noch als Diakon konnte man, war man klug genug, von den Gelübden dispensiert werden, als Priester nicht mehr. In einigen Stunden würde der Bischof seine Hände auf den Kopf des Abbé de Périgord legen und all diese Dinge, die er über alles stellte, würden ihm für immer verschlossen bleiben.

Mit der Verzweiflung über seine Zukunftsaussichten flammte ein letztes Mal der bittere Groll und der wilde Widerstand gegen die Kräfte auf, denen entgegenzustellen er sich zu schwach fühlte. Als Choiseul, den der Zustand seines Freundes aufs tiefste entsetzte, ihn im Namen Gottes anflehte, sich nicht der Weihe zu unterziehen, antwortete Talleyrand mit tonloser Stimme: »Ich kann nicht. Dafür ist es zu spät. Ich kann nicht ablehnen«. Als Choiseul daraufhin nach Argumenten suchte, um ihn von seinem Vorhaben abzubringen, erwiderte Talleyrand, »daß er sich nicht den Wünschen seiner Mutter widersetzen könne«, daß ihr Drängen immer nachdrücklicher wurde und daß er es leid sei, alleine gegen die Druckmittel, die man gegen ihn verwendete, anzukämpfen. Schließlich wiederholte er noch das Argument, daß er viele Jahre zuvor von seiner Mutter und seinem Oheim mit Entsetzen vernommen hatte: da ihm keine Laufbahn außer der kirchlichen offenstände und da ihm keine Hilfsmittel außer denen der Kirche zur Verfügung ständen, hätte er sich in sein Schicksal zu fügen. Choiseul, nun fast ebenso verzweifelt wie sein Freund, zog sich zurück und überließ ihn seinen trüben Gedanken.

Talleyrands Widerstand war gebrochen. Die Willensstärke, die in seinen reiferen Jahren ein so dominierender Wesenszug werden sollte, war noch zu schwach ausgebildet und was davon bereits vorhanden war, war durch die Jahre der Unterdrückung im Seminar noch nicht fähig, sich zu entfalten. Der Wille zum Durchhalten, der Drang zur Freiheit und vor allem die Ehrlichkeit sich selbst gegenüber waren unterdrückt und schließlich gebrochen worden. Die Erziehung am Hofe zu Reims, seine Lehrjahre in Saint-Sulpice, das Drängen seiner Eltern und die harte Schule seiner Kindheit hatten das Ihrige getan. Wenn er von seiner Familie nicht gänzlich verstoßen werden wollte, wenn er das Gespenst der Armut besiegen wollte, wenn er eine Position erreichen wollte, die ihn für immer über diejenigen stellen würde, die ihn als »Taugenichts« betrachteten, mußte er sich ganz einfach in sein Schicksal ergeben. Er mußte den Pfad betreten, der offen vor ihm lag.

Der 18. Dezember dämmerte grau und düster herauf. Am Vormittag hatte der Bischof von Noyon dann schließlich die letzten Worte der heiligen Zeremonie gesprochen: »Du bist nun für immer ein Priester«. Weder sein Blick noch seine Geste verrieten auch nur das geringste von der Seelenqual, die er in diesem Augenblick durchzustehen hatte. Doch Glückwünsche für seine Tapferkeit erhielt er nicht, denn seine Eltern waren nicht zur Zeremonie erschienen.

3. Abbé de Périgord in der großen Welt

Die formelle Aufnahme Talleyrands in die Diözese von Reims bedeutete nicht, daß er in dieser Stadt fortan auch residieren müsse. Das kanonische Recht verlangte lediglich, daß jeder Geistliche einer Diözese zugeordnet werden, aber dort nicht unbedingt leben müsse. Für Talleyrand war das ein enormer Vorteil, denn Reims war nicht die Stadt, in der dieser ehrgeizige, intelligente und kluge junge Mann leben konnte. Das konnte er nur in Paris.

Der Chrisam der Weihe war kaum an seinen Händen getrocknet, als Talleyrand bereits wieder in Paris war. Den Vorwand für seine überstürzte Abreise lieferte sein Oheim, der ihm den Posten eines Generalbevollmächtigten des Klerus[19] angeboten hatte. Nur in der Hauptstadt konnte er Kontakt zu den Persönlichkeiten pflegen, die für ihn in Ausübung seines Amts bedeutend waren. Die Situation war geradezu ideal, denn sie bot ihm die Gelegenheit, das zu tun, was er sich immer gewünscht hatte: in der Gesellschaft der Stadt ein- und ausgehen zu können, ohne dabei von seinen Vorgesetzten gehindert werden zu können. »Da mir nun eine Karriere im öffentlichen Leben durch die mir angebotene Position des Generalbevollmächtigten des Klerus offenstand, nutzte ich diese Gelegenheit, meinen Bekanntenkreis zu erweitern«.

Ein Ruf als geistvoller Unterhalter war ihm durch Berichte aus seinem Freundeskreis in die Salons der Stadt vorausgeeilt – ein Ruf, den Talleyrand bescheiden seinem »kühlen Benehmen und einer augenfälligen Zurückhaltung« zuschrieb. Er erklärte detailliert, wie diese Haltung ihm Tore öffnete, die einem anderen für immer verschlossen geblieben wären:

> »Als ich das erste Mal zu einer Gesellschaft ging, erwies mir Madame de Gramont die Ehre, die einen guten Ruf nicht akzeptierte, wenn sie nicht das Ihrige dazu beigetragen hatte. Ein Entgegenkommen übrigens, mit dem sie mich in Verlegenheit bringen wollte. Ich war zum ersten Mal bei Madame de Boufflers zum Abendessen eingeladen und saß, ohne viel mit meinen Tischnachbarn zu plaudern, an einer der Stirnseiten des Tisches. Madame de Gramont sprach mich mit lauter, scharfer Stimme mit meinem Namen an und fragte mich, warum ich, nachdem ich nach ihr den Raum betreten hatte, ›Ah! Ah!‹ gesagt hätte. Ich erwiderte: ›Euer Gnaden haben nicht richtig gehört, was ich sagte. Meine Worte waren nicht Ah! Ah! Sie waren Oh! Oh!‹ Diese einfältige Antwort erzeugte große Heiterkeit. Ich aß weiter und sagte kein Wort mehr; als man nach dem Essen aufstand, kamen mehrere Gäste auf mich zu und ich erhielt Einladungen genau von den Leuten, die ich gerne kennengelernt hätte.«

Gemessen an dem von Talleyrand genannten Zweck, seinen Bekanntenkreis zu erweitern, war sein aktives gesellschaftliches Leben nicht nur »sehr angenehm«, sondern auch »durchaus keine verlorene Zeit«. Es gab Einladungen in Häuser, die so wichtig waren, daß man, wenn man sich dort als Gast einfand, »zu der erlesensten Gesellschaft gezählt wurde. Ich darf getrost sagen, daß Leute, die ich nicht kannte, eine hohe Meinung von mir hatten, nur weil ich sie bei einem jener Abendessen getroffen hatte, an denen man einfach teilnehmen mußte.«

Es gab damals natürlich auch andere Häuser, und ein junger Mann, der seine Karriere im Auge hatte, mußte sehr vorsichtig sein, welche Einladungen er annahm und welche er ausschlug. Salons, die jedem offenstanden, mußten gemieden werden, sonst lief man Gefahr, der »großen Masse« zugerechnet zu werden. Bei einigen Häusern sagte man ab, damit nicht der Eindruck entstehen konnte, man nähme wahllos Einladungen an. Man schützte Befremdung oder sogar Abneigung gegenüber einem bekannten Mitglied der Gesellschaft vor. Talleyrand hatte sich zu diesem Zweck Jacques Necker, Finanzminister am Hofe Ludwigs XVI. ausgesucht, den er in aller Offenheit wegen seiner Politik, seines Charakters, ja sogar wegen seines Aussehens und seines schlechten Gesundheitszustandes kritisierte (»Ich sagte, daß er mit seinem komischen Hut, seinem langen Kopf, seinem mächtigen Körper, der unproportioniert und fettleibig war ... alle Merkmale eines Scharlatans in sich vereinige«). Es gibt keinen Beweis dafür, ob Monsieur Necker von den verächtlichen Aussprüchen des unbekannten jungen Abbé wußte, und so fuhr Talleyrand mit seinen Schmähungen fort, um schließlich zu dem Schluß zu kommen, daß er auch noch »tausend andere Dinge« gesagt hätte, »die man nicht wiederholen muß, weil sie heute (1815) jeder sagt«.

Eine weitere Art von Salon, die man tunlichst zu meiden hatte, war die mit hochtrabenden literarischen Ambitionen. Ein solcher wurde vom Grafen von Creutz betrieben, »der von sich glaubte, besonders geistvoll zu sein«. Creutz lud alle Dichter und Literaten der damaligen Zeit zu Lesungen ihrer Werke in sein Haus ein. »Wir waren drei- oder viermal zugegen«, berichtete Talleyrand, »aber Marmontel las so viele seiner Tragödien, daß er damit alle Gäste verscheuchte. Ich hielt es aus, bis er zu *Numitor* kam.«

Eines der Häuser, die Talleyrand während dieser Zeit besuchte, das er besonders angenehm »und gerade an der Grenze der Schicklichkeit« befand, war das der Marquise de Montesson, der Frau des Herzogs von Orléans[20]. Da Orléans dafür bekannt war, daß er sich oft tödlich langweilte, bestand Madame de Montessons Lebensziel darin, ihn bei Laune zu halten. Sie ließ in ihrem Hause Theaterstücke aufführen, von denen sie mehrere selbst verfaßt hatte. Und um Orléans Interesse zu wecken und ihn zu unterhalten, lud sie jeden, den man in Paris zur noblen Gesellschaft rechnete, ein. In ihrem Theater »war eine spezielle Loge für die weltlicheren Mitglieder des Klerus reserviert, zu der ich Zutritt hatte ...«.

Als Erwachsener scheint Talleyrand auch an der Gesellschaft seiner Mutter Gefallen gefunden zu haben, die er um ihrer selbst willen besuchte und nicht, um neue Bekanntschaften zu machen:

> »Ich zog es vor, meine Mutter zu besuchen, wenn sie alleine war, denn so konnte ich die Anmut ihres Geistes besser genießen. Niemand beherrschte die Konversation so faszinierend wie sie. Sie war ohne Maske. Sie sprach nur in Andeutungen.

Sie erlaubte sich nie ein Wortspiel, denn das wäre zu direkt gewesen. Wortspiele bleiben im Gedächtnis – ihr einziger Wunsch aber war es, ihrem Publikum für einen einzigen Moment zu gefallen und dann vergessen zu werden. Ihr reicher Wortschatz, bei dem sie sich nie wiederholte und der immer dezent war, ermöglichte es ihr, ihre Gedanken auf faszinierende Weise in Worte zu kleiden.«

Die so geäußerte Bewunderung war die eines Mannes von Welt für eine Frau von einiger gesellschaftlicher Bedeutung. Er schrieb fast wie ein Fremder über eine Dame, deren flüchtige Bekanntschaft er gemacht hat, und nicht wie ein Sohn über seine Mutter. Zuviel war vorausgegangen, als daß diese zufällige Beziehung das Urteil Talleyrands über seine Mutter noch positiv oder negativ hätte beeinflussen können.

Der Abbé hatte, gesellig wie er war, Erfolg mit seiner Art, Geschäft mit Vergnügen oder Ehrgeiz mit Freude zu verbinden. Er pflegte die Bekanntschaft mit vielen berühmten Männern des öffentlichen Lebens und mit noch viel mehr Damen, die oft für diese Berühmtheit verantwortlich waren. »Denn«, so erinnerte er sich, »jeder, der nach einem höheren Amt strebt, beginnt damit, daß er erlesenen Pariser Familien seine Aufwartung macht.« So lernte Talleyrand schon früh in seinem Leben Maurepas, den Staatsminister Ludwigs XVI. kennen, der alle Befugnisse eines Ministerpräsidenten hatte. Er traf Turgot, den obersten Rechnungsprüfer Frankreichs, Malesherbes, den Präsidenten der Steuerbehörde und späteren Staatsminister; Castries, Minister und späterer Marschall von Frankreich; und Charles-Alexandre de Calonne, Turgots Nachfolger als oberster Rechnungsprüfer. Bei den Damen, deren Gesellschaft er mit unterschiedlichem Grad an Intimität pflegte, wäre Louise de Rohan, die Gräfin von Brionne, zu nennen, eine Dame der Gesellschaft, an der er nicht nur den persönlichen Liebreiz schätzte oder die Einladungen mit illustren Gästen, sondern auch ihre beiden reizenden Töchter und ihre Schwiegertochter, die Prinzessin von Vaudémont, deren elegante Schönheit zu Recht berühmt war. Die jüngere der beiden Töchter, Prinzessin Charlotte von Lorraine, gefiel Talleyrand außergewöhnlich gut, und sie erwiderte seine Zuneigung. Ihre kurze und zarte Liaison fand die nachsichtige Zustimmung der Gräfin von Brionne. Charlottes Nachfolgerin war die auffallende Madame de Vaudémont, die, nachdem die Leidenschaft befriedigt war, bis zu ihrem Tode ein halbes Jahrhundert später Talleyrands treueste und liebste Freundin blieb.

In diese Zeit fiel auch seine Bekanntschaft mit dem Herzog von Choiseul, dem berühmten Oheim von Auguste de Choiseul, der sich durch seinen Ministerposten unter Ludwig XV. (1758-1770) ausgezeichnet hatte und als erbittertster Feind der Gräfin Dubarry, der Mätresse Ludwigs, nicht weniger bekannt wurde. Sein Kampf mit der Gräfin fand, wenn man Ludwigs Charakter einbezieht, ein unvermeidliches Ende in seiner Entlassung und Verbannung auf seinen Besitz in Chanteloup. Da die Dubarry sich aber allgemein keiner großen Beliebtheit erfreute, brachte ihm dieses Ende eher noch mehr Ruhm ein. Die Feindseligkeit, mit der die Dubarry ihren Gegnern gegenüberstand, verlieh ihren Opfern eine Aura von Helden und Märtyrern. Deshalb war auch die Straße nach Chanteloup nach Choiseuls Verbannung mit Kutschen geradezu blockiert. Unter ihnen war auch Talleyrand, dem der ältere Staatsmann diesen Rat zur Beachtung gab:

»In meiner Amtszeit als Minister ließ ich andere immer mehr Arbeit tun, als ich mir selbst auferlegte. Man soll es nie so weit kommen lassen, daß man in Verwaltungsarbeit erstickt; statt dessen engagiere man sich Leute, die diese Art von Arbeit beherrschen. Der Idealfall ist, eine Situation durch eine bloße Geste oder einen Wink zu beherrschen. Ein Minister, der sich in der Gesellschaft bewegt, kann die Zeichen der Zeit sogar bei Festivitäten erkennen; einer, der sich in seinem Arbeitszimmer verkriecht, lernt nichts dazu.«

Diesen Rat hielt sich Talleyrand immer vor Augen, denn er entsprach seiner Einstellung bis ins Detail. In späteren Jahren befolgte er den Rat des großen Choiseul so intensiv, daß ihn seine Feinde der Faulheit bezichtigten und aus seinen anscheinend indifferenten Arbeitsmethoden die erstaunlichsten Schlüsse zogen. Molé pflegte zu sagen, daß »die geschäftigsten und arbeitsreichsten Augenblicke in seinem Tagesablauf diejenigen seien, die er mit dem Ankleiden verbringt, und daß er für jedwede Arbeit oder intensiveres Nachdenken unfähig sei und keinerlei Eignung zum Saatsmann hat«. Fünfzig Jahre nach seinem Besuch in Chanteloup würde Talleyrand Botschafter in London sein, und sein Sekretär wird feststellen, daß »Monsieur de Talleyrand an dieser Regel festhielt: ein Vorgesetzter sollte nie etwas tun, was ein Untergeordneter für ihn erledigen kann. Diese Maxime hat er, so sagte er, vom Herzog von Choiseul übernommen«.

Im Mai 1780, inmitten der auf heitere Ergötzung im politischen wie auch im gesellschaftlichen Leben ausgerichteten Welt des *Ancien Régime*, erfüllte der Erzbischof von Reims sein Versprechen und ernannte den Abbé Périgord zum Generalbevollmächtigten des Klerus. Sicherlich provozierte diese Ankündigung Lächeln in Versailles und den Pariser Salons. Der Abbé de Périgord war ein kluger und charmanter junger Mann – darüber war man sich einig. Aber ein Generalbevollmächtigter? Das Amüsement wurde bald von Erstaunen abgelöst, denn Talleyrand stürzte sich mit Feuereifer auf seine neue Aufgabe. Er, der in späteren Jahren nicht müde wurde, seinen Untergeordneten die alte Maxime der Griechen und die Philosophie Choiseuls zu predigen – »vor allem nicht zuviel an Eifer« –, machte nun auf seine Zeitgenossen durch seine Betriebsamkeit und seine tatkräftige Neugestaltungsarbeit Eindruck. »Das ist jugendlicher Eifer«, versuchte man zu erklären, »wenn er erst etwas mehr Erfahrung hat, wird sich das legen.« Aber weder der Eifer ließ nach, noch konnte ihn der Posten des Generalbevollmächtigten in seinem Ehrgeiz befriedigen. »Ich legte Wert darauf, nicht auf ewige Zeiten Generalbevollmächtigter des Klerus zu bleiben«, schrieb Talleyrand, »traf aber alle notwendigen Vorkehrungen, damit niemand etwas von meinen Plänen ahnen könne. So tat ich Arbeiten, die zwar meinen Posten nicht unmittelbar berührten, aber doch damit in Zusammenhang standen.« Gleichzeitig übernahm er auch die Pflichten des zweiten Generalbevollmächtigten, des Abbé de Boisgelin, der wegen eines (Liebes-)Abenteuers das Vertrauen des Klerus verloren hatte. Tatsächlich aber begrüßte Talleyrand die Arbeit, die seine neue Mission mit sich brachte. Er hatte rechtzeitig erkannt, daß dieses Leben voll müßiggängerischer Lust auf die Dauer seinen Ehrgeiz nicht befriedigen könne. Darüber hinaus war ihm klar, daß es für ihn, der sich seinen Weg durch kirchliche Ämter und Posten suchen mußte, an der Zeit war, ernsthaft an seiner Karriere zu arbeiten.

Die erste tiefgreifende Reform, um die er sich bemühte, war ein Versuch, dem Klerus wieder die Wertschätzung zurückzugewinnen, die er unter den Hammerschlägen der Freidenker so rasch verloren hatte. Er wollte die Staatslotterie abschaffen. »Dies«, sagt er, »war eine meiner Lieblingsideen, denn ich hatte mich intensiv mit dieser sittenlosen Institution und den daraus erwachsenden Konsequenzen befaßt.« Er schlug vor, die Kirche solle dem Staat mit einer hohen Summe das Recht zur Veranstaltung von Lotterien abkaufen – und dann das Lotteriespiel abschaffen. Die dem Staat so verlorengegangene Einnahmequelle würde aus dem Besitz der Kirche durch eine freiwillige, jährliche Zuwendung ausgeglichen. »Es war mir daran gelegen«, erklärte Talleyrand, »das Ansehen der Kirche als strenger Hüter der Moral zu erhöhen. Durch das finanzielle Opfer, das der Klerus hätte bringen müssen, hätte ich gleichzeitig dem Gemeinwohl wie auch meinem Stand einen Dienst erwiesen.« Aber der fromme Klerus war nicht so willens wie der weltliche Abbé, auf einen Teil seines Reichtums zu verzichten, und so traf Talleyrands Vorschlag auf taube Ohren. »Auch diejenigen, auf die ich am meisten gesetzt und vertraut hatte, verweigerten mir ihre Unterstützung«, bemerkt er, »ich muß sagen, daß meine erste politische Kampagne nicht sehr erfolgreich verlaufen war. Den Grund dafür sehe ich darin, daß meine Ideen für die Betroffenen bei weitem zu radikal waren.«

Auch seinem nächsten Vorschlag, der ebenfalls den Klerus eines Teils seines Einkommens beraubt hätte, war nicht viel Erfolg beschieden. In Frankreich erhielt ein normaler Pfarrer, der am Hof keine Verwandten oder Freunde hatte, die ihn protegierten, eine Summe von 500 Livres, von denen er leben mußte; seine *Vicaires* oder Hilfsgeistlichen bekamen 200 Livres – Beträge, die nach Talleyrands Ansicht keinesfalls ausreichend waren. Er ersuchte deshalb die Bischöfe und Erzbischöfe, beim Staat um eine Aufbesserung einzugeben, was bedeutete, daß die Kirche dem Staat höhere Zuwendungen hätte machen müssen, um diese zusätzlichen Kosten abzufangen. Um die Prälaten dazu zu überreden, sich von einem Teil ihres Vermögens zu trennen, appellierte er klugerweise an ihren Gerechtigkeitssinn. Das ganze Dilemma beruhe auf einem Irrtum, auf Grund dessen König Ludwig XIV. die Gehälter des Klerus falsch interpretiert hätte. »Ich konzentrierte mich darauf, nur den Fehler korrigieren zu wollen, von dessen Existenz der höhere Klerus – so sagte ich – doch zweifellos gerne in Kenntnis gesetzt würde.« Aber dies hörte man gar nicht so gerne, und Talleyrands Reformbestrebung fiel wieder unter den Tisch.

Ein weiteres Streben Talleyrands befaßte sich mit der Situation der Frauen in der Bretagne. Bei jenem seefahrenden Volk war es den Frauen, deren Männer von der See nicht mehr heimkehrten, durch die Kirchengesetze verboten, ihre Männer als tot zu betrachten. »Ich wandte theologische Prinzipien an, die, wenn sie richtig interpretiert wurden, flexibel genug sind, jedem Zweck gerecht zu werden. Ich zeigte auf, daß man diese armen Frauen nach einer angemessenen Frist, um einen öffentlichen Skandal zu vermeiden, sich wiederverheiraten lassen sollte.« Er brachte seine Argumente in einer Denkschrift zu Papier, die schließlich dem Bischof von Arras in die Hände fiel, der sie, »nachdem er sich in abfälliger Weise darüber geäußert hatte, ins Feuer warf«. »Es mußte erst eine Revolution kommen«, schloß Talleyrand, »ehe sich diese armen bretonischen Frauen wiederverheiraten durften, aber inzwischen waren nicht wenige von ihnen doch bereits ziemlich alt geworden.«

Die Tatsache, daß Talleyrand mit seinen Vorschlägen nicht durchkam und daß sie gelegentlich sogar im Feuer landeten, schadete jedoch seiner Berühmtheit keineswegs. Diese ›kleinen Reformen‹, wie er sie nannte, gehörten eigentlich nicht zu seinem Aufgabenbereich. Es handelte sich lediglich um gutgemeinte Vorschläge eines eifrigen, aber naiven jungen Priesters. Seine Arbeit als Generalbevollmächtigter kam dabei aber nicht zu kurz. Im Gegenteil, er erledigte sie mit Sorgfalt und Umsicht und erreichte so die Bewunderung seiner Vorgesetzten. Er machte sich einen guten Namen in der Verwaltung, und sein Organisationstalent wurde allgemein gelobt. »Ich genoß bereits einen gewissen Ruf«, bemerkte Talleyrand, »aber da ich die Welt noch zu wenig kannte, war mir wohl bei dem Gedanken, daß ich noch immerhin einige Jahre vor mir hatte, in deren Verlauf ich das Leben und die Vergnügungen der Gesellschaft würde genießen können.« So umgab er sich, seiner Position entsprechend, »mit Menschen von gelehrten und gesunden Ansichten« und empfand, den Blick auf die Zukunft gerichtet, Genutuung darüber, daß »meine Leistung mir die Aufmerksamkeit derer brachte, die von Standes wegen in der Lage waren, mir in meinem Ehrgeiz entgegenzukommen«. Dabei achtete er sorgfältig darauf, zwischen sich und seinen Bewunderern und Beratern einen diskreten Abstand zu wahren. »Es war von Vorteil, mit ihnen gut zu stehen«, stellte er fest, »aber auch irgendwie gefährlich, allzusehr mit ihnen identifiziert zu werden.« Da er es darüber hinaus noch nicht eilig hatte, fühlte er sich auch nicht verpflichtet, diese Verbindungen enger zu gestalten.

Wahrscheinlich ist Talleyrands Äußerung, es mit seinem Aufstieg in der Kirche »nicht eilig« zu haben, auf seine gänzlich unkirchlichen Aktivitäten in einer Zeit, in der seine Vorgesetzten von seinem Eifer und seiner Intelligenz so beeindruckt waren, zurückzuführen. Der junge Abbé hatte sich auf mehrere Abenteuer eingelassen, die in jeder Hinsicht ebenso »öffentlich« waren, wie jenes, das den zweiten Generalbevollmächtigten das Vertrauen des Klerus gekostet hatte. Aber zwischen diesen beiden Männern gab es eben einen gravierenden Unterschied: während Talleyrand tatkräftig war, sagte man Boisgelin »eine natürliche Trägheit« nach. Sicherlich war Talleyrands Privatleben ebensowenig diskret wie das von Boisgelin. Bei seinen Reisen in die Bretagne, als er sich mit den Problemen der bretonischen Seefahrerwitwen befaßte, war er häufig bei Madame de Girac, der Schwägerin des Bischofs von Rennes, zu Gast. Es wurde damals in Paris wahrscheinlich zu Recht allgemein angenommen, daß die Beziehung zwischen dem Abbé und der Schwägerin des Bischofs nicht nur rein geistiger Natur war.

Die vermutliche Affäre mit Madame de Girac nahm jedoch, aus etwas größerer Warte gesehen, in seinem damaligen Leben keinen allzu bemerkenswerten Stellenwert ein. Sein Benehmen war, selbst wenn man die damalige Freizügigkeit des Klerus einbezieht, schlichtweg ein Skandal. Im Winter 1782-1783 hatte er eine Liaison mit der schönen und klugen Gräfin Adélaide de Flahaut. Sie lernten sich in Versailles kennen und waren sofort füreinander eingenommen. Kurze Zeit darauf lebten sie ganz offen miteinander – so offen, daß sie ihm bald ein Kind gebar, das nach seinem Vater Charles genannt wurde. Ihren Gatten, den Grafen von Flahaut, scheint weder die Beziehung seiner Frau zu Talleyrand noch der unerwartete Erbe aus der Ruhe gebracht zu haben. Die Heirat zwischen dem Grafen und der Gräfin von Flahaut war zwischen den Familien arrangiert worden und existierte ohnehin nur dem Namen nach. Er war bereits über fünfzig, als sie sich das erste Mal trafen, und sie war gerade siebzehn Jahre jung. Er hatte andere Interessen als seine Frau und schien gegenüber dem Liebreiz, den Talleyrand so unwiderstehlich fand, immun zu sein. Da man mit einem vor Eifersucht rasenden Gatten, der die Sache kompliziert hätte, nicht zu rechnen brauchte, machte sich Talleyrand typischerweise erst gar nicht die Mühe, vorzugeben, seine Beziehungen zur Gräfin seien anderer Natur, als sie es offensichtlich waren. Sie traten so arglos und unbefangen miteinander in der Gesellschaft auf, daß sogar der Klatsch von Versailles schockiert verstummte und man über ihre intimen Beziehungen nicht mehr sprach. Was ihren Sohn, Charles de Flahaut, betraf, so galt als sicher, daß Talleyrand der Vater war – eine Vermutung, die er nie ableugnete und die immer mehr zur Gewißheit wurde, als man beobachtete, mit welcher Sorgfalt Talleyrand in späteren Jahren die Karriere des Jungen vorbereitete. Die Beziehung zwischen Talleyrand und Adélaide de Flahaut dauerte fast zehn Jahre. In dieser Zeit verschlechterte sich allmählich die gegenseitige Achtung. Ihre Beziehung hatte die ganze Skala von höchster Leidenschaft bis zur tiefsten Gleichgültigkeit durchlaufen. Madame de Flahaut war eine der wenigen Frauen, die Talleyrand geliebt hatte und die ihm nicht auch dann eine ergebene Freundin geblieben war, als die Glut der Leidenschaft sich abgekühlt hatte. Der Grund für das gegenseitige Auseinanderleben scheint gerade die Eigenschaft gewesen zu sein, die sie zuvor für Talleyrand so anziehend gemacht hatte. Gouverneur Morris, der bald amerikanischer Botschafter in Paris werden sollte, beschrieb sie mit folgenden Worten:

»Sie war in dieser Zeit auf dem Höhepunkt ihrer jugendlichen Anziehungskraft, mit einem kleinen Anflug von Melancholie, der sie umgab. Ihre Einfühlsamkeit, gepaart mit einem geschulten, auf Philosophie gerichteten Geist, gab ihr eine ungewöhnliche Macht über Männer.«

Morris selbst hatte diese Macht zu spüren bekommen, denn er war einer ihrer glühendsten, wenn auch erfolglosen Verehrer. Andere hatten jedoch mehr Glück bei ihr. Nachdem die Gräfin die Wirkung ihrer Schönheit, ihrer Klugheit und ihres Geistes an Talleyrand kennengelernt hatte – der sicherlich der erste war, der von ihres Gatten Nachlässigkeit profitierte –, konnte sie der Versuchung nicht widerstehen, ihre Macht auch bei anderen Männern zu erproben. Talleyrand, der eben Talleyrand war, nahm die Schwäche der Gräfin als Erlaubnis, sich selbst auch nach etwas anderem umzusehen. Ihre Beziehung verschlechterte sich zusehends und verlor schließlich jede Intensität und Herzlichkeit, bis man dann 1791 endgültig auseinanderging – sie in die Arme eines englischen Bewunderers, Lord Wycombe, und er in das generöse Bett der Germaine de Staël, der Tochter des Finanzministers Necker, den Talleyrand vor nicht allzu langer Zeit so scharf attackiert hatte; einer Frau, die später für ihre amourösen Abenteuer ebenso berühmt wurde wie für ihre literarischen Beiträge zur Romantik des 19. Jahrhunderts.

Trotz des ausschweifenden Gefühls- und Gesellschaftslebens seit seiner Priesterweihe fand Talleyrand immer noch Zeit, sich um die Ziele, die er sich selbst gesetzt hatte, zu kümmern. Bei aller Sinnenfreude konnten seine Abenteuer oder seine Vergnügungen nie den Blick für beruflichen Erfolg trüben. Er war dreißig, er hatte Talent, er war ein Périgord und er hatte seine kirchlichen Vorgesetzten bereits in vorteilhaftester Weise auf sich aufmerksam gemacht. Und doch schien der Stein des Fortkommens einfach nicht ins Rollen kommen zu wollen. Endlich – 1785 – erhielt er dann die Gelegenheit, seine Existenz der Versammlung des Klerus ins Gedächtnis zurückzurufen, besonders denen, die die Tore zur Macht in der Kirche bewachten. Er legte der Versammlung in diesem Jahr eine Reihe von Berichten über die Arbeit in öffentlichen Einrichtungen – Schulen, Krankenhäusern, Waisen- und Armenhäusern –, die in Frankreich von der Kirche verwaltet wurden, vor. Einige der darin enthaltenen Informationen hatte er in seinem Amt als Generalbevollmächtigter gesammelt. Den Rest trug er mit Hilfe ausgeklügelter Fragebogen zusammen, die er bei Bischöfen und Leitern kirchlicher Einrichtungen im ganzen Königreich hatte verteilen lassen. Alle Daten und Fakten waren zusammengefaßt und verglichen worden und ergaben unter Talleyrands wachem Verstand ein umfassendes Bild von der finanziellen Lage der Kirche in Frankreich: von ihren Einkünften, ihren Auslagen, ihren festen Vermögenswerten. Nie zuvor konnten so effektive Zahlen vorgelegt werden, und die Bischöfe waren baß erstaunt ob ihres Reichtums. Man war vorbehaltlos bereit, Abbé de Périgords immensen Arbeitsaufwand, den dieses Projekt erfordert haben mußte, anzuerkennen. Der Erzbischof von Bordeaux sprach den Dank der Versammlung aus: »Es ist ein monumentales Zeugnis von Talent und Fleiß, und unser ewiger Dank gebührt den fähigen Händen, die dies zusammengetragen haben.« Und dann stimmte die Versammlung darüber ab, diesen Händen nun, da man es sich leisten konnte, einen realen Ausdruck der Dankbarkeit zukommen zu lassen: ein Geldgeschenk von 24 000 Livres.

Talleyrand war angenehm überrascht, aber nicht vollständig befriedigt. Schöne Worte taten gut und Geld war noch besser; aber Talleyrand wollte mehr: eine Mitra und einen Bischofsthron. Ein Priester aus der Familie Périgord, besonders einer, dessen »Talent und Eifer« von den bedeutendsten Vertretern des Klerus öffentlich gelobt wurde, war mit einunddreißig Jahren für ein Bistum schon lange überfällig. Talleyrands Oheim, der Erzbischof von Reims, hatte die Mitra mit achtundzwanzig Jahren bekommen und war nicht halb so talentiert und ehrgeizig wie sein Neffe. Es gab viele Bischöfe, Erzbischöfe und Kardinäle, die die schwarze Soutane des gewöhnlichen Priesters schon viel früher gegen die violette Robe des Bischofs und gelegentlich auch gegen das geheiligte Scharlachrot eingetauscht hatten. Der Grund dafür, dessen sich Talleyrand voll bewußt war, lag darin, daß viele Prälaten und Geistliche, während ihnen viele Tugenden fehlten, doch alle dem einen Laster frönten, von dem Talleyrand so offensichtlich frei war: der Heuchelei. Zwar hatten sie ihre Damen und Mätressen und einige mögen wohl auch Voltaire heimlich verehrt haben – aber sie taten es insgeheim und provozierten somit keinen Skandal. Ihre Sünden begingen sie in ihren bischöflichen Salons und Schlafgemächern, und sie prahlten mit ihren Mätressen weder in Paris noch gar am Hof zu Versailles. Alles, was man von diesen Männern verlangte, war, daß sie ihre Gläubigen nicht schockierten. Genau das aber war zuviel verlangt von einem Mann, der trotz seiner sonstigen Flexibilität nie vorgeben konnte, etwas zu sein, was er nicht war, oder etwas nicht zu sein, was er war. Dieses Verhalten führte dazu, daß 1785, als seine Arbeit so überaus gelobt wurde, gleichzeitig sein Name von der Liste der Bischofsanwärter gestrichen wurde[21].

König Ludwig XVI. war ein moralischer, aufrechter Mann, gottesfürchtig und gelegentlich generös. Seine Großzügigkeit erstreckte sich jedoch nicht auf die Schwäche anderer – oder anders ausgedrückt: in seiner Gläubigkeit wandte er die Gebote Gottes und der Kirche im strengsten Sinn an. Er hatte Berichte über das von Abbé de Périgord geführte Leben gehört. Der Bischof von Autun, sagte Talleyrand später seinem Freund Choiseul, habe dem König diverse Geschichten zugetragen. Es ist jedoch nicht ausgeschlossen, daß Ludwig auf den Klatsch des Bischofs gar nicht angewiesen war. Es war allgemein bekannt, daß Talleyrand auch Häuser frequentierte, die wenig respektabel waren; daß er Freunde hatte, deren politische und religiöse Meinung zumindest unorthodox war; daß er ganze Nächte im Haus der Madame de Genlis zubrachte – manche sagten an den Spieltischen, manche sagten noch skandalösere Dinge (Letztere hatten wahrscheinlich recht. Es war Madame de Genlis, von der Talleyrand bemerkte: »Um dem Skandal des Flirtens aus dem Wege zu gehen, stimmt sie lieber gleich zu«). Seine diversen Liaisons, besonders die momentane mit Madame de Flahaut, waren offenkundig und daher unentschuldbar. Als wahrscheinlich noch schwereres Vergehen wurde ihm angekreidet, daß er seine Freundschaft mit Charles-Alexandre de Calonne, dem obersten Rechnungsprüfer des Finanzwesen, dazu mißbraucht hatte, von ihm erhaltene Informationen für Spekulationen zu verwenden. Dieser Vertrauenmißbrauch alleine hätte genügt, um einen ehrlichen Mann wie Ludwig XVI. zu verletzen.

Es ist nicht sicher, ob Talleyrand sich bewußt war, in des Königs Augen *persona non grata* zu sein, zumindest was die Zuteilung von Bistümern betraf. Scheinbar war ihm diese Tatsache nicht bekannt, denn er glaubte sich 1786 offensichtlich nahe daran, seine ehrgeizigen Pläne verwirklicht zu sehen. Der Erzbischof von Bourges war ernsthaft krank, und man rechnete jede Stunde damit, daß sein Bischofssitz, einer der wohlhabendsten und angesehensten in Frankreich, frei werden würde. Während den Erzbischof zunehmend die Kräfte verließen, hatten die Klatschgeschichten in Paris und Versailles Abbé de Périgord bereits zu seinem Nachfolger ernannt; aber keiner wußte so recht, woher das Gerücht stammte. Es ist nicht auszuschließen, daß Talleyrand selbst es erfand und weiterverbreitete, in der Hoffnung, sobald Talleyrands Freunde am Hof diese Rede nacherzählten, der König vergeben und entsprechend handeln würde. Auf jeden Fall schrieb Talleyrand an seinen Freund Mirabeau: »Ich bin der einzige, der im Zusammenhang mit dem Erzbistum von Bourges genannt wird. Es ist eine angesehene Position ... Der Erzbischof hat einen Schlaganfall erlitten, und niemand glaubt, daß er länger als noch zwei bis drei Wochen leben wird.« Doch ganz unerwartet erholte sich der Erzbischof wieder so leidlich von seiner schweren Krankheit und lebte noch bis 1787. Dann brach er erneut zusammen. Talleyrand, der seine Freude darüber kaum verbergen konnte, schrieb an Choiseul:

> »Meinem Erzbischof geht es von Tag zu Tag schlechter. Es heißt, daß er es diesmal nicht überleben wird, denn auch die stärksten Heilmittel zeigen keine Wirkung mehr. Diesmal wird mein Schicksal sich entscheiden. Es scheint mir, daß es schwierig sein wird, mir das Erzbistum von Bourges nicht zu überlassen. Selbst die Bosheit eines Bischofs von Autun wird es nicht fertigbringen, mir diese Position abzuschlagen.«

Doch das für ihn Unglaubliche trat ein. Der Erzbischof starb zwar, aber sein Bistum ging an den Bischof von Nancy. Die Ernennung erfolgte so rasch, daß man annehmen konnte, die Entscheidung habe dem König keinerlei Kopfzerbrechen bereitet.

Talleyrand war natürlich zutiefst enttäuscht und einigermaßen verwirrt. »Was soll nun geschehen?« fragte er Choiseul. »Es sieht mir nicht so aus, als ob sich in absehbarer Zeit eine offene Stelle bieten würde, und wenn schon, würde sie dann für mich und ich für sie geeignet sein? Nichts scheint mir zu gelingen, und ich muß Dir sagen, teurer Freund, daß dies keine sehr glückliche Zeit für mich ist. Aber die Dinge werden sich ändern und ich werde warten.«

In Wahrheit mußte Talleyrand um diese Zeit einen noch viel härteren Schlag als den Verlust des Erzbistums hinnehmen. Für einen einzigen Augenblick war er nämlich nahe daran gewesen, einen noch viel selteneren Preis als das erzbischöfliche Pallium zu bekommen, den roten Kardinalshut der römisch-katholischen Kirche.

Diese hohe Würde war ihm, wie so vieles andere in seinem Leben, von einer Frau, der Gräfin de Brionne, in erreichbare Nähe gerückt worden. Die Gräfin stammte aus einer von Frankreichs fürstlichen Familien, aus dem Hause Rohan, und hatte in ein anderes Fürstenhaus, das von Lorraine, eingeheiratet. Ihr Einfluß am königlichen Hofe war groß, da sie mit vielen königlichen Ministern sehr vertraut und mit dem Rest gut befreundet war. Sie pflegte Umgang mit Europas Monarchen, die in Verehrung französischer Kultur und französischen Gedankenguts die Freundschaft einer für ihren eleganten Salon berühmten Frau, der Gräfin de Brionne, suchten. Zu diesen Herrschern gehörten auch Friedrich II. von Preußen und Gustav III., König von Schweden.

Da sie Talleyrands großen Ehrgeiz kannte und um seine erste große Enttäuschung wußte, als 1785 der kränkelnde Erzbischof von Bourges nicht sterben wollte, setzte diese einflußreiche Frau alle Hebel in Bewegung, um für den Abbé etwas zu tun, dessen Zauber auf sie und auf einen Teil ihrer Familie seine Wirkung nicht verfehlt hatte. Und sie hatte es sich in den Kopf gesetzt, für ihren Freund nichts Geringeres als den Kardinalshut zu erlangen. Ihr war zu Ohren gekommen, daß der schwedische König Gustav gerade im Begriff war, eine Reise in den Süden Europas anzutreten, die ihn auch nach Rom führen sollte. Unverzüglich schrieb sie ihm einen Brief und bat ihn, für Talleyrand ein gutes Wort einzulegen. Der protestantische König, der mit dem Papst bestens befreundet war, sollte in Rom bei Papst Pius VI. um einen Kardinalshut für den ehrwürdigen Abbé de Périgord ansuchen.

Der Papst bereitete dem schwedischen König in Rom einen besonders herzlichen Empfang. Pius war ein äußerst liebenswürdiger Mann, und er war durchaus nicht abgeneigt, jeden vernünftigen Wunsch zu erfüllen, besonders wenn ein Monarch, auch ein protestantischer, darum bat. Deshalb brauchte König Gustav dem Papst gegenüber Talleyrand nur zu erwähnen, und der Papst stimmte zu, daß er in der Tat sehr erfreut sein würde, einen so brillanten Mann wie den Abbé de Périgord zu seinen Kardinälen zu zählen. Es war so gut wie abgemacht, Talleyrand nahm die Glückwünsche seiner Freunde entgegen und wartete nur noch auf die offizielle Bestätigung vom päpstlichen Nuntius in Paris.[22] In diesem Moment trat jedoch ein noch mächtigerer Kämpfer auf den Plan. Die Nachricht von den Abmachungen der Gräfin von Brionne mit König Gustav breitete sich in Windeseile von Paris nach Rom aus, und Marie-Antoinette, Königin von Frankreich, schwor sich, daß der Protegé der Gräfin nie seinen roten Kardinalshut tragen sollte. Dafür hatte sie ihr eigenen Gründe. Sie war kürzlich in einen unschönen Skandal verwickelt worden, der sich um ein Diamanthalsband[23] und den Kardinal de Rohan, den Vetter der Gräfin von Brionne, drehte. Bei diesem Prozeß hatte der Kardinal schwere Zweifel an der Unschuld Marie-Antoinettes bei dieser Intrige laut werden lassen, und die Gräfin hatte die Meinung des Kardinals in ihrem Salon heftig verteidigt und unterstützt. Die Königin instruierte den österreichischen Gesandten in Paris, Graf Mercy, dem österreichischen Vertreter beim Vatikan Auftrag zu erteilen, den Ansprüchen eines jeden Bewerbers entgegenzutreten, der durch die Gräfin von Brionne, den Kardinal Rohan oder den König von Schweden unterstützt würde. »Die Rache der Königin«, erklärt Talleyrand später, »wirkte sich bis auf mich aus, und ich hatte einige Schwierigkeit, die Position zu erreichen, die mir doch zustand. Aber die Zuneigung der Madame de Brionne und ihrer Töchter entschädigte mich größtenteils für die Rückschläge, die ich beruflich hinnehmen mußte ... Meine Nominierung wurde vom Papst zurückgezogen, und wahrscheinlich moderte mein Kardinalshut viele Jahre in einer französischen Festung vor sich hin.«

Der Widerstand Marie-Antoinettes, die Mißbilligung des Königs, die Verleumdung des Bischofs von Autun – was Talleyrand bescheiden als »meine Mißgunst bei Hofe« beschrieb – wurde schon bald durch Ereignisse aufgehoben, die nicht einmal Könige von Gottes Gnaden im Griff haben konnten. Am 2. Mai 1788 starb der Erzbischof von Lyon. Talleyrand konnte wieder hoffen, und Madame de Brionne begann, Tag und Nacht dahingehend zu arbeiten, die Kandidatur ihre Schützlings bei Hofe zu unterstützen. Aber König Ludwig blieb hart. Was noch schlimmer war, er wählte als Kandidaten für den von Talleyrand so heiß ersehnten Bischofssitz dessen schlimmsten Feind innerhalb des Klerus, den einflußreichen und bestens informierten Monseigneur de Marbœuf, den Bischof von Autun.

Und doch war noch nicht alles verloren. Marbœufs Beförderung war zwar ein harter Schlag, aber die Enttäuschung war leichter zu tragen, wenn man überlegte, daß nun zwar Lyon einen neuen Prälaten hatte, Autun dagegen überhaupt keinen. Talleyrands Freunde begannen also wieder mit erneuten Kräften zu intervenieren. Selbst die Geistlichen von Autun halfen mit, den König zu überzeugen, daß es gut wäre, den Abbé de Périgord als neuen Bischof einzusetzen. Sie verwiesen auf die ausgezeichnete Arbeit, die er als Generalbevollmächtigter des Klerus geleistet hatte. Sie lobten seine Eloquenz, seine Belesenheit und seine Energie. Seine Unmoral taten sie als Ergebnis seiner freudlosen Jugend und als menschliche Schwäche ab und sammelten Beweise für seine Gläubigkeit, die den gläubigsten König, den Frankreich je hatte, überzeugen sollten. Aber Ludwig ließ sich nicht erweichen. Er kannte diese Argumente sehr wohl und wußte, daß dies trotz gegenteiliger Beweise derselbe Abbé de Périgord war, den er einige Jahre zuvor aus dem Kreis der

Bewerber ausgeschlossen hatte. Talleyrands Freunde ließen nicht locker, doch Seine Majestät war nicht zu überzeugen. Sein Gewissen sagte ihm, daß ein anderer Kandidat sich auf dem frei gewordenen Bischofsstuhl vorteilhafter ausnehmen würde.

An diesem kritischen Punkt kam Talleyrand das Schicksal zu Hilfe. Sein Vater, Graf Périgord, lag im Sterben und verlangte, soweit bekannt zum ersten Mal in seinem Leben, seinen Sohn zu sehen. Talleyrand eilte herbei, und es kam zu einer ruhigen, kurzen Unterredung. Man sagte, der Graf habe auf seinem Totenbett seinen Sohn angefleht, seinen Lebenswandel zu ändern und sich von seinen sittenlosen Freunden loszusagen. Andere wieder behaupteten, er habe ihn um Verzeihung für das Unrecht gebeten, daß er in ein Leben gezwungen worden sei, für das er, wie sich jetzt herausstellte, keineswegs geeignet wäre. Dann legte der Graf von Périgord, vielleicht aus Überzeugung, vielleicht aus Schuldgefühl seinem Sohn gegenüber, ein Versprechen ab: Er würde mit dem König über das Bistum von Autun sprechen.

Charles-Daniel de Périgord-Talleyrand war der Vertreter einer alten Familie, die ihre Abstammung, wie auch die königliche Familie, bis weit in die Zeit des karolingischen Frankreichs zurückverfolgen konnte. Die Talleyrands waren folglich nach den Gepflogenheiten der damaligen Zeit »Vettern« der Könige. Diese Beziehung brachte einige Vorrechte mit sich, die gewöhnlichen Sterblichen versagt blieben. Eines dieser Privilegien war beispielsweise, daß der König von Frankreich, ohne sich selbst zu erniedrigen, sich in ernsthaft kritischen Situationen an seinen Vetter Périgord wenden konnte. Und ebenso konnte Ludwig, der für Talleyrands Vater immer schon eine besondere Zuneigung hatte und der darüber hinaus wußte, daß der Graf ein guter Freund und Bediensteter seines Vaters gewesen war, dem Grafen auch in den letzten Minuten seines Lebens Beistand leisten. Die äußeren Umstände seines Besuches, die Erinnerung an seinen geliebten Vater und die Worte des Grafen taten ein übriges, ihn seine starre Haltung aufgeben zu lassen. Er konnte die Bitte eines Sterbenden nicht abschlagen, und so versprach er, daß Talleyrand den Bischofsstuhl von Autun besteigen würde.

Ludwig XVI. unterzeichnete zwei Tage vor dem Tod des Grafen das Dokument, in dem er Talleyrand für das Bistum Autun nominierte. Der Text lautete:

> »... der König zu Versailles, der um das fromme Leben und die Sittenstrenge, die Gläubigkeit, Gelehrsamkeit und Eignung wie auch um die übrigen lobenswerten Eigenschaften des

Charles-Maurice de Talleyrand-Périgord weiß ... hat ihm am heutigen Tag, dem zehnten des Monates Dezember im Jahre 1788, das Bistum Autun übergeben.«

Der König war zweifellos unglücklich über das Versprechen, das er dem sterbenden Grafen de Périgord gegeben hatte. Aber er war ein ehrenhafter Mann und hielt sein Wort. Talleyrands Mutter, der der Lebenswandel ihres Sohnes mißfiel, äußerte offen ihren Widerspruch, aber der König zeigte sich ebenso eigensinnig wie früher. Er konnte sich nicht selbst entehren, indem er ein dem sterbenden Grafen gegebenes Versprechen nun nicht hielt. Er unterzeichnete das Dokument und machte Talleyrand zum Bischof. *Cela le corrigera* sagte er – er wird in die Aufgabe hineinwachsen.

Talleyrand selbst war über sein Bistum auch nicht überaus glücklich. Es war kaum ein annehmbarer Ersatz für Bourges oder Lyon, geschweige denn für einen Sitz im Kardinalskollegium. Die Stadt war klein und provinziell; nur ein paar uninteressante Überreste aus römischer Zeit und die Kathedrale, die ursprünglich als byzantinische Basilika geplant war und ein berühmtes Portal sowie zwei anmutige Türme besaß, die sich gegen den klaren Himmel über Autun abzeichneten, machten sie bemerkenswert. Die Bevölkerungszahl war gering – unter zehntausend – und, was noch schlimmer war, die Einkünfte beliefen sich nur auf 22000 Livres. Und doch hatte dieser relativ unbedeutende Bischofssitz auch seine positiven Seiten. Mit dem Bischofsstuhl erwarb der Bischof von Autun gleichzeitig eine stattliche Reihe von Titeln: Graf de Saulien, Baron d'Issy-Leveque, Lucenay, Grosme und Touillon. Keiner dieser Titel entsprach zwar dem Niveau eines Grafen de Périgord oder eines Fürsten von Chalais, aber sie gehörten nun Talleyrand ganz alleine, unabhängig von seiner Familie, und das war gerade für den Mann nicht ohne Bedeutung, der es für das stolzeste Vergnügen hielt, für seine eigene Position verantwortlich zu sein. Und schließlich war da noch eine andere Überlegung, die das Bistum von Autun für Talleyrand akzeptabel erscheinen ließ: nach altem Brauch war der Kandidat dieser Diözese im allgemeinen der erste Bewerber auf der Liste um das Erzbistum Lyon – wie man an Monseigneur de Marbœuf gerade gesehen hatte. Und Marbœuf war bereits im fortgeschrittenen Alter, während Talleyrand erst vierunddreißig Jahre zählte.

Nach den Vorschriften der Kirche mußte ein neu ernannter Bischof erst drei Tage in Gebet und Einsamkeit zubringen, ehe er geweiht werden konnte. So spontan Talleyrand den Bischofsstuhl, sozusagen ein Vermächtnis seines Vaters, angenommen hatte, so unvermittelt fügte er sich auch dieser Vorschrift. Er zog sich in das Seminar von Issy (das zu Saint-Sulpice gehörte) zurück, um sich auf die heilige Weihe, die er empfangen sollte, vorzubereiten. Wenn wir Abbé Duchoux, der für die Dauer des Aufenthalts in Issy zu seinem geistigen Lehrer bestimmt worden war, Glauben schenken dürfen, dann waren diese Exerzitien schlichtweg eine Katastrophe. Noch nie, so berichtete der Abbé, habe er einen so schwierigen Kandidaten gehabt. Inmitten der Gebete ging plötzlich die Türe auf und herein strömte eine Gruppe »frivoler Leute«, um mit dem angehenden Bischof den neuesten Klatsch auszutauschen. Schlimmer war jedoch nach Ansicht des Abbé die ständige Pietätlosigkeit und Unaufmerksamkeit des Kandidaten, die er »schockierend« und »unglaublich« fand.

Die Zeremonie der Bischofsweihe, die dieser qualvollen Zeit folgte, fand am 16. Januar 1789 in der Kapelle von Issy statt. Nicht ein einziges Mitglied seiner Familie nahm daran teil. Es war wie immer. Ein Zeuge der Zeremonie, ein Seminarist von Saint-Sulpice, berichtete später, daß das Benehmen des neuen Bischofs während der Zeremonie *inconvenant* – unziemlich gewesen sei. Talleyrand, so erinnerte er sich, sei unbewegt und zerstreut gewesen und habe den Ritus mechanisch über sich ergehen lassen wie ein Schauspieler, den seine Rolle langweilt. Als er jedoch seinen Eid ablegte, war seine Stimme klar und fest: »Ich, Charles-Maurice, auserwählt für die Kirche von Autun, will vom heutigen Tag an treu und gehorsam Petrus, dem Apostel, der Heiligen Römischen Kirche, dem Heiligen Vater und all seinen Nachfolgern dienen. Ich werde alles tun, was in meiner Macht steht, um die Rechte, Ehren, Vorrechte und die Autorität der Heiligen Römischen Kirche, unseres heiligen Vaters, des Papstes, und all seiner Nachfolger zu bewahren, zu verteidigen, zu mehren und zu fördern.« Nachdem er die Eidesformel gesprochen hatte und gesalbt worden war, erhielt er die Würdezeichen seines neuen Amtes, die Mitra, den Krummstab und den Ring. Der Chor sang die Antiphon *Ecce sacerdos magnus* – »Seht einen großen Priester, der Gott gefällt«.

Nach diversen Fehlschlägen war Talleyrand nun Bischof und stand an der Schwelle zu einer außergewöhnlichen Zukunft. Er fügte sich in die Vorschriften und Riten der Kirche, doch mußte man andererseits seine Gleichgültigkeit und seine skeptische Haltung gegenüber dem Religiösen in seinem neuen Amt verstehen. Es waren nicht die bischöflichen Vorrechte, die er anstrebte, und sicher nicht das Recht, Priester weihen und das heilige Sakrament der Firmung erteilen zu dürfen. Sein Ehrgeiz galt nicht einem bestimmten Ort, einem Titel oder apostolischer Autorität – er galt der Macht. Autun, so unbedeutend und arm es war, markierte seinen Eintritt in den Machtbereich. Es sollte dazu dienen, dieses Streben weiter verfolgen zu können.

Die Art, wie Talleyrand seine Bischofsrolle verstand, ist schon charakteristisch für das, was später folgen sollte. Unmittelbar nach seiner Weihe verließ er Issy – nicht etwa, um Autun einen Besuch abzustatten, an dem er nicht das geringste Interesse hatte, sondern um nach Paris zurückzukehren. Autun gehörte ihm nach Kirchen- und nach bürgerlichem Recht, und es bestand deshalb seiner Ansicht nach keine Notwendigkeit, dort auch *in persona* anwesend zu sein, um sein Recht zu dokumentieren. Aber dem Klerus und den Gläubigen mußte sofort deutlich gemacht werden, daß sie einen Vorgesetzten hatten. Deshalb instruierte er den Abbé de Grandchamps, den Erzpriester seiner Kathedrale, in seinem Namen den Bischofsstuhl zu übernehmen und machte sich dann von Paris aus daran, die Dinge in Autun so zu organisieren, daß sie seinen Zwecken dienlich sein würden. Er nominierte mehrere vertrauenswürdige Priester als Beamte in seiner Kanzlei und stellte umsichtige Mitglieder des Klerus als Dekane für seine ländlichen Gemeinden auf. Als Oberaufsicht schickte er einen Stellvertreter nach Autun, der mit der Autorität des Bischofs selbst regieren konnte: Borie Desrenaudes, ein langjähriger und vertrauter Freund, der mit ihm zusammen die Weihe empfangen hatte. Dann verbrachte er die folgenden Monate damit, von Paris aus mit Briefen die Herzen und Seelen seiner Gläubigen zu gewinnen.

Im ersten dieser Briefe zitierte er aus dem Paulusbrief an die Römer: *Desidero videre vos* – »Ich wünsche sehr Euch zu sehen«. Das entsprach nicht ganz der Wahrheit, denn wenn jemand diesen Wunsch hegte, so waren es die Bürger von Autun, die ihren Bischof noch nie zu Gesicht bekommen hatten. Aber der Zweck war erreicht, die Leute in einem Zustand von wachsender und erwartungsvoller Neugier auf ihren bis dato abwesenden Hirten zu halten. Er fuhr dann fort, den Bewohnern von Autun zu versichern, wie wichtig sie für ihn seien: »Euch, meinen überaus geliebten Brüdern, gehört unsere ganze Sorge. All unser Denken, unsere Wünsche und Gefühle gelten Euch.« In Worten, denen keiner anmerkte, daß ein Sproß der Familie Talleyrand-Périgord weit davon entfernt war, sich für die Belange und Sorgen des einfachen Volkes zu interessieren, öffnete er diesem Volk sein Herz und erzählte ihm von seines Vaters sehnlichstem Wunsch, daß er den Bischofsstuhl von Autun übernehmen solle, von der Tatsache, daß Autun der Geburtsort seiner Mutter war, und von der Freude seines Vaters, als er auf dem Totenbett erfuhr, daß sein Sohn tatsächlich Bischof »unserer geliebten Diözese« werden würde ... »Und dann, als dieser traurige Moment gekommen war, schien es mir, daß ich bei Euch, bei meiner Mutter Volk, Zuflucht und Trost für meinen überaus schmerzlichen Verlust finden würde.« Der Brief endete wie alle Pastoralbriefe Talleyrands mit einer Ermahnung zum Gebet, damit »Eure Tage von der heiligen Gemeinschaft mit Gott erfüllt seien«.

Die Briefe wurden von jeder Kanzel der Diözese verlesen und hatten eine spontane und einhellige Wirkung auf das Volk. Die Menschlichkeit und der apostolische Eifer, der aus diesen Briefen sprach, gewann Talleyrand die Herzen seiner Schäfchen. Gerüchte über sein ausschweifendes Leben in Paris, die ihren Weg bis zu diesen einfachen Christen gemacht hatten, wurden nicht nur ignoriert, sondern sogar unwillig zurückgewiesen. Sogar die Priester, die nicht so naiv wie die Mitglieder der Pfarrgemeinde waren, waren davon überzeugt, daß sie sich glücklich schätzen konnten, einen solchen Mann zum Bischof zu haben, hatte er doch seine Weisheit und seine Umsicht bereits bewiesen, als er seine Diözese von Paris aus verwaltungsmäßig so klug aufteilte; dies hatte ihm allgemein Zustimmung und Ehrerbietung eingetragen. Mitten in diese Euphorie kam die Nachricht aus Paris, daß es den Bischof nun so nach seiner Gemeinde drängte, daß er Autun einen längeren Besuch abstatten wolle. Mit seinem Besuch sei bereits in wenigen Tagen zu rechnen.

Talleyrand hatte nicht die Unwahrheit gesprochen, als er dem Volk von Autun den Wunsch mitteilte, es bald zu sehen. Die Tatkraft, mit der er sich in Paris unmittelbar nach seiner Weihe zum Bischof daran gemacht hatte, seine Diözese zu organisieren, war Ausdruck dafür, daß er seine Verantwortung ernst genug nahm. Damit gewann er sogar die Billigung von seiten des Klerus, der verständlicherweise etwas skeptisch hinsichtlich der Leistungsfähigkeit eines abwesenden Bischofs war. Die Überzeugungskraft, mit der er von der Bedeutung des Gebets sprach, obwohl er selbst, soweit bekannt, nie betete, ist im Hinblick auf seine Erziehung und Ausbildung verständlich. In dem Teil seiner Memoiren, die sich mit seiner Kindheit in Chalais befassen, äußerte er sich ausführlich über die Verantwortlichkeiten dem Volk gegenüber, die dem Adel, besonders dem alten Adel in Frankreich zufallen – Verantwortlichkeiten, die beispielsweise die Pflicht mit einschließen, dem Volk in ihm verständlichen Worten Hilfe und Rat anzubieten. Talleyrand mag nicht geglaubt haben, aber er billigte, daß andere glaubten. Solange er Bischof von Autun war, würde er seine Talente nicht nur dafür verwenden, seine Diözese bestmöglich zu verwalten, sondern auch dazu, die Gläubigen zu unterrichten und zu erbauen – wenigstens mit Worten, wenn er es schon durch sein Beispiel nicht konnte. Er kannte keine Heuchelei. Nicht zum ersten und nicht zum letzten Mal hatte er eine Aufgabe übernommen, die er, wie wenig sie ihm auch entsprach, mit allen ihm zur Verfügung stehenden Kräften erfüllte.

Gleichzeitig besteht kein Zweifel darüber, daß Talleyrands Briefe nach Autun etwas davon hatten, was wir heute Public-Relations-Kampagne nennen würden. Ihm ging es weniger um die Zustimmung des Klerus und des Volkes als vielmehr um deren Unterstützung. Von Paris aus hatte er aufmerksam die augenblicklichen Wandlungen in der öffentlichen Meinung und in der Politik beobachtet. In der Hauptstadt gärte der Aufruhr, der nur wenige Monate nach Talleyrands Übernahme der Diözese von Autun in den Wirrwarr der Französischen Revolution ausbrechen sollte. Auf jeder Ebene hatte sich ein gespanntes Warten ausgebreitet. Die irreversiblen Kräfte, die Revolutionen immer vorangehen, machten sich bemerkbar, und jeder, vom König bis zum einfachen Arbeiter und zum geistvollen Unterhalter im Salon der Madame de Brionne, spürte, daß etwas in der Luft lag. Die Gespräche in den Salons drehten sich nicht mehr um Klatsch, Skandal und Kurzweil, sondern um politische und wirtschaftliche Dinge. Jeder, so berichtete Talleyrand, »fühlte sich fähig, das Land zu regieren. Was die Minister auch taten, es war der Kritik ausgesetzt. Die persönliche Haltung des Königs und der Königin wurden diskutiert und erregten fast immer die Mißbilligung der Pariser Salonbesucher. Junge Frauen sprachen sachlich über alle politischen Belange.« Der Thron, das fühlte jeder, geriet ins Schwanken, und über Paris schwebte das drohende Unheil. Elend und finanzielle Misere standen wie drohende Zeigefinger am Himmel.

Das Gespenst, das um 1789 so klar definierbar war, daß man es nicht mehr länger ignorieren konnte, hieß Staatsbankrott. Dies war keine plötzliche und unerwartete Krise, aber eine, aus der es unter dem *Ancien Régime* keinen Ausweg gab. Die Kosten der Teilnahme Frankreichs am amerikanischen Unabhängigkeitskrieg kamen zu den enormen Schulden aus den Regierungszeiten Ludwigs XIV. und Ludwigs XV. und zu den exzessiven, unkontrollierten Staatsausgaben sowie der Verschwendungssucht des Hofes, der die Staatsfinanzen in totales Chaos gestürzt hatte, dazu. König Ludwig XVI. hatte zu Beginn seiner Regierungszeit alles in seiner Macht

Stehende getan. Er hatte die Finanzverwaltung des Landes Jacques Turgot, einem Freund Talleyrands und einem Mann von außergewöhnlichen Fähigkeiten und Mut, übertragen. Turgot hatte sein Programm dem König in einfachen und aussagekräftigen Worten dargelegt: »Es wird keinen Bankrott, keine erhöhten Steuern und keine Anleihen geben.« Er hoffte, die Nation durch zwei Methoden aus ihrer mißlichen Lage befreien zu können: erstens durch Verminderung der Ausgaben und zweitens durch die Abschaffung der Regierungskontrolle über Landwirtschaft, Handel und Industrie. Letztere sollte das Bruttosozialprodukt vergrößern und dadurch dem Staat zu größeren Einkünften verhelfen.

Turgots Methoden hatten sich bereits in einer der ärmeren französischen Provinzen als wirksam erwiesen, aber auf nationaler Ebene schufen sie mehr Probleme, als sie lösten. Mit der Abschaffung von unnützen Ausgaben hatte Turgot jeden getroffen, der vom Staat Pension oder sonstige Pfründe bezog (und davon gab es viele). Indem er die staatliche Kontrolle über den Handel abschaffte, hatte er die Spekulanten in Rage versetzt. Mit der Unterdrückung der Zünfte, worauf die Produktion durch die begrenzte Anzahl von Arbeitern in jedem Industriezweig limitiert wurde, hatte er sich den Haß der organisierten Arbeiterschaft zugezogen. Als er die Bauern davon befreite, die öffentlichen Straßen zu reparieren, traf ihn die Rache der Landbesitzer, die nun damit rechnen mußten, daß diese Unkosten auf sie zukamen. So waren sich alle, die vom früheren System profitiert hatten – Adel, Klerus und Bourgeoisie – in ihrer Opposition gegen Turgot einig. Unterstützt von den Provinzialparlamenten und von der Königin höchstpersönlich übten sie Druck auf König Ludwig aus, Turgot zu entlassen. Der Minister warnte seinen König: »Vergeßt nicht, Eure Majestät, daß es Schwäche war, die Karl I. zum Richtblock brachte.« Und der König erwiderte traurig: »Turgot und ich, wir sind die einzigen, die das Volk lieben.« Aber er gab dem Drängen der Königin nach und entließ den Mann, der den Thron hätte retten können.

Turgots Sturz warf Licht auf einen typischen Wesenszug des *Ancien Régime*. Allen Reformern wurde mitgeteilt, daß keine Veränderungen, die die privilegierten Klassen betrafen, geduldet würden. Da aber die Staatsfinanzen nur durch Reformen hätten gerettet werden können, die diese Gesellschaftsschichten betrafen, war man in einer Sackgasse. Von dieser Zeit an schien das Schicksal des Systems besiegelt, und alles, was man jetzt noch tun konnte, war, den unvermeidbaren Zusammenbruch hinauszuschieben.

Turgots Nachfolger war Jacques Necker, ein Genfer Bankier, den

Talleyrand mehr um seiner selbst willen als wegen seiner Politik verachtete. Necker zog sich sehr erfolgreich eine große Anzahl von echten Feinden zu, indem er für Staats- und Hofausgaben strikte Sparsamkeit anordnete. Die Maßnahme, die den Zorn des Hofes am nachhaltigsten erregte, war sein Entschluß, einen Finanzbericht anzufertigen, der die Einkünfte und Ausgaben des Staates aufzeigen sollte. Das war noch nie zuvor getan worden, und der Hof war schockiert, daß diese Zahlen plötzlich der Öffentlichkeit zugänglich gemacht werden sollten – besonders, da der Bericht bewies, wieviel jährlich für die Pensionen der Höflinge aufgewendet wurde. Ein zweites Mal gab Ludwig dem Druck von außen nach, und Necker mußte gehen.

Als nächsten Minister hatten die Hofparteien die Ernennung von Charles-Alexandre de Calonne vorgesehen. Niemand konnte angenehmer sein. Sein einziges Streben schien zu sein, allen zu gefallen, und für eine Weile hatte er auch Erfolg damit. Die Mitglieder des Hofes brauchten nur ihre Wünsche zu äußern und bekamen deren Erfüllung sofort versprochen. Calonne, ein charmanter, witziger und intelligenter Mann, hatte eine Art, Geld auszugeben, die allen ihn Umgebenden gelegen kam. »Ein Mann, der Geld borgen will, muß reich aussehen«, war sein Grundsatz, »und um reich zu erscheinen, muß er durch großzügiges Geldausgeben bestechen.« Talleyrands Meinung dazu traf den Nagel auf den Kopf: Calonne trat wie »der kluge Verwalter eines bankrotten Verschwenders« auf. In diesem Sinne floß das Geld reichlich in jenen Jahren. In drei Friedensjahren borgte Calonne 300 000 000 Livres – und gab zweimal soviel aus.

Es war zu schön, um wahr zu sein. Im August 1786 war die Zeit der Abrechnung gekommen. Die Schatzkammer war leer, Geld wurde dringend benötigt, und niemand mehr war gewillt, dem Staat etwas zu borgen. Angesichts dieser Krise unternahm Calonne einen vernünftigen, wenn auch politisch unklugen Schritt. Er schlug eine allgemeine Steuer vor, die der Adel ebenso wie die unteren Klassen zu entrichten hätte. Wie zu erwarten stieß er damit auf denselben Widerstand, dem zuvor auch Turgot und Necker zum Opfer gefallen waren. Also mußte auch Calonne gehen.

Loménie de Brienne, der sein Amt übernahm, ereilte dasselbe Schicksal. Er sah keinen anderen Ausweg als neue Steuern und schlug diesen Weg vor. Das Parlament von Paris protestierte sofort und weigerte sich, das neue Steuergesetz einzuführen. Der König selbst versuchte die Mitglieder durch seine Anwesenheit zum Einlenken zu bewegen. Das Parlament kam seinen Wünschen auch entgegen, widerrief aber sofort, als sich der König verabschiedet hatte. Die Provinzialparlamente schlossen sich Paris an und weigerten sich, ein Gesetz anzunehmen, dem das Parlament in Paris nicht zugestimmt hatte. Die in der Hauptstadt kursierende Devise war in aller Munde: Steuern können nur von denen auferlegt werden, die sie bezahlen. Überall hörte man, ausgehend vom Pariser Parlament, die Forderung, die Generalstände einzuberufen. Schließlich mußte der König im Dezember 1788 nachgeben, und zum ersten Mal seit 1614 wurden die Generalstände einberufen. Die Vertreter der drei Stände – Bürger, Klerus und Adel – sollten am 4. Mai 1789 zusammentreten. König Ludwig, der in den 15 Jahren seiner Herrschaft nichts dazugelernt und die Vergangenheit vergessen hatte, berief den Bankier Necker wieder in sein Amt, den Talleyrand »für den letzten Mann, der zu einem kritischen Zeitpunkt für einen so wichtigen Ministerposten in Frankreich hätte ausgewählt werden dürfen«, hielt.

All diese Ereignisse hatte Talleyrand in den Jahren nach seiner Weihe mit größter Aufmerksamkeit verfolgt. Er kannte die Minister, die einer nach dem anderen zurücktreten mußten, da ihre Vorschläge bei den Ständen, denen er selbst angehörte – dem Klerus und dem Adel – auf Widerstand gestoßen waren. Er hatte Mißerfolg auf Mißerfolg bei den Versuchen miterlebt, eine Situation wiederherzustellen, die nicht mehr zu retten war. »Man erkannte einfach nicht«, erklärte er, »daß einige wenige unumstößliche Prinzipien der Wirtschaftspolitik in Verbindung mit einem vernünftigen öffentlichen Kredit die ganze Weisheit der Finanzpolitik ausmachten.« Nun war das Unerwartete eingetroffen. Die Generalstände würden zusammentreten. Talleyrands politische Aktivitäten hatten sich bislang hinter den Kulissen in den Salons mittels Konversation und Vorschlägen abgespielt. Nun eröffnete sich ihm der Weg zur direkten politischen Macht, ein Weg, der perfekt auf seine Talente und Bestrebungen zugeschnitten war. Im Jahr 1783 hatte er im Haus des Erzbischofs von Reims William Pitt getroffen. Talleyrand, damals neunundzwanzig Jahre alt, hatte als Generalbevollmächtigter des Klerus nur am Rande des Machtgeschehens gelebt. Pitt war mit seinen fünfundzwanzig Jahren bereits Schatzkanzler und würde in einigen Monaten Premierminister werden. Die Unterschiede im englischen und im französischen System mußten einem so ehrgeizigen und aufmerksamen Mann wie Talleyrand zweifellos ins Auge stechen. In dem einen Land stand der Weg zur Macht ungeachtet seines Alters jedem Mann offen, wenn er nur fähig war. Im anderen Land war dies nur über Hofintrigen und entsprechendes Alter möglich. So jedenfalls war die Situation bis zu dem Zeitpunkt, als der König die Generalstände einberief. Jetzt war Frankreich dabei, ein Äquivalent für das englische Parlament ins Leben zu rufen, wobei sich für einen Abgeordneten der Versammlung die Chance ergab, seinen Ehrgeiz zu befriedigen. Unter diesem Aspekt hatte Talleyrand den Wert seines Postens in Autun bereits vor seiner Weihe erkannt. Es mußte ihm gelingen, als Vertreter seiner Diözese zu der Versammlung der Generalstände nominiert zu werden. Seine Bemühungen, den Klerus und das Volk von Autun für sich zu gewinnen, waren mehr als nur eine Übung in Öffentlichkeitsarbeit – es war eine politische Kampagne, die mit seinem angekündigten Besuch in Autun ihren Höhepunkt erreichen sollte.

Am 12. März 1789 stand bereits vor dem Morgengrauen die Bevölkerung dicht gedrängt in den Straßen des kleinen Städtchens, um ihren Bischof zu sehen. Posten wurden aufgestellt, und endlich, am späten Vormittag, kam die Kunde, Talleyrands Kutsche nähere sich der Stadt. Die Kirchenglocken begannen zu läuten, als der Bischof durch die menschenerfüllten Straßen fuhr und lächelnd sein Volk segnete. Die Kutsche brachte ihn zur Kathedrale, wo anläßlich des hohen Besuchs ein *Te Deum* gesungen wurde. Talleyrand ging vor wie ein geschickter Politiker im Wahlkampf. Er gab Diners im Bischofspalast, zu denen fast jeder geladen war, und an diese Einladungen erinnerte man sich später mit Entzücken. Bei diesen Zusammenkünften drehten sich die Gespräche natürlich überwiegend um die Probleme der Stadt, die weltlichen wie auch die geistlichen, und man diskutierte die politischen und geistigen Bedürfnisse und Belange des Volkes. Die Tage verbrachte Talleyrand damit, unermüdlich und geschickt für sich zu werben, indem er durch die Straßen schritt und mit Frauen und den Familien angesehener Handelsleute plauderte und mit den Männern wichtige Angelegenheiten besprach. Seine Botschaft lautete gleichermaßen immer: Sagt mir, was Ihr wollt, daß ich tue, und ich werde es tun.

Gelegentlich stimmte das, was die Leute wollten, nicht genau mit dem überein, was er selbst wollte, aber selbst dann blieb er ein aufmerksamer Zuhörer und taktierte vorsichtig und geschickt. Es gab Situationen, in denen er besser seinem eigenen Urteil gefolgt wäre als der Meinung anderer, so zum Beispiel am 25. März, dem Fest Mariä Verkündigung. Das Domkapitel hatte sich intensiv dafür eingesetzt, daß der Bischof anläßlich dieses Festes eine Pontifikalmesse zelebrieren sollte. Dies war keine ungewöhnliche Bitte, und Talleyrand stimmte nach einigem Zögern zu – und machte damit den einzigen Fehler während seines Aufenthalts in Autun. Wegen seines

Hinkens stolperte er über das lange Meßgewand, das er tragen mußte, und da er nie zuvor eine so komplexe Zeremonie durchgeführt hatte, kam er in Schwierigkeiten mit den liturgischen Anweisungen, gab die falschen Antworten und zeigte sich im großen und ganzen so wenig vertraut mit dem komplizierten Ritus, daß einige Mitglieder des Domkapitels angeblich so laut lachen mußten, daß es am Altar zu hören war.

Talleyrand scheint zwar nicht genau gewußt zu haben, wie man eine Pontifikalmesse zelebriert, dafür wußte er um so besser, wie man sich selbst ins rechte Licht rückt. Er baute auf gutes Essen, guten Wein, gute Unterhaltung und ein gutes persönliches Image, da diese Dinge seiner Meinung nach einfach dazugehörten, wenn man ein öffentliches Amt anstrebte. Denjenigen, die die Situation, in der sich Frankreich befand, verstanden, bot er Konkreteres.

In einer Ansprache an den versammelten Klerus seiner Diözese legte er ein detailliertes Programm der Sozial- und Wirtschaftsreform dar, das für die damalige Zeit erstaunlich radikal war. »Keine öffentliche Verordnung soll Gesetz dieses Landes sein, ehe das Volk diesem nicht feierlich zugestimmt hat«, sagte er, »und Steuern dürfen keinesfalls auferlegt werden, wenn dabei das unauslöschliche Recht des Volkes verletzt wird, Steuern einzurichten, zu modifizieren, zu limitieren, zu widerrufen und über ihre Verwendung zu verfügen.« Die öffentliche Ordnung in Frankreich müsse wiederhergestellt werden, und diese öffentliche Ordnung ruhe auf zwei Pfeilern: Freiheit und Wohlstand. Beide seien heilig. Aber die Zeit sei gekommen, zu prüfen, ob oder ob nicht gewisse Dinge ungerechterweise als »Eigentum« deklariert seien, die in Wirklichkeit der ganzen Nation und nicht nur einer Einzelperson oder einer Gruppe zuständen. Der zweite Grundpfeiler der öffentlichen Ordnung, die Freiheit, müsse von neuem proklamiert werden, Rede- und Pressefreiheit müßten gesetzlich verankert sein. Das Recht auf Erziehung müsse auf alle Bevölkerungsschichten ausgedehnt werden. Die Staatsfinanzen wären neu zu ordnen, und zwar nicht durch neue Steuerauflagen, sondern durch Beseitigung staatlicher Sonderrechte und, falls nötig, durch den Verkauf von Kronländereien. Ein Schuldentilgungsfonds sollte geschaffen und eine Nationalbank eingerichtet werden. Und schließlich müsse das Grundrecht jedes Menschen auf Arbeit gewährleistet und gefördert werden. Dazu müsse die Regierungskontrolle über Landwirtschaft, Industrie und Handel abgeschafft werden; nur dann hätte jeder Franzose die Möglichkeit, sich seinen Lebensunterhalt zu verdienen.

Dies waren die Themen, die er in den Salons zur Diskussion stellte. Er war davon überzeugt, daß die Verwirklichung seiner Vorschläge Frankreich die Rettung bringen würde. Seine Ehrlichkeit und sein Geschick, die Vorschläge der Öffentlichkeit nahezubringen, brachten ihm Glück.

Am 2. April wurde er von einer überwältigenden Mehrheit zum Abgeordneten des Klerus von Autun gewählt. Talleyrand war jetzt einer der Männer, die Frankreich reformieren und ihm letztlich zu einer neuen Verfassung verhelfen sollten. Jetzt hatte er die Position erreicht, aus der er zu einer Machtstellung aufsteigen würde, die niemand außer vielleicht er selbst voraussahnte.

Obgleich er erreicht hatte, weswegen er gekommen war, schien Talleyrand es nun nicht mehr eilig zu haben, Autun zu verlassen. Er blieb noch zehn Tage über die Wahl hinaus da, konferierte mit seinen Wählern und kümmerte sich um die Diözese, als ob die Würfel noch nicht gefallen und die Wahl zum Abgeordneten noch nicht entschieden gewesen wären. Wahrscheinlich hätte eine zu überstürzte Abreise nach der Wahl die Bewohner von Autun auch an den lauteren Absichten ihres Bischofs zweifeln lassen. Es könnte aber ebensogut sein, daß Talleyrand sich noch nicht so schnell von dem Respekt, der Bewunderung und sogar Zuneigung, die ihm zum ersten Mal in seinem Leben so reichlich entgegengebracht wurden, trennen mochte. Und doch wurde es Zeit zum Abschiednehmen. Die Generalstände sollten sich am 4. Mai treffen, und er mußte dafür in Paris noch einige Vorbereitungen treffen. Darüber hinaus stand Ostern vor der Tür, und man würde von ihm zweifellos noch einmal die Qual einer Pontifikalmesse verlangen. Am 12. April, dem Ostersonntag, befand er sich auf dem Weg nach Paris zu den Generalständen. Er sollte nie wieder einen Fuß in die Diözese von Autun setzen.

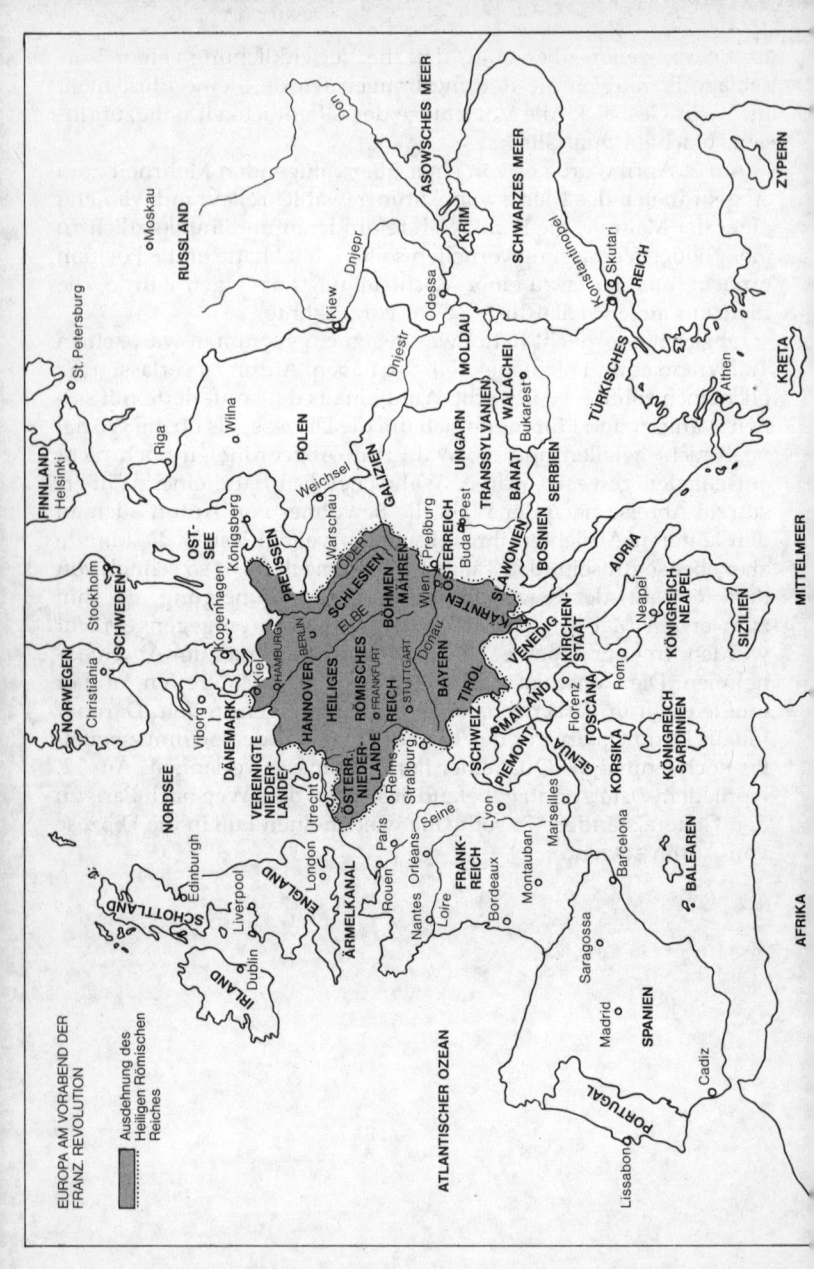

EUROPA AM VORABEND DER
FRANZ. REVOLUTION

▨ Ausdehnung des
Heiligen Römischen
Reiches

Anmerkungen zu Teil 1

[1] Der Franc im *Ancien Régime* hatte in der Mitte des 18. Jahrhunderts in etwa dieselbe Kaufkraft wie der amerikanische Dollar in der Mitte des 20. Jahrhunderts.

[2] »Meine Verwandten«, sagte Talleyrand, »hatten verschiedene Positionen am Hofe inne.« Die meisten dieser Positionen waren relativ bescheiden, was auch für diejenigen seiner Eltern galt. Einige wenige Mitglieder jedoch hatten ihre Stellung am Hof maximal ausgenützt. Talleyrands Urgroßvater beispielsweise hatte das Herz Ludwig XIV. erobert und regierte als Marquis de Montespan 12 Jahre lang über Versailles.

[3] Memoiren aus dieser Zeit sind voll von Anekdoten und Maximen über dieses für das 18. Jahrhundert typische Konzept der Ehe. Ein Herzog instruierte an seinem Hochzeitstag die Herzogin wie folgt: »Ich werde dir jede mögliche Freiheit lassen, es sei denn, du würdest es mit Lakaien und Prinzen des Hochadels treiben.« (Die nichtköniglichen Herzöge lagen mit dem Adel schon über ein Jahrhundert lang wegen bestimmter Vorrechte in Fehde.) Ein anderer Herzog, der seine Frau *in flagranti* mit ihrem Liebhaber überraschte, tadelte sie wegen mangelnder Diskretion: »Was wäre«, meinte er, »wenn dich jemand anderer so gesehen hätte?« Und der Herzog von Richelieu, einer der größten Lebemänner seiner Zeit, tröstete seine Tochter, der er zuvor verboten hatte, einen unbekannten Adeligen zu ehelichen, mit den Worten: »Wenn ihr euch wirklich liebt, dann gibt es auch nach deiner Hochzeit mit einem Mann deines Standes keinen Grund, warum ihr euch nicht weiterhin sehen solltet.«

[4] Ein zweites Kind, ein Junge, war vor Charles-Maurice geboren worden, starb jedoch bald. Die Gräfin gebar danach noch zwei Kinder: Archambaud (1762), der seine Eltern beerben sollte, und Boson (1764). Diese beiden jüngeren Söhne wurden von den Eltern im Haus in der Rue Garancière, das den Eltern der Gräfin gehörte, aufgezogen.

[5] Eine Reihe früher Historiker und Biographen glaubte oder schrieb zumindest, daß Talleyrands Gebrechen angeboren und vererbt und nicht auf einen Unfall zurückzuführen war. Es sollte nicht unerwähnt bleiben, daß diese Gelehrten, deren Vorstellungen in einer Zeit geprägt wurden, in der jedes körperliche Leiden automatisch auch mit geistigen Mängeln in Verbindung gebracht wurde, Talleyrand als Menschen und als Staatsmann nicht sonderlich gut gesonnen waren.

[6] Talleyrands wichtigster Biograph, G. Lacour-Gayet, verweist auf Briefe der Gräfin von Talleyrand an eine weibliche Verwandte, in denen sie ihre Besorgnis ausdrückt und die verschiedenen Korrekturmaßnahmen beschreibt (»L'enfance de Talleyrand«, *Revue de Paris*, 16. August 1926). Lacour-Gayet zitiert nur Fragmente dieser Briefe, und die Originale sind bis heute nicht veröffentlicht und zugänglich.

[7] Als Kind war Talleyrand offenbar nicht fähig, ohne Hilfe einer Krücke zu gehen. In späteren Jahren trug er ständig einen Stock, auf den er sich schwer stützte, und einen großen abgerundeten Schuh mit Metallrahmen, der bis zum Knie hinaufreichte, wo er mit einem Lederriemen befestigt war. Dieser Schuh wird heute noch im Schloß Valençay aufbewahrt.

[8] Das Collège d'Harcourt war zur damaligen Zeit eine der angesehensten Schulen in Paris und mit ihrem Gründungsjahr 1280 gleichzeitig auch die älteste. Diese Institution hatte alle geschichtlichen Veränderungen ungebrochen überlebt, mit Ausnahme eines

Vierteljahrhunderts während und nach der Revolution, als sie als Gefängnis diente. Heute ist sie unter dem Namen Lycée St.-Louis bekannt.

[9]) Choiseul war der Neffe des Herzogs von Choiseul, des damaligen Außenministers König Ludwig XV. Im späteren Leben fügte Choiseul den Namen seiner Frau an seinen eigenen und wurde in der Geschichte als Choiseul-Gouffier, Botschafter in Konstantinopel und französischer Adeliger, Staatsminister und Mitglied des Rates bei Ludwig XVIII. bekannt. Er starb 1817.

[10]) Talleyrand hatte mit seinen Lehrern am Collège d'Harcourt nicht besonders viel Glück. Nach Abbé Hardi, von dem der Junge nicht sehr viel hielt, bekam er einen Erzieher namens Hullot, bei dem sich bald Anzeichen eines beginnenden Wahnsinns bemerkbar machten, woraufhin er abgelöst wurde. Sein Nachfolger war ein Monsieur Langlois, »der ein wahrhafter Edelmann war, aber außer französischer Geschichte nichts konnte«.

[11]) Erzbischof von Paris, Rivale und schließlich Opfer von Erzbischof Mazarin. Er spielte eine tragende Rolle in der Fronde, den Aufständen gegen den Absolutismus in der Mitte des 17. Jahrhunderts unter Ludwig XIV.

[12]) Jiménez oder Francisco Jiménez de Cisneros war Reichsverweser von Kastilien (1506) und spanischer Großinquisitor. Er galt als großer und gerechter, aber auch als besonders blutdürstiger Regent und Staatsmann.

[13]) Hincmar, ein enger Freund, Berater und Verteidiger der unmittelbaren Nachfolger Karls des Großen, galt als eine der einflußreichsten Persönlichkeiten des karolingischen Frankreichs.

[14]) In den *Mémoires* wird natürlich der Name des Mädchens nicht erwähnt. Doch konnte Lacour-Gayet aufgrund der vorhandenen Informationen und mit ein wenig Nachforschungsarbeit mit Sicherheit sagen, daß es sich um Dorothée Dorinville handelte, die eine kleine Schauspielerin am Théâtre Française war, wo sie unter dem Künstlernamen Lurzy oder Luzy bekannt war (*Talleyrand*, Bd. 1, 5.88)

[15]) Der *Ministre de la Feuille* war der königliche Beamte – immer ein Prälat –, dem es zustand, Pfarreien zu vergeben. Er war derjenige, der über Leben und Tod von Bischöfen und Erzbischöfen in Frankreich entschied.

[16]) Die Krönung Ludwigs XVI. am 11. Juni 1775, dreizehn Monate nach dem Tod seines Großvaters, König Ludwig XV.

[17]) Einige Biographen, unter ihnen auch Orieux, nehmen an, daß ihm diese Pfründe durch Intervention der Madame Dubarry, der Mätresse Ludwigs XV., zugesprochen worden war. Nach dieser phantasievollen Anekdote ließ er im Salon von Madame Dubarry das Witzwort fallen, daß ›Paris eine Stadt sei, in der man leichter zu einer Dame als zu einer Abtei käme‹. die Geschichte ist sowohl der Dubarry wie auch Talleyrand durchaus zuzutrauen. Doch fehlt es ihr an Glaubwürdigkeit, da die Dubarry im April 1774, als der junge Mann Versailles besuchte, keinen Einfluß mehr hatte.

[18]) Talleyrands Oheim, Alexandre-Angélique, hatte nach dem Tod des Kardinals de la Roche-Aymon im Jahr 1777 dessen Platz eingenommen.

¹⁹) Es gab zwei Generalbevollmächtigte des Klerus, die für eine Amtszeit von fünf Jahren bestellt wurden. Ihre bedeutende Aufgabe bestand darin, eine Verbindung zum Staat herzustellen. Sie klärten die kirchlichen Einkünfte und hatten darauf zu achten, daß die Privilegien der Kirche und des Klerus gewahrt blieben oder sogar noch vermehrt wurden.

²⁰) Madame de Montessons Gatte war 1769 gestorben. Sie heiratete 1773 Orléans heimlich, nachdem sie ganz offen über mehrere Jahre hinweg seine Mätresse gewesen war. Der Herzog von Orléans sollte später in der Französischen Revolution eine bedeutende Rolle spielen. Er war der Vater jenes Louis-Philippe, Herzog von Orléans, den Talleyrand eines Tages zu Louis-Philippe, König der Franzosen, machte.

²¹) Seit der Zeit von Karl dem Großen hatten die französischen Herrscher das Recht, und sie kämpften auch dafür, Kandidaten für Bistümer, Abteien und andere Pfründen ihres Reichs zu benennen. Das Vorrecht König Ludwigs, einen Bischof für einen vakanten Bischofssitz zu ernennen, geht auf das Konkordat von 1516 zurück und war am Ende des 16. Jahrhunderts durch ein weiteres Abkommen zwischen Heinrich IV. und Rom besiegelt worden.

²²) Nach Kirchenrecht und altem Brauch wurde man in dem Moment zum Kardinal, in dem der regierende Papst sich dazu entschlossen hatte, ob er diesen Entschluß nun öffentlich kundtat oder *in petto*, d. h. noch für sich behielt. Auf keinen Fall aber durfte der designierte Kardinal sein Amt ausüben, ehe er die offizielle Bestätigung bekam. Wurde ein Kardinal *in petto* designiert, so wurde sein höheres Amt vom Tage der päpstlichen Entscheidung an gerechnet.

²³) Die Affäre um das Diamanthalsband, nach der sich das französische Volk ganz von der »Frau aus Österreich«, wie Marie-Antoinette genannt wurde, abwandte, brachte dem Königshof einen Prestigeverlust ein, von dem er sich nie wieder erholte. Und doch scheint die Königin daran keine Schuld zu treffen. Ihr Juwelier, Boehmer, hatte ihr ein wunderschönes Diamanthalsband zum Preis von 1 600 000 Franc angeboten. Da der Staat tiefverschuldet war, fühlte sich Marie-Antoinette gezwungen, den Kauf abzulehnen. Die Existenz des Diamanthalsbandes war jedoch inzwischen bekanntgeworden, und die Gräfin de la Motte-Valois wollte das Schmuckstück für sich selbst erwerben. Sie konnte den am Hofe in Ungnade gefallenen Kardinal de Rohan davon überzeugen, daß Marie-Antoinette ihm vergeben hatte und daß er als Zeichen der wiedererlangten Gunst als Vermittler für den Kauf des Halsbandes für die Königin agieren sollte. Die Zweifel des Kardinals wurden durch eine mitternächtliche Begegnung in den Gärten von Versailles zwischen ihm und einer Dame zerstreut, die er für die Königin hielt, die ihr aber in Wahrheit nur sehr ähnlich sah. Der so überzeugte Kardinal erstand das Halsband auf Kredit und übergab es Madame de la Motte-Valois, die es der Königin bringen sollte. Diese schickte es jedoch nach England, wo die Steine einzeln verkauft wurden. Die ganze eigenartige Affäre kam ans Tageslicht, als Boehmer monierte, von der Königin nicht den gesamten Kaufpreis erhalten zu haben. Der Kardinal de Rohan und die Gräfin de la Motte-Valois wurden festgenommen und vor Gericht gestellt, wobei der Kardinal als Betrogener freigesprochen, die Gräfin jedoch als Verbrecherin überführt wurde. Der Urteilsspruch war jedoch so abgefaßt, daß er große Zweifel bezüglich der Integrität der Königin aufkommen ließ.

2. Teil

Revolution und Exil
(1789-1797)

Der Sturzbach der Unwissenheit und Leidenschaft war so groß,
daß kein Sterblicher ihn aufzuhalten vermochte

Mémoires, Band I, S. 102

4. Die Tagung der Reichsstände

Die Reichsstände traten am Sonntag, dem 4. Mai 1789, in Versailles
zusammen. Es war ein milder Frühlingstag und in den Straßen der
Stadt wimmelte es von Leuten – meistens Parisern –, die gekommen
waren, um die Abgeordneten bei ihrer Prozession in die Kirche von
St. Louis zu sehen, wo um den Beistand des Heiligen Geistes gebeten wurde. Der Bischof von Autun machte in seiner Robe unter den
Vertretern des ersten Standes trotz seines Hinkens einen stattlichen
und ehrwürdigen Eindruck. Ein Beobachter, der die Szene miter-
lebte, jedoch seine Beobachtungen erst in der Zeit der Restauration,
als Talleyrand in Ungnade gefallen war, aufschrieb, erinnerte sich,
daß »seiner Erscheinung eine gewisse Anziehungskraft nicht abzu-
sprechen war. Mir fiel weniger sein gutes Aussehen als vielmehr
eine mit Böswilligkeit gepaarte indifferente Haltung auf. Es hatte
fast den Anschein, als hätte man einen vom Dämon besessenen En-
gel vor sich.« Die Person, die alle Aufmerksamkeit auf sich zog, war
nicht Talleyrand, sondern Talleyrands Freund Philippe, der Herzog
von Orléans. Man erzählte sich, daß Orléans' Bestrebungen dahin
gingen, seinen bourbonischen Vetter auf dem Thron von Frankreich
abzulösen und als konstitutioneller Monarch zu regieren.

Orléans hatte bereits große Popularität beim Volk erlangt, indem er sich für einen großzügigen Liberalismus einsetzte und im Jahre 1788 offen gegen die Erhebung neuer Steuern durch König Ludwig protestiert hatte. Er fiel auf unter den 189 Abgeordneten des zweiten Standes[1], die mit »glitzernden Gewändern und Orden angetan« waren. An letzter Stelle der Prozession kam der dritte Stand. Gouverneur Morris, der gemeinsam mit Madame de Flahaut zusah, bemerkte, daß im Gegensatz zu den »festlichen violetten Roben« des Klerus und der prachtvollen Kleidung des Adels die Gemeinen mit »schwarzen, sehr schlichten Umhängen und Hüten ohne Federn« gekleidet waren. Für alle Stände gab es Beifallsrufe und Applaus. Und als der König gesichtet wurde, schallte es in den Straßen *Vive le Roi*. Nur Marie-Antoinette war zu dieser Zeit in Ungnade gefallen. Als sie die Kutsche verließ, um zur Kirche zu gehen, stand die Menge schweigend, und man konnte vereinzelt den Ruf *Vive le Duc d'Orléans* hören.

Nach der heiligen Messe begaben sich die Abgeordneten, angeführt vom ersten Stand, zum Salle des Menus Plaisirs in Versailles, wo die Versammlung tagen sollte. Klerus und Adel nahmen auf gepolsterten Sesseln auf der linken Seite des Throns Platz. Rechts saßen Würdenträger, Beamte des königlichen Hofes und Fürsten, ihrem Rang entsprechend bequem auf Stühlen, Sesseln oder Armsesseln. Gegenüber dem Thron nahmen die Vertreter des dritten Standes auf harten Bänken »ohne Kissen und Lehnen« Platz.

Der König eröffnete die Versammlung mit einer kurzen Ansprache, in der er betonte, daß »der Tag, den ich in meinem Herzen so lange herbeigesehnt habe, nun endlich gekommen ist, und ich von den Vertretern des Volkes, das ich mit Stolz regiere, umgeben bin«. Seine Worte wurden mit lautem Applaus und von manchem mit Freudentränen in den Augen aufgenommen. Einen Wermutstropfen in die allgemein gute Stimmung brachte Necker, der einen Bericht über die allgemeine finanzielle Lage des Reiches verlas. Er sprach eine, dann zwei und schließlich drei Stunden. Gegen Ende der ersten Stunde flüsterten die Abgeordneten untereinander leise, nach zwei Stunden waren einige eingenickt. Im Gegensatz zu diesen ließ die Aufmerksamkeit des Bischofs von Autun keine Sekunde nach – aber das schien im Moment wenig interessant. Necker, ein Liberaler mit starker persönlicher Ausstrahlung, war der Mann der Stunde, der Mann, der Frankreich retten würde. »Das Publikum«, sagte Morris, »huldigte ihm mit lang anhaltendem Beifall. Als sich der Applaus gelegt hatte, machte sich der König daran, den Saal zu verlassen und wurde lange und voller Zuneigung mit *Vive le Roi* geehrt. Die Königin erhob sich und bekam, zu meiner großen Genugtuung zum ersten Mal seit mehreren Monaten ein *Vive la Reine!* zu hören. Sie machte einen tiefen Knicks, worauf die Zurufe sich noch verstärkten und sie noch tiefer knickste.«

Nachdem sich die Königsfamilie zurückgezogen hatte, nahmen die Abgeordneten in der von der Etikette vorgeschriebenen Reihenfolge ihren Weg aus dem Saal: zuerst der Klerus, dann der Adel und schließlich die Vertreter des Volkes. Die Männer der Reichsstände kehrten in ihre Häuser zurück, um die kommenden Sitzungen vorzubereiten. Der König kehrte zu seinen Jagdhunden und Pferden zurück, und die Königin beschäftigte sich wieder mit Bällen und Abendroben. Und Necker war wieder mit seinen Zahlen, seinen Hoffnungen und seinen Illusionen allein. Das große Abenteuer hatte begonnen.

Die Reichsstände waren von Anfang an mit Schwierigkeiten konfrontiert, die, zumindest retrospektiv betrachtet, unüberwindbar erschienen. Ein oberflächlicher Beobachter mußte den Eindruck erhalten, als schien die ganze Nation mit Ausnahme des Hofes radikale Neuerungen erwirken zu wollen. Und so war es tatsächlich. Doch der Geist, der den höheren Klerus und den Adel in der Zeit Richelieus beseelt hatte, war noch nicht gestorben. Diese beiden Stände strebten einfach nach einer Reform. Es sollte natürlich eine Reform sein, die ihnen ihre alten Rechte und Privilegien beließ. Dieser Entschluß fand seinen dramatischen Ausdruck darin, daß Adel und Klerus nach der Eröffnungszeremonie der Versammlung erklärten, sie würden von ihrem alten Vorrecht Gebrauch machen und separat vom dritten Stand tagen. Die Absicht war eindeutig: Da die drei Stände getrennt beraten und abstimmen würden, wurde die Tatsache, daß die Vertreter des Volkes zahlenmäßig denen des Klerus und des Adels überlegen waren – 595 gegenüber 582 – irrelevant. Jeder Streitpunkt, bei dem sich der erste und der zweite Stand mit dem dritten nicht einig war, würde nach dem Willen des ersten und zweiten Standes entschieden werden. Zwei Stände würden in jedem Falle dafür (oder dagegen) stimmen, und nur ein Stand wäre gegenteiliger Meinung. Im Endeffekt wirkte sich diese in Geschichte und Tradition verankerte Abmachung so aus, daß der dritte Stand bei den Entscheidungen der Versammlung keine Stimme hatte. Die Sitzungen wären nicht mehr und nicht weniger als ein Forum für den Austausch von Meinungen, die dann Klerus und Adel nach ihrer alleinigen Entscheidung entweder in Erwägung ziehen oder ignorieren würden. Am 6. Mai in der ersten Sitzung der Generalstände machten der erste und der zweite Stand ihre Absichten deutlich, und noch am gleichen Tag ließ der dritte

Stand unmißverständlich erkennen, daß er eine Durchführung dieses Plans nicht dulden würde. Die Versammlung war, kaum begonnen, schon festgefahren. Schlimmer noch, es schien keine Lösung zu geben, denn beide Seiten beharrten felsenfest auf ihren Standpunkten. So entstanden automatisch zwei Parteien: die Aristokratie und das Volk.

Zweifellos stand Talleyrand in diesem Augenblick ganz auf der Seite seines Standes, der glaubte, daß es nur den oberen Schichten zustände, die Geschicke Frankreichs zu lenken. Seine Abstammung, seine Erziehung und sein eigenes Denken machten es ihm unmöglich, anders zu fühlen. Mit den liberalen Ansichten, die er dem Klerus von Autun gegenüber bezüglich der Rechte des Volkes auf Freiheit, Wohlstand und Schutz vor Unterdrückung geäußert hatte, war es ihm durchaus ernst. Aber es war das Vorrecht des Adels, diese Rechte zu definieren und zu fördern, und nicht das des Volkes. Väterliche Fürsorge oder, besser gesagt, wohlwollender Despotimus gehörte unauslöschlich zu dem Erbe, das er mitbekommen hatte, und zwar in direkter Linie durch seine Urgroßmutter in Chalais. Dieser Haltung blieb er sein ganzes Leben lang treu, unter jeder Regierungsform und unter allen Umständen. »Diese Haltung«, erklärte er viel später, »mehrt sich von Generation zu Generation. Leute, deren Ansehen und Wohlstand neueren Ursprungs ist, werden lange Zeit nicht fähig sein, dies entsprechend zu würdigen.«

Aus dieser Geisteshaltung heraus erschreckte Talleyrand die Vehemenz, mit der die Führer des dritten Standes – Mirabeau, Bailly, Sieyès, Malouet und andere – ihre »Rechte« forderten. Er war damals wie auch später ein Mann der Ordnung, des Kompromisses und der Mäßigung. Extremismus in jeder Form verabscheute er, und für Gewalt, auch verbale, fehlte ihm jedes Verständnis. »Er war«, schrieb Aimée de Coigny, die ihn gut kannte, »einzig und allein damit befaßt, Gewalt auszugleichen.«

Auf diesem Gebiet gab es viel für ihn zu tun. Er war von Anfang an gegen Neckers Plan bezüglich der Zusammensetzung der Reichsstände gewesen, die seinem Gefühl nach dem dritten Stand »fast uneingeschränkten Spielraum« bei Abstimmungen oder wenn es darum ging, selbst gewählt zu werden, einräumten. Und was noch schlimmer war, »die Vertreter des dritten Standes waren fast ausschließlich Rechtsanwälte[2] – also Menschen, die schon von Berufs wegen gefährlich in der Öffentlichkeitsarbeit sind«. Der Schaden war jedoch schon geschehen: »Der größte Fehler war es, den dritten Stand zu ermächtigen, so viele Abgeordnete zu wählen wie die beiden anderen Stände zusammen. Dieses Zugeständnis würde sich nur als nützlich erweisen, wenn die drei Stände in einer einzigen Körperschaft vereint wären. Da man aber nun einmal das Einverständnis dazu gegeben hatte, mußte man sich mit dem Ergebnis auch abfinden.« Den Fehler hatte zweifellos Necker gemacht, den Weg aus diesem Dilemma mußte aber – und das möglichst rasch – die ganze Versammlung finden. Die ungestüme Heftigkeit der »Rechtsanwälte« begann sich bereits dem Volk mitzuteilen, und man konnte schon allenthalben hören, daß die Arroganz des ersten und des zweiten Standes die finanziellen Erleichterungen verhinderte, die die Nation so notwendig brauchte.

Der Streit um die Frage, ob die drei Stände getrennt oder gemeinsam tagen sollten, dauerte vom 5. Mai bis zum 9. Juni. Die Tage vergingen mit fruchtlosen Debatten, aber langsam begannen sich die Argumente des dritten Standes durchzusetzen. Neckers Eröffnungsrede hatte, rückblickend, viel zu wünschen übriggelassen; er hatte zum einen die kritische Frage der konstitutionellen Reform ganz außer acht gelassen, zum anderen hatte er gefährliche Anspielungen auf sein »Vertrauen in die Großzügigkeit« der privilegierten Klassen gemacht. Und schließlich hatten die beiden oberen Stände auf ein rigoroses Eingreifen der Regierung zugunsten ihres Vorrechtes der getrennten Verhandlung gehofft, und Necker hatte dieser Hoffnung nur mit einer schwachen und farblosen Empfehlung entsprochen. Es wurde auf einmal deutlich, daß Klerus und Adel, anstatt sich in Opposition zu den Vertretern des Volkes und auf die Seite ihrer natürlichen Verbündeten, der Regierung und der Krone, zu stellen, plötzlich isoliert und sogar beiden entfremdet waren in ihrer Bestimmung, die alten Privilegien aufrechtzuerhalten.

Trotz der heißen Debatten, die um ihn herum ausgetragen wurden, schien Talleyrand in den Wochen, die dem Zusammentreten der Versammlung folgten, seltsam passiv. Er war zweifellos schockiert von der Heftigkeit der Leidenschaften, die bei den Vertretern des dritten Standes plötzlich frei wurden. Aber dieses Verhalten hatte auf ihn nicht die gleiche Wirkung, die es auf einige seiner adeligen und ehrwürdigen Mitvertreter hatte. Anstatt in ihm den Entschluß zu wecken, sich den Forderungen des dritten Standes auf jeden Fall zu widersetzen, erwachte in ihm ein Gefühl für die Realität. Es war ganz offensichtlich, daß Mirabeau und die anderen Führer der Gemeinen[3] nicht die geringste Neigung zeigten, nachzugeben. Sie weigerten sich sogar, ihre Mitglieder überprüfen zu lassen oder auch nur einen Offiziellen außer einem *doyen* zu wählen mit der Begründung, daß jede Entscheidung, die alleine von einem Stand gefällt würde, ungültig sei. Angesichts dieser Situation konnte nur Zurückhaltung und Mäßigung etwas ausrichten. »So heftig«, sagte Talleyrand, »war der Sturm der Ignoranz und der Leidenschaft, daß es unmöglich war, ihn zu bändigen. Diejenigen, die klar vorhersahen, wohin dies führte, verhielten sich in dem Maße, das die Klugheit gebot, passiv. Das war im allgemeinen auch der Kurs, dem ich folgte.«

Es gab einige in Talleyrands Gefolge, die sich nicht so klug verhielten. Die Adeligen waren trotz einer kleinen Gruppe von Liberalen – des Herzogs von Orléans mit seinen Anhängern – im großen und ganzen strikt gegen jede Art von Konzession, die ihre privilegierten Positionen gegenüber den Gemeinen hätten gefährden können. Unter den Mitgliedern des ersten Standes waren jedoch Männer, die der Geburt und dem Gefühl nach eher zu den Gemeinen als zum Klerus zu zählen waren, Mitglieder der niederen Geistlichkeit zum Beispiel, Landpfarrer, die von ihrer Pfarrgemeinde gewählt worden waren. Sie waren das schwache Glied in der geschlossenen Front der ersten beiden Stände. Bei ihnen fanden die Gemeinen einen Ansatzpunkt zur Unterstützung. Am 10. Juni schloß sich Abbé Sieyès dem dritten Stand an, worauf Mirabeau Klerus und Adel offiziell aufforderte, sich dem dritten Stand anzuschließen. Zwei Tage vergingen ohne Antwort von den höheren Ständen. Als der dritte Stand bereits mit der Überprüfung der Vertretungsaufträge seiner Abgeordneten begonnen hatte, tauchten drei Mitglieder des ersten Standes, Landpfarrer, auf und baten um Zulassung. Man bereitete ihnen einen begeisterten Empfang. Am 14. des Monats folgten eine große Anzahl von Geistlichen diesem Beispiel, und der so ermutigte dritte Stand proklamierte sich am 15. Juni nun selbst als Nationalversammlung. Mit einem Streich hatte er alle Macht auf sich vereinigt und gab kund, daß Adel und Klerus im politischen Leben Frankreichs nicht mehr existierten. Vier Tage später schloß sich der Klerus geschlossen dem dritten Stand an.

Die wachsende Macht der Gemeinen hatte bei den Mitgliedern des königlichen Hofes Anlaß zu zahlreichen Spekulationen gegeben, und nun hatte sich die anfängliche Unbehaglichkeit in Panik verwandelt. Der jüngste Bruder des Königs, Graf d'Artois, hatte zu dieser Zeit ein gutes Verhältnis zu Marie-Antoinette. Gemeinsam gelang es ihnen, den König davon zu überzeugen, daß er dem Spektakel ein Ende bereiten müßte, solange dies noch möglich wäre. Als die Abgeordneten am Morgen des 20. Juni in strömendem Regen zur Tagungsstätte kamen, fanden sie die Türen verrammelt. Arbeiter würden den Saal, so erzählte man ihnen, für eine königliche Sitzung in zwei Tagen vorbereiten. Die Abgeordneten zogen sich verärgert zurück und traten im nächstbesten passenden Gebäude, einem Ballhaus, zusammen. Man beschloß mit feierlichem Eid, nicht eher wieder auseinanderzugehen, als bis die Arbeit abgeschlossen sei.

Dies war nichts anderes als eine direkte und öffentliche Herausforderung an den König. Aber dieser war zu sehr überzeugt von seinem göttlichen Recht und zu abhängig von der Königin und seinem Bruder, um die Zeichen der Zeit zu verstehen. Der König berief am 23. Juni eine Sitzung ein und verlas eine Rede. Darin teilte er den Abgeordneten mit, daß sie in den vergangenen zwei Monaten nichts erreicht hätten und deshalb nun wieder nach Hause zurückkehren und ihrer Arbeit nachgehen sollten. Die Stände erhielten die Weisung, getrennt zu tagen. Nachdem er eine Reihe von Reformen, meist finanzpolitischer Natur, angekündigt hatte, befahl er den Abgeordneten, ohne Verzug in ihre Heimatorte zurückzukehren und ihre Pflichten zu erfüllen. Dann zog er sich mit seinem Gefolge zurück. Aber seine Autorität, die zu einem früheren Zeitpunkt vielleicht gesiegt hätte, war jetzt machtlos geworden. Der königliche Zeremonienmeister, der bemerkte, daß der Aufforderung des Königs nicht Folge geleistet wurde, wiederholte den Befehl Bailly, dem Präsidenten der Versammlung, gegenüber, worauf Bailly strikt erwiderte, daß die Versammlung tage und er sie nicht ohne Abstimmung auflösen könne. Als der Zeremonienmeister nicht locker ließ, erhob sich Mirabeau und sprach mit donnernder Stimme: »Wir sind hier nach dem Willen des Volkes, und wir verlassen dieses Gebäude nur an der Spitze des Bajonetts.« Als dies dem König berichtet wurde, meinte er nur, daß, wenn die Abgeordneten sich weigerten, die Tagungsstätte zu verlassen, man ihnen am besten doch erlauben sollte, zu bleiben.

Die offenkundige Stärke der Nationalversammlung einerseits und die Schwäche des Königs andererseits verwirrten Talleyrand in höchstem Maße. Er war zwar für Reformen, aber noch nicht für eine Revolution, und er erkannte, daß die Revolution unvermeidbar war, wenn es dem dritten Stand ungestraft erlaubt würde, der Krone zu trotzen. Die Nationalversammlung würde nicht fähig sein, sich dem ständig wachsenden Druck der Pariser nach drastischen und vielleicht tödlichen Veränderungen auf sozialem und wirtschaftlichem Gebiet zu widersetzen. Der vorhergegangene Winter war ungewöhnlich hart gewesen, Brot war schwierig zu beschaffen, und die Einwohner der Stadt hatten große Not gelitten. Sie hatten es sich seit Beginn der Reichsständeversammlung zur

Gewohnheit gemacht, nach Versailles zu kommen, zunächst um zuzuhören und später, um sich in den Straßen zu versammeln und zu demonstrieren. Mirabeau, Sièyes, Mounier und andere erhielten spontan Ovationen, die sie bald lernten in politische Waffen umzumünzen. Als das Volk allmählich müde wurde, wurde die Sprache der Anführer immer aggressiver, um die Unterstützung nicht zu verlieren, die man inzwischen als von unschätzbarem Wert erkannt hatte. All dies – das war am Hofe und bei den Versammlungen sehr wohl bekannt – war nur ein schwaches Zeichen einer dunklen und gefährlichen Kraft, die unheilvoll zwölf Meilen weiter weg in der Stadt Paris brodelte, einer Kraft, die nicht nur die Mißstände im System auszumerzen fähig war, sondern sogar das System selbst, wenn sie nicht unter Kontrolle zu bringen war.

Talleyrands Idee war, in Frankreich ein Zweikammersystem nach englischem Vorbild zu errichten, in dem dem dritten Stand die Befugnisse des britischen Unterhauses zufallen würden. Daneben sollte eine »zweite Körperschaft aus den einflußreichen Mitgliedern des Adels und den Häuptern der Geistlichkeit geschaffen werden, mit einem maßgeblichen Einfluß auf die Gesetzgebung, wie ihn damals das Oberhaus hatte«. Dies war ein gemäßigter und kluger Kurs, der die Monarchie sofort gerettet hätte, wenn auch in konstitutioneller Form. Gleichzeitig wären die für die Nation so wichtigen Reformen durchgesetzt worden. Talleyrand beschloß zu handeln. Er stand mit dem Grafen d'Artois auf freundschaftlichem Fuß, und dieser zeigte »Güte und (wenn ich seine eigenen Worte zitieren darf) sogar Freundschaft mir gegenüber«. So bat er, vorsprechen zu dürfen, und schlug ihm bei dieser Unterredung vor, er solle dem König raten »die Reichsstände aufzulösen, sie aber dann unter allen Umständen wieder zusammenzurufen, und zwar nach einem der Pläne, die ich beschrieben habe« – also in Form eines Ober- und eines Unterhauses. Talleyrands Vorschlag wurde jedoch als »zu riskant« abgetan. »Es war ein Vorschlag«, so erklärte er traurig, »der Stärke voraussetzte, und niemand am Königshof war dieser Stärke fähig.«

Talleyrand zog daraus den unausweichlichen Schluß, daß die Monarchie verloren sei – oder besser gesagt, sie hatte sich durch mangelnde Energie selbst zerstört. Alles, was man jetzt noch tun konnte, war, zu retten, was von dem Frankreich, wie er es kannte, noch übrig war.

»Es gab nur noch einen vernünftigen Weg, und der war nachzugeben, ehe man dazu gezwungen wurde und solange es noch Sinn hatte. Er könnte verhindern, daß das Geschehen ins Extreme ausartete. Er zwang den dritten Stand, umsichtig zu sein, und er machte es den beiden anderen Ständen möglich, auf den Ablauf weiterhin Einfluß auszuüben und Zeit zu gewinnen, was oft bedeutete, am Schluß als Sieger dazustehen. Wenn es noch eine Chance gab, verlorenes Terrain zurückzugewinnen, dann nur so. Deshalb zögerte ich nicht, mich den Männern anzuschließen, die sich für diesen Weg entschieden hatten.«

Die Männer, die für den ersten Stand beispielgebend waren, waren die zahlreichen einfachen Pfarrer, die sich am 24. Juni dem dritten Stand angeschlossen hatten. Am 25. Juni folgten 47 Adelige ihrem Beispiel, angeführt vom Vetter des Königs und dem ersten Prinzen von königlichem Blut, dem Herzog von Orléans. Am 26. Juni schlossen sich Talleyrand und einige weitere Bischöfe an. Und am 27. Juni befahl der König, der sich vor vollendete Tatsachen gestellt sah, daß die Abgeordneten des ersten und des zweiten Standes sich mit denen des dritten verbinden sollten. Von nun an gab es, ganz legal und offiziell, nur noch einen Stand, und der bildete die Nationalversammlung.

Talleyrand befand sich nun in einer weitaus besseren Position als vorher, wenn es darum ging, Einfluß auszuüben. Schließlich war er mit den Führern des dritten Standes bestens bekannt, besonders mit Mirabeau, dem Renegaten, der sich selbst zum Sprecher des dritten Standes gemacht hatte. In den Jahren vor seiner Berufung zu den Reichsständen hatte Mirabeau zu den intimen Freunden Talleyrands gehört und hatte, wahrscheinlich durch Talleyrands Intervention, mit Hilfe von Freunden am Hof, einen Posten als Geheimagent im auswärtigen Dienst in Berlin erhalten. Aus Dankbarkeit hatte Mirabeau dann seinen geringen Einfluß bei der Regierung zugunsten einer Nominierung Talleyrands für den Bischofssitz in Autun geltend gemacht. Danach folgte ein gewaltsamer Bruch in beider Beziehungen, der dem Klatsch zufolge zwei mögliche Ursachen hatte: ein Brief von Mirabeau an den Finanzminister Calonne, der wenig schmeichelhafte Bemerkungen über Talleyrand enthielt und dessen Inhalt Calonne letzterem zugänglich machte, oder – und das war die glaubhaftere Version – die Tatsache, daß Talleyrand, sobald er Mirabeau weit entfernt in Berlin wußte, ihn bei seiner Geliebten ablöste. Wie auch immer, Talleyrand und Mirabeau waren sich bald wieder einig, und zwar in einem Maße, daß Talleyrand, von Mirabeaus Freundschaft mit Calonne profitierend, von dem Minister in die Geheimnisse der Regierungsfinanzen eingeweiht wurde und so zu seinem Vorteil spekulieren und den Grundstein zu seinem späteren Reichtum legen konnte. Auch Mirabeau hatte nicht unbeträchtlichen Nutzen gezogen, und es gab noch viele andere Bereiche in seinem Leben, wie Talleyrand sehr wohl wußte, die einer genaueren Prüfung nicht standgehalten hätten. Aber diese beiden Männer waren nicht nur Freunde, sondern mehr oder weniger sogar Komplizen. Beide scheinen für die Fähigkeiten des anderen echten Respekt und gegenseitiges Vergnügen am Witz des anderen empfunden zu haben.

Mit Mirabeau kam Talleyrand recht gut zurecht, und ihre Freundschaft vertiefte sich, als sich die beiden schließlich in der neu konstituierten Nationalversammlung trafen. Der Vorsitzende des dritten Standes war häufig Gast in Talleyrands Haus[4], wo sich teilweise ein neuer Freundeskreis zu formieren begann. Er setzte sich zusammen aus Vertretern des militanten Flügels der Nationalversammlung, von denen kaum einer sehr repräsentativ für »das Volk« war: der Herzog de Biron, Abbé Sieyès, der Abbé Grégoire, der Marquis de Lafayette, (der nie seine ruhmreichen Taten in Amerika vergessen konnte und fest entschlossen war, diese in Frankreich zu wiederholen), der Marquis de Sillery, der Vicomte de Noailles und eine Schar von Journalisten, Wirtschaftswissenschaftlern, Händlern und Autoren. Mittelpunkt dieser Gruppe, wenn auch nicht gerade ihr Anführer, war der Herzog von Orléans, der oft in Begleitung seines Vertrauten und Gefolgsmanns Choderlos de Laclos, Autor der *Liaisons Dangereuses*, kam. Orléans' liberale Haltung schien zunächst etwas Hoffnung zuzulassen, den Sturm, den Talleyrand und seine Freunde kommen sahen, abzuwenden. Wenn Ludwigs Unnachgiebigkeit ihn den Thron kosten würde, könnte Orléans, als oberster Vertreter des jüngeren Zweigs der königlichen Dynastie, seine Thronanwartschaft geltend machen und Frankreich die konstitutionelle Monarchie geben, die nach Talleyrands Meinung unerläßlich war, wenn der Thron überhaupt überleben sollte.

Wie stark diese Gruppe wirklich für Oléans eintrat, läßt sich nicht genau sagen. Es steht fest, daß sie von Ludwig XVI. generell als feindlich betrachtet wurde, was zweifellos nicht ganz der Wahrheit entspricht, und daß man sie als eine Art Schattenregierung der Opposition einstufte, eine Definition, die in Anbetracht der späteren Entwicklung sehr wahrscheinlich erscheint.[5]

Zieht man die Schnelligkeit, mit der sich die Dinge in den letzten Juni- und den ersten Julitagen entwickelten, in Betracht, so schien diese Hoffnung nicht einmal subversiv, vielmehr gemäßigt, denn die Anführer der Nationalversammlung verloren ganz offensichtlich die Kontrolle über die Ereignisse. Die Unruhen in Paris hatten gerade ihren Höhepunkt erreicht, als die Gemeinen ihren Sieg über den ersten und den zweiten Stand errungen hatten. Die Arbeiterklasse verlangte nach Essen, der Mittelstand, der all seine Hoffnung gegen den drohenden Bankrott auf die Nationalversammlung gestützt hatte, verlangte Reformen, und die Intellektuellen agitierten zwischen diesen beiden Fronten. Gegen Ende Juni hatte selbst die Armee, die französische Nationalgarde, die in der Hauptstadt stationiert war, die Sympathien des Volkes auf ihrer Seite, nachdem sie sich geweigert hatte, dem Befehl ihres Kommandierenden zu gehorchen, in ihre Unterkünfte zurückzukehren. Für die Nationalversammlung war die Revolte beendet, aber in Paris war eine andere im Gange. Und nun standen die Truppen in der Hauptstadt in offenem Aufruhr. Es mußte ganz offensichtlich etwas geschehen. Der Hof, also die Königin und Graf d'Artois, versuchten, den König davon zu überzeugen, daß er nur mit Gewalt Herr der Lage bleiben könne. Mit Hilfe der Armee könne er gleichzeitig den liberalen und nutzlosen Necker loswerden, die Nationalversammlung auflösen und in Paris die Ordnung wiederherstellen. Ludwig gab dem Drängen wie immer nach. Die Kommandeure der Pariser Truppen wurden abgelöst, und neue Regimenter wurden ausgehoben. In der ersten Juliwoche sprach es sich wie ein Lauffeuer herum, daß es der Plan des Königs war, wie Talleyrand es ausdrückte, »eine Bewegung mit Gewalt zum Stillstand zu bringen, deren Vormarsch die Regierung schlichtweg übersehen hatte«. Die Nationalversammlung erließ eine Resolution mit der Bitte an den König, seine Truppen zurückzuziehen und statt dessen eine Bürgergrade in Paris aufzustellen. Jetzt plötzlich legte der König eine Willensstärke an den Tag, die ihm einen Monat vorher den Thron gerettet hätte. Er wollte seine Truppen nicht zurückziehen, sondern mit ihrer Hilfe die Ordnung wiederherstellen.

Als die königliche Entscheidung in Paris bekannt wurde, beschlossen die Vertreter der einzelnen Stadtteile sofort, den königlichen Befehl zu ignorieren und aus eigener Autorität eine Bürgerwehr aufzustellen. Bailly wurde zum Bürgermeister von Paris gewählt, und der Marquis de Lafayette wurde zum Befehlshaber der neugegründeten Nationalgarde ernannt. Als Antwort darauf entließ Ludwig noch am gleichen Tag den beliebten Necker, ernannte an seiner Stelle einen höchst unpopulären Reaktionär, den Baron de Breteuil, zum Finanzminister und befahl seinen Truppen, in die Stadt einzumarschieren. Am folgenden Tag tobte in Paris die offene

Revolte. Am 14. Juli stürmte das Volk die Bastille, das Staatsgefängnis, das Symbol der königlichen Unterdrückung. Am späten Nachmittag wurde die Bastille von den Angreifern genommen; der Kommandant und seine Offiziere fielen im Kampf. Die königlichen Truppen hatten nicht Befehl erhalten, gegen das Volk zu kämpfen, und so waren viele Soldaten im allgemeinen Durcheinander auf die andere Seite übergelaufen und hatten den Angriff angeführt. »Das Instrument der Gewalt entglitt so den Händen, die versuchten, es zu gebrauchen«, lauteten Talleyrands Worte, die wie ein Epitaph den Zusammenbruch der königlichen Herrschaft in der Hauptstadt Frankreichs beschrieben. »Von diesem Augenblick an war die Regierung entmachtet.«

Talleyrand glaubte, daß es immer noch eine Chance gebe, den Thron und eventuell sogar den König zu retten. Am 15. Juli suchte er beim König um eine Audienz nach. Zweifellos hatte er sich zuvor mit Mirabeau und einigen anderen Freunden aus der Rue de l'Université besprochen und hatte einen Plan anzubieten. Da sein Vorschlag, die Nationalversammlung aufzulösen und sie in der Form eines richtigen Parlaments wieder einzuberufen, bei Artois auf kein Verständnis gestoßen war, versuchte er an Ludwigs Güte und dessen, von Talleyrand bezweifelter, Liebe zu seinem Volk zu appellieren. Indes hatte der König seinen Bruder, den Grafen Artois, dazu delegiert, den Bischof von Autun zu empfangen.

Die Unterredung fand am Abend des 16. Juli in der königlichen Residenz von Marly statt. Talleyrand wurde von einigen Freunden begleitet, »Mitgliedern der Nationalversammlung und der Minorität des Adels, die Vertreter des dritten Standes waren«. Es ist nicht auszuschließen, daß Mirabeau auch dabei war.

> »Als wir dem Grafen Artois gegenüberstanden, erklärten wir ihm in aller Offenheit die Situation und die Lage, wie sie uns bekannt war. Wir sagten ihm, daß es ein großer Irrtum wäre zu glauben, daß der Aufruhr, der das Volk bewegte, leicht zu unterdrücken wäre. Die Zeit sei vorbei, da man mit unbedeutenden Konzessionen die Gefahr abwenden könne, die Frankreich, den Thron und den König selbst bedrohte. Nur eine tatkräftige königliche Autorität könnte dies mit viel Geschick und Umsicht noch erreichen.«

Talleyrands Vorschlag beinhaltete nicht mehr und nicht weniger als die Bitte, daß er und seine Freunde mit der Bildung einer neuen Regierung betraut würden. »Wir kennen«, versicherte er dem Grafen,

»die Wege und Mittel, die uns bei diesem Unterfangen helfen und den Erfolg garantieren würden, wenn der König uns mit dieser Aufgabe betraut.«

Artois hörte aufmerksam zu. »Er verstand uns sehr wohl«, bemerkt Talleyrand, »aber er war wahrscheinlich geneigt zu glauben, daß wir die Gefahr der Situation und unsere Bedeutung darin übertrieben.« Auf jeden Fall war der Bruder des Königs dahingehend instruiert worden, keinerlei Entscheidungen zu treffen, sondern sich Talleyrands Vorschläge anzuhören und diese dann dem Monarchen zu übermitteln. »Der Graf von Artois zeigte sich von unseren Ausführungen zutiefst beeindruckt«, kommentierte der Begleiter Talleyrands, Baron de Vitrolles, »stand auf und begab sich zum König. Nach längerer Dauer kehrte er zurück, um Monsieur de Talleyrand zu erklären, daß der König auf seiner unnachgiebigen Haltung beharre und nichts von irgendwelchen Plänen hören wolle, die zum Blutvergießen führen könnten.«

Graf von Artois sah keine Hoffnung, die Monarchie zu retten, und entschloß sich daher, jetzt wenigstens etwas zu seiner eigenen Rettung zu tun. »Was mich betrifft«, ließ er Talleyrand wissen, »ist meine Entscheidung schon gefallen. Ich verlasse morgen das Land.« Talleyrand versuchte, ihm zum Bleiben zu bewegen mit dem Argument, daß er mit einer Auswanderung zu diesem Zeitpunkt sehr wohl seinen Anspruch und den seiner Kinder auf den Thron auf Spiel setzen würde. Aber Artois blieb bei seiner Entscheidung. Die Dinge hatten für einen Prinzen königlichen Bluts eine Wendung genommen, die es unsinnig machte, über die Nachfolge auf einen Thron nachzudenken, den es bald nicht mehr geben würde. Talleyrand erinnerte dann den Grafen von Artois, daß, »da der König und die Prinzen entschlossen sind, ihre eigenen Interessen und die der Monarchie nicht mehr zu vertreten, es nun für jeden von uns notwendig würde, sich seiner eigenen Interessen zu erinnern«.[6]

»Genau das«, antwortete Artois, »wollte ich Euch raten. Was auch immer geschehen mag, ich werde Euch nie einen Vorwurf machen, und Ihr könnt immer auf meine Freundschaft bauen.«

Es steht außer Zweifel, daß Talleyrands Bestrebungen, die Monarchie und König Ludwig zu retten, ihm ein echtes Anliegen waren. An der Institution hing er durch die starken Bande der Tradition und der persönlichen Überzeugung, und mit der Person verband ihn ein Loyalitätsgefühl für legitime Nachfolge, die so wichtig im Frankreich des *Ancien Régime* war. Es gehörte zu den Privilegien eines Adeligen, den Charakter, die Fähigkeit und die Leistungen eines Monarchen zu kritisieren, vorausgesetzt, daß er das damit verbundene Risiko auf sich nahm; aber den Herrscher in der Stunde der Gefahr zu verlassen, war eines »Vetters« des Königs nicht würdig. Die Ehre verlangte, daß Talleyrand so lange zu ihm hielt, bis zumindest der König selbst seine Intention kundtat, auf seine »eigenen Interessen und auf die Monarchie« zu verzichten. Das war nun eingetreten, und Talleyrand konnte sich seinen eigenen Interessen widmen.

Es blieben ihm nur zwei Wege offen: entweder mußte er dem Beispiel Artois' folgen und auswandern, oder er mußte, wie er selbst sagte, »den neuen Stand der Dinge unterstützen«. Er nahm die Möglichkeit der Emigration nicht auf die leichte Schulter. »Der Graf von Artois brachte den Stein ins Rollen«, sagte er, »und seine Entscheidung bereitete mir großen Kummer. Ich mochte ihn gern und ich brauchte alle Kräfte meiner Vernunft, um ihm nicht zu folgen.« Die Versuchung, dem Mann zu folgen, der wahrscheinlich der nächste französische König sein würde, falls Ludwig XVI. auf den Thron verzichten müßte, was als sicher galt, war groß. Die Loyalität des Aristokraten zu einem legitimen Thronerben konnte vorausgesetzt werden; sie war absolut und fast natürlich. Bei dem Herzog von Orléans, der durch Berechnung und nicht durch die Erbfolge die Chance hatte, König zu werden, würde sich dagegen die Loyalität nach den Umständen richten. Zu diesen ehrenwerten Gefühlen kamen noch die dringenden Bitten von Talleyrands Freunden, Madame de Brionne und ihrer Tochter, der Prinzessin von Carignan, und das Beispiel von vielen Prinzen königlichen Geblüts und zahlreichen Adeligen, und vielleicht auch noch seine eigenen inneren Zweifel, ob er »den Sturm, der alles wegzufegen drohte«, würde bändigen können.

Schließlich entschied er sich gegen die Auswanderung. »Auswanderung käme nur in Frage, wenn sich eine persönliche Gefahr ergäbe, der man in Frankreich schutzlos ausgeliefert wäre ... Diese Gefahr bestand zu diesem Zeitpunkt nicht, und sie hätte auch verhindert werden können. Aber mit einer Auswanderung beschwor man sie überhaupt erst herbei.« Die meisten Adeligen konnten aufgrund ihres Alters, Krankheit oder Armut das Königreich nicht verlassen, und diejenigen, die blieben, wurden von denen, die das Ausland vorzogen, kompromittiert. »Die Aristokraten, die im Lande blieben, wurden das Opfer von Verdächtigungen, die bald in blinden Haß ausarteten. Sie mußten sich der herrschenden Partei anschließen, aus Angst, sonst ihre Opfer zu werden.« Eine weitere ernstzunehmende Überlegung ging dahin, daß man durch Auswanderung Titel und Grundbesitz einbüßen würde. Erstere könnte man ja eventuell wieder bekommen, aber »einmal verlorenes Eigentum kann nicht so leicht wie Titel zurückgewonnen werden ... Der Eigentumsverlust würde dann zu einer unheilbaren Krankheit werden, nicht nur für den Adel selbst, sondern für den ganzen Staat ...« So machten sich Artois und seine Freunde, die Frankreich verlassen wollten, nach Talleyrands Meinung des Verrates an sich selbst, an ihrem Stand und an ihrem Land schuldig. »Die Emigration, weit davon entfernt, unausweichlich zu sein, kann nur durch eine drohende Gefahr für Leib und Leben entschuldigt werden, aus der es keinen anderen Ausweg gibt.«

Die ausführliche Beweisführung gegen die Emigration, die Talleyrand in späten Jahren aufschrieb, spiegelt zumindest bis zu einem gewissen Grad die wahren Gründe wider, die ihn dazu bewogen haben, »Frankreich nicht zu verlassen außer unter dem Druck von persönlicher Gefahr, nichts zu tun, was eine solche Gefahr hervorrufen könnte, und nicht gegen einen Sturzbach anzukämpfen, der seinen Weg sucht.« Die Gefahr für sich selbst schien ihm gering. Seine Stellung in der Nationalversammlung, seine Freundschaft mit Mirabeau und mit Orléans und seine eigenen Taten als Förderer von liberalen Maßnahmen würden ihn zumindest für den Augenblick vor einem Angriff schützen. Es gab keinen Grund, seine Position, seinen Rang, seine Titel für etwas noch Unbestimmtes aufzugeben. Er würde als kluger Mann in der Position verbleiben und sie behalten, die es ihm erlaubte, »diejenigen zu retten, die gerettet werden können, jede sich bietende Gelegenheit zu nützen und mich für jede derartige Gelegenheit bereit zu halten«.

Für die nächsten drei Jahre blieb er in Frankreich und spielte eine tragende Rolle in den wechselvollen Ereignissen einer außergewöhnlichen Ära, während alle Mitglieder seines Standes, die fliehen konnten, sich in England, Deutschland oder Italien in Sicherheit befanden, indes ihre weniger glücklichen Freunde und Verwandten dem Wüten des Sturmes ausgesetzt waren.

Die drei Jahre, die dem Sturm auf die Bastille folgten, waren für Talleyrand eine Zeit der intensiven Arbeit. Obgleich er sich strikt an die selbstauferlegte Regel der Besonnenheit »bei den meisten Problemen«, wie er selbst sagte, hielt, kam er nicht umhin, sich mit der Kernfrage zu beschäftigen, die Frankreich erst an den Rand der Revolution gebracht hatte, nämlich das Problem der finanzpolitischen Neuerung. So beschränkte er seine Aktivitäten auf, wie er sagt, »Angelegenheiten der Staatsfinanzen«.

Diese Äußerung entspricht nun wieder nicht ganz der Wahrheit. Am 14. Juli, dem Tag, an dem die Bastille fiel, war er als Mitglied in das verfassungsgebende Komitee gewählt worden. Sein Ruf als intelligenter und liberal denkender Mann und seine vertraute Beziehung zu Mirabeau brachten ihm diese wichtige Stellung ein. Und er war fest entschlossen, dieses Sprungbrett zu höheren Ämtern gut zu nutzen. Der Bericht des Komitees sollte der Nationalversammlung als Grundlage dazu dienen, Frankreich das zu geben, was die Bürger aller Klassen sich so sehnlichst wünschten: eine Verfassung. Seine Aufgabe bestand also darin, Rechte und Pflichten der Bürger sowie den Aufbau der Regierung genau zu definieren. Mit anderen Worten, man wollte Frankreich auf eine neue Grundlage stellen. Während des ganzen Monats August wurden die vorläufigen Empfehlungen des Komitees ausführlichst nicht nur in der Nationalversammlung, sondern auch in den Straßen von Versailles und von Paris erörtert. Dann, am siebenundzwanzigsten, brachte man einstimmig einen Antrag zur Annahme des Dokuments durch, das in die Geschichte als die Erklärung der Menschenrechte eingegangen ist. Tatsache ist, daß Talleyrand der Verfasser des sechsten der insgesamt zweiundzwanzig Artikel umfassenden Erklärung war. Auf seinen Antrag hin wurde er von der Nationalversammlung angenommen. Und er erstreckte sich auf Bereiche, die weit über die »Staatsfinanzen« hinausgingen:

> VI. Das Gesetz ist Ausdruck des Willens des Volkes. Alle Bürger haben ein Recht, entweder persönlich oder durch ihre Vertreter an der Gestaltung mitzuwirken. Es soll für alle gleich sein, ob zum Schutz oder zur Bestrafung. Und alle sollen vor dem Gesetz gleich sein und die Möglichkeit haben, alle Ehren, Positionen und Ämter zu erlangen, entsprechend den Fähigkeiten des einzelnen, wobei keine andere Unterscheidung gelten soll als die nach Eignung und Talent.

Es klang, als ob Talleyrand selbst, als persönliches Opfer der Ungerechtigkeit des alten Systems, gezwungen, auf den ihm zustehenden Platz als Périgord-Erbe zu verzichten und einen Beruf zu ergreifen, für den er weder Fähigkeiten noch Neigung zeigte, der Ehren und Ämter beraubt, für die er hervorragend qualifiziert war, diesen Artikel VI aus seiner eigenen Erfahrung heraus geschaffen hätte. Was für spätere Generationen zum selbstverständlichen Grundprinzip wurde, war im Frankreich des Jahres 1789 eine gewagte und nachdrückliche Erklärung radikalsten Gedankenguts der Revolution, das als solches die Fundamente aller europäischen Regierungssysteme erschütterte. Es war auch als solches von der Verfassunggebenden Versammlung gedacht. Zwei Komiteemitglieder berichteten, daß sie vor Erregung zitterten und bebten, als sie zum ersten Mal den Entwurf von Talleyrands sechstem Artikel hörten. Die Wirkung auf die Nationalversammlung blieb nicht aus, und Talleyrand wurde mit Ovationen überschüttet, als der Artikel vorgelegt und angenommen wurde.

In diesem Zusammenhang nimmt Talleyrands bescheidene Behauptung, er hätte sich »nur um die Staatsfinanzen« gekümmert, eine neue Dimension an. Die Erklärung insgesamt betrachtet wiederholt genau die Prinzipien und Rechtsmittel, die er seiner Geistlichkeit von Autun gepredigt hatte, als er um Unterstützung für sich als Abgeordneter der Generalstände warb, und die im *Cahier*, den Instruktionen, enthalten waren, das ihm seine Wählerschaft bei seiner Abreise von Autun überreicht hatte: Freiheit des Menschen, Freiheit vor Unterdrückung, Habeas Corpus, Rede- und Pressefreiheit, gerechte Besteuerung und, was in diesem Augenblick am wichtigsten war, das Recht der Bürger oder ihrer Vertreter, »in Fällen von offensichtlicher Notwendigkeit für die Öffentlichkeit« Eigentumsrechte zeitweilig aufzuheben.

Die einstimmige Annahme der Erklärung signalisierte den Beginn von Talleyrands Versuchen, den wirtschaftlichen Mißständen des Staates durch sorgfältige Anwendung seiner Leitlinien zu Leibe zu rücken. Am 27. August forderte er von der Nationalversammlung die Genehmigung für die Regierung, 80 000 000 Livres Anleihe aufzunehmen, um die laufenden Kosten abzudecken. Zwar hatten Calonne, Brienne und Necker nichts anderes getan, aber im Unterschied zu diesen hatte in diesem Fall nicht die Regierung vom Volke verlangt, das nötige Geld aufzubringen. Es war das Volk selbst, das durch seine Vertreter dafür plädierte, diese Verantwortung auf sich zu nehmen. Aber auch das konnte nur eine momentane Überbrückung bedeuten. Die Ressourcen und Staatskredite waren erschöpft, und dem Volk konnte es nicht beliebig lange zugemutet werden, die finanzielle Bürde zu tragen, die ihm die jahrzehntelange Mißwirtschaft im *Ancien Régime* aufgebürdet hatte. Es mußte eine neue Einkommensquelle geschaffen werden, und zwar so rasch wie möglich.

Am 10. Oktober 1789 bat Talleyrand den Präsidenten der Nationalversammlung um das Wort. Im Gegensatz zu seinen Amtsgenossen sprach er nur, wenn er wirklich was zu sagen hatte. Die Versammlungsstätte wurde ruhig. Diesmal hörten sogar die Abgeordneten der Versammlung, die die Erklärung der Menschenrechte proklamiert hatten, mit Erstaunen zu, als der Bischof radikale Maßnahmen vorschlug, um Frankreich auf finanzpolitischem Gebiet wieder gesunden zu lassen. »Die üblichen Methoden der Staatseinnahmen sind nun erschöpft«, erklärte er. »Das Volk befindet sich in äußerster Notlage und ist außerstande, auch nur die geringsten Steuererhöhungen, so gut man sie auch rechtfertigen könnte, zu verkraften. Es gibt jedoch eine andere Einnahmequelle, die ebenso reich wie noch unangezapft ist und die man meiner Meinung nach benützen könnte, ohne die Eigentumsrechte im strengsten Sinne des Wortes zu verletzen.« Und dann kam der Donnerschlag: »Diese Quelle scheint mir das Eigentum der Kirche zu sein.«

Es gab sofort einen mächtigen Aufruhr in der Nationalversammlung. Der Bischof von Autun forderte nichts anderes, als den größten Landbesitzer Europas, die Kirche Frankreichs, die etwa ein Fünftel des gesamten Landes besaß, seines Reichtums zu berauben. Talleyrand wartete, bis sich der Tumult gelegt hatte, und fuhr dann fort, als ob er nicht unterbrochen worden wäre: »Es scheint mir«, sagte er ruhig, »daß diese Frage des kirchlichen Eigentums keiner langen Diskussion bedarf. Es ist doch allgemein bekannt, daß der Klerus nicht Eigentümer dieser Ländereien im üblichen Sinne ist, denn die Güter, die zwar genutzt, aber nicht veräußert werden dürfen, wurden der Kirche nicht zur Bereicherung gegeben, sondern zur Nutzung in der Ausübung ihrer Berufung.«

Talleyrand schlug also vor, daß das Eigentum der Kirche nicht nur seiner Besteuerungsfreistellung beraubt, sondern sogar auf den Staat übertragen, also verstaatlicht werden sollte. Dann brachte er folgenden Antrag ein:

Die Nationalversammlung erklärt, daß alles kirchliche Eigentum dem Staat zur Verfügung gestellt wird mit der Auflage, daß er die ganze Geistlichkeit unterhalten und für alle Wohlfahrtseinrichtungen unter der Oberaufsicht und nach den Instruktionen der Provinzen sorgen soll, daß im Zuge der Verwirklichung dieser Maßnahmen den Geistlichen (jedem Geistlichen) ein Einkommen von 1200 Livres zugewandt werden soll, zusätzlich zu Haus und Garten.

Sein Antrag fand prompt Befürworter, und Talleyrand zog sich auf seinen Platz in der Nationalversammlung zurück. Dieses Thema wurde bis zum 2. November leidenschaftlich diskutiert. Dann gab es eine Abstimmung, und Talleyrands Antrag wurde mit großer Mehrheit angenommen. Talleyrand selbst hatte in die Debatte um seinen Vorschlag kein einziges Mal mehr eingegriffen. Nachdem er den Antrag vorbereitet und vorgebracht hatte, übergab er die Angelegenheit seinem Amtsgenossen Mirabeau und beschäftigte sich mit anderen Dingen. Er kannte seine Stärken ebenso wie seine Schwächen. Er war zu kühl, zu neutral und zu logisch in seinen Argumenten, um in einer offenen Diskussion vor mehreren hundert Personen etwas ausrichten zu können, während Mirabeau mit seiner donnernden Stimme und seinem totalen Engagement, das ihn Logik und Vernunft der Rhetorik opfern ließ, in der Lage war, allen Argumenten entsprechend entgegenzutreten, alle Gegner zu verwirren und, wenn nötig, alle Widersacher auszuschalten und dabei nicht die geringsten Anzeichen von Verlegenheit, Ermüdung oder Gewissensbisse zu zeigen.

Der Antrag auf Konfiskation des kirchlichen Eigentums war eine der bedeutungsvollsten Handlungen während Talleyrands Zeit in der Nationalversammlung und gleichzeitig eine der bei seinen Zeitgenossen umstrittensten. Er sollte dies buchstäblich bis zum Ende seines Lebens hören. Es begann mit Protestschreiben seiner eigenen Geistlichkeit aus dem Bistum Autun, die ihn der Schuld am »Verlust ihres Eigentums bezichtigten«. Talleyrand erinnerte sie in seiner Antwort daran, daß der Klerus seines Wissens nie Eigentum besessen habe. »Sie müssen wissen, meine Herren, daß wir nur Verwalter sind und daß wir als Individuen kein wirkliches Recht auf Eigentum, wie notwendig es auch für unsere Existenz sein mag, haben.« Daraufhin ließ das Domkapitel von Autun einen Brief bei den Priestern seiner Diözese zirkulieren, mit der Bitte, »bei allem Respekt vor der Würde unseres Bischofs und bei uneingeschränkter Wertschätzung seiner Fähigkeiten, seine Idee doch bis zum letzten zu bekämpfen zu versuchen«.

Die Reaktion beim übrigen Klerus in Frankreich war, wie man sich vorstellen kann, weniger verhalten. Es hieß ganz offen, daß Talleyrand, »der sich selbst auf übelste Art und Weise bereichert hat, es nun wagt, den Klerus seiner Güter zu berauben, während er selbst vor dem mißbrauchten französischen Volk als vorbildlich großzügig dasteht«. Der frustrierte Haß der Geistlichen führte sie sogar so weit, zu behaupten, daß Talleyrand bereits mit dem Bestreben in die Kirche eingetreten sei, diese zu berauben. Nachdem er sich in jungen Jahren bereits entschieden habe, die Geistlichkeit dem Staat zu opfern, habe er herausgefunden, daß der wirkungsvollste Weg zum Verrat derjenige wäre, sich selbst zum Bischof zu weihen.

Derartige Beschuldigungen ertrug Talleyrand mit Geduld oder, besser gesagt, mit Gleichgültigkeit und verkraftete sie ebenso wie die dringlichen Bitten seiner eigenen Diözese. Als man ihm in späteren Jahren den Vorwurf machte, für den Verlust des Wohlstandes der französischen Kirche verantwortlich zu sein, überhörte er dies schlichtweg. Er überging dieses Thema so gründlich, daß er es nicht einmal in seinen *Mémoires* erwähnte. Man kann annehmen, daß er, nachdem er selbst in die Anhäufung von Reichtum beträchtliche Mühen investiert hatte, zu gut um den Neid der Zeitgenossen Bescheid wußte, um einen Kommentar für nötig zu erachten.

Die Verstaatlichung des kirchlichen Eigentums stärkte Talleyrands Stellung in der Nationalversammlung, und wie abträglich dieses Vorgehen für seinen Ruf beim Klerus auch gewesen sein mag, es brachte ihm Anerkennung beim Volk ein. Er wandte sich nun anderen Aufgaben zu, die zwar weniger die Öffentlichkeit erregten, doch auf die Gesundung Frankreichs mindestens ebenso großen Einfluß hatten. »Ich verurteilte das Drauflosdrucken von Assignaten«, erklärt er, »und die Zinsverminderung auf die Staatsschuld. Ich legte in einer ausführlichen Abhandlung die Grundsätze dar, anhand derer ich die Gründung einer Staatsbank befürwortete. Ich plädierte für eine Standardisierung der Maße und Gewichte.« Diese bescheidene Zusammenfassung aus den *Mémoires* wird den vielen Vorschlägen, die wir mit dem Namen Talleyrand verbinden, kaum gerecht. Er entwarf unter anderem die Polizeiverordnung von Paris, unterstützte die Abschaffung der Feudaleinkünfte der Kirche, des Kirchenzehnts, setzte sich für die bürgerliche Gleichstellung der Juden ein und erdachte eine Methode, Darlehen zu versichern – und all dies zusätzlich zu seiner Arbeit im verfassungsgebenden Komitee. All dies setzte er in nur fünf Monaten durch. Er hatte den Grundsatz des Herzogs von Choiseul beherzigt und tat nichts selber, was er an andere delegieren konnte. »Auf diese Weise«, äußerte er sich später dazu, »hatte mein Tag mehr als vierundzwanzig Stunden.«

Die Leistung, auf die Talleyrand während seiner Mitgliedschaft in der Nationalversammlung am stolzesten war, war sein *Bericht über das öffentliche Erziehungswesen*, den er für das Verfassunggebende Komitee vorbereitet hatte. »Um dieses große Werk zu vollenden«, berichtete er, »konsultierte ich die bekanntesten Männer und die größten Gelehrten der damaligen Zeit ... Alle war zur Mitarbeit bereit, und die Popularität, die dieses Werk erlangt hat, fordert, daß ich sie namentlich benenne«.[7]

Der *Bericht* war ein Markstein in der europäischen Bildungsgeschichte, und seine Wirkung sollte, vor allem an Frankreichs Schulen, Talleyrand selbst um mehr als ein Jahrhundert überleben.

Anfang der neunziger Jahre des 18. Jahrhunderts hatte sich Talleyrands Ruf als sorgfältiger Beobachter, fleißiger Arbeiter und freimütiger Denker bei seinen Amtsgenossen so weit verbreitet, daß er als einer der angesehensten und einflußreichsten Männer seiner Zeit in Frankreich galt. Als die Kritik an den Arbeitsmethoden der Nationalversammlung, an der Verstaatlichung des Kircheneigentums und an einigen der bekanntesten Mitglieder zu laut wurde, um einfach überhört werden zu können, betraute man Talleyrand mit der Aufgabe, eine Ansprache vorzubereiten, die das Volk beruhigen sollte. Sie wurde am 9. Februar 1790, immer wieder von Beifall unterbrochen, vorgetragen und galt allgemein als eine hervorragende Verteidigung der Leistungen der Nationalversammlung. »Man wirft uns vor, alles zerstört zu haben«, argumentierte er. »Aber wie können wir Neues schaffen, wenn wir nicht erst zerstören? Wir werden getadelt, daß unsere Versammlungen keine rechte Ordnung aufweisen, aber ist es nicht wichtiger, daß unsere Beschlüsse vernünftig sind?« Nachdem er sich durch den Beschwerdekatalog hindurchgearbeitet und zum Vergnügen der Nationalversammlung entsprechend gekontert hatte, schloß er seine Rechtfertigung mit einer Ermahnung, die er, wie bei ihm üblich, in die Terminologie der Vernunft gekleidet hatte: »Wir wollen uns vor überstürztem und planlosem Handeln in acht nehmen. Laßt uns vor allem der Gewalt ausweichen, denn nichts ist der Freiheit abträglicher als Aufruhr.«

Eine Woche später wurde Talleyrand für das Amt des Präsidenten der Nationalversammlung vorgeschlagen. Sein Gegenkandidat war sein Freund, einer der ersten und angesehensten Anführer der Nationalversammlung, Abbé Sieyès. Am 26. Februar waren die Stimmen ausgezählt, und es wurde verkündet, daß der Bischof von Autun mit einer Mehrheit von 373 über 125 Stimmen als Präsident der regierenden Körperschaft Frankreichs gewählt worden war.

Seine Wahl war nicht nur als Kompliment zu verstehen, und die damit verbundenen Pflichten waren mehr als nur Ehrenpflichten. Talleyrand genoß zum Zeitpunkt seiner Wahl eine Popularität in Frankreich und besonders in Paris, wie er sie noch nie zuvor und nie danach gekannt hatte. Seine Arbeit in der Nationalversammlung im Zusammenhang mit dem ernsten Interesse, das man in Paris der Regelung von öffentlichen Angelegenheiten entgegenbrachte, hatte ihm eine Gefolgschaft gesichert, die im Rahmen der Nationalversammlung ihresgleichen suchte. Die Zeitungen der damaligen Zeit berichteten, daß die Leute in den Straßen Gruppen bildeten, wenn Talleyrands Kutsche auftauchte, und applaudiert wurde, bis die Kutsche außer Sicht war. Wenn er öffentliche Veranstaltungen wie etwa Bankette besuchte, sammelte sich das Volk auf der Straße und rief seinen Namen, bis er sich an einem Fenster zeigte, mit Sieyès zu seiner Rechten und Mirabeau zu seiner Linken, und man huldigte ihnen mit einem tosenden Beifallssturm. Für den Augenblick war er der bekannteste Mann in ganz Frankreich. Sogar Mirabeau konnte da nicht mithalten.

Popularität hatte die Nationalversammlung im Jahre 1790 bitter nötig. Die unzufriedenen Stimmen, die Talleyrand in seiner Rede so geschickt zu beruhigen wußte, waren oft sehr wohl gerechtfertigt, denn nicht selten handelten bis dahin die Mitglieder der Nationalversammlung nur in ihren Worten. So wie Talleyrand die Zeit genutzt hatte, das *Ancien Régime* in eine Gesellschaft von freien und gleichen Menschen umzuwandeln, hatten viele seiner Amtskollegen ihre Zeit damit zugebracht, kunstvolle Reden über die Gleichheit der Menschen und die Segnung der Freiheit vom Stapel zu lassen, die letztlich nichts anderes als hohle Phrasen waren. Und dann hatte sich die Nationalversammlung intensivst mit der Bildung einer Verfassung beschäftigt. Oft kam man dabei über den theoretischen Aspekt nicht hinaus und kümmerte sich wenig um die praktischen Belange der Regierung. Dies bedeutete, daß Frankreich mit einer gewählten Nationalversammlung und einem regierenden König effektiv ohne Regierung war. Das höfische Beamtentum war in Mißkredit gefallen und entlassen worden. Die Revolutionsregierung existierte noch nicht, und so herrschte im Moment schlichtweg Anarchie. In Paris glaubte das aufgebrachte Volk, jeden unpopulären Beamten, der in seine Hände fiel, massakrieren zu dürfen. In den Provinzen wurden die Schlösser der Aristokraten gebrandschatzt und Steuerämter verwüstet. »Es gibt keine Exekutive, keine Gesetze, keine Magistraten und keine Polizei mehr«, berichtete der venezianische Gesandte entsetzt. Im August hatte der Vicomte de Noailles, ein Mann aus Talleyrands Gefolgschaft, vor der Versammlung erklärt, die Ursache der Unruhen liege darin begründet, daß der Adel an seinen alten Feudalrechten festhielte und daß deshalb diese Rechte abgeschafft werden müßten. Der Vorschlag wurde zur Abstimmung vorgelegt und angenommen. Aber die Tumulte hörten damit nicht auf. Der Herzog von Orléans, der sich von seinen Freunden in der Versammlung getäuscht fühlte, als es offenbar wurde, daß Frankreich schließlich doch eine konstitutionelle Monarchie anstrebte, aber mit Ludwig XVI. als König, beschäftigte nun Dutzende von *agents-provocateurs*, die das Volk gegen seinen Vetter in Versailles aufwiegeln sollten. Jean-Paul Marat, ein Arzt aus England, der ein Büchlein über die schlechten Seiten des Konstitutionalismus nach englischem Vorbild verfaßt hatte, griff die Vertreter der konstitutionellen Monarchie, also die Nationalversammlung, als »Verräter« an. Schließlich verlor das Volk, verwirrt von Extremisten auf beiden Seiten, vollends die Beherrschung. Der Pöbel von Paris marschierte am 4. Oktober auf Versailles zu und stürmte trotz des Schutzes von Lafayette den Palast. Als der Pöbel am Abend nach Paris zurückkehrte, brachte er die königliche Kutsche mit, in der König Ludwig, Marie-Antoinette und der Dauphin kauerten. Das Volk von Paris brachte seinen König nach Paris, und er sollte nie mehr nach Versailles zurückkehren. Auch die Nationalversammlung hatte versprochen, Paris Rechnung zu tragen; sie hatte sich unter den Daumen des Pöbels gestellt.

Talleyrands Rolle während der dramatischen Aktion war eine passive gewesen. Das aufgebrachte Volk war Teil des »Sturzbaches, den man vorbeiströmen lassen mußte«. Aber er hatte auch gesagt, daß er »kein Hindernis zwischen der Gelegenheit und mir aufbauen würde und mich bereithalten würde«. Diese Gelegenheit war gekommen, als Talleyrand zum Präsidenten der Nationalversammlung gewählt worden war – aber sie war fast zu spät gekommen. Die Nationalversammlung hatte den König seiner Macht beraubt, war jedoch, wie Talleyrand beobachtete, »zu fasziniert von den schimärenhaften Vorstellungen der Gleichheit und der Souveränität des Volkes«, um diese Macht selbst ausüben zu können. Deshalb trieb die Nation dem Ruin entgegen. Der Thron, den Talleyrand immer noch durch die Umwandlung in eine konstitutionelle Monarchie zu retten hoffte, schwankte. Von Tag zu Tag stiegen in Paris die Forderungen und die Unrast. All dies hofften die Mitglieder der Versammlung mit der Wahl eines Präsidenten auszugleichen, den Paris akzeptieren würde. So hoffte man Zeit zur Korrektur der begangenen Fehler zu gewinnen. »Diejenigen, die am meisten darauf bedacht waren, die königliche Macht zu zerstören«, erklärte Talleyrand, »begriffen schließlich, daß sie zu weit gegangen waren, und versuchten, ihre Schritte rückgängig zu machen.«

Mirabeau hatte dazu bemerkt, daß »das Problem nicht darin liegt, eine Revolution in Gang zu bringen, sondern sie zum Stillstand zu bringen, wenn sie zu weit gegangen ist«. Aber Talleyrand war der Klügere von beiden. Er hatte bereits erkannt, wohin der von der Nationalversammlung eingeschlagene Weg führen mußte, und er wußte, das der Lauf der Dinge über den Punkt hinausgegangen war, an dem er von einer Gruppe von Männern, wer es auch immer sein mochte, noch gelenkt werden könnte. »Der Sturzbach der Unwissenheit und der Leidenschaft war so ungestüm, daß ihn kein Sterblicher aufzuhalten vermochte.« Sein Urteilsspruch nahm sich wie die Totenglocken der Vernunft in der Revolution aus.

5. Monseigneur d'Autun zieht sich zurück

Der erbärmliche Zustand, in dem sich die Revolution, die so glorreich begonnen hatte, befand, wurde vor aller Welt am 14. Juli 1790 demonstriert. Um den Jahrestag der Erstürmung der Bastille zu feiern, beschloß die Nationalversammlung, ein Fest zu veranstalten. Da Frankreich immer noch katholisch war, mußte die Feier als Messe zelebriert werden.

Das Problem dabei war, daß die Versammlung nur zwei Monate vorher die Vorlage angenommen hatte, die unter dem Begriff »Zivilrechtliche Konstituierung der Geistlichkeit« bekannt war. Sie war das folgerichtige Ergebnis aus dem Antrag Talleyrands vom Oktober 1789, als er für die Verstaatlichung des Kircheneigentums eintrat. Danach wurde die Kirche unter demokratische Überwachung gestellt und der Machtposition des Vatikans Trotz geboten. Dazu konnte nicht einmal der liberalste Bischof in der Nationalversammlung seine Zustimmung geben. Talleyrand hatte als einziger unter seinen Episkopalbrüdern die Maßnahme unterstützt. Im Juni war Talleyrand der einzige Bischof, der noch in der Nationalversammlung saß. Die Auswahl war also nicht groß, als König Ludwig einen der neuen Verfassung loyal gegenüberstehenden Bischof beauftragen sollte, beim Föderationsfest die Messe zu lesen. Die Tatsache, daß ein Prälat, dessen Vorliebe für das Glücksspiel, Spekulationen und Frauen öffentlich bekannt war, bei einem solchen Anlaß eines solchen Amtes walten sollte, beweist, wie schwierig es schon damals für die Revolution war, Leute mit gutem Ruf für die Besorgung ihrer Geschäfte zu finden. Auch Talleyrand war sich der Ironie der Entscheidung bewußt. Dennoch konnte er sich nicht dem königlichen Befehl widersetzen und noch weniger die Nationalversammlung und das Volk von Paris enttäuschen, die sich alle auf ein herrliches Schauspiel freuten.

Der Festtag zeigte sich mit grauem Himmel, und es regnete in Strömen. Schon vor Tagesanbruch hatte sich eine unübersehbare Menschenmenge auf dem Marsfeld angesammelt. Man war fröhlicher Stimmung, und die Menge stimmte Lieder an. Dann wurde es plötzlich still, und man sah König Ludwig und Königin Marie-Antoinette ihre Sitze auf der königlichen Tribüne einnehmen. Es war kein Beifallsruf, kein *Vive le Roi* zu hören.

Die Stimmung der Menge verbesserte sich etwas, als Talleyrand einige Minuten später in prächtigen Gewändern hocherhobenen Hauptes und mit ruhigem Gesichtsausdruck erschien. Ihn begleitend, schritten sechzig Geistliche aus Paris und den *départements* zum Altar. Gestützt von zwei Geistlichen, stieg er vorsichtig die Stufen zum Altar hinauf, und die Messe begann. Nach der Messe segnete er die Banner der dreiundachtzig *départements* Frankreichs. Dann sprach der König einige Worte, in denen er das Volk seiner väterlichen Zuneigung versicherte, und zum ersten Mal an diesem Festtag wurden einige *Vive le Roi*-Rufe laut. Madame de Staël, die zugegen war, berichtete später, ihr hätten die Zurufe wie Abschiedsrufe geklungen.

Als nächstes sollte der Treueeid auf die Nation, die Verfassung und den König abgelegt werden. Lafayette leistete als erster den Eid. Während er das tat, flüsterte der ehrwürdige Bischof ihm zu: »Bringen Sie mich nicht zum Lachen!«

Anschließend an diese Zeremonie wurde ein Kirchenlied gesungen. Es regnete immer noch in Strömen, als Bischof und Geistliche, König und Königin und Tausende von patriotischen Pariser Bürgern im Sonntagsstaat tropfend, auf die Beendigung der Festlichkeit warteten. Sobald der letzte Ton verklungen war, zogen sich König und Königin in die Tuilerien zurück, die nach Versailles zur königlichen Residenz geworden waren. Das Volk kehrte in seine Häuser zurück. Talleyrand entledigte sich eilends seiner festlichen Gewänder, zog sich um und begab sich in den Spielklub, wo es ihm gelang, die Bank zu sprengen.

Es besteht kein Zweifel darüber, daß diese Zeremonie ganz und gar nicht nach Talleyrands Geschmack war. In seinem Inneren war er mit der Annahme der zivilrechtlichen Konstituierung der Geistlichkeit noch einmal ein gutes Stück von der Kirche abgerückt, obgleich er nicht mehr getan hatte, als für die Annahme der Konstituierung zu votieren. Obgleich er als einer der einflußreichsten Sprecher der Nationalversammlung anerkannt war, hatte er es sorgfältig vermieden, seine Stimme dort abzugeben, wo für oder gegen die Vorlage abgestimmt wurde. Eine aktive Unterstützung wäre für einen Bischof, und würde er die Bürde seines Amtes noch so widerwillig ausüben wie zum Beispiel Talleyrand, ein Skandal gewesen, denn dieses Gesetz ging weit über die reine Verstaatlichung des Kirchenbesitzes hinaus. Sie nagte an den Wurzeln der römisch-katholischen Kirche, da sie dem Staat Machtbefugnisse einräumte, die seit erdenklichen Zeiten dem Papst zustanden: Kontrolle über die dreiundfünfzig Bischöfe der französischen Hierarchie und über ihre

Bestätigung im Amt; Einflußnahme auf die Politik der französischen Kirche und letztlich Kontrolle darüber, was in den Dorfkirchen der Nation gelehrt und gepredigt wurde.

Derartig radikale Maßnahmen hatte es seit dem Mittelalter nicht mehr gegeben, und die Verfechter dieser Vorlage mußten mit der Feindschaft Roms rechnen. Deshalb hatten die Bischöfe der Nationalversammlung bis zum letzten Augenblick dagegen angekämpft, fest entschlossen, Roms Autorität in Frankreich bis zum Äußersten zu verteidigen. Als sie erkennen mußten, daß ihnen kein Erfolg beschieden war, zogen sie sich in ihre Diözesen zurück. Der Bischof von Autun blieb alleine in Paris, und als der König der Vorlage zustimmte, war er unter den ersten, die den Treueeid leisteten: »Ich schwöre mit erhobener Hand, gewissenhaft meine Pflichten zu erfüllen, dem Gesetz, der Nation und dem König treu zu dienen, die Verfassung und im besonderen den Beschluß der zivilrechtlichen Konstituierung der Geistlichkeit zu unterstützen.« Nur drei weitere Bischöfe konnten sich entschließen, diesen Eid abzulegen.[8]

Es erscheint wahrscheinlich, daß Talleyrands Zurückhaltung während der Debatte über die zivilrechtliche Konstituierung und die darauffolgende Bereitwilligkeit, den Eid abzulegen, nicht ohne Hintergedanken waren. Da die Ernennung der Bischöfe nun ganz zu den Befugnissen des Staates zählte, war daraus zu folgern, daß ein Bischof, vor allem einer, der den Eid geleistet hatte, von seinen Verpflichtungen entbunden werden konnte. Solch ein Bischof mußte natürlich schweigend zuhören, als es darum ging, ob der Staat von nun an diese Befugnisse haben sollte oder nicht, da man ihn sonst einer selbstsüchtigen Handlung hätte bezichtigen können. Wie auch immer: am 28. Dezember 1790 hatte Talleyrand den Treueeid auf die Verfassung und »besonders auf den Beschluß der zivilrechtlichen Konstituierung der Geistlichkeit« geleistet. In der ersten Januarwoche verzichtete er in einem Brief an das Staatsoberhaupt, den König, formell auf die Bischofswürde, mit der Begründung, daß er von seinen Staatsaufgaben zu sehr in Anspruch genommen sei. Es gab keine offizielle Rücktrittserklärung an Rom, und nach dem letzten Stand der Dinge war das auch nicht nötig.

Dies war die beste Gelegenheit, einen Beruf an den Nagel zu hängen, den er gezwungenermaßen ergriffen und immer verachtet hatte und den er jetzt nicht mehr als Sprungbrett für höhere Ämter brauchte.

> »Ich verzichtete auf den Bischofssitz von Autun und wollte nur die erste Laufbahn, die ich eingeschlagen hatte, aufgeben. Ich

stellte mich dem Lauf der Dinge, und alles andere war für mich nebensächlich, vorausgesetzt, daß ich ein Franzose blieb. Die Revolution versprach neue Schicksale für die Nation. Ich folgte ihrem Weg und nutzte meine Chancen.«

Talleyrands Verzichterklärung fällt zeitlich mit der Ernennung in die Verwaltung des Departements Paris Anfang Januar zusammen, und diesen Vorwand hatte er auch vorgegeben, um sich der lästigen Bischofsmütze zu entledigen. Am 20. Januar schrieb er an die Geistlichkeit von Autun, daß ihm eine vorteilhafte Position in der Hauptstadt angeboten worden sei, die es nötig machte, seine Diözese zu verlassen. Gleichzeitig forderte er sie auf, sich um einen Nachfolger umzusehen. Denn nach den neuen Bestimmungen wurden die französischen Bischöfe von der Geistlichkeit des freigewordenen Bistums frei gewählt und nicht wie früher vom König ernannt und vom Papst bestätigt.

Nachdem er sein Amt als Bischof niedergelegt und seine Untergebenen davon unterrichtet hatte, ließ er sich doch noch einmal überreden, seine Bischofsrobe anzulegen. Eine Ironie des Schicksals wollte es, daß eben die zivilrechtliche Konstituierung, die Talleyrand dispensiert hatte, es nun wieder nötig machte, eine weitere Amtshandlung vorzunehmen. Das neue Gesetz sah sich vor der Aufgabe, Männer für die Pfarrstellen der ausgeschiedenen Geistlichen zu finden, die lieber ihre Stellung hatten verlieren wollen, als gegen ihr Gewissen zu handeln. Aber es gab keine genaueren Bestimmungen darüber, wie bei nur vier Bischöfen im Königreich die feierliche Konsekration und die Weihen vor sich gehen sollten. Das Gesetz verbot es Bischöfen, die den Treueeid nicht geleistet hatten, diese Zeremonien abzuhalten, und Rom drohte jedem Bischof, der es wagen wollte, ob nun mit oder ohne Treueeid, mit der sofortigen Exkommunikation. Deshalb kam der Staat wieder auf Talleyrands Dienste zurück.

Er gestand:

»... trotz der Unvereinbarkeit hielt ich es für notwendig, der Aufforderung Folge zu leisten. Das sind die Motive, die mich zu diesem Schritt bewogen: ... Wenn niemand die Amtshandlung vollziehen würde [die Konsekration der neuen Bischöfe], dann war zu befürchten, daß zwar nicht die Religion verboten würde, aber – was noch gefährlicher schien, da es mehr Bestand haben konnte – daß die Nationalversammlung mit Hilfe der Doktrin, die sie sanktioniert hatte, bald das Land zum Protestantismus zwingen könnte, der der vorherrschenden Meinung mehr entsprach. Frankreich wäre dann aber nicht in der Lage, zum Katholizismus zurückzukehren, dessen Hierarchie und Formen mit denen der Monarchie in Einklang stehen.«

Diese Motive mögen gar nicht so weit hergeholt sein, wie sie zunächst erscheinen. Es ist unwahrscheinlich, daß Talleyrand, der als Geistlicher nie freiwillig eine kirchliche Zeremonie vorgenommen hat, dies jetzt ohne triftigen, auf innerer Überzeugung basierenden Grund tun sollte, um so mehr, als ihm darüber hinaus bei dieser Zeremonie eine persönliche Gefahr drohte. Anhänger Roms hatten mit seiner Ermordung gedroht, und er nahm die Warnung immerhin so ernst, daß er sein Testament bei Madame de Flahaut hinterlegte, ehe er die Amtshandlung begann. Es ist ebensogut möglich, daß er nur von dem Wunsch beseelt war, dem Staat zur Verfügung zu stehen, ein Wunsch, der so stark ausgeprägt war, daß er das Risiko einer Gefahr für Leib und Leben zurückstellte.

Was auch immer der Grund war, er vollzog die Zeremonie trotz seines Widerwillens in der Kirche in der Rue St.-Honoré. Die Priester der Pfarrgemeinde waren empört abgezogen, um so zu zeigen, daß sie an dieser gotteslästerlichen Tat keinen Anteil hatten. Aber mit Hilfe von Lafayette und seinen Mannen als Bewachung wurden dann doch zwei Priester durch den früheren Bischof von Autun, dem zwei andere Bischöfe der konstitutionellen Kirche, die die Regierung noch schnell aufgetrieben hatte,[9] assistierten, zu höheren kirchlichen Würden emporgehoben. Die Mörder ließen sich nicht blicken, und Talleyrand begab sich, nachdem er die kirchlichen Gewänder ein letztes Mal in seinem Leben getragen hatte, in das Haus von Madame de Flahaut, um seinen Letzten Willen und sein Testament wieder an sich zu nehmen.

Talleyrand hatte mit der Kirche abgeschlossen, aber die Kirche noch nicht mit ihm. Pius VI. ließ über jeden Priester den Bannfluch verhängen, der sich durch den Treueeid der konstitutionellen Kirche zugewandt hatte, und über jeden Bischof, der einen Seminaristen oder einen Bischofskandidaten geweiht oder konsekriert hatte. Talleyrand war beider Vergehen schuldig – und er war sogar entzückt darüber. Exkommunikation bedeutete nach seiner Denkweise, daß sowohl Paris als auch Rom ihn nicht mehr länger als Mitglied der Geistlichkeit betrachteten. Ein Satz im offiziellen Brief des Papstes unterstrich seine Interpretation: »Nichts Wünschenswerteres kann sich ereignen, als daß sich einer von der Kirche lossagt, der aus so vielen Gründen verdient, hinausgeworfen zu werden.«

Ein Jahr später, im März 1792, einen Monat bevor das Dekret der Exkommunikation endgültig erlassen wurde, richtete Pius VI. einen privaten Brief an Talleyrand mit der Bitte, sich die »unerschöpfliche Geduld der heiligen Mutter Kirche« zunutze zu machen. Er gab ihm sechzig Tage, um seine Irrtümer rückgängig zu machen und seine Sünden zu bereuen. Sollte Talleyrand dieser Aufforderung nicht Folge leisten, würde er in aller Form exkommuniziert, und er, den der Brief unrichtigerweise als Urheber der Kirchenspaltung, der zivilrechtlichen Konstituierung der Kirche bezeichnet hatte, würde für immer ausgeschlossen sein. Als die sechzigtägige Frist verstrichen war, machte Pius seine Drohung wahr, aber zu dieser Zeit war Talleyrand schon nicht mehr in Frankreich. [10]

Es gab in Talleyrands geistlicher Laufbahn wenige Augenblicke, in denen er nicht gerne seine Soutane abgelegt hätte. Daß er es dann zu eben diesem Zeitpunkt tat, beruht auf einem Zusammenwirken mehrerer Faktoren, deren offensichtlichster sich aus der Gelegenheit der zivilrechtlichen Konstituierung ergab. Dies war jedoch eher die Gelegenheit und nicht der Grund für seine Entscheidung. Die Logik sagte ihm, daß er sich nach den Übereinkünften der zivilrechtlichen Konstituierung und Roms Reaktion darauf selbst den Weg zu höheren geistlichen Ämtern abgeschnitten hatte. Und da ihm seine Führungsposition in der Nationalversammlung auch ohne seinen Rang als Bischof erhalten bleiben würde, war es nicht mehr nötig, einen Beruf nur aus dem Bestreben heraus auszuüben, damit ein anderes Ziel zu erreichen. Er konnte sich jetzt mit ganzer Kraft öffentlichen Aufgaben und der Politik widmen.

Während seine Bischofswürde kein Hindernis und in der Tat sogar sehr nützlich in der Exekutive der Regierung, also als Minister der Krone, gewesen wäre, war es jetzt für ihn praktisch unmöglich geworden, einen Ministerposten anzunehmen. Am 12. November 1790 hatte man darüber abgestimmt, daß kein Abgeordneter Minister werden könnte, bis drei Jahre zwischen seinem Austritt aus der Nationalversammlung und seiner Amtsernennung durch den König vergangen seien. [11] Wenn Talleyrand weiterkommen wollte, so mußte er dies als Mitglied der Nationalversammlung tun. Und in der Nationalversammlung wie auch in der Bevölkerung von Paris waren Bischöfe in zunehmendem Maße suspekt, hatte man doch ihre reaktionäre Haltung bei der Verstaatlichung der Kirchengüter und bei der Proklamation der zivilrechtlichen Konstituierung der Geistlichkeit noch deutlich vor Augen.

Schließlich war es gegen Ende des Jahres 1790 und in den ersten Monaten des Jahres 1791 klargeworden, daß Talleyrand sich mit allen Mitteln, einschließlich des Verzichts auf bischöfliche Würde, darauf vorbereiten mußte, einen größeren Anteil an der Führerschaft in der Nationalversammlung zu übernehmen. Denn Mirabeau, sein Freund, Mitarbeiter und Hauptkonkurrent um die Herrschaft, lag im Sterben.

Die beiden Männer waren Freunde gewesen seit der Zeit von Talleyrands »Zirkel« in Faubourg St.-Germain, »wo wir jeden Morgen zusammentrafen und ich mit meinen Freunden mein frugales Frühstück teilte«. Beider Charakterstärke und Flexibilität führten häufig dazu, daß sie sich öffentlich kritisierten und sich dann privat weiterhin heftige Wortgefechte lieferten. Ihre gegenseitigen Beziehungen in der Nationalversammlung waren wechselvoll. Sie arbeiteten ständig zusammen und wurden sich in der Regel immer eins, was getan und was gelassen werden mußte. Sie waren beide überzeugt, daß die Revolution durch die Abschaffung der Monarchie nicht in das Chaos der Anarchie stürzen dürfe. Ihr Ehrgeiz aber war immer wieder Grund für Reibereien. Es war ein offenes Geheimnis, daß Mirabeaus sehnlichster Wunsch der Präsidentenstuhl war und daß es einen schweren Schlag für ihn bedeutete, als Talleyrand in der Nationalversammlung das Rennen machte. »Keine Partei mag mich«, äußerte Mirabeau verzweifelt und schüttelte seinen Löwenkopf, während Tränen über seine pockennarbigen Wangen liefen, »noch nicht einmal die, denen ich so von Nutzen war.« Nicht sein Ehrgeiz, sondern die Tatsache, daß er ihn nicht verhehlen konnte, scheint Talleyrand am meisten irritiert zu haben.

Als Mirabeau sich einmal in einer langen Aufzählung der Eigenschaften erging, die ein Präsident der Nationalversammlung haben müßte, und dabei im wesentlichen seine *eigenen* Charaktereigenschaften aufgezählt hatte, fiel ihm Talleyrand ins Wort: »Nun solltest du eigentlich noch hinzufügen, daß ein solcher Mann ohne Pockennarben undenkbar ist.« Als ihm Talleyrand bei einer unwichtigen Angelegenheit in der Nationalversammlung widersprochen hatte, polterte Mirabeau eine Reihe von Drohungen herunter und endete: »Ich werde dich mit Verderbtheit umgeben, wie du es noch nie zuvor gesehen hast!« Talleyrands Antwort kam ruhig und gelassen: »Gehe ich recht in der Annahme, daß Monsieur de Mirabeau mich umarmen möchte?«

Trotz dieser Plänkeleien waren diese beiden Männer echte Freunde und versöhnten sich immer rasch wieder. Talleyrand war zutiefst betroffen, als er im Dezember 1790 erfuhr, daß es mit der angegriffenen Gesundheit seines Freundes rapide bergab ging. Im Januar ging es ihm bereits so schlecht, daß man ihn zur Tribüne begleiten mußte, gegen Ende März lag er im Sterben. Er wußte um sein nahes Ende und ließ Talleyrand zu sich rufen. Als dieser kam, vertraute ihm Mirabeau seinen kostbarsten Besitz an. »Ich habe hier«, sagte er, »viele Papiere. In ihnen wird man das finden, was an Ehre mit meinem Andenken verbunden wird. Versprich mir, daß diese Schriften eines Tages bekanntgemacht werden, und sieh um unserer Freundschaft willen zu, daß diese Dokumente veröffentlicht werden.« [12] Talleyrand schwor, daß er den letzten Willen seines Freundes erfüllen werde. Ein paar Stunden später lebte Mirabeau nicht mehr.

Am folgenden Tag, dem 3. April 1791, hielt Talleyrand eine Lobesrede vor der Nationalversammlung:

> »Gestern besuchte ich Mirabeau. Viele Menschen waren in seinem Haus, aber ich war von einer Traurigkeit erfüllt, die schmerzlicher war, als es das Volk ahnen konnte. Ein Gefühl der Verlassenheit beim Anblick des Todes durchfloß meine Seele und war überall gegenwärtig, überall, nur nicht im Geist des Menschen, der gerade seine größte Prüfung zu bestehen hatte. Ich will nicht bei den Gefühlen verweilen, die viele seiner Reden in den Herzen seiner Zuhörer erzeugten. Monsieur de Mirabeau blieb in diesem Augenblick jeder Zoll ein Staatsmann. Von diesem Gesichtspunkt aus müssen wir seine Worte als kostbares Andenken bewahren, das wir als wertvolle Beute dem Tode entreißen konnten.«

Das Andenken, auf das Talleyrand anspielte, war das Gedankengut, das sich in den von seinem Freund erhaltenen Dokumenten widerspiegelte. Am meisten jedoch traf ihn Mirabeaus letzte, verzweifelte Erklärung: »Mein Freund, ich nehme mit mir in mein Grab die letzten Überreste der Monarchie.«

Zieht man den immensen Arbeitsaufwand in Betracht, den Talleyrand in den ersten Jahren der Revolution leistete, so könnte man daraus schließen, daß dieser Mann, dessen sittenloser Lebenswandel Empörung hervorgerufen hatte, daß eben dieser Mann alle Vergnügungen zurückstellte und sich mit seiner ganzen Energie und seinem ganzen Ehrgeiz der Arbeit in der Nationalversammlung widmete. Weit gefehlt – nichts wäre untypischer für Talleyrand gewesen als eine solche Sinneswandlung. Seine Leidenschaft für die Politik war mit der Wahl in die Reichsstände im Jahr 1789 erwacht, aber seine anderen Leidenschaften traten deswegen keinesfalls in den Hintergrund. Im Gegenteil, er pflegte sie mit einer Intensität, die bei einem weniger engagierten Mann zweifellos dazu geführt hätte, daß die Staatsgeschäfte zu kurz gekommen wären.

Der Schauplatz, auf dem sich Talleyrands bunter Reigen abspielte, war wie immer Paris. Im Leben der Hauptstadt zwischen 1789 und 1792 waren einige Veränderungen eingetreten. Der Geruch der Revolution hinterließ überall seine Spuren. Der König lebte praktisch wie ein Gefangener in den Tuilerien und würde nicht viel später dann tatsächlich ein Gefangener sein. Der Glanz des Hofes war verblaßt, und viele große Namen, die vorher den Ruhm des *Ancien Régime* ausgemacht hatten und die das Leben der Stadt geprägt hatten, waren jetzt nur noch auf den ständig wachsenden Emigrantenlisten zu finden. Und doch war der normale Pariser Bürger noch immer wenig betroffen von den Ereignissen um ihn herum, und die soziale Schicht, in der sich Talleyrand bewegte, kaum mehr. Wie eh und je gab es Glücks- und Liebesspiele, man wurde immer noch zu Abendgesellschaften gerufen, und die Salons der bekannten Damen florierten wie immer. Die Frau des britischen Gesandten, Lady Sutherland, schrieb nach Hause, daß sich »an der Ruhe in Frankreich wenig geändert habe«. Und sie schloß mit der Klage, daß »die Welt hierzulande sehr langweilig geworden ist«. Gouverneur Morris fügte nur noch hinzu, daß die Kartoffeln, die er am Marktplatz gesehen habe, »von der übelsten Sorte« seien und »daß Paris groß und stinkend wie immer« sei.

Talleyrand selbst berichtete sehr wenig über sein Privatleben während der drei Jahre, die auf die erste Versammlung der Reichsstände folgten. In dieser Hinsicht verdanken wir einem außenstehenden und scharfsinnigen Beobachter, Gouverneur Morris, sehr viel an Information. Er, der Amerikaner, dessen Jugendtraum es war, in der französischen Hauptstadt zu leben, um »in der heiteren Atmosphäre des fremden Lebens die Unkultur einer provinziellen Erziehung abzulegen«. Er hatte diesen Traum im Jahre 1789 im Alter von siebenunddreißig Jahren verwirklicht. Trotz seiner Abneigung gegen die Größe und den Gestank der Stadt konnte Paris seine Erwartungen erfüllen. Bei seiner Ankunft schrieb er an den französischen Botschafter in den Vereinigten Staaten: »Je mehr ich von Paris sehe, um so mehr erkenne ich das Opfer an, das Ihr brachtet, als Ihr den Ozean überquert und Euch bei einem Volk niedergelassen habt, das noch zu jung ist, um Gefallen an einem Gesellschaftsleben zu finden, das hier das Salz in der Suppe ist.«

Morris' Aufenthalt in Paris war eher von geschäftlicher Natur und weniger zu seinem Vergnügen. Er war als Unterhändler nach Paris gekommen, um mit Frankreich Verträge über Tabak- und Mehllieferungen für seine Firma auszuhandeln, die er zusammen mit seinem Vetter, Robert Morris, betrieb.[13] Er war jung, ledig, klug, in finanziellen Angelegenheiten erfahren, sprach ausgezeichnet französisch und war mit Empfehlungsschreiben an Mitglieder des Hochadels und Persönlichkeiten des öffentlichen Lebens angereist gekommen. Diese günstigen Voraussetzungen sicherten ihm den sofortigen Zutritt zu den exklusivsten politischen und sozialen Kreisen, wo er auch täglich mit Talleyrand zusammentraf. Man sah sich in der Wohnung der Gräfin Adélaïde de Flahaut, im Palast des Louvre, denn Morris verband mit Talleyrand nebem seinem Interesse an finanziellen Angelegenheiten eine Vorliebe für gepflegte Konversation. Beide hinkten[14], und beide hatten eine Vorliebe für die gleiche Gräfin.

In Adélaïde de Flahauts Wohnzimmer standen sich Talleyrand und Morris im Oktober 1789 zum ersten Mal gegenüber. Die erste Erwähnung Talleyrands in Morris' Tagebuch finden wir unter dem 14. Oktober 1789: »Gehe zum Essen zu Madame de F. Sie bekommt einen Brief vom Bischof von Autun. Er will um halb sechs zum Essen kommen. Sie besteht darauf, daß ich um fünf Uhr weggehe. Ich tue das einzig Mögliche, indem ich mich in kaltblütiger Haltung empfehle. Morgen werden wir als Trio speisen – mit dem Bischof von Autun.« Danach fehlt in diesem Tagebuch fast an keinem Tag ein Eintrag über »den Bischof«.

Zwischen dem Dreigespann scheint sich schon bald eine gewisse Vertrautheit entwickelt zu haben. Im späten Oktober schreibt Morris nieder: »Ich gehe in den Louvre und finde dort den Bischof mit Madame de Flahaut vor. Er bat, heute mit seinem Sohn abendessen zu dürfen, und dies ist eine Familienangelegenheit. Als er weggegangen war, drückte ich Madame de Flahaut gegenüber mein Bedauern darüber aus, eine so liebreizende Szene gestört zu haben. Sie sprach viel von ihrem Kind und weinte hemmungslos. Ich trocknete ihre Tränen.« Morris' »provinzielle Erziehung« hatte ihn jedoch offensichtlich nicht ausreichend auf eine Beziehung vorbereitet, in der es keine Heuchelei oder Zurückhaltung gab. »Ich gehe in den Louvre«, schreibt er, »wo der Bischof von Autun auf mich wartet ... Da Madame sich krank fühlt, finde ich sie beim Baden ihrer Füße in warmem Wasser vor, und während eine ihrer Bediensteten ihr die Füße abtrocknet, wärmt der Bischof ihr Bett mit einer Wärmeflasche vor. Es ist einigermaßen merkwürdig, einem ehrwürdigen Geistlichen bei dieser Handlung der Nächstenliebe zuzusehen.« Und doch ist der Amerikaner gewillt, dazuzulernen. Kurze Zeit später »nimmt Madame, die sich krank fühlt, ein Bad und läßt mich sodann zu sich rufen. Es ist ein seltsamer Ort, empfangen zu werden, aber der Zusatz von Milch macht das Badewasser undurchsichtig. Sie erzählt mir, daß es durchaus üblich wäre, Gäste im Bad zu empfangen, und ich nehme an, daß dies auch der Fall ist, denn sonst wäre ich die letzte Person gewesen, der sie diese Ehre hätte zukommen lassen.«

Zu dem Zeitpunkt, an dem Talleyrand den Amerikaner Morris kennengelernt hatte, war letzterer bereits mit der Gräfin liiert. Sie brachte es fertig, daß ihre beiden Verehrer sich nicht nur dulden, sondern sogar schätzen lernten. So war ihr die Gesellschaft des einen ebenso lieb wie die des anderen. Zu Anfang gab es natürlich Ressentiments zwischen den beiden Konkurrenten. Und einige Einträge in Morris' Tagebuch scheinen auch auf eine gewisse Eifersucht von seiten Talleyrands hinzuweisen. »Ich gehe in den Louvre. Unmittelbar nach meiner Ankunft trifft auch der Bischof ein, der von meiner Anwesenheit nicht allzu begeistert scheint.« Doch schon bald darauf läßt Talleyrand solche Gefühle der Abneigung nicht mehr erkennen, entweder weil er sie als seiner unwürdig befunden oder weil er sich aus persönlichen Gründen entschlossen hat, das Feld dem Amerikaner zu überlassen. Morris berichtet über den Triumph Adélaïdes: »Sie strahlt vor Befriedigung, wenn sie den Bischof und mich beisammensitzen sieht und wenn sie hört, daß einer des anderen Empfindungen teilt und seinen Ansichten zustimmt. Welch ein Triumph für eine Frau. Wir verlassen sie gemeinsam, um heimzufahren«.

Eifersucht war kein Gefühl, das Talleyrand lange zu schaffen machte oder das er überzeugend zeigen konnte. Das verwundert nicht sehr, wenn man sein geringes Talent zur Treue in Betracht zieht. Und die Gräfin de Flahaut war ihrerseits wiederum zu gutmütig, um das Unmögliche vom Bischof von Autun zu verlangen. Sie war in der höfischen Gesellschaft bekannt wegen ihrer Güte und ihres Frohsinns. Alle ihre Freunde waren sich darin einig, was in einer oft zitierten Bemerkung von François de Montesquieu zum Ausdruck kommt: »Dein Wesen kann mehr Unglück zerstreuen, als das Schicksal hervorrufen kann.« Zieht man Madame de Flahauts Gefälligkeit und Talleyrands Schwäche bezüglich anderer Frauen in Betracht, so muß man verstehen, daß beider Beziehungen beim Auftauchen von Gouverneur Morris bereits von leidenschaftlicher Liebe zu zärtlicher Zuneigung gereift waren. Adélaïde war Talleyrands Geliebte, und zwar ganz formell und offiziell; und er im gleichen Sinn ihr Liebhaber. So wurden sie auch überall in der Gesellschaft akzeptiert. Und doch wußte die Gräfin ihre Vorliebe für Koketterie ebensowenig einzuschränken wie Talleyrand seinen Hang zu Tändeleien. Aus diesem Zusammenhang heraus ist die selbstverständliche Duldung von Gouverneur Morris im Leben der Gräfin zu verstehen und ebenso die lange Liste der Damen der Gesellschaft, mit denen Talleyrands Name kurzzeitig während ihrer gemeinsamen Liaison in Verbindung gebracht wurde. Da er selbst der Tugend der Treue unfähig war, verlangte er sie auch nicht von seinen Mätressen.

Es ist wahrscheinlich, daß Madame de Flahauts Koketterien nicht mehr als eben Koketterieren waren. Die bloße Verehrung der Männer genügte ihr zu dieser Zeit, und weitere Zärtlichkeiten ließ sie weder zu, noch waren sie in ihrem Sinne. Morris, dem die Moral der höfichen Damen fremd war, konnte nur schwer begreifen, warum er der Verlierer war, während der Bischof von Autun so offensichtlich Erfolg gehabt hatte. So verfolgte er sein Ziel mit Beharrlichkeit und großer Erfindungsgabe. Einmal war er zu einer Abendgesellschaft im Hause von Jacques Necker, dem Finanzminister, eingeladen. Talleyrand hatte zu dieser Zeit bereits Interesse an Neckers Tochter, Germaine de Staël, bekundet und dies auch allen Beteiligten offengelegt. Morris befragte Madame de Staël im Gespräch in dieser Angelegenheit und machte einen Vorschlag, der seine raschen Fortschritte in gesellschaftlichen Gepflogenheiten bezeugte: »Ich wünsche, daß sie mir Bescheid sagt, wenn er Erfolg hat«, notiert er, »denn dann werde ich bei Madame de F. auf den Plan treten.« Doch dieser Klatsch brachte ihm nicht viel Glück. Als er Madame de Flahaut bat, zumindest so nett zu ihm zu sein wie Germaine de Staël zu Talleyrand, antwortete Adélaïde nur: »Ich kann nicht, denn in meinem Herzen bin ich verheiratet.« Das war im November 1789. Anfang 1791 hatte sich ihre Haltung jedoch grundlegend geändert. Eines Tages fragte sie Morris: »Wenn ich plötzlich Witwe werden sollte, wen, meinst du, würde ich heiraten?« Er antwortete vorsichtig, wahrscheinlich »den Bischof«, da er gehört habe, dem französischen Klerus würde es bald gestattet sein, zu heiraten. Adélaïde wies diese Vermutung heftig von sich: »Oh, ich würde Monseigneur d'Autun nie heiraten, denn ich müßte ja meine Liaison mit jemandem anderen gestehen, ehe ich mit ihm vor den Altar treten könnte.« Der Grund für diesen Meinungswandel war nicht ihr allein zuzuschreiben. In dem Maße, wie Talleyrands Faszination an Germaine de Staël wuchs, schwand sein Interesse für Adélaïde. Nicht, daß die Gräfin an Charme, Güte oder Schönheit eingebüßt hätte, aber Neckers Tochter hatte Eigenschaften aufzuweisen, die bestens dazu geeignet waren, die Aufmerksamkeit und die Zuneigung eines Mannes zu gewinnen, dessen Wertvorstellung den Rahmen des vergleichsweise bescheidenen Lebens der Madame de Flahaut sprengten. Madame de Staël war zur Zeit der Reichsständetagung als eine der klügsten, belesensten und unterhaltsamsten Frauen Frankreichs bekannt. Ihr Salon[15] war in seinem Ruf als Treffpunkt der politischen und gesellschaftlichen Elite unumstritten. »Ihr gelingt es, Leben in die Einsamkeit zu tragen«, schrieb einer ihrer Zeitgenossen, »sie kann die Welt ersetzen und in der Tat selbst zur Welt werden.« Darüber hinaus besaß die die Gabe, ungehemmt ihre Bewunderung für jeden Mann auszusprechen, der ihr gefiel. Talleyrand hörte es nicht ungern, daß Germaine wiederholt bemerkte: »Wenn man Talleyrands Konversationstalent kaufen könnte, würde ich mich sofort in den Bankrott stürzen.« Auch war es ihrer Anziehungskraft nicht gerade abträglich, daß sie ihn glühend und gekonnt jedermann gegenüber verteidigte, der ihn wegen seiner Arbeit in der Nationalversammlung oder wegen seiner lockeren Sitten angriff. Die offensichtliche Zuneigung einer so berühmten Frau konnte man unmöglich geringschätzen und ihr schwerlich widerstehen. Hinzu kamen noch andere Eigenschaften, die Talleyrands Aufmerksamkeit sicher nicht entgangen wären, wenn ihre Intelligenz und ihre Loyalität ihre Wirkung auf ihn verfehlt hätten. Zwar war sie nach den damaligen Begriffen nicht unbedingt als schön zu bezeichnen, auch war ihre Kleidung etwas nachlässig, doch besaß sie körperliche Eigenschaften, die ihr die uneingeschränkte Bewunderung all ihrer Zeitgenossen eintrugen. Ihre Augen galten in ganz Europa als unvergleichlich schön, und ihre Hände, mit denen sie ständig ihre Worte unterstrich, waren fein geformt. Darüber hinaus war sie auch Vertraute und Beraterin sowie Tochter von Frankreichs mächtigstem und populärstem Minister.

Es galt allgemein als sicher, daß Talleyrands heftige Bemühungen um Madame de Staël – die allgemein ausgiebigst beklatscht wurden – eher Ausdruck seines Ehrgeizes auf ein Ministerportefeuille waren als echte Leidenschaft für die illustre Dame der Gesellschaft. In den ersten Jahren von Talleyrands Werbung um Germaine war es Mitgliedern der Nationalversammlung noch nicht verboten, Staatsämter zu bekleiden. Und der klugen Germaine war es, durchaus zuzutrauen, daß sie bei ihrem Vater einen solchen Posten für einen Liebhaber herausgehandelt hätte. Doch auch als die Nationalversammlung den Antrag gegen die Bekleidung von Staatsposten ihrer Mitglieder bereits angenommen hatte, setzte Talleyrand sein Werben unvermindert fort, bis die Dame schließlich im Jahr 1791 Talleyrands Drängen nachgab, sehr zum Vergnügen und zum Amüsement der Pariser Gesellschaft und vor allem des Mr. Morris.

Nur Adélaïde de Flahaut, so schien es, und eventuell auch Baron de Staël waren von dem umlaufenden Gerücht verständlicherweise weniger entzückt. Das Werben Talleyrands um Germaine war so extensiv, so öffentlich und deshalb so entwürdigend für sie gewesen, daß die legendäre Geduld der Gräfin erschöpft war. Es gab Szenen mit Talleyrand – etwas, was er nie verkraften konnte –, und Morris kommentiert in seinem Tagebuch: »Ich gehe in den Louvre und erfahre, daß Madame einen Streit mit dem Bischof gehabt hat . . . Als Folge dieses Streits fühlt sie sich nun sehr krank und ist von Freunden und Dienern umgeben.« Im Januar 1791, gerade als Talleyrand seine neue Beute erlegt hatte, öffnete Adélaïde ihr Herz und »beklagt sich bitter über die kaltblütige Grausamkeit des Bischof von Autun«. Und doch sollte sich schon alsbald herausstellen, daß ihre Wesensart ebenso flexibel war wie die von Talleyrand, wenn auch eher damit zufrieden, von anderen geführt zu werden. Ihre Andeutung in Morris' Gegenwart auf »meine Liaison mit jemand anderem« traf zeitlich fast zusammen mit ihren Beschwerden über Talleyrands Grausamkeit. Und Morris' Sympathien kühlten sich zweifellos kräftig ab, als Madame de Flahauts neuer Geliebter, ein Sohn der Marquise von Lansowne, auf der Bildfläche erschien. »Lord Wycombe hat sich hier eingenistet«, bemerkte er bitter. Und bald schon beklagte er sich darüber, daß Wycombe nicht nur Talleyrand, sondern auch ihn selbst in Adélaïde de Flahauts Leben abgelöst hätte.

»Sie ist«, schloß er, »kokett und sehr wankelmütig.«

Die Beziehung zwischen Talleyrand und der Gräfin sollte erst eine gute Weile später in gegenseitige Beschuldigungen ausarten und mit der totalen Ernüchterung enden. Aber schon vom Beginn des Jahres 1791 an war es klar, daß Talleyrand von dem, was ihn an Vergnügungen aus dem *Ancien Régime* geblieben war, mehr als nur das Bischofsgewand von Autun abgestreift hatte.

Der Bruch mit Madame de Flahaut, der Verzicht auf den Bischofssitz von Autun und seine selbstauferlegte Säkularisierung waren im hauptsächlichen die Faktoren, die zu den Veränderungen beitrugen, die Talleyrands Leben in den Jahren 1791 und 1792 wandelten. Am bedeutsamsten waren jedoch die Veränderungen, über die er keine Kontrolle hatte, nämlich die Ereignisse, die den Fortschritt der Revolution in jenen kritischen Jahren betrafen.

Talleyrand hat diese Verkettung von Ereignissen und Umständen als einen Sturzbach beschrieben. Bis zum Ende des Jahres 1790 konnten Mirabeau und er den Lauf der Dinge zwar nicht kontrollieren, doch zumindest in gewissen Bahnen halten. Die Arbeit der Nationalversammlung, die jetzt fast zwei Jahre in Anspruch nahm, bestand darin, eine Verfassung für Frankreich vorzubereiten, die sowohl die Ideale der Freiheit und Gleichheit vertrat, als auch in annehmbarer Form eine Institution erhalten sollte, die zum politischen und gesellschaftlichen Leben Frankreichs gehörte: die Monarchie. Diesem Ideal waren Mirabeau und Talleyrand gleichermaßen verbunden. Doch im Jahre 1791 wurden nicht nur die Monarchie selbst, sondern auch die demokratischen Prinzipien, die die Revolution an die Stelle des Absolutismus der bourbonischen Könige setzen wollte, von einem Sturm der »Ignoranz und Leidenschaft« hinweggefegt.

Mirabeaus Tod signalisierte das Abbröckeln der Verteidigungsmauer, die er und Talleyrand gegen die extremen Kräfte der Revolution zu bauen versucht hatten. Nicht nur, daß es einen Anwärter weniger auf den Vorsitz gab, nun füllte eine Gruppe von Männern die Lücke, die er in der aktiven Führerschaft der Nationalversammlung hinterließ, die Mirabeau immer durch seine starke persönliche Ausstrahlung und seine rhetorischen Gaben zu unterdrücken wußte. Danton und Robespierre waren die beiden Führer der zwei einflußreichen und für die damalige Zeit radikalrepublikanischen Klubs[16], der Cordeliers und der Jakobiner. Der Aufstieg solcher Männer und die Macht dieser Parteigruppen im Jahre 1791 kam nicht von ungefähr. Unzufriedenheit mit der Nationalversammlung und ihren Leistungen war laut geworden, und eine wichtige Ursache dafür war die zivilrechtliche Konstituierung des Klerus: Papst Pius VI. hatte nach einigem Zögern und gleichzeitig mit seinem Vorgehen gegen Talleyrand und die anderen Bischöfe der konstituierenden Kirche erklärt, daß die Unterstützung der zivilrechtlichen Konstituierung in Frankreich zu Ketzerei und Schisma führen würde, und er hatte diese Meinung direkt an König Ludwig XVI. gerichtet. Nun war Ludwig ein überzeugter Katholik, der streng an das Primat des römischen Oberhauptes glaubte. Er hatte bis zum letzten gekämpft, um seine Zustimmung zur zivilrechtlichen Konstituierung der Kirche zurückzuhalten[17], und hatte erst nach vielen Wochen unter Protest aufgegeben. Von diesem Moment an betrachtete er sich, wie er ausdrücklich versichert, als ein Mann, der unter Druck handelte, und lehnte jede Verantwortung für Handlungen ab, zu denen er zwar seine Zustimmung als König gab, die er aber nicht guten Gewissens billigen konnte. Aber mit der Annahme der zivilrechtlichen Konstituierung durch den König war die Sache noch nicht abgetan. Wütende Proteste erhoben sich in allen Provinzen, und im Süden Frankreichs drohte ein ernsthafter Aufruhr.

Wie bei allen Unruhen und Revolutionen spielte die Armee eine wichtige Rolle. Die Nationalversammlung hatte zu Beginn des Jahres 1790 beschlossen, die Truppen einen neuen Eid schwören zu lassen, um sie von ihrer Königstreue zu entbinden: Sie sollten dem Gesetz und dem König dienen – in dieser Reihenfolge – und nicht gegen die Bürger Frankreichs vorgehen. Trotzdem wußte man, daß die Regimenter an der nordöstlichen Grenze Frankreichs, von General Bouillé, einem zuverlässigen Royalisten, befehligt, königstreu waren, und man befürchtete, daß sie dem König Folge leisten würden, wenn er sie zu Hilfe rufen würde. Diese Bedenken wurden noch unterstützt durch ein Mitgleid der Cordeliers, Jean-Paul Marat, der ein revolutionäres Pamphlet, *C'en est fait de nous* (Es ist vorbei mit uns), veröffentlichte, in dem er die Exekution aller »Verräter« und »Verschwörer« als einzigen Weg dafür forderte, Paris vor der Rache des Königs und dem Eingreifen seiner Armee zu schützen. Am 31. August, innerhalb von fünf Tagen nach Erscheinen des Pamphlets, erhoben sich mehrere Regimenter, von demokratischer Propaganda demoralisiert, wobei nicht sicher ist, ob Marats Pamphlet einen direkten Einfluß hatte. Die Ordnung wurde durch Bouillés rigoroses Eingreifen wiederhergestellt. Die Spuren des Aufstandes aber blieben. Die Nationalversammlung verbot Marats Zeitung und drückte Bouillé offiziell ihren Dank aus. Die Republikaner jedoch, angeführt von Danton und seinen Cordeliers, protestierten lautstark gegen beide Aktionen, und in Paris gab es tumultartige Demonstrationen zugunsten der aufständischen Soldaten. Dies trug mehr als alles andere zum Rücktritt vieler Berufsoffiziere (die Royalisten waren) aus Infanterie- und Kavallerieregimentern und zu ihrer darauffolgenden Emigration nach Deutschland und England bei. Die Streitkräfte standen nun größtenteils unter dem Befehl von republikfreundlichen Offizieren.

Der radikalen Veränderung im militärischen Bereich folgte eine weitere in der Exekutive. Necker, immer noch Minister der Krone, war in Mißkredit gefallen. Da seine Macht von der König Ludwigs abhing und dessen Machtbefugnisse größtenteils an die Nationalversammlung übergegangen waren, leitete er jetzt lediglich ein Kabinett ohne Funktion und Einfluß. Anfang September 1790 wurde er in den Straßen von Paris vom Pöbel attackiert. Daraufhin bot er dem König seinen Rücktritt an und floh in seine Schweizer Heimat.

Außer den extremistischen Bestrebungen der Jakobiner und Cordeliers zeigte sich die Revolution bis zum Winter 1790 nur wenig antimonarchistisch. Im Dezember jedoch verschmolzen die Kräfte, die für die Unruhen in der Nation verantwortlich waren, und die wachsende Entfremdung des Königs von den wahren Gefühlen seines Volkes zu einer Bewegung zusammen, die deutlich republikanisch orientiert war. Die Arbeit der Nationalversammlung selbst öffnete Schmähreden von Journalisten wie Camille Desmoulins gegen die konstitutionelle Monarchie Tür und Tor. Es war verlautet, daß die von der Nationalversammlung vorbereitete Verfassung das Wahlrecht auf etwa 2 000 000 Franzosen, ausschließlich aus der Mittel- und der Oberschicht, beschränken wollte. Warum, so fragte man sich, sollte es weiterhin solche Klassenunterschiede geben? Warum sollten die Armen nicht ebenso wie die Reichen das Recht haben, über ihr Schicksal zu entscheiden? Warum sollten Frauen nicht die gleichen Rechte haben wie Männer?

In der ersten Hälfte des Jahres 1791 wurde Frankreich mit Pamphleten zugunsten der Abschaffung der Monarchie und der Errichtung einer Republik mit gleichen Rechten für alle überflutet. Es kam in Mode, Gesellschaften ins Leben zu rufen, die sich das allgemeine Wahlrecht zum Arbeitsziel setzten. In einigen wenigen Monaten hatte sich die antimonarchistische Idee einiger Extremisten zu einer einflußreichen Macht in der französischen Politik entwickelt. Es war ein Konzept, das mit demagogischen Methoden und dem rhetorischen Zündstoff, der jede Massenbewegung charakterisiert, propagiert wurde. Als solches hätte es mit seinen eigenen Waffen geschlagen werden können, wenn die Sache der konstitutionellen Monarchie einen überzeugenden Demagogen zur Verfügung gehabt hätte. Aber sie hatte keinen. Mirabeau war tot, und Talleyrand fehlte, bei aller Popularität in der Nationalversammlung und beim Volk, bei all seinem Talent, die berechnende Vernunftswidrigkeit, ganz zu schweigen vom persönlichen Glanz, den eine solche Rolle voraussetzte. Mirabeaus Platz wurde deshalb alsbald von Männern eingenommen, die auf die wechselhaften Stimmungen des Volkes und die aus gewissen Situationen erwachsenden Gelegenheiten eingestimmt waren: Danton, Führer der republikanischen Cordeliers, und Maximilian Robespierre, ein Abgeordneter der Nationalversammlung und Jakobinerführer. Nur wenige Tage nach Mirabeaus Tod hatte Robespierre eine Schrift veröffentlicht, in der er sehr geschickt für das demokratische Wahlrecht eintrat. Da es im richtigen Moment kam, brachte dieses Pamphlet dem Autor eine ungeheure Popularität ein, und Robespierre wurde überall als Kämpfer für die Armen, Freund der Unterdrückten und Apostel der Gleichheit gefeiert.

Mit steigender Sympathie für die Republik war die Situation für König Ludwig XVI. noch untragbarer geworden. Hinter ihm lag der Verlust seiner Machtbefugnisse auf dem Sektor der Geistlichkeit durch die zivilrechtliche Konstituierung. Vor ihm stand das Gespenst einer Verfassung, die ihn formell auch aller weltlichen Machtbefugnisse berauben würde, was die Nationalversammlung bereits zum Teil in die Realität umgesetzt hatte. Und mit den immer lauter werdenden Stimmen Dantons, Robespierres und Marats war es zweifelhaft, ob es der Nationalversammlung, die jetzt vergleichsweise gemäßigt dastand, gelingen würde, dem wachsenden Druck der Öffentlichkeit standzuhalten, die nach Abschaffung der Monarchie und nicht nach Konstitutionalisierung verlangte. Im Frühjahr 1791 schien der einzige Ausweg in einer Flucht aus Paris zu bestehen. Ludwigs Hoffnungen konzentrierten sich auf die nordöstliche Grenze bei Metz, 200 Meilen von Paris entfernt, wo der tatkräftige, königstreue Bouillé immer noch seine Regimenter befehligte, und wo jenseits des Rheins Ludwigs Schwager, Kaiser Leopold von Österreich, bereits seine Truppen versammelt hatte, um nötigenfalls für seine Schwester Marie-Antoinette eingreifen zu können. Am 20. Juni 1791 wurde der Versuch gewagt. Die Vorbereitungen hatte der schwedische Adelige Axel Fernsen, der der Königin treu ergeben war, getroffen. Er hatte falsche Pässe besorgt, sich Verkleidungen für die königliche Familie einfallen lassen und eine riesige Kutsche bereitgestellt. Alles verlief nach Plan, bis die königliche Familie Varennes erreichte, ein Dorf im Grenzbezirk, nicht mehr als 15 Meilen von Verdun entfernt, wo Bouillé ein starkes Heer befehligte. Hier jedoch scheiterte der wohldurchdachte Plan. Bouillé wollte den König in Varennes mit einer großen Kavallerie-Eskorte abholen, aber seine Vorbereitungen liefen fehl, und König Ludwig, Königin Marie-Antoinette und der Dauphin mußten im Dorf warten. In der Zwischenzeit hatte der Postmeister von Ste.-Menehould, einem Dorf am Weg, den die königlichen Flüchtlinge nahmen, die Besucher erkannt und war vorausgeritten, um die Nationalgarde in Varennes zu alarmieren. Das Spiel war aus. Nach einem kleinen Scharmützel zwischen einem Trupp von Bouillés Kavallerie und der Nationalgarde von Frankreich brachte man Ludwig, umringt von bewaffneten, feindlich gesinnten Kontingenten aller benachbarten Dörfer, zurück nach Paris[18], wo sich inzwischen die Nachricht von der Flucht des Königs mit Windeseile verbreitet und große Aufregung verursacht hatte. Ob in den Straßen oder in der Nationalversammlung, überall war man sich der Bedeutung dieses Ereignisses bewußt, wozu der König in nicht geringem Maße selbst beigetragen hatte. Vor dem Verlassen der Stadt hatte er eine Proklamation unterzeichnet, in der er erklärte, daß alle Dekrete, die er seit der Einberufung der Generalstände unterzeichnet hatte, unter Druck entstanden waren und deshalb null und nichtig seien. Das Volk reagierte auf diesen Akt der offensichtlichen Untreue, wie das nicht anders zu erwarten war: Jedes königliche Emblem in Paris wurde vernichtet. Sogar der König selbst, der normalerweise nicht zu den schärfsten Beobachtern gehörte, wußte genau, was der vereitelte Fluchtversuch für ihn und seinen Thron bedeutete. In Varennes sagte er zu einem seiner Bewacher: »Wenn wir nach Paris zurückkehren, werden wir sterben.«

In der Nationalversammlung herrschte großer Aufruhr und noch größere Unschlüssigkeit darüber, was nun geschehen sollte. Marat erklärte, daß nur eine Militärdiktatur eine Lösung bringen könnte, doch außer ein paar persönlichen Bewunderern wollte davon niemand etwas wissen. Danton, der nicht Mitglied der Nationalversammlung war, führte eine Abordnung seiner Cordeliers an und legte eine Petition vor, in der die Amtsenthebung Ludwigs gefordert wurde. Doch auch dieser Vorschlag fand keine Befürworter. Die Männer der Nationalversammlung waren nun einmal eine Körperschaft der Mittelklasse. Sie hatten lange und überzeugt an einer Verfassung gearbeitet, und das Werk war fast vollendet. Es war nun nicht wichtig, daß die von den Republikanern so heftig attackierte Verfassung beim Volk ebenso unpopulär wie bei Hof geworden war. Auch war sie weit davon entfernt, eine Versöhnung zwischen den Vorstellungen des Absolutismus und den Grundsätzen einer Volksregierung zu bringen. Sie war einfach ein Mittel, die Privilegien der Mittelklasse vor Angriffen von Volk und Krone zu schützen. Nach Ansicht der Nationalversammlung war es im Augenblick nur wichtig, daß sie verkündet werden konnte. Ludwigs Flucht hatte dies in Gefahr gebracht, und seine Rückkehr nach Paris bedeutete lediglich, daß die Verfassung der Abgeordneten schließlich doch gesichert war. Am 3. September schickte man Ludwig, der jetzt tatsächlich ein Gefangener in den Tuilerien war, das Dokument zu und befahl ihm, es zu unterzeichnen. Er tat es, und die Verfassung trat unmittelbar danach in Kraft.

Talleyrand war von der neuen Verfassung direkt betroffen. Die Nationalversammlung, die sich aus den Generalständen entwickelt hatte, war durch die Bestimmungen des Dokuments aufgelöst. Die Erarbeitung einer Verfassung war ihr Ziel gewesen, und dieses Ziel war jetzt erreicht. Sie war bereit, sich zurückzuziehen und für die Wahl einer neuen Versammlung Platz zu machen, die als Legislative bezeichnet werden sollte (die ursprüngliche Nationalversammlung wurde später als die Verfassunggebende Versammlung bekannt). Nun war es Sache der Abgeordneten einer neuen Versammlung, die Verfassung im Wortlaut auch durchzusetzen. Wahlen hatte man für September anberaumt. Die Mitglieder der alten Versammlung hatten auch vereinbart, daß sie selbst nicht in die neue Körperschaft gewählt werden könnten. Das bedeutete in der Praxis, daß Talleyrand inmitten großer Ereignisse plötzlich beschäftigungslos war. Als Abgeordneter war er zuerst davon ausgeschlossen worden, ein Staatsamt zu bekleiden. Nun konnte er sich auch nicht wieder als Kandidat für einen Abgeordnetensitz bewerben.

Die Situation war aber nicht vollends ohne Ausweg. Ludwigs Unterzeichnung der Verfassung, wenn sie auch widerwillig geschah, und der Aufruf zur Wahl einer neuen Versammlung hatten bei einigen Gruppen eine gewisse Sympathie für den König wachwerden lassen. Es gab mehrere Demonstrationen, die zum Vorteil der Krone hätten ausgelegt werden können, wenn Ludwig ein fähigerer Politiker gewesen wäre. Da die neue Verfassung darüber hinaus Wahlrecht nur den mittleren und oberen Gesellschaftsklassen zugestand, konnte man erwarten, daß die Abgeordneten der neuen legislativen Versammlung eher einen gemäßigten als einen radikalen Kurs ansteuerten. Als die Abgeordneten am 1. Oktober zusammentraten, zeigte es sich, daß die republikanischen Jakobiner nur 136 Vertreter hatten. Die Feuillants, die eher dafür eintraten, die königliche Macht wiederherzustellen, als sie zu beschränken, zählten 264 Köpfe. Und dazwischen war die Masse von 400 Abgeordneten, die mehr oder weniger engagiert mal links mit den Jakobinern und mal rechts mit den Feuillants stimmten.

Talleyrand selbst gehörte zur Partei der Feuillants; seine Mitgliedschaft war gleichzeitig Berechnung und Überzeugung. Die im November 1791 von Ludwig nach den Verfügungen der neuen Verfassung einberufene Regierung würde sich, das konnte man bereits voraussehen, aus Feuillants zusammensetzen. Darüber hinaus war sein alter Freund Narbonne Kriegsminister geworden. Talleyrand hatte also Grund zu hoffen, daß sein Talent unter dem neuen Regime irgendeine Verwendung finden würde. Die Richtlinien der Feuillants waren im wesentlichen seine eigenen. Er war überzeugt, daß die von der Versammlung angebotene Verfassung »unendliche Fehler« enthalte, und zwar insofern, als sie dem König nur eine scheinbare und nicht die wirkliche Macht zubilligte und deshalb der Geschichte und den Traditionen Frankreichs fremd und mit den Prinzipien einer Erbmonarchie unvereinbar war. [19]

Daß Talleyrand wieder einmal recht hatte, sollte sich schnell zeigen. Obgleich die Feuillants zahlenmäßig den Jakobinern in der Versammlung weit überlegen waren, hatten sie weder die Führerpersönlichkeit, die nötig war, um Unterstützung von den unentschlossenen Abgeordneten der Mitte zu bekommen, noch den Ansporn eines radikalen Programms, das spontane Unterstützung sichert. Den Jakobinern gelang es deshalb sehr schnell, ihren Einfluß in dieser amorphen Gruppe der Versammlung geltend zu machen. Durch kluge Anordnung füllten sie die öffentlichen Galerien der Versammlungsstätte und lenkten so den Meinungsstrom in der Masse der Abgeordneten durch gezielten Applaus oder durch lautstarke Mißbilligung. Einem solchen Druck konnten die Feuillants nichts entgegensetzen außer der Tatenlosigkeit eines ohnmächtigen Königs und einer ebenso ohnmächtigen Regierung. Die Jakobiner beherrschten demnach nicht nur die Versammlung, sondern auch die öffentliche Meinung, und letztere richtete sich nun eindeutig gegen die Monarchie. Darin fanden die Jakobiner Unterstützung von Ludwig selbst, der jede Hoffnung auf Hilfe aus dem eigenen Land aufgegeben hatte und auf Intervention von außen wartete, die die Situation vielleicht noch retten könnte. Dies war allerdings ein äußerst gefährlicher Kurs, denn je drohender die Intervention war, desto patriotischer schienen sich die Jakobiner zu fühlen und desto mehr erschienen der König und die Königin als Verräter der französischen Sache.

Das antimonarchistische Wüten der Republikaner, die Ohnmacht der Feuillant-Regierung, die höfischen Intrigen, d. h. das Intrigenspiel Marie-Antoinettes mit den Österreichern und die drohende Haltung der konservativen Monarchen Europas in bezug auf die Revolution[20] – all dies ließ die Führer der verschiedenen Parteien nur noch einen Weg sehen, nämlich Krieg. Die Jakobiner waren für Krieg[21], weil sie, wie Talleyrand erklärte, »glaubten, daß im Kriegsfall der König, da er für die Organisation verantwortlich war, ihrer Willkür preisgegeben wäre. Das heißt, er würde nur die Mittel anwenden können, die sie ihm zur Verfügung stellten. So könnten sie den Herrscher für Unheil verantwortlich machen, das sie durch ihre eigenen Aktionen unabwendbar gemacht hatten, und würden damit die Armee und das Volk gegen den König aufwiegeln.« Die Feuillants waren auch für Krieg, doch für einen anderen und aus anderen Beweggründen. Ihr Führer Lafayette hatte im Oktober 1791 seinen Posten als Kommandeur der Nationalgarde niedergelegt. Im November war er von einem jakobinischen Bewerber, Jérôme Pétion, bei der Wahl um das Amt des Bürgermeisters von Paris geschlagen worden. Nun hoffte er auf ein militärisches Amt und sah ebenso wie seine Gesinnungsgenossen aus den Reihen der Feuillants im Krieg eine Gelegenheit, eine glorreiche Armee aufzubauen, mit deren Hilfe der König und die Verfassung endgültig etabliert und die Jakobiner eingeschüchtert würden. Zu diesem Zweck würde ein Krieg in kleinem Rahmen vollauf genügen. Während die Jakobiner dafür plädierten, Österreich anzugreifen, hatten Lafayette und seine Gefolgschaft nur den Kurfürsten von Trier im Auge, in dessen Stadt Koblenz der Graf d'Artois und der Graf de Provence sich einen Miniaturhof geschaffen und eine Armee von mehreren tausend Soldaten aufgestellt hatten.

Talleyrand war gegen beide Pläne. »Im Jahr 1790« schrieb er, »wäre ein Krieg der Monarchie dienlich gewesen, weil sich das Volk damals wieder für die Monarchie begeistert hätte. Aber im Jahr 1792 konnte er nur mit einem Sturz der Monarchie enden.« Er hätte es vorgezogen, mit den Emigranten zu verhandeln, um sie zum Rückzug ihrer Truppen von den Grenzen zu bewegen, und französische Soldaten als Friedenstruppen aufzustellen. »Dieser Vorschlag«, sagte er, »wurde nicht angenommen. Zumindest waren die Schritte, die man unternahm, so unentschlossener Natur, daß sie praktisch nutzlos wurden.«

Damit hatte er wohl recht. Gegen Ende Oktober verkündete die legislative Versammlung ein Dekret, in dem sie dem Grafen de Provence, dem Grafen d'Artois und den anderen Emigranten befahl, bis zum 1. Januar 1792 nach Frankreich zurückzukehren; andernfalls würde sie die Todesstrafe erwarten. Natürlich legte der König sein Veto gegen diesen Beschluß ein, denn er konnte schlecht der Ermordung seiner Brüder und der Adeligen zustimmen. Da wollte er dann schon lieber den Erzbischof von Trier bitten, daß seine Gäste ihre Truppen verabschiedeten. Sollten diese nicht einverstanden sein, so müßten die französischen Armeen ihrerseits eingreifen. Es war vorherzusehen, daß der Kurfürst als Vasall des Kaisers Leopold in Wien Rat suchen würde und daß ihm dort mitgeteilt würde, ein derartiges Ansinnen abzulehnen. Das würde den Jakobinern den Vorwand für den Krieg geben, den sie wollten. Statt dessen instruierte der Kaiser zur allgemeinen Überraschung seinen Kurfürsten, die Truppen bis zum 31. Dezember aufzulösen. Geschehe dies, fuhr Leopold fort, so erkläre er sich bereit, das Land des Erzbischofs vor französischen Übergriffen zu schützen. Gleichzeitig machte Wien deutlich, daß es sich zwar nicht von den militärischen Ambitionen eines Provence oder eines Artois zu einem Krieg zwingen lassen würde, daß es jedoch all seine Kräfte zur Verfügung stelle, wenn es um die Ordnung in Europa oder um den Schutz des französischen Königs oder der Königin vor ihrem eigenen Volk ginge.

Die Bestrebung der Versammlung nach einer Kriegserklärung war für den Augenblick zunichte gemacht. Doch war klar, daß sich die Revolution früher oder später gegenüber dem Ansturm der ausländischen Monarchien würde verteidigen müssen. Preußen, Österreich und Rußland hoben Truppen aus, und es war nur eine Zeitfrage, bis Frankreich sich entscheiden mußte, entweder zu warten, bis es selbst angegriffen würde, und sich dann zu verteidigen, oder zuerst anzugreifen und darauf zu vertrauen, daß eine Offensive die beste Verteidigung sei.

In dieser Situation mußte Frankreich sichergehen können, daß es nicht gleichzeitig gegen einen Feind im Westen, d. h. Großbritannien, zu kämpfen haben würde, wenn es den drei großen Armeen der Festlandmächte gegenübertrat. Gegen Ende Dezember hatten Graf Louis de Narbonne, der Kriegsminister, und Antoine de Lessart, ein farbloser Mann, der zum neuen Minister des Äußeren gemacht worden war, beschlossen, sich unbedingt der Neutralität Englands zu versichern. Um dieses Ziel zu erreichen, sollte ein Sonderbotschafter nach England gesandt werden, der sich möglichst auch noch für ein Bündnis zwischen England und Frankreich einsetzen sollte.

Narbonne hatte seine Freunde nicht vergessen. Talleyrand wurde mit dieser Aufgabe betraut, und König Ludwig stimmte dieser Wahl zu. Mitte Januar 1792 verließ Talleyrand Paris mit seinem ersten Auftrag in diplomatischer Mission, eine Karriere, die sich auf fast ein halbes Jahrhundert ausdehnen sollte und an die man sich noch erinnern würde, wenn die Männer, in deren Auftrag er gehandelt hatte, bereits längst in Vergessenheit geraten sein würden.

Talleyrands Karriere als Diplomat und Staatsmann war ständig von brillanten und manchmal unerwarteten Erfolgen gekrönt. Es fällt auf, daß sein erstes Unternehmen, die Mission in London, noch keinerlei Vorzeichen seiner späteren Leistungen trug, ja im Gegenteil so etwas wie ein Reinfall auf der ganzen Linie war. Talleyrand hatte dies schon vorausgeahnt. »Obgleich ich fühlte, daß meiner Mission kein Erfolg beschieden sein würde, nahm ich an«, sagte er.

Nicht, daß Talleyrand dieser Aufgabe nicht gewachsen gewesen wäre. Seine Freundschaft mit Narbonne hätte als Qualifikation für diese Aufgabe sicherlich nicht ausgereicht, aber er hatte ja schon zuvor bewiesen, daß er um Frankreichs Probleme wußte und sie auch überzeugend und der Situation entsprechend zu vertreten wußte. Außerdem kannte Talleyrand bereits William Pitt, den britischen Premierminister, den er im Jahre 1783 in Reims getroffen hatte, sowie eine Reihe anderer einflußreicher Männer wie Lord Holland und Lord Lansdowne.

Die Mission selbst war für Talleyrand zu einem günstigen Zeitpunkt gekommen. »Ich war darum bemüht, Frankreich für eine gewisse Zeit zu verlassen, denn ich war müde und angeekelt.« Kurz vorher hatte er sich auf Anraten von Gouverneur Morris bei Narbonne um den Posten eines Ministers in Wien beworben und war enttäuscht, als de Lessart, der Minister des Äußeren, ihm diese Bitte abschlug – sehr wahrscheinlich auf Anordnung von Marie-Antoinette, die zweifellos einen Freund und Vertrauten als Abgeordneten in ihrem Heimatland sehen wollte. Es ist ebenso wahrscheinlich, daß das Feuillant-Ministerium sich Gedanken über die Wirkung machte, die ein Renegat und ein exkommunizierter Bischof bei Hof auf Seine Apostolische Majestät von Österreich machen würde. Talleyrand begrüßte also seine Londoner Mission, die unmittelbar auf die vorherige Absage kam. Sie bot die Gelegenheit, für Frankreich eine Aufgabe von größter Bedeutsamkeit erfüllen zu können und gleichzeitig alte Bekanntschaften bei den Emigranten aufzufrischen, von denen England und besonders London voll war. Und nicht an letzter Stelle kam die Überlegung, daß der Friede und die Möglichkeit einer Allianz mit England Angelegenheiten waren, denen er sich persönlich verpflichtet fühlte und für die er geredet und gearbeitet hatte, seit er in das öffentliche Leben eingetreten war. »Jetzt, in diesem Augenblick«, hatte er vor der Nationalversammlung im Jahr 1791 verkündet, »müssen wir den Grundstein für eine dauerhafte Verbrüderung zwischen Frankreich und England legen.« Im Jahr 1786 hatte er in den Salons diskutiert und Schriften zugunsten eines Handelsvertrages zwischen Frankreich und England verfaßt. Und an de Lessart richtete er eine prägnante Erklärung, die seine Überzeugung von der Richtigkeit seiner Mission zum Inhalt hatte: »Zwei Nachbarstaaten, deren Wohlstand einerseits auf Handel, im anderen Fall auf Landwirtschaft beruht, müssen einfach nach gegenseitigem Verständnis und Nutzen trachten.« Die Notwendigkeit der Freundschaft und Kooperation zwischen den beiden Nationen wurde das Grundelement von Talleyrands Diplomatie durch sein ganzes Leben hindurch; er würde Napoleon davon berichten, den bourbonischen Königen der Restauration und der Julimonarchie, und zwar ebenso freimütig, wie er es vor der Nationalversammlung in der Revolutionszeit und dem Feuillant-Ministerium getan hatte. Aber es war nie nur eine theoretische Überzeugung aus abstrakten Prinzipien und spekulativen Überlegungen. In jedem Fall sah Talleyrand in einer englisch-französischen Entente vor allem einen eminent praktischen Zweck: Frankreich würde in Europa nie ganz sicher sein, wenn es mit England nicht auf das engste verbunden war. Die Orléans-Monarchie brauchte als neue Dynastie einfach Englands Anerkennung und Unterstützung, um überleben zu können. In der Restauration war ein Machtgegengewicht gegen Rußland, Preußen und Österreich nötig, im Kaiserreich ebenso. Die Mission in England im Jahre 1792 entsprang demselben Beweggrund, für den er sich schon über Jahre hinweg immer wieder eingesetzt hatte, nämlich dem Wunsch nach Frieden, der nur durch eine Annäherung zwischen Frankreich und England erreicht werden konnte. Für Talleyrand, der aus der Schule Voltaires kam, war Frieden der einzig natürliche, ja sogar der einzig mögliche Zustand des Menschen. Krieg bedeutete nicht Eroberung eines Staates durch einen anderen, sondern den Sieg der Irrationalität über die Vernunft. Streitigkeiten betrachtete er immer mit Abscheu und Ekel, und Friede war die erste Pflicht des Staates. In späteren Jahren sagte er einmal, daß er nie ein Regime aufgab, ehe es sich selbst aufgegeben hatte. Er wandte sich vom Regime der Restauration ab, als es in seiner Blindheit Frankreich an den Rand des Bürgerkriegs brachte. Er verließ Napoleon, als dessen Irrtümer einen Krieg unausweichlich machten. Und er wandte sich von der Revolution ab, als diese begann, das Blut von Franzosen zu vergießen. Für den Augenblick jedoch mußte man alle Kräfte für den Frieden einsetzen, weil Frieden immer noch im Bereich der Möglichkeiten lag. »Die Revolution«, schrieb er, »versprach der Nation ein neues Schicksal … Ich verwandte alle meine Kräfte darauf, da ich überzeugt war, damit meinem Land den Weg zu sich selbst zu zeigen.«

Die Reise nach London, getragen von so hochgesteckten Idealen, war aber auch so etwas wie eine Vergnügungsreise. Mit Talleyrand reiste sein alter und intimer Freund Lauzun, Herzog von Biron – vergnügungssüchtig, witzig und, wie Talleyrand bemerkte, »romantisch und mutig«. Ihn hatte Narbonne mit dem Auftrag betraut, Pferde für das französische Heer einzukaufen, und ihm den Rat gegeben, »eine kleine Reise nach England ist genau das richtige für deinen Neid«.

Weder die fröhliche Stimmung der Reisenden noch Talleyrands schwache Hoffnung auf Erfolg konnten sich bis England halten. In den Zeitungen waren Talleyrand und Lauzun, die beide der Londoner Gesellschaft keine Unbekannten waren, bereits angekündigt worden. Lauzun war eine illustre und romantische Persönlichkeit und erregte großes Interesse. Er stellte mit seinen Liebesaffären selbst Talleyrand in den Schatten. Sein Name wurde mit Marie-Antoinette selbst (was nicht stimmte) ebenso in Verbindung gebracht wie mit der Kaiserin von Rußland (was stimmte). Seine ausnehmend hübsche Erscheinung, seine Intelligenz und die Tatsache, daß er einer der jungen adeligen Franzosen war, die ihr Land verließen, um für die amerikanische Unabhängigkeit zu kämpfen – all dies sicherte ihm die Aufmerksamkeit, wenn nicht sogar die Zuneigung der Londoner Gesellschaft. Daß er einen der ältesten und angesehensten Namen Frankreichs und den Titel eines Herzogs trug, war interessant, aber nicht relevant. Wenn es um Titel und Abstammung ging, war den Engländern alles suspekt, was von jenseits des Kanals kam. (Diese Empfindung ist in einem *Bon-Mot* verewigt worden, das sich die Damen und Herren der Gesellschaft gerne zuflüsterten: »Die Nigger beginnen in Calais«).

Der soziale Hintergrund eines Talleyrand-Périgord reichte dementsprechend nicht aus, um einem Vertreter der revolutionären Regierung in London Achtung und Gehör zu verschaffen. Die Tatsache selbst, daß Talleyrand ein Vertreter der revolutionären Regierung war, wirkte sich im Gegenteil eher negativ aus. Die Französische Revolution ist in England niemals beliebt gewesen, und die Engländer standen dem Kampf des französischen Volkes, das Joch des Absolutismus abzuwerfen, merkwürdig gleichgültig gegenüber, obwohl sie selbst doch so stolz waren, dies erreicht zu haben. Diese Unbeliebtheit war keineswegs auf die begüterten und bevorrechtigten Klassen, die als konservativ zu beurteilen sind, beschränkt. Auch einfache Arbeiter und Geschäftsleute teilten diese Ansicht. Die Ursache für diese Haltung könnte sehr wohl in der Anwesenheit von Tausenden von Emigranten zu sehen sein, deren Haltung zur Revolution verständlicherweise negativ war und deren Mühsal durch das Exil bei den gastfreundlichen Engländern zuerst Sympathie und dann Unterstützung bewirkt hatte. So verbittert waren diese Emigranten, daß sie jeden ihrer Klasse, der sich entschlossen hatte, in Frankreich bei dem bedrohten König zu bleiben und nicht die Sicherheit des Auslands zu wählen, als Verräter an der Monarchie betrachteten. Die Beinamen »Verräter, Renegat und entthronter Priester« waren noch die schmeichelhaftesten Bezeichnungen, die die Emigranten für Talleyrand bereithielten.

Die Einstellung des in England wohnenden französischen Adels wurde noch untermauert durch Gerüchte, die den Weg nach England schon vorher gemacht hatten. Die Schwäche für Frauen, auch für viele Frauen, konnte man einem Premierminister, einem Sekretär für auswärtige Angelegenheiten oder gelegentlich auch einem König von England nachsehen; aber bei einem Bischof, auch bei einem Bischof der götzendienerischen römisch-katholischen Kirche, war dies infam (wenn auch nicht unbedingt unaussprechbar). Daß er sich für Spekulationen interessierte, konnte man von einem solchen Mann erwarten. Und daß ein solcher Mann von der revolutionären Regierung geschickt wurde, um England mit dem antimonarchistischen und antireligiösen Bazillus zu infizieren, war weiter nicht verwunderlich, vor allem nicht für einen Engländer, der Edmund Burkes »*Reflections on the Revolution in France*« gelesen hatte. Und wer hatte das nicht? Es wurde im Jahr 1790 veröffentlicht und machte Burke zum Sprecher des reaktionären Konservatismus in Europa.

Talleyrands Empfang in England war also entsprechend zurückhaltend, um es vorsichtig auszudrücken. Die Emigranten distanzierten sich natürlich von ihm, und ihre Freunde aus dem englischen Adel folgten diesem Beispiel. Horace Walpole, der Earl of Oxford (und Sohn des großen Staatsmannes gleichen Namens), erklärte lautstark, daß er es nicht fertigbrächte, der »Schlange, die sich gehäutet hat, dem Bischof von Autun« in die Augen zu sehen. Der König und die Königin von England zeigten sich kaum zugänglicher als ihre Untertanen. Bei seiner Ankunft am 24. September bat Talleyrand um eine Audienz für sich selbst und für Lauzun, die nur äußerst widerwillig gewährt wurde. Lauzun wurde höflich empfangen, doch bei Talleyrand wahrte Georg III. kaum die Höflichkeit. Die Königin empfing ihn und kehrte ihm den Rücken. Die Kunde von diesem frostigen Willkommen verbreitete sich rasch und unter ebenso großer Heiterkeit in den Herrschaftshäusern Londons wie die Nachricht von Lauzuns Festnahme und seiner Schuldhaft. Letzterer verdankte dies ohne Zweifel den Intrigen seiner Landsleute. Andere Stimmen behaupteten, er hätte beim Kauf von Pferden für die Französische Revolution versucht, einen Pferdehändler zu betrügen. Sicher ist, daß Lauzun im Gefängnis landete, aus dem er von Talleyrand erst nach beträchtlichen Scherereien befreit werden konnte. Der Vorfall ereignete sich bald nach dem Affront mit dem englischen Königshaus und war nicht gerade geeignet, das Prestige der französischen Mission zu heben. Schließlich war das revolutionäre Frankreich in England durch zwei adelige Renegaten vertreten, von denen einer ein lasziver Ex-Bischof und der andere scheinbar ein Pferdedieb war.

Talleyrand hatte weder öffentlich noch privat einen guten Eindruck gemacht. Aber es muß gesagt werden, daß er vom diplomatischen Standpunkt aus gesehen auch schlecht ausgestattet war. Er war nur ein »persönlicher Vertreter« der französischen Regierung, kein Minister und kein Gesandter. Anstatt der Empfehlungsschreiben, die er hätte präsentieren können, hatte er nur einen Brief von de Lessart an Lord Grenville, den Staatssekretär der Auswärtigen Angelegenheiten, in dem Talleyrand in übertriebenen Worten vorgestellt wurde, und eine Note von König Ludwig, in der dieser Frankreichs Wunsch ausdrückte, »das gute Verständnis, das gegenwärtig unsere beiden Königreiche verbindet, zu bewahren und zu mehren«. Bei seinem ersten Vorsprechen bei Grenville legte Talleyrand die beiden Schreiben vor. Da er sich bewußt war, daß England einem Abkommen mit einem Land, in dem sich die Macht so unvorhersehbar verschieben konnte und in dem die öffentliche Ordnung seit fast drei Jahren nicht mehr existierte, reserviert gegenüberstehen würde, holte er weit aus und sprach lange auf Grenville ein. Er legte dar, daß notwendigerweise einer politischen Reform Erschütterungen vorausgingen und daß Frankreich nun endlich beginnen könne, den Nutzen aus diesen Reformen zu ziehen und in ein neues Stadium des Friedens und des Wohlstandes eintreten könne. Grenville hörte alles, was Talleyrand zu sagen hatte, schweigend an. Talleyrands inoffizieller Status, der Verdacht, daß seiner Mission politische Propaganda zugrunde liege und nicht so sehr Friedensbestrebungen, und die täglichen Berichte über weitere Unruhen in Frankreich ließen Grenville eine vorsichtige Haltung einnehmen, die seine sonstige Reserviertheit noch bei weitem übertraf. Talleyrand, der nicht wußte, daß Grenville dieses sphinxhafte Benehmen täglich zur Schau trug, und dem auch nicht bekannt war, daß Pitts Regierung ohnehin entschlossen war, gegenüber Frankreich eine Politik der strikten Neutralität zu verfolgen, versuchte etwas Wärme in die Unterredung zu bringen, indem er den Staatssekretär daran erinnerte, daß er früher einmal Frankreich und England als natürliche Alliierte bezeichnet hatte. Als auch darauf keine Reaktion erfolgte, appellierte er an Grenvilles Stolz und erwähnte, daß ein so junger Staatsmann (Grenville war zweiunddreißig) die Lage in weitblickendem und fortschrittlicherem Geist betrachten würde als ein älterer Mann.[22] Auch dies wurde mit eisigem Schweigen aufgenommen.

Weiter schlug Talleyrand vor, daß England seine Neutralität im Falle eines Krieges auf dem Festland überprüfen sollte und daß die beiden Regierungen sich wechselseitig ihren Gebietsbesitz, in Europa wie in den Kolonien, gewährleisten sollten. Er räumte ein, daß Grenville ihm nicht sofort antworten, sondern das Gesagte überdenken und ihn später wieder empfangen sollte. Damit war nun Grenville einverstanden, und man trennte sich in aller Form.

In der Zwischenzeit stattete er William Pitt einen Höflichkeitsbesuch ab. Wenn er von dem Premierminister mehr Herzlichkeit erwartet hatte, so wurde er enttäuscht. Immerhin ließ Pitt sich herbei, sich der vergangenen Tage zu erinnern, da sie einander im Hause von Talleyrands Oheim begegnet waren. Dann kam er schnell zur Sache. Da Talleyrand kein ordnungsgemäß beglaubigter Gesandter der Regierung Seiner Majestät sei, könne man ihm auch keinerlei bestimmte Zusagen bezüglich der an Grenville gerichteten Vorschläge machen. Die gleiche Botschaft vernahm Talleyrand dann noch einmal bei seiner zweiten Unterredung mit Grenville. Dieser fügte jedoch hinzu, daß er zwar nicht mit ihm verhandeln könne, ihm aber versichere, daß die britische Regierung nicht die Absicht habe, von ihrer Politik der Neutralität gegenüber Frankreich abzuweichen.

Daß Talleyrand das zugesichert bekam, was sein Hauptziel war, kann man vielleicht schon als Sieg bezeichnen. Er konnte jedoch nicht für sich in Anspruch nehmen, daß die britische Regierung durch seine Intervention auch nur um Haaresbreite von dem Kurs abgewichen wäre, den sie sowieso, unabhängig von seinen Argumenten, eingeschlagen hätte. Natürlich war sein Lieblingsprojekt, der Bündnisvertrag mit England, so lange in weite Ferne gerückt, bis Frankreich einen akkreditierten Vertreter nach England entsenden würde. Er schrieb deshalb an de Lessart nach Paris und schlug ihm die Ernennung eines offiziellen Gesandten vor.[23] Ihm schwebte für diesen Posten der Marquis de Chauvelin vor, ein junger Adeliger von attraktivem Aussehen, ausgezeichneter Abstammung, makellosen Manieren und untadeliger Vergangenheit. Der nominierte Botschafter sollte nur eine Repräsentationsfigur sein, denn Talleyrand wollte niemanden dulden, der versuchen würde, mehr als das zu sein. Chauvelin »ist jung genug«, erklärte er, »um nicht ungehalten zu sein, wenn jemand anderer die Arbeit macht«.

Es ist möglich, daß Talleyrand mit seiner scharfen Beobachtungsgabe auch eine gewisse gesellschaftliche Wertsteigerung darin sah, wenn der Marquis de Chauvelin nach London käme. Daß man ihn nicht gerade wohlwollend in der Gesellschaft aufgenommen hatte, lag an Sünden, die man bei Chauvelin übersehen könnte: an seinem Ruf und der Sache, mit der er sich identifizierte.

»Sein Empfang war aus drei Gründen schlecht [berichtete Gouverneur Morris]. Erstens sieht der Hof mit Abscheu und

Schrecken auf die Szene in Frankreich, an der er ihrer Ansicht nach maßgeblich beteiligt ist. Zweitens verletzt sein Ruf diejenigen, die auf tugendhafte Manieren und Haltung schauen. Und schließlich befürchtet man, daß er die Mitglieder der Regierung korrumpieren würde.«[24]

Sogar seine äußere Gelassenheit, sein Witz und seine Konversationsgabe, mit Hilfe derer »er sich selbst vergnügt, indem er andere vergnügt«, und die ihn in Paris so berühmt gemacht hatte, riefen in London genau den gegenteiligen Effekt hervor. Etienne Dumont, ein Schweizer, der zu dieser Zeit in London weilte, berichtete:

»Die Engländer, deren ganze Haltung den Franzosen gegenüber aus vorgefaßten Meinungen besteht, fanden, daß ihm die angeblich französischen Eigenschaften der Lebhaftigkeit, Vertrautheit, Indiskretion und Heiterkeit fehlten. Statt dessen hielten sie seine Manieren für arrogant und bemängelten sein hochmütig zurückhaltendes Auftreten und sein kritisches Beobachten – alles Eigenschaften, die er in seiner Rolle als Diplomat zu seiner Verteidigung brauchte.«

Mit anderen Worten, die Engländer konnten nichts mit einem Franzosen anfangen, der in England alle Charakteristika eines durch Frankreich reisenden englischen Adeligen zur Schau trug.

Ein kleiner Lichtblick seines ersten Aufenthalts waren Einladungen einiger liberal gesinnter Engländer, darunter von Marquis Lansdowne und Fox, die zur Opposition von Pitts Regierung zählten. Doch diese Verbindungen brachten ihm und seiner Mission nur noch mehr Mißtrauen ein. »Er traf sich auch mit führenden Persönlichkeiten der Opposition«, berichtete Morris pflichtgetreu, »und verstärkte damit den Eindruck, den man in England schon vor seiner Ankunft gehabt hatte, daß er mit den Unzufriedenen intrigieren wolle.«

Unter diesen Umständen hoffte Talleyrand, daß er über die vorgeschlagene Nennung eines »Pro-forma«-Gesandten wie Chauvelin, der zu jung war, um sich ein Benehmen oder einen Ruf zugelegt zu haben (er war erst fünfundzwanzig), der die Engländer hätte abstoßen können, etwas von dem verlorenen Boden wieder zurückgewinnen könnte. In diesem Sinne entschloß er sich, für kurze Zeit nach Paris zurückzukehren, um de Lessart und Narbonne die Situation zu erläutern und persönlich seinem Vorschlag Nachdruck zu verleihen, da er noch keine Antwort erhalten hatte.

Talleyrand kam am 15. März, von seinen Freunden erwartet, in Frankreich an. Man hatte schlechte Nachrichten aus Paris mitgebracht. Am 10. März hatte König Ludwig XVI. Narbonne aus dem Amt entlassen. »Es überraschte mich, daß der König immer noch in der Lage war, jemanden zu entlassen«, bemerkte einer der Männer. Was den phlegmatischen König zum Handeln bewegt hatte, waren Narbonnes Intrigen gegen den Lieblingsminister des Königs, Moleville. Aber Narbonnes Amtsenthebung hatte Konsequenzen, die der König nicht voraussehen konnte. Die Girondisten unter Brissot de Warville hatten dies zum Anlaß genommen, de Lessart des Verrates zu bezichtigen und ihn seines Amtes zu entheben[25] sowie andere Mitglieder der Feuillant-Regierung zu denunzieren. Auf diese Weise waren die Minister gezwungen, ihre Ämter niederzulegen, und Ludwig mußte die Girondisten – oder genauer gesagt, die Brissotins – mit der Bildung einer neuen Regierung beauftragen. Der neue Minister des Auswärtigen war Charles-Francois Dumouriez, ein fähiger und gescheiter Mann. Er war ein fanatischer Gegner Österreichs und entschlossen, gegen diesen Feind einen Schlag zu führen. Er entwickelte sich zur führenden Figur in der Brissotin-Regierung.

Als Talleyrand in Paris eintraf, fand er eine ungewisse Lage der Dinge vor. Nach Narbonnes Entlassung und de Lessarts zu erwartendem Prozeß hatte er Grund genug zu fürchten, daß auch er, der die Feuillant-Regierung unterstützt hatte und mit ihr verbunden war, in Ungnade fallen könnte. Aber es stellte sich heraus, daß Dumouriez' politische Ziele sich kaum von denen des Mannes unterschieden, dessen Platz er eingenommen hatte. Wie de Lessart und Narbonne sah er nur im Krieg eine Möglichkeit, die Ordnung in Frankreich wiederherzustellen, und zwar indem man der Krone ihre Autorität zurückgab. Während sich die Feuillant-Regierung jedoch mit einem kleinen Scharmützel an der französischen Grenze um die Ländereien des Erzbischofs von Trier begnügt hätte, wollte Dumouriez den Feind in den niederländischen Provinzen treffen, die damals österreichischer Besitz waren. Sein Ziel war nicht, die Niederlande zu annektieren (da hätten die Engländer nicht mitgemacht), sondern eine belgische Republik zu errichten. Eine der ersten Amtshandlungen Dumouriez' war es deshalb, Hugues Maret als Unterhändler zu entsenden, der die Belgier zur Revolte aufstacheln sollte. Als nächstes bat er Talleyrand zu sich, um mit ihm zu diskutieren, wie ein Angriff auf die Niederlande gegenüber England zu rechtfertigen wäre.

Weder Dumouriez' Entscheidung, sich Talleyrands Talente zunutze zu machen, noch Talleyrands Annahme der Einladung basierten auf gegenseitiger Wertschätzung. Im Gegenteil, die beiden Männer hatten wenig füreinander übrig. Dumouriez mißfiel Talleyrands aristokratische Abstammung, und er ließ sich von dessen Intelligenz und Feinsinn verwirren. Als geborener Soldat und General der Revolution teilte er den allen Militärs gemeinsamen Verdacht gegen die unantastbaren Qualitäten der Staatskunst und der Diplomatie. Dementsprechend besetzte er seine europäischen Gesandtschaften vorzugsweise mit untergeordneten, ihm blind ergebenen und ohne lästige Fragen als sein willenloses Werkzeug handelnden Kreaturen. Mit der europäischen Geschichte und Politik hinlänglich vertraut, wußte er jedoch, daß der Fall bei England nicht so einfach lag, da es zu viel Macht besaß und die Niederlande in wirtschaftlicher und strategischer Hinsicht für besonders interessant hielt. Mit der drohenden Kriegsgefahr im Nacken war er praktisch gezwungen, sich an diesen Mann zu wenden, der als einziger die Situation in England aus nächster Nähe erfahren hatte und der klug genug war, die richtigen Schlüsse daraus zu ziehen. Talleyrand selbst konnte seine Abneigung sehr gut verhehlen, da ihm an einer Rückkehr nach London sehr viel gelegen war. Er hoffte immer noch auf ein Bündnis, und Dumouriez war gewillt zu geben, was Talleyrand als Grundlage dieses Bündnisses für nötig hielt.

Während der ersten Aprilwochen arbeiteten Talleyrand und Dumouriez mehrere kühne und phantasievolle Vorschläge zur Vorlage bei Pitt und Grenville aus. Grundlage des Bündnisses sollte ein neuer Handelsvertrag zwischen England und Frankreich sein, der den Engländern ungeheure Vorteile bringen würde. Darüber hinaus erklärte sich Frankreich zum Beistand bereit, wenn England sich entschließen sollte, in der Neuen Welt einzugreifen und dort die spanischen Kolonien zu befreien – dadurch würden sich sowohl für England wie auch für Frankreich zahlreiche Möglichkeiten des Handels ergeben. Schließlich würde Frankreich die Insel Tobago an England abtreten und als Zeichen des Vertrauens auf die friedlichen Intentionen Englands die Festung in Cherbourg zerstören. Dies sollten jedoch nur die unmittelbaren Vorteile aus einem englisch-französischen Bündnis sein. Der Hauptzweck einer solchen Entente wäre, die festländischen Ambitionen Österreichs, Preußens und Rußlands unter Kontrolle zu halten und durch ein Gleichgewicht der liberalen westlichen Mächte gegen die konservativen Autokratien des Ostens einen europäischen Frieden zu gewährleisten. Wenn sich auch die Terminologie im Laufe der Zeit änderte, so würden die Grundprinzipien dieser Politik zu Talleyrands Zeiten doch immer die gleichen bleiben: Friede in Europa durch ein englisch-französisches Bündnis.

Zur gleichen Zeit, da sich dieser großangelegte Friedensplan zu artikulieren begann, stand der Krieg bereits vor der Tür. Der vernünftige Leopold von Österreich war im März gestorben. Die Nachfolge hatte Franz II., sein Sohn, ein hitziger Reaktionär, angetreten, der von der Idee besessen war, den Geist der Revolution zu zerstören, indem er dessen materialisierten Ausdruck in Frankreich erstickte. Dafür fand er Unterstützung bei seinem Staatskanzler, Fürst Wenzel Anton von Kaunitz. Mit dem neuen, auf Krieg eingestellten Kaiser und seinem Staatskanzler auf der einen Seite und dem ebenso kämpferisch veranlagten Dumouriez auf der anderen Seite nahmen die Dinge eine fatale Wendung. Ein in zunehmendem Maße schärfer werdender Austausch von diplomatischen Noten zwischen Wien und Paris begann am 20. März und endete am 20. April, als die legislative Nationalversammlung mit überwältigender Mehrheit dafür stimmte, dem »König von Böhmen und Ungarn«, also Österreich, den Krieg zu erklären, nicht aber dem Heiligen Römischen Reich, von dem Franz II. seinen Kaisertitel ableitete. Rückblickend erscheint diese Unterscheidung zwischen Österreich und dem deutschen Reich und Dumouriez' Versuch, diesen Krieg zu lokalisieren, geradezu lächerlich. Der 20. April 1792 war der Beginn eines blutigen Konflikts, der mit einer kurzen Unterbrechung fast ein Vierteljahrhundert dauern und ganz Europa erschüttern sollte.

Für den Augenblick hegte Talleyrand die leise Hoffnung, daß ein Friede immer noch möglich sei oder daß zumindest eine Ausbreitung des Krieges verhindert werden könne. Wenn das französisch-englische Bündnis in London rasch verwirklicht werden könnte, wäre der erste Schritt dazu getan, Österreich in bezug auf seine Feindseligkeiten gegenüber Frankreich in seine Schranken zu verweisen. Preußen und Rußland würden sich eventuell neutral verhalten. Die Räder für seine Reise nach England drehten sich bereits. Am 28. März hatte Dumouriez den König informiert, daß »Monsieur de Talleyrand sofort nach London abreisen sollte, wo er bereits mit Verhandlungen begonnen hatte, die er mit größter Geschicklichkeit zu führen wußte ... Da er nach den geltenden Bestimmungen keine Akkreditierung bekommen kann, schlage ich vor, daß ihn ein ordnungsgemäß beglaubigter Gesandter begleitet.« Daraufhin wurde gemäß Talleyrands Wunsch Chauvelin zu diesem Gesandten ernannt. Unmittelbar nach der Kriegserklärung der Nationalversammlung verließen Talleyrand und Chauvelin das Land und erreichten London am 30. April.

Die Feindseligkeiten zwischen Frankreich und Österreich waren in England bereits bekannt; auch die Nachricht von der französischen Invasion in den Niederlanden war ihnen vorausgeeilt. So war es nicht verwunderlich, daß man ihnen einen feindseligen Empfang bereitete. Talleyrand wurde öffentlich in den Straßen verhöhnt, und Chauvelin wurde bei seinem ersten Vorsprechen am Hofe nicht weniger frostig behandelt als kurze Zeit vorher Talleyrand. Die gesamte britische Nation war verärgert über das französische Vorgehen und hielt Konsequenzen für unausweichlich. Sogar der Führer der Whig-Opposition, wie beispielsweise Fox, der sich drei Monate zuvor noch gut mit Talleyrand verstanden hatte, verlor plötzlich seine Begeisterung für eine Revolution, die sich mit Waffengewalt Gehör verschaffte. Die Tory-Regierung wiederum sah mit Argwohn die Möglichkeit, daß Frankreich durch seine offiziellen Vertreter versuchen könnte, revolutionäre Ideen auf englischen Boden einzupflanzen. Talleyrands Gegenbehauptung, daß die Mission dieser Gesandtschaft nicht darin bestünde, Sympathien für die französische Sache zu erwecken, sondern zu verhandeln, wurde in der Presse nur mit Spott und Hohn bedacht. Unter diesen Voraussetzungen war eine Allianz mit England schon fast unmöglich geworden. Die Regierung dachte nicht im entferntesten daran. Und wenn sie es auch täte, würde es das Volk nie zulassen. Trotzdem – ein Versuch mußte unternommen werden.

In der ersten Maiwoche ließ Talleyrand Grenville die Vorschläge zu einem Bündnis zwischen den beiden Ländern durch Chauvelin übermitteln. Und dann wartete er ab. In den folgenden Tagen und Wochen kamen die entscheidenen Nachrichten vom Festland: Antwerpen und ganz Belgien waren an die Revolutionsarmeen gefallen. Dort, so hieß es, würden die französischen Einrichtungen dem Volk aufgezwungen – wenn nötig mit brutaler Gewalt. »Diese Nachrichten«, beklagte Talleyrand in einem Schreiben nach Paris, »erschweren unsere Mission hier ungeheuer.«

Endlich, am 25. Mai, antwortete Grenville auf Frankreichs Vorschläge, aber der Staatssekretär des Auswärtigen hatte das Schreiben in der ihm eigenen Art zunächst in der Presse veröffentlicht, bevor es dem offiziellen Vertreter zugeleitet wurde.[26] Der Inhalt besagte, daß England zwar den Kriegsausbruch bedauere, aber hoffe, weiterhin den Frieden mit Frankreich aufrechterhalten zu können, und daß man darauf vertraue, daß Frankreich seinen Teil zur Erhaltung des Friedens beitrage. Was Pitts Regierung im Endeffekt meinte, war das Versprechen, England würde in Angelegenheiten des Festlands neutral bleiben, solange Frankreich Englands Interessen respektierte. Mit diesem Entscheid mußte sich Frankreich im Moment zufriedengeben. Es war dies kaum mehr als das, was Grenville schon zu Beginn dieses Jahres versprochen hatte. Der einzige Unterschied bestand darin, daß es jetzt ein offizielles und öffentliches Neutralitätsversprechen war und nicht mehr nur eine private und inoffizielle Abmachung.

Die Brissotiner sahen dies jedenfalls als Erfolg an. Dumouriez beglückwünschte »den bevollmächtigten Gesandten und seine geschätzten Mitarbeiter« und pries Talleyrands Leistung, die eigentlich keine war, da das Ergebnis von vornherein feststand. Englands Staatssäckel krankte immer noch an den Ausgaben des Krieges gegen die Kolonien zehn Jahre zuvor sowie auch gegen Frankreich in der Neuen Welt und konnte sich im Jahre 1792 ein größeres Engagement auf dem Festland einfach nicht leisten. Darüber hinaus hatte Pitt in den neun Jahren seiner Amtszeit beträchtliche Erfolge hinsichtlich Reformen aufzuweisen. Er hatte den Haushalt wieder ins Gleichgewicht gebracht, die Abrüstung forciert und wichtige Wahlgesetze durchgebracht. Ein Krieg hätte diese Erfolge in Gefahr gebracht, andere, für die unmittelbare Zukunft geplante Reformen undurchführbar gemacht. Der totale Ruin für die Staatskasse wäre unausweichlich gewesen. Talleyrand wußte um die wahren Hintergründe der Neutralitätserklärung und war im Gegensatz zu Dumouriez nicht zufrieden damit. Er hatte zumindest das Gefühl, daß es nichts schaden könne, die geringe Möglichkeit einer Allianz weiterhin anzustreben. Sie wäre nicht nur für Frankreich von Vorteil, sondern würde in Europa ein Gleichgewicht der Macht herstellen, das es Pitt erlauben würde, seine Reformen in relativer Sicherheit weiterzuführen.

Zieht man Talleyrands Überzeugungskraft und Hartnäckigkeit und Pitts Intelligenz in Betracht, so ist nicht auszuschließen, daß Talleyrand seinen Plan hätte verwirklichen können, wenn sich nicht genau zu diesem Zeitpunkt die Lage in Frankreich dramatisch zugespitzt hätte. Gegen Ende Juni erreichte London die Nachricht, die alle Verhandlungen und alle Hoffnungen auf Verhandlungen sofort zunichte machte. Am 15. Juni war Dumouriez' Regierung nach einem Streit mit dem König über das Vetorecht abgelöst und durch eine Feuillant-Regierung mit Lafayette an der Spitze ersetzt worden. Die Jakobiner, wütend über ihre Niederlage, entschlossen sich zu einer Demonstration gegen den König am 20. Juni. An diesem Tag versammelte sich ein aufgeputschter Pöbelhaufen aus den Arbeiterbezirken St.-Antoine und St.-Marceaux. Mit Äxten, Piken, Knüppeln und sogar Feuerwaffen ausgerüstet, zogen sie zuerst zu der Nationalversammlung, wo sie lautstark eine Petition vorlegten, die zum Inhalt hatte, daß »der König das Gesetz befolgen müsse«. Die aufgebrachte Menge, es mögen etwa 8000 Leute gewesen sein, lärmte dann durch die Straßen zu den Tuilerien, wo sie trotz einigen Widerstandes der Nationalgarde den Palast stürmten, in die königlichen Gemächer eindrangen, für Stunden dem König Vorhaltungen machten und die Königin auf übelste Weise beschimpften. Ludwig zeigte indes kaltblütigen Mut. Seine Gelassenheit rettete zumindest das Leben seiner verachteten Marie-Antoinette, wenn nicht sein eigenes. Um dem Pöbel einen Gefallen zu tun, setzte er sich die rote Mütze der Revolution – die »Freiheitsmütze« – auf, und die Königin tat desgleichen, indem sie dem jungen Dauphin ebenfalls eine solche Mütze überstülpte. Dann leerte der König eine Flasche Rotwein als Zeichen der Fraternisierung mit dem Pöbel. Schließlich gelang es Jérôme Pétion, dem Bürgermeister von Paris, den Palast räumen zu lassen. Die Ermordung des Königs und der Königin, die viele gefürchtet und einige erhofft hatten, war abgewendet worden.

Die Ereignisse des 20. Juni wirkten sich unmittelbar auf Europa und auf England aus. Der Angriff auf Würde und Privatleben des Königs verstärkte noch das Unverständnis für die Sache der Revolution, und die Erniedrigung, die Ludwig vom Pöbel widerfahren war, brachte ihm sofort von ganzem Herzen Sympathie und Unterstützung ein, selbst von seiten der englischen Arbeiterklasse. Etienne Dumont erzählt, daß Talleyrand und er zusammen mit etwa einem halben Dutzend der anderen Mitglieder der französischen Mission mit einer derartigen Feindseligkeit betrachtet wurden, daß die Leute vor ihnen zurückwichen, als ob sie die Pest hätten: »Die Leute zogen sich zurück, wenn sie uns bei einem Spaziergang in Ranelagh kommen sahen, als ob sie meinten, daß selbst die Luft, die wir ausatmen, ansteckend sei.« Die Meinung der Regierung und am Hofe stand dieser offensichtlichen Feindseligkeit in nichts nach. Sogar Talleyrand hatte jede Hoffnung auf ein Bündnis zwischen der Revolutionsregierung von Frankreich und der Regierung Englands für den Moment völlig aufgegeben, und es gab eigentlich keinen Grund für sein weiteres Verbleiben in London. Der Vertreter eines Königs, den der Pöpel aller Autorität und Würde beraubt hatte, konnte nicht länger Verhandlungspartner sein.

Talleyrand kehrte am 5. Juli nach Paris zurück. Am 6. Juli nahm er wieder einmal seinen Sitz im Verfassunggebenden Komitee des Seine-Départements ein, eine Position, die er seit seinen Tagen in der Nationalversammlung innehatte, die er aber in der weniger hektischen Zeit kaum wahrgenommen hatte. Der Tagesordnungspunkt war von einiger Bedeutung. Ein Antrag war eingebracht worden mit dem Ziel, Pétion seines Bürgermeisteramtes zu entheben, weil er den Sturm auf die Tuilerien nicht verhindert und damit seine Pflicht versäumt habe. Mit anderen Worten, das Komitee mußte sich bei der Entscheidung entweder auf die Seite des Pöbels oder auf die Seite der Monarchie stellen. Am 7. Juli stimmte Talleyrand wie auch die meisten seiner Amtskollegen für eine Suspendierung Pétions. Das mag vielleicht für die damaligen Umstände überraschend klingen. Am 13. Juli erklärte jedoch die Nationalversammlung, angeführt von den Jakobinern, die Amtsenthebung für ungültig und setzte Pétion wieder ein, worauf Talleyrand, gefolgt von anderen Mitgliedern des Komitees, aus Protest gegen diese versuchte Legalisierung der Anarchie zurücktrat. Zieht man die wachsende Macht der Jakobiner in Paris und den Mißkredit, in den die Monarchie nun gänzlich gefallen war, in Betracht, so war der Rücktritt unter Protest ein mutiger Akt des Widerstandes gegen den Pöbel.

Am nächsten Tag, dem 14. Juli, war Föderationstag, und wie gewöhnlich fand auf dem Marsfeld eine öffentliche Festlichkeit statt. Als Talleyrand zusammen mit anderen Mitgliedern des Verfassunggebenden Komitees erschien, waren einige *Vive Pétion!*-Rufe zu vernehmen, und diejenigen, die für die Dienstenthebung gestimmt hatten, wurden mit Schimpfworten und Schmährufen bedacht. Die Situation wurde noch prekärer, als Talleyrand und seine Begleiter an der königlichen Tribüne ihre Verbeugungen machten und dafür von Marie-Antoinette mit einem Lächeln und einem freundlichen Nicken beschenkt wurden. Sie beabsichtigte zweifellos, dem Komitee gegenüber ihren Dank für Bemühungen auszudrücken, mit seinem Entscheid ein wenig von der Würde der Krone hergestellt zu haben. Diese Geste erregte den Pöbel noch stärker. Talleyrand untertrieb gewissermaßen, als er später schrieb, daß »die Gunstbezeigungen der Königin, als wir unter dem Balkon vorbeigingen, auf dem sie und der König sich befanden, das Volk gegen uns aufbrachten«. Die bekanntesten Mitglieder des Komitees, besonders Talleyrand und der Herzog de la Rochefoucauld d'Enville, der Vorsitzende des Komitees, wurden sofort beschuldigt, »Günstlinge des Hofs« und damit Feinde des Volkes zu sein. Dieses Lächeln kam Rochefoucauld teuer zu stehen. Am nächsten Tag verließ er Paris in Verkleidung, wurde aber in Gisors erkannt und von den Einwohnern der Stadt gesteinigt.

Für den Moment blieb Talleyrand in Paris. Nachdem er alle offiziellen Positionen verloren hatte und, was noch schlimmer war, auch sein Ansehen in der Revolution, beschäftigte er sich damit, Freunde zu besuchen, Madame de Staël zu sehen und auch seine Beziehungen zu Madame de Flahaut aufzufrischen, mit der er am 6. August in Gesellschaft des unvermeidlichen Gouverneur Morris zu Abend aß. Es gab in der Tat wenig, was er sonst hätte tun können. Machtlos, in Ungnade gefallen und sogar in Lebensgefahr, konnte er nur beobachten und auf eine Verbesserung der Lage und eine Rückkehr der Vernunft hoffen, bis das Volk, was sicher geschehen würde, des Aufruhrs und des Tumults müde geworden war. Aber er war nicht optimistisch:

»Nach den Ereignissen dieses Tages, des 14. Juli, und der Schlappe der Preußen[26] schmeichelten sich die Befürworter der Revolution, daß sie die Monarchie für immer abgeschafft hätten. Ihr Fanatismus hatte sie blind gemacht, aber genauso ging es denjenigen, die glaubten, daß die Monarchie bald wiederhergestellt werden könne und daß Ludwig XVI. mit Gewalt wieder seinen Thron zurückerhalten sollte. In diesem Stadium war die Frage nicht mehr, ob der König regieren sollte, sondern ob er selbst, die Königin, ihre Kinder und seine Schwester noch gerettet werden könnten.«

Die von Talleyrand gestellte Frage fand am 10. August eine Antwort. Ein zweites Mal erstürmte der Pöbel die Tuilerien, aber diesmal war ihnen ihre Beute entkommen. König Ludwig und Marie-Antoinette waren im Morgengrauen durch *Vive la Nation*-Rufe aufgeweckt worden, und da sie wußten, was bevorstand, waren sie in die legislative Nationalversammlung geflüchtet und hatten um Schutz gebeten. Der Pöbel stürzte sich in rasender Wut auf die etwa 1000 Mann der Schweizergarde, machte sie nieder und verstümmelte ihre Körper. Während das Massaker weiterging und der Palast geplündert wurde, hielt sich die königliche Familie unbehelligt in der Nationalversammlung auf. Sie blieb dort drei Tage und lebte den Umständen entsprechend mehr schlecht als recht, während die Abgeordneten über ihr Schicksal debattierten. Schließlich wurden Ludwig, Marie-Antoinette, der Dauphin und Madame Elizabeth, die Schwester des Königs, am 13. August im Temple, einem kleinen Kerker aus dem Mittelalter mitten in Paris, gefangengesetzt. Der König wurde seiner Funktionen enthoben, und die Versammlung stellte einen Exekutivrat auf, der die Pflichten und die Verantwortlichkeit übernahm. Der Rat bestand ausschließlich aus Jakobinern, und seine Zusammensetzung war fast die gleiche wie die der früheren Brissotinischen Regierung. Mit einer Ausnahme: das Justizministerium wurde Georges Danton unterstellt, mit dem Talleyrand bekannt war. Dieser Danton sollte zur dominierenden Persönlichkeit in der neuen Regierung werden.

Durch die dramatische Entthronung des Königs und die Einsetzung des Exekutivrats mit Danton an der Spitze verwirklichten sich Talleyrands schlimmste Befürchtungen mit einem Schlag. Nun mußte er, da die Monarchie unwiederbringlich verloren war, die Chance nutzen und sich selbst retten. Er schrieb:

> »Nach dem 10. August erbat ich vom provisorischen Exekutivrat eine zeitlich begrenzte Mission für London. Als Vorwand für meine Mission schützte ich ein wissenschaftliches Problem vor, für das ich einigermaßen qualifiziert war, und sah zu, daß es sich auf eine Vorlage bezog, die ich schon einmal in der Verfassunggebenden Versammlung vorgetragen hatte ... Mein wirkliches Bestreben war jedoch, Frankreich zu verlassen, wo ein Aufenthalt nutzlos und für das eigene Leben sogar gefährlich geworden war.«

Talleyrand hätte zweifellos die Möglichkeit gehabt, zu emigrieren, also Frankreich einfach ohne Genehmigung zu verlassen. Aber Emigration war von der Nationalversammlung verboten, und alle Emigranten waren geächtet worden. Talleyrand war zu klug, um Brücken niederzureißen, wenn es nicht unbedingt notwendig war: »Ich wollte das Land mit einem regulären Paß verlassen, so daß mir eine Rückkehr nicht versperrt war.«

Die Gelegenheit, sein Anliegen Danton vorzutragen, fand sich schon bald. Der neue Justizminister ließ Talleyrand unmittelbar nach seiner Amtsübernahme zu sich rufen. Danton, der ebenso anziehend, beredt und schillernd wie wagemutig war, erwies sich vor allem als Realist. Auch in der Zeit der Wirrnisse, die der Abschaffung der Monarchie vorausgingen, war er sich bewußt, daß man erstens den europäischen Höfen eine plausible Erklärung für die Augustvorkommnisse bieten müßte, und zweitens, daß er nicht befähigt war, diese Rechtfertigung auf die Beine zu stellen. Er brauchte Rat und wußte, daß Talleyrand als geschickter Verhandlungspartner Erfahrung anzubieten hatte. Die beiden Männer waren zusammen Mitglieder in der Verwaltung des Départements Seine, und Danton hatte selbst in den hektischen Tagen nach Talleyrands Rückkehr aus London Gelegenheit gehabt, ihn um Rat in auswärtigen Angelegenheiten zu fragen. Als jedenfalls Danton zwei Jahre später an der Reihe war, des »Verrats an der Revolution« beschuldigt zu werden, war einer der Anklagepunkte gegen ihn, daß er »sich ständig in der Gesellschaft des Bischofs von Autun befunden habe«.

Dantons Vorschlag war geradeheraus. Er bat Talleyrand, eine offizielle Note an die britische Regierung aufzusetzen, in der der Sturm auf die Tuilerien und die Entthronung des französischen Königs gerechtfertigt werden sollte. Ferner sollte dieses Papier die legislative Nationalversammlung als Retter und Garant des Friedens darstellen und um Anerkennung des neuen Regimes werben. Talleyrands Antwort war ebenso unzweideutig: Er sagte zu unter der Voraussetzung, daß er einen Paß bekäme, der es ihm erlaube, in offizieller Mission nach England zu reisen. Seine Mission, so erklärte er Danton, war Teil eines Plans, »ein einheitliches System der Maße und Gewichte einzurichten. Damit jedoch die verschiedenen Nationen dieses System annehmen, müssten sich die kompetentesten Männer Europas dafür einsetzen, und darüber müsse man mit England verhandeln«. Danton war nicht ohne Grund in Frankreich unter dem Namen »Mirabeau des Marktplatzes« berühmt geworden. Er besaß zusätzlich zu dessen Rednertalent und Führernatur auch eine immens große Menschenkenntnis. Er wußte, daß er in Talleyrand einen ebenso entschlossenen wie kaltblütig kalkulierenden Partner gefunden hatte. Der Handel war ohne weitere Diskussionen abgeschlossen.

Das Schreiben an England zeichnete sich durch die gewählte Ausdrucksweise aus, die man bei Talleyrand gewohnt war, und durch einen Text, bei dem die Situation mit Hilfe von sorgfältig überlegten Worten modifiziert wurde – Eigenschaften, die man bei einem guten Diplomaten seit jeher voraussetzt. Der König, erklärte er, dem eine maßgebliche Position unter der neuen Verfassung zugesagt worden war, hätte heimlich gegen diese Verfassung intrigiert und versucht, patriotische Franzosen durch Bestechung zu korrumpieren. Das Volk, das durch des Königs Unwillen, der Vernunft zu folgen, aufgebracht war, hätte die Angelegenheit in die Hände genommen und sei zu den Tuilerien gestürmt. (Das Massaker mit der Schweizergarde und die Plünderung des Palastes wurden vorsichtshalber nicht erwähnt.) Deshalb »darf es kein Mißverständnis zwischen England und Frankreich geben. König Georg III. und seine Minister dürfen den Sturz des französischen Königs nicht als Bedrohung und als Beleidigung aller Könige sehen.« Das Schreiben fährt fort mit dem »offenen Ausdruck der Freundschaft der provisorischen französischen Regierung für die Regierung von England«. Talleyrand beschloß das Schreiben mit des Verfassers persönlicher »Versicherung der Freundschaft, des Vertrauens und der Wertschätzung eines Volkes, das vor jeder anderen europäischen Nation seine Unabhängigkeit erhalten und bewahrt hat ... und daß die europäischen Mächte, insbesondere Frankreich, nicht gezögert haben, als die englische Nation ihre Souveränität wiedererlangt hatte, die vom Volk anerkannte Regierung voll zu akzeptieren«.

Talleyrands Anspielung auf die Revolution von 1648 und den nachfolgenden Tod von Charles I. auf dem Schafott war unter diesen Umständen nicht gerade glücklich gewählt. Es provozierte Empörung bei den Engländern, an ihre eigenen Sünden in Sachen Freiheit erinnert zu werden. Ansonsten war die Darstellung der August-Ereignisse nicht unbedingt verfälscht wiedergegeben. Zweifellos hatten der König und die Königin mit den Österreichern intrigiert und hatten auf eine Niederlage der revolutionären Armeen Frankreichs gehofft. Auch hatten sie versucht, von verschiedenen Führern der Nationalversammlung Unterstützung zu bekommen, indem sie ihnen große Geldsummen anboten (Mirabeau beispielsweise hatte das Angebot angenommen. Und es gab Beweise dafür – die noch nicht zutage gefördert waren –, daß Talleyrand selbst angesprochen worden war, aber aus persönlichen Gründen abgelehnt hatte). Bei dieser Sachlage war es nicht unangebracht anzunehmen, daß England, wenn nicht schon heftige Emotionen ins Spiel gebracht worden waren, das *fait accompli* der provisorischen Regierung akzeptieren und nach einem entsprechenden Zeitraum auch anerkennen würde – wie das Frankreich eines Richelieu 150 Jahre zuvor die Regierung eines Oliver Cromwell anerkannt hatte.

Sicherlich waren Talleyrands Bestrebungen, für Danton von der erst kürzlich begonnenen Arbeit zu retten, was noch zu retten war, durchaus ehrlich gemeint. Von diesem Standpunkt aus betrachtet läßt sich das Schreiben vielleicht rechtfertigen. Es scheint jedoch ebenso sicher, daß Talleyrand als Mitglied der Verfassunggebenden Komitees nie zugestimmt hätte, die Ereignisse des 20. Juli zu entschuldigen oder ihnen sogar Beifall zu zollen. Es ging ihm hier nur um das eigene Überleben.

Die Ereignisse nach der Wahl der provisorischen Regierung deuteten an, daß Talleyrand selbst wie auch eine große Zahl von Adeligen und Geistlichen in Frankreich tatsächlich in äußerster Lebensgefahr schwebten. Von Mitte August an wurden auf Befehl der Pariser Kommune, die über alle Maßnahmen der inneren Sicherheit zu entscheiden hatte, Hunderte von Personen aus diesen für sie suspekten Gesellschaftsschichten festgenommen. Die Gefängnisse waren zum Bersten gefüllt, und so funktionierte man sogar Konvente und Klöster entsprechend um, um dort diejenigen festzuhalten, die in den offiziellen Kerkern nicht mehr aufgenommen werden konnten: »Aristokraten, Bischöfe und Priester« waren zu Volksfeinden erklärt worden.

Talleyrand, der sowohl Aristokrat wie auch Ex-Bischof war, befand sich also in unmittelbarer Gefahr. Gegen Ende August wartete er täglich auf seinen Paß von Danton, und täglich wurde er enttäuscht. Am 1. September war die Situation in Paris für ihn unhaltbar geworden. Am Mittag sprach Danton in der Versammlung und rief die Leute auf, sich selbst und die Nation durch ihren persönlichen Mut zu retten. Um 2 Uhr wurde die Sturmglocke geläutet. Und um 4 Uhr, als die Nationalversammlung sich vertagte, stürmte das Volk die Gefängnisse mit den »Aristokraten, Bischöfen und Priestern« und metzelte die Insassen nieder. Zwischen 1. und 4. September verloren nach Schätzungen 1200 Menschen ihr Leben – fast die Hälfte der Gefangenen von Paris. Die Greueltaten der Septembermorde dauerten zwei Wochen an. Und während dieses Massaker wütete, versuchte Talleyrand noch immer, von Danton seinen Paß zu bekommen. Am 1. September traf ihn ein jakobinischer Abgeordneter, Bertrand Barère, zu später Stunde noch im Justizministerium, wo er auf Danton wartete. »M. l'évêque« [der Bischof], schrieb Barère in seinen Mémoires, »war mit ledernen Kniehosen, Stiefeln, einem runden Hut und einem kurzen Mantel bekleidet und hatte sein Haar zusammengebunden. Ich kannte ihn schon seit drei Jahren von der Nationalversammlung her, und er begrüßte mich herzlich. Als ich mein Erstaunen darüber ausdrückte, ihn noch so spät im Ministerium vorzufinden, antwortete er: ›Ich erwarte, morgen in einer Mission des Exekutivrats nach London zu reisen. Ich warte auf die Papiere, die mir Danton nach Beendigung der Sitzung des Rats bringen soll.‹« Talleyrand hatte bis fast zwei Uhr morgens gewartet, aber als Danton schließlich kam, kam er mit leeren Händen. Die anderen Punkte der Tagesordnung waren zu wichtig gewesen, um die Sache mit dem Paß aufzubringen. Talleyrand würde warten müssen.

Sechs weitere Tage wartete er und wußte buchstäblich bei keinem Tag, ob es sein letzter sein würde, denn der Pöbel hatte sich jetzt von den Gefängnissen abgewandt und verschleppte »die Feinde der Revolution von der Straße oder aus ihren Häusern, um Ersatz für die sich leerenden Gefängnisse zu haben«. Dann, am siebten Tag endlich, kam der Paß, ordnungsgemäß von Danton gezeichnet und den Vorschriften entsprechend von fünf anderen Mitgliedern des Rats gegengezeichnet. »Laßt Talleyrand passieren«, war da zu lesen, »auf dem Weg nach London in unserem Auftrag – Danton, 1792 – République.«

6. Verbannung: England und Amerika

Mitte September 1792 erschien im Londoner *Morning Chronicle* eine kurze Notiz:

> »Die Herren Talleyrand-Périgord ... und verschiedene andere waren gezwungen, hierzulande Zuflucht zu suchen vor der Raserei jener Partei, die momentan in Frankreich alle Grundsätze der Gerechtigkeit und Humanität verletzt: Das Vergehen, dessen sie beschuldigt werden, besteht nur darin, daß sie bereit waren, die Mißstände in der alten Regierung abzuschaffen und eine Art Monarchie zu errichten, und daß sie sich weigerten, für Anarchie und Proskription der Republik einzutreten.«

Auf diese Weise waren London und die Gemeinschaft der französischen Emigranten in London auf die Ankunft des früheren Abgeordneten der Reichsstände, des früheren Bischofs von Autun, des früheren Mitglieds der Konstituante, des früheren Diplomaten ohne Portefeuille der legislativen Nationalversammlung und des Verteidigers für die Pariser Kommune vorbereitet.

Die Neuigkeit wurde mit wenig Begeisterung aufgenommen. In London wimmelte es bereits von Flüchtlingen, und die anfänglich gastfreundliche Haltung der Engländer kehrte sich zu kaum verschleierter Verärgerung. Sir James Bland Burges, der Unterstaatssekretär im Auswärtigen Amt, schrieb zu der Zeit von Talleyrands Ankunft in England:

> »Die kürzlich erfolgten Schreckenstaten in Frankreich hatten zumindest ein Gutes: Sie haben die öffentliche Meinung hier plötzlich ins Wanken gebracht. Französische Grundsätze und Franzosen selbst werden hier täglich unbeliebter, und ich halte es nicht für ausgeschlossen, daß die Unbedachtsamkeit einiger dieser Gleichmacher unserem Volk bald so zuwider sein wird, daß England in Kürze für sie weder ein angenehmer noch ein sicherer Aufenthaltsort sein wird.«

Der Ankunft führender Persönlichkeiten der Revolution wie Talleyrand und weniger prominenter Mitglieder der Nationalversammlung wie Jaucourt, Beaumetz und Montmorency – alles Freunde Talleyrands – sah man mit besonderer Besorgnis entgegen:

> »Von denen, die ich kenne, [fuhr Burges fort] verdient sicher-
> lich keiner außer ein paar harmlosen alten Frauen irgend etwas;
> denn die ganze Sippe zählte zu den Jakobinern und Häschern,
> solange sie an der Macht waren, und sie wären es noch immer,
> wenn sie nicht durch andere Gleichgesinnte abgelöst worden
> wären ... Ich hoffe aufrichtig, daß Mittel und Wege gefunden
> werden, diese Individuen loszuwerden, ehe sich aus ihrem
> Aufenthalt hier bei uns negative Konsequenzen ergeben.«

Die Emigranten selbst waren noch weniger freundlich und vielleicht
mit noch weniger Grund als Burges. Talleyrand und seine Freunde
wurden wie Hunderte andere, die der Schreckensherrschaft der
Septembermorde entkommen waren, als *constitutionels* und *monarchiens* betrachtet. Man warf ihnen vor, daß sie eine Monarchie unterstützt hätten, die ihres eigentlichen Charakters beraubt worden
war. Diejenigen, die Frankreich beim ersten Anzeichen der Ereignisse im Jahre 1789 verlassen hatten – *les purs* (»die Reinen«) nannten sie sich selbst – betrachteten Talleyrand und seine Freunde als
Ursache all ihres Mißgeschicks, da sie der Revolution Vorschub geleistet hatten. Mit kaum verhohlener Freude erlebte man daher, daß
die »Verräter« durch die von ihnen geschaffene Revolution schließlich selbst in die Verbannung gezwungen worden waren. Als Narbonne gegen Ende des Jahres 1792 in England auftauchte, wurde er
vom Herzog de la Châtre mit folgenden Worte begrüßt: »Ihr und
Eure verdammte Verfassung habt alles ruiniert. Ihr seid der Haupt-
grund all unseres Mißgeschicks. Nun können wir alle gemeinsam
fröhlich verhungern.«

Talleyrand nahm sich derartige Meinungen wohl zu Herzen und
fand sie auch im Grunde nicht unbegründet. »Es wäre ein großer
Fehler«, schrieb er, »zu glauben ... daß ich die Emigranten verurteilte ... Fast alle waren von edlen Gefühlen und von tiefer Verbundenheit zur königlichen Sache beseelt.« Er hatte immer geglaubt,
daß die Massenemigration zu Beginn der Revolution »ein falscher
Schritt« gewesen sei und daß sie die eine wichtige Ursache – vielleicht die wichtigste – für jene »Mißgeschicke« war, die man ihm
und seinen Freunden vorwarf. »Emigration«, dabei blieb er, »kompromittiert alles: Freunde, Verwandte, Besitzungen und damit auch

den Thron. Und nicht nur den Thron selbst, sondern auch das Leben des Monarchen und das seiner Familie, die eines Tages am Rande des Abgrunds und vielleicht schon im Abgrund selbst ausrufen könnten: ›Kommt und seht, wohin die Emigration uns gebracht hat.‹«[27]

Daß Talleyrand aus solchen Meinungen keinen Hehl machte und daß der Lauf der Dinge ihnen jetzt Glaubwürdigkeit verlieh, konnte in keiner Weise die Bitterkeit der Emigranten gegen *monsieur l'abbé*, wie sie Talleyrand manchmal verächtlich nannten, mildern. Er trug dies jedoch mit gewohnter Nonchalance. Er vertraute darauf, daß er trotz des frostigen Empfanges von seiten der englischen Regierung und ihrer Flüchtlingsgäste reichlich Gesellschaft und Vergnügungen finden würde.

Zuerst mußte er sich nach einem Dach überm Kopf umsehen und fand schon bald in der Woodstock Street in Kensington eine Bleibe. Da er zum ersten Mal in seinem erwachsenen Leben keine Diener zur Verfügung hatte, die sich um seine Bedürfnisse kümmerten, führte Madame de la Châtre, die Frau eines der frühesten Emigranten, in seinem Junggesellenhaushalt das Zepter. Sie war die Geliebte (und spätere Frau) des Grafen de Jaucourt, einem der engsten Freunde Talleyrands aus den frühen Tagen der Nationalversammlung. Er war zur Zeit der Septembermorde nach England gekommen, und Madame de la Châtre war ihm, sehr zu ihres Gatten Bestürzung, gefolgt. Sie lieferte weiteren Beweis für ihre Zuneigung, indem sie ihre häuslichen Fähigkeiten auch auf alle Freunde Jaucourts übertrug – und das waren neben Talleyrand noch etliche.

Kaum hatte sich Talleyrand in der Woodstock Street häuslich niedergelassen, um die Sicherheit in England zu genießen, mußte er feststellen, daß der Ärmelkanal ihn eventuell zwar vor körperlichem Schaden schützen könne, aber keine Garantie gegen die ungünstigen Winde des Schicksals oder die Angriffe seiner Feinde bot. Am 10. August war während der Plünderung der Tuilerien ein versteckter eiserner Kasten in den königlichen Gemächern zu Tage gefördert worden, dessen Inhalt man dem Minister des Inneren übergab. Unter den darin gefundenen Schriftstücken waren mehrere Briefe, die in unterschiedlichem Maße sowohl den König wie auch die darin erwähnten Personen belasteten. Ein solches Beweisstück war eine Note von Arnaud Laporte, Sekretär der königlichen Zivilliste, an den König, datiert vom 22. April 1791:

>»Ich sende Eurer Majestät einen Brief, der vorgestern geschrieben worden ist, mich aber erst gestern nachmittag erreicht hat.

Er stammt vom Bischof von Autun, der Eurer Majestät seine Dienste zur Verfügung stellen möchte. Er bittet mich, Euch seines Eifers und seiner Diskretion zu versichern, und meint, daß Eure Majestät ihm nur anzudeuten bräuchtet, wie gehandelt werden sollte. Die neue Partei, die sich innerhalb der Jakobiner gebildet hat, also die Feuillants, zu denen Talleyrand zähle, strebe die Wiederherstellung der öffentlichen Ordnung, die Aufrechterhaltung der Monarchie und die Sicherheit Eurer Person an.«

Der Brief, den Laportes Note zur Grundlage hatte, wurde nicht gefunden. Aus dem Wortlaut der Notiz kann man annehmen, daß er aus irgendeinem Grund nicht beigefügt war. Vielleicht existierte er nicht einmal – aber dies ließen die Mitglieder des Nationalkonvents[28] nicht gelten. Sie waren gewählt worden, um Frankreich von »royalistischen Komplizen« und »Verrätern« zu säubern. Am 5. Dezember stellte der Nationalkonvent fest, daß tatsächlich »Gründe zur Anklage gegen Talleyrand-Périgord, den früheren Bischof von Autun, vorliegen und daß alle relevanten Dokumente sofort beschlagnahmt werden müßten«. Trotz Dantons Protest, daß der Angeklagte offiziell »der Londoner Gesandtschaft akkreditiert sei«, setzte der Nationalkonvent seinen Namen auf die Liste der geächteten Emigranten[29]. Damit wurde zugleich ein Haftbefehl für Talleyrand erlassen, und die Bürger wurden angehalten, Ausschau zu halten nach einem Mann, der »fünf Fuß drei Zoll groß ist [in Wirklichkeit war er zweieinhalb Zoll größer], ein langes Gesicht, blaue Augen und eine gewöhnliche, leicht aufwärts gerichtete Nase hat ... [der] mit einem Fuß, entweder dem rechten oder dem linken, hinkt«.

Als die Nachricht von diesen Vorgängen London erreichte, verwahrte Talleyrand sich in einem leidenschaftlichen Schreiben gegen all diese Anschuldigungen: »Ich habe nie etwas Derartiges gesagt oder getan. Ich hatte keine Abmachungen mit dem König, weder direkt noch indirekt, noch mit Laporte.« Der Brief, der sich in dieser Tendenz über mehrere Seiten hinzog, beeindruckte den Nationalkonvent so gut wie gar nicht, wurde aber im *Moniteur* vom 24. Dezember 1792 abgedruckt.

Eine Woche später erschien im selben Blatt eine andere, aber gleichermaßen nachdrückliche Verteidigung Talleyrands, die aus der Feder eines Mannes stammte, der nur mit »D« unterzeichnet hatte. Es war dies eine gekonnte und findige Rechtfertigung bezüglich der früheren Reinheit von Talleyrands Glauben an die Revolution. Für all die Anschuldigungen gäbe es nicht einen einzigen handfesten Beweis gegen Talleyrand: »In all den belastenden Papieren des früheren Königs ist nicht eine Zeile, nicht ein einziges von ihm geschriebenes Wort.« Darüber hinaus berichtete der anonyme Autor[30] weiter, daß genau am Tage von Talleyrands Verurteilung das Ministerium des Auswärtigen in Paris von ihm aus London ein Memorandum erhalten habe, durch das seine lautersten revolutionären Grundgedanken außer jede Frage gestellt würden.

Der Nationalkonvent, der sein Urteil schon gefällt hatte, war an Beweisführung nicht interessiert, und obwohl Talleyrands Brief und die anonyme Verteidigungsschrift viel gelesen und diskutiert wurden, blieb die Ächtung bestehen.

Die Frage, ob Talleyrand den von Laportes Notiz an den König erwähnten Brief tatsächlich geschrieben hatte oder nicht, ob er also schuldig oder unschuldig war, hat die Gemüter an allen Fronten erregt: Die Antwort jedoch ist von geringer Bedeutung. Die Grundsätze in Laportes Note – daß die neue Partei, die sich innerhalb der Jakobiner gebildet habe, die Wiederherstellung der öffentlichen Ordnung, die Aufrechterhaltung der Monarchie, den Sturz der demokratischen Schule und die Sicherheit der königlichen Person anstrebe – konnten im Jahr 1791 noch ganz offen bekundet werden; es waren dies in der Tat die anerkannten Grundsätze nicht nur der Feuillants, sondern auch der Mehrheit der Nationalversammlung der damaligen Zeit. Es war auch zu Beginn des Jahres 1791 noch kein Verbrechen, dem König seine Dienste anzubieten, obwohl gegen Ende des Jahres 1792 der bloße Verdacht, daß ein solches Angebot gemacht worden sein könnte, ausreichte, jemanden ins Gefängnis zu bringen, wenn nicht gleich auf die neue Guillotine, die am Place du Carrousel gegenüber den Tuilerien aufgestellt worden war. Daß Talleyrand sich gegen diesen Brief verwahrte, ob er nun schuldig war oder nicht, verwundert unter den gegebenen Umständen nicht, denn Ächtung bedeutete, daß die betroffene Person nicht nur ihre Bürgerrechte (und ihre Freiheit, wenn sie gefaßt wurde) verlor, sondern auch Besitz, Ruf und die Chance, nach Frankreich zurückkehren zu können. Bedeutsamerweise hat Talleyrand in der Restauration, als seine Verfasserschaft ihm nur zum Nutzen gereicht hätte, nie darauf angespielt. Er erinnerte nur den Graf d'Artois an die mitternächtliche Unterredung, bei der er seine Dienste und die seiner Freunde für die königliche Sache angeboten hatte.

Sicher ist, daß die in dem fiktiven Brief ausgedrückten Prinzipien diejenigen waren, zu denen Talleyrand seit Beginn der Revolution stand, denen er auch während der Zeit der immer gefährlicher grassierenden Unruhen treu blieb und die er in die französische Verfassung der Restauration integrierte. Es war kein bloßer Zufall, daß der Zusammenbruch der Monarchie im Jahre 1792 und Talleyrands Abwendung von der Revolution zeitlich zusammenfielen. Kurz nach seiner Ankunft in England beschrieb Lord Lansdowne, was aus der Revolution geworden war, die so vielversprechend begonnen hatte:

»Nur eine lächerlich kleine Anzahl von Menschen sind dem Ideal der Freiheit treu geblieben, und dies trotz des Blutes und des Kots der verabscheuungswürdigen Greueltaten, die jetzt ihre Züge verdeckt. Nach zwei Jahren zwischen Terror und Widerstand sind die Franzosen Sklaven geworden – das heißt, sie sagen nur das, was zu sagen nicht gefährlich ist. Freiheitliches Handeln ist von Knüppeln und Piken zerstört worden, und das Volk hat sich an Heuchelei und Korruption gewöhnt, eine Gewohnheit, die, wenn man sie einmal angenommen hat, nur glücklich macht, wenn ein Tyrann durch einen anderen ersetzt wird. Jeder zittert vor dem Henker, vom Jakobinerführer bis hinunter zum einfachen, ehrlichen Bürger.«

Nicht Talleyrand war seinen Prinzipien bei der Revolution untreu geworden, es war die Revolution, die Talleyrand und seinen Prinzipien untreu geworden war.

Talleyrands Verdammung vom Nationalkonvent hatte bei allen Unannehmlichkeiten auch einen positiven Effekt: Sie nahm ihm die Bürde von den Schultern, Bevollmächtigter einer Regierung zu sein, deren Exzesse täglich Mißtrauen und Schrecken in der englischen Bevölkerung hervorriefen. Nach den Septembermorden schauderten sogar diejenigen, die die Revolution in ihrem Anfangsstadium unterstützt hatten, bei dem Gedanken, ihr eigenes Land könnte von diesem Wahnsinn angesteckt werden, der sich in so exzessiver Form nur ein paar Meilen von der englischen Küste ereignete. Die Regierung wurde massiv unter Druck gesetzt, gegen »französische Propaganda« vorzugehen, die sich über die Flüchtlinge verbreiten könnte, die, wie Burges vom Auswärtigen Amt erklärt hatte, nichts anderes als »Jakobiner und Häscher waren, solange sie noch an der Macht waren«. Edmund Burke, der 1789 die Revolution als Wiedergeburt der Menschheit gefeiert hatte, erklärte gegen Ende des Jahres 1792 vor dem Unterhaus, daß es die Pflicht jedes englischen Patrioten sei, »die französische Pest aus diesem

Land herauszuhalten, ihre Grundsätze aus unserem Geist und ihre Dolche aus unseren Herzen zu entfernen«. Im Dezember bat Pitts Regierung um Autorisierung, die Aktivitäten von Ausländern kontrollieren und alle Emigranten ausweisen zu dürfen, deren Worte oder Taten die Sicherheit Englands gefährden könnten. Dem Antrag wurde stattgegeben. Die Drohung war deutlich, und es war eine, auf die Talleyrand besonders intensiv reagierte und gegen die er nach seiner früheren Mission in England besonders empfindlich war. Sofort schrieb er an Grenville, um ihn seiner lauteren Absichten zu versichern und ihm sogar seine Dienste anzubieten:

»Es ist mir sehr daran gelegen, Euch wissen zu lassen, daß ich keine Mission in England zu erfüllen habe. Ich bin einzig und allein gekommen, um Frieden zu finden und bei echten Freunden echte Freiheit zu genießen. Wenn jedoch Lord Grenville den Wunsch äußern sollte, über den Status in Frankreich informiert zu werden, zu erfahren, wer die für den Umsturz verantwortlichen Parteien sind, welches Ausmaß an Macht der provisorische Exekutivrat hat und welche Vermutungen man aufgrund der schrecklichen und furchterregenden Ereignisse, denen ich als Augenzeuge beiwohnte, anstellen kann, so bin ich gerne bereit, ihm über diese Dinge zu berichten.«

Auf dieses Angebot reagierte Grenville nicht. Nichts, was Talleyrand sagen oder tun würde, könnte ihn oder Pitt von seiner Überzeugung abbringen, daß der frühere Revolutionsführer etwas anderes als *un homme profon et dangereux* – »ein undurchsichtiger und gefährlicher Mann« sei, wie Grenville ihn nannte.

Die Ereignisse in Frankreich taten ein übriges, nach der Annahme des Ausländergesetzes das Mißtrauen und die Bestürzung der englischen Bevölkerung gegen Männer wie Talleyrand noch zu schüren. Anfang Dezember hatte der Nationalkonvent beschlossen, den König für seine Verbrechen am französischen Volk vor Gericht zu stellen. Am 11. Dezember hatte ein sanfter, würdiger und etwas verwirrter Ludwig einer langen Liste von Beschuldigungen zugehört, deren schwerwiegendste es war, mit General Bouillé gegen seine Untertanen konspiriert und damit seinen Eid auf die neue Verfassung gebrochen zu haben. Der König wies alle Beschuldigungen zurück und bekam zwei Wochen zugestanden, in denen er seine Verteidigung vorbereiten könne. Am 26. Dezember wurde das Verfahren wieder aufgenommen und ohne Urteilsspruch abgeschlossen. Bis zum 3. Januar 1793 hing Ludwigs Leben in der

Schwebe. Die zurückhaltendsten unter den Mitgliedern waren für eine Entthronung, die radikalsten für seinen Tod. Da stieg Bertrand Barère, ein Führer aus der Mitte, auf die Tribüne und forderte in einer leidenschaftlichen Ansprache das Leben des Königs als eine unerläßliche »Maßnahme der öffentlichen Sicherheit«. Von diesem Moment an waren alle Versuche, das Leben des Königs zu retten, umsonst, obwohl die Debatten vorerst noch weitergingen. Am 15. Januar wurden dem Nationalkonvent zwei Fragen zur Abstimmung vorgelegt: Ist Ludwig der Vergehen schuldig, deren man ihn anklagt?, und wenn ja, wie sollte die Strafe lauten? Auf die erste Frage stimmten 683 Mitglieder – fast alle Anwesenden – mit Ja. Bei der zweiten gingen die Meinungen auseinander. Einige verlangten seinen Tod, andere stimmten für Gefängnis oder Verbannung. Schließlich verkündete der Präsident des Nationalkonvents, Pierre Vergniaud, nach 36-stündiger Beratung das Todesurteil. Als Tag der Hinrichtung wurde der 21. Januar festgesetzt. An diesem Tag brachte man den König, der in königliches Weiß gekleidet war, vom Temple zum Place de la Révolution[31] und führte ihn zur Guillotine.

Mit Ludwigs Tod starb auch der letzte Hoffnungsfunke auf eine Wiederversöhnung zwischen England und dem Frankreich der Revolution. Die Nachricht von der Hinrichtung traf England wie ein Donnerschlag. Sie wurde zuerst mit bestürztem Unglauben, dann mit Schrecken aufgenommen, der schließlich in rasende Wut umschlug. »Krieg gegen Frankreich!« lautete die Parole auf den Straßen und vor dem Parlamentsgebäude. Alle öffentlichen Plätze waren geschlossen, und Hof und Parlament setzten Staatstrauer an. »Jeder, der einen schwarzen Mantel hatte«, schrieb einer der Emigranten, »oder der sich einen beschaffen konnte, legte ihn an«. Talleyrand betrauerte wie alle anderen auch Ludwigs Tod, aber noch mehr betrauerte er den Tod des verfassungsmäßigen Gesetzes und der Ordnung in der Revolution. Die Exekution des Königs ließ auch jede ihm noch verbliebene Hoffnung erlöschen. »Die Herrschaft der Illusion ist in Frankreich beendet«, schrieb er. Gleichsam als Bestätigung erklärte England am 31. Januar, zehn Tage nach Ludwigs Tod, Frankreich den Krieg.

Unter diesen Umständen war es verständlich, daß der Kreis, in dem sich Talleyrand in London bewegte, nicht sehr groß war. Da Grenville und Pitt ihm feindlich gegenüberstanden, waren ihm die Tory-Häuser verschlossen und blieben es während der ganzen zwei Jahre, die er in England lebte. Für die Damen dieser Häuser, die ihn nur dem Ruf nach kannten, war er eine mephistophelische Figur, vielleicht auch ein faszinierender Mensch, über den man spricht, aber den man nie empfängt. »Die Herzogin von Gordon«, notierte Gouverneur Morris bei einem seiner Besuche in London, »fragt mich nach meiner Meinung über den Bischof von Autun, der, wie sie hörte, ein sehr sittenloser Zeitgenosse sei.« Und Lady Stafford schrieb halb entzückt, halb entsetzt, daß »der Bischof von Autun hier ist unter dem Namen Monsieur Talleyrand-Périgord ... Er ist ein unangenehm aussehender Mann mit einem ziemlich verschlagenen Charakter, der weder im Denken noch im Fühlen ehrlich ist.«

In dieser Hinsicht unterschied sich Talleyrands Image in London kaum von seiner früheren Mission im Jahre 1792, und da er keine andere Reaktion dieser Damen erwartete, störte sie ihn auch nicht übermäßig. Er hatte Freunde genug bei den Whigs, so daß seine Abende ausgefüllt waren. »Ich wurde sofort mit äußerster Freundlichkeit vom Marquis von Lansdowne empfangen«, schrieb er. Lansdownes Anteilnahme ging so weit, daß er Talleyrand nicht nur sehr häufig einlud, sondern »mich auch wissen ließ, wenn er den Besuch von einer bekannten Persönlichkeit empfing, deren Bekanntschaft ich vielleicht gerne machen würde«. Durch Lansdowne lernte Talleyrand einige der interessantesten Männer der damaligen Zeit einigermaßen genau kennen, die noch zu Talleyrands Lebzeiten berühmt werden sollten: George Canning, den späteren Staatssekretär des Auswärtigen; Jeremy Bentham, den Sozialphilosophen und Moralisten; Joseph Priestley, den Philosophen und Pionier der Elektrizitätsforschung; Lord Hastings, den späteren Generalgouverneur Indiens; und natürlich Lord Shelbourne, Lansdownes Sohn, der 1809 Schatzkanzler, 1827 Innenminister in Cannings Kabinett und Regierungsmitglied während Talleyrands Gesandtschaft in London um 1830 war. Auch bei Charles Fox war Talleyrand gerne gesehen; er teilte seine Freunde mit ihm und tat im allgemeinen sein Bestes, »um meinen Aufenthalt in London so angenehm wie nur möglich zu gestalten«.

Talleyrand suchte jedoch seine hauptsächlichsten Vergnügungen und Ablenkungen nicht bei seinen englischen Freunden, so unvoreingenommen sie ihm gegenüber auch waren. Sein eigenes Haus in der Woodstock Street wurde bald zum Treffpunkt für die vielen Freunde, die der Schreckensherrschaft in Frankreich entflohen waren – Narbonne, Montmorency, Beaumetz und viele andere. Narbonne und Talleyrand blieben in England wie immer unzertrennlich. Ein Freund des ersteren, Dr. Justus Erich Bollmann, der Narbonne von Paris begleitet hatte, gab aus dieser Zeit eine Beschreibung der beiden Männer:

»Narbonne ist ein ziemlich großer Mann, ein bißchen schwer, aber kraftvoll. Sein Kopf ist eindrucksvoll und vornehm. Aus seinem Geist entspringt ein unerschöpflicher Ideenreichtum. Er besitzt alle gesellschaftlichen Tugenden in überragendem Maße und verleiht auch dem trockensten Gesprächsstoff einen unvergleichlichen Reiz. Wenn er will, kann er eine einzelne Person und auch einen ganzen Raum voll Leute unwiderstehlich fesseln und in seinen Bann ziehen.«

Dieses schon fast übertrieben scheinende Bild wird noch übertroffen von der Beschreibung Talleyrands, der auf den beeindruckten Deutschen einen ganz eigenen Zauber ausgeübt haben muß:

»Es gab in Frankreich damals nur einen einzigen Mann, der von diesem Standpunkt aus verdient, mit ihm [Narbonne] verglichen zu werden – einer, der ihn meiner Meinung nach noch bei weitem übertrifft. Das ist sein Freund Talleyrand, der ehemalige Bischof von Autun. Narbonne gefällt, ermüdet aber auch nach einiger Zeit; Talleyrand hingegen könnte man jahrelang zuhören. Narbonne versucht zu gefallen, aber man bemerkt das Bemühen; wenn Talleyrand spricht, dann tut er das ohne die geringste Anstrengung. Ihn umgibt ständig eine Atmosphäre der vollkommenen Entspanntheit. Narbonnes Sprache ist brillant, die Talleyrands ist anmutiger, durchdringender, faszinierender. Narbonne ist nicht der Mann, der jedem gefällt; gefühlsbetonte Menschen können nichts mit ihm anfangen, und über sie hat er auch keine Macht. Aber Talleyrand, der moralisch nicht weniger korrupt ist als Narbonne, kann sogar die, die ihn hassen, zu Tränen rühren.«

Die von Bollmann beschriebenen Qualitäten Talleyrands und Narbonnes überwältigten so manchen Sterblichen, den gesellschaftliche Normen zwangen, entweder den einen oder den anderen als Freund vorzuziehen. Germaine de Staël versuchte es erst gar nicht. Zu Beginn des Jahres 1792 war Narbonne ihr Geliebter geworden, womit sie der Gesellschaft beider sicher sein konnte, ohne gezwungen zu sein, die unmögliche Wahl zu treffen. Zur Zeit jedoch mußte Madame ihre beiden Freunde entbehren. Nach Narbonnes Flucht aus Paris, wo sie ihn in der schwedischen Botschaft versteckt gehalten hatte, war sie mit Vater und Gatten in die Schweiz gegangen und verbrachte dort, sehr zu Monsieur Neckers und Baron de Staëls Unmut, ihre Tage damit, nach Vorwänden und Mitteln für eine

Reise nach London zu suchen, wo sie in einem Exzeß von gesitteter Großzügigkeit ihre Gunst zwischen Talleyrand und Narbonne würde aufteilen können.

Zu dieser Zeit fehlte es Talleyrand nicht an weiblicher Gesellschaft. Madame de la Châtre besaß neben ihren häuslichen Eigenschaften noch andere Qualitäten, die sie zu einer liebreizenden Gesellschafterin machten. Ihre Tugend war, wie einer ihrer Bewunderer bemerkte, nicht von der Art, die Männer deprimierend finden. Auch Madame de Genlis war da und schrieb sorgfältig alles, was sie hörte und sah, für ihre Memoiren auf: »Die tintenklecksende Schlampe« nannte Horace Walpole sie. In ihrer Obhut befand sich Adélaïde d'Orléans, die Tochter des Herzogs von Orléans, die zur Waise geworden war, als ihr Vater für den Tod Ludwigs XVI. gestimmt hatte und daraufhin ebenfalls enthauptet worden war, da er angeblich auf den Thron seines Vetters als König von Frankreich spekuliert habe. Adélaïde war damals erst sechzehn, zeigte aber bereits die Stärke, Intelligenz und Klugheit, die mit Talleyrands Segen ihren Bruder 1830 befähigen würde, die Krone zu erlangen, die ihr Vater begehrt hatte.

Madame de Genlis fühlte sich Talleyrand eng verbunden, nicht nur durch die Macht der Gewohnheit – ihr Haus hatte er in Paris sehr häufig besucht –, sondern durch die Bewunderung, die er ihr zollte. Lange Zeit war sie die Geliebte des Herzogs von Orléans gewesen, und sie spielte ihre Mutterrolle für seine Kinder auf bewundernswerte Weise. Ihre Loyalität zum Herzog und seiner Familie war nie erschüttert worden, auch dann nicht, als sein Weg zur Guillotine führte und als es den Anschein hatte, ihre Loyalität würde nur zur Zerstörung führen. Jetzt hatte sie, selbst mittellos, die Verantwortung für die Pflege und Erziehung nicht nur von Adélaïde d'Orléans, sondern auch für die natürlichen Töchter des Herzogs übernommen. Selbst im Unglück verlor sie nicht ihre Fröhlichkeit und ihren Charme, und obwohl sie wegen ihrer scharfen Zunge in einigen Kreisen nicht so beliebt war, war ihr Talleyrands Zuneigung immer sicher. Zwar stand ihm selbst so gut wie kein Geld zu Verfügung, doch gelang es ihm irgendwie, für beide zu sorgen. Sie verwendete ihrerseits ihre schmalen Einkünfte dazu, kleine Abendgesellschaften zu organisieren, bei denen in der Hauptsache Talleyrands Unterhaltungstalent geboten wurde. Das Essen war für gewöhnlich einfach, obwohl Talleyrand Madame de Genlis' Tafel galant als »reizend in ihrer löblichen Genügsamkeit« bezeichnete. Als es einmal vorkam, daß sie auf weiß Gott welche Weise genügend Geld zusammengekratzt hatte, um eine größere Einladung geben zu können, machte Talleyrand ihr dazu Mut; als er das Haus betrat, flüsterte er ihr zu: »Ich verspreche, keinen überraschten Eindruck zu machen.«

Madame de Genlis' Charme fand eine ideale Ergänzung in dem der Gräfin de Flahaut, die kurz nach Talleyrands überstürzter Abreise ebenfalls aus Frankreich geflohen war und in der Half Moon Street in London eine Bleibe gefunden hatte. Sie zählte unter den Emigranten zu den vom Glück begünstigten, weil sie eine ausreichende Menge Geld aus ihrer Heimat mitbringen konnte. Da sie jedoch im Umgang mit Geld völlig unerfahren war, hatte sie bald ihr ganzes Vermögen für Kleider, Hüte und Unterhaltungen ausgegeben und mußte sich durch Flechten von Strohhüten über Wasser halten.[32] Ein derart magerer Gewinn konnte auf die Dauer jemanden mit Adélaïdes Talenten nicht befriedigen. So nahm sie sich wieder den Roman vor, den zu schreiben sie in Paris begonnen hatte. Mit Talleyrands Ermutigung machte sie sich ernsthaft an die Vollendung des Werkes. Was sie tagsüber schrieb, las Talleyrand in der Nacht Korrektur. Der Roman *Adèle de Senange* war bald abgeschlossen. Er wurde veröffentlicht und begeistert aufgenommen. Die Gräfin, die immer in ihrem winzigen Louvre-Apartment in bescheidenen Verhältnissen gelebt hatte, war plötzlich im Besitz von staatlichen 40 000 Franc. Talleyrand fragte sie prompt, ob sie ihm 12 000 Franc borgen könnte, was sie ebenso prompt verweigerte.

Talleyrand selbst verbrauchte auch einen guten Teil seiner Zeit mit Schreiben. »Meine Vormittage«, sagte er, »waren damit ausgefüllt, meine Erlebnisse vom vorhergehenden Tag aufzuzeichnen.« Zweifelsohne hatte er damit eine Materialiensammlung für seine Memoiren im Sinn. Später allerdings fand er heraus, daß er damit seine Zeit vertan hätte. »Nach meiner Rückkehr nach Frankreich ... schickten mir meine Freunde all die Notizen, die ich während meines Aufenthalts in England gesammelt hatte. Erstaunt stellte ich fest, daß sie mir bei meiner derzeitigen Arbeit [den *Mémoires*] überhaupt nichts nützten. Es war mir nicht möglich, aufgrund dieser Unterlagen die Ereignisse jener Zeit wiederzugeben. Ich habe einfach keine Erinnerung. Das Verbindungsglied ist mir verlorengegangen.« Besser war es da schon mit einer Biographie des Herzogs von Orléans, *Philippe-Egalité*, bestellt, auf die Talleyrand beträchtlichen Arbeits- und Zeitaufwand verwendete. Obgleich sie nie als selbständige Memoiren gedruckt wurden, hat Talleyrand sie doch redigiert und in die *Mémoires* aufgenommen. Es ist dies das Porträt eines Prinzen, der, so verwerflich sein Verhalten, seinen königlichen Vetter zu hintergehen und seinen Thron anzustreben, auch gewesen sein mag, doch weder für die Revolution noch für deren Folgen verantwortlich gemacht werden konnte (obwohl zu Talleyrands Zeit viele so dachten). Der Ehrgeiz und die Anlage zu einem Schurken wurden ihm jedoch nicht abgestritten. Er war der Inbegriff aller Laster: »Unmoral, zügellose Frivolität, Sorglosigkeit und Schwäche«. Er verkörperte sozusagen den Geist des Zeitalters, der den Sturzbach auslöste: »Es gab keine Urheber, Führer oder Ratgeber. Er wurde von den Schriftstellern ausgelöst, die in einem aufgeklärten und kühnen Zeitalter Vorurteile angriffen und dabei religiöse und soziale Prinzipien umstürzten; ebenso beteiligt waren die Minister, die durch das ständig steigende Defizit in der Staatskasse die Unzufriedenheit des Volkes schürten.«

Da im Gegensatz zu Madame de Flahaut Talleyrand kein Einkommen aus seiner schriftstellerischen Tätigkeit bezog und während seines Aufenthalts in England auch keine sonstige Einkommensquelle hatte, lebte er praktisch ständig am Rande der Armut. Wie er überhaupt zurechtkam, wird wohl für immer ein Rätsel bleiben. Er stand auf der Liste der Emigranten, war geächtet, und sein Eigentum in Frankreich war dem Staat überstellt worden. Es ist nicht sehr wahrscheinlich, daß er außer ein paar Juwelen und einem kleineren Geldbetrag noch andere Dinge nach England bringen konnte, denn Ende 1792 befand er sich offensichtlich in einer verzweifelten Lage. Die normalen Lebenshaltungskosten sowie seine angeborene Großzügigkeit – sein Haus stand ständig als Hotel oder Pension für die vielen Freunde, die ohne einen Sou vom Festland kamen, offen – verschlangen bei weitem mehr Geld, als ihm zur Verfügung stand. Er löste sein Problem nicht dadurch, seine Gastfreundschaft einzuschränken, sondern zog in ein kleineres Haus am Kensington Square. Auch dort fanden seine Landsleute Unterkunft und Verpflegung, bis sie sich selbst etabliert hatten. Von diesem neuen Haus schrieb Talleyrand gegen Ende des Jahres 1792 an Lansdowne: »Ich hatte gehofft, einige Tage in Deiner Gesellschaft mit geistvoller Unterhaltung, Nachdenken und Ruhe zu verbringen, aber einige Freunde sind der Freiheit verpflichtet und von Piken verjagt nach England gekommen. Ich will ihnen erst Unterkunft gewähren, bis sie sich voraussichtlich Mitte nächster Woche in ihren Winterquartieren etabliert haben, und dann werde ich die Ehre haben, Dich in Bowood zu sehen.«

Auch in seiner nun bescheideneren Behausung überstiegen Talleyrands Verpflichtungen, oder besser gesagt, seine Gastfreundschaft, seine äußerst bescheidenen Mittel. Im März 1793 mußte er eine äußerst schmerzliche Entscheidung fällen. Der einzige ihm verbliebene Besitz war seine Bibliothek, die er vorsichtshalber während des vorhergegangenen Sommers nach England verschifft hatte. Wenn er weiterhin für seine Ausgaben aufkommen und die Bedürfnisse seiner Freunde stillen wollte, mußte er seine Bibliothek verkaufen. Nur diejenigen unter seinen Freunden, die selbst wertvolle Bücher liebten, konnten das Opfer beurteilen, das Talleyrand brachte, als er seine Bücher betrachtete und wußte, daß sie nicht mehr ihm gehörten. Die Bücher wurden zwischen dem 12. und 23. April auf einer Versteigerung veräußert. Der Erlös wog den Verlust der Bücher nicht auf. »Heute, nach dem Verkauf meiner Bücher«, schrieb er an Madame de Staël, »bin ich außerhalb Frankreichs 750 Pfund Sterling wert. Was ist das schon?« Diese Summe, so gering sie auch war, deckte zumindest für den Augenblick seine Unkosten. Ein Teil davon ging an Madame de Genlis und an andere Freunde, denen es noch schlechter als ihm ging.

Summen in dieser Größenordnung brachten nur vorübergehende Erleichterung, vor allem in der verzweifelten Lage, in denen sich Freunde wie Madame de Genlis, Beaumetz, Montmorency und Jaucourt befanden. (Narbonne scheint entweder größere finanzielle Rücklagen oder größeren Erfindungsgeist als die anderen besessen zu haben. Er unterhielt in London ein Haus mit zwei Dienern und besaß eine Kutsche.) Der Zusammenhalt unter diesen kleinen Emigrantengruppen konnte nur bestehenbleiben, wenn die Ressourcen nicht ständig schwinden und nur noch die großen Namen und die klingenden Titel übrigbleiben würden. Was man brauchte, war ein wohlhabender Gönner. Eine Fügung des Schicksals wollte es, daß ein solcher nicht lange auf sich warten ließ. Ein englischer Gentleman namens Locke, über dessen politische Gesinnung man wenig wußte, der aber großes Mitgefühl für die Opfer der Revolution zeigte, stellte dieser kleinen Gesellschaft französischer Flüchtlinge seinen Besitz Juniper Hall in Surrey, nahe dem Dorf Mickleham, zur Verfügung.

Juniper Hall gehörte nicht zu Englands »großen Häusern«, doch wies es eine gewisse Eleganz in Stil und Einrichtung auf, die dem Anwesen ein herrschaftliches Aussehen gaben. Und was noch wichtiger war, es war geräumig genug, praktisch die ganze Gruppe um Talleyrand und gelegentlich sogar auch noch einen Gast unterzubringen. Das Angebot wurde begeistert angenommen, und für einige Monate des Jahres 1793 lebte der Zauber wieder auf, der in Frankreich den Reiz des Lebens ausgemacht hatte. Talleyrand behielt sein Haus am Kensington Square, aber er war häufig zu Gast in der kleinen Emigrantenkolonie.

In Mickleham lebte damals eine gewisse Susanne Phillips, die die Ereignisse in der großen Welt außerhalb Surreys mit größter Neugier beobachtete. Für ihre Neugier war die Ankunft dieser kleinen Exotenkolonie mit wunderbaren Namen und geheimnisvoller Geschichte in Mr. Lockes Haus ein bedeutsames Ereignis. Sie machte sich unverzüglich auf den Weg, diese illustre Schar zu besuchen, und schrieb dann begeisterte und ausführliche Berichte an ihre Schwester Fanny Burney, die sofort zu einem ausgedehnten Besuch in Mickleham anreiste. Die unbekümmerte Freundlichkeit und die unverhohlene Neugier der beiden Damen verzauberte die Emigranten, die »den Witz, das Wissen, die Anmut und die Intelligenz« der beiden rühmten. Miss Burney berichtete wiederum in Briefen an ihren Vater und an Freunde ihre überschwengliche Begeisterung für die Eleganz, die Liebenswürdigkeit und die Intelligenz von Talleyrands Freunden. »Man kann sich nichts Anmutvolleres, nichts Zauberhafteres vorstellen als diese Kolonie«, schrieb sie. Am faszinierendsten war Talleyrand selbst, den Miss Burney kurz nach Madame de Staëls Ankunft im Februar 1793 kennenlernte. Gegen Talleyrand war sie zunächst wegen seines verderbten Rufes voreingenommen. »Herr von Talleyrand«, schrieb sie, nachdem sie ihn zum ersten Mal getroffen hatte, »trat gestern abend mit unerschöpflichem Witz und Unterhaltungstalent in Erscheinung. Frau von Staël flüsterte mir zu: ›Wie gefällt er Ihnen?‹ ›Nicht besonders‹, antwortete ich. ›Oh, glauben Sie mir‹, sagte sie, ›er ist der beste Mensch, den es gibt.‹ Ich bin stolz darauf, daß ich ihr nicht zustimmte.« Wenige Tage darauf aber schreibt sie: »Es ist unfaßbar, wie sehr Herr von Talleyrand mich bekehrt hat. Ich finde jetzt, daß er einer der besten und liebenswürdigsten in dieser erlesenen Gesellschaft ist. Susanne hat sich ebenso vollständig bekehren lassen. Seine Unterhaltungsgabe ist erstaunlich, im Wissen wie im Spott.«

Die Ankunft von Madame de Staël in Juniper Hall, einige Wochen, nachdem sich die Flüchtlinge dort niedergelassen hatten, rief bei Miss Burney und Mrs. Philipps besonderes Entzücken hervor. Aber ihre Freude war nur von kurzer Dauer, denn Vater Burney ließ ein erstes Warnsignal vernehmen, als Fanny geziemenderweise ihren Vater davon in Kenntnis setzte, daß sie von Germaine zu einem Aufenthalt in Juniper Hall eingeladen worden war. Er warnte seine Töchter vor der Dame, »die einer besonderen Vorliebe für Herrn von Narbonne bezichtigt wird«. Fanny war unsagbar bestürzt. »Ich bin fest davon überzeugt, daß es eine gemeine Verleumdung ist«, schrieb sie, »denn sie liebt ihn, zärtlich sogar, aber so unverhohlen, so schlicht, so unbefangen und so ohne jede Spur von Koketterie, daß, so meine ich, diese Zuneigung nicht unverdächtiger sein könnte, wenn die beiden zwei Männer oder zwei Frauen wären. Sie ist sehr unansehnlich, er ist sehr hübsch. Den Reiz, den sie für ihn hat, übt sie gewiß durch ihre geistigen Gaben aus.« Dann zitierte Miss Burney zum Beweis der Unschuld der Beziehung zwischen Germaine und Narbonne die Tatsache, daß sie »offensichtlich die gleiche Zuneigung für Herrn von Talleyrand hat. Sie liebt Monsieur de Montmorency ... Eigentlich lebt diese ganze Kolonie wie Brüder und Schwestern zusammen. Wirklich, ich bin überzeugt, Du brauchst nur einen einzigen Tag mit ihnen zusammen zu sein, um zu erkennen, daß ihre Beziehung in einer reinen, wenn auch gefühlsmäßig überspitzten und höchst anmutigen Freundschaft besteht.«

Dr. Burneys Warnung wiederholte nur das, was jedermann in der Umgebung von Surrey erzählte. Es gab so viele Gerüchte wie Damen in Juniper Hall, und alle Gerüchte waren wahr. Madame de Staël hatte wirklich eine Vorliebe für Monsieur de Narbonne – und nicht nur für ihn. Die Affäre zwischen Madame de la Châtre und Jaucourt war hinlänglich bekannt. Talleyrands Name wurde auch mit Madame de Staël in Verbindung gebracht, und der Skandal seiner Liaison mit Adélaïde de Flahaut hatte schon seit langem die Gemüter erregt. Die Fürstin von Hénin, einstmals Ehrendame von Marie-Antoinette, war in treuer Leidenschaft dem Marquis de la Lally Tollendal verbunden, den sie später heiratete. Miss Burney und ihre Schwester waren betrübt, nachdem sie den wahren Stand der Dinge erfahren hatten. Die Franzosen konnten sich als Emigranten gewisse Freiheiten erlauben, aber bei ihren Sünden dürften sie nie englische Frauen mithineinziehen. Da sie nun gehört hatte, was man sich so erzählte, beeilte sich Fanny, ihrem Vater zu versichern: »Ich würde lieber alles auf der Welt opfern, als Gast unter ihrem Dache sein.« So reisten die beiden Damen ab und überließen es den Emigranten, über die Kapricen der englischen Tugend nachzudenken. Bis schließlich dann Miss Burney sich in den General d'Arblay verliebte, der – Franzose oder nicht – unverheiratet noch zu haben, einsam und ein ziemlich guter Fang für eine mittelalterliche englische unverheiratete Frau war. Die beiden heirateten im Jahr 1794 und lebten allem Anschein nach glücklich miteinander.

Germaine de Staëls Ankunft mag sich zwar negativ auf Miss Burneys großes Abenteuer ausgewirkt haben, die Kolonie in Juniper Hall dagegen begrüßte sie mit großer Freude. Fröhlichkeit und Geistesschärfe waren hier sehr geschätzte Eigenschaften. Aber sie war noch aus einem anderen Grund willkommen: Sie war ungeheuer reich und ebenso großzügig. Bereitwillig übernahm sie die in Juniper Hall anfallenden Kosten und wirkte dadurch immer belebend auf die durch Entbehrung und Mangel deprimierte Gruppe. Ihre Ankunft brachte eine viermonatige Glückssträhne. Ihr liebster Zeitvertreib an sonnigen Tagen waren lange Ausfahrten in einem verwahrlosten Einspänner, der Mr. Locke gehörte, wobei Germaine auf einem der beiden Sitze saß und der Kutschersitz fallweise von Talleyrand, Narbonne und Mathieu de Montmorency eingenommen wurde. Die Abende waren mit Konversation und Lesungen ausgefüllt, ein populärer Zeitvertreib, bei dem einer aus der Gesellschaft den übrigen etwas vorlas. Madame de Staël trug Teile ihres Essays »Der Einfluß der Leidenschaften auf das Glück des Menschen und der Völker« vor. Talleyrand war wie seine Freunde von der Aussagekraft und vom Stil des Werkes beeindruckt. In seiner Begeisterung gelang es ihm jedoch, die Autorin in Tränen ausbrechen zu lassen, als er bemerkte, daß ihre Darstellung etwas zu wünschen übrig ließe: »Du liest Prosa sehr schlecht ... Bei dir klingt es wie Lyrik, und das wirkt sich sehr negativ aus.«

Trotz dieser kleinen gelegentlichen Unstimmigkeiten stärkten die Monate, die Germaine de Staël in Juniper Hall verbrachte, die Bande zwischen ihr und Talleyrand. Als sie Ende August 1793 in die Schweiz zurückgekehrt war, schrieb Talleyrand: »Ich weiß nicht, was ich mit mir anfangen soll. Ich langweile mich hier, ich bin wie ausgelaugt ... Es gibt hier absolut niemanden, der meinem Geist und meiner Seele entspricht.« Und dann wieder: »Es ist ganz sicher, daß ich meine gute Laune und meine Zurückhaltung nur unserer Verbindung zu verdanken habe. Du weißt, was ich mit *unserer* meine.« Es war deutlich daraus zu entnehmen, daß Juniper Hall den letzten Anstoß zur Trennung zwischen Talleyrand und Adélaïde de Flahaut[33] gegeben hatte, und daß Germaine de Staël nicht nur als Siegerin aus diesem Wettbewerb hervorgegangen war, sondern auch die Früchte ihres Sieges voll ausgekostet hatte. In ihrem späteren Leben erinnerte sie sich an die mit Talleyrand und Narbonne in Surrey verbrachte Zeit als »die vier Monate, die mich vom Schiffbruch meines Lebens retteten«.

Die Freundlichkeit englischer Freunde, die Zerstreuungen in Juniper Hall, der intellektuelle Liebreiz der Germaine de Staël und die angenehme Gesellschaft von Narbonne, Beaumetz, Jaucourt und Montmorency halfen Talleyrand, das »ganze schreckliche Jahr 1793« zu ertragen. Doch die Ereignisse dieses Jahres – Dantons schwindender Einfluß und der Aufstieg Robespierres, die Hinrichtung Marie-Antoinettes, das Niedermetzeln von Aristokraten, Priestern und Bürgern auf den geringsten Vorwand hin – standen in zu großem Kontrast zu seinen eigenen gemäßigten und liberalen Prinzipien, um nicht ein Gefühl der Frustration und des Zorns ob seiner eigenen Ohnmacht aufkommen zu lassen. Kaum hatte er sich in England in Sicherheit gebracht, hatte er schon geschrieben: »In aller Ehre, wir können nicht lange friedliche Emigranten bleiben.« Und »wenn es eine Gegenrevolution geben sollte, müssen wir aktiv daran teilhaben«. Talleyrand war ein Mann des Friedens, und so konnte er die Agonie Frankreichs nicht ertragen, als die Armeen der Revolution zurückfielen und die preußischen Soldaten in das Herz des Landes marschierten, als die Vendée sich gegen die Exzesse des Nationalkonvents erhob und der Nationalkonvent selbst nicht mit seinen inneren Schwierigkeiten fertig wurde. »Ich will kämpfen«, sagte er im Sommer 1793 zu Narbonne. »Ich kann dir nicht sagen, wieviel Vergnügen es mir bereiten würde, diese elenden Schurken zu verprügeln!«

Für eine Weile, im September, sah es so aus, als ob Talleyrand die Gelegenheit bekommen würde, zwar nicht die Schurken zu verprügeln, doch zumindest noch einmal an den Geschehnissen in Frankreich aktiv teilzunehmen. Die Nachricht, daß Toulon, der große französische Hafen, sich gegen den Nationalkonvent erhoben hatte und daß die Aufständischen hofften, das ganze Land für sich und gegen die Tyrannen in Paris zu gewinnen und danach den Sohn Ludwigs XVI. als Ludwig XVII. zum König von Frankreich zu machen, kam überraschend. Talleyrands Hoffnungen stiegen bei dieser sich neu bietenden Gelegenheit, und er begann, im Geiste schon Pläne für die Wiedereinführung der verfassungsmäßigen Regierung für den Fall eines Sieges der Rebellen zu schmieden. »Die Konstitutionalisten«, schrieb er an Madame de Staël, »sind die einzigen, die hoffen können, etwas auszurichten ... Nur so kann sich der Geist des Menschen wieder erheben.« Eine Zeitlang waren seine Erwartungen groß, vor allem als er erfuhr, daß England die Verteidiger in Toulon gegen die Truppen des Nationalkonvents unterstützen würde. Aber zwei Monate später war er zutiefst verzweifelt: »Ich bin in einer schrecklichen Verfassung«, ließ er Germaine de Staël wissen. »Ich weiß nicht mehr, was ich hoffen soll. Morias Versuch schlug fehl ... Dies wird die Republikaner gegen die unglückselige Vendée aufstacheln, und dann wird es dort zu schrecklichen Massakern kommen. Man hört von Schlachten, in denen 20000 oder 30000 Soldaten ihr Leben lassen – und doch bleibt alles beim alten.« Seine Befürchtungen bezüglich der Aufständischen von Toulon wurden zur bitteren Wirklichkeit. Die Zerschlagung der britischen Schutzblockade für den Hafen, die hauptsächlich der Geschicklichkeit eines wagemutigen jungen Artilleriehauptmanns zu verdanken war, dessen Name in den offiziellen Berichten mit Napoleon Bona-Parte angegeben wurde, deutete das Ende der Hoffnung auf eine Wende an. Im Dezember war die Stadt in die Hände der Pariser Regierung gefallen, und die Rebellen waren niedergemetzelt worden.

Die Niederlage der Engländer in Toulon und die Erfolge der Revolution bei der Unterdrückung ähnlicher Aufstände in Frankreich sowie die Erkenntnis, daß sich das Kriegsglück schon auf die Seite Frankreichs und gegen das zwischen Preußen, Rußland, Österreich und England geschlossene Bündnis gewendet hatte, ließen in London Unruhe aufkommen. Die Regierung, insbesondere Grenville, erachtete es in Talleyrands Worten für nötig, »Eifer für die Sache« zu zeigen. Da militärische Erfolge den Engländern bisher versagt geblieben waren, beschloß Grenville gegen die vorzugehen, die er der Agitationen gegen England beschuldigte. Die ersten Opfer dieses Entschlusses waren die Emigranten – die *constitutionnels* und die *monarchiens* –, und unter diesen war wiederum Talleyrand der berühmteste und unbestrittenste, der ›tiefgründige und gefährliche Mann‹.

Einen Monat nach der Nachricht von Toulons Fall am 24. Januar 1794 besuchten Talleyrand am Kensington Square zwei Männer, die sich als Unterhändler der Regierung ausgaben. Einer von ihnen teilte Talleyrand ziemlich schroff mit, daß sein Aufenthalt nach dem Ausländergesetz von 1793 in England nicht mehr erwünscht sei und daß er das Land innerhalb von fünf Tagen zu verlassen habe.

Talleyrand war nicht der Mann, der eine willkürliche Ausweisung ohne Protest hinnahm. Unverzüglich richtete er einen Brief an Pitt mit folgendem Inhalt: »Ich kam nach England, um Frieden und persönliche Sicherheit unter dem Schutz von Institutionen für Freiheit und Eigentum zu genießen. Ich lebe hier, wie immer, ohne Sinn für Streitgespräche und parteigängerische Interessen. Ich habe nie versucht, gerechten Menschen gegenüber irgendeine meiner politischen Meinungen oder Handlungen zu verbergen.« Weiter betonte er, daß er nie für den Nationalkonvent gewesen sei, ja im Gegenteil sein Opfer sei: »Geächtet, angeklagt, als Gesetzloser gebrandmarkt wegen meiner Unterstützung für die Monarchie.« Und er fährt fort: »Ich werde der schändlichsten Undankbarkeit beschuldigt. Ich soll gegen das Land agieren, dessen Gastfreundlichkeit mir einen Platz gegeben hat, wo ich mein Haupt hinlegen kann.« Ebenso wie auch alle anderen Schreiben blieb dieser Appell an Lord Melville (den

Staatssekretär des Inneren) und an den König unbeantwortet. Als er einsah, daß die Entscheidung der Regierung nicht rückgängig zu machen war, bat er um einen Monat Aufschub, um seine Angelegenheiten in London ordnen zu können. Es wurden ihm drei Wochen genehmigt – bis zum 15. Februar.

Auch diese Konzession konnte ihm kaum Trost bringen. Und doch nahm Talleyrand den Urteilsspruch ruhig und sogar mit Humor auf. Am 30. Januar schrieb er an Madame de Staël: »Mit neununddreißig Jahren stehe ich an der Schwelle zu einem neuen Leben.« Und Narbonne, wütend ob der Ungerechtigkeit, die seinem Freund widerfahren war, schrieb an Mrs. Susanna Phillips: »Nichts kann seine Ruhe und seinen Mut erschüttern. Er ist fast fröhlich.«

Nachdem er sein Schicksal mit Würde akzeptiert hatte, mußte er sich nun entscheiden, wohin er gehen würde. Österreich, Preußen und Rußland waren ihm durch das Bündnis mit England verschlossen. Sogar die neutrale Schweiz, für die er zu einem Besuch von Madame de Staël in Coppet gegen Ende 1792 um Erlaubnis angesucht hatte, hatte ihm die Einreiseerlaubnis verweigert. Die gelassenen Schweizer hätten eventuell einen Ex-Revolutionär geduldet, ein Ex-Bischof ging zu weit. Nach einigen Überlegungen fiel seine Wahl auf die Vereinigten Staaten. Zweifellos hatte seine langjährige Freundschaft mit Gouverneur Morris seine Neugier an der jungen Republik geweckt. Außerdem hatte er jetzt genug von Unterdrükkung und Verfolgung sogar in einem so liberalen Land wie England erfahren. Er sehnte sich danach, wie er Madame de Staël gestand, die Möglichkeit zu haben, »zu erklären und laut zu erklären, welches meine Ziele waren, was ich getan habe, was ich verhindert habe und was ich bedauert habe. Ich muß beweisen. Ich muß beweisen, daß ich die Freiheit geliebt habe, daß ich sie noch immer liebe.« Ein neues Land, so dachte Talleyrand, würde einem klugen Mann die Gelegenheit geben, nicht nur seine Grundsätze offen zu proklamieren und zu verteidigen, sondern auch ein von den Unruhen in Frankreich zerstörtes Schicksal wiederaufbauen. So verbrachte er die letzten beiden Wochen vor seiner Abreise damit, in London verschiedene Banken und Speditionen aufzusuchen und seine Dienste als Repräsentat in den Vereinigten Staaten anzubieten. Seine Erfahrungen im Finanzwesen und seine Berühmtheit reichten diesen Unternehmen anscheinend aus, Talleyrands politische Umstrittenheit zu übersehen. Mitte Februar hatte er jedenfalls einen Kreditbrief über mehr als 8000 Dollar in der Tasche.

Am 15. Februar begab sich Talleyrand an Bord eines amerikanischen Schiffs, der *William Penn*, die in der Themse lag und angeblich jede Minute auslaufen sollte. Mit ihm gingen sein treuer Diener Courtiade, der sich weigerte, von seinem Herrn getrennt zu werden, und der Chevalier de Beaumetz, ein Freund aus den Zeiten der Verfassunggebenden Versammlung und aus den glücklichen Tagen in Juniper Hall, der ebenfalls sein Glück in der Neuen Welt versuchen wollte. Wegen des schlechten Wetters konnte allerdings die Fracht nicht gestaut werden, und zudem wurde der Kapitän aus geschäftlichen Gründen an Land aufgehalten. Talleyrand hätte bei Freunden bleiben können, aber er blieb an Bord, zwei Wochen lang – so lange verzögerte sich das Auslaufen. Er erklärte: »Ich lehnte solche Angebote eigentlich ganz gerne ab. Auch ungerechte Verfolgung bringt irgendeinen Ersatz. Ich weiß nicht mehr genau, was ich damals fühlte, aber zweifellos war ich irgendwie mit mir zufrieden. Ich glaube, daß ich es in den Tagen des Unglücks bedauert hätte, wenn ich nicht auch gelitten hätte.«

Am 2. März setzte die *William Penn* Segel und lief zu ihrer vierzigtägigen Reise von London über den Atlantik nach Philadelphia in der Neuen Welt aus. Am Abend zuvor hatte Talleyrand einen Abschiedsbrief an Germaine de Staël geschrieben: »Das ist das letzte Mal, daß ich von London schreibe. Morgen geht es auf die Reise … Laßt uns hoffen, daß wir nicht länger als ein Jahr getrennt sein werden. Adieu, liebe Freundin. Ich liebe Dich mit meiner ganzen Seele.«

Die *William Penn* war noch nicht einmal zwei Tage unterwegs und hatte gerade die Themse verlassen, als ein heftiger Sturm losbrach. Es gab zwei drohende Gefahren: Das Schiff könnte sinken oder es könnte in den Ärmelkanal getrieben werden und müßte in einem französischen Hafen Zuflucht nehmen. Letzteres schien ersterem kaum vorzuziehen zu sein. »Ich war damals genau zwischen England und Frankreich«, schrieb Talleyrand, »das war so in etwa die kritischste Position, in die ich gelangen konnte. Ich konnte Frankreich sehen, und mein Kopf war dort in Gefahr.« Die dritte Möglichkeit, die Rückkehr nach England, war die noch am ehesten wünschenswerte Lösung, obgleich »es mir sehr unangenehm gewesen wäre, die Gastfreundschaft einer Regierung in Anspruch nehmen zu müssen, die mich ruiniert hat«. Trotzdem registrierte Talleyrand mit Erleichterung, daß der Kapitän der *William Penn* nach einem schier endlosen Kampf mit den Gewalten in Falmouth anlegte. Talleyrand und Beaumetz hatten dort mehrere Tage Zeit, ehe die Takelage repariert war. Während dieser Zeit nahmen sie ihre Mahlzeiten in einem Gasthaus ein, wo sich etwas ereignete, was sich Talleyrands Gedächtnis für immer einprägte.

Als der Wirt erfuhr, daß Talleyrand nach Amerika fuhr, erwähnte er, daß einer seiner Logiergäste ein amerikanischer General sei. Als Talleyrand sein Interesse an ihm bekundete, wollte er ein Treffen arrangieren. »Nach dem üblichen Austausch von Begrüßungsformeln«, berichtete Talleyrand, »fragte ich ihn diverse Sachen über sein Land. Doch von Anfang an hatte ich das Gefühl, daß meine Neugier ihn eher vergrämte.« Mehrere Male versuchte Talleyrand den geheimnisvollen General in ein Gespräch zu verwickeln, doch immer war die Antwort unbefriedigend. »Schließlich«, schrieb er, »wagte ich es, ihn um einige Einführungsbriefe für seine Freunde in Amerika zu bitten.« Die Antwort des Fremden lautete: »Ich bin wahrscheinlich der einzige Amerikaner, der Ihnen keine Briefe für seine Heimat mitgeben kann. Alle meine Verwandten sind voneinander getrennt. Ich darf nie mehr nach Amerika zurückkehren.«

»Er wagte es nicht, seinen Namen zu nennen«, schloß Talleyrand. »Es war General Arnold.«

Talleyrand schien das Verbrechen Benedict Arnolds wenig zu stören, der für Verrat an seinem Land – oder für Loyalität zum Mutterland – je nachdem, wie man es sehen will – zum Tode verurteilt worden war und sein Leben jetzt als entehrter Mann im Exil fristen mußte, geächtet auch von denen, die von seinem Verrat profitiert hatten. Talleyrand wußte aus Erfahrung, wie vergänglich die Zuneigung eines Volkes und wie willkürlich solche Urteile sein können. Er selbst war verurteilt, geächtet, seines Eigentums beraubt worden und konnte nicht in sein Heimatland zurückkehren. Und nun wurde er sogar aus seinem Exil vertrieben. »Ich muß gestehen, daß er mir bitter leid tat«, fügte Talleyrand hinzu. »Politische Puritaner werden mich darob tadeln, aber ich schäme mich meines Gefühls nicht, denn ich bin Zeuge seiner Strafe gewesen.«

Das Gefühl, von der restlichen Welt isoliert zu sein, das sich noch durch das Gespräch mit Arnold verstärkt hatte, blieb auch bestehen, nachdem die *William Penn* nach Abschluß der Reparaturarbeiten sich einen günstigen Wind zunutze machte und in See stach:

> »Alle Passagiere standen an Deck, blickten in Richtung Küste und sagten mit offensichtlichem Vergnügen: »Ich sehe immer noch das Land!« Ich war der einzige, der erleichtert war, als man es nicht mehr sehen konnte. In diesem Moment besaß das Meer einen besonderen Reiz für mich. Die Gefühle, die ich dafür empfand, entsprachen im besonderen Maße meiner Stimmung.«

Die Wirkung des offenen Meeres kam urplötzlich über ihn und hielt an. Die See bezauberte ihn.

Die Seereise dauerte achtunddreißig Tage. Am letzten Tag wurde Talleyrand von »Land in Sicht!«-Rufen geweckt. »Dies war«, sagte er, »das Wort, das ich fürchtete.« Kapitän, Mannschaft und Passagiere zeigten allerdings die allergrößte Freude. An Deck sah ich den Lotsen, der uns den Delaware hinaufführen würde. Und gleichzeitig sah ich ein auslaufendes Schiff, das gerade die Landspitze umsegelte. Sofort wurde in ihm der Wunsch wach, auf dem Wasser zu bleiben. Nachdem er vom Lotsen erfahren hatte, daß das Schiff nach Kalkutta auslaufe – eine Reise von etwa drei bis vier Monaten –, schickte er ein Boot aus, um zu erfahren, ob noch Platz für einen Passagier wäre. »Der Bestimmungsort«, erklärte er, »war unwichtig. Wichtig für mich war nur, daß das Schiff auf eine lange Reise ging und ich vermeiden wollte, meinen Fuß auf festen Boden zu setzen.« Der Kapitän ließ jedoch ausrichten, daß sein Schiff keinen Passagier mehr aufnehmen könne, und Talleyrand ergab sich in sein Schicksal. »Es gab keine Alternative, und so blieb es bei Philadelphia als Reiseziel.«

Philadelphia war damals die Hauptstadt des neuen Landes, eine geschäftige Großstadt mit etwa 80 000 Einwohnern. Die Läden waren gefüllt mit Luxusgütern aus Europa, die Straßen und breiten Gehsteige waren peinlich sauber, und das Menschengewirr, das ihm da entgegenflutete, mußte den Franzosen Talleyrand exotisch angemutet haben: Händler, Bauern, Quäker, Schwarze, Weiße, Plantagenbesitzer von nonchalanter Eleganz und Yankee-Handelsleute. Auf all dies reagierte Talleyrand merkwürdig gleichgültig. »Für all diese Neuheiten, die gewöhnlich das Interesse eines Reisenden erregen, hatte ich nichts übrig. Ich hatte größte Schwierigkeiten, meine Neugier überhaupt zu wecken.« Aber er hatte das Glück, mit einem Mann in Kontakt zu kommen, den er schon von Paris her kannte, einem Herrn Casenove, »der mich nie zu Unternehmungen drängte und selbst nur an wenigen Dingen interessiert war. Da ich so weder auf Opposition, Rat oder Führung stieß, ließ ich mich allein von meinem Instinkt führen und betrachtete alles aufmerksamer.«

Das anfängliche Desinteresse an Sehenswürdigkeiten, Geräuschen und Farben der Neuen Welt ist vielleicht verständlich. Ein Geschmack, der in einer großen Stadt mit unregelmäßig-reizvollen, abwechslungsreich gebauten Straßenbildern geschult war, mag sehr wohl wenig Bemerkenswertes in eintönigen Reihen von gleichaussehenden Häusern aus Ziegel und Holz finden, die im

Rechteck angelegte Straßen säumen und für das ungeschulte Auge fast nicht zu unterscheiden sind. Für jemanden, der an den Prunk Versailles, die großen Hotels in Paris und die herrlichen französischen Landschlösser gewöhnt war, muß sich die provinzielle Schönheit Philadelphias im Jahre 1794 doch sehr farblos ausgenommen haben. Außerdem hatte sich Talleyrand Amerika als Refugium nicht ausgesucht, um seine Straßen und seine Architektur zu studieren. Er war und blieb nicht an Dingen, sondern an Menschen interessiert, und seine Aufmerksamkeit konzentrierte sich mehr auf Institutionen als auf Gebäude.

Sein erster Wunsch war es, Menschen zu treffen, die in den Vereinigten Staaten das erreicht hatten, was sich bislang in Frankreich als unmöglich erwiesen hatte: die Einführung einer praktikablen liberalen Verfassung. Alexander Hamilton, Finanzminister in Präsident Washingtons Kabinett, war der erste dieser Männer, die er traf. Die beiden Staatsmänner verstanden sich auf Anhieb gut, da sich beider Interessen auf dem Gebiet der Finanzen und der Verfassung bewegten. In den zwei Jahren, die Talleyrand in den Vereinigten Staaten weilen sollte, entwickelte er eine große Bewunderung für Hamilton, dessen Geist und Charakter ihn seiner Meinung nach auf eine Stufe mit den hervorragendsten Staatsmännern Europas, nicht einmal Mr. Pitt und Mr. Fox ausgenommen, stellte.

Talleyrand hoffte damals mit Hamiltons Hilfe eine Vorsprache bei Präsident Washington zu erwirken. Aus diesem Grund war er in Philadelphia mit einem Brief von Lord Lansdowne angekommen, den er jetzt Hamilton anvertraute, der seinerseits versprach, ihn persönlich an Präsident Washington weiterzureichen. Hamilton tat dies auch, aber zu Talleyrands großer Enttäuschung und zu Hamiltons Verlegenheit hörte man nichts mehr von Washington. In einem Brief vom Präsidenten an Lord Lansdowne wurde der Grund angedeutet: »Ich bedaure es sehr, daß mich Rücksichten auf die öffentliche Meinung, die Ihr sicher ahnen werdet, davon abhielten, der Bitte dieses Herrn und Eurer Lordschaft Empfehlung zu entsprechen.«

Die von Washington erwähnten »Rücksichten auf die öffentliche Meinung« waren die gleichen, die Talleyrand den Zugang zu den großen Tory-Häusern in London verwehrt hatten. Talleyrands Ruf war ihm in die Vereinigten Staaten oder zumindest in den Präsidentenpalast (wie der Sitz der Exekutive in Philadelphia genannt wurde) durch Berichte von Gouverneur Morris vorausgeeilt: ».. . in bezug auf Moral kann keiner von ihnen [Talleyrand, Narbonne und Choiseul] als mustergültig bezeichnet werden. Besonders der Bischof hat hierin einen schlechten Ruf. Nicht so sehr wegen Unzucht, denn diese war in der hohen Geistlichkeit allgemein üblich, sondern wegen der Vielzahl und der Öffentlichkeit seiner Amouren, wegen seiner Spielleidenschaft und vor allem wegen Spekulationsgeschäften während Calonnes Regierungszeit ...« Morris' berechtigte Beurteilung hatte ein Gegenstück in Lansdownes Brief, der in grenzenloser Bewunderung Talleyrands Talente lobte, sein rechtschaffenes Verhalten in England betonte und ihn als »sehr ehrenwerten Mann, der den verschiedensten Verfolgungen ausgesetzt war«, beschrieb. Der eigentliche Grund für Washingtons »Rücksichten auf die öffentliche Meinung« war aber anderer Natur. Er war politisch bedingt und basierte auf dem Einfluß des französischen Geschäftsträgers in Philadelphia, Joseph Fauchet, einem fanatischen Verfechter von Robespierres Komitee zur öffentlichen Sicherheit. Im Juni 1794 berichtete Fauchet nach Paris, daß »Beaumetz und Talleyrand mit einem Empfehlungsschreiben von Lord Lansdowne in Philadelphia sind. Monsieur Hamilton hat sich dafür eingesetzt, daß sie beim Präsidenten der Vereinigten Staaten vorstellig werden dürfen; aber ich wurde zuvor davon informiert und konnte dies verhindern ...« Fauchet hatte sich an den Außenminister gewandt und in heftigsten Worten dagegen protestiert, daß seine eigene Mission als offizieller Vertreter Frankreichs unmöglich werden würde, wenn ein Verräter wie Talleyrand von Präsident Washington empfangen würde. »Wenn Talleyrand den Präsidentenpalast betritt«, erklärte er kategorisch, »werde ich nie wieder einen Fuß hineinsetzen. Sie müssen sich zwischen einem Emigranten und mir entscheiden.« Es muß einiges Zögern bezüglich des Vorschlags von Joseph Fauchet gegeben haben, denn »ich mußte auf einer Antwort Washingtons bestehen, worauf mir dann schriftlich mitgeteilt wurde, daß er sie nie, weder privat noch öffentlich, empfangen werde«.

Talleyrand wußte seine Beschämung perfekt zu verbergen. In den *Mémoires* erwähnte er die Episode nicht einmal. Er wußte zu gut über die Forderungen der Staatskunst Bescheid, um nicht Verständnis für Washingtons schwierige Lage aufzubringen, und Washington wußte offensichtlich genug über Talleyrand, um zu fühlen, daß seine Entscheidung nicht mißverstanden wurde. »Die Zeit wird ihn wieder begünstigen«, schrieb der Präsident an Lansdowne, »ein Mann von seinen Talenten und Verdiensten wird zeitweilige Nachteile, die ihm bei Revolutionen aus verschiedenen aufeinanderprallenden politischen Meinungen entstehen, unbeschadet überstehen.«

Washington meinte auch, daß »der Empfang, der ihm [Talley-rand] im allgemeinen hier zuteil wurde, ihn für das, was er in Europa zurückließ, entschädigte«, soweit es der gesellschaftliche Status zuließ. Diese Beobachtung war zwar gut gemeint, entsprach aber nicht unbedingt der Wahrheit. Die kleine exklusive Welt um den Palast des Präsidenten war offiziellen Meinungen gegenüber ebenso empfindlich wie die, die auf Anordnung des St. James Court in London ihre Tore öffnete oder schloß. Mrs. Bingham, die Sprecherin dieser Gesellschaft, wollte Talleyrand nicht empfangen, und andere folgten ihrem Beispiel. Es gab natürlich Häuser, die Ausländer besonders gerne einluden, vor allem, wenn es Ausländer mit faszinierend skandalumwittertem Ruf waren. Talleyrand und Beaumetz nahmen zwar gelegentlich Einladungen von solchen Häusern an, fanden aber im allgemeinen das Leben in Philadelphia zu kleinbürgerlich, die Konversation zu öde und die Gesellschaft zu provinziell, als daß sie, wie George Washington gehofft hatte, dafür entschädigt wurden, »was sie in Europa verlassen hatten«.

Es gab jedoch in Philadelphia auch Häuser, in denen sich Talleyrand sofort wie zu Hause fühlte. Sein liebster Aufenthalt war die Buchhandlung von Moreau de St.-Méry, eines früheren Abgeordneten der Verfassunggebenden Versammlung aus Martinique, der nach Philadelphia ausgewandert war. Moreaus Laden in der First Street wurde zum Treffpunkt eines halben Dutzends französischer Flüchtlinge außer Talleyrand und Beaumetz: der Graf von Noailles, der Marquis de Blacons, Omer Talon (beide ehemalige Abgeordnete), der Herzog de la Rochefoucauld-Liancourt und der Graf von Moré sowie zwei oder drei andere Gesinnungsgenossen trafen sich dort. Man kam fast jeden Abend in einem kleinen Zimmer hinter der Buchhandlung zusammen, um Neuigkeiten aus Frankreich zu diskutieren, sich zu unterhalten, zu lachen und sich gegenseitig zu necken. Wenn jeder einen kleinen fianziellen Beitrag leistete, gab es ein reichliches, von Madame Moreau zubereitetes Abendessen und eine Flasche Madeira, Talleyrands Lieblingswein. Manchmal ging es dabei so hoch her, daß einige prüde Bürger Philadelphias sich bei Moreau de St.-Méry beschwerten und der Gastgeber schließlich bemerkte, daß er geschäftliche Einbußen in Kauf nehmen mußte. Aber das schien ihn weniger zu stören. »Wie häufig kam es vor, daß Talleyrand, wenn er den kleinen Hof vor meinem Laden erreicht hatte, kehrtmachte und die Treppen wieder raufgelaufen kam und dann noch lange sitzenblieb ... Wir sprachen uns aus, erzählten uns, was uns tief im Innersten bewegte, teilten uns unsere Gedanken mit, unsere Gedanken und unsere Erfahrungen.« Manchmal schien Talleyrand, die angenehme Gesellschaft in vollen Zügen genießend, entschlossen zu sein, die ganze Nacht in Moreaus Laden zu verbringen. »Schließlich«, erinnerte sich Moreau, »machte er sich auf den Weg; aber nicht, ehe meine Frau ihn ermahnt hatte: ›das mag ja für dich angehen, denn du kannst ja bis in die späten Vormittag im Bett bleiben, wenn du willst. Aber denkst du auch daran, daß dein Freund hier um sieben Uhr den Laden aufmachen muß?‹«

Diese gemütlichen informellen Abende in Moreaus Haus waren Talleyrands Hauptunterhaltung während der zwei Winter, die er in Philadelphia verbrachte. Dort konnte er unter seinesgleichen er selbst sein, ungezwungen und ohne falsche Vorspiegelungen. Er hatte bereits gelernt, daß dies anderswo in Philadelphia nicht möglich war. Die neue Gesellschaft von Amerika verlangte, da sie eben neu war, von ihren Mitgliedern absolute »Respektabilität«, und dies war eine Eigenschaft, die Talleyrand immer schon fremd war. Er schien von seiner Wesensart her unfähig gewesen zu sein, tugendhafter zu erscheinen, als er es wirklich war. Seine Tugenden waren in der Gesellschaft Philadelphias niemals akzeptiert worden. Deshalb mußte er dafür bezahlen. »Trotz seiner äußersten Liebenswürdigkeit«, bemerkte Graf von Moré, »wurde Talleyrand in der Gesellschaft Philadelphias nie so anerkannt, wie es seine Art und sein Benehmen verdient hätten. Er brüskierte jeden durch seine verächtliche Haltung zur Achtbarkeit Amerikas.« Ob diese Verachtung spontan oder bewußt war, wissen wir nicht. Jedenfalls war es so. Und so erregte er die empfindlichen Gemüter der Bürger von Philadelphia aufs äußerste und manifestierte mit sichtlichem Entzücken seine Gleichgültigkeit gegenüber der öffentlichen Meinung. »Weder die Gegenwart und noch weniger die Zukunft schienen ihn zu kümmern«, sagte Moré. Er demonstrierte dies ganz offen und besonders deutlich in einer Liaison, die mehr als ein Jahr gedauert zu haben scheint, mit einer jungen hübschen Dame farbiger Abstammung. Talleyrand suchte sie zu Hause auf, lud sie auch in sein eigenes kleines Apartment in der North Third Street ein und fand besonderes Vergnügen daran, sich mit ihr auf belebten Straßen zu zeigen und die schockierten Blicke und das Geflüster der tugendsamen Quäker zu ignorieren. »Er machte, was er wollte«, schrieb Moré, »und verachtete jeden und alles«.

Das stimmte nun wiederum nicht ganz. Was Talleyrand noch nie in seinem Leben verachtet hatte und auch zeit seines Lebens nie verachten würde, war Geld. Es wäre eigenartig gewesen, wenn Talleyrand sich in Amerika nicht vom wirtschaftlichen Unternehmungsgeist hätte anstecken lassen, der schon lange vor dem Bruch zwischen Großbritannien und seinen Kolonien in der Neuen Welt blühte und von dem auch die französischen Flüchtlinge in Amerika profitierten, die bestrebt waren, den Wohlstand, der durch die Umstürze in ihrem eigenen Land verlorengegangen war, wieder zu erreichen. Schon nach wenigen Monaten in der Neuen Welt schrieb er an Madame de Staël: »Mein Instinkt sagt mir, daß ich versuchen muß, hier zu etwas Geld zu kommen, so daß ich, wenn ich älter bin, nicht in Not oder Abhängigkeit von anderen leben muß. Die Idee beschäftigt mich, aber bis jetzt habe ich noch nicht den richtigen Weg gefunden. Sicherlich kann man hier zu Geld kommen, aber man muß zu Anfang schon etwas haben, um dann mehr zu machen.« Für einen Mann mit Erfindungsgabe und Initiative gab es Mittel und Wege weiterzukommen, und Talleyrand fehlte es keineswegs an diesen Eigenschaften. Schon bald bat er Germaine de Staël um Hilfe bei der Beschaffung von Aufträgen aus Europa:

>Hier gibt es mehr Möglichkeiten, sein Glück zu machen, als anderswo. Ich versuchte, Aufträge aus Europa zu bekommen, und alles, was ich bekommen kann, würde mir helfen. Wenn einige Freunde Deines Vaters[34] Schiffe nach Amerika schickten oder wenn einige Schweden[35] Waren zum Verkauf schicken würden, entweder nach New York oder nach Philadelphia, dann könnte ich gute Geschäfte machen, wenn sie mir freie Hand ließen. Sei so gut und bemühe dich um Aufträge für mich ... In kurzer Zeit kann man hier sehr viel erreichen, entweder durch Aufträge für öffentliche Mittel oder durch Landkauf. Mit der Verläßlichkeit der amerikanischen Unterhändler ist es nicht sehr weit her, so daß europäische Kaufleute immer im Nachteil sind, wenn sie hier einen Repäsentanten suchen. Ich biete mich für diese Arbeit an, denn ich bin auf diesem Gebiet doch einigermaßen qualifiziert.«

Es paßte zu Talleyrands Erfahrung und Qualifikation, daß seine Bemühungen, zu Geld zu kommen, mit Spekulation zu tun hatten. Er war nach Natur und Neigung ein Spieler, und er wollte seine Chancen in Amerika wahrnehmen, nicht mit Spielkarten, sondern mit den riesigen Flächen unberührten Landes und der Bereitschaft von Europäern, besonders von Franzosen, in dieses Land zu investieren. Schon bald schienen sich seine Bemühungen auf diese »Aufträge für Landkauf«, wie er Madame de Staël geschrieben hatte, zu konzentrieren und er bat sie, ihn wissen zu lassen, »wenn Du

Leute kennst, die hier eine Farm kaufen wollen. Ich würde ihnen gerne dabei behilflich sein«.

Er scheint hier einigermaßen erfolgreich gewesen zu sein, zumindest kann man dies aus einer empörten Depesche von M. Fauchet an Paris gegen Ende des Jahres 1794 entnehmen:

»Die Geschäfte dieser Spekulanten und ihre Hoffnung auf Erfolg gründen sich einzig und allein auf diese unglücklichen Umstände in ihrem früheren Heimatland. Sie hoffen, daß der Mangel an Gesetzen und das Unvermögen, in der Republik wieder Ordnung herzustellen, viele Franzosen auf der Suche nach Frieden dazu veranlassen werde, Frankreich zu verlassen, und sie bereiten sich darauf vor, sie hier zu empfangen. Diese unheilvollen Vermutungen drückt fast wortwörtlich ein Brief an Bischof Talleyrand aus London aus …«

Die von Fauchet erwähnten Spekulationen bezogen sich ohne Zweifel auf Talleyrands erstes Projekt, bei dem er und Beaumetz von Henry Knox, Washingtons Kriegsminister, im Staate Maine gelegenes, unerschlossenes Land kaufen, parzellieren und an Emigranten und Freunde verkaufen wollten. Zu Beginn des Jahres 1795 hatte Talleyrand zusammen mit seinem holländischen Freund Casenove in Holland zwei Landerschließungsgesellschaften gegründet. Seltsamerweise war dieser Mann aus den Pariser Salons überwältigt vom Anblick der unberührten Wälder, die noch kein Zeichen von menschlicher Präsenz zeigten. »Meine Liebe zum Meer hing mir immer noch nach«, erklärte er, »und ich kam mir fast wieder vor, als ob ich auf dem Meer segelte in dieser weiten Wildnis, wo mich alles, was ich sah, an nichts, was ich kannte, erinnerte.«

Seine Begleiter bei seinen Expeditionen ins amerikanische Hinterland waren Beaumetz, dann ein Holländer namens Heydecoper – sicherlich ein Geschäftspartner – und natürlich Talleyrands Freund und Diener Courtiade, der lieber seinem Herrn in die unerforschten Weiten Amerikas folgte, als in den Gefahren Philadelphias zurückgelassen zu werden.

»Ich muß gestehen [schrieb Talleyrand], daß mich dieses Unternehmen von Anfang an interessierte … Hier gab es Wälder, die so alt waren, wie die Welt selbst … grünes, fettes Gras an den Flußufern; große Wiesen; fremdartige, zierliche Blumen, die ich nicht kannte. Und hier und da Spuren von Tornados, die alles mitgerissen haben …Angesichts dieser unermeßlichen Einsamkeit ließen wir unserer Phantasie freien Lauf. Wir bauten Städte, Dörfer, Weiler ... Wenn man in einem solchen Land reist, empfindet man den unwiderstehlichen Reiz, in die Zukunft zu planen ... Es ist unmöglich, einen Schritt zu machen, ohne überzeugt zu sein, daß der unaufhaltsame Fortschritt erfordert, daß hier eine ungeheuer große Anzahl von Bewohnern einmal das jetzt brach liegende Land bestellt und alle nur erdenklichen Erzeugnisse im Überfluß ernten wird.«

Seine Reisen führten ihn durch die Wildnis des oberen Teils des Staates New York, nach Connecticut, Massachusetts, und er beschrieb nicht nur seine Eindrücke von der Schönheit und Ertragsfähigkeit des Landes, sondern auch die Verhaltensweisen der Bewohner und ihre Bräuche, die ihn erstaunten und oftmals erschütterten. Besonders fiel ihm die Diskrepanz zwischen der vergleichsweise verfeinerten Lebensweise in den Handelszentren und der primitiven Lebensweise auf dem Land auf, die er als Folge einer unverhältnismäßig starken Betonung des Handels und einem demgegenüber inadäquaten Interesse an Landwirtschaft sah:

»Man muß nur hundert Meilen landeinwärts fahren, um zu sehen, daß die Leute dort noch in Tauschgeschäften kaufen, während andere auf den großen Märkten Europas ihre Geschäfte abwickeln. Der Kontrast ist schockierend. Dies ist das Sympton einer gesellschaftlichen Krankheit. Sechzig Meilen südlich von Boston sah ich, wie 6000 Fuß Holz für einen einzigen Ochsen eingehandelt wurden, während in Boston selbst ein Florentiner Strohut gut und gerne seine zwanzig Pfund bringt.«

Die amerikanische Einstellung zum Überfluß war für Talleyrand ebenso verwirrend, wie sie es für spätere Generationen von Europäern sein würde. Sein eigenes Interesse an Geld war rein zweckbedingt; es war nur dazu gut, ihm die Möglichkeit zu geben, die Dinge zu kaufen, die er gerne hatte: luxuriöse Umgebung, Bücher, Gemälde, schöne Kleidung, Geschenke für seine Freunde. Die Vorstellung, daß man damit einen sozialen Status erkaufen könnte, war einem Mann fremd, der in einer Gesellschaft aufgewachsen war, in der eine Stellung ererbt und nicht gekauft wurde und in der ein Rang ein unverkäuflicher Besitz war, den man hatte und haben würde, unabhängig von materiellem Besitz. In Maine besuchte er einen Mann, der Land verkaufen wollte. »Es war das schönste Haus im Bezirk«, schrieb er, »und der Besitzer war ein *sehr ehrenwerter Mann*, wie man hier sagt.« Als sie das Geschäft abgeschlossen hatten, kam das Gespräch auf andere Dinge, und Talleyrand fragte ihn, ob er je in Philadelphia gewesen sei. Als er verneinte, erwähnte Talleyrand Präsident Washington und fragte ihn, ob er nicht neugierig sei, »den großen Mann zu sehen«? »Nun ja«, antwortete sein Gastgeber, fügte dann aber ganz aufgeregt hinzu, »ich möchte aber auch gerne Mr. Bingham sehen, der so reich sein soll.« (Diese Antwort gefiel Talleyrand nicht besonders. Mr. Binghams Frau war die Dame, die Talleyrands Anwesenheit übersehen und so für die Stadt ein Exempel statuiert hatte.)

Die übertriebene Verehrung des Geldes als Ziel an sich schien ein typisches Charakteristikum Amerikas zu sein. »Ich traf es überall in den Staaten an«, sagte Talleyrand. Wenn diese Einstellung zum Geld praktischeren Nutzen gehabt hätte und für Bequemlichkeiten verwendet worden wäre, hätte Talleyrand es weniger mysteriös gefunden. Statt dessen, bemerkte er, »ist das Land zu schnell zu Reichtum gekommen. Luxus wirkt lächerlich in einer Umgebung primitivster Lebensform. Ich erinnere mich, im Wohnzimmer von Mrs. Robert Morris[36] einen Hut liegen gesehen zu haben, der im Geburtsort des Hausherrn hergestellt worden war. Der Hut lag auf einem eleganten Sèvres-Porzellan-Tisch, der von einem Amerikaner in Trianon gekauft worden war. Ein europäischer Bauer würde einen solchen Hut niemals aufgesetzt haben.« Nachdem er noch mehrere solche Beispiele beobachtet hatte, kam Talleyrand zu dem Schluß:

> »Für uns Bewohner des alten Europas liegt im amerikanischen Luxusdenken etwas Ungesundes. Zugegebenermaßen zeugt unser eigener Luxus von Unvernunft und Frivolität, aber in Amerika dient der Überfluß nur dazu, Mängel zu betonen, die beweisen, daß verfeinerte Lebensart in diesem Land nicht existiert – weder in der Lebenshaltung noch in Nebensächlichkeiten.«

Talleyrands Fahrten durch die amerikanische Wildnis brachten ihm trotz aller kritischen Punkte, die er bemängelte, auch Augenblicke der Heiterkeit und Abenteuerliches. Eines Abends verirrten er und Courtiade sich hoffnungslos inmitten eines Dickichts. Nachdem er sich in Stunden, wie ihm schien, einen Weg durch das Unterholz geschlagen hatte und dann immer noch in dieses Labyrinth verstrickt war, rief er zu Courtiade, daß es nötig wäre, eine kurze Rast einzulegen. Als keine Antwort von seinem Diener kam, horchte er einen Augenblick. Kein Laut war zu hören. Man konnte kaum die Hand vor den Augen sehen. Talleyrand rief: »Courtiade, bist du da?« Aus dem Dunkeln kam ganz aus der Nähe die Antwort: »Leider ja, Herr!« Die beiden Männer mußten lachen. In totaler Finsternis, in stockdunkler Nacht, verirrt, mit Kleidern, die in Fetzen herunterhingen, unrasiert, hatte sich Courtiades Antwort und das korrekte »Herr« zu komisch ausgenommen und ihnen die Absurdität ihrer mißlichen Lage einerseits und ihrer Beziehung andererseits zum Bewußtsein gebracht.

Bei einer anderen Gelegenheit waren Talleyrand, Beaumetz und Heydecoper in einem Bauernhaus in Connecticut zu Gast. Die beiden erwachsenen Söhne des Hauses verbrachten den Abend damit, den Gästen zu erklären, wie sie Biber jagten und deren Felle verkauften. »Bei jeder Frage, die wir unseren Gastgebern stellten«, erinnerte sich Talleyrand, »füllten sie unsere Gläser. Am Ende des geselligen Beisammenseins war der Vorschlag so verlockend und die Gläser so oft gefüllt worden, daß Beaumetz, Heydecoper und ich unser Leben dafür gegeben hätten, wenn wir sie hätten begleiten dürfen ... Beaumetz schlug vor, uns einmal mitzunehmen. Sie stimmten beide zu, und wir wurden ohne weitere Formalitäten in die Gemeinschaft der Biberjäger von Connecticut aufgenommen ... Als der Morgen anbrach, hatte die Wirkung des Branntweins nachgelassen, und uns wurde klar, daß die Ausrüstung, die wir alle zu tragen hätten, eine ungeheuere Last sein würde. Die Gerätschaften, denke ich, wogen allein schon so an die vierzig Pfund. Uns wurde auch bewußt, daß zwei oder drei Monate im Wald und im Sumpf vielleicht doch zuviel des Guten sein könnte. So baten wir unsere Partner, uns doch von unseren Verpflichtungen aus dem vorhergehenden Abend zu entbinden, und wir kamen mit ein paar Dollars frei. Wir setzten unsere Reise fort und schämten uns ob dieses Rückzugs.«

Nicht alle Reisen, die Talleyrand unternahm, führten ihn in die amerikanische Wildnis. In New York, wo er einen Teil des Sommers verbrachte, lernte er Aaron Burr kennen, hinterließ jedoch keine Aufzeichnungen über seine Eindrücke über den wohl geschicktesten unter den frühen amerikanischen Politikern. Hier fand Talleyrand auch einen neuen Freund, den französischen Generalkonsul Antoine de la Forest, ein Aristokrat, der schon vor der Revolution in den Vereinigten Staaten war und dann Konsul in Savannah, Charleston und New York wurde. Er war klug genug, um dem Komitee für die öffentliche Sicherheit zu entgehen – keine leichte Aufgabe, denn schließlich war er ein Mitglied des alten Adels – und hatte nicht nur seinen diplomatischen Posten behalten, sondern auch weite Landgebiete in Virginia erworben, die er zu einer profitablen Plantage ausgebaut hatte. De la Forests Intelligenz und sein Geschäftssinn gefielen Talleyrand, und die beiden wurden schnell Freunde. Bei seiner Vermittlertätigkeit profitierte Talleyrand oft vom Rat und der Erfahrung de la Forests, der sich bei einigen Projekten finanziell engagierte. (Einer dieser Pläne versprach großen Profit: Eine Handelsexpedition nach Indien, die von Philadelphia nach Kalkutta führen sollte. Eine solche Handelsexpedition war schon einmal unternommen worden, und Talleyrand war sogar in Philadelphia, als diese zurückkehrte. Dieses Unternehmen soll 500 Prozent Gewinn erzielt haben. Talleyrand rüstete mit der finanziellen Unterstützung Graf de la Forests und wahrscheinlich auch Robert Morris' ein Schiff aus und ließ es mit Fracht beladen. Bis zum letzten Moment sah es so aus, als ob Talleyrand die Reise selbst mitmachen wollte, die er zwei Jahre zuvor zu seinem großen Bedauern verpaßt hatte. Gegen Ende des Sommers 1795 sah aber plötzlich die Lage in Frankreich für ihn so vielversprechend verändert aus, daß er eine längere Abwesenheit im Orient nicht in Kauf nehmen wollte. Er schrieb an Madame de Staël: »Entweder gibt es in Europa ein großes Erdbeben, oder ich werde im nächsten Mai dorthin zurückkehren.« Für Beaumetz dagegen war im Moment« Geld von größerem Interesse als Paris. Er hatte eine verarmte Witwe mit drei Kindern geheiratet – ein Schritt, den Talleyrand als »Irrsinn, den nur er selbst verstehen kann«, bezeichnete – und von der Expedition nach Indien erhoffte er sich finanzielle Sanierung. Er ging an Bord, starb jedoch wenige Monate später kurz nach seiner Ankunft in Kalkutta.)

Talleyrand verbrachte den Sommer in New York in tropischer Hitze, als im Juli das Gelbfieber ausbrach. Er flüchtete nordwärts nach Albany, wo Alexander Hamilton, der als Finanzminister zurückgetreten war, eben ein Rechtsanwaltsbüro aufgemacht hatte. Bereits in Philadelphia hatte Hamilton Talleyrand erklärt, daß er sich aus finanziellen Gründen kein öffentliches Amt mehr leisten könne – eine Aussage, die Talleyrand sehr überraschte, da man in Frankreich durch öffentliche Ämter nur noch reicher wurde. Aber in Amerika, wo man das Geld als Götzen verehrte, mußte man sich eine Arbeit suchen, um seine Familie ernähren zu können. Eine der Damen, die Talleyrand über Hamiltons Entscheidung reden hörte, fand das »nur sehr seltsam und vielleicht ein bißchen dumm«.

In Albany wurden die Reisenden – Talleyrand, Beaumetz und

ein englischer Kompagnon, John Law – von Hamiltons Schwiegervater, General Schuyler, in dessen Haus empfangen, wo sich auch Hamilton gerade aufhielt. Einen Tag nach ihrer Ankunft bat General Schuyler seine beiden Gäste, Talleyrand und Beaumetz, eine Nachricht in das benachbarte Troy zu bringen: eine Einladung an Monsieur und Madame de la Tour du Pin, den Tag mit ihm und seinen Gästen in Albany zu verbringen. Madame de la Tour du Pin beschrieb Talleyrands Besuch wie folgt:

»Eines Tages gegen Ende September war ich in meinem Farmhof mit dem Beil beschäftigt, eine Hammelkeule zu zerhacken, die ich zum Abendessen braten wollte ... Plötzlich höre ich hinter mir eine tiefe Stimme: ›Kein Mensch könnte die Keule eines Hammels mit erhabenerer Würde zerteilen.‹ ich drehte mich rasch um und sah Herrn von Talleyrand und Herrn von Beaumetz. Sie waren tags zuvor in Albany angekommen und hatten von General Schuyler erfahren, wo wir wohnten. Nun waren sie gekommen, um uns in seinem Namen zum Essen einzuladen und den nächsten Tag bei ihnen zu verbringen ... Da jedoch Herr von Talleyrand sich so über meine Hammelkeule amüsiert hatte, bestand ich darauf, daß sie am nächsten Tag bei uns essen müßten.«

Madame de la Tour du Pin war eine tugendsame Frau und sehr stolz darauf. In ihrem Tagebuch sprach sie sehr häufig von Talleyrand, den sie seit ihrer Kindheit kannte. Sie mißbilligte seine amourösen Affären, seine Spielleidenschaft und vor allem die Tatsache, daß er sich von seinem geistlichen Stand abgewandt hatte. Aber auch wenn sie Mißbilligung für ihn hatte, so war das doch nie Abneigung.

»Herr von Talleyrand war immer gütig zu mir. Nie habe ich ihn anders kennengelernt. Er entfaltete in der Unterhaltung einen Zauber, den kein anderer so wie er besitzt. Er kannte mich schon seit meiner Kindheit und behandelte mich deshalb auf eine väterliche Art, die etwas seltsam Köstliches an sich hatte. Man muß, ob man will oder nicht, bedauern, daß es so viele Gründe gibt, nicht gut über ihn zu denken, und wenn man ihm eine Stunde lang zugehört hatte, war durch seine zwingende Kraft die Erinnerung an alles gebannt, das man gegen ihn hatte sagen hören. So seltsam es klingt: Er, der vor seiner eigenen Tür hätte kehren müssen, hatte für die schlechten Eigenschaften anderer kein Verständnis. Wer ihm zuhörte, ohne ihn zu kennen, mußte ihn für sittenstreng halten.«

Bei ihrer Rückkehr zu General Schuyler sahen sie ihren Gastgeber bereits winkend vor seinem Haus warten: »Beeilt Euch! Es gibt große Neuigkeiten aus Frankreich!«

Die große Neuigkeit war die Nachricht vom Tod Robespierres, dem, nachdem er Hunderte von Frauen und Männern auf die Guillotine gebracht hatte, das gleiche Schicksal widerfuhr. Er hatte ganz einfach den Bogen überspannt. Das Blut, das in Paris und in den Provinzen in Strömen floß, hatte die Mitglieder des Nationalkonvents in Angst und Schrecken versetzt, ober besser gesagt, sie fürchteten sich vor Robespierres berüchtigter »Liste« der Hinrichtungskandidaten, die möglicherweise auch ihren eigenen Namen enthalten könnte. Am 27. Juli, dem neunten Thermidor, wie es im französischen Revolutionskalender hieß, war er mit Rufen wie »Nieder mit dem Tyrannen!« und »Tod! Tod« überwältigt und einen Tag später hingerichtet worden.

Nachdem General Schuyler und seine Gäste die Einzelheiten von Robespierres Sturz in der eben angekommenen Zeitung wieder und wieder gelesen hatten, wandten sie sich der Liste seiner letzten Opfer zu und waren überfroh, keinen bekannten Namen darin zu finden. Später am Abend nahm Talleyrand jedoch eine Zeitung zur Hand, die er bis dahin übersehen hatte, und las darin den Namen seiner Schwägerin, der Gräfin de Périgord. Sie war eine von Robespierres letzten Opfern – sie wurde am neunten Thermidor hingerichtet, nur wenige Stunden vor Robespierres eigener Festnahme. Archambauds Frau hatte die Vorurteile der Familie ihres Hauses gegen Talleyrand, den Renegaten und Freund der Revolution, geteilt. Und doch hatte Talleyrand einige Wochen vor ihrem Tod an Germaine de Staël geschrieben und sie gebeten, ihren Einfluß geltend zu machen und die Kinder der Gräfin zu schützen:[37]

> »In meinem letzten Brief, der vielleicht irgendwo am Meeresboden gelandet ist, erwähnte ich die Kinder von Madame de Périgord und fragte Dich, was immer Du für sie tun könntest. Wie Du weißt, gibt es zwischen meiner Familie und mir Differenzen – aber das ist nur um so mehr Grund, warum ich mich um die Kinder kümmern muß.«

Seine eigene freudlose Jugend in Faubourg St.-Jacques war ihm dabei noch deutlich in Erinnerung.

Der Tod Robespierres im Jahr 1794 war der Anfang vom Ende der Revolution in Frankreich. Das Volk war nun der Tyrannei müde und angeekelt vom sinnlosen und brutalen Blutvergießen. Überall hörte man den Ruf nach Frieden und Ordnung. Die gemäßigten Girondisten, die vom Nationalkonvent ausgeschlossen worden waren, wurden wieder ins Amt berufen. Die Kommunalverwaltung ging zurück an die *départements*, und die autonome Pariser Kommune wurde aufgelöst. Die staatliche Unterstützung für die »verfassungsmäßige« Geistlichkeit wurde aufgehoben und die Trennung von Kirche und Staat proklamiert. Das Komitee für die öffentliche Sicherheit, das so vehement seine Macht über Leben und Tod der Bürger ausgeübt hatte, wurde aller Befugnisse enthoben. Der Jakobinerklub wurde geschlossen, im Mai 1795 wurde das Revolutionstribunal aufgelöst und damit der Weg zu Friedensverhandlungen geebnet.

Nun, da diese Veränderungen nach Robespierres Sturz allmählich zum Tragen kamen, kehrten die Emigranten wieder nach Frankreich zurück, mit oder ohne offizielle Genehmigung, vorsichtig zuerst, dann in immer größeren Gruppen. Im Frühjahr des Jahres 1795 hatte die Nachricht Amerika erreicht, daß man ohne große Lebensgefahr wieder nach Frankreich zurückkehren könne – obgleich die Verstaatlichung des Emigranteneigentums nicht aufgehoben werden sollte.

Im August 1795 bestätigte ein eben aus New York angekommener Franzose diese Gerüchte. Er gab Talleyrand einige Reden zu lesen, die im Nationalkonvent bezüglich der Wiederherstellung der bürgerlichen Rechte und der Unabhängigkeit der Republik gehalten worden waren. Die Ereignisse des neunten Thermidor »ließen Glück und Rechtschaffenheit in Frankreich auferstehen«, hatte Boissy d'Anglas gesagt. Durch diese Zeichen ermutigt, reifte in Talleyrand der Plan zur Rückkehr. Seine Hoffnung, in Amerika ins Geschäft zu kommen, die bevorstehende Expedition nach Indien, all diese Möglichkeiten traten plötzlich in den Hintergrund durch die veränderte Lage in Frankreich. Sofort schickte er an den Nationalkonvent in Paris eine Petition:

> »Ich bin kein Emigrant und es ist ungerecht, daß ich als solcher betrachtet werde. Ein in seiner Abwesenheit Verurteilter kann nicht mit einem Emigranten gleichgesetzt werden. Flucht auf Grund einer Verurteilung und mehr noch die Abwesenheit aus diesem Grund sind nicht mit dem freiwilligen Verlassen eines Landes, was als Verbrechen der Emigration gilt, vergleichbar.

Der Nationalkonvent hat bestimmt, daß alle zur Verhaftung Verurteilten seit dem 31. Mai wieder zurückkehren dürfen. Ich nehme an, daß der Fall Talleyrand in diese Gruppe fällt«.

Den Brief schickte er jedoch nicht direkt an den Nationalkonvent, sondern an seinen Freund und früheren Generalvikar von Autun, Desrenaudes, mit der Bitte, ihn zu geeigneter Zeit vorzulegen.

In der Zwischenzeit appellierte Talleyrand noch an eine weitere Person, auf die er, wie er wußte, zählen konnte. Madame de Staël war nach Paris zurückgekehrt. Die schwedische Gesandtschaft hatte ihren Dienst wieder aufgenommen, und ihr Mann war wieder schwedischer Gesandter. Germaines Salon hatte erneut seine Pforten geöffnet, und wie üblich hörte man in einflußreichen Kreisen auf sie. Besonders Tallien und Barras taten dies, und Germaine setzte sich mit Feuereifer für ihren Freund in Philadelphia ein, der ihr einen kläglichen Brief hatte zukommen lassen: »Wenn ich noch ein Jahr hierbliebe muß, sterbe ich.«

Sowohl Desrenaudes wie auch Madame de Staël taten ihre Arbeit sorgfältig und mit Erfolg. Desrenaudes legte Talleyrands Petition dem Nationalkonvent vor, wo sie in der Sitzung vom 3. September 1795 vorgelesen und danach im *Moniteur* abgedruckt wurde. Paris und Frankreich wurden davon in Kenntnis gesetzt, daß Talleyrand um Erlaubnis bat, nach Hause zurückkehren zu dürfen daß er, wie ganz Frankreich, ein Opfer der Tyrannen gewesen ist, von denen sich Frankreich am neunten Thermidor losgesagt hat; und daß er zurückkommen und der Republik dienen möchte. Desrenaudes hatte genau den richtigen Augenblick für die Vorlage der Bittschrift abgepaßt. Boissy d'Anglas hatte gerade eine Schrift verfaßt, in der er den Unterschied zwischen Flüchtlingen, die sich vor den Septembermorden retteten, und wirklichen Emigranten darlegte. Talleyrand wurde darin als Flüchtling zitiert, der trotz des Unrechts, das ihm vom Nationalkonvent widerfahren war, nie aufgehört hatte, in England wie auch in Amerika die Republik zu verteidigen.

Auch Germaine trug das Ihrige zu diesem Tag durch ihren Freund, Jean-Lambert Tallien, bei, der, obwohl er an den Exzessen der Schreckensherrschaft beteiligt war, den neunten Thermidor überlebt hatte und zu einer der führenden Persönlichkeiten im Nationalkonvent aufgestiegen war. Nachdem Talleyrands Petition verlesen worden war, erhob sich Tallien und erklärte, daß »Talleyrand-Périgord keine Gerechtigkeit widerfahren wäre«.

Er war weit davon entfernt, ein Emigrant zu sein, sondern hatte

Frankreich im Auftrag Dantons in einer offiziellen Mission für den Nationalkonvent verlassen. Seine Erklärung wurde mit Applaus aufgenommen.

Nun war Germaine am Zuge. Zunächst mußte im Nationalkonvent eine Vorlage eingebracht werden mit dem Inhalt, die Talleyrand widerfahrene Ungerechtigkeit wiedergutzumachen. Danach sei Talleyrands Name von der Liste der Emigranten zu streichen, damit er legal nach Frankreich zurückkehren könne. Für diesen wichtigen Schritt hatte sie einen anderen ihrer einflußreichen Freunde, Marie-Joseph Chénier, Mitglied des Konvents und Dichter (und Bruder von André Chénier) vorgesehen, den sie abwechselnd drangsalierte und bezauberte in dem Versuch, ihn dazu zu bewegen, seine Beredsamkeit für Talleyrands Sache einzusetzen. Als Chénier zugab, Talleyrand nicht zu trauen, schaltete Germaine eine junge Dame ein, die gleichzeitig ihre Freundin und Chéniers Geliebte war. Unter diesen Umständen taten Madame de Staëls Argumente bald ihre Wirkung, und Chénier mußte zugeben, daß Talleyrand in der Nationalversammlung tatsächlich gegen seinen eigenen Stand, die Geistlichkeit, agiert hatte und daß er seine hohen staatsmännischen Qualitäten zugunsten der Revolution dafür eingesetzt hatte, um bei Beginn der Streitigkeiten England zur Neutralität zu bewegen. Gegen Ende August 1795 gab sich Chénier geschlagen, und als er am 4. September die Rednertribüne bestieg, setzte er sich in einem leidenschaftlichen Appell dafür ein, daß einem Mann Gerechtigkeit widerfahren sollte, dem Unrecht angetan worden war, einem Mann, der der Revolution große Dienste erwiesen hat, »indem er die Republik stärkte ... und indem er die Republik durch die verschiedenen ihm anvertrauten Missionen in London unterstützt hat«. Statt ihm Dankbarkeit entgegenzubringen, hätte man ihn jedoch wegen seines Patriotismus verurteilt: »In Frankreich ächteten ihn Robespierre und Marat. In England geschah das durch Pitt. Dort, wo das Herz der republikanischen Idee schlägt, im Vaterland Benjamin Franklins, hat er das erhabene Schauspiel gesucht: den Anblick eines freien Volkes. Er wartete auf die Zeit, in der Frankreich keine Mörder mehr haben würde, sondern Richter, keine Anarchie mehr, dafür aber eine Republik.« Dann der Schluß seiner Rede: »Ich bitte Sie um Talleyrand. Ich fordere ihn im Namen seiner vielen Verdienste. Ich fordere ihn im Namen der sozialen Gerechtigkeit. Ich fordere ihn für eine Republik, die seine Dienste brauchen könnte. Ich fordere ihn im Namen der Haßgefühle, die Sie gegen Emigranten hegen, deren Opfer er wie Sie selbst wären, wenn Feiglinge die Oberhand gewinnen dürften!«

Es war eine meisterhafte Rede, die Talleyrand selbst würdig gewesen wäre. Trotzdem konnte sie nicht alle umstimmen. Ein feindseliger Abgeordneter namens Legendre schlug vor, daß Talleyrands Bittschrift, die Chénier als Grundlage seines Plädoyers gedient hatte, dem »legislativen Komitee zur Prüfung vorgelegt würde«. Jedermann wußte, daß man in diesem Falle unter Umständen nie wieder etwas von der Bittschrift hören würde. Aber Germaine hatte diese Möglichkeit vorausgeahnt und entsprechende Vorkehrungen getroffen. Drei weitere Freunde – Boissy d'Anglas, Brivals und Génisson – traten nun auf den Plan und eilten zur Tribüne, um gegen Legendres Eingabe zu protestieren, die dann auch mit großer Mehrheit abgelehnt wurde. Dann stimmte man unter Hochrufen und enthusiastischem Applaus dafür, Talleyrand all seine Rechte als französischer Bürger zurückzugeben. Das offizielle Dekret lautete:

> Der Nationalkonvent bestimmt, daß Talleyrand-Périgord, ehemaliger Bischof von Autun, auf das Territorium der französischen Republik zurückkehren darf und daß sein Name von der Liste der Emigranten gestrichen wird. Entsprechend löscht der Konvent die gegen ihn erhobene Anklage.

Die Neuigkeit erreichte Talleyrand erst zwei Monate später, am 2. November. Er eilte zu Moreau de St.-Mérys Buchladen, wo er an diesem Abend ein rauschendes Fest gab. Doch Talleyrand verließ das Land nicht sofort. Noch sieben Monate, bis zum Juni 1796, blieb er in den Vereinigten Staaten, die meiste Zeit in Philadelphia.

Die Gründe dafür sind unschwer zu erraten. Um diese Zeit unternahm niemand, der nur einigermaßen bei Verstand war, das Wagnis einer Fahrt über den Ozean. Es war Winter, und man reiste nur im Frühjahr oder im Sommer. Außerdem mußte er seine Geschäfte erst abschließen, ehe er nach Frankreich zurückkehren konnte, denn so sehr es ihn in die Heimat zog, war er fest entschlossen, nicht mit leeren Taschen zurückzukehren.[38] Ende 1795 war eine neue Regierung an die Macht gekommen. Der Nationalkonvent hatte sich selbst abgewählt und war durch das Direktorium ersetzt worden, dessen Exekutive aus fünf Mitgliedern bestand, die von zwei legislativen Kammern gewählt wurden: dem Rat der Fünfhundert und dem Rat der Alten. Zog man die Probleme dieses neugebildeten Regimes in Betracht[39], so erschien es klug, abzuwarten und zu sehen, wie sich die Lage in Frankreich entwickeln würde, oder, wie es Talleyrand in mehreren Briefen an Madame de Staël formulierte, »die Zeit arbeiten zu lassen«.

Während der Wintermonate der Jahre 1795-1796 verwandte Talleyrand viel Zeit und Ausdauer auf Briefeschreiben, private wie geschäftliche oder offizielle. Der erste galt dem neuen Minister des Äußeren im Direktorium, dem er seinen Dank für sein wiedererlangtes Bürgerrecht ausdrückte. Der zweite ging an seine beste Freundin, an Germaine de Staël:

> »Dir verdanke ich es, liebe Freundin, daß meine Angelegenheit ein so glückliches Ende gefunden hat. Du hast alles getan, was ich mir nur erhoffen konnte. Denn es war mein Wunsch, daß das Dekret von eben dem Nationalkonvent widerrufen wird, der es ursprünglich erließ. Im Frühjahr werde ich von hier weggehen und dorthin reisen, wo immer Du willst. Den Rest meines Lebens werde ich in Deiner Nähe verbingen, wo Du auch hingehst ... Es gibt tausend Gründe, den Mai als Reisemonat zu wählen ... Glaubst Du, daß Monsieur de Staël mir ein kleines Zimmer überläßt? Am liebsten würde ich nämlich gleich nach meiner Ankunft in Dein Haus kommen.«

Der Winter verging, und die Nachrichten aus Frankreich wurden immer besser. Es gelang dem Direktorium – was niemand geglaubt hätte –, schrittweise die Ordnung wiederherzustellen, und langsam stieg das Vertrauen des Volkes zu den Direktoren und den beiden Legislativkammern. Durch diese positive Entwicklung ermutigt, stellte Talleyrand einen Antrag auf einen Paß, dem dann auch in New York vom Nachfolger Fauchets, einem höflichen Mann namens Adat, entsprochen wurde. Dieser Mann schien den neuen, in Frankreich herrschenden Geist zu personifizieren. Talleyrand buchte auf einem holländischen Schiff, das von Philadelphia nach Hamburg fuhr und am 13. Juni in See stechen sollte.

An diesem Tag aß Talleyrand mit Moreau de St.-Méry und seiner Familie zu Abend. Anschließend begleiteten Moreau und sein Sohn Talleyrand zum Hafen, wo sein Schiff Den Ny Proeve lag. Nach langem Abschied ging Talleyrand an Bord. Aber der Wind legte sich, und das Schiff blieb noch zwei Tage im Hafen von Philadelphia. Am 15. wurden die Segel wieder gesetzt, und die Den Ny Proeve bewegte sich langsam den Delaware flußabwärts dem Atlantik zu. Bevor am achtzehnten das offene Meer erreicht war, ließ Talleyrand noch einen Brief an Moreau an Land bringen.

»Wir haben das Meer erreicht, mein Freund, und der Wind hält an, wenn er auch schwach ist. Seit mehreren Tagen keine Piraten in Sicht. Adieu«.

Charles-Maurice de Talleyrand-Périgord
als Bischof von Autun.
Lithographie, 1832.

Oben: Sturm auf die Tuilerien
am 10. August 1792.
Gemälde von Jacques Bertaux (Ausschnitt).

Unten: Ballhausschwur in Versailles am 20. Juni 1789.
Zeitgenössische Kopie nach einem Gemälde
von Jacques-Louis David (Ausschnitt).

Karikatur auf Talleyrand:
Der Mann mit den sechs Köpfen
(›Die Wetterfahne‹).
Kupferstich, um 1815.

Anmerkungen zu Teil 2

[1]) Die Abgeordneten, die die traditionellen drei Stände vertraten, teilten sich wie folgt auf: die Geistlichkeit 293, der Adel 289 und die Gemeinen, der dritte Stand, 595.

[2]) Von den 595 Abgeordneten des dritten Standes waren in der Tat 365 Rechtsanwälte, 179 waren Regierungsbeamte, 142 kleinere Geschäftsleute (Händler, Gastwirte etc.) und 142 Bauern. (*Liste Complète de Messieurs les Députés,* British Museum F 828 [3])

[3]) Zu Beginn der Versammlung hatte der dritte Stand sich die »Gemeinen« genannt. Der Begriff, der auf eine ehrenhafte Geschichte im mittelalterlichen Frankreich zurückging, bedeutete vor allem Widerstand gegen Feudalprivilegien. Dies war, betrachtet man es im Zusammenhang mit der englischen Bedeutung von »Commons«, Ausdruck der Weigerung des dritten Standes, eine untergeordnete Rolle in Frankreichs sozialer oder politischer Hierarchie zu spielen.

[4]) Bald nach der Berufung zu den Reichsständen hatte Talleyrand sein Haus im Vorort St.-Germain aufgegeben und war in die Rue de l'Université gezogen.

[5]) Es wurde und wird immer noch angenommen, daß Talleyrand und sein Freund Mirabeau Geld vom Hof als Gegenleistung für die Verteidigung der Monarchie bekommen haben. Es gibt dafür keine festen Beweise – eine unbedeutende Aussage, denn ohne Zweifel konnte Talleyrand einen schriftlichen Beweis für solche Machenschaften verhindern. Es ist nicht auszuschließen, daß Talleyrand Zahlungen für Dienste, die seiner Überzeugung entsprachen, annahm – wie in seiner späteren Karriere noch offensichtlich wird. Jemandem, der ihm einmal deswegen Vorhaltungen machte, antwortete Talleyrand: »Eure Ehrenhaftigkeit und meine Ehrenhaftigkeit ist nicht dieselbe Ehrenhaftigkeit.«

[6]) Nach Vitrolles Bericht »baten wir den Grafen von Artois um Erlaubnis, hinzuzufügen, daß, wenn unser gewissenhaft und in gutem Glauben gemachter Vorschlag nicht in Erwägung gezogen, keine Wirkung haben oder nicht zum Erfolg führen sollte, Euer Gnaden nicht erstaunt sein darf, wenn wir, unfähig, den drohenden Sturm aufzuhalten, den neuen Stand der Dinge unterstützten«.

[7]) Einige der Namen sind auch im 20. Jahrhundert nicht unbekannt: Lagrange, der Mathematiker; Lavoisier, der Chemiker; Gaspard Monge, der ein wichtiger Berater Bonapartes beim Feldzug gegen Ägypten werden sollte; Vicq-d'Azyr, der Anatomiker, und La Harpe, der Literaturkritiker.

[8]) Dies waren der Bischof von Orléans, der später sein Bistum aufgab und heiratete; Loménie de Brienne, Erzbischof von Sens und früher Minister unter Ludwig XVI., der trotz seiner Verfassungstreue im Jahre 1794 enthauptet wurde; schließlich noch der Bischof von Viviers, der, nachdem er die weltlichen Freuden ausgiebigst genossen hatte, von Rom Absolution für seine Abtrünnigkeit und seine Sünden anstrebte und auch erhielt.

[9]) Es bedurfte dreier Bischöfe, damit die Bischofsweihe Gültigkeit erlangte.

[10]) Die formelle Rückkehr zum Laienstatus, die die Exkommunikation mit implizierte, vollzog sich offiziell erst 1802, als Bonaparte Erster Konsul und Talleyrand Minister des Äußeren war.

[11]) Dies war von einem rechtsstehenden Jakobiner hauptsächlich gegen Mirabeau gerichtet. Er hatte zu seinem Vorschlag vom 7. November 1790 gesagt: »Ihr seid bereits

gezähmt und unterjocht von einem Genius der Eloquenz. Was würde er Euch nicht als Minister antun können?«

[12]) Diese Dokumente vertraute Talleyrand seinem Freund und Mitarbeiter Etienne Dumont an, einem angesehenen Journalisten, der sie im Jahre 1833 unter dem Titel *Souvenirs de Mirabeau* veröffentlichte.

[13]) Robert war durch den Kongreß der Vereinigten Staaten zum höchsten Beamten für das Finanzwesen ernannt worden, und Gouverneur stand ihm dabei als Assistent zur Verfügung. Zusammen hatten sie die erste Bank dieser neuen Nation gegründet, die Bank of North America. Gouverneur hatte darüber hinaus maßgeblich an der Abfassung der amerikanischen Verfassung mitgewirkt. Größte Anerkennung erlangte er durch die Ordnung des amerikanischen Geldwesens, und er gilt als Vater des amerikanischen Dollars.

[14]) Morris hatte ein Holzbein, das ihm einmal inmitten eines feindseligen Volkshaufens das Leben rettete. Man hatte ihn für einen englischen Spion gehalten, worauf er sein Holzbein abschnallte, es über seinen Kopf schwang und verkündete, er sei ein Amerikaner, der im Kampf für die Freiheit ein Bein verloren habe. Der Argwohn des Pöbels schmolz dahin und verwandelte sich in Hochrufe. Aber Morris hatte natürlich niemals für die Freiheit oder für irgend etwas anderes gekämpft; er hatte sein Bein bei einem Wagenunfall verloren.

[15]) Sie unterhielt eigentlich zwei Salons, einen im Haus des Monsieur Necker und den anderen im Haus ihres Gatten, des Baron de Staël, des schwedischen Gesandten in Paris, in der Rue du Bac.

[16]) Die Geschichte von Frankreichs politisch-revolutionären Klubs – die zur Zeit von Mirabeaus Tod sich schon fast zu politischen Parteien ausgewachsen hatten – ist komplex und verwirrend aufgrund der Schnelligkeit, mit der ihre Führer ihre eigene Stellung und die ihrer Nachfolger verschoben. Die wichtigsten dieser Organisationen waren: die *Cordeliers,* angeführt von Danton und Desmoulins, die ursprünglich linksextremistische Republikaner waren. Mit dem Auftauchen von anderen Extremisten unter der Führung von Robespierre wechselte Danton allmählich zu gemäßigteren Anschauungen über, bis er als Führer von anderen Extremisten wie Marat und Hébert abgelöst wurde. Die *Jakobiner* waren in den Anfängen ebenfalls eine gemäßigte Gruppe unter ihren Führern Mirabeau, Lafayette und Sieyès, wurden jedoch nach Mirabeaus Tod in zunehmendem Maße unter Danton und Robespierre radikal und republikanisch. In der Nationalversammlung bezeichnete man Jakobiner und Cordeliers zusammen als *la Montagne* (der Berg), da sie auf erhöhten Sitzen saßen. Die einzelnen Mitglieder wurden Montagnards genannt. Die *Girondisten,* angeführt von Brissot de Warville, Condorcet, Dumouriez und Vergniaud waren gemäßigte Republikaner und standen in Opposition zu den Jakobinern und Cordeliers. Die *Feuillants* waren eine Splittergruppe der Jakobiner, die die ursprüngliche gemäßigte Linie beibehielten und für eine konstitutionelle Monarchie eintraten. Ihr Führer war Barnave. Die unabhängigen Mitglieder der Nationalversammlung, also die, die keinem der Klubs angehörten, waren als *la Plaine* (die Ebene) bekannt, da ihre Plätze zu Füßen der Montagnards waren. Obgleich erstere Gruppe praktisch die Majorität der Abgeordneten stellte, wurden sie bald von den Montagnards übertönt, da ihnen eine starke Führerpersönlichkeit fehlte.

[17]) Bis dahin gab es keine Verfassung, die einem König ein Vetorecht einräumte. Sowohl Nationalversammlung wie auch der Hof hatten angenommen, daß eine künftige

Verfassung dieses Recht miteinschlösse, und so durfte es der König durch ein stillschweigendes Abkommen vom Anbeginn der Nationalversammlung ausüben. In Wirklichkeit war das Veto vor und nach der Bekanntmachung der Verfassung eine Farce. Der König durfte wohl von seinem Vetorecht Gebrauch machen, mußte sich aber darüber im klaren sein, daß es dabei zur Abschaffung der Monarchie und vielleicht zu ernster Gefahr für sich und seine Familie kommen könne.

[18]) Ludwigs Bruder, der Graf de Provence, der zur selben Zeit Paris verließ, hatte seine Flucht anders organisiert und erreichte unbeschadet die Niederlande. (Im Jahr 1815 wiederholte er die Fahrt als König Ludwig XVIII.)

[19]) Die Bestimmungen, die Talleyrand zitierte, um seine Meinung zu illustrieren, waren, daß der König nicht mehr das Recht hatte, die legislative Körperschaft einzuberufen und aufzulösen; daß die Befugnis, Bischöfe, Richter und Beamte zu ernennen, jetzt bei der Wählerschaft lag und nicht mehr beim König; daß der König Beamte nicht mehr entlassen konnte; daß die gesetzgebende Versammlung alleine Krieg erklären und Frieden schließen konnte; daß dem König zwar ein Vorrecht zustand, daß sich die Versammlung jedoch darüber hinwegsetzen und ungeachtet der Stimme des Königs jedes Gesetz durchbringen konnte. Hinzu kamen andere Beschränkungen, die, so selbstverständlich sie später auch erscheinen mögen, weit über das hinausgingen, was informierten Franzosen aus der amerikanischen und englischen Verfassung, die als Vorbild gedient hatte, bekannt war. (*Mémoires*, Band 1, S. 101)

[20]) In der Erklärung von Pillnitz im August 1791 hatten der preußische König und der österreichische Kaiser, nachdem die Nachricht von König Ludwigs Gefangennahme bei Varennes bekannt geworden war, die übrigen europäischen Herrscherhäuser aufgerufen, gemeinsam die Ordnung in Frankreich wiederherzustellen, da dies eine Angelegenheit sei, die ganz Europa beträfe. Nur Katharina von Rußland und Gustav von Schweden boten ihre Unterstützung an. König Georg von England schickte eine Botschaft, daß England trotz seiner persönlichen Besorgnis um Ludwig XVI. neutral bleiben würde. Spanien und Sardinien zogen es nach anfänglicher scheinbarer Kampflust vor zu warten, um so die Früchte einer Intervention zu ernten, ohne ein Risiko eingehen zu müssen.

[21]) Marat und Robespierre waren jedoch absolut dagegen und fürchteten geradezu prophetenhaft den Erfolg eines von Fortuna begünstigten Soldaten, der mit einem Schwertstreich die Ziele der Revolution zu seinen Gunsten wenden könnte. »Wir haben mehr den Erfolg als die Niederlage zu fürchten«, schrieb Marat in l'*Ami du Peuple* am 24. April 1792. »Die Gefahr besteht darin, daß einer unserer Generäle mit Sieg gekrönt . . . seine Armee gegen die Hauptstadt führt.« Der Mann, den beide vorhersahen und fürchteten, war ein Leutnant der französischen Artillerie, der zu jener Zeit in seiner Heimat in Korsika weilte.

[22]) Duff Cooper faßte Grenvilles Reaktion und seinen Charakter in einem einzigen Satz zusammen: »Talleyrand wußte nicht, daß Grenville niemals jung war« (*Talleyrand*, S. 61).

[23]) Talleyrand selbst konnte dem Gesetz nach nicht ernannt werden, wie er erfahren hatte, als er sich um die Gesandtschaft in Wien bewarb. Dasselbe Dekret, das Abgeordnete daran hinderte, Ministersessel anzunehmen, schloß sie auch von der Ernennung zum Gesandten aus.

[24]) Der dritte genannte Grund beruhte auf dem daß Talleyrand etwa 40 000 Pfund zur Verfügung hatte, um Regierungsmitglieder zu bestechen. Ob die Angelegenheit

stimmte oder nicht, war irrelevant. Morris wollte ausdrücken, daß die Briten es für wahr hielten.

²⁵) De Lessart wurde ins Gefängnis geworfen. Im Sommer 1792 ließ ihn Danton nach Paris bringen. Auf dem Weg wurde er vom Pöbel in Versailles erdrosselt. Man warf ihm Ränkespiele mit dem österreichischen Hof vor, und es gibt genügend Beweise, daß er das im Einvernehmen mit der Königin auch getan hat.

²⁶) Grenville und Pitt waren entsetzt gewesen, als der Chauvelin vom König mitgegebene Brief mit dem Inhalt, daß »die Allianz für die Stabilität und die innere Ruhe unserer beiden Staaten wie auch für den Frieden in Europa notwendig ist«, zuerst an die Zeitungen gegeben wurde, bevor er seine Bestimmungsadresse in London erreichte. Talleyrand konnte (und wollte) sich deshalb über Grenvilles Handlungsweise nicht beschweren.

²⁶) Der Sieg der französischen Armee unter General Dumouriez gegen die Streitkraft des Herzogs von Braunschweig am 20. September bei Valmy.

²⁷) Daß dies tatsächlich Ludwig XVI. Meinung, wenn auch nicht seine eigenen Worte waren, veranschaulichen die *Mémoires* des Marquis de Chermont-Gallerande, der von Ludwig nach Koblenz geschickt wurde, um dem Grafen d'Artois und dem Grafen de Provence »die persönliche Gefahr, in die sein Leben durch die Emigration geraten war«, darzulegen. (*Mémoires*, Bd. 1, S. 97. Charles, Marquis de Chermont-Gallerande.)

²⁸) Nach der Entthronung des Königs am 13. August hatte sich die legislative Nationalversammlung nach Abstimmung aufgelöst, um einer neuen Körperschaft Platz zu machen, die feststellen sollte, ob die Monarchie abgeschafft oder beibehalten werden sollte. Diese Körperschaft wurde unter dem Namen Nationalkonvent bekannt. Sie trat am 20. September 1792 zusammen und hatte nach dem Gesetz und in Wirklichkeit diktatorische Machtbefugnisse.

²⁹) Zur gleichen Zeit setzte man auch den Namen der »Talleyrand-Frau, Witwe Damas« auf die Liste – Talleyrands Mutter, die mit ihren anderen Söhnen, Archambaud und Boson, im September in Koblenz Zuflucht gesucht hatte.

³⁰) Wie in anderen sind sich die Experten auch in diesem Punkt nicht einig. Lacour-Gayet glaubt, daß das »D« für Desrenaudes, Talleyrands früheren Generalvikar in Autun, stünde, der in Paris geblieben war. Aber Lacour-Gayet schreibt auch den größten Teil von Talleyrands Schriften (zum Beispiel den »Bericht über das öffentliche Erziehungswesen«) während der Revolutionszeit Desrenaudes zu – eine Behauptung, die sich nur auf äußerst magere Beweise stützt. Es scheint wahrscheinlicher, wenn auch etwas melodramatischer, daß das »D« für Danton stand. Die Art und Weise, wie der Autor die Beweisführung antritt, und der Hinweis auf die Denkschrift an das Ministerium des Äußeren deuten an, daß der Autor ein Jurist war, der die Regeln der Beweisführung kannte (was bei Danton der Fall war, bei Desrenaudes nicht), und daß seine Position in der Regierung es ihm möglich machte, von der fraglichen Denkschrift Kenntnis und Einsichtnahme gehabt zu haben. Schließlich fand man nach Dantons Tod eine Kopie dieses Memorandums, datiert vom 25. November 1792. Das Hauptargument für Desrenaudes war, daß Danton von Anfang Dezember bis zum Ende des Monats nicht in Paris war und deshalb die Verteidigung im *Moniteur* nicht aus seiner Hand stammen könne. Dantons neuester Biograph hat mit einer an Sicherheit grenzenden Wahrscheinlichkeit demonstriert, daß dies nicht der Fall war. Siehe *Danton* von Robert Christophe, S. 320–21.

[31]) Vor der Revolution hieß dieser Platz Place Louis XV., nach der Revolution Place de la Concorde.

[32]) Dies war eine der Hauptbeschäftigungen vieler Emigranten geworden, die sich ihren Lebensunterhalt selbst verdienen mußten. Die aus speziellem Stroh geflochtenen Hüte wurden sehr populär (besonders in Amerika, wohin sie exportiert wurden). In London kostete ein solcher Hut 25 Schilling pro Stück. Zur Herstellung benötigte man je nach Geschicklichkeit zwischen 15 und 20 Stunden.

[33]) Es ist nicht ganz klar, ob sich der Bruch plötzlich aufgrund eines bestimmten Ereignisses vollzog oder ob es ein allmähliches Auseinanderleben durch die Anwesenheit Madame de Staëls war. Sicher ist, daß Talleyrand und Adelaïde zu Beginn seines Exils in England eine freundschaftliche Beziehung, wenn auch platonischer Natur, pflegten. Als er England verließ, um nach Amerika zu gehen, hatte sich ihre Beziehung merklich abgekühlt, und als er von Amerika zurückkehrte, war da nur noch Gleichgültigkeit und fast Feindseligkeit.

[34]) Monsieur Necker hatte sich zwar aus dem öffentlichen Leben zurückgezogen, war aber immer noch Europas bekanntester Bankier und besaß eines der größten Vermögen auf dem Kontinent. Er konnte für Tailleyrand sehr nützlich sein.

[35]) Der Baron de Staël hatte während der Schreckensherrschaft Zuflucht in der Schweiz gesucht. Er hatte beträchtlichen Einfluß am schwedischen Hof und als Gesandter in Frankreich einige Erfahrung in Handelsangelegenheiten.

[36]) Die Frau von Robert Morris, dem Bruder von Gouverneur Morris und einem der wohlhabendsten Männer der neuen Republik. Robert Morris hat wahrscheinlich Talleyrand und Beaumetz beim Kauf des Landstücks in Maine finanziell unterstützt, doch wurden Einzelheiten der Transaktion und Bedingungen nie bekannt.

[37]) Archambaud hatte drei Kinder: Mélanie, die in die De Noailles-Familie einheiratete und Prinzessin de Poix wurde; Louis, Baron von Talleyrand, der 1808 während der Napoleonischen Kriege in Deutschland fiel, und Edmund, der nach seiner Heirat mit Dorothea von Kurland Herzog von Dino und Herzog von Talleyrand wurde.

[38]) Trotz seiner erheblichen Anstrengungen in der Zeit zwischen Juni 1794 und dem Sommer 1795 scheint Talleyrand geschäftlich nicht allzu erfolgreich gewesen zu sein. Als er nach Europa zurückkehrte, hatte er ein Gesamtvermögen von 50 000 Dollar in bar – aber es gibt gute Gründe für die Annahme, daß ein Teil dieses Geldes von Madame de Staël geborgt war.

[39]) Während des Herbsts und des Winters gab es in Paris Demonstrationen wegen Mangel an Nahrungsmitteln. Es konnte keine Lebensmittel geben, denn das Land war während der Schreckensherrschaft größtenteils unbestellt geblieben und der Staatssäckel enthielt kein Geld für Lebensmittel für das Volk. Darüber hinaus hatte die Koalition immer noch Schwierigkeiten, sich zu etablieren, und die Direktoren hatten bei ihrer Amtsübernahme festgestellt, daß der Regierung jegliche Mittel fehlten, die Armee zu bezahlen, geschweige denn die zur Weiterführung des Krieges notwendigen Materialien bereitstellen zu können. Selbst die Minister des neuen Regimes konnten während ihrer ersten Amtszeit nicht entlohnt werden.

3. Teil

Talleyrand und Napoleon
(1797 – 1814)

Und doch ist es Talleyrand, der dieses Zeitalter und seine Gesellschaft, die Regierungen und das Volk am besten versteht. Er wandte sich von mir ab, aber schließlich hatte ich mich auch etwas abrupt von ihm abgewandt.

Napoleon

7. Das Direktorium

Talleyrand schrieb unmittelbar nach seiner Landung in Hamburg einen Brief an Moreau, in dem er ihm seine sichere Ankunft am 31. Juli mitteilte: »Vierzig Tage von Hafen zu Hafen. Keine Piraten ... aber kein einziger Tag ohne Regen. Noch weiß ich nichts von der Stadt, da ich noch keine Besuche gemacht habe. Die Kokarde ist hier sehr *en vogue* und ich habe gleich nach meiner Ankunft eine angelegt.« Kaum war der Brief zur Post gebracht, als ein Besucher angemeldet wurde: Ein Emigrant namens Ricci brachte eine Botschaft von Madame de Flahaut. »Ricci machte keine langen Umschweife: ich sollte nicht an Land, sondern zurück nach Amerika gehen.« Adélaïde hatte sich nach einer Reihe von Abenteuern in Hamburg niedergelassen, wo sie sich Aufmerksamkeiten von einem Portugiesen, einem Herrn von Souza, dem Gesandten seines Landes in Dänemark, erweisen ließ. »Da man gerüchteweise vernommen hatte, daß sie entschlossen war, ihn zu heiraten, fürchtete sie, ich könnte ihre Ehevorbereitungen mit Herrn von Souza ernstlich stören.« Dieses außergewöhnliche Verlangen schien ihm doch ein wenig über die Grenzen der Freundschaft hinauszugehen. Er hatte nicht vierzig Tage auf einem »elenden Schiff« zugebracht, um dann sofort wieder nach Philadelphia zurückzukehren, nur weil Adélaïde de Flahaut es so wollte. »Ich dachte«, sagte er in den *Mémoires*, »ich könnte, ohne mich der geringsten Ungehörigkeit schuldig zu machen, die von Monsieur de Ricci überbrachte Botschaft einfach nicht zur Kenntnis nehmen, und so verbrachte ich einen Monat in Hamburg in der Gesellschaft von Leuten, die genausowenig wie ich der Eheschließung der Madame de Flahaut mit dem geschätzten Herrn von Souza im Wege sein wollten.« Madame de Genlis gegenüber beschrieb er die Situation in größerer Offenheit: »Es ist ganz einfach ein Anfall von Eifersucht, aber Frauen sterben nicht an Eifersucht, und Männern wird nicht einmal schlecht davon.« Von jenem Tag an war jedoch jede Wärme aus Talleyrands Beziehung zu seiner ehemaligen Geliebten (die tatsächlich Herrn von Souza heiratete und ihm allen Anschein nach eine ausgezeichnete Ehefrau war) gewichen.

Die Mißstimmigkeiten mit Madame de Flahaut wurden durch Madame de Genlis mehr als wettgemacht, die Talleyrand in Hamburg »unverändert« wiedersah. »Die Unveränderbarkeit von vielschichtigen Persönlichkeiten beruht auf ihrer Anpassungsfähigkeit.« Dies war zutreffend, zumindest was Madame de Genlis' politische Einstellung anging. Sie war immer eine Anhängerin (und Geliebte) des Herzogs von Orléans geblieben. Sie bestand darauf, daß Talleyrand an einer Sitzung des Orléanistischen Zirkels teilnahm, aber er wurde, wie er Madame de Staël gegenüber berichtete, nicht recht schlau aus dessen Plänen:

»Ich verstehe kein Wort von dieser sogenannten französischen Politik in Hamburg … Alles was ich daraus entnehmen kann, ist, daß alle England hassen und nach Frankreich zurückkehren möchten. Der Verkauf von Emigrantenwaren in Frankreich scheint viele Republikaner hervorzubringen. Darüber hinaus gibt es eine Orléanistische Partei, deren Führung, wie mein Arzt mir erzählt, nur ein Bestreben hat, nämlich nach Amerika zu gehen. Dann gibt es noch die Lambeth Partei, die aus zwei Mitgliedern besteht, von denen eines der unglückselige Herzog d'Aiguillon ist, und schließlich haben wir hier noch eine Dumouriez Partei, die ebenfalls aus zwei Mitgliedern besteht, Dumouriez' Diener Baptiste und seinem Leibarzt. Wenn die Schweiz mit nichts Gefährlicherem aufzuwarten hat, dann werden wir wohl in Paris einen sehr ruhigen Winter haben.«

Nach einmonatigem Aufenthalt in Hamburg – von dem er die eine Hälfte in Madame de Genlis' Gesellschaft, die andere im Bett mit

Fieber zubrachte – reiste er über Amsterdam und Brüssel nach Paris und kam dort in der zweiten Septemberhälfte des Jahres 1796 an. »Monsieur de Talleyrand-Périgord«, verkündete der *Courrier républicain,* »ehemals Bischof von Autun und privilegierter Emigrant ist in Paris angekommen.«

Die Stadt, in die Talleyrand zurückgekehrt war, ähnelte nur noch oberflächlich dem Paris,. das er vor vier Jahren verlassen hatte. Die pittoreske Pracht, die das höfische Leben und die Monarchie der Stadt verliehen hatten, existierte nicht mehr. Nirgendwo mehr die großen Kutschen in den Straßen, keine prunkvoll gekleideten Menschen in schmucken Wagen, im Fluß allerlei Unrat. Die Königsstatuen waren heruntergerissen, die Denkmäler zerstört. Viele ehemalige Adelssitze waren in Lagerhäuser oder öffentliche Gebäude umgewandelt worden. In den Schaufenstern der Läden und den vielen Buden erkannten die zurückkehrenden Emigranten Möbel, Silber, Porzellan und sogar Familienportraits wieder, die aus ihren Häusern geplündert worden waren. Daneben wurden Gewänder und geheiligte Gefäße aus den ausgeräuberten Kirchen und Klöstern feilgeboten. Es war, als ob ein heftiger Sturm die Stadt verwüstet, sie halb zerstört und den Rest willkürlich auf Straßen und Gassen verteilt hätte.

Aber auch das Volk hatte sich gewandelt. Die Zurückhaltung des *Ancien Régime* war ebenso verschwunden wie die Unterdrückung der Schreckensherrschaft. Ausgelassenheit und ungehemmte Zügellosigkeit beherrschten die Stimmung in der Stadt und im Volk als Reaktion auf den Trübsinn und das Elend der Revolution. Es kam zu nahezu unkontrollierbaren Freudenausbrüchen. Paris erlebte den Umschwung von einem Schockzustand in fast tobsüchtige Ausgelassenheit. Tanzen schien die Hauptbeschäftigung der Bevölkerung zu sein. »Neben Geld liebt, bewundert und verehrt jedermann in Paris das Tanzen«, schrieb ein Beobachter. »Getanzt wird überall, und arm und reich nimmt daran teil.« Frühere Kirchen und sogar der Friedhof von Talleyrands ehemaliger Pfarrei St.-Sulpice wurden in Vergnügungsplätze umgewandelt, wo man dieses alles beherrschende Verlangen befriedigen konnte. »Bälle, Schauveranstaltungen und Feuerwerke sind an die Stelle von Gefängnissen und Revolutionskomitees getreten«, schrieb Talleyrand.

Extravagante Kleidermode gehörte damals zu den exzessiven Formen der Unterhaltung. Konventioneller Stil war genauso unmodern wie politische Konvention. Die Mode wurde von *lex merveilleuses* diktiert, die Talleyrand definierte als »Frauen der Neureichen, die an die Stelle der höfischen Damen getreten waren und ebenso wie die letzteren von Weibsbildern imitiert wurden, die sich gegenseitig an Luxus und Extravaganz zu überbieten versuchten«. Man trug Halbnacktheit zur Schau, die nur oberflächlich von durchsichtigem Tüll verdeckt war. Arme und Beine waren nackt – »Schon beim Hinschauen läuft es einem kalt über den Rücken«, beklagte sich Henry Swinburne –, ebenso die Füße, die nur manchmal in Sandalen steckten. Auf jeden Fall gehörten Ringe an den Zehen unbedingt dazu. Der Stil der Herrenmode war etwas zurückhaltender, aber auch nur wenig. Die Hüte wurden bis Augenhöhe über die Stirn gezogen. Die Hälse waren in riesigen Krawatten verborgen, die das Kinn versteckten und bis zur Unterlippe reichten. Vom Gesicht waren nur Nase und Augen zu sehen und manchmal auch nicht einmal letztere, denn Lorgnette waren ebenfalls modern. Wenn die Damen in ihren Mousselinkleidern *merveilleuses* waren, dann gebührte dem Herrn der Schöpfung ebenfalls ein adäquater Phantasiename: sie wurden *les incroyables*, die Unglaublichen, genannt.

Die Frauen der *nouveaux riches* und die Möchte-gern-Damen, die die Damen von Versailles in modischen Dingen abgelöst hatten, nahmen auch deren Platz in der Pariser Gesellschaft ein. Die Wortführerin zur Zeit von Talleyrands Rückkehr war Thérèse Cabarrús, Geliebte einer Reihe von Männern (im Sommer 1796 war es gerade Paul Barras, der mächtigste Mann im Direktorium) und Frau von Madame de Staëls gutem Freund Jean-Lambert Tallien. Die »göttliche Thérèse« war die unumstrittene Königin der Pariser Gesellschaft. Aber sie war nicht selbstsüchtig und teilte den Platz an der Spitze mit zwei engen Freundinnen, Juliette Récamier und Josephine de Beauharnais. Madame Récamier, Frau eines extrem (neu-) reichen Bankiers war nach den damaligen lockeren Maßstäben die lieblichste von allen. Und Madame de Beauharnais war die entzückendste. Die kreolische Aristokratin hatte Viscomte Alexandre de Beauharnais geheiratet, den man als feurigen Anhänger der konstitutionellen Regierungsform zum Präsidenten der Nationalversammlung gewählt und später aus dem gleichen Grund guillotiniert hatte. Josephine war dem gleichen Schicksal nur entgangen, weil sie beim Tod Robespierres aus dem Gefängnis befreit worden war. Danach hatte sie sich nacheinander in den Armen von Barras und General Hoche getröstet, bis ihr schließlich General Bonaparte über den Weg lief, der im Jahr vorher einen Aufruhr gegen den Konvent niedergeschlagen hatte und daraufhin zum Oberbefehlshaber der Armee des Inneren ernannt worden war. Josephines neuer Gatte – die beiden heirateten im März 1796 – war gerade Oberbefehlshaber der Armee von Italien und hatte nicht lockergelassen, bis Josephine, einen Monat vor Talleyrands Ankunft, Paris verlassen und zu ihm in sein Hauptquartier in Mailand gefahren war. Ihr Salon wurde vorübergehend geschlossen.

Diese drei Damen waren also die Königinnen der Gesellschaft, *les merveilleuses,* die »beim Tanz Politik machten«, wie Talleyrand bemerkte, und »der Monarchie nachseufzten, während sie Gefrorenes auf der Zunge zergehen ließen und Feuerwerkszauber bestaunten«. Doch ihre Gespräche waren nicht nur Schwatz, und die Männer, die Frankreich regierten, hörten auf sie. Bonaparte war, als er in Paris weilte, erstaunt über den Einfluß dieser Damen. »Eine Frau muß für sechs Monate nach Paris kommen«, schrieb er, »um ihren Platz in der Welt richtig zu erkennen und ihre persönliche Macht zu verstehen. Nur hier üben die Frauen einen derartigen Einfluß aus. Und natürlich sind die Männer verrückt nach ihnen, denken an nichts anderes und leben nur von ihnen und durch sie.«

»Die Männer« waren hauptsächlich die Führer der beiden Räte – Tallien, Chénier und General Jean-Baptiste Jourdan – und, der wichtigste von allen, Paul Barras, einer der fünf Direktoren, Vorgesetzter der anderen vier und deshalb praktisch Herrscher über Frankreich. Barras, ein Armeeoffizier von Beruf und Königsmörder aus Gesinnung, stammte aus der Gascogne und verkörperte all die Wesenszüge, die für gewöhnlich und oft irrtümlich den Einwohnern der Gascogne zugeschrieben werden. Anders als seine Mitdirektoren war er ein Edelmann von Geburt, was sich gelegentlich in seinem Benehmen zeigte, obwohl er sich lieber als jovialer Mann des Volkes gab. Seine Intelligenz wurde beeinträchtigt durch seine Verschlagenheit, und sein Urteilsvermögen war so flexibel, daß nicht zu unterscheiden war, ob dies von mangelnden Prinzipien oder mangelnder Überzeugung herrührte. Er hatte verschiedene aufwendige Interessen, die er strikt von seinen Aufgaben als Direktor trennte. Seine Geliebten, die wirklichen und die angeblichen, gingen in die Dutzende, obgleich man zu seinen Gunsten sagen muß, daß er von den Damen seines Herzens immer Vornehmheit und verfeinerte Lebensart verlangte. Bei seinen männlichen Partnern war er weniger anspruchsvoll und umgab sich auch öffentlich mit Gesindel von der Straße. Seine Geldgier war sprichwörtlich, und die vier Jahre im Amt verbrachte er, wenn er sich nicht gerade Ausschweifungen oder seiner Spielleidenschaft hingab, damit, sich mit vollen Händen an der Staatskasse zu bereichern.

Unter Barras und seinen Amtskollegen war Frankreich von der Schreckensherrschaft befreit worden, und das Volk konnte wieder in relativer Freiheit aufatmen. Unter diesem Aspekt war das Direktorium gewiß ein Fortschritt gegenüber Robespierres Komitee für die öffentliche Sicherheit. Darüber hinaus kann man jedoch guten Gewissens sagen, daß Frankreich damals vier Jahre lang die unfähigste, korrupteste und jämmerlichste Regierung hatte, mit der je ein großes Land geschlagen war. Nicht nur, daß sich das Direktorium gerne verewigen wollte, wie das jedes Regime gerne möchte. Schlimmer war, daß es gar keine Prinzipien hatte, es sei denn, man rechnet Profitgier als solche. Das Direktorium war aus den Ruinen der Revolution entstanden. Nun war die große Zahl der Revolutionsgewinnler am Ruder, und jeder versuchte, für sich rauszuholen, was nur möglich war. Ihre Politik war demzufolge von zwei Bestrebungen getragen: erstens, ihren gegenwärtigen Besitz zu erhalten und zu vermehren und zweitens, die Rückkehr der Bourbonen oder irgendeines anderen Regimes, das ihr Vermögen durch eine erneute Umschichtung des Volksvermögens gefährden könnte, zu verhindern.

Dies war das Paris und das Frankreich, in das Talleyrand im Juli 1796 zurückkehrte. Es ist nicht verwunderlich, daß er nicht daran teilhaben wollte. »Da ich kein Ordnungsprinzip und keine Stabilitätsgarantie in den diversen politischen Gruppen, deren Machtkämpfe ich beobachtete, erkennen konnte, tat ich wohl besser daran, mich aus der aktiven Politik herauszuhalten.« Er ließ sich nieder, beobachtete und wartete.[1]

Diese Entscheidung stand im Einklang mit seiner ersten unverbindlichen Vorstellung von der neuen Gesellschaft. Bevor er Amerika verlassen hatte, war er als Mitglied in das Institut der Wissenschaften und Künste[2] gewählt worden. Dies war eine große Ehre, und Talleyrand wurde sie nicht unverdient zuteil, denn sein *Bericht über das öffentliche Erziehungswesen,* der im Mai 1791 der Verfassunggebenden Nationalversammlung vorgelegt worden war, hatte die Gründung einer solchen Einrichtung vorgeschlagen und war für seine Existenz auch direkt verantwortlich. Der offizielle Empfang fand am 23. September 1796 statt, nur zwei Tage nach seiner Ankunft in Paris, und bei dieser Gelegenheit wurde er von den anderen Mitgliedern aufgefordert, zwei Berichte anzufertigen, die im darauffolgenden Jahr vorgetragen werden sollten.

Dies war eine günstige Gelegenheit für Talleyrand, seinen Namen wieder in der Öffentlichkeit bekanntzumachen, und zwar nicht in einem Atemzug mit der korrupten Politik des Direktoriums, sondern unter den Auspizien des angesehenen Instituts. »Um meinem Ruf als Akademiker gerecht zu werden«, erzählte Talleyrand,

»trug ich bei zwei öffentlichen Sitzungen zwei Berichte vor, die mich eine gewisse Anstrengung gekostet hatten. Der erste dieser Berichte bezog sich auf die Vereinigten Staaten, der andere befaßte sich mit der Notwendigkeit für Frankreich, Kolonien zu erwerben.«

Beide Sitzungen des Instituts waren nicht nur von Mitgliedern, sondern auch vom diplomatischen Korps und vom allgemeinen Publikum besucht. Die Erinnerung an seine Arbeit in der Nationalversammlung, der hochgepriesene Erfolg – der eigentlich keiner war – seiner Missionen in England, die Tatsache, daß er von den vom Nationalkonvent über ihn verhängten Beschuldigungen losgesprochen worden war, all dies machte aus ihm in den Augen des Volkes einen Mann, den man beobachten und hören sollte. Ihre Erwartungen wurden nicht enttäuscht. Der erste Bericht über die Handelsbeziehungen zwischen England und Amerika gab eine allgemeine Beschreibung der gesellschaftlichen Zustände in den Vereinigten Staaten, das vergleichsweise ruhige Leben, die verschiedenen ursprünglichen Bräuche und die bemerkenswerte religiöse Toleranz. Talleyrand wies darauf hin, daß »die Tatsache, daß sich sowohl das amerikanische wie auch das englische Volk einer einzigen Sprache bedienen, den Engländern ein gewisses Eigentumsrecht über die amerikanischen Neigungen gibt«. Aus diesem Grund, erklärte er, gewann England mehr als es durch seine Trennung von Amerika verlor. Die eigenen Bedürfnisse verband Amerika mit englischen Interessen, während Sprache, Erziehung, Geschichte und Gesetze bei richtigem Gebrauch gewährleisteten, daß es englisch war und auch bliebe. Trotz Amerikas ausgesprochener Vorliebe für Frankreich und die Franzosen, ungeachtet dessen, daß »schon der Name England mit Aversion erwähnt wird, ist Amerika ganz und gar englisch – das heißt, daß England und nicht Frankreich in der Lage ist, all die Vorteile zu genießen, die ein Land von einem anderen erhalten kann«. Die Engländer waren, in anderen Worten, in einer unanfechtbaren Position, was das riesige Handelspotential Amerikas anginge, und französische Träume von einer Allianz mit der Schwesterrepublik in der Neuen Welt waren von vornherein zum Scheitern verurteilt.

Der zweite Bericht, der drei Monate später im Juli vorgetragen wurde, ergänzte das Grundthema des ersten. Er diskutierte »die Vorteile des Erwerbs von Kolonien unter den gegenwärtigen Umständen« und legte dar, daß dem französischen Bürger nach den Umstürzen der Revolution Hoffnung auf die Zukunft zustünde, und daß diese Hoffnung vor allem in kolonialer Expansion zu sehen sei – also darin, französische Bürger in neuen Ländern anzusiedeln und so den Segen der Freiheit und der Gerechtigkeit zu verbreiten. Dies würde nicht nur der französischen Industrie und Kultur neue Horizonte eröffnen, sondern auch unbeschränkte Möglichkeiten für französisches Unternehmertum und französischen Erfinder- geist, wie auch »den Männern, die mit ihren Mitmenschen nicht in Harmonie leben können und von der Gesellschaft nicht abhängig sein wollen« bieten. Die angedeutete Botschaft war klar: Frank- reichs gegenwärtige Kümmernisse waren das Ergebnis der Vor- herrschaft von Abenteurern, Eigenbrötlern und Unzufriedenen, denen man die Möglichkeit geben oder sie sogar dazu zwingen soll- te, ihre Energien nutzbringend für das Mutterland einzusetzen, statt das französische Volk zu belasten. Französische Kolonien soll- ten gegründet werden, nicht in der Neuen Welt, wo ohnehin nur das angloamerikanische Interesse dominieren würde, sondern in Frankreichs neuer Interessensphäre entlang der Mittelmeerküste. Dies, erklärte Talleyrand, hätte bereits »einer der großen Männer unserer Zeit, der damit großen Weitblick bewiesen hat, Monsieur le duc de Choiseul«, Minister unter Ludwig XV., vorausgesehen. Er wußte, daß Frankreich eines Tages seine Kolonien in Amerika ver- lieren würde und hatte den Beginn der Unterhandlungen für die Übergabe Ägyptens an Frankreich durch das türkische Reich ange- raten. Damit könnte Frankreich handelsmäßig mit England konkur- rieren, ohne mit ihm in Konflikt zu geraten. Es entstünde ein Geist der Zusammenarbeit, der von gemeinsamen Interessen getragen würde.

Die »gewisse Aufmerksamkeit«, die man laut Talleyrand seinen Berichten zollte, ging in Wirklichkeit weit über bloßes Zuhören hin- aus. Sein umfassender Überblick auf dem Gebiet internationaler Beziehungen und dem Zusammenspiel kultureller Wertvorstellun- gen der Völker, seine kühnen Zukunftsvorstellungen in bezug auf Frankreichs gegenwärtige Probleme erregte bei Franzosen und Ausländern gleichermaßen Bewunderung und Zustimmung. Dar- über hinaus war der zeitliche Unterschied zwischen den beiden Le- sungen – eine am 4. April, die zweite am 3. Juli – sorgfältig so ge- wählt worden, daß sein Name der Öffentlichkeit so lange wie mög- lich im Ohr bleiben sollte. Die Taktik war erfolgreich. Fast drei Mo- nate waren Talleyrands Brillanz und seine staatsmännischen Fähig- keiten in aller Munde.

Talleyrands wachsendes Ansehen war auch hinsichtlich der kriti- schen Phase, in der sich das Direktorium momentan befand, von besonderer Bedeutung. Er hatte in der Zeit nach seiner Rückkehr von Amerika in kluger Überlegung jeden Kontakt mit der aktiven

Politik vermieden. Nachdem nun mehrere Monate vergangen waren, schien er seine Meinung geändert zu haben, sicher aufgrund seines wiedererwachenden Ehrgeizes, oder besser ausgedrückt, aufgrund des Ehrgeizes, der in dem Maße wiederauflebte, wie die Möglichkeiten seiner Befriedigung mit der Verbreitung von Talleyrands Ruf als Staatsmann anstieg. Von mindestens ebenbürtiger Bedeutung war die Tatsache, daß eine größere Regierungskrise in der Luft lag und daß sich Frankreich rasch dem Punkt näherte, an dem eine radikale Entscheidung gefällt werden mußte zwischen der Wiederherstellung der bourbonischen Monarchie und der Errichtung einer starken und wirklich lebensfähigen republikanischen Regierungsform. Die allgemeine Unzufriedenheit mit dem Direktorium war zu weit verbreitet, Armut und Zerstörung taten das ihrige dazu, und Sehnsucht nach Ordnung und Frieden waren zu stark ausgeprägt, als daß dieses Regime in seiner derzeitigen Form lange hätte überleben können.

Die Krise kam oder, besser gesagt, wurde provoziert durch ein Zusammenwirken militärischer und politischer Ereignisse. Der Krieg gegen die Bündnisstaaten schleppte sich hin. Ein Versuch General Hoches im Februar 1797, Männer nach Irland einzuschleusen, um dort eine Revolte anzuzetteln, schlug fehl. Bei dieser Aktion wurde die als Unterstützung mitwirkende spanische Fotte zerstört, und England blieb unumschränkter Herrscher auf See. Die französischen Armeen in Deutschland befanden sich unter Jourdan und Moreau auf dem Rückzug. Nur der unter dem Oberbefehl von General Bonaparte stehenden Armee in Italien war das Glück hold. Im September 1796 hatte er die Österreicher bei Bassano besiegt; im November bei Arcole; im Januar 1797 bei Rivoli und im Februar bei Mantua. In weniger als einem Jahr hatte Bonaparte fünf österreichische Armeen aufgerieben und die habsburgischen Festungen in Italien eingenommen. Schließlich war er im April bis in die Nähe Wiens vorgerückt. Österreich bat um Frieden und bot gleichzeitig dafür die Übergabe der Niederlande und der Lombardei an. Bonaparte war der Mann der Stunde, der Held Frankreichs, der Retter der Republik. Er war auch vielleicht der »Mann mit dem Degen«, von dem Robespierre fürchtete, er könnte die Revolution in seinem Interesse nutzen, und der Mann, den Marat vorausgeahnt hatte: »Die Gefahr besteht, daß einer unserer Generäle mit Sieg gekrönt ist ... und seine siegreiche Armee gegen die Hauptstadt führt.«

Es trug nicht unbedingt zum ungestörten Seelenfrieden der Direktoren bei, daß sie mit dem Aufstieg dieser messianischen Figur, die sie alle in den Schatten stellte, gezwungen waren, für ihr politisches Leben und die weitere Existenz des Direktoriums (also für ihren Gewinn) in Paris zu kämpfen. Im März und April des Jahres 1797, als Bonaparte die Österreicher in die Knie zwang, tat Paris das gleiche mit den Direktoren. Während dieser Monate waren die ersten Wahlen für die Sitze im Rat der Alten und im Rat der Fünfhundert angesetzt. Beide Kammern waren bis zu diesem Zeitpunkt fest in den Händen von früheren Mitgliedern des Nationalkonvents. Gegen Ende April wurde es immer deutlicher, daß Frankreich sich nicht nur gegen den Dilettantismus und die Korruptheit des Direktoriums auflehnte, sondern auch gegen die revolutionären Prinzipien, die weiterhin die Gesetzgebung der Räte beherrschte. Von 216 ehemaligen Mitgliedern des Konvents wurden 205 abgewählt. Um die Sache noch schlimmer (oder wenn man will besser) zu machen, wurden sie größtenteils durch Royalisten in verschiedenen Schattierungen, von Anhängern der konstitutionellen Monarchie bis zu den Ultrakonservativen, abgelöst. Die Szenerie war jetzt vorbereitet für die Konfrontation. Auf der einen Seite standen die royalistisch orientierten Kammern, auf der anderen die Direktoren, die entschlossen waren, die Macht ohne Rücksicht auf die Kammern in Händen zu behalten. Und beide Seiten beobachtend stand Bonaparte im Hintergrund, der Eroberer Italiens, der Gott der Armee, das Idol des Volkes, der allein durch Degenrasseln einer Seite zum Sieg verhelfen konnte – oder auch nicht.

Es ist heute schwierig zu sagen, ob Talleyrands Entschluß bei seiner Rückkehr nach Frankreich, sich aus der »aktiven Politik« herauszuhalten, ehrlich gemeint war, oder ob er nur, seine Gegner in Sicherheit wiegend, einen günstigen Moment für eine Rückkehr in die Politik abwarten wollte. War es nun die drohende Reaktion des Volkes auf die Exzesse des Direktoriums oder der aufsteigende Stern Bonapartes, wir wissen nicht, was Talleyrand Anfang 1797 bewogen hat, seine ursprüngliche Absicht, sich aus den Tagesgeschehnissen herauszuhalten, aufzugeben. Er war jetzt fest entschlossen, eine Position zu erlangen, die ihm die Möglichkeit gab, den Lauf der Dinge nachdrücklich beeinflussen zu können.

Die vor dem Institut vorgetragenen Berichte halfen ihm, sein Ziel zu erreichen. Der zweite Bericht seiner »Pflicht und Schuldigkeit als Akademiker« wurde am 3. Juli verlesen. Fünfzehn Tage später erhielt er eine Nachricht von Lazare Carnot, einem der Direktoren:

»Das Exekutivdirektorium lädt Dich, Bürger, ein, Dich morgen um 10 Uhr früh im Amt für Auswärtige Beziehungen einzufinden. Um diese Zeit wird Dir Bürger Delacroix, derzeitiger Minister dieses Amts, seine Befugnisse übertragen.«

Die näheren Umstände, die zu dieser plötzlichen Ernennung Talleyrands führten, sind größtenteils unbekannt. Es steht nur fest, daß er, nachdem er sich entschlossen hatte, die politische Bühne wieder zu betreten und ein Amt anzustreben, Mitglied in einem der einflußreichsten der zahlreichen politischen Klubs in Paris, im Konstitutionellen Club, wurde. Der Klub setzte sich aus gemäßigten Progressiven und gemäßigten Jakobinern zusammen: Abbé Sieyès, Talleyrands Freund von vor fast zwanzig Jahren und sein früherer Rivale in der Nationalversammlung; Chénier, der sich für Talleyrands legale Rückkehr aus Amerika eingesetzt hatte; Montesquiou, ein gemäßigter Führer der Royalisten; Hughes Maret, zukünftiger Herzog von Bossano; Benjamin Constant, Autor und Politiktheoretiker, und nicht zuletzt Pierre-Louis Roederer, früherer *syndic* oder Generalstaatsanwalt des Departement Seine in der Zeit der Verfassunggebenden Nationalversammlung. Die meisten dieser Männer waren mit Talleyrand befreundet, jedenfalls kannte er alle, entweder aus seiner Zeit in der Nationalversammlung oder durch Madame de Staël (Benjamin Constant war erst kürzlich Germaines Geliebter geworden, eine Tatsache, die Talleyrand entweder ignorierte oder mit seiner üblichen Selbstzufriedenheit akzeptierte). Innerhalb des Klubs errang Talleyrand durch seinen Ruf, seine Leistungen und seine Intelligenz rasch eine tonangebende Position gegenüber den anderen Mitgliedern, und zusammen mit Sieyès und Contant teilte er sich die Vorstandschaft über die gemäßigte konstitutionalistische »Partei«, die großen Einfluß bei den Mitgliedern der Mitte in beiden Kammern hatte. Das war offensichtlich der Ausgangspunkt für seinen Schritt in das Ministerium des Auswärtigen, im Frankreich des Direktoriums ein sehr ehrgeiziger Schritt für einen Ex-Bischof, Ex-Adeligen und ehemaligen Emigranten. Aber eben diese ungewisse Situation im Lande und der prekäre Status der Regierung waren es, die seine Ambitionen in den Bereich der Möglichkeit brachten. Zu den Pflichten der Direktoren gehörte es, Minister zu ernennen, und es war kein leichtes Stück Arbeit, in Paris Leute zu finden, die für Ministerposten geeignet waren. Der Vorrat begabter und verfügbarer Kandidaten war unglaublich begrenzt. Den Kammermitgliedern war die Übernahme von Ämtern durch Gesetz verwehrt. Die Armee brauchte jeden ihrer erfahrenen und kompetenten Generale im Feld. Zurückgekehrte Emigranten, die im *Ancien Régime* oder unter Ludwig XVI. während der kurzlebigen konstitutionellen Monarchie gedient hatten, paßten entweder den Direktoren nicht oder waren selbst nicht willens, einen Posten in einer Regierung zu übernehmen, die jeden Moment durch eine Monarchie ersetzt werden oder sich den Unmut des erfolgreichen Oberbefehlshabers von Italien zuziehen konnte. Und Verwandte von jenen Emigranten, die nicht nach Frankreich zurückgekehrt waren, schieden durch das Gesetz aus. Talleyrand hatte immerhin Erfahrung als Diplomat und Staatsmann und bot sich dementsprechend an. Unter diesen Umtänden war es nur eine Frage der Zeit, bis die Direktoren, in dem Bestreben, ihre Regierung zu stärken, ihn protegierten und ihm zu einem öffentlichen Amt verhalfen.

Diese Möglichkeit wurde bereits im Frühjahr 1797 diskutiert, unmittelbar nachdem Talleyrand begonnen hatte, seine politische Präsenz in Paris kundzutun. Nach der österreichischen Niederlage in Italien durch Bonaparte waren die Engländer mit ihrem Krieg gegen Frankreich praktisch isoliert. Sie hatten weder die Chance, einen entscheidenden Sieg zu erringen, noch konnten sie die übrigen Alliierten dazu bewegen, sich aktiv an diesem Konflikt zu beteiligen. Das hatte heftige Agitationen in England gegen Pitts Regierung im Parlament und in der Öffentlichkeit zur Folge. Hinzu kamen eine Reihe von Meutereien in der Marine, die anfangs durch Amnestie und Konzessionen beigelegt werden konnten; später aber wurde man der Unruhen nicht mehr Herr, da sie zu ernsthaft und zu zahlreich wurden. Pitt war gezwungen, den Frieden zu suchen, und er vereinbarte ein Treffen mit den Franzosen Anfang Juli in Lille.

In Paris begann man nach einem Unterhändler für die französische Delegation zu suchen, der es mit der Erfahrung und der Intelligenz des englischen Vertreters, Lord Malmesbury, aufnehmen konnte. Talleyrands Name gehörte zu den dreien, die dem Direktorium vorgeschlagen wurden, und Barras stand diesem Vorschlag sehr positiv gegenüber. Talleyrand hatte die Engländer bereits kennengelernt, und darüber hinaus war er Pariser Tagesgespräch, und es hätte sicherlich auch zum Nutzen der Direktoren gereicht, sich dieses Rufes zu bedienen. Aber einer von Barras' Mitdirektoren, Jean-François Reubell, opponierte aufs schärfste gegen diesen Vorschlag. Er griff Talleyrands Fähigkeiten und seinen Charakter in den heftigsten Worten an: »Wenn Sie Ehrlichkeit und Fähigkeit wollen«, schloß er seine Schmährede ab, »dann vergessen Sie am besten den Namen Talleyrand«. Barras ließ daraufhin die Sache auf sich beruhen und ernannte Etienne Le Tourneur zum Unterhändler.

Das war eine bittere Enttäuschung für Talleyrand, da diese Entscheidung zu einer Zeit kam, in der seine Erfolgschancen besonders vielversprechend gewesen zu sein schienen. Der derzeitige Minister des Äußeren, Charles Delacroix, war äußerst unbeliebt. Seine mangelhaften Leistungen stießen überall auf Kritik, und er war längst zur Spottfigur in den Salons geworden. Während der Diskussion um die Friedenskonferenz mit England kursierten Gerüchte, daß Delacroix bald abgelöst und Talleyrand sein wahrscheinlicher Nachfolger würde. Dann wurde jedoch publik, daß Talleyrand von den Direktoren für eine vergleichsweise untergeordnete aber zweifelsohne wichtige Aufgabe bei den französisch-englischen Verhandlungen abgelehnt worden war. In einem Regime, in dem die Karrieren in den Salons der Madame Tallien, Madame Récamier und der Josephine de Beauharnais gemacht und wieder zerstört wurden, war dies ein harter Schlag. Das Bedeutsame daran war, daß, wenn die Direktoren Talleyrand als Unterhändler für die Engländer abgelehnt hatten, wo er doch mit einiger Erfahrung aufwarten konnte, es höchst unwahrscheinlich war, daß er der passende Kandidat für das Ministerum des Äußeren sein sollte.

Diejenigen, die diese Situation so einschätzten, kannten jedoch Talleyrand noch nicht. Er war enttäuscht, aber keinesfalls entmutigt. Barras, soviel wußte er, hatte seinen Namen für die Friedenskonferenz vorgeschlagen und würde ihn deshalb auch für das Ministerum unterstützen – vor allem, wenn Germaine de Staël ihren ganzen Einfluß geltend machen würde. Einer der anderen Direktoren, Louis-Marie La Revellière-Lépeaux war in der Verfassunggebenden Versammlung ein Amtskollege Talleyrands gewesen, und zwischen beiden hatte sich seit Talleyrands Rückkehr nach Paris eine freundschaftliche, wenn auch nicht übermäßig herzliche Verbindung entwickelt. Auch auf ihn konnte Talleyrand unter Umständen bauen. Die übrigen drei Direktoren standen Talleyrand jedoch ausgesprochen feindselig gegenüber. Reubell hatte sich diesbezüglich bereits geäußert. Jedoch bildete er zusammen mit Barras und La Revelliére die Mehrheit der Direktoren, das Triumvirat, das in Opposition zu den beiden übrigen Direktoren Lazare Carnot und François Barthélemy stand. Carnot, ein *parvenu* und extremer Jakobiner – er war einer der ersten, der Robespierre unterstützte –, verachtete Talleyrand als Gemäßigten, als früheren Verfechter einer konstitutionellen Monarchie, als Aristokraten des *Ancien Régime*, als auf gefährliche Art berühmten Staatsmann und als Freund von La Revellière, dessen Todfeind er war. Barthélemys Abneigung gegen Talleyrand war weniger komplex. Er, der Edelmann von Geburt und Diplomat in der alten Monarchie, war im Herzen immer reaktionär und konservativ geblieben, und er konnte Talleyrand nie die doppelte Sünde, sich erst von der Kirche und dann vom König abgewendet zu haben, verzeihen.

Die Opposition gegen Talleyrand, die drei von fünf Direktoren an den Tag legten, konnte sich die Regierung eigentlich gar nicht leisten. Die beiden Kammern, die nun die Majorität der *conventionnels* verloren hatten und von den neugewählten Royalisten und Gemäßigten beherrscht wurden, standen in offener Revolte gegen die revolutionäre Gesetzgebung ihrer Vorgänger. Im Frühsommer des Jahres 1797 hatten sie mit einem Programm begonnen, alle Gesetze, die sich gegen den früheren Adel, die Emigranten und die Kirche richteten, zu widerrufen. Doch damit gab man sich noch nicht zufrieden. Eine extremistische Partei unter dem Namen Klub von Clichy und unter der Führung von Charles Pichegru, dem Präsidenten des Rats der Fünfhundert, hatte eine Kampagne in die Wege geleitet, deren Ziel es war, die derzeitigen Direktoren abzulösen, sie durch Männer ihrer Wahl zu ersetzen, und so die Macht der Exekutive zu neutralisieren. Ihr erster Sieg war die Wahl Barthélemys in das Direktorium gewesen, und dieser Sieg hatte genügt, das Dreiergespann in Aktion zu versetzen. Barras war klug genug zu wissen, daß drastische Schritte unternommen werden müßten, um zu verhindern, daß die Machtbefugnisse der Direktoren nach und nach verlorengingen. Pichegrus erster Schlag kam bereits am 18. Juni, als im Rat der Fünfhundert vorgeschlagen wurde, die Finanzverwaltung von den Direktoren auf das Schatzamt zu übertragen – und das Schatzamt war bereits seit dem frühen Beginn der Revolution ein Nest von Gegenrevolutionären. Wenn die Direktoren keine Machtbefugnisse mehr über den Staatssäckel hätten, würden sie damit praktisch die Kontrolle über den Regierungsapparat einschließlich des Militärs verlieren. Damit stünde der Weg zur Wiedereinführung der Monarchie offen. Gleichzeitig mit diesem Vorgehen lancierte man eine heftige Attacke gegen die Ministerien der Regierung, die von den beiden Direktoren Barthélemy und Carnot durch die Forderung unterstützt wurden, der Klub von Clichy müsse durch eine gründliche Überprüfung der Ministerien beruhigt werden, was nichts anderes als die Ernennung von royalistischen Ministern bedeutete. Darin, so schien es, wollte Barras klein beigeben. In der Zwischenzeit ließ er jedoch General Hoche wissen, der jetzt den Oberbefehl über die Armee der Sambre und Maas hatte, daß er eventuell seine Truppen in Paris brauchen würde. Am 1. Juli wurden die Einheiten in Marsch gesetzt; offiziell sprach man von einer Verstärkung für die Irland-Armee – in Wirklichkeit jedoch befanden sie sich auf dem Weg nach Paris. Etwa Mitte Juli standen Hoches

Truppen in angemessener Entfernung vor der Hauptstadt, und Barras begann seine Trümpfe auszuspielen. In einer stürmischen Sitzung im Luxembourgpalast gingen die Direktoren auf Wunsch von Barthélemy und Carnot dazu über, die Entlassung derzeitiger Minister und die Ernennung anderer zu diskutieren. Dann geschah das Unerwartete: Barras, der die Armee in Reichweite wußte, war nicht nur entschlossen, dem Klub von Clichy Kontra zu geben, sondern auch die Anhänger dieser Partei zu offener Revolte gegen die Regierung zu provozieren. Mit Unterstützung von La Revellière und Reubell verkündete er zuerst, daß Merlin de Douai und Dominique Ramel, die von den Royalisten meistgehaßten Minister, im Amt blieben. Drei Minister, die der Rechten verbunden waren, Bénézach, Cochon und Petiet, wurden entlassen und durch Barras-Loyale ersetzt. Die Minister der gemäßigten Mitte – Delacroix im Amt des Auswärtigen und Truguet im Kriegsministerium – wurden ebenfalls ihrer Ämter enthoben, denn gegen sie hatte sich die öffentliche Meinung in den letzten Monaten wegen der militärischen Mißerfolge Frankreichs am meisten erhoben. General Hoche, der Barras' Bitte um Unterstützung nachgekommen war, wurde unter großem Aufruhr zum Kriegsminister ernannt. Am stürmischsten wurde jedoch die Debatte, als Barras seinen Kandidaten für das Ministerium des Äußeren benannte: Bürger Talleyrand-Périgord.

»Dieser kleine Priester«, rief Carnot, »wird uns alle, einen nach dem anderen, um jeden Preis, den er kriegen kann, verkaufen!«

»Was hat er denn bis jetzt verkauft?« fragte La Revellière. »Seinen Gott zunächst einmal«, antwortete Carnot. »Wie ist das möglich, da er doch nicht an Gott glaubt?« Carnot, von seiner eigenen Unlogik gefangen, antwortete, daß Talleyrand ein Verräter seiner Klasse wäre und den König »verkauft« hätte. Aber Barras hatte schon eine Antwort parat: »Es scheint mir«, sagte er, »daß wir die letzten sind, die so etwas über ihn behaupten können.«

Die Debatte zog sich noch lange hin, doch als es zur Abstimmung kam, war bereits klar, daß das Triumvirat gewinnen würde. Bei der Abstimmung waren zwei Stimmen gegen Talleyrand und drei für ihn. Reubell hatte mit Barras und La Revellière gestimmt. Es ist nicht bekannt, wie er seine persönliche Aversion gegen Talleyrand überwinden konnte. Vielleicht mag er gedacht haben, daß ein gemäßigter aber begabter Talleyrand zwar zu verachten, aber immer noch einem inkompetenten Revolutionär oder einem unwilligen Royalisten vorzuziehen sei. Vielleicht hatte aber auch Barras zur Meinungsänderung beigetragen.

Das Geheimnis, das um Talleyrands Ernennung zum Minister

des Äußeren nie zutage gekommen ist, bezieht sich auf die Frage, warum Barras ihn nominierte und seine Nominierung trotz starker Opposition von Carnot und Barthélemy und trotz eines widerstrebenden Reubells mit aller Kraft durchsetzte. Nicht, daß es zu dieser Frage keine Informationen gäbe, es sind eher zu viele. Talleyrand, Barras und Madame de Staël gaben jeder seine eigene Version der seiner Nominierung vorausgehenden Ereignisse. Keine ist ganz korrekt, keine ganz falsch zu nennen.

Talleyrands Erklärung lautete folgendermaßen:

> »Madame de Staël, die bereits einen gewissen Einfluß gewonnen hatte, bestand darauf, daß ich mit ihr zusammen Barras, einem der Direktoren, einen Besuch abstattete. Ich weigerte mich zuerst, denn ich konnte doch nicht einen Direktor besuchen und die anderen nicht, besonders die, deren Amtskollege ich in der Verfassunggebenden Nationalversammlung war (La Revellière und Reubell). Die Gründe meiner Weigerung schienen nicht stichhaltig genug gewesen zu sein. Madame de Staël war erpicht darauf, daß ich Barras kennenlerne und bewirkte, daß er mich zum Essen einlud ... Ich mußte annehmen. Am vereinbarten Tag kam ich um drei Uhr nachmittags zu Barras' Haus. Im Eßzimmer, durch das ich auf meinem Weg zum Wohnzimmer hindurchgehen mußte, war der Tisch für fünf Personen gedeckt. Zu meiner großen Überraschung war Madame de Staël nicht eingeladen ... Während ich las – Barras war noch nicht nach Hause gekommen – ... kamen zwei junge Männer herein, sahen auf die Uhr und sagten, da es erst halb vier war, zueinander: ›Wir haben noch Zeit schwimmen zu gehen.‹ Sie waren noch keine zwanzig Minuten weg, als einer von ihnen zurückkam und um Hilfe rief. Ich rannte zusammen mit allen anderen zum Flußufer ... der andere junge Mann war ertrunken.«

Talleyrand war zutiefst bekümmert, obgleich er Raymond, wie der Ertrunkene geheißen hatte, nicht kannte. Ein Diener sagte zu ihm, daß »Barras ihn sehr gerne mochte. Er hat ihn aufgezogen, und seit er Direktor geworden war, diente ihm Raymond als Sekretär«. Talleyrand ging ins Wohnzimmer zurück und dachte über die unangenehme Lage nach, in der er sich befand. »Ich war allein und wußte nicht, was ich tun sollte. Wer würde Barras das schreckliche Unglück mitteilen? Ich hatte den Direktor noch nie zuvor gesehen. Meine Lage war äußerst unangenehm.«

Kurze Zeit später fuhr Barras' Kutsche vor, und ein Diener lief laut rufend herbei: »Monsieur Raymond ist ertrunken, Bürger Direktor! Er ist ertrunken!« Was dann geschah, berichtete Talleyrand:

»Barras rannte laut weinend über den Vorgarten und die Treppe hinauf in sein Zimmer. Nach einiger Zeit erinnerte ihn ein Diener daran, daß ich im Wohnzimmer sei. Er ließ sich entschuldigen und bat mich, sofort mit dem Essen zu beginnen. Sein Sekretär blieb ebenfalls bei mir. So saß ich alleine am Tisch. Eine Viertelstunde später kam ein Diener und bat mich, zum Direktor hinaufzugehen. Ich war dankbar, daß er annahm, daß ich unter diesen Umständen dem Essen keine große Freude abgewinnen konnte, denn ich war noch zutiefst bestürzt. Als ich den Raum betrat, nahm er meine beiden Hände und umarmte mich. Er weinte. Ich sagte all die tröstenden Worte, die in seiner und in meiner Lage angebracht erschienen. Die Verlegenheit, die er mir, dem Fremden gegenüber, anfangs gezeigt hatte, verschwand allmählich, und der Anteil, den ich an seinem Schicksal genommen hatte, schien ihm gut zu tun. Er bat mich, mit ihm zusammen nach Paris zurückzufahren und ich leistete der Bitte gerne Folge. Von diesem Tag an habe ich nie bedauert, seine Bekanntschaft gemacht zu haben. Er war reizbar und impulsiv, dann auch wieder schnell gerührt. Ich kannte ihn kaum mehr als ein paar Stunden und doch hatte es den Anschein, als ob er mich am liebsten hätte.

Kurz nach diesem ersten Zusammentreffen dachte das Direktorium an einen Ministerwechsel. Dazu gab Barras seine Zustimmung unter der Bedingung, daß sein neuer Freund den Posten des Ministers des Äußeren bekäme. Er vertrat seinen Vorschlag gleichermaßen mit so viel Güte und Nachdruck, daß er angenommen wurde ... Der absolute Charakter der vom Direktorium ergriffenen Maßnahmen, die drängenden Bitten der Madame de Staël und vor allem der Glaube daran, daß ich gute Arbeit leisten würde, ließen mich jeden Gedanken, den Posten abzulehnen, verwerfen. Am folgenden Tag sprach ich im Luxembourg vor und dankte Barras; darauf begab ich mich zum Ministerum des Äußeren.«

So unwahrscheinlich dieser Bericht klingen mag, er barg sicherlich einen guten Teil Wahrheit. Ein Mann wurde nicht Minister des Äußeren, auch nicht im Direktorium, nur weil er im richtigen Moment verstand, sein Mitgefühl entsprechend auszudrücken. Aber wenn dieser Mann einen guten Ruf als Staatsmann und Diplomat hatte, in weiten Kreisen schon als Kandidat für ein Ministerum galt, wenn die entsprechende Grundlage von Madame de Staël gelegt worden war und wenn die Umstände ohnehin einen neuen Minister des Äußeren erforderten, dann erschien Talleyrands Bericht plötzlich nicht mehr so phantastisch. Das Treffen zwischen Talleyrand und Barras dürfte sich wirklich so abgespielt haben, wie er es uns schilderte. Es gab Momente in seiner Laufbahn, wo Talleyrand sicher einer Lüge fähig war; daß das fast nie nötig war, ist seinem diplomatischen Geschick zuzuschreiben und nicht seiner Moral. In den *Mémoires* fehlt ausgesprochene Falschheit ganz. Beim Aufzeichnen seiner Erfahrungen für die Nachwelt bestand Talleyrands Sünde nicht in Schwindeleien, sondern in Auslassungen. Die Begebenheiten in seiner Laufbahn, auf die er nicht stolz war, wurden einfach nicht erwähnt. Deshalb erscheint es angebracht, aus der Geschichte seiner ersten Begegnung mit Barras zu schließen, daß sie sich zwar genauso zugetragen hat, aber trotzdem nicht die ganze Wahrheit war.

Barras' Version vom selben Ereignis, in seinen Memoiren viele Jahre später aufgezeichnet, brachte noch zusätzliches Material, das in Talleyrands Erzählung fehlte. Nun muß dazu gesagt werden, daß Barras' Memoiren von unwahrscheinlichen Rachegefühlen denen gegenüber geprägt sind, die er für seinen Sturz verantwortlich machte. Das heißt, daß er sehr viel Unwahres niedergeschrieben hat. Und da Talleyrand zusammen mit Bonaparte der Hauptakteur bei seinem Rückzug aus dem öffentlichen Leben war, kommt er auch nicht besonders gut weg. Hinzu kommt, daß Barras sich die Informationen, die er nicht selber hatte, bei Benjamin Constant und Madame de Staël holte. Und Constant sollte einer von Talleyrands bittersten und rachsüchtigsten Feinden werden. Trotzdem sind auch in seiner Version zweifellos wahre Elemente vorhanden.

Nach den *Mémoires* des Direktors stand er von dem Moment an, an dem Talleyrand nach Paris zurückgekehrt war, unter ständiger Belagerung von Madame de Staël, die darauf bestand, in der Regierung einen Platz für Talleyrand zu finden. Bei Tag und Nacht sang sie bei ihren häufigen Besuchen Loblieder auf ihren Freund, beschrieb eloquent seine Talente, seine Fähigkeit, schwierige Situationen glanzvoll zu meistern, seine Erfahrenheit mit Höfen, Königen, Ministern und Gesandtschaften. Was, fragte sie, ist schon ein Bourgeois wie Delacroix, der damalige Außenminister, im Vergleich zu einem Talleyrand. Doch Barras ließ sich, wie er berichtete, von diesen Lobreden nicht beeindrucken. Die Gegenattacken von Reubell und Carnot, die Talleyrand als »schändlichen, wollüstigen Priester ohne Gewand« bezeichneten, brachten ihn schließlich so weit, daß er die aufdringliche Germaine wissen ließ, er wolle nichts mehr in Sachen Talleyrand hören. Zwei Tage verhielt sie sich ruhig. Dann tauchte sie mit neuer Munition in Barras' Büro auf. Sie hatte ihre Strategie so gewählt, daß sie gleichzeitig dem Direktor schmeicheln und ihm einen treuen Verbündeten im Kampf mit den Kammern und mit seinen gelegentlich streitbaren Mitdirektoren in Aussicht stellte: »Talleyrand ist dir zutiefst verbunden. Er betrachtet dich als etwas Übermenschliches … Er würde für dich durchs Feuer gehen … Er hat Verbindungen zu allen Parteien und wäre für dich eine unvergleichliche Informationsquelle.« Als Barras die Einwände Carnots und Reubells erwähnte, antwortete Germaine: »Um so besser. Je mehr sie gegen Talleyrand sind, desto mehr wird er auf deiner Seite stehen. Er wird dein Wachhund sein – und der treueste Wachhund, den du je gehabt hast.« Barras, der Unbestechliche, weigerte sich, zuzuhören. Germaine, sagte er, hatte jedoch noch nicht ihre letzte und dramatischste Szene gespielt. Einige Abende später erschien sie im Luxembourg in heller Aufregung: Talleyrand hätte sie gerade besucht und angekündigt, er würde Selbstmord begehen. Nachdem sie ihm die Szene beschrieben hatte, fuhr sie in heftiger Erregung fort: »Oh, Barras, Barras, mein Freund, es ist möglich, es ist möglich, daß er in diesem Moment gar nicht mehr lebt. Vor wenigen Augenblicken hat er mir geschworen, er würde sich in die Seine stürzen, wenn er nicht Minister des Äußeren werden würde! Er ist so arm – er hat nur mehr 10 Louisdor übrig! Wenn du ihn doch aufnehmen würdest.«

Bei der Beschreibung dieser Szene malte Barras diesen dramatischen Höhenpunkt genießerisch aus und schilderte Germaines Geisteszustand, als ob sie nicht ganz bei Sinnen gewesen wäre. Sie nahm seine Hände in die ihrigen, behauptete er, und erzählte ihm unter Tränen die gar mitleidheischende Geschichte von Talleyrands vernachlässigter Kindheit und seinem Schrecken, als er gegen seinen Willen den Priesterberuf ergreifen mußte. Schluchzend und dem Zusammenbruch nahe gab sie zu, daß Talleyrand oft der in der alten Monarchie vorherrschenden Laster beschuldigt wurde, und daß einige dieser Anschuldigungen vielleicht sogar gerechtfertigt seien. Sie hatte sich jedoch wieder ganz in der Gewalt, um Talleyrands beispiellose Verdienste, die er sich in der Verfassunggebenden Versammlung erworben hatte, aufzuzählen, seine brillanten Erfolge in England und seine Verbundenheit mit Frankreich, selbst als er sich in der unzivilisierten Fremde aufhalten mußte. Schließlich bot sie, der Hysterie nahe, Barras als Pfand dafür, daß sie die Wahrheit gesagt hatte, ihre zweifellos vorhandenen, überreichen Reize an. Dieses Angebot, erklärte Barras rechtschaffen, habe er natürlich zurückgewiesen: »Nie wieder kam ich so unschuldig und so rein aus einer Bedrängnis heraus.«

Schließlich, gesteht Barras, konnte er dem Fürsprechen nicht mehr widerstehen: »Sag deinem Freund«, riet er Germaine, »daß er sich nicht ertränken soll. Sonst können wir überhaupt nichts mehr für ihn tun. Wir werden schon versuchen, seine Talente zugunsten der Republik und sein Wohlwollen uns gegenüber entsprechend einzusetzen.« Er erklärte aber nicht, warum er nun plötzlich, nachdem er so lange bei seinem Nein geblieben war und sich weder durch Germaines Flehen noch von ihren Annäherungsversuchen hatte beeindrucken lassen, seine ablehnende Haltung aufgab und sofort damit begann, seinen widerstrebenden Amtsgenossen die Ernennung Talleyrands so nachdrücklich zu empfehlen.

Die dritte Version von Talleyrands Ernennung stammt von Germaine selbst und wurde einige Zeit, nachdem beider Freundschaft sich abgekühlt hatte, geschrieben. Zu dieser Zeit ergingen sie sich bereits in gegenseitigen Vorwürfen.

»Die Freunde des Direktoriums hofften, daß das Direktorium sich verstärkt um verfassungsmäßige Fragen bemühen würde, und daß zu diesem Zweck Minister ausgewählt werden sollten, welche die Regierung stärkten und unterstützten. Monsieur de Talleyrand hatte sich erboten, den Posten zu übernehmen, und da er als der geeignetste Kandidat für das Ministerium des Äußeren schien, förderte ich seinen Wunsch, indem ich ihn Barras durch einen meiner Freunde näherbrachte und mich schließlich bei Barras auch noch selbst für ihn einsetzte. Monsieur de Talleyrand brauchte Hilfe, um diese hohe Position zu erlangen, doch hatte er sie erst einmal, brauchte er keine mehr, sie auch zu behalten.«

Es ist wahrscheinlich unbedeutend, daß von den drei Personen, die die Umstände von Talleyrands Weg zum Ministerium beschrieben, eine ein äußerst korrupter und charmanter Lügner war, der durch Talleyrands Bestreben schließlich seines Amtes enthoben wurde, eine das Romanschreiben als Beruf betrieb und eine Frau war, deren Liebe zu Talleyrand nicht in Freundschaft oder Gleichgültigkeit, sondern in Bitterkeit abgesunken war, und eine Talleyrand selbst war, der selten die Wahrheit verdrehte und seine *Mémoires* gewissenhaft dahingehend ausrichtete, daß sie voll und ganz der Geschichtsschreibung dienten. Zieht man das direktoriale Regime in Frankreich und die Wesenszüge der betroffenen Personen mit in Betracht, so ist keine der Versionen grundsätzlich unglaubhaft. Sicher ist nur, daß Talleyrands Schritt in das Ministerium des Äußeren unter dem Direktorium der formelle Beginn einer langen Karriere als Europas bedeutendster Staatsmann und Diplomat war, daß er auf Barras' Unterstützung seiner Kandidatur beruhte und nicht zuletzt auch auf Madame de Staëls Einfluß auf Barras.

Als Minister des Äußeren entdeckte Talleyrand sehr schnell, daß er zwar Zugang zu den Räten der Macht gewonnen hatte, seine Machtbefugnisse jedoch sehr begrenzt waren. Er beschrieb seine Situation so:

> »... alle Staatsangelegenheiten wurden schon zuvor von den Direktoren geregelt. Und wie bei meinem Vorgänger beschränkten sich meine Aufgaben auf das Unterzeichnen von Pässen und anderer Verwaltungsdokumente und auf die Weiterleitung von bereits von der Exekutive vorbereiteten Depeschen und anderen Schriftwechsels an die dafür zuständigen Stellen. Doch verzögerte ich die Zustellung dieser Schriftstücke oft und milderte gleichzeitig die Worte ab, die sie enthielten. Ich versuchte dieser seltsamen Situation Würde zu verleihen, indem ich die Leute zu überzeugen suchte – und vielleicht auch bis zu einem gewissen Grad mich selbst – daß wir nie im Lande eine wahre Ordnung haben würden, wenn wir sie nicht im Ausland hätten. Und ich fügte hinzu, daß man mich ernannt hatte, damit ich einen Beitrag zur Wiederherstellung des Friedens leiste und daß ich mich mit ganzem Herzen für dieses Ziel einsetzte.«

Talleyrand kannte von Anfang an die Schwächen des Direktoriums und der Direktoren. Eine gefühlsbeherrschte Regierung war ihm wie eine gefühlsbetonte Außenpolitik fremd und unverständlich. Er schätzt vor allem Überlegung und Bedächtigkeit. Jede Illusion, die er vielleicht noch vor seinem Amtsantritt darüber gehabt hatte, in Frankreichs Innenpolitik zur Wiederherstellung der Ordnung eingreifen zu können, waren schon bald dahin: »Alle inneren Angelegenheiten wurden von mir ferngehalten!« So war er von den Entscheidungen der Direktoren bezüglich Frankreichs Beziehungen zu fremden Mächten und den inneren Problemen des Landes ausgeschlossen. Mit Mißfallen sprach er schon bald von »den Methoden der Direktoren«, die sein Ordnungs- und Schicklichkeitsgefühl verletzten. »Um eine klare Vorstellung von dem zu geben, was ich ›die Methoden der Direktoren‹ genannt habe, genügt es, die Vorfälle zu erzählen, die sich bei der ersten Ratssitzung, an der ich teilnahm, zutrugen. Ein Steit entstand zwischen Carnot und Barras. Letzterer beschuldigte seinen Kollegen, er habe einen Brief vernichtet, der den Direktoren hätte vorgelegt werden müssen. Beide standen. Carnot hob seine Hand und sagte erregt: ›Ich gebe mein Ehrenwort, daß es nicht so ist!‹ Barras erwiderte: ›Vorsicht, daß kein Blut von der Hand runtertropft!‹« Bei einer anderen Sitzung einige Tage später fingen sich Barras und Carnot doch tatsächlich zu prügeln an, ehe sie von La Revellière getrennt werden konnten. Talleyrand stand starr vor Erstaunen und Abscheu dabei.

Was die *Mémoires* nicht erwähnen, ist die Tatsache, daß die Direktoren ihre Minister noch weniger freundlich als sich selbst behandelten. Reubell schien es besonders auf Talleyrand abgesehen zu haben. »Die Existenz Talleyrands als Minister«, berichtete der preußische Gesandte nach Berlin, »ist, wie ich schon früher berichtete, eine prekäre Angelegenheit. Wenn er überlebt, dann nur durch ein Wunder an Intelligenz und Diskretion. Bei den Direktoren ist jeder gegen ihn. Barras ist der einzige, der vorgibt, auf seiner Seite zu stehen. Man sagte mir, daß die anderen Direktoren nicht einmal mit ihm reden.« Die Worte des Gesandten waren nicht dem Buchstaben nach zu verstehen. Reubell sprach ständig mit Talleyrand über dessen angebliche Fehler in genau den Worten, die ein Lehrer benützen würde, um ein ungezogenes Kind zu schelten. Als der Minister den Direktoren den Entwurf eines neuen Handelsvertrags mit Spanien und England vorlegte, gab ihn Reubell zurück mit der Bemerkung: »Sehr schlecht. Noch einmal durcharbeiten. Und diesmal wollen wir mehr Einzelheiten!« Sein Urteil hatte er einfach über den Entwurf gekritzelt. Talleyrands einzige Waffe gegen derartige Verletzungen seiner Würde war seine Ironie. Aber meistens war sie zu feinsinnig, um von Reubells derbem Naturell verstanden zu werden. Als man ihm bei einer anderen Gelegenheit Vorwürfe machte, weil er gesagt hatte, er zöge es vor, auf ein bestimmtes Problem der Außenpolitik erst zu antworten, wenn er die näheren Hintergründe gründlich studiert hätte, antwortete Talleyrand kühl: »Selbst wenn ich die Frage aus dem Stegreif beantworten könnte, könnte ich mich auf keine Diskussion mit Bürger Reubell einlassen, der, wie jedermann weiß, Europas berühmtester Diplomat und Politiker ist.« Reubell schien Talleyrands versteckten Spott nicht begriffen zu haben. Ohne jegliche Verlegenheit zu zeigen, befahl er Talleyrand, sich in einen angrenzenden Raum zu begeben und nicht eher herauszukommen, bevor er die Frage beantworten könne. Nach einer Stunde rief ihn Reubell heraus und verlangte eine Antwort. Talleyrand teilte dem Direktor höflich mit, daß er an Kopfschmerzen gelitten habe, verbeugte sich und zog sich zurück.

Talleyrands Verachtung für solche Menschen und solche Methoden war grenzenlos. »Dies war die Art von Männern, die Frankreich regierten«, schrieb er. »Und es war meine Aufgabe, zu versuchen, Frankreich wieder an den Räten Europas zu beteiligen, während sie an der Macht waren.«

Über das Direktorium urteilte Talleyrand: »Alles wurde mit Gewalt gemacht – die natürliche Folge war, daß nichts Bestand hatte.« Er selbst war in der vorteilhaften Position, aus dieser »natürlichen Folge« Schlüsse zu ziehen. Als er den Ministerstuhl übernommen habe, erklärte er, sei es unmöglich gewesen, einen Frieden mit England abzuschließen.[3] Zwar hatten die übrigen Alliierten des Bündnisses, mit Ausnahme von Österreich, das sich nach Bonapartes Italien-Feldzug auf dem Rückzug befand, und Portugal, das mit England verbunden war, Friedensverträge mit Frankreich bereits unterzeichnet. Diese Verträge waren auch vorteilhaft für Frankreich; sie waren von den Alliierten »mit territorialen Abtretungen oder Geld gekauft und bezahlt worden«. Doch diese Gewinne wurden mehr als relativiert durch den immer krasser werdenden inneren Verfall Frankreichs zur Zeit von Talleyrands Ernennung. Es gab bürgerkriegsähnliche Aufstände der Royalisten in den westlichen Provinzen – vor allem in der Vendée –, und überall trieb die Armut das Volk zu Unruhen. Die in der Revolution erwachten Hoffnungen des Volkes wurden durch die verantwortungslose Gleichgültigkeit der Direktoren wieder zunichte gemacht. »Freiheit, Gleichheit und Brüderlichkeit war überall an den Wänden zu lesen«, bemerkte Talleyrand, »aber die Vorstellungen und Gefühle, die damit ausgedrückt wurden, waren nirgends gegenwärtig. Angefangen von der höchsten bis zur niedrigsten Regierungsstelle war keine, deren Konzept, Arbeitsweise und Organisation nicht ganz und gar willkürlich war.«

Die Unfähigkeit, Verschwendungssucht und Korruptheit der Direktoren war landauf, landab hinlänglich bekannt. Daß der Leichnam nur darauf wartete, beerdigt zu werden – »das Schicksal jedes Despotismus« –, bemerkte Talleyrand, war kein Geheimnis, besonders nicht für die, die täglich mit der Arbeit und den Launen der Direktoren zu tun hatten. In einer solchen Situation mußte ein kluger

Mann vorbauen und die entsprechenden Schritte in die Wege leiten. Wenn das Direktorium stürzen würde, wer würde es ersetzen? Die Royalisten waren stark und benutzten ihre Macht täglich in den Kammern dazu, eine Kampagne gegen die Direktoren und damit gegen das Direktorium als Institution zu führen. Wenn die Ereignisse sich weiterhin in dieser Richtung entwickelten, war es eher unausweichlich als nur wahrscheinlich, daß die Bourbonen wieder an die Macht kämen. Das wollte Talleyrand um jeden Preis verhindern. Seine Rolle in der Revolution war so gewesen, daß das mildeste Schicksal, das ihm widerfahren konnte, wieder einmal Exil wäre, wenn die reaktionären Royalisten ans Ruder kämen. Aber genauso gefährlich war ein Wiederaufflackern des extremen Jakobinismus als Reaktion auf den wachsenden Einfluß der Royalisten. Talleyrand und Frankreich hatten schon genug durch sie gelitten. Zwischen diesen beiden Polen schwankte die öffentliche Meinung, und die Gemäßigten und Liberalen, die weder Jakobiner noch Royalisten waren, verloren täglich mehr Boden an diese beiden Extreme.

In dieser Situation brauchte Frankreich einen Führer, der zwischen allen Parteien vermitteln oder sie wenigstens beherrschen könnte. Talleyrand hatte bereits mit seiner genialen Spürnase erahnt, wer dieser Führer sein würde. Schon in seiner ersten Woche im Amt schrieb er einen Brief an Bonaparte:

> »Ich habe die Ehre, Sie, General, davon in Kenntnis zu setzen, daß mich das Exekutivdirektorium zum Minister des Äußeren ernannt hat. In vollem Bewußtsein der hohen Verantwortung, die mein Amt mit sich bringt, gewinne ich Vertrauen aus der Erkenntnis, daß Ihr Ruhm jede Art von Verhandlungen, die ich anstreben muß, erleichtert. Allein der Name Bonaparte wird alle Hindernisse aus dem Weg räumen.
>
> Ich werde Sie sorgfältig von allem, was ich Ihnen nach Anordnung des Direktoriums vortragen muß, informieren, obwohl Ihr Ruhm, der so rasch die Neuigkeiten ihrer Leistungen verbreitet, mich des Vergnügens berauben wird, die Direktoren davon zu informieren, in welcher Weise Sie ihre Politik in die Tat umsetzen.«

Der Brief war in seiner Wirkung auf die Intelligenz und den Charakter des Empfängers zugeschnitten. Für jemanden ohne Ehrgeiz und ohne die Gabe der Feinsinnigkeit könnte er wie ein unterwürfiges

Anerkennungsschreiben eines neuen Ministers an den brillanten Heerführer des Direktoriums erscheinen. Aber Talleyrand traute diesem General, den er noch nie getroffen, von dem er aber schon so viel gehört hatte, noch vieles zu. »Bonaparte«, schrieb er, »... fürchtete eine Situation, in der er schutzlos den Gefahren ausgesetzt sein würde, die aus seinem Ruhm erwuchsen« – das heißt, die Eifersucht und Ränkespiele der fünf Männer, die seine Vorgesetzten waren. »Er war ehrgeizig genug, sich selbst an der Spitze zu sehen, aber war nicht so blind zu glauben, daß das in dem Frankreich seiner Zeit möglich wäre.«

Talleyrands versteckter Appell an Bonapartes Ehrgeiz, an dessen Bedürfnis, in Paris einen Verbündeten zu haben, der ihn »vor den Gefahren, die aus seinem Ruhm erwuchsen« schützte und, was besonders wichtig war, einen Informanten in den Kammern des Direktoriums zu haben, schlug ein. Die Antwort aus Italien kam prompt:

> »Die Entscheidung der Regierung, Sie als Minister des Auswärtigen zu benennen, spricht für ihr gutes Urteilsvermögen. Sie zeigt, daß Sie große Talente und einen reinen Bürgergeist besitzen, und daß Ihnen die Verirrungen, die die Revolution entehrt haben, fremd sind.

> Es würde mir schmeicheln, mit Ihnen Briefe zu wechseln, um Sie vom letzten Stand der Dinge zu informieren und Sie auch von meiner Wertschätzung und Achtung Ihrer Person zu überzeugen.«

Talleyrands Botschaft war angekommen und verstanden worden, wie die kluge und vorsichtige Reaktion zeigte. Die Lobpreisung von Talleyrands »reinem Bürgergeist« sollte die Annahme ausdrücken, daß Bonapartes Gefühle ebenso wie die des Außenministers auf der Linie der früheren Verfassunggebenden Versammlung und nicht auf seiten der Royalisten oder des Direktoriums waren. Der Hinweis auf die »Verirrungen, welche die Revolution entehrten« war eine deutliche Absage an die Politik der extremen Linken, der neuen Jakobiner. Talleyrand hatte recht behalten. Der brillante junge General war ein Mann der Mitte, wie er selbst auch. Darüber hinaus begrüßte er, wie Talleyrand ganz richtig vermutet hatte, die Anwesenheit eines verläßlichen Informanten und Verbündeten in Paris.

Die Vorteile eines solchen Arrangements für beide Seiten wurden rasch offenbar, als Frankreich in den Wochen nach Talleyrands Ernennung einem Bürgerkrieg nahe war. Gleichzeitig mit dieser Ernennung erfuhr man, daß die wegen der von den Royalisten begünstigten Ministern von Barras angeforderten Truppen unter General Hoche sich der Hauptstadt näherten. Am 18. Juli berichteten die beiden Abgeordneten, deren Aufgabe es war, auf die Einhaltung der verfassungsmäßig niedergelegten Vorrechte der Kammern zu achten, daß diese Regimenter, größtenteils Kavallerie, in La Ferté-Alais liegen würden, einem Ort, der bereits innerhalb des Radius zu liegen schien, wo der Verfassung nach ein weiterer Vormarsch verboten war, da die Unabhängigkeit der Räte dadurch bedroht sein könnte. Dies führte zu einem großen Aufruhr. Pichegru und seine Mitstreiter verlangten eine offizielle Erklärung von den Direktoren. Hitzige Diskussionen folgten, aus denen allenthalben der Tenor herauszuhören war, daß dieser Vorfall nur durch eine Anklage der beiden Kammern gegen die Direktoren Barras, Reubell und La Revellière geahndet werden könne. Pichegru schien sich mit Carnot geeinigt zu haben, wonach letzterer die Schuld für diese eklatante Verletzung der Verfassung auf seine Kollegen schieben sollte und damit eine Anklage möglich machen würde. In der Zwischenzeit hatte Pichegru formell eine Erklärung von den Direktoren verlangt. Als die Antwort am 20. Juli gegeben wurde, war dieser nur zu entnehmen, daß die bedrohliche Nähe der Truppen schlichtweg ein Irrtum sei. Es fiel allerdings auf, daß das Dokument von Carnot unterschrieben war. Gleichzeitig ging in Paris ein Brief Bonapartes ein, der beinhaltete, daß unter den Papieren eines Emigranten in Paris Papiere gefunden worden seien, die zwingend bewiesen, daß Pichegru in eine umfangreiche Verschwörung für die Wiederherstellung der Bourbonenherrschaft in der Person Ludwig XVIII.[4] verwickelt war. Carnot erklärte kurz darauf in einer öffentlichen Ansprache, daß er sich niemals für eine solche Sache hergegeben hätte.

Die rechtsstehenden Kräfte befanden sich nun in arger Verwirrung, was aber im Moment ohne besondere Bedeutung war, da es den Direktoren ebenso erging. Hoche, der seine Truppen verlassen hatte, um seinen Ministerstuhl in Paris einzunehmen, war wütend, als er erfuhr, daß Barras' Anordnung, die Truppen nach Paris zu führen, nicht von den anderen Direktoren gebilligt worden war, und so entzündeten sich bittere Streitigkeiten zwischen diesen beiden Männern. Dazu kam, daß die Führer der Rechten Hoches Ernennung mit Recht anfochten, da der General noch nicht das für einen Ministerposten vorgeschriebene Mindestalter von vierzig Jahren erreicht hatte. Die Ernennung wurde zurückgenommen, und Hoche kehrte zu seinen Truppen zurück. In der Zwischenzeit hatten die Räte ein Dekret erlassen, das den Royalisten sehr entgegenkam und die Abschaffung aller politischen Klubs, einschließlich dessen, dem Talleyrand angehörte, erwirkte.

Die politische Rechte, für den Augenblick durch diesen leichten Sieg beruhigt, gewährte den Direktoren nun eine kurze Verschnaufpause. Und das war genau das, was die Exekutive brauchte, um ihre Pläne durchzuführen. Es war mit Sicherheit vorauszusehen, daß der Fanatismus der Rechten, wie er von Pichegrus Engagement mit Ludwig XVIII. demonstriert wurde, irgendwann zu einem Staatsstreich führen würde, der gleichzeitig die Monarchie wiederherstellen und, was noch schlimmer war, erneut einen Terror, diesmal einen »weißen Terror«, bringen würde, dessen erste Opfer alle bekannten Königsmörder (unter ihnen Barras, Reubell, Carnot und La Revellière), wie auch die ehemaligen Mitglieder der Nationalversammlung und des Nationalkonvents sein würden. Unter diesen Umständen mußte etwas getan werden und zwar schnell.

Während die Direktoren in den Tagen nach Hoches Sturz vom Stuhl des Kriegsministers über ihren Plänen brüteten, kam eine weitere Botschaft von Bonaparte. Es war eher ein Manifest und eine Drohung als ein Bericht und war an die beiden Kammern gerichtet, die in dem Versuch, die Direktoren in Mißkredit zu bringen, sich beklagt hatten, daß Bonaparte in Italien mit Anarchisten jongliere. Das, in unmittelbarem Anschluß an die Entdeckung von Pichegrus Verrat, war zuviel. »Ich spreche im Namen von achttausend Soldaten«, donnerte Bonaparte von jenseits der Alpen, »und möchte Sie warnen, daß die Tage aus und vorbei sind, an denen erbärmliche Rechtsgelehrte und nichtswürdige Schwätzer tapfere Soldaten in unsinnige Gemetzel schicken konnten!« Eine ähnliche Botschaft, noch drohender im Ton, kam von Hoches Armee von der Sambre und der Maas. Als die Kammern sich bei den Direktoren über diese Drohungen beklagten, wurde ihnen kurz und bündig mitgeteilt, daß derartige Erklärungen von Militärs zwar illegal sein könnten, die darin zum Ausdruck kommende Absicht jedoch legitim sei.

Die Bühne war nun frei für die Konfrontation zwischen den Räten und den Direktoren – oder besser gesagt, für die Konfrontation der Bourbonenanhänger auf der einen Seite und Talleyrand und Bonaparte auf der anderen Seite. Denn der Minister des Äußeren schien das einzige Regierungsmitglied zu sein, das über die Entwicklung der Dinge nicht unbedingt bedrückt war. Madame de la Tour du Pin, die aus Albany nach Frankreich zurückgekehrt war, notierte in ihren Tagebuch die maßlose Unverschämtheit der Royalisten und

Talleyrands Reaktion darauf: »Die Leute hielten mich für lächerlich, wenn ich ihnen sagte, was ich bestimmt wußte: daß nämlich Herr von Talleyrand ganz genau über diese Verschwörung im Bilde war und sich ins Fäustchen lachte.«

Obgleich sich in Madame de la Tour de Pins Erklärung vielleicht ein bißchen zu viel Vertrauen in Talleyrand manifestierte, war es eine Tatsache, daß er die Situation bereits erfaßt und sich zu einem Kurs entschlossen hatte, der zum Schlag gegen die wachsende Macht der Rechten führen sollte. Darin war er sich mit Barras, La Revellière und sogar mit Reubell einig. Das Problem lag also nicht darin, eine Strategie zu finden, sondern den richtigen Mann für die Ausführung. Zunächst dachte man an Hoche. Doch dieser war ein ehrlicher Republikaner, ein einfacher, gradliniger, aufrichtiger Soldat, der für das politische Ränkespiel nicht viel übrig hatte. Ein rascher Briefwechsel zwischen Talleyrand und Bonaparte nannte den Namen eines Mannes, der für beide und für Barras akzeptabel war: General Pierre-François Augereau. Als eingefleischter Jakobiner und Aristokratenhasser – wir werden ihn später wieder unter dem Namen Herzog von Castiglione treffen – konnte man bei Augereau darauf vertrauen, daß er gegen jede royalistische Verschwörung, ob sie nun echt oder eingebildet war, gnadenlos vorgehen würde.

Die Ereignisse der ersten Septembertage des Jahres 1797 werden in den *Mémoires* mit nur wenigen Zeilen abgetan:

> »Eine Gruppe plante den Umsturz der derzeitigen Ordnung ... Als dies ruchbar wurde, ging man schnell gegen die Anführer vor, die innerhalb weniger Stunden fast alle festgenommen, der Verschwörung gegen die Regierung angeklagt, ohne Anhören verurteilt und kraft Gesetzes nach Cayenne deportiert wurden.«

So beschrieb Talleyrand die Ereignisse, die in Wirklichkeit der erste Staatsstreich seiner Laufbahn waren. Man schrieb nach dem Revolutionskalender den 18. Fructidor, Jahr V, nach Rechnung des übrigen Europa den 4. September 1797. Der *coup* ging nicht ausschließlich auf sein Konto. Es ist anzunehmen, daß er vom ganzen Triumvirat gutgeheißen, aber von Talleyrand und Barras geplant wurde. Sicher ist, daß die Einzelheiten der Durchführung von Talleyrand und Bonaparte stammten. Diese erste Zusammenarbeit beider Männer war beispielhaft für viele, die später folgen sollten; wenngleich die Kooperation der beiden Männer auch nicht immer so problemlos verlief, wie in diesem Fall, fuhr man nach dem Erfolgsmuster doch fort bis zum endgültigen Bruch der für Bonaparte im Exil und Tod endete und für Talleyrand weitere Macht unter der Restauration nach sich zog.

Der in Absprache mit Augereau, dem jetzigen Oberbefehlshaber des Militärdistrikts Paris, und mit seinem Freund Louis Chérin, dem Kommandaten der Garde des Direktoriums, besprochene Plan war einfach und wirkungsvoll. Im Morgengrauen des 18. Fructidor wurde Paris unter Kriegsrecht gestellt. Plakate verkündeten, daß eine »Anglo-royalistische« Verschwörung zum Sturz der Republik aufgedeckt worden sei, und daß deshalb jeder, der versuchte, die Monarchie oder die frühere Verfassung wiederherzustellen, ohne Gerichtsverfahren erschossen würde. Eine Gruppe von Abgeordneten protestierte vor den Tuilerien, wurde aber von Augereaus Truppen zerstreut. Die Führer der Rechten – Pichegru, Dominique Ramel und Amédée Willot waren nach der Proklamation des Kriegsrechts gefangengenommen worden. Die führerlos gewordenen Royalisten hatten auch keine Widerstandsstrategie parat. Barthélemy und Carnot, so hoffte man, würden sich durch Flucht retten und so der Regierung ihre peinliche Festnahme ersparen. Carnot tat dies auch, aber Barthélemy war aus weiß Gott welchem Grund in Paris geblieben und wurde deshalb festgenommen und in den Temple gebracht. Sofort annullierten die Barras-Anhänger die Wahlen, die so vielen Royalisten Zutritt zu den beiden Kammern gebracht hatten. [5] Um die Mittagsstunde des 19. Fructidor waren die Royalisten entweder im Gefängnis oder versteckten sich in Todesfurcht – die Regierung hatte die Situation unter Kontrolle. »Paris ist ruhig«, berichtete Talleyrand unmittelbar darauf an Bonaparte. »Augereau hat beste Arbeit geleistet. Man merkt, er hatte einen guten Lehrer. Einige Aufständische versuchten, den Ablauf des Geschehens zu stören, aber nach ein paar strengen Worten von Augereau zogen sie sich wieder in ihre Vororte zurück und ließen nichts mehr von sich hören.« Augereaus Bericht war entsprechend dem Naturell des Verfassers lakonisch: »General, meine Mission ist vollendet. Die Krise, die sich auszuweiten drohte, ging wie ein Fest vorbei.«

Talleyrand hatte den 18. Fructidor tatsächlich wie einen Feiertag verbracht. Er blieb zu Hause und spielte mit Freunden Karten. Jede Viertelstunde kam ein Bote und brachte die neuesten Meldungen. Jedesmal lächelte Talleyrand, gab aber keinen Kommentar, hörte nur aufmerksam zu, nickte und fuhr mit seiner Party Whist fort. Der Tag hielt keine Überraschungen für ihn bereit, und da er dies wußte, hatte er beschlossen, ihn angenehm mit Freunden zu verbringen.

Wenn Talleyrand nach diesem Staatsstreich gehofft hatte, er und Bonaparte würden an Stelle von Barthélemy und Carnot zu Direktoren ernannt, so wurde dieser Ehrgeiz enttäuscht. Barras, Reubell und La Revellière waren gerade einige unbequeme Amtskollegen losgeworden und wollten nun nicht so gerne neue Direktoren dazunehmen, die möglicherweise noch mehr Schwierigkeiten machen könnten. Sie besetzten deshalb die freigewordenen Plätze mit zwei politischen Nullen, François de Neufchâteau, einem Dichter, und Merlin de Douai, einem Rechtsgelehrten. Zwar war es eine Enttäuschung für Talleyrand persönlich, aber sonst kein großes Unglück. Das Direktorium, soviel wußte er, war nicht zu neuem Leben erweckt. Es hatte lediglich einen Aufschub vor dem Tod bekommen, einen Aufschub, der nur bis zu dem Moment dauern würde, in dem das »Zusammenwirken von Ereignissen« ein fähigeres Regime auf die Beine würde stellen können. »Man muß gewillt sein, zu handeln«, kommentierte er Jahre später, »nicht um sich unwürdigen Männern und Ereignissen zur Verfügung zu stellen, sondern um diese Männer und Ereignisse dazu zu benützen, daß die Zukunft besser wird als die Gegenwart.«

Es scheint, daß Talleyrand und Bonaparte zur Zeit des 18. Fructidor einen Grad an gegenseitigem Vertrauen erreicht hatten, der es ihnen erlaubte, die inneren Gefühle des anderen zu erahnen. Bonapartes Briefe nach Paris waren, wie Talleyrand bemerkte, »sehr sorgfältig in der Wortwahl, und man konnte zwischen den Zeilen lesen, daß er von nun an in einer anderen Rolle gesehen werden wollte, als in der, die er bis jetzt auf der Bühne des öffentlichen Lebens gespielt hatte«. Während er Talleyrand über die Friedensverhandlungen mit Österreich informierte, legte er offen sein gesamtes politisches Konzept dar, das seine Unzufriedenheit mit der lückenbüßerischen und deshalb ungenügenden Natur des Direktoriums ausdrückte: »Trotz der hohen Meinung, die wir Franzosen von uns selbst haben«, schrieb er, »sind wir Amateure in der politischen Arena. Wir verstehen bislang noch nicht einmal den Unterschied zwischen der Exekutiv-, der Legislativ- und der Justizgewalt. In einem Staat wie dem unseren, wo alle Autorität von der Nation ausgeht, wo das Volk der Herrscher ist, muß die Regierung als Vertretung des Volkes betrachtet werden und im Einklang mit der Verfassung handeln.« Nachdem er es gewagt hatte, seine Unzufriedenheit mit den Direktoren zum Ausdruck zu bringen, lüftete Bonaparte eine Woche später den Schleier noch ein bißchen mehr. »Unsere Handlungen müssen von gesunder Politik bestimmt sein, und eine solche Politik resultiert ausschließlich aus der gesunden Beurteilung von Chancen. Wenn wir uns danach richten, dann werden wir für lange Zeit die größte Nation und der Schiedsrichter Europas sein.« Derartig ehrgeizige Ambitionen mag man persönlich oder national sehen, Bonapartes Schlußsatz ließ jedoch bei Talleyrand keinen Zweifel an dem Gehalt des Schreibens oder an der Rolle, die Bonaparte selbst und Talleyrand bei solchen Ereignissen spielen könnten. »Heute mag dies wie die vagen Erwartungen eines schwärmerischen Fanatikers klingen, doch wir haben die Mittel in unseren Händen, und sollte das Schicksal es gut mit uns meinen, dann könnte sich in wenigen Jahren Bedeutsames tun. Ein kühler, hartnäckiger und weitsichtiger Mann wird wissen, wie er dies in die Tat umsetzen kann.«

Bonaparte wußte, daß er den Mann gefunden hatte, der seine ehrgeizigen Pläne verstand und »sie in die Tat umsetzen« konnte. Bis zum italienischen Feldzug war er nur ein Soldat gewesen, wenn auch ein sehr tüchtiger. In Italien zwangen ihn jedoch die Umstände, auch als Unterhändler, Staatsmann und Herrscher zu fungieren. Auf sich gestellt entschied er über Krieg oder Frieden, zerstörte alte Fürstentümer und schuf neue. Herrscher behandelten ihn wie ihresgleichen. Bei seinen Entscheidungen wurde Paris nicht konsultiert, es wurde lediglich informiert. In Mailand, dem Sitz seines Hauptquartiers, hatte er sich einen Hof geschaffen, an den Vertreter der ältesten italienischen Familien kamen, um Gunst und Nachsicht des Eroberers zu erlangen. Er posierte als der Befreier Italiens, versprach dem Volk die Segnungen der Revolution und wollte Republiken aufbauen, deren Verfassungen seine Versprechen erfüllen sollten. Die Italiener zollten ihrem Befreier zumindest vorerst noch Beifall. Nachdem er derart auf den Geschmack der Macht gekommen war, würde sich Bonaparte, wie Talleyrand wußte, nie mehr damit zufriedengeben, nur die Befehle einer weitentfernten Regierung auszuführen, besonders einer Regierung wie das Direktorium, auf das man, wie Bonaparte seinen Mitgenerälen gegenüber äußerte, nur »pissen konnte«.

Es war durchaus im Sinne Talleyrands, daß Bonaparte nach Macht strebte. Die »vagen Erwartungen« des Generals waren auch nicht phantastischer als Talleyrands eigene Vorstellungen. Es bedurfte schon einer herkuleischen Anstrengung, Frankreich wieder zur dominierenden Macht in Europa zu machen und wieder in die europäische Familie zu integrieren. Das Direktorium war diesen Anstrengungen nicht gewachsen, ein Bonaparte und ein Talleyrand brächten jedoch zusammen genügend Energie und den entsprechenden Genius auf, diese Aufgabe zu vollbringen. Vom Beginn seiner Beziehung zu Bonaparte an sah Talleyrand, daß sich sowohl für ihn wie auch für Frankreich ruhmreiche Wege in die Zukunft eröffneten. Das alte Bürgertum des *Ancien Régime* und das neue Bürgertum der Revolution hatten nun rechte und linke Kräfte besiegt. Gleichzeitig stieg ein Stern am Himmel Frankreichs auf, der die Hoffnungen und Wünsche jenes Bürgertums zu verkörpern schien. Dies war das »Zusammenwirken von Ereignissen«, von dem Talleyrand gesprochen hatte und das früher als erhofft wahr geworden war. Dies war auch der Beginn einer Reihe von »Kombinationen und Chancen«, die Bonaparte als Grundlage einer brauchbaren Politik ansah.

Talleyrand war vielleicht der erste Mensch außerhalb Bonapartes eigener Familie, der erkannte, daß der General mehr als ein gewöhnlicher Soldat und von unendlich komplexer Natur war. Deshalb machte er sich eilends daran, seine eigenen Geschicke mit denen Bonapartes zu verknüpfen. Auf den ersten Blick weiß man nicht recht, was den beiden Männern gemeinsam war, das eine solche Beziehung lebensfähig oder sogar möglich machte. Talleyrand stammte aus alten, aristokratischen Traditionen Frankreichs, während Bonaparte aus einer verarmten Familie von dubioser Adeligkeit kam und auf einer fernen und unwegsamen Insel aufgewachsen war, die nur für ihre Banditen und die Armut ihrer Bewohner bekannt war. Talleyrand war nach außen hin kühl, reserviert, zurückhaltend. Die tragischsten und bestürzendsten Ereignisse konnten ihm bestenfalls einige Worte entlocken, bevor er sich wieder mit einer Schicht Eis umgab. Diese Rolle hatte er für sein Verhalten im öffentlichen Leben für gut befunden, und er gab sie nur in seinen persönlichen Beziehungen bis zu einem gewissen Grad auf. Bonaparte jedoch war ein Mann mit feurigen Leidenschaften, impulsiv, oft willkürlich in seinem Urteil und unberechenbar selbst gegenüber seinen engsten Mitarbeitern. Er vermittelte den Eindruck eines Vulkans, der ständig am Ausbrechen war. Darüber hinaus gingen die Unterschiede zwischen diesen beiden Männern auch noch tiefer. Talleyrand lebte für das Vergnügen – für die Vergnügungen, die ihm die Macht bringen konnte, und für die, die er mit Geld zahlen konnte. Er liebte Gesellschaften mit anregender Unterhaltung. Macht war nur ein Mittel, ein Werkzeug, das zum Wohle Frankreichs und zum Frieden in Europa gereichen sollte, aber auch zum eigenen Nutzen als Mittel zum Vergnügen. Aus dieser Perspektive wurde Politik hauptsächlich zur »Wissenschaft des Möglichen« – zur Kunst, mit dem geringstmöglichen Aufwand das bestmögliche Ergebnis zu erreichen. Bonaparte jedoch sah Macht und Ruhm als

Zweck seines Daseins, und das Streben nach diesen Zielen stand über allen politischen und moralischen Erwägungen. In seinem Größenwahn existierte der Unterschied zwischen Möglichem und Unmöglichem nicht und konnte auch nicht existieren. Diese grundverschiedenen Ansichten allein hätten genügt, um Talleyrand und Bonaparte verschiedene Wege gehen zu lassen. In diesem Stadium ihrer beider Beziehungen war jedoch jeder das, was der andere gerade brauchte, und diese Überlegung reichte aus, gegenseitiges Vertrauen und Sinn für Zusammenarbeit zu schaffen. Bonaparte war auf militärischem Gebiet ruhmreich. Mit achtundzwanzig Jahren hatte er Italien erobert und Österreich in die Knie gezwungen. Dafür hatte sein Degen ausgereicht. Aber er hatte auch politische Ambitionen, und für deren Verwirklichung brauchte er die Hilfe Talleyrands, eines Staatsmanns und Politikers von erprobtem Können und Diskretion. Talleyrand seinerseits sah in Bonaparte den Mann, der sowohl die Mittel wie auch den Willen aufzubringen vermochte, um in Frankreich Ordnung zu schaffen und in Europa den Frieden wiederherzustellen. Das Zusammentreffen von Talleyrand und Bonaparte in der Geschichte war ein Zufall mit Seltenheitswert, nämlich das Zusammenfließen von sich ergänzenden Kräften im Augenblick der besten Gelegenheit. Beide erkannten dies und beide waren entschlossen, sie zu nützen.

Der Briefwechsel zwischen Talleyrand und Bonaparte während der letzten Monate des Jahres 1797 nach dem *coup* vom 18. Fructidor war nicht mehr der eines Außenministers mit einem siegreichen General im Feld, sondern der zweier Männer, die die gleiche Sache verband, die vom gleichen Ehrgeiz beseelt und deshalb auch nachsichtig in bezug auf die Fehler des anderen waren. Bonaparte verhandelte damals wegen des Vertrags von Campo Formio mit Österreich, und Talleyrand, der wußte, daß sein Briefpartner nicht der Mann war, der sich Anordnungen einer fernen Regierung unterwarf, offerierte ihm nur Rat und nicht Befehle. »Wenn wir den Rhein als Grenze haben«, schrieb er, »und wenn Venedig nicht in österreichische Hände fällt, dann haben wir einen Frieden, der eines Bonaparte würdig ist.« Als dann aber Bonaparte aus eigenem Gutdünken und gegen den Wunsch Talleyrands und der Direktoren Venedig den Habsburgern auslieferte, sah der Außenminister keinen Sinn darin, gegen ein *fait accompli* loszuwettern. Die Direktoren getrauten sich nicht, gegen die hochfliegenden Pläne ihres Generals zu protestieren, geschweige denn, ihn zu kritisieren, und Talleyrand hielt es seinerseits nicht für angebracht, so etwas zu tun. »Sie haben den Friedensvertrag abgeschlossen«, schrieb er, nachdem die Nachricht von Campo Formio bekannt wurde, »und es ist ein einem Bonaparte würdiger Friede. Meine aufrichtigsten Glückwünsche! Worte genügen nicht, das auszudrücken, was ich momentan fühle. Die Direktoren sind zufrieden. Das Volk ist entzückt. Vielleicht empört man sich in Italien (über Venedig), aber das soll uns nicht stören ...«

Bonapartes Auslieferung Venedigs entgegen Talleyrands Anraten – »wir sind nicht in Italien, um mit Staaten zu handeln«, hatte er geschrieben – war trotz allem so etwas wie ein Schlag. Talleyrand kannte die Macht der öffentlichen Meinung, und während er vollends gewillt war, sie im Hinblick auf sein privates Leben völlig außer Acht zu lassen, hätte er immer gezögert, so etwas auf dem politischen Sektor zu tun. Bonapartes Handlungsweise, die dem Zweck diente, in anderen Teilen Europas territoriale Konzessionen von Österreich zu erlangen, zerstörte das bis dahin so sehr gepflegte Image von Frankreich als Befreier und stellte es in den Augen Italiens und ganz Europas auf die Stufe der autokratischen Staaten, deren Diplomatie von einer Bereitschaft und einer Gier »mit Staaten zu handeln« charakterisiert war. Eine derartige Entscheidung war kompromittierend für Frankreichs wahre Interessen und wirkte auf die Beteiligten beunruhigend. Ebenso beunruhigend war der Ehrgeiz, Frankreichs Territorium zu vergrößern, dem sich Talleyrand immer widersetzt hatte. »Wir haben jetzt gelernt«, schrieb er im Jahre 1792, »daß die einzig wahre, nutzbringende und vernünftige Überlegenheit freier und aufgeklärter Menschen ist, daß man Herr seines eigenen Staates ist und nie den lächerlichen Anspruch erhebt, Herr anderer Völker zu sein.« Diesem Grundsatz blieb Talleyrand sein Leben lang treu, und es muß ihn betrübt haben, zu erkennen, daß sein neuer Mitstreiter sich von Anfang an so großzügig darüber hinwegsetzte. Talleyrand dachte an die Wiederherstellung der Ordnung und die Aufrechterhaltung des Friedens. Bonaparte träumte von Eroberungen und der Ausweitung der französischen Grenzen. Doch es war wie bei den Direktoren nötig, »sich diese Männer und diese Ereignisse zunutze zu machen, damit die Zukunft besser als die Gegenwart werde«. Deshalb schluckte er seine Enttäuschung und vielleicht seinen Stolz hinunter, denn Bonaparte hatte seinen Besuch in Paris angekündigt, und Talleyrand war entschlossen, auch nicht den leisesten Schatten einer Meinungsverschiedenheit verdunkelnd auf die erste Begegnung mit dem Mann fallen zu lassen, der den Degen in der Hand hielt, den Frankreich und Talleyrand brauchten.

Bonaparte kam am 5. Dezember 1797 in Paris an und begab sich sofort in Josephines Haus in der Rue Chantereine, die das dankbare Direktorium bald darauf zu Ehren des prominenten Bewohners in Rue de la Victoire umbenennen ließ. Noch am gleichen Abend – er war um fünf Uhr Nachmittag angekommen – ließ er durch einen Boten anfragen, ob Talleyrand ihn am nächsten Morgen empfangen könnte, und dieser vereinbarte die Zusammenkunft für den folgenden Tag um elf Uhr. Madame de Staël konnte es kaum erwarten, den phänomenalen General, den Held der Stunde, kennenzulernen. Talleyrand, der zu dieser Zeit noch gut mit ihr stand, teilte ihr als kleine Abzahlung auf seine Dankesschuld für ihre Intervention zu seinen Gunsten wenige Monate zuvor unverzüglich die Tatsache mit und lud sie ein, Bonaparte kennenzulernen. »Um 10 Uhr fand sie sich in meinem Wohnzimmer ein«, berichtet Talleyrand. »Es waren auch noch andere Personen da, die die Neugier in mein Haus getrieben hatte. Ich erinnere mich an Bougainville.

Als der General angekündigt wurde, ging ich ihm entgegen. Auf unserem Weg durch das Zimmer stellte ich ihm Madame de Staël vor, doch hatte er mehr Aufmerksamkeit für den Forschungsreisenden Bougainville, als für die schreibende Dame ...« Dies war die erste der vielen schmerzlichen Zurückweisungen, die sie von ihm hinnehmen mußte und die ihm schließlich ihre erbitterte Feindschaft eintrugen.

Talleyrands *Mémoires* geben nur fragmentarisch Aufschluß über dieses erste Zusammentreffen. Es scheint jedoch, daß der erste Eindruck ein positiver war: »Auf den ersten Blick bezauberte mich sein Gesicht. Der Ruhm paßt ja so trefflich zu jungen Jahren, zu schönen Augen, zu anziehender Blässe und einem Ausdruck der Müdigkeit. Wir gingen in mein Studierzimmer. Unser erstes Gespräch war von seiner Seite aus ganz vertraut. Er sprach in freundlichen Worten von meiner Ernennung zum Minister des Äußeren und beschreibt überzeugend die Freude, die ihm der Briefwechsel mit jemandem gemacht habe, der so anders als die Direktoren ist.« Dann machte er einen Versuch, die gegenseitigen Beziehungen auf eine persönlichere Basis zu stellen, als ob er von Talleyrands Name und Ruf ein wenig eingeschüchtert wäre. »Fast ein wenig abrupt«, erinnert sich Talleyrand, »sagte er zu mir: ›Sie sind der Neffe des Erzbischofs von Reims, der bei Ludwig dem Achtzehnten ist‹. (Er sagte nicht ›beim Grafen von Lille!‹)[7] Dann fügte er hinzu, ›Ich habe auch einen Oheim, der in Korsika Erzdechant ist. Er hat mich erzogen. In Korsika, müssen Sie wissen, ist ein Erzdechant dasselbe, wie in Frankreich ein Bischof.‹«

Nach diesem ersten Meinungsaustausch kehrten Talleyrand und

Bonaparte in das Wohnzimmer zurück, das jetzt voller Besucher war. Sodann ging man zusammen, den Direktoren die Aufwartung zu machen. »Das Zögern und die Eifersucht der Direktoren verärgerten Bonaparte etwas«, bemerkte Talleyrand. Zweifellos wäre Talleyrand aber erstaunt gewesen, wenn Barras und seine Amtsgenossen anders reagiert hätten. In einem Moment, in dem niemand an den Direktoren ein gutes Haar lassen wollte, wurde Bonaparte zum Idol der Stadt. »In ganz Paris hörte man nur diesen Namen«, schrieb Hortense de Beauharnais, Josephines Tochter. »Die Leute drängten in solchen Massen, um dem ›Eroberer Italiens‹ zuzujubeln, daß die am Eigangstor des Hauses in der Rue de la Victoire stationierten Wachposten ihre liebe Mühe hatten, die Menschen zurückzuhalten.« Doch sowohl Talleyrand wie auch Bonaparte hatten bereits zu viele Erfahrungen mit »dem Volk« gemacht, als daß sie sich noch irgendwelche Illusionen bezüglich der Unterstützung durch das Volk machten. Die Zeit des Direktoriums, das durch Augereaus Intervention noch einmal gestützt worden war, war noch nicht abgelaufen, und jeder Versuch, es aufzulösen, wäre zu diesem Zeitpunkt voreilig gewesen. »Bah«, sagte Bonaparte, »das Volk würde ebenso zusammenströmen, wenn ich zur Guillotine gehen würde.« Um eben diese Möglichkeit auszuschließen, legten Talleyrand und Bonaparte während des Aufenthalts in Paris großen Wert darauf, Bonapartes Siege nicht überzubetonen, sondern seine Bescheidenheit und seinen Mangel an Ehrgeiz in den Vordergrund zu stellen. Für den 10. Dezember hatte Talleyrand einen offiziellen Empfang vorbereitet, in dem Bonaparte den Direktoren und dem Volk vorgestellt werden sollte. Über den Mann, der da in einer einfachen Uniform vor der Menge stand, sagte Talleyrand: »Von Furcht vor seinem etwaigen Ehrgeiz weit entfernt, fühle ich, daß vielleicht eine Zeit kommen wird, in der wir es für nötig erachten werden, ihn aus seiner Studierklause herauszuholen.« Mit Wohlwollen registrierte man, daß der Außenminister den General während seiner ganzen Rede stets nur »Bürger Bonaparte« nannte. Der General hatte Talleyrands Taktik sehr wohl verstanden und vermied öffentliche Auftritte. Er ging kaum außer Haus und lud auch nur einen kleinen Kreis von Verwandten und Freunden zu sich ein. Bei den wenigen Gelegenheiten, wie zum Beispiel im Theater, bei denen man ihm zujubeln konnte, zog er sich in den Hintergrund seiner Loge zurück, um nicht gesehen zu werden. Der Plan schien Erfolg zu haben. Am 20. Dezember berichtete der *Moniteur*, daß »Bonaparte im Haus seiner Frau in der Rue Chantereine wohnt, das klein, bescheiden und unprätentiös ist. Er geht selten aus und wenn, dann fährt er alleine in einem von zwei Pferden gezogenen Wagen. Häufig geht er in seinem kleinen Garten spazieren.«

Einer seiner seltenen öffentlichen Auftritte war ein prachtvolles Fest, das Talleyrand im Hôtel Galliffet, seiner offiziellen Residenz in der Rue du Bac, zu Ehren von Madame Bonaparte gab. Die Festivität war ursprünglich für den 25. Dezember geplant. Aber da Josephine sich auf dem Weg zwischen Moulins und Paris verspätete, mußte alles auf den 3. Januar 1798 verschoben werden. Hunderte von Bäumen, Büschen und Blumen, mit denen die Residenz geschmückt worden war, mußten in der Zwischenzeit dreimal erneuert werden. »Ich scheute weder Kosten noch Mühen, das Fest so prachtvoll und glänzend wie nur möglich zu gestalten«, gestand Talleyrand, »dabei hatte ich mit einigen Schwierigkeiten von seiten der Frauen der Direktoren zu kämpfen.« Um 10 Uhr traf Napoleon ein, und die 500 Gäste verstummten, als das Orchester zu einer neuen Quadrille, der Bonaparte, ansetzte.

Madame de Staël war ebenfalls unter den Gästen und legte es natürlich darauf an, Bonaparte in die lange Reihe ihrer Günstlinge einzureihen. Da der General ununterbrochen von einer Menschenmenge belagert war, wandte sie sich an einen gemeinsamen Freund, Vincent Arnault, und bat ihn, mit ihr zum General zu gehen. Arnault, der von Bonapartes Abscheu vor gelehrten Damen wußte, versuchte, sie davon abzubringen, aber sie wollte nicht auf ihn hören. Sie nahm ihn beim Arm und stand schließlich Bonaparte gegenüber. Arnault erinnerte sich so an diese Szene:

> »Sofort bildete sich eine Menschenmenge, die sich das Zusammentreffen dieser beiden illustren Protagonisten nicht entgehen lassen wollte, als ob es ein Treffen zwischen der Königin von Saba und König Salomon wäre. Nachdem sie ihm klargemacht hatte, daß sie ihn für den bedeutendsten Zeitgenossen hielt, ließ sie sich auch nicht von seiner Feindseligkeit und der Reserviertheit, die ihm anzusehen und anzuhören war, beeindrucken und plagte ihn mit Fragen:
>
> ›Wer ist die Frau, General, die Sie am meisten lieben?‹
>
> ›Meine Frau, Madame.‹
>
> ›Ja natürlich, aber wer ist die Frau, die Sie am meisten bewundern können?‹
>
> ›Die, die am besten haushält.‹
>
> ›Sehr gut. Aber welche Frau halten Sie unter allen Frauen am bemerkenswertesten?‹
>
> ›Diejenige, die die meisten Kinder gebiert.‹«

Diesmal war der General davongekommen. Er verbeugte sich, küßte Germaines Hand und zog sich von der Gruppe zurück.

Darüber sprach ganz Paris, und Germaine fühlte sich zutiefst erniedrigt. Sie konnte nicht verstehen, daß ihr Geist zwar Männer wie Talleyrand, Narbonne und Benjamin Constant anzog, Bonapartes Leidenschaften jedoch ganz anders geartet waren. Josephines hübsches Gesicht und ihr hohler Kopf waren genau das, was er wollte. Sie konnte auch nicht begreifen, daß sie durch ihre erzwungene Annäherung an Bonaparte, durch die sie diese Zurückweisung praktisch herausgefordert hatte, Talleyrand in die Lage brachte, sich zwischen ihr und Bonaparte zu entscheiden. Es ist nicht schwer zu erraten, wie seine Wahl ausfallen würde.

In seiner Berichterstattung über Bonapartes Besuch in Paris schrieb Talleyrand, daß man den Direktoren die Eroberung Ägyptens vorgeschlagen habe. Gewiß hatten Talleyrand und Bonaparte diese Angelegenheit in ihrem vorausgehenden Briefwechsel bereits erörtert. »Warum sollten wir uns nicht Malta sichern?« hatte Bonaparte gefragt. »Wenn uns Malta und Korfu gehören, gehört uns das Mittelmeer. Wenn wir schon England nicht vom Kap verdrängen können, müssen wir Ägypten einnehmen.« Talleyrand hatte ja bereits in seinem Bericht für das Institut über »die Vorteile aus der Gründung neuer Kolonien« eben diese Ideen angedeutet. Er hatte nach Erhalt von Bonapartes Brief im Oktober 1797 den Direktoren den Vorschlag mit dem Kommentar nähergebracht, daß dieses Unterfangen, für das ein Führer nicht unbedingt größtes militärisches Talent bräuchte, Frankreich enorme kommerzielle Vorteile bringen würde. Es scheint, daß Talleyrand zwar für die Einnahme Ägyptens war, jedoch nicht auf Bonapartes Anwesenheit in Europa verzichten wollte. Die Direktoren hatten damals weder zugestimmt noch abgelehnt, und Bonapartes Besuch stand sicherlich in irgendeinem Zusammenhang mit diesem Projekt. Nachdem er Italien unterworfen, es nach seinen Vorstellungen umorganisiert und Österreich den Frieden aufgezwungen hatte, strebte er nach einem neuen Betätigungsfeld. Die Direktoren boten ihm zunächst den Oberbefehl über die England-Armee an, was er mit der Begründung ablehnte, daß die Erfolgschancen zu gering seien, um eine Invasion dieses Landes zu rechtfertigen. Als Alternative schlug er vor, einen lebenswichtigen Nerv Englands anzugreifen, nämlich die Handelslinie nach Indien. Aus diesem Grund hielt er die Eroberung Maltas und Ägyptens für unumgänglich.

Talleyrand schlug diesen Plan den Direktoren am 5. März 1798 nach sieben Tagen und Nächten von Vorbereitungsgesprächen mit

Bonaparte vor. Nachdem er sich über die Vorteile einer Kolonie an der gegenüberliegenden Seite des Mittelmeers ausgelassen hatte, legte er dar, daß Ägypten zwar nominell Teil des türkischen Reichs sei, in Wirklichkeit aber niemandem gehöre, da der Sultan praktisch keine Macht über dieses Land hat. Würde Frankreich die Sache nicht für sich entscheiden, so könnte man sicher sein, daß das Österreich oder Rußland tun würden, und damit wäre eine Vorherrschaft Frankreichs im Mittelmeerraum praktisch nicht mehr möglich. Man dürfe auch nicht vergessen, daß die mameluckischen Beis, die über Ägypten als feudale Kriegsherren herrschten, französischen Händlern unzumutbare Schwierigkeiten bereiteten, wodurch eine französische Intervention jederzeit vertretbar wäre. Die Direktoren berieten sich und stimmten zu. Der Ägypten-Feldzug sollte zu Anfang des Sommers beginnen und unter dem Oberbefehl Bonapartes stehen.

Die Gründe, warum die Direktoren Bonaparte liebend gern nach Ägypten schickten, sind nicht schwer zu erraten. Der General war auf beängstigende Weise populär, und so würde er samt seinen nicht minder gefährlichen Veteranen aus Italien – die ihn fast alle nach Ägypten begleiten würden – an den Ufern des Nils auf denkbar bequeme Weise aus dem Weg sein. Darüber hinaus konnte das Direktorium in den Jahren 1796 und 1797 den Staatsbankrott nur durch die umfangreiche Kriegsbeute, die Bonaparte in Italien gemacht und bis aufs letzte Stück nach Paris geschickt hatte, verhindern. Nun hoffte man, daß sich Ägypten als ebenso profitabel erweisen würde. Talleyrands Motive sind allerdings nicht so leicht zu durchschauen. Joseph Fouché behauptete später, daß Talleyrand Bonaparte einfach loswerden wollte und den ägyptischen Feldzug als »brillantes Exil« ansah. Es sollte noch eine Zeit kommen, in der Talleyrand wirklich einen bequemen Weg herbeiwünschte, Bonaparte loszuwerden, doch noch war es nicht so weit. Der Außenminister hatte durch die lange Abwesenheit seines Kollaborateurs alles zu verlieren und nichts zu gewinnen. Nach Bonapartes Schätzung würde der Feldzug zwischen sechs Monaten und sechs Jahren dauern. Talleyrands Grund, sich trotzdem für die Unternehmung einzusetzen, war viel komplexer. Seine Aufgabe als Außenminister war – seinen eigenen Worten nach –, »für Frankreich wieder die Aufnahme in die ratgebende Versammlung Europas zu erwirken«. Mit einem von Frankreich in die Knie gezwungenen Italien, einem ruhmlos geschlagenen Österreich, einem von Invasionshysterie aufgewühlten England und einem Eroberer wie Bonaparte, der eben zu einem neuen Schlag ausholte, den man bestenfalls erahnen konnte, war Frankreich bei den konservativen Europäern ebensoweit von der Anerkennung entfernt wie zur Blütezeit des Nationalkonvents. Die Ablehnung wurde noch vertieft, als Bonaparte die europäischen Regime in Angst und Schrecken versetzte, indem er Italien nicht nur eroberte, sondern auch noch die Herrschaft alter Dynastien nach französischem Vorbild beschnitt und die Staatsgewalt dem Volk übertrug. So waren im nördlichen Teil der Halbinsel die Cisalpine und die Transpadanische Republik entstanden. Wenn Europa Frieden haben wollte und Frankreich nach einer Möglichkeit suchte, im Lande die Ordnung wiederherzustellen, dann mußten die Gemüter der Herrscher beruhigt werden. Und die wirkungsvollste Art, dies zu erreichen, war, den Mann aus dem Rampenlicht zu nehmen, der eine dauernde Bedrohung der europäischen Monarchien bedeutete. Der preußische Gesandte in Paris, Sandoz Rollin, ein Freund Talleyrands, berichtete nach Berlin, daß der Außenminister ihm in aller Vertraulichkeit den wahren Grund für den Ägypten-Feldzug mitgeteilt hätte: »... um die französische Regierung und die militärischen Streitkräfte von jenen revolutionären Ideen abzulenken, die in Europa solches Aufsehen erregten. Denn das Konzept einer weltumfassenden Republik ist ebenso unmöglich wie das Konzept einer weltumfassenden Monarchie.«

Mitte Mai stattete Bonaparte, bevor er von Toulon aus in See stach, Talleyrand einen Abschiedsbesuch ab. Er fand den Außenminister krank im Bett liegend vor. Bei seinem Abschied brachte der General plötzlich und unvermutet hervor, daß er keinen Franc besitze und nicht wüßte, wovon er in den paar Tagen, die ihm noch in Paris verblieben, leben solle. Talleyrand, der völlig bestürzt darüber war, daß der Eroberer Italiens, der die Schatzkammer der Regierung und die Taschen der Direktoren so generös gefüllt hatte, es versäumt hatte, für sich selbst zu sorgen, sagte: »Öffnen Sie meinen Schreibtisch und Sie finden darin 100 000 Franc. Nehmen Sie sie und zahlen Sie mir das Geld zurück, wenn Sie zurückkehren.« »Daraufhin«, erinnert sich Talleyrand, »warf er seine Arme um meinen Hals. Ich war sehr bewegt, seine Freude zu sehen.«[8]

Bonaparte stach mit einer 50 000 Mann starken Armee im 19. Mai 1798 in See. Vor seiner Abreise hatten die beiden noch Talleyrands Verhalten während Bonapartes Abwesenheit besprochen und waren zu einer Lösung gekommen, die allerdings Talleyrands Rücktritt als Minister voraussetzte.

»Ich hatte festgestellt, daß ich zu diesem Zeitpunkt nur wenig Übel verhindern und kaum Positives erwirken konnte [erklärte

Talleyrand]. Mein Rücktrittsplan hatte mich gewisse Vorkehrungen treffen lassen. Ich hatte General Bonaparte von meinem Entschluß vor seiner Abreise nach Ägypten in Kenntnis gesetzt. Er akzeptierte meine Gründe voll und machte seinen Einfluß bei den Direktoren für mich geltend, um meine Ernennung zum Gesandten in Konstantinopel zu erwirken, für den Fall, daß man mit dem Sultan zu einer Einigung kommen würde.«

Bonaparte erinnerte sich an diese Szene etwas anders:

»Man war mit den Direktoren und Talleyrand übereingekommen, unmittelbar nach der Einschiffung der Expeditionsarmee nach Ägypten Verhandlungen mit dem Sultan über diese Unternehmung anzustreben. Talleyrand sollte der Unterhändler sein, und es wurde beschlossen, daß er *vierundzwanzig Stunden, nachdem das Expeditionskorps den Hafen von Toulon verlassen hatte, nach Konstantinopel abreisen sollte.* Dieses Versprechen, ausdrücklich verlangt und positiv zugesagt, wurde nicht gehalten. Talleyrand ging weder nach Konstantinopel, noch gab es Verhandlungen.«

Sicherlich hatte Talleyrand versprochen, sich sofort nach Konstantinopel zu begeben, um die französische Invasion in Ägypten dem Sultan gegenüber zu rechtfertigen und damit wenn möglich einer türkischen Intervention entgegenzuwirken. Und ebenso sicher hatte er seine Zusage nicht gehalten. Es gibt viele Theorien, warum sich Talleyrand zu diesem Treuebruch hat hinreißen lassen. Die bekannteste Auffassung und zugleich die, die zumeist in die Geschichtsbücher einging, besagt, daß Talleyrands Unterlassungssünde ein bewußter und geplanter Treuebruch war. Diese Erklärung gab natürlich auch Bonaparte selbst zwanzig Jahre später, von Niederlage und Verbannung zutiefst verbittert. Aber gerade diese Erklärung hat die wenigsten Argumente. Es gibt weder ein ernsthaftes Motiv für den Treuebruch noch einen Beweis dafür. Es gibt jedoch genügend Beweise dafür, daß Talleyrand daran gehindert wurde, nach Konstantinopel zu gehen. Zunächst einmal wurde die *Badine,* das Schiff, das Bonaparte von Malta geschickt hatte, um Talleyrand nach Konstantinopel zu bringen, von den Engländern auf dem Weg nach Toulon gekapert. Wichtiger war jedoch, daß unmittelbar nach Bonapartes Abreise sich die innere und äußere Situation Frankreichs alarmierend verschlechterte. Talleyrand war, wie einige seiner Zeitgenossen höhnisch bemerkten, kaum Herr der Lage, und eine Selbstentsendung an eine weit entfernte Gesandtschaft schien in einem Augenblick völlig ausgeschlossen, in dem Frankreich ernsthafte Kriegsgefahr nicht nur von England, sondern auch von Rußland und jetzt auch wieder von Österreich drohte. Die Direktoren, insbesondere Barras, hätten dazu niemals ihre Einwilligung gegeben. Wägt man nun den Wahrscheinlichkeitsgehalt aller denkbaren Möglichkeiten ab, so scheint die simple Erklärung für »Talleyrands Treuebruch« ganz einfach die zu sein, daß ihm entweder die Umstände oder die Direktoren nicht erlaubten, sich nach Konstantinopel einzuschiffen. Es gab wichtige unerledigte Dinge in Frankreich zu tun, und Talleyrand war der am meisten qualifizierte Mann dazu.

Ein großer Teil der unerledigten Aufgaben bezog sich auf die Vereinigten Staaten, deren Beziehungen zu Frankreich sich derart verschlechtert hatten, daß man mit einer Kriegserklärung rechnen mußte. Bereits 1793 war es auf See immer wieder zu Feindseligkeiten mit den Schiffen des Direktoriums gekommen. Rotbemützte Schurken, die sich als Jakobiner ausgaben, kaperten immer wieder amerikanische Schiffe unter dem Vorwand, daß sie Handel mit England trieben (was natürlich auch stimmte). Zur Zeit von Talleyrands Amtsübernahme im Jahre 1797 berichtete der amerikanische Außenminister dem Kongreß, daß mehr als 300 amerikanische Schiffe, vor allem in der Westindischen See, aber auch auf dem Atlantik, französischen Freibeutern in die Hände gefallen wären. Präsident John Adams hatte in der Hoffnung, Amerikas Neutralität bei den französisch-englischen Auseinandersetzungen beibehalten zu können, eine Delegation mit dem Zweck nach Paris geschickt, mit dem Direktorium zu einer Übereinkunft zu kommen. Die drei Delegierten, Elbridge Gerry, John Marshall und Charles Cotesworth Pinckney, kamen zum denkbar ungeeignetsten Zeitpunkt in Paris an, im Oktober 1797. Österreich war gerade besiegt worden. Und die Direktoren, an derartige Erfolge kaum gewohnt, waren siegestrunken. Man bedeutete den Unterhändlern, daß es keinen Sinn hätte, Verhandlungen anzustreben, ehe man Monsieur Talleyrand ein handfestes Geldgeschenk gemacht und einer Anleihe zugestimmt hätte, die einzig und allein den einzelnen Direktoren zukommen würde.

Bei der XYZ-Depesche, wie die Affäre später genannt wurde, ging es um 50000 Pfund Sterling, und man war sich darüber klar, daß nur eine so hohe Summe das Wohlwollen Talleyrands und der Direktoren näherbringen könnte. Die redlichen Amerikaner waren empört über die Korruptheit der Politiker in der Alten Welt und weigerten sich indigniert, unter solchen Voraussetzungen zu verhandeln. Kurz darauf reisten Marshall und Pinckney ab.[9] Da damit der Ehre Amerikas Genüge getan war, konnte Gerry in halbamtlicher Funktion in Europa versuchen, Talleyrand zum Einrenken zu bewegen oder wenigstens den Preis herunterzuhandeln.

Marshall und Pinckney faßten für Präsident Adams nach ihrer Rückkehr einen detaillierten Bericht ab, den dieser im April 1798 dem Kongreß vorlegte. Später wurde der Bericht der Öffentlichkeit zugänglich gemacht und löste in Amerika einen Entrüstungssturm aus. Weniger tragisch wurde er dagegen in Frankreich genommen, wo man derartige Praktiken anders beurteilte. Germaine de Staël war von der Kritik an dem Mann, den sie für ihre Schöpfung hielt, ziemlich beunruhigt und verteidigte ihn in den Salons aufs heftigste, obwohl seine Position ganz eindeutig nicht zu verteidigen war. Schließlich begab sie sich im größten Gefühlsschmerz ins Ministerium und verlangte unter Tränen und Lamentieren, Talleyrand selbst solle sich gegen die gegen ihn erhobenen Vorwürfe wehren. Andernfalls, versicherte sie, hätten seine Feinde den besten Vorwand, seinen Rücktritt zu erzwingen. Er hörte Germaine ruhig zu und äußerte sich mit keinem Wort, als sie über Ehre und Verantwortungsgefühl sprach. Schließlich entschuldigte er sich höflich, verließ den Raum und kehrte dahin auch nicht mehr zurück. Nach Talleyrands Auffassung gab es nur eine unverzeihliche Sünde: schlechten Geschmack. Germaine hatte sich auf diesem Gebiet schon einmal versündigt, als sie sich Bonaparte aufdrängte, was ihr den Spott der ganzen Stadt eintrug. Das konnte Talleyrand zwar nicht vergeben, aber in Anbetracht der Dienste, die ihm Germaine erwiesen hatte, vielleicht ignorieren. Ihr Eindringen, nicht nur in das Ministerium, sondern – was viel schlimmer war – sogar in sein Privatleben, war unverzeihlich. Dieser Vorfall bedeutete das Ende ihrer gütlichen Beziehungen. Talleyrands Nachruf auf diese Freundschaft kam in einer Bemerkung zu einem Freund zum Ausdruck: »Madame de Staël hat nur einen Fehler: Sie ist unverträglich.«

Talleyrand tat der Förmlichkeit Genüge, indem er einen Artikel im *Moniteur* vom 9. Juni 1798 ohne Unterschrift einschalten ließ, in dem er darlegte, daß man von keinem Minister erwarten könne, die Verantwortung für die Indiskretion seiner Unterhändler zu übernehmen. Damit ließ er die 50000-Pfund-Affäre auf sich beruhen. Was die Verhandlungen selbst betraf, so hatte er sich bereits mit Gerry in Verbindung gesetzt und ihn erfolgreich von Frankreichs

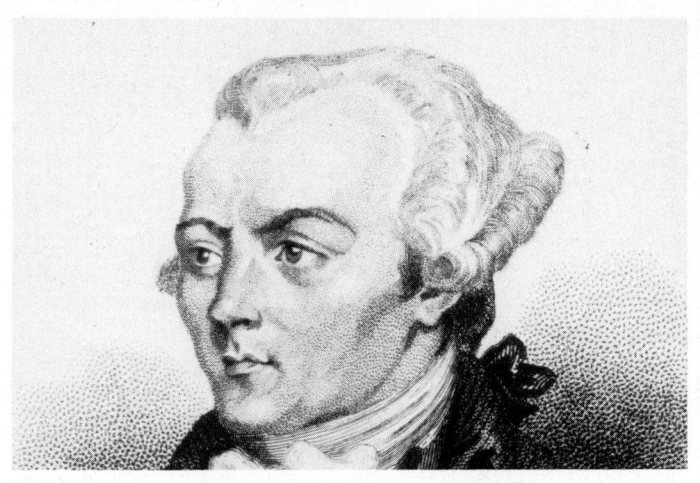

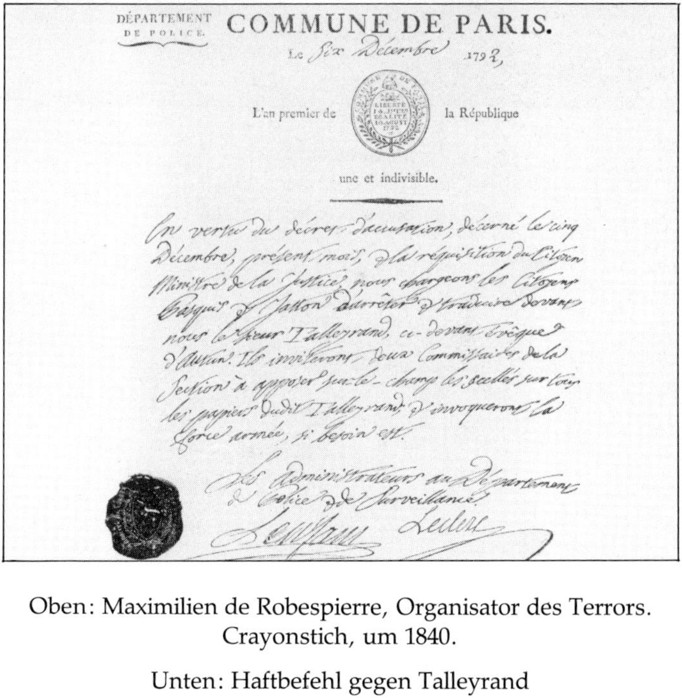

DÉPARTEMENT DE POLICE.

COMMUNE DE PARIS.

Le Six Décembre 1792,

L'an premier de la République une et indivisible.

En vertu du décret d'accusation, décerné le cinq Décembre, présent mois, & la réquisition du Citoyen Ministre de la Justice, nous chargeons les Citoyens Crisquet & Jatton d'arrêter & traduire devant nous le sieur Talleyrand, ci-devant Évêque d'Autun. Ils inviteront deux Commissaires de la Section à apposer sur-le-champ les scellés sur tous les papiers dudit Talleyrand, & invoqueront la force armée, si besoin est.

Les administrateurs au Département de Police & de Surveillance.

Leclerc

Oben: Maximilien de Robespierre, Organisator des Terrors. Crayonstich, um 1840.

Unten: Haftbefehl gegen Talleyrand vom 6. Dezember 1792.

Talleyrand
flieht im April 1792 nach England.
Zeitgenössischer Kupferstich.

Rechte Seite:
Napoleon und seine Mitkonsuln
Cambaceres und Lebrun.
Zeitgenössischer Kupferstich.

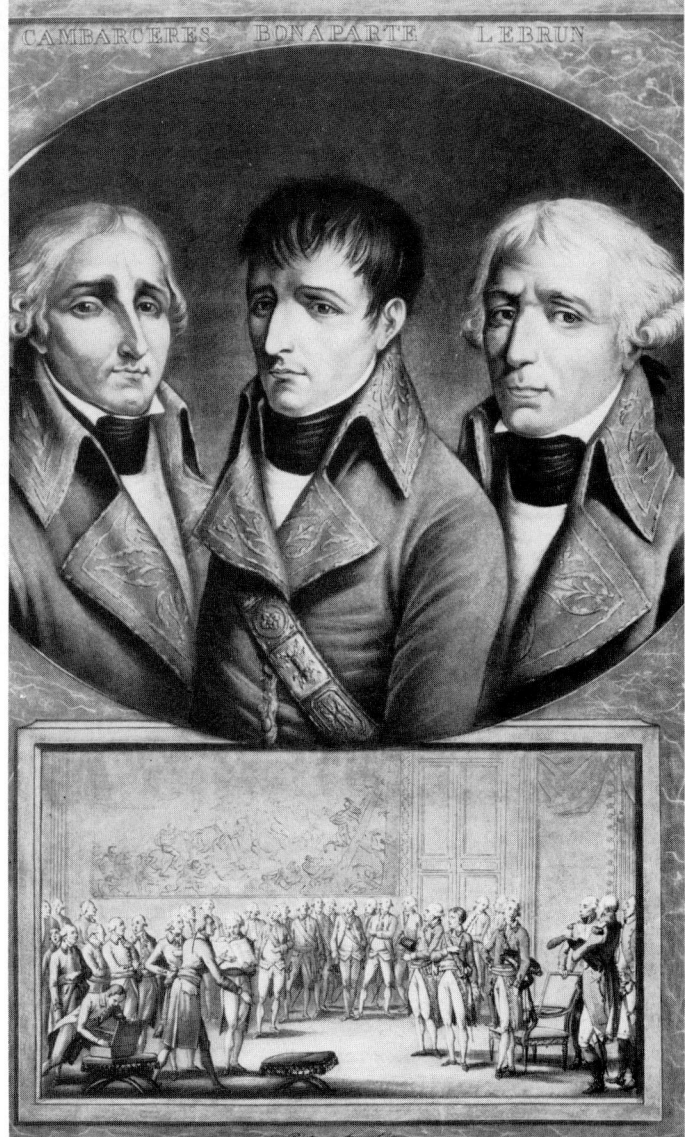

CAMBARCERES   BONAPARTE   LEBRUN

Napoleon I. Bonaparte,
Kaiser der Franzosen.
Portrait, 1812.
Gemälde von Jacques-Louis David.

guten Absichten überzeugt. Bonaparte hatte sich eben mit den besten französischen Armeen zum Ägypten-Feldzug eingeschifft. England zeigte sich in zunehmendem Maße im Mittelmeer aktiv und Rußland und Österreich schienen sich gerade zu einem neuen Bündnis gegen Frankreich zusammenzutun. Das letzte, was die Direktoren in diesem Augenblick brauchen konnten, war ein Krieg mit Amerika, und Talleyrand hatte den Auftrag bekommen, die so unglücklich begonnenen Verhandlungen zu einem positiven Ende zu führen. Im Herbst 1798 war die Angelegenheit beigelegt; französische Schiffe waren instruiert worden, solche aus neutralen Ländern nicht mehr zu behindern. Als offizielle Erklärung für die XYZ-Affäre wurde bekanntgegeben, daß die gutgläubigen Amerikaner Scharlatanen in die Hände gefallen seien und daß die amerikanischen Unterhändler sich zurückgezogen und Frankreich verlassen hätten, ohne die Reaktion Talleyrands oder der Direktoren abgewartet zu haben. So fadenscheinig diese Erklärung auch war, sie wurde doch vom größten Teil der amerikanischen Öffentlichkeit akzeptiert. In Amerika war Wahljahr, und Talleyrands Mitteilung, die vorsichtig Frankreichs Verärgerung zum Ausdruck brachte, wurde von der republikanischen Partei als Beweis dafür genommen, daß die ganze XYZ-Affäre ein von den Föderalisten angezettelter Schwindel sei.

Hier irrten die Republikaner. Talleyrand hat nie ein Geheimnis aus der Tatsache gemacht, daß er Geld von fremden Mächten annahm, und er wäre belustigt (oder wie bei Madame de Staël verletzt) darüber gewesen, wenn man von ihm erwartet hätte, finanzielle Zuwendungen von fremden Regierungen wegen seines Amtes nicht anzunehmen. »Der Minister der Auswärtigen Beziehungen«, schrieb Sandoz Rollin nach Berlin, »macht kein Hehl daraus, daß er Geld liebt und daß er entschlossen ist, wenn er sich einmal aus dem öffentlichen Leben zurückgezogen hat, nicht von Almosen leben zu müssen ... Deshalb schlage ich vor, daß es von Vorteil wäre, ihm ein Geschenk zu überreichen. Es wäre falsch, heute schon die Höhe des Betrags festzulegen, aber ich würde meinen, daß es nicht weniger als 300 000 Franc sein sollten.« In der gleichen Depesche führte der preußische Gesandte auch die Geschenke auf, die für die anderen Minister und die wichtigsten Funktionäre des Direktoriums in Betracht gezogen werden sollten. Obwohl die Summe schließlich recht stattlich war, beklagte sich Preußen nicht. Im Vergleich zu anderen europäischen Mächten war der Obolus, den man zu entrichten hatte, gering. Für den Abschluß eines Friedensvertrages zahlten die dankbaren Portugiesen 8 000 000 Franc. Die Direktoren waren davon mit je einer Million zufrieden, der Rest ging an Talleyrand. Dies war jedoch ein außergewöhnlicher Glücksfall. Spanien besaß das Wohlwollen des Außenministers und mußte nur anderthalb Millionen zahlen, die im selben Verhältnis aufgeteilt wurden. Wenn man Barras ausnahmsweise einmal glauben möchte und Germaine de Staël, die kaum verläßlicher ist, hat Talleyrand in den zwei Jahren als Minister durch Geldgeschenke von einer Vielzahl von Regierungen zwischen zwölf und fünfzehn Millionen Franc eingenommen.[10] Wenn auch die Summe vielleicht nicht ganz so groß gewesen sein mag, so reichte sie jedoch zweifellos aus, den Grundstein für den ungeheuren Reichtum zu legen, den Talleyrand im Laufe seines Lebens ansammelte.

Es ist wahrscheinlich unmöglich für spätere Generationen oder selbst für die unmittelbar auf Talleyrand folgende Generation, die seltsamen Gepflogenheiten der Männer des öffentlichen Lebens vor, während und kurz nach der Revolution zu verstehen. Für die Nachwelt war dieser Zeitraum von einer geradezu unglaublichen Korruption geprägt, und die Männer, die sich von dieser Bestechlichkeit fernhielten – Robespierre und Bonaparte in Frankreich und Pitt in England –, betrachtete man als Kuriositäten und als recht peinliche noch dazu. Der Brauch von Staatsmännern, Personen aus dem öffentlichen Leben und sogar von Königen, Zuwendungen von anderen Regierungen anzunehmen, war so verbreitet, daß man keinen Anstoß mehr daran nahm. Man kam gar nicht auf die Idee, daß die Empfänger dieser Gelder ihr Gewissen verkauft hätten oder ihren Grundsätzen untreu geworden wären, sondern man sah darin nur eine gerechte Belohnung für die Vorteile, die den fremden Staaten aus den Talenten und Interessen dieser Männer erwuchsen. Im Prinzip verurteilte nicht einmal Barras Talleyrand wegen dieser »Gehälter«, sondern nur wegen der schwindelerregenden Summen, denn es läßt sich nicht ableugnen, daß Talleyrand in einem Maße bestechlich war, wie das sogar in einem Zeitalter der Käuflichkeit ungewöhnlich war; und dieser Bestechlichkeit blieb er treu bis zu seinem Tode.

Zur Zeit der XYZ-Affäre tauchte zum ersten Mal der Name des Grafen Casimir von Montrond im Zusammenhang mit Talleyrand auf. Er gehörte zu den in Vertrauensstellungen aufgerückten Agenten, die ihm in dieser Angelegenheit dienten. Weder Montrond noch die Männer, die sich hinter den Initialen X, Y und Z verbargen, nahmen Talleyrands Verleugnung (ihrer Namen) übel. Montrond bekleidete zwar kein öffentliches Amt, weder im Ministerium noch sonstwo, war jedoch Talleyrands engster Vertrauter, mit dem er seine intimsten beruflichen, persönlichen und finanziellen Angelegenheiten besprach. Montrond und Talleyrand waren zu dieser Zeit eng befreundet und blieben es auch ihr ganzes langes, erlebnisreiches Leben lang. Dies war eine Beziehung, die Talleyrands andere Freunde verwunderte oder sogar abstieß (Montrond schien keine anderen Freunde gehabt zu haben). Montrond war ein Stutzer, ein Spieler, ein anerkannter Fechter und ein schwarzes Schaf, in dessen Gesellschaft keine respektable Frau und wenige Männer gesehen werden wollten. Er war bemerkenswert hübsch – *le beau Montrond* –, und obwohl er ein Witzkopf war, waren seine Talente nicht von der Art, daß man ihm alle seine Laster nachsah. Eines Tages fragte Madame de Laval Talleyrand in Montronds Beisein nach der Grundlage ihrer Freundschaft. »Wenn Sie das wissen wollen«, antwortete Talleyrand, »dann würde ich sage, daß ich Montrond gerne habe, weil er nicht übermäßig mit Gewissenshemmungen belastet ist.« Darauf warf Montrond ein: »Dann sollten Sie auch von mir wissen, Madame, daß ich Talleyrand gerne haben, weil er überhaupt keine Gewissenshemmungen hat.« Montrond äußerte sich ähnlich einer seiner Geliebten gegenüber, die sich über seine übermäßige Bindung an Talleyrand beklagte: »Gütiger Himmel, Madame, wer könnte einem Mann mit so vielen Lastern widerstehen?« Talleyrand nahm eine andere Haltung ein. Er stellte nicht so sehr Montronds Laster in den Vordergrund, die ohnehin jeder kannte, sondern seine Klugheit. Als Beweis dafür führte er an, daß sein Freund »nicht einen einzigen Franc besitzt, kein Einkommen hat und doch im Jahr 60 000 Franc ausgibt, ohne Schulden zu machen«. In Anerkennung seiner Fähigkeit, Geld auf wunderbare Weise zu vermehren, nannte Talleyrand seinen Freund *l'Enfant Jesus de l'Enfer* – Jesuskind der Hölle. Er öffnete diesem liebenswürdigen, nichtsnützigen, klugen Schurken Herz und Haus und erhielt dafür dessen einzige Tugend: absolute Loyalität zu Talleyrand allein und unumstößliche Diskretion in jeder Beziehung.

Es gab da außer Montrond noch andere Freunde, viele aus der Zeit vor der Revolution und aus den Tagen der Gesetzgebenden Verfassung. Für viele hatte Talleyrand Positionen in seinem Ministerium bereitgestellt, nicht nur, weil er ihnen als Freunden trauen konnte, sondern auch, weil er bei der Auswahl seiner Freunde stets auf Intelligenz und verfeinerte Lebensart gleichermaßen bedacht war. Da war natürlich Desrenaudes, der frühere Generalvikar der Diözese Autun, der Talleyrand so dienlich gewesen war, als dieser sich in Amerika aufgehalten hatte. Er war jetzt für die Entwürfe sämtlicher Berichte, Denkschriften und Rundschreiben zuständig.

Talleyrand brauchte ihm gegenüber seine Vorstellungen lediglich in Stichpunkten zu umreißen, und Desrenaudes legte ihm wenige Stunden später bereits eine meisterhaft ausgefertigte Arbeit auf den Tisch. Ein anderer war Graf Alexandre Blanc d'Hauterive, der früher zu Talleyrands Kreis in Philadelphia gehört hatte, jetzt Abteilungsleiter im Ministerium war und später einmal durch Talleyrands Einfluß selbst Minister für Auswärtige Angelegenheiten werden sollte. Diese und andere Männer, wie beispielsweise La Besnardière, Talleyrands Sekretär, Osmond, sein Assistent, und Durand de Mareuil, Abteilungsleiter, verband die Loyalität gegenüber Talleyrand, die entweder bis zu ihrem oder seinem Tod anhalten sollte. Er hatte die Fähigkeit, bei Männern und bei Frauen das Gefühl einer bedingungslosen Loyalität hervorzurufen, und es kam nicht oft vor, daß eine Freundschaft mit Talleyrand aus dem Verschulden der einen oder der anderen Seite in die Brüche ging.

Es gab natürlich Ausnahmen wie beispielsweise Adélaïde de Flahaut und erst kürzlich Germaine de Staël. Und die Prinzipien der Loyalität trafen auch nicht auf flüchtige Bekanntschaften zu, die vorübergehend in Talleyrands Leben traten, es aber oft noch in der gleichen Nacht wieder verließen. Nur ein einziges Mal vergaß Talleyrand nach einer Affäre sowohl seine Grundsätze wie auch seine Erziehung und brachte die Dame seines Herzens, offensichtlich mit voller Absicht, in eine peinliche Lage. Die betreffende Dame war Madame Delacroix, die Frau von Charles Delacroix, Talleyrands farblosem Vorgänger im Amt des Ministers des Auswärtigen. Talleyrand hatte für Delacroix den Posten eines Botschafters in Batavia vorgesehen, eine Aufgabe, die aber seine Versetzung nach Den Haag nötig machte. In seiner Abwesenheit hatte Talleyrand nach der Nachfolge auf dem Ministerstuhl auch unmittelbar die Nachfolge im ehelichen Bett angetreten. Madame Delacroix, eine reife Schönheit von neununddreißig Jahren, war zu jedem Abenteuer bereit. Ihr Gatte litt seit Jahren an einer Krankheit, die ihm die Fähigkeit nahm, seinen ehelichen Pflichten nachzukommen. Kurz nach seiner Versetzung nach Den Haag scheint Madame Delacroix den Versuchungen in Gestalt des neuen Ministers erlegen zu sein. Es ist unwahrscheinlich, daß diese Beziehung lange dauerte, denn Delacroix kehrte Anfang September 1797 nach Paris zurück und unterzog sich einer gefährlichen, aber schließlich erfolgreich verlaufenen Operation. Ende November war er völlig gesund. Aber zu diesem Zeitpunkt schien Madame Delacroix schon einige Monate schwanger gewesen zu sein und überraschte ihren erstaunten Gatten im April 1798 mit einem Sohn, Eugène Delacroix, der sich in späteren Jahren einen Namen als Maler machen sollte. Die Vaterschaft wurde natürlich sofort Talleyrand zugeschrieben, und das scheint auch tatsächlich der Fall gewesen zu sein. Eugène ähnelte dem Geliebten seiner Mutter stark und hatte viele Wesensmerkmale geerbt. Darüber hinaus konnte Eugène als junger Künstler immer mit Geld und Unterstützung, üblicherweise in Form von Aufträgen, aus einer nie versiegenden anonymen Quelle rechnen.

Ein ungewöhnlicher Umstand um die Zeit von Eugènes Geburt war ein Artikel im *Moniteur*, dem Amtsblatt, auf das Talleyrand großen Einfluß hatte. Unter dem Vorwand des Nutzens für die chirurgische Wissenschaft brachte der Artikel einen detaillierten Bericht über die an Delacroix vorgenommene Operation, die den früheren Minister wieder »in den vollen Genuß seiner Männlichkeit« gebracht hatte, und schilderte nicht minder ausführlich das Unvermögen, an dem er vorher gelitten hatte. Auch für den flüchtigen Leser war es anhand der in diesem Artikel aufgegebenen Daten klar, daß Delacroix keinesfalls der Vater des Kindes seiner Frau sein konnte. Man kann deshalb annehmen, daß Talleyrand, wenn er schon nicht unmittelbar für die Veröffentlichung verantwortlich war, doch zumindest über den geplanten Abdruck unterrichtet war und nichts tat, um ihn zu verhindern. Nicht einmal der ergebenste von Talleyrands Freunden oder der am wenigsten kritische Biograph haben je versucht, eine Entschuldigung für sein offensichtlich rachsüchtiges Verhalten zu finden. Soweit bekannt, gab ihm Delacroix nie einen Grund zur Feindseligkeit, und es hatte den Anschein, als hätten sich Madame Delacroix und Talleyrand nach kurzer intimer Bekanntschaft in aller Freundschaft getrennt. Es ist nicht auszuschließen, daß einer von Talleyrands Feinden aus den Reihen der Direktoren, Reubell zum Beispiel, für den Artikel verantwortlich war oder daß einer seiner Freunde, wie möglicherweise Montrond, ihn als (abgeschmackten) Scherz ausgedacht hatte. Es gibt jedoch keinen Beweis für diese Theorie, es sei denn, daß diese Verhaltensweise nicht einem Talleyrand entspricht. Aber da echte Beweise fehlen, können wir uns nur verwundert fragen, was Talleyrand dazu bewegt haben mag, einen Artikel selbst zu verfassen oder zumindest seinen Abdruck zuzulassen, dessen einziger Sinn und Zweck darin zu bestehen schien, Delacroix und seine Frau in eine peinliche Lage zu bringen.

Talleyrands Verhältnis mit Madame Delacroix war nur eines in einer Reihe von Zerstreuungen, die zahlreich, vorübergehender Natur und schnell vergessen waren. Etwa zur Zeit der Delacroix-Affäre trat jedoch eine andere Frau in sein Leben, die stärkeren Einfluß ausübte: Cathérine-Noël Worlée Grand, die in wenigen Jahren Madame de Talleyrand werden sollte.

Es ist nicht genau bekannt, wann sich Cathérine und Talleyrand zum ersten Mal begegneten. Barras meint, es sei *à l'étranger* – im Ausland – gewesen, was London, Hamburg oder Philadelphia bedeuten kann. Andere Zeitgenossen, die Talleyrand gut kannten, behaupteten, Montrond hätte die beiden einander vorgestellt. Wiederum andere sagten, daß Cathérine eine Freundin der Marquise de Ste.-Croix gewesen sei, die dem Außenminister ihren Schützling vorgestellt hatte. Die farbigste und vielleicht wahrscheinlichste Version sagt aus, daß Cathérine, ohne ihn vorher gekannt zu haben, eines späten Abends in sein Haus kam und ihn um Schutz für ihr Vermögen, das in englischen Banken lag, für den Fall einer französischen Invasion auf den britischen Inseln bat. Cathérine Grand war in London ebenso zu Hause wie in Paris, und es ist nicht auszuschließen, daß Talleyrand und sie sich lange vom gesellschaftlichen Parkett her kannten, ehe sie intime Beziehungen eingingen. Gewiß fehlte es da nicht an Gelegenheit. In Paris hatte die Dame in den Tagen der Verfassunggebenden Versammlung den Schutz einer Reihe von berühmten und einflußreichen Geliebten genossen; dazu zählte Monsieur de Lessart (der Außenminister während Talleyrands Mission in London im Jahr 1792), Louis Monneron, ein reicher Bankier, und Edouard Dillon, einer von Marie-Antoinettes Günstlingen. Alle waren mit Talleyrand gut bekannt und hätten sehr wohl die Dame dem damaligen Bischof von Autun vorstellen können.

Cathérines Erfolg in Liebesdingen in Paris entsprach ihrem früheren Leben. Sie wurde im Jahr 1792 in der dänisch-indischen Kolonie Tranquebar als Tochter eines französischen Beamten geboren. Im Jahr 1777 zog die Familie nach Chandernagore um, wo Cathérine, gerade fünfzehn, die Geliebte von George Francis Grand, eines englischen Angestellten, wurde, der sie im folgenden Jahr heiratete. Im Jahr 1778 wurde Grand nach Kalkutta versetzt, wo Madame Grands Schönheit bald beträchtliches Aufsehen erregte. Einer ihrer Bewunderer war Sir Philip Francis, ein Mitglied des Obersten Rates. Sir Philip hatte die Angewohnheit, die wichtigste Episode eines jeden Tages in sein Tagebuch niederzuschreiben. Am 24. November 1778 findet man den Eintrag *Omnia vincit amor* – »die Liebe besiegt alles«. Ein weniger glücklicher Vorfall ist unter dem 8. Dezember eingetragen: »Diese Nacht war im Hause von G. F. Grand der Teufel los.« Sir Philip und Madame Grand waren von dem erzürnten Ehegatten *in flagranti* ertappt worden. Er schickte seine Frau wieder zu ihren Eltern. Sir Philip aber überredete sie, mit ihm zurück nach

Kalkutta zu gehen, und beherbergte sie bis 1782 unter einem Dache mit Lady Francis. In diesem Jahr fuhr Cathérine aus unbekannten Gründen nach Europa. Sie hielt sich bis August 1792 in Frankreich in den Armen mehrerer Liebhaber auf, bis die beginnende Schreckenszeit sie zur Flucht nach England zwang. Dort genoß sie eine generöse, wenn auch etwas obskure Gönnerschaft, die sie jedoch aufgab, um im Jahre 1795 nach Frankreich zurückzukehren. Sie wurde von einem hübschen jungen Genueser Diplomaten namens Cristofero Spinola begleitet.

Wahrscheinlich wurde Talleyrands Aufmerksamkeit auf die eine oder andere Weise gegen Ende des Jahres 1796 oder zu Anfang des Jahres 1797 auf sie gelenkt. Jedenfalls galten Talleyrand und Cathérine zur Zeit seiner Ernennung zum Außenminister im Juli dieses Jahres als Liebespaar. Talleyrand hatte sie in einem Haus in Montmorency untergebracht, wo er sie öfters im Monat besuchte. Im März des darauffolgenden Jahres, erzählte Barras, intervenierte Talleyrand gegen die Festnahme von Cathérine, deren frühere Verbindung mit Spinola zu einer Anklage wegen Verschwörung geführt hatte, und erregte damit großes Aufsehen bei den Direktoren und in der Presse. Es gibt jedoch keine offizielle Aufzeichnung über diesen Vorgang, weder über die Festnahme noch über Talleyrands Einspruch.

Zweifellos war die Zuneigung Talleyrands zu Cathérine im Jahr 1798 so groß, daß er sich für seine Geliebte auch öffentlich engagiert hätte. Cathérine unterschied sich völlig von ihren Vorgängerinnen. Sie war vergleichsweise von niedriger Geburt, hatte allen Berichten zufolge wenig Erziehung genossen und soll schlichtweg dumm gewesen sein. Doch hatte sie gewisse Qualitäten, die einen Mann mehr als anderes beeinflussen können, der einer brillanten, aber herrschsüchtigen Germaine de Staël müde geworden war. Da waren ihre Jugend, ihre unerschütterliche gute Laune und ihre unbestreitbare Schönheit. Weniger aufreizend, aber ebenso neu war ihre Dummheit. Ihr Mangel an Geistesgaben wurde geradezu legendär. Jede geistverlassene Bemerkung wurde in der Hauptstadt schließlich ihr zugeschrieben. Eine ihrer berühmtesten Äußerungen stammte aus der Frage nach dem Land ihrer Herkunft. Sie schien ein etwas gestörtes Verhältnis zu Präpositionen und Artikeln zu haben und antwortete *Je suis d'Inde* (»Ich bin eine Gans«) anstatt *Je suis de l'Inde* (»Ich komme aus Indien«). Außer einigen wenigen hartnäckigen Freunden, die behaupteten, sie sei mißverstanden worden, war man sich einig, daß Talleyrands neue Geliebte nicht recht hell im Kopf war. Aber man war sich auch einig, daß sie die unumstrittene Schönheitskönigin ihrer Zeit war. Cathérine war in der Tat von der Natur mit Gaben bedacht worden, die ihresgleichen suchten: sie hatte eine makellose Figur, volles blondes Haar, blaue Augen, die von schwarzen Augenbrauen umrahmt waren, beneidenswert zarte Haut und eine unvergleichliche Anmut in ihren Bewegungen. Hätte sie den Mund nicht aufgemacht, wäre ihr Paris zu Füßen gelegen. Sie besaß die schmückenden Beigaben, die eine ideale Zierde für einen Ministerhaushalt darstellten. Und diese Gelegenheit sollte ihr gegeben werden. Im Frühjahr 1798 erreichte sie mit Talleyrands Hilfe die Scheidung von Monsieur Grand und lebte fortan im Hôtel Galliffet, wo sie zu Talleyrands Amüsement und zum Entsetzen einiger ausländischer Gesandter die Pflichten als Dame des Außenministers ganz ernsthaft oder so ernsthaft, wie das eben ihre Fähigkeiten erlaubten, wahrnahm.

Zu Beginn des Sommers hatte der Minister für Auswärtige Angelegenheiten jedoch andere Sorgen als Madame Grands Bestrebungen und ihre Wirkung auf die diplomatischen Kreise. Bonapartes Abreise nach Ägypten schien das Signal für eine Flut von Malheurs zu sein, die in ihrer Gesamtheit wieder einmal das Direktorium massiv bedrohten. Die Wahlergebnisse des Frühjahrs 1798 waren aus der Sicht der Direktoren katastrophal gewesen. Von den 400 neugewählten Abgeordneten waren bei weitem die Mehrheit entweder militante Royalisten oder, was noch schlimmer war, militante Jakobiner. Den Direktoren war es durch ein Dekret vom 22. Floréal (4. Mai) gelungen, einen Teil dieser Vertreter auszuschließen. Aber selbst diese radikale Maßnahme hatte noch nicht ausgereicht. Die Einstellung der beiden Kammern zur Exekutive war absolut feindlich, und, was noch gefährlicher war, die Feindseligkeit kam überwiegend von der jakobinischen Seite. Es war zu erwarten, daß die Direktoren kaum mit Unterstützung rechnen konnen außer von denen, die bereits ein Amt innehatten oder auf ein solches hofften.

Der Grund für diese rasch anwachsende Opposition waren die Korruption, die Verschwendungssucht und die Inkompetenz der Direktoren, die Frankreich keine finanzielle Erholung gebracht hatten. Man hatte Assignaten im Wert von 140 000 000 Franc drucken lassen, deren Wert innerhalb kürzester Zeit auf einen Bruchteil des Nominalwerts sank. Die Kriegsausgaben waren in schwindelnde Höhen gestiegen. Eine 1 000 000 Mann starke Armee kostete den Staat jetzt das Doppelte von dem, was man noch 1795 dafür hatte aufwenden müssen. Ende 1798 belief sich das Defizit auf schätzungsweise 150 000 000 Franc. Hätte nicht Bonaparte Italien systematisch ausbluten lassen, wäre der Bankrott des Direktoriums längst beschlossene Sache gewesen. Aber jetzt war Bonaparte nicht mehr in Italien, und von Ägypten kamen zwar Siegesmeldungen, aber kein Gold. Neue Steuern wurden erhoben, aber da die Eintreibung bei den Kommunen lag, erreichte ein Großteil des Geldes Paris nie. Man versuchte, sich mit Anleihen zu helfen, und die Korruption von Politikern und Funktionären nahm ständig zu. Skandale, in die Minister verwickelt waren, wurden ruchbar, und täglich deckte man neue Betrügereien auf.

Als ob das Unheil nicht schon groß genug gewesen wäre, begann ein Bündnis gegen Frankreich, das schon seit dem Frühjahr 1798 in der Luft lag, Gestalt anzunehmen. Die Türkei, von Bonapartes Ägypten-Feldzug bis aufs Äußerste provoziert, erklärte Frankreich den Krieg. Österreich brach die Verhandlungen für einen dauerhaften Friedensvertrag mit der Begründung ab, Frankreich würde auch weiterhin versuchen, in Italien über den Vertrag von Campo Formio hinaus republikanische Einrichtungen durchzusetzen. Die französischen Delegierten wurden beim Versuch, Rastatt, wo die Friedenskonferenz stattfand, zu verlassen, von österreichischen Husaren angegriffen und niedergemetzelt. Österreichische und russische Truppen marschierten daraufhin in Norditalien ein und besetzten Mailand, eben die Stadt, von der aus Bonaparte in Herrschermanier den alten Fürstentümern der Halbinsel die neue Staatsform aufgezwungen hatte. Vom Süden rückten die Truppen der Königin von Neapel heran, und gleichzeitig kamen Gerüchte auf, daß die seebeherrschenden Engländer in Holland einfallen würden. Die Schweizer rebellierten gegen ihre französischen Herren, und in Deutschland war General Jourdan über den Rhein zurückgeworfen worden.

So vom finanziellen und politischen Ruin bedrängt, schwankte das Direktorium beträchtlich. Die Jakobiner in den Kammern ließen nun nicht mehr locker, und auch in den Salons und auf der Straße war die Kritik nicht weniger heftig. Die Direktoren wagten es kaum noch, öffentlich aufzutreten, da sie Beschimpfungen oder sogar Schlimmeres zu erwarten hatten. »Solange die Armeen siegreich waren«, konstatierte Talleyrand, »haßte das Volk die Herrschaft der Regierung, fürchtete aber ihre Macht. Als dann die Stunde der Niederlage kam, hatte man für diese Regierung nur noch Verachtung übrig.«

Regierungen, das wußte Talleyrand, können Oppositionen, Niederlagen und sogar eine Revolution verkraften, aber noch nie hat eine Regierung die Mißachtung ihrer Untertanen überlebt. Von dieser Überlegung ausgehend, entschloß er sich zu handeln. Es ging wie immer zunächst einmal darum, einen Mann zu finden, dessen Eigenschaften ihn befähigten, seine Pläne in die Tat umzusetzen. Dieser Mann bot sich an: Emanuel Joseph Sieyès, ein Freund Talleyrands aus der Zeit seiner Abkehr vom Priestertum, sein Amtskollege in der Nationalversammlung und jetziger Botschafter Frankreichs in Berlin – Talleyrand hatte ihn dazu ernannt –, war für diese diffizile Aufgabe der ideale Mann. Sieyès war ein kluger, zurückhaltender Mann und ein scharfsinniger Politiker. Er war eine jener Persönlichkeiten des öffentlichen Lebens, die ständig innerlich unzufrieden sind, weil sie immer unter ihrem Niveau angestellt werden. Für Sieyès traf das durchaus zu. Der Fehler lag jedoch nicht bei seinen Arbeitgebern, sondern bei ihm selbst. Wenn er einen Fehler hatte, dann war das seine sprichwörtliche Feigheit, die so stark ausgeprägt war, daß er sich nie entschieden für eine Seite engagieren konnte aus Angst, es könnte die falsche sein. Diese Wesensart, die er selbst für Klugheit hielt, hatte ihm sicherlich auch schon oft gute Dienste geleistet. Trotz seines aufsteigenden Sterns in der Anfangszeit der Nationalversammlung hatte er sich bis zum Anbruch der Schreckensherrschaft so unscheinbar gemacht, daß ihn nicht einmal Robespierre ausfindig machte. Als man ihn einmal fragte, welche Rolle er in der damaligen Zeit gespielt hätte, so konnte er mit Stolz antworten: »Ich habe überlebt.«

Er war genau der Mann, den Talleyrand brauchte – er wurde ausreichend mit der Revolution identifiziert, um für die weniger radikalen Jakobiner akzeptabel zu sein, und doch nicht so sehr, um von den Royalisten abgelehnt zu werden. Die Weisheit von Talleyrands Wahl wurde im Frühjahr 1799 offenbar, als es zum periodisch-jährlichen Rücktritt eines der Direktoren kam. Im Mai jeden Jahres wurden die Namen der Direktoren auf Papierzettel geschrieben, und einer wurde ausgelost. In diesem Jahr traf es Reubell. Das war sicherlich nicht bloßer Zufall. Zwar waren alle Direktoren unpopulär, aber am wenigsten mochte man den gewalttätigen, geschwätzigen Reubell, der zudem noch Talleyrands erklärter Feind war. Es bedurfte keines besonderen Scharfblicks, um hinter dem Zufall die Hand des Direktors Barras wahrzunehmen. Eine größere Bestechungssumme, man deklarierte sie in diesem Fall als Abschiedsgeschenk, half, peinlichen Fragen über die Ordnungsmäßigkeit der durchgeführten Wahl aus dem Wege zu gehen.

Talleyrand und seine Verbündeten hatten mittlerweile in den Reihen der Mitglieder des Ältestenrats gearbeitet, deren Aufgabe es war, Reubells Nachfolger zu benennen. Als dann im richtigen Moment Sieyès' Name fiel, gab es nur bei der extremen Linken der Jakobiner und von einigen erzkonservativen Royalisten Gegenstimmen. Talleyrands Freund löste daraufhin, dank einiger geschickter Schachzüge des Außenministers, den erbittertsten Gegner Talleyrands als neuer Mann im Direktoren-Kollegium ab. Dies war ein Sieg ganz im Stil Talleyrands und ganz nach dem Geschmack des neuen Direktors. Nicht umsonst hatte Robespierre Sieyès »den Maulwurf der Revolution« genannt. Der einzige unter den Beteiligten, außer Reubell, der die Neuigkeit weniger gut aufnahm, war Barras, der gehofft hatte, daß einer der von ihm protegierten Kandidaten Reubells Platz einnehmen würde.

Das Geniale an Talleyrands Plan war, daß der Mann, den er in den Direktorenstuhl gesetzt hatte, bis ins Mark seiner Knochen ein Revisionist war. Seine eigentliche Berufung, sein unwiderstehlicher Drang und seine einzige Vorliebe war das Ersinnen von Verfassungen. Man sagte ihm nach, daß er immer eine in der Tasche hätte (und das war auch so). Zu seinen ersten Amtshandlungen zählte eine Mitteilung an die Räte, daß die einzige Hoffnung für ein Überleben der Republik in einer radikalen Reform der Exekutive bestünde. Deshalb schlug er die Amtsenthebung dreier Direktoren vor. Ende Juni mußten nach einer Abstimmung Merlin, La Revellière und Treilhard zurücktreten. Es blieben nur noch Barras und Sieyès selbst. Zusammen schlugen sie drei neue Direktoren vor, die der Ältestenrat dann auch bestätigte: Roger Ducos, Barras' Kandidat, der auf seiner Seite zu stehen schien, in Wirklichkeit aber für Talleyrand und Sieyès arbeitete; General Moulin, ein farbloser Soldat ohne besondere Fähigkeiten auf zivilem oder militärischem Gebiet; und Louis Gohier, ein unbekannter Rechtsgelehrter, der weder vor noch nach seiner Wahl irgendwie von sich reden machte – eine respektable Leistung für einen Direktor der Republik. Ohne die Verfassung zu verletzten war die Zahl der Direktoren praktisch von fünf auf zwei reduziert worden, und einer von ihnen war dazu bestimmt, das Direktorium ganz aufzulösen. Von den Direktoren des 18. Thermidor war nur noch Barras übriggeblieben, der nach fünf Jahren der ununterbrochenen Macht und des Überflusses als Mann der Tat verbraucht war und bereit war, sich mit Sieyès und Talleyrand oder im Bedarfsfall mit den Unterhändlern des Grafen de Provence zu verständigen.

Dann trat etwas ein, was Talleyrand nicht vorhergesehen hatte, und wenn doch, dann hatte er zumindest gehofft, dem aus dem Wege zu gehen. Der Erfolg von Talleyrands »Hintertreppenmanöver« war vor allem der Unterstützung von seiten der Jakobiner zu verdanken. Aber gerade diese Jakobiner waren es, die ihm jetzt zum Hindernis wurden. Die militärischen Mißerfolge der Armee machten sie aufrührerisch. Sie hatten einen Klub gegründet, der sich in der *Manège* traf und alle Anzeichen des alten Jakobinerklubs trug. Die *Manège* wurde geschlossen, aber die Jakobiner trafen sich unter Führung von Jourdan, General Bernadotte (dem Kriegsminister) und anderen weiterhin in neuen Räumlichkeiten. Der Ruf nach einem neuen Komitee zur öffentlichen Sicherheit wurde laut. Als die Regierung ihren Wünschen nicht nachkam, gründeten sie ihr eigenes Komitee, und die Gefahr eines neuen roten Terrors wuchs.

Gleichzeitig strotzte die jakobinische Presse nur so von Angriffen gegen das Direktorium und nahm besonders die Moral und die Fähigkeiten der Direktoren und Minister aufs Korn. Praktisch über Nacht wurde das Land von einer Flut von Schmähschriften überschwemmt, die Skandale und Pomp der Regierung anprangerten. Beliebtestes Angriffsziel war jedoch der Außenminister, dessen aristokratische und geistliche Vergangenheit und dessen dienstliche und private Sittenauffassung ein bequemes Ziel für jeden Journalisten waren. »Der Mann, der für unsere Misere verantwortlich ist«, schrieb einer von ihnen, »ist kein anderer als der Bischof von Autun. Er, der große Edelmann, scheint alles zu wissen, obwohl er sich nie die Mühe gemacht hat, etwas zu lernen ... Man müßte noch dümmer sein als dieser widerwärtige, verderbte, intrigierende Abtrünnige, um nicht zu sehen, daß er sich selbst unter Barthélemy und Carnot mit dem einzigen Zweck zum Minister gemacht hatte, die Republik von innen her zu zerstören ... Er liebt die Engländer, er ist ein Emigrant, ein Verräter und Mörder seines Landes.« Und das waren noch die mildesten Beschuldigungen, denen der Minister ausgesetzt war. Die Angriffe rissen wochenlang nicht ab, und Talleyrand und andere mußten sich einen Royalisten, Ehebrecher, Dieb, englischen Spion und Meineidigen schimpfen lassen. Ein junger Abenteurer namens Jorry brachte ihn wegen Verleumdung vor Gericht, eine Anklage, die jeglicher Wahrheit entbehrte, aber, von den Jakobinern unterstützt, beträchtliches Aufsehen in der Presse erregte. Talleyrand mußte an Jorry als Entschädigung für dessen ramponierten »guten Namen« 100 000 Franc bezahlen.[11] Fast zur gleichen Zeit gab Delacroix, Talleyrands Vorgänger als Außenminister und nomineller Vater von Talleyrands Sohn mit Madame Delacroix, eine öffentliche Erklärung ab, Talleyrand sei für Bonapartes Situation in Ägypten verantwortlich. Seit vier Monaten war man ohne Nachricht von der Expedition, und die Engländer, die Bonapartes Schiffe zerstört hatten, beherrschten das Mittelmeer. Keiner wußte etwas, aber wenn der brillanteste Heerführer der Republik und die besten Truppen tot in den endlosen Sandwüsten Afrikas lägen, dann wäre dies nur, so erklärte Delacroix, Talleyrands Schuld.

Diese Dinge ignorierte Talleyrand, wie das so seine Gewohnheit war. Er konnte es sich leisten, denn er hatte schon andere Pläne. Ja, es schien sogar, als ob ihm diese Angriffe einen willkommenen Vorwand für sein Vorhaben liefern würden. Es war an der Zeit, sich zurückzuziehen, denn die Regierung war, wie er und Sieyès besser als ihre jakobinischen Feinde wußten, nahe am Zusammenbruch. Am 20. Juli legte er den Direktoren einen Brief vor: »Es wäre von meiner Seite unentschuldbar, wenn ich angesichts der empörenden Angriffe, die mich täglich treffen, obwohl ich alles in meiner Macht Stehende für die Republik getan habe, im Amt bleiben und die Regierung an ihrer Handlungsfähigkeit hindern würde ... Die Zeit für meinen Rücktritt ist deshalb gekommen.« Barras nahm den Rücktritt mit »Bedauern« an, und die Direktoren drückten ihm, zur Empörung der Jakobiner, ihre »Dankbarkeit für den unermüdlichen Eifer, seine stete Bereitschaft, für das Volk da zu sein und seine Leistungen während seiner Amtszeit« aus.

Die Tugenden, die Barras da so großzügig pries, waren in Talleyrand wahrscheinlich in höherem Maß vorhanden, als Barras bewußt war. Talleyrand hatte seinen Rückzug sorgfältig vorbereitet. Er hatte dafür gesorgt, daß Reinhard, ein mittelmäßiger Staatsmann, das Amt übernehmen würde. Reinhard hatte Talleyrand 1792 bei seiner Mission nach England begleitet und war ihm, das wußte er, treu ergeben. Reinhard sollte sozusagen ein Interimsminister werden, der während Talleyrands Abwesenheit seine Instruktionen befolgen und sich seine Politik zu eigen machen würde.

Eine der letzten Amtshandlungen Talleyrands als Regierungsmitglied war es, Sieyès einen Mann für den Posten des Polizeiministers vorzuschlagen, der zu dieser Zeit eine untergeordnete Rolle im Außenministerium spielte: Joseph Fouché. »In einem solchen Augenblick«, riet Talleyrand Sieyès, »wenn wir so dreist und heftig von den Jakobinern angegriffen werden, dann müssen wir einen Jakobiner als Verteidigungswaffe einsetzen – einen Jakobiner, der in die Schlacht stürmen wird, den Feind überwinden und ihn unter Kontrolle bringen kann. Um einen solchen Mann zu finden, brauchen Sie nicht lange zu suchen. Nehmen Sie Fouché.« Joseph Fouché war eigentlich nicht der Mann, von dem man erwartet hätte, daß er von Talleyrand empfohlen würde. Er war eine der düstersten Figuren seiner Zeit, ein Königsmörder und ein bedingungsloser Fanatiker in der Zeit der Schreckensherrschaft, ungeschlacht in seinen

Manieren, brutal in seinen Beziehungen, schmutzig in seiner Kleidung und seinen Gewohnheiten, laut und ungehobelt in seiner Sprache. Für Talleyrand war Politik die Kunst des Möglichen. Für Fouché war es die Ermordung oder die Gefangennahme des politischen Gegners. Sogar mit Fouchés Tugenden konnte sich Talleyrand aus seiner Sicht nicht anfreunden. Dieser widerwärtige, verrufene Jakobiner war seiner großen Kinderschar ein ergebener, treusorgender Vater und seiner Frau, die gleichermaßen für ihre Güte und für ihre Häßlichkeit berühmt war, ein bedingungslos treuer Ehemann. Doch Fouché war genau der Mann, den Sieyès und Talleyrand in diesem Augenblick brauchten. Jeder Angriff auf diesen Mann, sei es auf sein Leben oder auf seine Position, war von seiten der Jakobiner ausgeschlossen. Gleichzeitig würde er als Minister und als Mann, dem es vor allem ums eigene Überleben ging, Sieyès, das heißt Talleyrand, voll zur Verfügung stehen. Fouché war in anderen Worten der ideale Henker. Sieyès verstand Talleyrands Überlegungen sofort, und Fouché wurde am gleichen Tag, an dem die Direktoren Talleyrands Rücktritt annahmen, zum Polizeiminister ernannt. Von diesem Augenblick an kam den beiden Verschwörern alles Bedeutsame, was sich in Frankreich und vor allem in Paris ereignete, zu Ohren.

Nachdem sie ihre Flanken so gesichert hatten, machten sich Talleyrand und Sieyès auf die Suche nach dem »Mann mit dem Schwert«. Bonaparte wäre ohne Zweifel der ideale Mann gewesen. Aber Bonaparte war in Ägypten, und es blieb keine Zeit, ihn zurückzuholen. Wenn Talleyrand und Sieyès sich nicht bald entschlössen, könnten die Jakobiner zum ersten Schlag ausholen. Jeder Morgen konnte abermals die Guillotine am Place de la Révolution bringen, und die ersten Köpfe, die unter ihr fallen würden, wären zweifellos die der führenden und jetzigen Direktoren und Minister. Verschiedene Generäle wurden in Betracht gezogen – Bernadotte (der, wie Sieyès meinte, »zwar wie ein Adler aussieht, aber nur ein Gänserich ist«), Moreau, Joubert und Macdonald. Alle waren unbrauchbar oder wollten nicht, oder beides. Die Zeit drängte und Talleyrand und Sieyès waren ratlos. Alle anderen Möglichkeiten waren ausgeschlossen. Es blieb nur noch eine: Bonaparte. Schließlich schlug Talleyrand in Anbetracht der Lage vor, man müsse versuchen, die Ereignisse so lange hinauszuzögern, bis der Befehlshaber des Ägypten-Feldzugs in Paris eintreffen würde. Er schlug deshalb vor, mit der Türkei in Verhandlungen wegen eines Vertrags zu treten, wonach als Gegenleistung für die Rückgabe Ägyptens Bonaparte wieder nach Frankreich zurückkehren würde. Auf Sieyès'

Drängen billigten die Direktoren den Plan, und Talleyrand hoffte nun, daß ihm Bonaparte im Frühjahr des folgenden Jahres zur Verfügung stehen würde – wenn sich der Staatsstreich so lange hinauszögern ließe. Keiner wußte in diesem Augenblick, daß Bonaparte bereits geradewegs nach Frankreich segelte. Er hatte sich in Alexandria eingeschifft, nachdem er erfahren hatte, daß Frankreich in Italien entscheidend von Rußland und Österreich geschlagen worden war. Er landete am 9. Oktober 1799 in Fréjus, und die Nachricht von seiner Ankunft verbreitete sich wie ein Lauffeuer.

»Da haben Sie Ihren Mann«, sagte General Moreau zu Sieyès.

8. Das Konsulat

Am 16. Oktober traf Bonaparte in Paris ein. Die Nachricht von seiner Ankunft war längst verkündet worden. Bourrienne, sein Sekretär, versicherte, daß die Bürger »ihn mit einer Begeisterung feierten, die ihresgleichen sucht und die man selbst miterlebt haben muß, um sie zu glauben«. Am darauffolgenden Morgen besuchte Talleyrand Bonaparte in der Rue de la Victoire. Diejenigen, die Vorwürfe wegen Talleyrands Schuld am ägyptischen Fiasko erwartet hatten, wurden enttäuscht: Der General umarmte ihn herzlich wie einen alten Freund, und die beiden Männer zogen sich zu einem langen Gespräch zurück. Später am Tag traf Bonaparte mit Barras im Palais Luxembourg zusammen, wo die Pariser »die Räume und Gärten füllten, um ihn sehen zu können«.

Diese Situation war nahezu ideal. Bonaparte, der das Schwert für den Staatsstreich war, war gleichzeitig das Idol der Nation, und Talleyrand konnte sich lächelnd selbst zu seiner Wahl gratulieren. Aber er wußte auch, daß Idole vergänglich sind und daß die Franzosen ihrer Helden schnell müde wurden. Bonaparte mußte also wieder die Maske des Bescheidenen aufsetzen, wie er das schon einmal nach seiner Rückkehr aus Italien getan hatte. Bald, sagte Bourrienne, »klagten die Bürger über das Inkognito des Generals. Man sah ihn nie auf den Straßen oder im Theater, wo man ihn erwartete«. Er verbrachte in der Tat die meiste Zeit zu Hause mit Josephine, der er nach einem schrecklichen Auftritt wegen eines Techtelmechtels mit Hippolyte Charles rasch wieder verziehen hatte. Seine Abende jedoch gehörten der Politik und der Diskussion des von Talleyrand und Sieyès geplanten Staatsstreichs. Manchmal traf man sich in der Rue de la Victoire, gelegentlich auch in Talleyrands Haus in der Rue de Taitbourt, und man besprach mit Soldaten, Staatsmännern und Politikern die Einzelheiten.

Einer dieser Gesprächsteilnehmer beschrieb Talleyrand als »nachlässig hingelehnt in einem Sofa« mit »unbeweglichem und durchdringlichem Gesicht und mit gepudertem Haar. Er sprach wenig, warf nur dann und wann einen bösartig geschliffenen Satz ins Gespräch und sank dann in seine Haltung voll vornehmer Müdigkeit und Gleichgültigkeit zurück« – eine Haltung, die bei Talleyrand zwar üblich, in diesem Fall aber ganz besonders typisch für seine Rolle in dem geplanten Staatsstreich war. Wie bei jedem der vielen *coups*, die sein Leben kennzeichnen, schien er keine feste, direkte Rolle zu spielen. Seine Funktion war es, Pläne zu entwickeln und als Vermittler zwischen den Verschwörern zu agieren. Er war seinem Wesen und seiner Vorliebe nach gleichermaßen ein Katalysator und Vermittler für die Menschen und ihre Vorstellungen. Er kannte jeden und war sich aller Möglichkeiten bewußt. Hinzu kam, daß ihm viele Leute für ihnen erwiesene Dienste während seiner Ministerzeit verpflichtet waren. Bonaparte war der starke Mann der Stunde – er war es, der das kraftlose Direktorium überwinden und selbst das Steuer in die Hand nehmen konnte. Sieyès, Fouché und der Bruder des Generals, Lucien Bonaparte, sollten aktiv bei der geplanten Verschwörung agieren. Aber nur Talleyrand hielt alle einzelnen Fäden des Intrigennetzes, an dem die anderen so eifrig knüpften, in seinen Händen.

Nichtsdestoweniger gab es auch in den hektischen Tagen nach Bonapartes Rückkehr nach Paris gewisse Probleme, deren Lösung fast selbstverständlich Talleyrand oblagen, nicht weil er sich darum bemühte, sondern weil er am ehesten dazu befähigt war. Eine solche Schwierigkeit ergab sich aus der Tatsache, daß alle fünf Direktoren unter einem Dach, im Palais Luxembourg, wohnten und es deshalb praktisch unmöglich war, mit Sieyès zu verhandeln, ohne daß Barras Verdacht schöpfte. Talleyrand hatte deshalb den glücklichen Einfall, Barras glauben zu lassen, daß er selbst an der Verschwörung beteiligt sei, und übernahm es höchst persönlich, ihn davon zu überzeugen. Dabei kam ihm nach eigenen Angaben zugute, daß Bonaparte so hoch in Kurs stand, daß allein die Erwähnung seines Namens genügte, um Barras' Zustimmung zu fast jedem Plan zu bekommen, denn »die politischen Parteien Frankreichs sahen in Bonaparte nicht einen Mann, den man für seine Handlungen zur Rechenschaft ziehen konnte, sondern einen, der durch die Umstände unerläßlich geworden war und um dessen Gunst man sich bemühen mußte«. Jedenfalls setzte Talleyrand Barras auseinander, daß Bonaparte eine Reform der direktorialen Regierung anstrebe, wobei es ihm besonders um die Reduzierung der Zahl der Direktoren von unbeweglichen fünf auf einen einzigen mächtigen ging – ein einziger Direktor, der fortan der unumschränkte Herrscher über Frankreich sein würde. Und dieser Direktor, sagte er, würde Paul Barras heißen. Eine Woche später, am 6. November, stattete Talleyrand Barras noch einmal einen Besuch ab, diesmal in Begleitung von Lucien Bonaparte, dem Präsidenten des Rats der Fünfhundert, und vom Polizeipräsidenten, dem düsteren Fouché. Mit diesen beeindruckenden Verbündeten zur Seite wiederholte Talleyrand noch einmal Bonapartes Plan – aber diesmal, so bemerkte Barras, wurde kein Name genannt, wenn es um den allgewaltigen Direktor ging, der als einziger im Amt bleiben sollte. Trotzdem scheint sich Barras' Mißtrauen kaum geregt zu haben, so daß er sich bis zum unmittelbaren Augenblick des *Coup* selbst als Mitverschwörer in dem Komplott glaubte, das ihn am 9. November um sein Amt bringen sollte.

Die drei Wochen, die zwischen der Ankunft Bonapartes in Paris und dem Putsch lagen, waren ausgefüllt mit Talleyrands Bemühungen, für die beteiligten Elemente einen gemeinsamen Nenner zu finden, was aufgrund der Kurzsichtigkeit einiger Mitverschwörer oft gar nicht so einfach war. Da war zum Beispiel eine Antipathie zwischen Bonaparte und Sieyès. Fast eine Woche verstrich, ehe Talleyrand Bonaparte dazu überreden konnte, Sieyès einen Besuch abzustatten. Bonaparte war offensichtlich der Meinung, Sieyès müsse, obwohl er ein Direktor war, den ersten Schritt tun. Sieyès, ebenso unnachgiebig, sah nicht ein, daß er als Direktor einen einfachen General aufsuchen sollte. Talleyrand war entsetzt, als er das hörte. Das Wichtigste bei einem Staatsstreich war, soviel er wußte, Schnelligkeit – die Sache mußte gelaufen sein, ehe diejenigen, die eventuell opponieren wollten, Zeit gefunden hatten, ihre Streitkräfte zu mobilisieren. Eilends begab er sich in die Rue de la Victoire, wo er ein ernsthaftes Gespräch mit Bonaparte hatte, dem er ganz offen die Torheit seines Verhaltens vorwarf. Seine Diplomatenkunst tat das übrige. Am nächsten Tag besuchte Bonaparte Sieyès und Ducos – nach dem Motto, ein Direktor ist der Mühe nicht wert, bei zweien jedoch läßt sich darüber reden. Tags darauf kamen Sieyès und Ducos, wie Talleyrand es vorgeschlagen hatte, bei Bonaparte zusammen. Die beiden Besuche wurden in der gleichen Pressenotiz der Öffentlichkeit mitgeteilt, so daß nicht klar war, wer wen zuerst besucht hatte. Wenn auch Bonaparte noch immer murrte, weil man ihn im Palais Luxembourg hatte warten lassen und weil die großen Flügeltüren nicht beide geöffnet worden waren, so war doch das Eis gebrochen. Nun brauchten nur noch die Einzelheiten des Umsturzplans festgelegt zu werden.

Am Vorabend jenes Tages, der in der Revolutionssprache der 18. Brumaire des Jahres VIII genannt wurde, spielte Talleyrand zu Hause mit einigen Freunden eine Partie Whist. Gelegentlich kam ein Bote, und man flüsterte sich etwas zu, aber abgesehen von derartigen, nicht ungewöhnlichen Unterbrechungen hätte ein nicht eingeweihter Beobachter auch nicht den geringsten Verdacht geschöpft, daß etwas in der Luft liegen würde. Nichts, rein gar nichts deutete auf etwas Außergewöhnliches hin, außer vielleicht, daß sich der Hausherr zu überraschend früher Stunde zurückzog. Denn für sechs Uhr morgens am 9. November war ein Besucher angekündigt, der auch pünktlich eintraf: Pierre-Louis Roederer. Roederer war ein Institutskollege von Talleyrand und Bonaparte und Abgeordneter. Was noch wichtiger war, er stand in Talleyrands Schuld, denn er war nach dem 18. Fructidor zur Deportation nach Cayenne verurteilt worden – ein Schicksal, das man die »trockene Guillotine« nannte. Talleyrand hatte die Deportation verhindert und ihn damit gerettet. In der gegenwärtigen Affäre war Roederer unter Talleyrands Aufsicht mit der Aufgabe betraut worden, die Texte der diversen Pamphlete, Plakate und der Dekrete, mit denen der Staatsstreich eingeleitet werden sollte, abzufassen. Die Dokumente sollten von Roederers Sohn gedruckt werden, der aus diesem Grund als Setzerlehrling in einer Druckerei auftrat. Als Roederer und sein Sohn am Morgen des 9. November in Talleyrands Haus kamen, hatten sie bereits einige Stunden Arbeit hinter sich. Die Früchte dieser Arbeit waren in den Straßen von Paris nicht zu übersehen. Die Hauswände waren bepflastert mit Schriften, die der Vater verfaßt und der Sohn gedruckt hatte. Talleyrand war noch beim Ankleiden. Sie hätten, sagte er, noch eine ganze Stunde Zeit, und die würden sie zweckmäßigerweise dazu benutzen, die Rücktrittserklärung des Direktors Barras aufzusetzen. Roederer diktierte seinem Sohn eine Erklärung, der seinerseits einige Änderungen vornahm und die Textvorlage dann in die Tasche steckte.

Gegen acht Uhr fanden sich Talleyrand und Roederer zusammen mit General Macdonald in Bonapartes Haus in der Rue de la Victoire ein. Eine letzte Besprechung dauerte bis in den späten Vormittag hinein. Währenddessen bezogen immer mehr Soldaten in der Stadt und vor allem um das Palais Luxembourg und die Tuilerien Stellung. Als gemeldet wurde, daß dieser Teil des Plans ausgeführt sei, war für Talleyrand die Zeit gekommen, seinen Teil der Aktion in die Wege zu leiten: Barras zum Rücktritt zu bewegen. Dafür brauchte er zweierlei: Zunächst einmal einen Begleiter, dessen Anwesenheit von einiger Bedeutung war. Barras und ganz Frankreich wußten, daß die Armee und fast alle Kommandanten Bonaparte bei jedwedem Unternehmen unterstützen würden. Darüber hinaus war sich Barras darüber im klaren, daß die Polizei unter Fouché und der Rat der Fünfhundert unter seinem Präsidenten Lucien Bonaparte bereits an dem Komplott beteiligt waren. Also blieb nur eine Kraft, auf die sich Barras eventuell hätte stützen können: die Marine. Talleyrand ließ sich deshalb in das Palais Luxembourg von Admiral Bruix, einem angesehenen und hochgeschätzten Marinekommandaten, begleiten. Die zweite und wichtigste Sache war der Kreditbrief über 3 000 000 Franc. Barras sollte mit sowenig Aufsehen wie möglich von der Bildfläche verschwinden, und da man nicht annehmen konnte, daß er Vernunftsgründen zugänglich war, versuchte man, ihm den Rücktritt anderweitig zu erleichtern, nämlich mit Geld. So ausgestattet, machten sich Talleyrand und Bruix auf den Weg in das Palais Luxembourg.

Barras hatte eine sorgenreiche Zeit hinter sich. Daß dies der Tag des *Coups* sein sollte, wußte er sehr wohl, war er doch von Talleyrand darüber informiert worden. Auch sah er die Soldaten, die die Residenz der Direktoren umstellt hatten, und dahinter eine wachsende Menge von lärmenden Bürgern. Er konnte sich jedoch nur schwer vorstellen, daß eine Verschwörung, deren Mittelpunkt er sein sollte, ohne sein Wissen und seine aktive Beteiligung vonstatten gehen sollte. Die Wahrheit dämmerte ihm erst, als er Sieyès und Ducos durch seinen Sekretär holen lassen wollte und erfuhr, daß die beiden Direktoren unauffindbar seien. Daß die beiden anderen Direktoren, Gohier und Moulin, anwesend waren, war nur ein schwacher Trost. Als die beiden, beunruhigt von der Volksmasse in den Straßen, zu Barras eilten, um Rat zu erfragen, ließ er ihnen mitteilen, er sei noch im Bad und wolle nicht gestört werden. Dann nahm er mit seinem einzigen Gast an dem für dreißig Personen gedeckten Tisch zu einer schwermütigen Mahlzeit Platz. Sein Tischgenosse war Ouvrard, der Finanzmann, der den Führern des Staatsstreichs bereits Geldhilfe versprochen hatte.

Eben in diesem Augenblick wurde die Ankunft Talleyrands und Bruix' gemeldet. Barras war gewitzt genug, die Lage richtig zu erkennen. Er protestierte weder, noch ließ er sich auf ein Streitgespräch ein, als Talleyrand ihn zum Fenster führte und ihm die Menschenmassen in den Straßen und die mit ihnen verbrüderten Soldaten zeigte. Er hörte fast schweigend den Argumenten Talleyrands, Bruix' und Ouvrards zu, die an seine Vaterlandsliebe, seine Intelligenz und schließlich mit etwas mehr Erfolg an seine Habgier appellierten. In diesem Moment legte Talleyrand ihm seine Rücktrittserklärung vor, die Talleyrand, der Barras sehr gut kannte, in würdigen Worten der hohen Grundsätze und der Selbstaufopferung hatte abfassen lassen. Barras las die Erklärung, unterschrieb und versprach Rücktritt ohne Gegenwehr. Talleyrand nahm den Brief, verbeugte sich, teilte Barras mit, daß er der »erste Patriot Frankreichs« sei und überreichte ihm 3 000 000 Franc.[12] Eine Stunde später war Barras schon unterwegs in sein Landhaus in Grosbois – eskortiert von einer Dragonereinheit, die Talleyrand als »Schutz« für den gefallenen Herrscher Frankreichs bestellt hatte.

Dies war Talleyrands einzige aktive Beteiligung an den Geschehnissen des 18. und 19. Brumaire. Vom Palais Luxembourg begab er sich wieder nach Hause und verbrachte den restlichen Tag damit, Freunde zu empfangen und sich die letzten Neuigkeiten über den Verlauf des Staatsstreichs berichten zu lassen. Es waren ausschließlich gute Nachrichten. Im Moment lief alles genauso reibungslos wie der Rücktritt Barras'. Der Rat der Alten, dessen Mehrheit unter Sieyès Einfluß stand, war am frühen Morgen zu einer Sondersitzung zusammengetreten. Auf irgendeine wunderbare Weise war die Ankündigung der Sitzung nie zu den Mitgliedern gelangt, auf deren Unterstützung man nicht zählen konnte. Nachdem die Abgeordneten sich versammelt hatten, sagte man ihnen, daß ein Staatsstreich im Gange sei, der von den Jakobinern angezettelt worden wäre, um die Republik zu stürzen. Darauf beschloß man, sich am darauffolgenden Tag in St.-Cloud zu treffen, wo man sich vor der Bedrohung durch die Jakobiner, der man in der Hauptstadt ausgesetzt wäre, sicher glaubte.[13] Gleichzeitig ernannte der Rat Bonaparte zum Oberbefehlshaber der Truppen in diesem Gebiet und übertrug ihm die Verantwortung für den Schutz der Räte vor den »jakobinischen Verschwörern«. Der Rat der Fünfhundert, der später zusammentrat, war von den Ereignissen völlig überrascht worden. Das vom Ältestenrat erlassene Dekret wurde verlesen, und Lucien Bonaparte erklärte die Sitzung auf den nächsten Tag in St.-Cloud vertagt, noch ehe eine Diskussion stattfinden konnte.

Am späten Morgen hatte sich, während Talleyrand mit Barras beschäftigt war, Bonaparte in die Tuilerien begeben, um seinen Eid als Oberbefehlshaber vor dem Rat der Alten abzulegen. Sein Weg wurde gesäumt von einer begeisterten Menschenmenge, die des Rufens »Lang lebe der Befreier!« nicht müde wurde. Auch im Rat empfing man ihn rückhaltlos begeistert, und ebenso enthusiastisch begrüßten ihn seine Soldaten. »Es hatte sich schnell herumgesprochen«, sagte Bonaparte später, »daß Napoleon sich in den Tuilerien aufhielt und daß ihm allein Frankreich gehorchen mußte.« Um sicherzugehen, daß dies allerorts zweifelsfrei verstanden wurde, befahl Fouché, die Stadt hermetisch abzuriegeln und keine Wagen oder Kuriere ohne Erlaubnis des Polizeiministers passieren zu lassen. Bis hierher war alles nach Plan verlaufen. Das Direktorium war gestürzt[14] und alle gesetzlichen Befugnisse lagen in den Händen der beiden Kammern. Bevor er sich zurückzog, sagte Bonaparte zu Bourrienne: »Alles in allem war das heute kein so schlechter Tag. Wir wollen sehen, was morgen passiert.«

Am nächsten Tag verlagerte sich der Schauplatz nach St.-Cloud. Talleyrand fuhr mit seinen treuen Freunden Desrenaudes und Roederer schon sehr früh zu einem Haus hinaus, das er für sich selbst und für seine Freunde vorgesehen hatte. Ständig hielten ihn Boten über die Vorgänge in den Räten auf dem laufenden, und die Nachrichten waren nicht gerade ermutigend. Napoleon war im Rat der Alten erschienen, hatte bei dem Versuch, eine Ansprache zu halten, völlig versagt und so seiner Sache mehr geschadet als genützt. Danach war er in den Rat der Fünfhundert gegangen, dem Lucien Bonaparte vorstand, aber Lucien war es nicht gelungen, die Befremdung der Mitglieder bezüglich der Anwesenheit von Bonapartes Truppen und Kanonen zu zerstreuen, die sie eher als einschüchternde Machtdemonstration denn als Schutz verstanden. Man begrüßte ihn mit Rufen wie »Keine Diktatur!«, »Keine Bajonette!« und »Nieder mit den Tyrannen!« Einige Abgeordnete nahmen eine so drohende Haltung an, daß Bonaparte in der Orangerie, wo der Rat der Fünfhundert tagte, von einem Grenadiertrupp beschützt werden mußte. Rasch sprach es sich bis zu Talleyrand herum, daß der Rat der Fünfhundert, nachdem der General sich zurückgezogen hatte, darüber beriet, ob Bonaparte wegen Verschwörung gegen die Republik geächtet werden sollte. Als ihn diese Nachricht erreichte, wandte sich Talleyrand sofort an Montrond und trug ihm auf, Bonaparte darüber zu informieren. Bonaparte wurde bleich. Der furchtbare Ruf »hors de la loi!« hatte selbst einen Robespierre in ein dunkles Ende geschickt. Nur der ansonsten furchtsame Sieyès blieb ruhig und sprach dem Helden Frankreichs Mut zu: »Wenn die Deputierten Sie außerhalb des Gesetzes stellen wollen, stehen sie selbst außerhalb des Gesetzes. Sie glauben sich immer noch im Jahr 1793. Nun, General, das einzige, was Ihnen noch zu tun bleibt, ist, Ihren Leuten zu befehlen, sie rauszuwerfen.«

Einige Minuten später ließ Lucien Bonaparte verkünden: »Wenn die Sitzung nicht innerhalb von zehn Minuten aufgelöst ist, kann ich keine Verantwortung für Ihre Sicherheit mehr übernehmen.« Nun packte Bonaparte endgültig zu, zunächst um Lucien zu »retten«, obwohl dieser gar nicht in Gefahr war. Dann befahl er Murat, einem seiner Kommandanten, den Saal räumen zu lassen: »Werft sie alle raus«, brüllte Murat seinen Männern zu und stürmte zuvorderst einer Abteilung in den Sitzungssaal. »Die Sitzung ist aufgelöst! Die Sitzung ist aufgelöst!« Einer der Grenadiere erinnerte sich, daß »sich die fetten Herren durch Türen, Fenster und sonstige Ausgänge verflüchtigten und Mäntel, prächtige Hüte und Federn den Boden bedeckten.« Den wenigen, die noch halsstarrig an ihrer Würde festhalten wollten, wurde mit den Spitzen der Bajonette ein wenig nachgeholfen, bis auch sie im Schatten der beginnenden Dunkelheit verschwanden.

Nun, da der widerspenstige Rat der Fünfhundert von Murats Männern »aufgelöst« worden war, erklärte sich der Rat der Alten bereit, das übereilte Urteil vom selben Morgen noch einmal zu überdenken. Der Rat der Alten, der nach der Flucht der Fünfhundert *»ipso facto«* die gesamte Nation repräsentierte, beschloß, »nachdem vier Direktoren zurückgetreten und der fünfte unter Bewachung gestellt ist [Sieyès führte zu dieser Zeit geheime Besprechungen mit Bonaparte], wird eine temporäre, aus drei Mitgliedern bestehende Exekutive ernannt«. Dann wurde auf Antrag eines Abgeordneten, eines Gefolgsmanns Sieyès', darüber abgestimmt, ob »vorübergehend ein konsularisches Exekutivkomitee aus den Bürgern Sieyès und Roger Ducos, beide frühere Direktoren, und General Bonaparte« bestellt werden solle. Man sprach sich positiv für diesen Vorschlag aus. »Sie werden den Titel Konsuln der Republik tragen.«

Als Bonaparte diese Nachricht überbracht wurde, sagte er zu Bourrienne: »Notieren Sie: Ich muß heute abend vor den Parisern eine Proklamation verlesen.« Als Talleyrand davon erfuhr, meinte er nur: »Nun, meine Freunde, sollten wir zu Abend essen.« Dann fuhr er mit den dreien, den beiden Roederers und Montrond, zu einer Dame namens Simons, der Frau eines belgischen Bankiers, die ein vorzügliches Mahl vorbereitet hatte. Mit der ihm eigenen Vorsorglichkeit hatte er es wieder einmal so eingerichtet, daß er den Abend des Tages des Staatsstreichs so angenehm wie möglich verbringen konnte. Es trübte sein Vergnügen keineswegs, daß Madame Simons, die von der Bühne als Mademoiselle Lange bekannt war, bis zum Tage vorher Barras' Geliebte gewesen war.

Am 14. November zog Bonaparte in das Palais Luxembourg ein. Eine seiner ersten Amtshandlungen war es, Talleyrand zu empfangen, ihm für seine Hilfe in den schweren Stunden des 18. und 19. Brumaire zu danken und ihm anzudeuten, daß er ihn wieder für das Amt des Außenministers vorgesehen habe. »Talleyrand ist durch seine Eigenschaften geradezu prädestiniert für das Führen von Verhandlungen«, erklärte der Konsul Bourrienne gegenüber. »Er versteht die Welt; er kennt die Höfe Europas durch und durch; er besitzt *finesse*, um es einmal ganz bescheiden auszudrücken; er zeigt nie, was er denkt; und schließlich trägt er auch noch einen großen Namen.« Alle Beteiligten, außer vielleicht Barras, wußten sehr wohl, daß Reinhards Ernennung zum Minister im vorausgehenden Juli nur eine vorübergehende Lösung sein sollte und daß Talleyrand bald zurückkehren würde. Am 21. November, dem Tag der offiziellen Ernennung Talleyrands, kehrte Reinhard sicherlich dankbar in seine frühere Stellung als Botschafter in Bern zurück, und Talleyrand zog wieder in die Rue du Bac, ohne daß irgend jemand auf die Idee kam, der Hausherr könne mehr als nur ein paar Tage Urlaub gehabt haben. In den *Mémoires* wurde diesem Ereignis nur ein einziger Satz gewidmet: »Ich wurde wieder Außenminister.«

Einige Tage später begab sich Talleyrand in das Luxembourg Palais, diesmal mit dem Ansinnen, Bonaparte für die Ernennung offiziell seinen Dank auszusprechen und gleichzeitig neuen Samen zu säen. Eine neue Verfassung mußte vorbereitet werden (die nach Bonapartes Vorstellung »kurz und verwirrend« sein sollte). Talleyrand hatte seine eigenen Ideen bezüglich der richtigen Machtverteilung in dem neuen konsularischen Regime. »Sie müssen der erste unter den Konsuln sein«, teilte er Bonaparte mit, »und der erste Konsul muß alle Verantwortlichkeit für jede Politik innehaben – also für das Innen- und das Polizeiministerium, für alle Angelegenheiten der Außenpolitik wie auch für die beiden hauptsächlichsten Hilfsmittel, die Politik auch durchzuführen: die Armee und die Marine ... So haben Sie die wesentlichen Regierungselemente unter Kontrolle und können einem edlen Ziel entgegenstreben: der Wiederherstellung Frankreichs.« Sobald Talleyrand gegangen war, erzählte Bourrienne, habe Bonaparte zu ihm gesagt: »Wissen Sie, Bourrienne, Talleyrand ist außerordentlich intelligent. Er gibt mir gute Ratschläge«

Am 13. Dezember 1799 wurde die neue Verfassung verkündet. Bonaparte wurde für eine Amtsperiode von zehn Jahren zum Ersten Konsul ernannt und bekam gemäß Talleyrands Vorschlag »den Anteil von Autorität, der in einer konstitutionellen Monarchie einem Herrscher zugestanden wird. Der einzige wirkliche Unterschied war, daß er, anstatt die Gesetze nur sanktionieren zu können, sie auch vorschlagen darf«. Dem Ersten Konsul zur Seite stand ein Zweiter und ein Dritter Konsul. Diese beiden Posten besetzte Bonaparte mit Hilfe von Talleyrands üblicher Diskretion und Klugheit. Als Zweiten Konsul wählte er Jean-Jacques Cambacérès, der vertrauenswürdig, aber als Verfechter der Grundsätze der Revolution bekannt war. Der Dritte Konsul, Charles-François Lebrun, vertrat oder symbolisierte zumindest die Interessen der Rechten.

Das Problem war, wie Talleyrand bemerkt, »Bonaparte zu einem vorübergehenden Herrscher zu machen. Hätte man ihn zum einzigen Konsul ernannt, dann wäre damit ein Ehrgeiz enthüllt worden, den man besser verborgen halten wollte. Hätte man ihm jedoch gleichrangige Amtskollegen zur Seite gestellt, dann wäre die Regierung eine Polygarchie geblieben« – also ein neues Direktorium mit all den damit verbundenen Schattenseiten. Es besteht kaum Zweifel, daß die neue Verfassung, die hastig aufgesetzt wurde, doch zumindest in den wichtigsten Richtlinien das Ergebnis von Talleyrands Unterredung mit Bonaparte war. Das Ziel war, wie Talleyrand bemerkte, in Frankreich faktisch eine konstitutionelle Monarchie zu errichten – eine Monarchie, die sehr derjenigen ähnelte, die Talleyrand während der idealistischen Tage der Nationalversammlung im Jahre 1789 ins Auge gefaßt hatte, mit dem Unterschied allerdings, daß die Gedanken der Revolution jetzt eine zusätzliche Absicherung gegen die Übergriffe der Exekutive hatten: Die Oberherrschaft war nicht mehr erblich, sondern wurde durch Wahl bestimmt. Nach zehn langen Jahren war die Schlacht gewonnen. Talleyrand konnte sich nun ernstlich daran machen, das zu erreichen, was er sich immer am meisten gewünscht hatte und was Frankreich sich mit ihm gewünscht hatte: Friede.

Die Jahre des Konsulats von 1799 bis 1804 gehörten zweifellos zu den glücklichsten in Talleyrands Leben. Als Außenminister, ein Posten, den er sieben Jahre lang innehaben sollte, oblag ihm der Wiederaufbau Frankreichs und die Befriedung Europas. Zum ersten Mal konnte er ganz offen für den Frieden arbeiten und dabei der Unterstützung des Volkes und der Regierung gewiß sein. Die Nachricht von Bonapartes Aufstieg zur Macht war überall in Frankreich mit großer Begeisterung und Erleichterung aufgenommen worden – Erleichterung nach zehn Jahren des Aufruhrs und der Ungewißheit und Begeisterung für den Mann, der der Vorbote des Friedens zu sein schien. Ein von Fouché am 12. November vorgelegter Polizeibericht stellte fest, daß »Friede und Bonapartes Wiederherstellung der Republik als wünschenswertes Zukunftsbild gesehen werden«, und der *Moniteur* berichtete, daß Bonaparte bei seiner Rückkehr von St.-Cloud nach Paris von einer »großen Menschenmenge unter Zurufen ›Lang lebe die Repbulik, lang lebe der Friede!‹« begrüßt wurde. Derart von der Öffentlichkeit unterstützt, sah Talleyrand nun zu, daß er in eine Position kam, in der Bonaparte auf ihn und auf ihn allein bezüglich der Herstellung des Friedens hören würde:

> »Um die Macht des Ersten Konsuls von Anfang an gleich so wirkungsvoll wie möglich zu gestalten [erzählte er], brachte ich einen Vorschlag ein, der unverzüglich akzeptiert wurde. Man hatte sich bereits geeinigt, daß die drei Konsuln täglich zusammentreffen und von den Ministern mit den Angelegenheiten ihrer Ressorts vertraut gemacht werden sollten. Deshalb setzte ich General Bonaparte auseinander, daß alle Angelegenheiten der Außenpolitik im wesentlichen geheim seien und deshalb nicht vor anderen besprochen werden sollten. Er alleine sollte entscheiden … Er begriff den Sinn dieses Ratschlags genau … und so kam man am allerersten Tag überein, daß ich nur dem Ersten Konsul verantwortlich sei.«

Die Früchte dieser engen Zusammenarbeit zwischen Talleyrand und dem Ersten Konsul wurden bald offenbar. Bonaparte schrieb auf Talleyrands Anraten schon in den ersten Tagen nach seiner Machtübernahme an den König von England und den Kaiser von Österreich »mit dem ausdrücklichen Wunsch nach einer raschen Versöhnung mit den beiden Ländern«. Georg von England geruhte nicht, direkt an Bonaparte zu antworten. Statt seiner schrieb der Außenminister, Lord Grenville, an Talleyrand und meinte, wenn Frankreich wirklich Frieden wünschte, müßte es zu seiner legitimen Dynastie zurückkehren. Von Baron von Thugut aus Wien kam eine Nachricht, die zwar weniger hochmütig abgefaßt, aber ebenso offensiv gemeint war. »Diese beiden Schritte«, schloß Talleyrand daraus, »führten zwar zu keiner Versöhnung und konnten dies auch wirklich nicht tun, aber sie wirkten sich positiv auf den inneren Frieden des Landes aus, da sie dem Volk zeigten, daß der große General, der nun Regierungsoberhaupt war, auch ein geschickter Staatsmann war. Genaugenommen paßten Bonaparte die Haltungen Englands und Österreichs, die Frankreich für sehr viel schwächer hielten, als es tatsächlich war, sehr gut. Er war überzeugt, daß Frieden notwendig war, um das neue Regime zu etablieren – aber es mußte ein Frieden sein, der auf Sieg basierte und nicht auf Verhandlungen. Sogar Talleyrand, dessen Gedanken immer um die Erhaltung des Friedens kreisten, war klar, daß zumindest in diesem Fall »die einzige Hoffnung, die Haltung der feindlichen Mächte zu Frankreich zu ändern, nur in neuen Siegen zu finden ist«. Der Unterschied bei Talleyrand lag darin, daß er einen Krieg nur akzeptierte, und selbst dann nur unter Vorbehalt, wenn alle anderen Mittel versagt hatten. Für Bonaparte dagegen bedeutete Krieg ein unverzichtbares Mittel, den Feind in die Knie zu zwingen, um sich eine gute Ausgangsposition für Verhandlungen zu schaffen.

Dieser grundsätzliche Unterschied in bezug auf die Außenpolitik war zwar von Anfang an in den Beziehungen dieser beiden Männer vorhanden, aber doch noch nicht so ausgeprägt, daß daraus ein Konflikt hätte entstehen können oder auch nur die Harmonie getrübt worden wäre, die sich zwischen Talleyrand und Bonaparte in den ersten Tagen des Konsulats entwickelt hatte. Denn zwischen ihnen entwickelte sich von Anfang an eine funktionelle Arbeitsbeziehung, die, zieht man ihre verschiedenen Temperamente in Betracht, an sich schon ein Wunder ist. Der Erste Konsul war auf Arbeit geradezu versessen, war nur glücklich, wenn er mehreren Sekretären auf einmal diktieren konnte und ließ dabei auch nicht die kleinste Kleinigkeit aus dem Auge. Talleyrand teilte nun wiederum diese Vorliebe für Arbeit ganz und gar nicht. Er war von Natur aus träge und gab sich noch träger, als er war, so daß seine Faulheit ebenso berühmt wie seine Intelligenz war. Bei der Erfüllung seiner Pflichten folgte er nur einem einzigen unverrückbaren Grundsatz: Tue nie eine Arbeit selbst, die du auf einen anderen abwälzen kannst. Kaum einmal schrieb er einen Brief selber, setzte eine Depesche auf oder diktierte eine Denkschrift. Er kritzelte einfach alles hastig auf, was er darin untergebracht haben wollte, und übergab es einem seiner Untergebenen – für gewöhnlich an Desrenaudes, der im Laufe der Jahre ebensogut seine Gedanken lesen wie seine Handschrift entziffern konnte. Desrenaudes brachte die Notizen in eine dem diplomatischen Schriftverkehr angepaßte Form und legte sie dem Minister wieder vor. Aber auch an diesem Punkt überanstrengte sich Talleyrand nicht. Er las das Aufgesetzte sorgfältig und verwarf es üblicherweise mit den Worten: »Nein, so geht es nicht!« oder »Ich denke, das muß überarbeitet werden!« oder einfach »Nein!«. Dann machten sich Desrenaudes oder ein anderer Untergeordneter wieder an die Arbeit und legten Entwurf nach Entwurf vor, bis schließlich die erhoffte Anerkennung von Talleyrands Lippen kam: »*Oui, c'est bien cela*« – »Ja, so können wir es lassen.« Dann nahm er selbst noch reichlich Änderungen vor, und erst jetzt ließ er das Schriftstück in seiner endgültigen Fassung anfertigen. Seine Abneigung gegen ein Allzuviel an Arbeit ging sogar so weit, daß er es nicht unter seiner Würde befand, sich einen Brief diktieren zu lassen, wenn das Protokoll verlangte, daß der Brief von seiner Hand geschrieben sein mußte. Die Erklärung, die er zu diesem Punkt einem erstaunten D'Hauterive anbot, war: »Schreiben und Text entwerfen – das ist zuviel auf einmal.« Er behauptete immer, daß er vom kleinsten Angestellten seines Ministeriums nicht mehr als von sich selbst verlange. Allen Ernstes bezeichnete er seine Mitarbeiter als ehrlich, klug, ordentlich und pünktlich, aber nicht übereifrig. »Das habe ich ihnen abgewöhnt. Abgesehen von ein paar jüngeren Herren, die, fürchte ich, ihre Aktendeckel etwas überstürzt zuklappen, bewahren wir hier alle die größte Ruhe. Hast und Unruhe kennen wir nicht.«

Diese Trägheit sollte dem fanatisch arbeitenden Bonaparte, für den die Tage nie lang genug sein konnten, immer ein Rätsel bleiben. Doch bemerkte er sehr bald, daß Talleyrand bei aller Indifferenz gegenüber seinen Ministerpflichten nicht ein Mann war, der seine Meinung und seine Gedanken nicht frei weg sagte. »Bonaparte«, so erinnerte sich Bourrienne, »war immer eifrig darauf bedacht, Talleyrand zu sehen. Ich war oft bei Konferenzen zwischen diesem großen Staatsmann und Napoleon anwesend, und ich kann sagen, daß er nie seinem Ehrgeiz oder seinen Träumereien geschmeichelt hat. Im Gegenteil, er war immer bemüht, ihm seine tatsächlichen Anliegen vorzutragen.«

Von allen Ministern gelang es nur Talleyrand und Fouché, ihre Persönlichkeit in ihrer Arbeit auszudrücken, und von diesen beiden war nur Talleyrand mutig genug, ihm ständig »seine echten Anliegen zu unterbreiten«. Talleyrand war es, der Bonaparte überredete, seine Vorurteile Sieyès gegenüber zu vergessen und den früheren Direktor nach der Verlesung der Verfassung im Jahr VII zum Senator und Senatspräsidenten zu machen. Es war ebenfalls Talleyrand, der Bonapartes republikanische Vorurteile so weit abbaute, daß ein Kontakt zwischen dem Ersten Konsul und dem bourbonischen Königshaus möglich war. Dieser Kontakt war jedoch, zumindest was Bonapartes Intentionen anbelangt, keineswegs ein Verrat an den Grundsätzen der Revolution. In den Tagen, die auf die Ereignisse des Brumaire folgten, gab es in Europa und auch in Frankreich selbst Spekulationen darüber, ob Bonaparte die Macht für sich selbst in Anspruch nehmen würde oder nur damit Frankreich zu seiner früheren Dynastie zurückführen wollte. Ludwig XVIII. scheint sich diese Frage auch gestellt zu haben, denn kurz nach der Errichtung des Konsulats setzte er einen Brief an Bonaparte auf: »Nun, da Sie Ihre Macht konsolidiert und Ihre Fähigkeiten demonstriert haben, ist es für mich an der Zeit, meine Lage zu erklären. Es ist an der Zeit, Ihnen von meinen Hoffnungen zu erzählen, die ich in Sie setze. Wenn ich an einen anderen Mann als Bonaparte schreiben würde, würde ich Belohnungen anbieten. Ein großer Mann hat jedoch das Recht, sein eigenes Schicksal und das seiner Freunde zu entscheiden. Lassen Sie mich wissen, was Sie für sich und für sie wünschen. Ihre Wünsche sollen bei meiner Wiedereinsetzung in Erfüllung gehen.« Aufgrund der Unzulänglichkeit von Louis' Boten, des Herzogs von d'Avaray, wurde der Brief nie abgegeben. Doch die gleiche Botschaft wurde mündlich von einem Vertreter des Grafen d'Artois, dem Bruder des Präsidenten, überbracht. Dieser Mann, Hyde de Neuville, war ein Bekannter Talleyrands aus der Zeit vor der Revolution und hatte seine Dienste angeboten, ein Treffen mit dem Ersten Konsul zu vereinbaren. Bonaparte stimmte Talleyrands Bitte zu, nicht weil er auch nur im entferntesten daran dachte, die Bourbonen wieder einzusetzen, sondern weil er bei dieser Gelegenheit klarmachen wollte, daß die alten Zeiten in Frankreich aus und vorbei seien. Das Treffen wurde unter größter Geheimhaltung vorbereitet. Talleyrand kam mit Hyde de Neuville und dessen Begleiter, dem Grafen d'Andigné, abends an einer Straßenecke zusammen und ließ sie in seinem Gespann zum Luxembourg bringen. Während er den königlichen Boten ausführlich seine Gefühle der aufrichtigen Freundschaft versicherte, löschte er ebenso sorgfältig jeden Hoffnungsfunken, den Bonaparte durch seine Bereitschaft zu einem Treffen entzündet haben mochte. Als die Royalisten versuchten, aus Talleyrand irgendeine Andeutung darüber herauszubringen, was die Zukunft bringen würde, antwortete er mit einer Gegenfrage: »Wer kennt schon die Geheimnisse der Zukunft?« Als er bezüglich Bonaparte selbst befragt wurde, entgegnete Talleyrand: »Wenn er ein Jahr bleibt, dann ist es lange.« Denen, die ihn noch aus dem *Ancien Régime* kannten, gestand er, eine militärische Laufbahn vorgezogen zu haben, hätte man ihn nicht auf Grund seiner Körperbehinderung in den Klerus gezwungen. Von Dingen wie einem Unfall in der Kindheit, resümierte er, könne das Schicksal eines Menschen abhängen. Wenn er nicht einen verkrüppelten Fuß hätte, wer weiß, welchen Weg er eingeschlagen hätte. »Ich könnte ein Emigrant sein wie Sie«, meinte er zu dem erschreckten Neuville, »oder sogar ein Bote des Hauses Bourbon.«

Mit solchen Kommentaren mußte sich Hyde de Neuville begnügen, denn auch die beiden Treffen mit dem Ersten Konsul brachten ihn keinen Schritt vorwärts. Kurz darauf machte Bonaparte in einem Brief an Ludwig XVIII. sein Vorhaben klar: »Sie müssen alle Hoffnungen, nach Frankreich zurückzukehren, aufgeben, denn dafür müßten Sie über die Leichen von hunderttausend Menschen gehen. Opfern Sie deshalb Ihr eigennütziges Interesse dem Frieden und dem Glück Frankreichs, und die Geschichte wird Sie dafür rühmen.« Privat sagte er zu Bourrienne: »Wenn ich die Bourbonen zurückberufe, werden sie mir eine Statue errichten – und mich dann darunter begraben.«

Der gute Wille der Bourbonen, oder zumindest die Beendigung der offenen Feindschaft, war aus zweierlei Gründen wünschenswert. Zum einen war dies nützlich, um damit die royalistischen Anführer in der Vendée zu beschwichtigen, zum anderen, und das war nach Talleyrands Meinung auf die Dauer gesehen der wichtigere Grund – sollte damit die Voraussetzung für einen Frieden mit England und Österreich geschaffen werden. Das erste Ziel konnte Bonaparte leicht auch ohne Bourbonen erreichen, indem er die militanten Royalisten der aufständischen Provinz mit versöhnlichen Worten beruhigte und dann mit äußerst strengen Maßnahmen gegen sie vorging. Das zweite Problem war aus dem Bereich des Möglichen gerückt, nachdem London und Wien Verhandlungen abgelehnt hatten, und die Bourbonen der Realität nicht ins Auge sehen wollten. Deshalb blieb nur ein auf militärischem Sieg beruhender Frieden. »Unvermeidliche Kriege«, erklärte Bonaparte, »sind immer gerechte Kriege.« Am 5. Mai übernahm er wieder das Oberkommando über die Truppen. Einige Tage später kehrte auch Talleyrand Paris den Rücken und fuhr in Feiertagslaune zu seinem Lieblingsbadeort Bourbon-l'Archambault, um sich einige Tage Ruhe zu gönnen.

Am 14. Juni traf Bonapartes Armee in Piemont nahe der Stadt Marengo auf die Österreicher, die er in einer gewaltigen Schlacht völlig aufrieb. Am nächsten Tag erschienen österreichische Sendboten vor Bonapartes Zelt und baten um Waffenstillstand. Er wurde unter der Bedingung gewährt, daß die österreichischen Armeen sich aus Piemont, Mantua und der Lombardei zurückzögen. »Ich hoffe«, schrieb Napoleon aus Mailand, »daß Frankreich mit seiner Armee zufrieden ist.« Frankreich war es. In Paris, so berichtet der *Moniteur*, »herrschte in den Vergnügungsstätten bis elf Uhr nachts reger Betrieb, und man ließ die Republik, den Ersten Konsul und die Armee hochleben«. Auch in den Provinzen, selbst in der Vendée, herrschte eitel Freude. Das war natürlich genau das, was das Regime brauchte und, was noch wichtiger war, was Bonaparte brauchte. Nach den nicht enden wollenden Niederlagen im letzten Jahr des Direktoriums erschien Marengo dem Volke als Symbol eines Wandels. In den wenigen Monaten war es Bonaparte gelungen, das Land größtenteils zu befrieden, in Frankreichs chaotischen Finanzhaushalt so etwas wie eine Ordnung hineinzubringen und dem Volk nun auch noch einen Geschmack von militärischem Ruhm zu vermitteln, den es so lange hatte entbehren müssen. Das Vertrauen des Volkes in ihn verstärkte sich unermeßlich, und die Jubelrufe bei seiner Rückkehr nach Paris waren ihm, wie er zu Bourrienne sagte, »so süß wie Josephines Stimme«.

Bonaparte hat sicherlich daran gedacht, daß eine Niederlage statt eines Sieges bei Marengo auch der Anfang vom Ende des Konsulats gewesen wäre. Ohne Zweifel haben auch andere daran gedacht. Einen Tag, nachdem die Siegesnachricht Paris erreicht hatte, schwirrten in der Stadt allerlei Gerüchte von einer großen Niederlage und sogar von Bonapartes Gefangennahme und Tod umher – »mit großer Wahrscheinlichkeit« – wie Ludwig XVIII. sofort berichtet wurde. Diese Möglichkeit hatten natürlich auch Talleyrand und Fouché irgendwie einkalkuliert. Was würde aus Frankreich werden? Es gab viel Klatsch darüber, daß die beiden Minister – Feinde im Herzen und Buhler um die Gunst und Aufmerksamkeit Bonapartes –, während Napoleon in Italien kämpfte, ihre Leute zusammengerufen und einen *Coup* geplant hätten, entweder an Bonapartes Stelle zu treten, wenn er im Kampf fallen solle, oder ihn abzuschieben, wenn er eine Niederlage hätte hinnehmen müssen. Bonapartes Nachfolger hätte verschiedenen Berichten zufolge Ludwig XVIII. oder der Herzog von Orléans oder ein neues Direktorium sein sollen. Es scheint unwahrscheinlich, daß Talleyrand oder Fouché, jetzt einmal ungeachtet ihrer persönlichen Differenzen, einer Rückkehr der Bourbonen zugestimmt hätten, da sie von dieser Seite weder Belohnung noch Dankbarkeit erwarten konnten, oder daß sie die Wiedereinführung eines Regimes angestrebt hätten, dessen Unzulänglichkeit und Korruption sie sich eben mit Erleichterung entledigt hatten. Andererseits ist mit Sicherheit anzunehmen, auch wenn es dafür keine konkreten Beweise gibt, daß Talleyrand mit seiner sprichwörtlichen Gabe, die Zukunft zu sehen, einen Plan für den Fall parat hatte, daß Bonaparte von der Weltbühne abtreten müßte, sei es nun im Kampf oder durch Mordanschlag, durch ein Unglück oder durch böse Absicht.

Bonaparte schien auf jeden Fall davon überzeugt, daß während seiner Abwesenheit eine Verschwörung gegen ihn in Gang gekommen sei, an der Talleyrand und Fouché wahrscheinlich nicht unbeteiligt waren. »So!«, wetterte er zu Bourrienne, »sie dachten, ich sei tot! Dachten sie, ich wäre ein Ludwig XVI.? Da irren sie sich gewaltig. Für mich ist eine verlorene Schlacht dasselbe wie eine gewonnene ... Ich werde Frankreich trotz der Verräter und Ignoranten retten!« Aber Bonapartes Wutanfälle legten sich auch genauso schnell, wie sie gekommen waren. Der Außen- und der Polizeiminister wurden mit ein paar scharfen Worten bezüglich Loyalität und Dankbarkeit bedacht, und die Sache war vergessen. Bonaparte wußte sehr wohl, daß er ohne Talleyrand und Fouché, ob sie nun Verräter oder nur vorsorgliche Politiker waren, nicht auskommen konnte. Fouché war das Auge und das Ohr der Regierung in Frankreich, Talleyrand war ihr Geist und ihr Mund in Europa. So wurde letzterer schon wenige Tage nach der »Ungnade« von Bonaparte aufgefordert, die Verhandlungen wegen eines Friedensvertrages mit Österreich zu führen, eine Verhandlung, in der der Außenminister eine führende Rolle spielte und die er im Februar 1801 in Lunéville zu einem erfolgreichen Abschluß brachte. Die Vertragsbedingungen brachten Frankreich einen noch größeren Gewinn als Bonapartes Sieg bei Marengo: das linke Rheinufer und einige kleine Fürstentümer auf der anderen Seite sollten die neue östliche Landesgrenze bilden, Luxemburg und Belgien wurden Frankreich einverleibt. In Italien bekam Frankreich Piemont. Die Cisalpine Republik und Ligurien wurden unter den Schutz der Republik gestellt. Mit anderen Worten, durch den Vertrag von Lunéville erreichte das französische Reich die größte Ausdehnung in seiner Geschichte. Die Franzosen waren verständlicherweise wie geblendet, Europa war eingeschüchtert. Talleyrand dagegen war weder das eine noch das andere. Statt Ehrfurcht, Unterwerfung oder etwa Selbstzufriedenheit empfand er Unbehagen darüber, wie sich Bonapartes Politik gegenüber besiegten Nationen auf die Zukunft auswirken würde. »Zwei Wege stehen ihm offen«, erklärte er Ouvrard. »Da wäre das föderalistische System, bei dem der besiegte Herrscher in seinem Land bleibt, aber unter für den Sieger günstigen Bedingungen.« Der andere Weg war der der Annexion und der weiteren Ausdehnung von Frankreichs Grenzen. »Wenn er sich andererseits weiterhin Gebiete einverleibt, dann begibt er sich auf einen Weg ohne Ende.«

Was Bonaparte vorhatte, zeigte sich schon bald. Für den Augenblick war Österreich geschlagen und England isoliert, und so widmete sich der Erste Konsul der Aufgabe, die er bei seiner Amtsübernahme zu lösen begonnen hatte: der Versöhnung der verschiedenen Parteien innerhalb Frankreichs. Die beiden wichtigsten waren die Jakobiner und die Royalisten. Bonaparte stand den Jakobinern, genau wie Talleyrand, mit unverhohlener Verachtung gegenüber, den Royalisten jedoch mit Sympathie und einem gewissen Verständnis. Keiner der beiden Männer konnte sich den Reizen der

Monarchie ganz entziehen. Schließlich war auch das Konsulat, wie Talleyrand bemerkte, eine Art begrenzte Monarchie. Das einzige Übel, das den Royalisten nach Bonapartes Ansicht anhaftete, war ihr Festhalten an der verlorenen Sache der Bourbonen. Dem sollte er entgegentreten, indem er sich im Rahmen des Möglichen die Unterstützung des alten Adels sicherte, da diese den konservativsten und einflußreichsten Teil der royalistischen Bewegung bildeten. Als ersten Schritt in diese Richtung erließ der Erste Konsul auf dringendes Anraten Talleyrands ein Dekret, durch das er alle Strafen gegenüber den Emigranten abschaffte und sie zur Rückkehr nach Frankreich einlud. Alle außer den militantesten Mitgliedern des bourbonischen Kreises waren in diese generelle Absolution miteingeschlossen. Und denjenigen, die kommen wollten, bot der Staat wieder den während der Revolution konfiszierten Besitz an, wenn er noch nicht verkauft war. Dieser Anreiz, zusammen mit der Sehnsucht der Emigranten nach der Heimat, die viele seit zwölf Jahren nicht mehr gesehen hatten, veranlaßten fast 40 000 Emigrantenfamilien dazu, den Ärmelkanal und den Rhein in Richtung Frankreich zu überqueren.

Bonaparte blieb bei seiner versöhnlichen Politik gegenüber den zurückgekehrten Emigranten, und da dies ein vernünftiger Versuch war, das alte Frankreich mit dem neuen zu versöhnen, fand er Talleyrands Billigung und Unterstützung. Bei prunkvollen Empfängen im Hôtel Galliffet und auf einem von Talleyrand gepachteten Besitz in Neuilly traf der Erste Konsul zum ersten Mal die Träger der bekanntesten Namen des *Ancien Régime*, Freunde des ermordeten Ludwig XVI. wie Chevalier de Coigny und den Herzog de La Rochefoucauld-Liancourt, ehemalige Diplomaten und sogar Vertreter der erst kürzlich befriedeten Vendée. Gleichermaßen beachtlich war auch Talleyrands Kollektion edler Damen aus dem Faubourg St.-Germain – Madame de Coustine, die Herzogin d'Aiguillon, die Herzogin von Fleury, die Gräfin von Noailles und sogar Madame de Flahaut. Aus Rücksicht auf die Gefühle des Ersten Konsuls, der Abendessen, Bälle und Einladungen verachtete und Talleyrands Festivitäten nur aus politischen Gründen beiwohnte, fehlte der Name Germaine de Staël auf den Gästelisten. Sie bat ebenso inständig wie vergeblich um eine Einladung, aber Talleyrand blieb hart. Diese Zusammenkünfte seien »geschäftlicher Natur« und er konnte sich nicht eine leicht mögliche Auseinandersetzung zwischen einer kriegerischen Madame de Staël und Bonaparte erlauben, dessen anfängliche Aversion der Dame gegenüber sich im Laufe der Zeit noch verstärkt hatte.

Die Bemühungen des Ersten Konsuls, die Royalisten zu versöhnen, waren nur ein Beweis für seinen festen Entschluß, Ordnung und einen gewissen Grad an Normalität in Frankreich wiederherzustellen. Ebenso wichtig und mit dem gleichen Ziel vor Augen war das Bestreben, die Beziehungen zwischen der französischen Regierung und der römisch-katholischen Kirche zu normalisieren. Die Spaltung, hervorgerufen durch die zivilrechtliche Konstituierung der Geistlichkeit im Jahre 1792, war in der Praxis zur Zeit des Konsulats größtenteils verschwunden. Die große Mehrheit der Franzosen waren Katholiken und waren es geblieben – auch wenn sie manchmal einen kurzen Abstecher zum *culte décadaire*, wie die Religion der Revolution genannt wurde, hinter sich hatten. Um 1800 verweigerten nur noch diejenigen, die offiziell dazu verpflichtet waren, also die Regierungsbeamten, Rom die Treue. Bonaparte war sich dessen bewußt, daß die Entfremdung der französischen Regierung von Rom ein Keil in der Beziehung zu den Royalisten darstellte und daß er, wenn es ihm gelänge, sich mit der Kirche in der Person von Papst Pius VII. zu verständigen, nicht nur bei den Bürgern an Ansehen gewinnen, sondern auch den extremen Royalisten viel Wind aus den Segeln nehmen würde. Mit Talleyrands Hilfe und aktiver Teilnahme an Verhandlungen gelang ihm dies. Ein im Juli 1801 unterzeichnetes Konkordat, das zu Beginn des Jahres 1802 öffentlich verkündet wurde, bezeichnete den Katholizismus als die Religion, der »die große Mehrheit des französischen Volkes angehört«, und deren Ausübung in vollem Umfange erlaubt wäre. Der Papst stimmte zu, die Zahl der Bischofssitze zu reduzieren und erkannte den Verkauf der kirchlichen Besitztümer, die auf Betreiben Talleyrands während der Revolution veräußert wurden, an. Fortan wurden Bischöfe vom Ersten Konsul ernannt, vom Papst im Amt bestätigt, und sie mußten einen Treueeid vor dem Staatsoberhaupt ablegen. Bischöfe und Priester sollten von der französischen Regierung bezahlt werden. Dies war eine geniale Lösung, erlaubte sie doch den Franzosen nicht nur die freie Ausübung ihrer Religion, sondern sie durften auch die kirchlichen Ländereien, die sie in den Tagen der Nationalversammlung zu sehr niedrigen Preisen erstanden hatten, behalten. Darüber hinaus wurden die Geistlichen zu Beamten, die dem Staat unterstanden, wodurch wiederum deren Verbindung zu Rom zugunsten derjenigen zu Paris abgeschwächt wurde. »Als Bonaparte die Religion in Frankreich wieder erlaubte«, schrieb Talleyrand, »beging er damit nicht nur einen Akt der Gerechtigkeit, sondern vor allem auch eine sehr kluge Tat. Der Napoleon des Konkordats ist der wirklich große Napoleon, der von seinem Genius gelenkte und geführte Mann.« Talleyrands Meinung wurde vom Volks als Ganzes geteilt. Man war begeistert. Frankreich war wieder die älteste Tochter der Kirche – dank den Bestrebungen eines atheistischen Ersten Konsuls und eines früheren Bischofs.[15]

Seine Memoiren enthalten nur einen kurzen Hinweis auf das Konkordat, der mit den folgenden Worten endet: »Nach dieser Versöhnung mit der Kirche, an der ich maßgeblich beteiligt war, erhielt Bonaparte vom Papst ein Breve für meine Säkularisation.« Talleyrands Worte geben die Ereignisse wieder, aber nicht die volle Wahrheit. Tatsache war, daß das Dekret der Säkularisation, aufgrund dessen »Charles-Maurice de Talleyrand, französischer Außenminister, autorisiert ist, in das weltliche Leben zurückzukehren«, das Ergebnis einer Reihe von Verhandlungen zwischen Talleyrand und Bonaparte war, aber auch in besonderem Maße der Entschlossenheit des Ersten Konsuls zuzuschreiben ist, der seinem Regime um jeden Preis zu Würde und Anerkennung verhelfen wollte. Er hatte diesen Wunsch sehr deutlich bei mehreren Gelegenheiten geäußert. Kurz nachdem er seinen Wohnsitz zu Beginn des Jahres 1801 in die Tuilerien verlegt hatte, starrte er, ohne etwas zu sagen, eine Weile auf eine Gruppe von *merveilleuses* in ihren durchsichtigen Gewändern, ging dann zum Kamin und begann, Scheite in das Feuer zu werfen. Als er gefragt wurde, was er da tue, antwortete Bonaparte mit sehr lauter Stimme: »Wir brauchen mehr Wärme! Sehen Sie nicht, daß diese Damen nackt sind?« Und als Madame Tallien auf der Opernbühne nur mit einem Tigerfell bekleidet auftrat, ließ er ihr mitteilen, daß mythologische Phantasiekostüme nicht mehr landesüblich seien.

Nicht, daß Bonaparte von Natur aus prüde gewesen wäre, aber er war ein Puritaner in der Politik. Wenn Frankreich in die Familie der europäischen Nationen aufgenommen werden wollte, dann mußte es zumindest genauso ehrbar wie seine Nachbarn sein, und um dies zu erreichen, mußte der Sittenlosigkeit, die die Ära des Direktoriums gekennzeichnet hatte, ein Ende gemacht werden. Es überrascht kaum, daß es den Ersten Konsul peinlich berührte, nachdem die katholische Kirche in Frankreich wieder Fuß gefaßt hatte, daß sein Außenminister und engster Berater ein abtrünniger Priester und exkommunizierter Bischof war. Es verletzte ihn, wenn es ihn auch nicht schockierte, daß Talleyrand in unverhohlen sündigem Verhältnis mit einer Dame lebte, die beim besten Willen nicht als solche zu bezeichnen war. Der Erste Konsul rückte diesem Problem mit der ihm eigenen Offenheit zu Leibe und schlug, nachdem er seine Gründe für seine Einmischung in eine ansonsten rein private

Angelegenheit dargelegt hatte, vor, daß Talleyrand Cathérine Grand aufgebe und sein Bischofsgewand, das er zehn Jahre zuvor mit soviel Erleichterung ausgezogen hatte, wieder anlege. Talleyrand beantwortete diesen Vorschlag mit einer klaren und entschiedenen Weigerung. Er wäre, so argumentierte er, gegen seinen Willen zum Priesterstand gezwungen worden und der glücklichste Tag in seinem Leben sei der gewesen, an dem er sein Bischofsamt niedergelegt hätte. Er hätte keinerlei Verlangen, je wieder diesen Beruf zu ergreifen, den er nicht nur haßte, sondern für den er auch nicht im mindesten geeignet wäre. Bonaparte zeigte sich überrascht, nicht von der Weigerung an sich, sondern von der Entschiedenheit, mit der sie vorgetragen wurde. Doch gab er nicht auf und bot Talleyrand die Kardinalswürde an. Aber auch dieses verlockende Angebot wurde mit derselben Begründung zurückgewiesen. Nun denn, erklärte Bonaparte, wenn er unbedingt darauf bestünde, im weltlichen Stand zu bleiben, dann müßte er zumindest ein ehrbarer Laie werden, also auf Madame Grand verzichten. Wenn er sich aber weigerte, sie wegzuschicken, müßte er sie heiraten. Auf den Einwand, daß ein verheirateter Bischof, auch wenn er exkommuniziert ist, unvorstellbar sei und einen noch größeren Skandal heraufbeschwören würde, als wenn er nur mit seiner Geliebten zusammenlebe, antwortete der Erste Konsul: »Monsieur de Talleyrand, für den Papst ist auf Erden nichts unmöglich.«

Talleyrand wußte es besser. Er war sich zumindest darüber im klaren, daß Rom zwar vielleicht diese Macht besitzen, sie aber nicht um seinetwillen ausüben würde.

Talleyrand spricht in den *Mémoires* von der »Nachsicht Pius VII. gegenüber meiner Person« und zitiert den Papst, der zu einem Kardinal sagte: »Monsieur de Talleyrand! Ah! Gott schütze seine Seele! Ich mag ihn sehr gern!« Doch von diesem Gefühl war nichts zu spüren, als Rom den besonderen Status Talleyrands in Betracht ziehen sollte. Talleyrand hatte schon vor dem Eingreifen Bonapartes von sich aus den Vatikan dringend gebeten, ihn von seinem Zölibatsgelübde zu entbinden. Freilich will das Gerücht wissen, er habe nicht Madame Grand heiraten wollen, sondern eine andere Dame, zu der er damals in enger Beziehung stand. Kardinal Caselli, der päpstliche Nuntius in Paris, tat eifrig und aufmerksam alles Mögliche, um seinen Groll zu besänftigen, da man den Abschluß des Konkordats nicht gefährden wollte. »Der Bischof von Autun«, warnte Caselli, könnte ein »ebenso unerbitterlicher wie mächtiger« Feind sein. Talleyrand selbst wandte sich mit eher diplomatischen Worten an Papst Pius und erklärte, »da Frankreich nun wieder eine katholische

Nation wird, ist es unpassend, daß ein Minister, besonders einer, der eine so wichtige Rolle für die Beständigkeit der Regierung spielt, wegen seines früheren Standes im Kreuzfeuer steht.« Vergeblich zitierte Talleyrand reihenweise Musterfälle, um zu beweisen, daß es sehr in der Entscheidung Roms läge, Bischöfe heiraten zu lassen. Auch der Fall Cesare Borgia wurde bemüht, und er, belegte Talleyrand, war nicht nur Bischof, sondern sogar Kardinal gewesen. (Er ging taktvoll darüber hinweg, daß Cesare auch der einzige Sohn des regierenden Papstes, Alexander VI., war.) Die Sachverständigen des Vatikans fanden jedoch an jedem Beispiel einen wunden Punkt. Cesare Borgia, so erklärte man, der den roten Hut ablegte, um eine französische Prinzessin zu heiraten, war nie zum Priester, geschweige denn zum Bischof geweiht worden und hatte deshalb auch nie das Zölibatsgelübde abgelegt. In Anbetracht dieser Umstände, resümierte der Papst schließlich, sei es unmöglich, Talleyrands Wünschen nachzukommen. Als Geste des guten Willens einem reuigen Sohn gegenüber sollte es ihm erlaubt sein, fortan »Laiengewänder zu tragen und der französischen Republik zu dienen.« Dies war das »Breve für meine Säkularisation ... das Bonaparte vom Papst erhielt«, schrieb er in den Memoiren.

Ein Bonaparte ließ sich seine Pläne jedoch nicht von einem Papst durchkreuzen. Nachdem er sich nun einmal dazu entschlossen hatte, aus Talleyrand wenn schon nicht einen Kardinal, dann doch einen Ehemann zu machen, interpretierte er die päpstliche Mitteilung in der für ihn wünschenswerten Weise. In einem offiziellen Dekret verkündete er, daß Talleyrand nicht nur säkularisiert worden sei, sondern auch das Recht zur Heirat zugesprochen bekommen hätte. Und während der Papst und seine Kardinäle noch immer über diese treffliche Fehlinterpretation einer päpstlichen Botschaft grübelten, die doch klar und unmißverständlich abgefaßt worden war, gaben sich Talleyrand und Madame Grand in Ziviltrauung und kirchlicher Trauungszeremonie das Jawort.[16]

Die Zufriedenheit des Ersten Konsuls war nur mit dem Erstaunen der Pariser Gesellschaft vergleichbar. Es war unfaßbar, daß sich ausgerechnet Talleyrand auf eine solche Mesalliance eingelassen hatte; er, ein Mitglied der höchsten und ältesten Aristokratie heiratete eine Frau aus den unteren Ständen, der noch dazu der Ruf eines Freudenmädchens nachging. Die Journale der damaligen Zeit waren voll mit vermeintlichen Gründen für diesen verwunderlichen Entschluß, und in den Salons gab es nur noch diesen einen Gesprächsstoff. Pasquier, der Talleyrand und Cathérine gut kannte, hielt »Schwäche, die beharrlichen Bitten nicht mehr widerstehen konnte, den Wunsch nach einem bißchen Frieden, die Schwierigkeit, sich von einer Gewohnheit zu lösen und schließlich die extreme Gleichgültigkeit gegenüber der öffentlichen Meinung« für die Gründe dieser Heirat, jedenfalls soweit sie Talleyrand betrafen. Der Herzog von Fitz-James meinte, Cathérines Drohungen, einige von Talleyrands Missetaten publik zu machen, seien maßgeblich für diese Entscheidung verantwortlich gewesen. Als Cathérine Gerüchte vernommen hatte, demzufolge Talleyrand sie auf Drängen Bonapartes eher verlassen als heiraten wollte, sagte sie zu Fitz-James: »Verlassen! Mich verlassen! Wenn er glaubt, daß er mich so leicht los wird, dann irrt er sich. Hören Sie? Er irrt sich! Wenn dieser *piécourt* [Kurzfuß] nicht aufpaßt, mache ich ihn noch einen Fuß kürzer!« Talleyrand erinnerte sich Jahre später, daß es tatsächlich keine besondere Erklärung für seine Verheiratung mit Cathérine Grand gegeben habe. »Es war eine Zeit der allgemeinen Unordnung«, sagte er. »Man maß keiner Sache große Bedeutung bei – weder für sich selbst, noch für andere. Man muß die Zeit erlebt haben, um zu verstehen, wie weit man in Zeiten des Aufruhrs vom Wege abkommen kann.« Diese Äußerungen stammten jedoch aus dem Jahre 1836, Jahrzehnte, nachdem die Ehe ihren Lauf genommen hatte, und sie sind auch nicht recht glaubhaft, da im Jahre 1802 der »soziale Aufruhr« der Revolution und des Direktoriums bereits den Wiederaufbaubestrebungen Bonapartes und Talleyrands Platz gemacht hatte. Wahrscheinlich sind mehrere Motive richtig: »die Überreste der Liebe« meinte General Thiébault, »und auch vielleicht der Wunsch, sich der Frau zu versichern, die er zweifellos oft ins Vertrauen gezogen hatte.« Diese Faktoren bekamen gewiß durch Bonapartes Drängen einen neuen Stellenwert. Insgesamt wurde es schwer für ihn, dem Druck zu widerstehen, der von Cathérine selbst und von Freundinnen wie Josephine Bonaparte auf ihn ausgeübt wurde. So ist es durchaus möglich, daß er um des lieben Friedens und einer für ihn angenehmen Lebensweise willen einer Zeremonie zugestimmt hatte, die für ihn keinerlei Bedeutung hatte, aber wichtig war für den Ersten Konsul, von dem seine Karriere abhing, und für Cathérine selbst, deren Laune, wenn sie entsprechend gereizt worden war, die häusliche Ruhe, die er so hoch schätzte, empfindlich stören konnte. Cathérine war auf jeden Fall zufrieden und schrieb wenige Tage nach ihrer Hochzeit an den Außenminister von Batavia, daß »Sie an dem Namen, mit dem ich nach meiner rechtmäßigen Verbindung mit Monsieur de Talleyrand unterzeichnen darf, erkennen werden, wie die zärtliche und ehrliche Zuneigung dieses Mannes mich zur glücklichsten Frau der Welt gemacht hat«.

Bonaparte war weniger leicht zu befriedigen. Die Gesandten, die zuvor Abneigung dagegen bekundet hatten, Talleyrands Geliebten ihre Aufwartung zu machen, waren jetzt entzückt, von der Frau des Außenministers empfangen zu werden. Aber der Erste Konsul hatte entdeckt, daß Cathérine, von deren Dummheit er schon so viel gehört hatte, bei der richtigen Gelegenheit so schlagfertig antworten konnte, wie man das nur von ihrem Mann erwartet hätte. Als sie zum ersten Mal in den Tuilerien vorgestellt wurde, sagte Bonaparte in seiner despotisch-väterlichen Fürsorge, die so leicht bei ihm durchbrach, zu ihr: »Ich hoffe, daß das gute Benehmen der Bürgerin Talleyrand die Indiskretionen der Madame Grand vergessen lassen wird.« Worauf die Bürgerin Talleyrand Bonaparte mit ihren großen blauen Augen unschuldig ansah und antwortete: »In dieser Hinsicht folge ich doch am besten dem Beispiel der Bürgerin Bonaparte.« Diesen öffentlich bekundeten Tadel vergaß Bonaparte ihr nie und schimpfte noch zehn Jahre später ungerechtfertigterweise, daß Talleyrand »trotz meiner Einwände und zur Schande für ganz Europa diese schamlose Lebedame geheiratet hat, von der er nicht einmal auf Kinder hoffen konnte«. Nach dieser Antwort, die natürlich durch alle Zeitungen ging und in allen Tagebüchern niedergeschrieben wurde, verkündete er Talleyrand, er würde seine Frau nie wieder empfangen. Dabei hatte er jedoch nicht mit Talleyrands Familienstolz gerechnet. Ohne eine Miene zu verziehen, teilte Talleyrand dem Ersten Konsul mit, daß er in diesem Fall sein Amt niederlege. Bonaparte war hartnäckig, aber Talleyrand noch mehr, und die Angelegenheit war erst beigelegt, als Bonaparte unter Protest Talleyrand zugestanden hatte, daß seine Frau wieder in die Tuilerien kommen dürfe, »vorausgesetzt, daß Talleyrand ihm versichern könne, daß dies so selten wie möglich der Fall sein würde«.

Während sich im Inneren Frankreichs diese häuslichen Dramen abspielten, veränderte sich die Lage der Republik gegenüber den anderen europäischen Nationen. Nach der Unterzeichnung des Vertrags von Lunéville mit Österreich und der daraus folgenden Isolierung Englands, machte sich die Bedrohung durch Frankreichs Waffenstärke auf dem Festland bemerkbar. Preußen, Schweden, Dänemark und Rußland schlossen unter dem Vorwand, strenge Neutralität im Kampf zwischen England und Frankreich zu bewahren, die Häfen im Norden Europas für die britische Schiffahrt. Dieser Schritt wurde in Frankreich mit großer Genugtuung aufgenommen, da er praktisch die Unterzeichnerstaaten zu Verbündeten Frankreichs machte. Würde dieser Vertrag tatsächlich eingehalten, so wäre das für Frankreich sicherlich ein enormer Vorteil. Aber gerade an dieser Vertragstreue mußte gezweifelt werden, da seine strikte Einhaltung auch von Rußland, das diesen Vorschlag selbst gemacht hatte, abhing. Ob Rußland allerdings zu seinem Wort stünde, war einzig und allein Sache des halbverrückten Zaren Paul, der dank einer ihm geschickt eingeflößten Schmeichelei so etwas wie eine schwärmerische Heldenverehrung für den Ersten Konsul empfand. Im Jahre 1801, im März, machte eine Palastrevolution dem Zaren Paul und seiner Politik ein Ende. Alexander, sein Sohn und Nachfolger, zählte allerdings nicht zu den Bewunderern Bonapartes oder Frankreichs. Ganz im Gegenteil war er entschlossen, die russisch-englischen Beziehungen zu verbessern. Jede Hoffnung, die Talleyrand oder Bonaparte gehegt haben mögen, den Zar umzustimmen, wurden zerstört, als nur zwei Wochen nach Alexanders Thronbesteigung die Briten unter Admiral Nelson die dänische Flotte bei Kopenhagen schlugen und somit wieder die Herren der Ostsee und damit der russischen Schiffahrt in diesem Meer wurden. Die Nachricht der doppelten Tragödie von Pauls Tod und der Schlacht von Kopenhagen löste in Paris große Bestürzung aus. Das Neutralitätsabkommen wurde *ipso facto* aufgelöst, und Bonaparte, der sich ganz auf England konzentrieren wollte, sah sich nun von zwei mächtigen Feinden, einem im Osten und einem im Westen, umgeben.

Es war politisch und militärisch eine schwierige Situation, eine, auf die Bonaparte nicht vorbereitet war. Deshalb gab er Talleyrands wiederholtem Drängen nach und stimmte zu, auf dem Verhandlungswege einen Frieden mit England zu versuchen. Talleyrand hatte aber eigentlich gar nicht so lange gewartet, bis der Erste Konsul mit seinen Überlegungen übereinstimmte. Monate vorher, im Januar 1801, hatte er Montrond in einer Aufklärungsmission nach England geschickt; er sollte herausfinden, ob die öffentliche Meinung gegenüber Verhandlungen mit der Republik positiv oder negativ eingestellt wäre. Von Montrond, der die englische Sprache perfekt beherrschte und in London ein gern gesehener Gast war, erfuhr er, daß Henry Addington, der neue Premierminister (Pitt war in den ersten Wochen des Jahres gestorben) und Hawkesbury, der anstelle des unnachgiebigen Grenville das Außenministerim führte, eifrig darauf bedacht waren, mit Verhandlungen zu beginnen, was nun mit der Erlaubnis des Ersten Konsuls offiziell möglich war. Sie dauerten fast sechs Monate, wobei Addington selbst für die englische Regierung sprach und Graf von Mosloy für Bonaparte. »England«, schrieb Talleyrand, »spürte ohne Verbündete im Ausland und mit inneren Zwistigkeiten [es gab Unruhen in Irland], daß ein

Frieden dringend vonnöten war.« Das war etwas untertrieben ausgedrückt. Addington war nach kurzem Scheinwiderstand bereit, fast alle Eroberungen der letzten zehn Jahre wieder herauszugeben: Martinique und Guadeloupe gingen an Frankreich zurück, Surinam und das Kap der Guten Hoffnung erhielten die Holländer zurück; Spanien bekam Minorca wieder. Ceylon und Trinidad waren alles, was übrigblieb. »Frankreich«, schrieb Talleyrand, »bekam ohne eigene Gegenleistung alles zurück. Vielleicht litt seine Würde darunter, daß es die ganze Bürde seinen Verbündeten, Spanien und Holland, aufgelastet hatte, die sich nur um Frankreich willen und auf seinen Rat hin in den Krieg gestürzt hatten. Aber diese Überlegung wurde nur wenigen Leuten bewußt, die große Masse dachte an so etwas nicht, war sie doch daran gewöhnt, den Erfolg des bösen Glaubens für Klugheit zu halten.«

Die Bitterkeit in dieser Passage aus den *Mémoires* ist nicht unbegründet. Tatsache ist, daß Talleyrand mitten in den Verhandlungen durch Bonapartes Eingreifen größtenteils die Kontrolle über die Ereignisse verloren hatte. Talleyrand war schon immer der Meinung, daß ein starkes England für das Gleichgewicht in Europa unbedingt erforderlich sei, und so wollte er es keinesfalls aller seiner Besitzungen berauben. Darüber hinaus sollten die Engländer seiner Meinung nach mit dem Frieden zufrieden sein, damit die nachfolgende Zeit mehr als nur ein Intervall zwischen Kriegen sein würde. Bonaparte war jedoch gegenteiliger Meinung. Erst als England drohte, die Verhandlungen scheitern zu lassen, wenn man ihnen Trinidad nicht beließe, konnte Talleyrand den Ersten Konsul zum Einrenken bewegen. Bezüglich Malta , das wieder an den Johanniterorden fallen sollte, meinte Talleyrand, daß »ich es liebend gerne den Engländern belassen hätte, wenn der Vertrag von Mr. Pitt oder Mr. Fox anstatt von Mr. Addington unterzeichnet worden wäre«. Er betrachtete nämlich Addingtons Regierung als vorübergehend und Addington selbst als einen mittelmäßigen Politiker, dessen Konzessionen vom englischen Volk mit Mißtrauen angesehen und früher oder später für null und nichtig erklärt würden.

Gegen Ende der Verhandlungen in London scheinen sich die Unstimmigkeiten zwischen Talleyrand und Bonaparte verstärkt zu haben. Das ging so weit, daß Bonapartes ältester Bruder, Joseph, zur Unterzeichnung des Vorvertrages nach England geschickt wurde, eine Aufgabe, die normalerweise Talleyrand zugestanden hätte. Den ersten Hinweis, den Talleyrand von der Unterzeichnung der Vorverträge bekam, waren die Böllerschüsse, die im Oktober 1801 in Paris der öffentlichen Bekanntgabe des Verhandlungsergebnisses vorausgingen. Die von Joseph Bonaparte ausgesandten Kuriere hatten sich direkt zum Ersten Konsul und nicht zu Talleyrand zur Berichterstattung begeben, und Bonaparte hatte es nicht der Mühe wert gefunden, seinen Außenminister von dem Ereignis persönlich zu unterrichten. Talleyrand nahm eine derartige Mißachtung nicht auf die leichte Schulter, war dies doch eine offene Erniedrigung und ein Protokollbruch. Aber schon ein paar Monate später bekam er Gelegenheit, Gleiches mit Gleichem zu vergelten. Im Januar 1802 wurde in Amiens der endgültige Friedensvertrag von Lord Cornwallis für England und wieder von Joseph Bonaparte für Frankreich unterzeichnet. Diesmal hatte Talleyrand vorgesorgt, daß die Sache nach seinen Vorstellungen ablief. Er war der erste, der vom erfolgreichen Abschluß erfuhr, teilte aber Bonaparte kein Sterbenswörtchen mit. Am nächsten Morgen erschien er bei Napoleon mit dem üblichen Papierbündel, das die Tagesarbeit beinhaltete. Jede Einzelheit wurde sorgfältig besprochen. Als alle anderen Angelegenheiten erledigt waren, sammelte Talleyrand seine Unterlagen zusammen, nahm einige Blätter auf, betrachtete einige Augenblicke ein Schriftstück und legte es dann Bonaparte wie beiläufig mit den Worten auf den Tisch: » Ach, übrigens, hier habe ich noch etwas, was Sie interessieren könnte. Es ist der Friedensvertrag von Amiens. Er ist unterzeichnet.«

Bonaparte war verblüfft. »Warum haben Sie das denn nicht zuerst gesagt?« fragte er. »Weil«, erwiderte Talleyrand wie ein Vater zu einem gedankenlosen Kind, »ich wußte, daß Sie mir dann heute morgen nichts anderes mehr erledigt hätten.« Er klemmte sein Papierbündel unter den Arm, verbeugte sich und ging, einen wütenden Ersten Konsul sich selbst überlassend.

»Talleyrand«, schrieb General Macdonald, »wollte vier Dinge im Leben: ein Bischof, ein Minister, ein Millionär und der Gatte einer Närrin sein. Er war auf allen vier Gebieten erfolgreich.« Wenn irgend jemand in Europa noch Zweifel an letzterem hegte, so wurde er durch die unmittelbar auf den Frieden von Amiens folgende Zeit eines Besseren belehrt. Denn einen Abend wöchentlich bestand Cathérine darauf, sich öffentlich im Hôtel Galliffet zu präsentieren. Dazu war die ganze bessere Gesellschaft der Stadt eingeladen. Sie empfing aber auch Gäste aus Neuilly bei weniger formellen Gelegenheiten. Nun, da der Friedensvertrag mit England unter Dach und Fach war, gehörten auch bekannte Besucher aus England mit ihren Frauen zu den Gästen. Charles James Fox kam mit seiner Frau, der berühmten Bet Armistead, deren Laufbahn noch mehr vom bürgerlich Üblichen abwich und mit noch weniger Schamhaftigkeit ins rein Berufsmäßige geführt wurde als die der Cathérine Grand. Es kamen auch Sir Elijah und Lady Impey, Lady Bessborough und die Herzogin von Cumberland. So verbreitete sich die Kunde von Cathérines Schönheit und von ihrer Dummheit über den Kanal, denn niemand konnte der Versuchung widerstehen, die »gefallene Frau«, die Talleyrand durch die Heirat rehabilitiert hatte, zu sehen. »Ich werde Madame Cabarrús [Thérèse Tallien] nicht besuchen«, berichtete Lady Bessborough an Lord Granville, »wenn ich sie auch morgen zu sehen hoffe. Ihr angeborener Gerechtigkeitssinn wird sie mit Madame de Talleyrand auf die gleiche Stufe stellen; aber bei ihr machen Machtstellung und Ehe doch einen so großen Unterschied, daß es einem als lächerliche Kleinigkeit ausgelegt würde, wenn man sie nicht besuchte.« Und in einem späteren Brief bemerkte sie »Madame de Talleyrand erinnert an die Herzogin von Cumberland und rechtfertigt durchaus die Begründung, die er für die Heirat mit ihr gab: ›Qu'elle emporte le prix de la bêtise‹ [Weil sie die dümmste Frau der Welt ist].«

Talleyrand gab sich damit zufrieden, einfach dazusitzen und seine Frau zu beobachten, und er griff nur gelegentlich ein, wenn ihre Äußerungen gar zu erheiternd wurden. Eine der berühmtesten Situationen dieser Art ergab sich aus Cathérines ständiger Verwechslung der Abenteuer des Robinson Crusoe mit denen eines französischen Entdeckers, der bei Talleyrand zu Gast war. Cathérine hatte Defoes Geschichte einige Tage zuvor gelesen und hatte sich irgendwie eingebildet, daß diese reinen Phantasieprodukte die wirklichen Erlebnisse des französischen Forschers gewesen wären. Es hieß, sie habe fast den ganzen Abend damit zugebracht, dem Unglücklichen zur allgemeinen Belustigung zu erzählen, wie gut er doch dran war, so jemanden wie Freitag gefunden zu haben. Als man Talleyrand Jahre danach wegen dieser Geschichte ansprach, sagte er nur: »So ist es nicht gewesen. Aber es wäre sicherlich so passiert, wenn ich nicht dagewesen wäre, es zu verhindern.« Ihm war Cathérines Dummheit nie peinlich. Und er behauptete auch nie, daß sie anders sei, als sie wirklich war. »Dumm«, sagte Talleyrand, »wie die Nacht schwarz ist.« Manchmal verteidigte er sie indirekt und sich selber weniger indirekt, indem er erklärte, daß seine Frau bei all ihrer Dummheit doch gescheiteren Frauen vorzuziehen sei. »Eine kluge Frau«, sagte Talleyrand, »kompromittiert gewöhnlich ihren Mann, eine dumme nur sich selbst.« Und indem er Cathérine mit Madame de Staël verglich, bemerkte er, daß »man ein Genie geliebt haben muß, um das Glück, eine Närrin zu lieben, richtig zu schätzen«. Er behandelte Cathérine, solange die beiden zusammenlebten, mit äußerster Güte und Rücksicht. Keiner durfte sein Haus betreten ungeachtet seines Ranges oder seiner Würde, der ihr gegenüber nicht den nötigen Respekt oder Ehrerbietung zeigte. Er schien sogar das Spektakel der großen Lords und Ladies zu genießen, die sich insgeheim über die Gewöhnlichkeit und Einfalt einer Frau amüsierten, der sie in der Öffentlichkeit die größte Ehrerbietung angedeihen ließen.

Cathérines Empfänge hatten für Talleyrand neben einem vergnüglichen auch noch einen praktischen Zweck. Sie ermöglichten ihm das Gespräch mit Staatsmännern, die er in dieser gelösten Umgebung vielleicht eher beeinflussen konnte. Fox gegenüber gestand Talleyrand ganz im Vertrauen, daß es für England unvorteilhaft gewesen war, bei den Friedensverhandlungen allen Forderungen Bonapartes nachzugeben, denn der Erste Konsul »hatte wiederholt erklärt, daß er in den Hauptpunkten hätte nachgeben müssen, wenn Sie hart geblieben wären«. Fox' Äußerung, daß »er sich einen schlechteren Friedensvertrag, als wir ihn in Amiens gemacht haben, nicht vorstellen kann«, konnte Talleyrand nur zustimmen. Frankreich hatte andererseits im Jahr 1802 durch die Bemühungen Bonapartes und Talleyrands unglaubliche Fortschritte gemacht, sowohl was das Land selbst als auch seine Außenpolitik betraf. Die Jakobiner waren ausgeschaltet und die Royalisten, außer den militantesten, durch das Angebot an die Emigranten und das Konkordat mit Rom weitgehend versöhnt. Die Wirtschaft blühte, öffentliche Dienstleistungen waren wieder aufgenommen worden, das Vertrauen in die Regierung war gestiegen, und Frankreich genoß eine Machtposition auf dem Festland, wie sie seit den mittleren Jahren Ludwig XIV. nicht mehr dagewesen war. »Es kann ohne Übertreibung gesagt werden«, schrieb Talleyrand, »daß Frankreich zur Zeit des Friedens von Amiens in seinen auswärtigen Beziehungen eine Machtstellung, einen Ruhm und einen Einfluß besaß, wie man es sich in den kühnsten Träumen nicht erhofft hätte. Und noch erstaunlicher war die Schnelligkeit, mit der dies alles erreicht worden war. In weniger als zweieinhalb Jahren, also vom 18. Brumaire (9. November 1799) bis zum 25. März 1802, dem Tag des Friedensvertrags von Amiens – war Frankreich von den erniedrigenden Tiefen, in die das Direktorium das Land gestürzt hatte, zum maßgeblichsten Land Europas aufgestiegen.«

Doch Talleyrand war nicht zufrieden. Zwar konnte er auf seine Leistungen stolz sein, doch war er sich dabei durchaus bewußt (scheinbar als der einzige der hohen Regierungsbeamten), daß das so mühsam Gewonnene im Handumdrehen wieder verloren sein könnte, wenn der Friede nicht gewahrt würde. England war begreiflicherweise mit dem Vertrag von Amiens unzufrieden, das wußte er sicher, denn was Fox ihm nur hinter vorgehaltener Hand in seinem Wohnzimmer in Paris wissen ließ, pfiffen die Whigs in London von den Dächern. Nur Addington und seine Tory-Regierung schienen zwar auf das Ergebnis nicht stolz, aber doch zumindest damit zufrieden zu ein. Unter diesen Umständen mußte der französische Außenminister mit außerordentlicher diplomatischer Geschicklichkeit, und der Erste Konsul mit einem deutlichen Maß an Zurückhaltung vorgehen, wenn der Friede erhalten bleiben sollte. Was Talleyrand betraf, so würde er diesbezüglich alles in seiner Macht Stehende tun. Bei Bonaparte bemerkte Talleyrand jedoch zu seinem Schrecken, daß dieser sich überall als Retter Frankreichs und als Eroberer feiern ließ und für Ratschläge der Mäßigung nicht mehr empfänglich war. Joseph Bonapartes Unterschrift war auf dem Vertrag von Amiens noch nicht trocken, als sein Bruder in Paris bereits begann, mit dem Degen zu rasseln – »um die Saat für neue Kriege zu säen«, wie Talleyrand sagte, »die Europa und schließlich Frankreich überwältigen und ihn zu seinem Untergang führen sollten«.

Die ersten Schritte in dieser Richtung unternahm er im September 1802, als trotz heftiger Proteste von seiten Talleyrands das frühere Königreich Piemont[17] offiziell von Frankreich annektiert wurde. Talleyrands Meinung dazu: »Bonaparte glaubte, daß sein persönliches Interesse das von ihm verlange. Sein Stolz scheint mir für diesen willkürlichen Schritt maßgeblich gewesen zu sein, und er war durch nichts von diesem Entschluß abzuhalten.« Es gab einen Grund für die neue Aggressivität von seiten des Ersten Konsuls. Im Sommer 1802 war Bonaparte durch Volksentscheid zum Konsul auf Lebenszeit ernannt worden und er hatte das Recht erhalten, seinen Nachfolger zu benennen.[18] Einige Zeit zuvor hatte er bei der Annexion Piemonts den Titel eines Präsidenten der italienischen Republik angenommen. Er war mit anderen Worten ein König geworden und niemand zweifelte mehr daran, daß das Konsulat auf Lebenszeit nur eine Zwischenstation auf dem Weg zu Größerem war.

> »Um herrschen zu können und seine Herrschaft auch vererben zu können [erklärte Talleyrand], wie er es anstrebte ... und um seinen Anspruch auf den Titel eines Herrschers zu rechtfertigen, hielt er es für nötig, die Länder für Frankreich zu annektieren, die er allein erobert hatte ... und verstand dabei nie, daß er für eine so gewaltige Verletzung des geheiligten Völker-

rechts einmal zur Rechenschaft gezogen werden könnte. Seine Illusion sollte jedoch zerstört werden.«

An diesem Punkt begannen die Probleme, vor denen Talleyrand Bonaparte gewarnt hatte, Gestalt anzunehmen. England protestierte gegen Bonapartes Einbehaltung Piemonts und gegen seine Weigerung, wie bei Lunéville versprochen, sich aus Holland zurückzuziehen. Damit wären bestimmte Klauseln des Vertrags von Amiens verletzt, und man wollte im Gegenzug dafür Malta zurückbekommen. Im Februar 1803 kam es in Gegenwart von Talleyrand und dem gesamten diplomatischen Korps zu einem schrecklichen Auftritt in den Tuilerien, bei dem Bonaparte dem britischen Gesandten Lord Whitworth wilde Kriegsdrohungen entgegenbrüllte. Während die Gesandten Europas »stumm vor Erstaunen und Angst« zuhörten, fegte Bonaparte durch den Raum und schleuderte zum Abschluß Whitworth noch die Worte hin: »In zwei Wochen werden wir kämpfen. Malta – oder Krieg!«

Das Ultimatum des Konsuls wurde sofort nach London weitergeleitet. »Er muß verrückt geworden sein!« rief Außenminister Hawkesbury aus und machte sich daran, selbst ein Ultimatum zu formulieren. Frankreich müßte sich unverzüglich aus Holland zurückziehen, dann würde England zustimmen, Malta nur noch für zehn Jahre zurückzubehalten. Auf diesen Vorschlag, setzte Hawkesbury fest, müßte Frankreich innerhalb von sieben Tagen antworten. Bonaparte tobte. Das Wort »Ultimatum«, ließ er Talleyrand wissen, besage Krieg und, was noch schlimmer wäre, Englands Art der Verhandlung »sei die eines Übergeordneten mit einem Untergeordneten«. Talleyrands Bemühungen um eine friedliche Lösung der Malta-Frage wurde von allen Beteiligten zurückgewiesen. In diesem Augenblick befanden sich Bonaparte und England bereits im Kriegsfieber, und keine von Talleyrands Anstrengungen, den Frieden zu bewahren, konnte mehr eine Wirkung haben. Am 20. Mai 1803, vierzehn Monate nach der Unterzeichnung des Friedensvertrages von Amiens, brach der Krieg zwischen England und Frankreich aufs neue aus.

Vier Tage zuvor hatte Bonaparte seinen Ministern einen Plan vorgelegt, der sie vor Erstaunen sprachlos machte: »Ich habe ein Unternehmen vor, welches das schwierigste sein wird, das je in der Geschichte der Politik geplant worden ist, aber was das Ergebnis anbetrifft, auch das wirkungsvollste. Bei etwas nebeligem Wetter und bei mehr oder weniger günstigen Umständen kann ich in England landen und in drei Tagen London, das Parlament und die Bank eingenommen haben.« Sofort setzte er die Räder dafür in Bewegung. Der Hafen von Boulogne, von dem aus er schon unter dem Direktorium eine Invasion Englands vorgehabt hatte, wurde reaktiviert, und er befahl die Konstruktion einer Flotte von flachen Kanalschiffen, auf denen seine Gruppen den Kanal überqueren und in England landen sollten. Es gab keinen Zweifel darüber, daß es Bonaparte todernst meinte und daß er, trotz der ständigen Proteste Talleyrands, entschlossen war, eine Politik der Expansion zu betreiben, die, wie Talleyrand vorhersah, in einer weltweiten Katastrophe enden würde. Der Erste Konsul ließ sich in seinem Streben nicht von den Meinungen anderer noch von deren Grundsätzen beeinflussen. Als er im Sommer des Jahres eine Besichtigungsreise durch Nordfrankreich und Belgien antrat, um die Befestigungen entlang des Ärmelkanals zu überprüfen, mußte Talleyrand ihn begleiten – aus dem einzigen ersichtlichen Grund, diesen äußerst selbständigen Außenminister dazu zu zwingen, eine Politik zu billigen, die er bislang aufs schärfste verurteilt hatte.

Reisen war nie eine von Talleyrands liebsten Beschäftigungen gewesen. Seine Körperbehinderung machte es ihm schwer, ohne Hilfe in und aus der Kutsche zu steigen, und seine Verwöhntheit ließ ihm die staubigen Straßen und die fehlenden Annehmlichkeiten – lauter Dinge, die Bonaparte nichts auszumachen schienen – unerträglich erscheinen. Doch bei dieser Gelegenheit brachte Bonapartes Gehässigkeit noch ein zufälliges Ereignis mit sich, das zu erleben die Reise selbst für Talleyrand der Mühe wert machte. In Belgien nämlich machte er die Bekanntschaft einer Dame, deren Liebreiz ihn sofort gefangennahm. Aus diesem zufälligen Kennenlernen entwickelte sich eine der intimsten und langwährendsten Freundschaften: Claire de Vergennes, Gräfin von Rémusat, ein Mitglied der alten französischen Aristokratie. Talleyrands Entzükken fand keinen unmittelbaren Widerhall. Madame de Rémusat war mit allen Vorurteilen ihres Standes behaftet, die durch Talleyrands Ruf als Wüstling, Spieler und Ränkeschmied nur noch vertieft worden waren. Bei ihrem ersten Treffen zeigte sie sich zurückhaltend, ja sogar kühl, aber sie gestand, wie so viele Menschen beiderlei Geschlechts, daß sie sich seinem Zauber nicht zu entziehen vermochte:

»Die Vornehmheit seiner ganzen Haltung war ein solcher Kontrast zu den rauhen Sitten der Soldaten, die ihn umgaben. Immer blieb er in dieser Umgebung unverkennbar und eindrucksvoll der Grandseigneur ... In seinem Schweigen lag eine Verachtung, die höchst wirksam war. Er war der künstlichste Mensch, dem ich je begegnet bin, aber er vermochte sich aus tausend kleinen künstlichen Zügen ein natürliches Wesen zu zaubern, und er wahrte sie in jeder Lage, als wären sie sein eigentlicher Charakter. Seine Art, ernsthafte Dinge stets in leichtfertigem Ton zu behandeln, trug sehr zu seinem Erfolg bei ... Erst später verlor ich die Scheu, die jeden überkommt, wenn er ihm zum ersten Male begegnet, und erst da erkannte ich die seltsame Mischung von Eigenschaften, aus der sein Charakter zusammengesetzt ist.«

Madame de Rémusats Scheu und ihr Traditionsbewußtsein hinderten sie jedoch nicht daran, sich überreden zu lassen, das Amt anzunehmen, das sie die nächsten Jahre innehaben sollte: sie wurde Hofdame von Josephine Bonaparte. Ihre Zustimmung ging eindeutig auf Talleyrands Konto, denn es wäre dem Ersten Konsul kaum möglich gewesen, einer vornehmen und angesehenen Dame aus altem Adel zu befehlen, in die Dienste Josephines einzutreten, die zusätzlich zu der Bürde eines zweifelhaftes Rufs, den sie so anmutig trug, doch nur die Frau des Ersten Konsuls war und keinen offiziellen Rang hatte.

Die Tatsache, daß Madame de Rémusat und so viele ihrer adeligen Freunde dem Zauber eines Talleyrand oder der Macht eines Bonaparte erlagen, war ein Phänomen, das sich in allen Gesellschaftsschichten wiederholte. Doch gab es Ausnahmen. Es gab immer noch Jakobiner, die an dem Glauben festhielten, mit Bonaparte würden die Ideale der Revolution verwirklicht – bis es offensichtlich geworden war, daß Bonaparte nicht eine Republik, sondern den Absolutismus anstrebte, mit sich selbst als Herrscher, größer als jeder, den sich selbst der militanteste Royalist zu erträumen wagte. Als sie dann ihre Unzufriedenheit mit dem Lauf der Dinge in Frankreich bekundeten, verschwanden sie irgendwie aus dem politischen Leben oder fanden sich unter einem willkürlichen Vorwand in die Neue Welt deportiert. Derartige Strafen wurden jedoch nur bei schweren Vergehen gegen die Würde des Ersten Konsuls verhängt. Geringfügigere Sünden wurden meist mit feinsinnigen, aber wirkungsvollen Warnungen geahndet. Benjamin Constant (Talleyrands ehemaliger Kollege im konstitutionalistischen Klub und sein Nachfolger in der Gunst Germaine de Staëls) erhielt eine solche Warnung. Madame de Staël hatte zu Ehren Constants eine Abendgesellschaft mit vielen Gästen vorbereitet. Nun geschah es, daß Constant am Tage vor der Einladung einige Worte der Kritik bezüglich der absolutistischen Tendenzen Bonapartes hatte fallenlassen.

Am nächsten Tag waren dann nur die Gastgeberin und ihr Ehrengast erschienen. Alle anderen Gäste, einschließlich der Talleyrands, hatten sich plötzlich eine Erkältung zugezogen oder waren durch dringende Geschäfte am Erscheinen verhindert. Diese Warnungen waren nun wirklich sehr effektiv, und durch derartige und andere weniger sanfte Methoden waren die Kräfte des revolutionären Republikanismus in Frankreich bald entwaffnet und von der politischen Bühne verschwunden. Der Republikanismus blieb für Bonaparte ein Alptraum. Deshalb zog Fouché gelegentlich von irgendwoher ein paar Jakobiner hervor und stellte sie vor Gericht, um die Ängste seines Herrn und Meisters zu beschwichtigen. Als im Jahre 1800 ein ernsthaftes Attentat auf Bonapartes Leben verübt worden war, konnte ihm niemand die Überzeugung ausreden, er hätte das Opfer einer jakobinischen Verschwörung werden sollen, und er befahl Fouché, die Schuldigen zu finden. Der Polizeiminister, der sehr wohl wußte, daß der Mordversuch von Royalisten geplant worden war, fertigte gehorsam eine Liste mit den Namen von mehr als hundert jakobinischen »Verschwörern« an, die daraufhin ohne viel Federlesens nach Guayana deportiert wurden. Erst als Talleyrand den Polizeiminister Fouché, der selbst früher Jakobiner war, beschuldigte, an dieser Verschwörung beteiligt gewesen zu sein, war er gezwungen, die wirklich Schuldigen zu präsentieren, die, wie er immer behauptet hatte, natürlich Royalisten waren. Im Jahre 1802 hatte Talleyrand in seinem Bestreben, seinen ärgsten Konkurrenten als Bonapartes Minister *par excellence* aus dem Felde zu schlagen, mehr Glück. Ein noch im Keime steckendes militärisches Komplott wurde aufgedeckt, das so plump und offen organisiert war, daß es eher eine Farce denn eine ernsthafte Bedrohung war. Irgendwie fiel Fouchés Name im Zusammenhang mit dieser Verschwörung, entweder, weil er nichts unternommen hatte, sie zu zerschlagen oder, wie auch vermutet wurde, weil er den Führer, General Bernadotte, heimlich unterstützt hatte. Auf jeden Fall konnte Talleyrand Bonaparte aufgrund dieser Affäre dazu überreden, Fouché seines Amtes zu entheben. Aber dieser Erfolg war nur kurzlebig, denn Bonaparte schätzte Fouchés Klugheit außerordentlich. Schon bald wurde er in sein altes Amt zurückberufen.

Bonaparte brauchte Fouché einfach zur Kontrolle seiner echten und seiner eingebildeten Feinde innerhalb Frankreichs ebenso, wie er Talleyrand für die befreundeten und feindlichen Mächte brauchte. Er hatte sich vornehmlich mit den gefährlichsten Kräften des Jakobinismus und mit den Feinden, die er sich im Ausland geschaffen hatte, befaßt. Die Gefahr, die ihm und seinem Regime von den

Royalisten drohte, blieb dabei eher im Hintergrund. Die Rückberufung der Emigranten, das Konkordat und Talleyrands Bemühungen, die alte Aristokratie mit den Emporkömmlingen des neuen Regimes auszusöhnen, hatten die feindlichen Gefühle innerhalb Frankreichs allmählich zum Abklingen gebracht. Dies demonstrierte die mit überwältigender Mehrheit gebilligte Verlängerung der Amtszeit des Ersten Konsuls. Der Herzog von Laval, das Oberhaupt des mächtigen Montmorency Clans, ein ehemaliger Emigrant, der den Bourbonen der Tradition und der Überzeugung nach verbunden war, sprach deutlich im Sinne der Royalisten, als er sagte: »Wen zum Teufel würden wir an die Stelle dieses kleinen Schurken stellen?«

Die Gefahr drohte jedoch nicht von Leuten wie Laval und seinen Freunden, die alle vom Wohlwollen, zu dem Talleyrand den Ersten Konsul inspiriert hatte, profitiert hatten. Sie kam eher von Emigranten, denen man die Erlaubnis, nach Frankreich zurückzukehren, verweigert hatte – von erzkonservativen Royalisten, die sich um Ludwig XVIII. und den Grafen von Artois scharten. Sie glaubten und flüsterten es den geneigten Ohren der legitimen Herrscher Europas ein, daß Bonaparte, der Usurpator, der Feind jeder Legitimität und der Religion sei, jenen Pfeilern, auf denen jeder Thron Europas ruhte. Die Engländer waren diesem Argument besonders zugänglich, wahrscheinlich weil, wie Talleyrand dem britischen Kabinett bei der ersten Runde der Friedensverhandlungen dargelegt hatte, ihr eigener »legitimer« Herrscher, James II., immer noch in Rom lebte, während Georg III. auf seinem Thron saß. Talleyrand, der die Gefahr von seiten der bourbonischen Fürsten deutlicher sah als Bonaparte, machte Vorschläge, wie man sie dazu bewegen könnte, ihre Feindseligkeiten einzustellen. Ein solcher Vorschlag war ein Angebot von Bonaparte an Ludwig XVIII., daß letzterer für immer für sich und seine Erben auf den damals nicht existierenden Thron verzichten solle. Als Gegenleistung sollten die bourbonischen Fürsten eine sehr lukrative finanzielle Abfindung erhalten, die als Entschädigung für den Verlust ihrer riesigen Besitztümer aus der Zeit vor der Revolution gedacht war. Ludwig schickte eine so negative und hochmütige Antwort, daß man sie eigentlich nur als Beleidigung ansehen konnte.

Am 13. Januar 1804 wurde eine Verschwörung aufgedeckt, die Bonaparte ein für allemal klarmachte, daß trotz Talleyrands Bemühungen ein Abgrund zwischen ihm und den Bourbonen klaffte, den keine Staatskunst je überbrücken konnte. Georges Cadoudal, ein ehemaliger Emigrant, war der Geist und Führer der Verschwörung.

Er wurde finanziell und ideologisch von der neu errichteten Regierung des Mr. Pitt unterstützt. Es wurde nie ganz klar, ob Cadoudal Bonaparte ablösen, oder ob er ihn ermorden sollte. Auf jeden Fall war sein ausführendes Organ Charles Pichegru, der frühere Führer des Rats der Fünfhundert, der nach dem 18. Fructidor wegen eines Komplotts gegen Ludwig XVIII. nach Cayenne geschickt worden war.[19] Pichegrus illegale Einreise nach Frankreich wurde Bonaparte unverzüglich mitgeteilt. Er ließ Pichegru und Cadoudal sowie General Moreau, der als eine der Schlüsselfiguren in dem Komplott galt, sofort festnehmen. Dank eines effizienten Informantennetzes, für das Fouché zuständig war (der inzwischen wieder als Polizeiminister fungierte), waren die drei Männer binnen kürzester Zeit im Gefängnis, wo sie mit dem Eiferern eigenen Fatalismus alles gestanden: »Ich kam nach Paris«, sagte Cadoudal, »um den Ersten Konsul zu ermorden . . . Ich sollte ihn erst ermorden, wenn ein Fürst in Paris sein würde, und bis jetzt ist noch keiner gekommen.« Als der Ankläger fragte, ob das Komplott »mit einem französischen Fürsten des *Ancien régime*« erdacht oder ausgeführt werden sollte, antwortete Cadoudal einfach »Ja«.

Cadoudals Geständnis verärgerte Bonaparte eher, als daß es ihn bestürzte. »Bin ich ein Hund, den man auf der Straße tötet, während meine Mörder straffrei herumlaufen?« Mit den Mördern waren offensichtlich die Bourbonenfürsten gemeint. »Der Kopf des Schuldigen soll meine Rache sein.« Irgendwie war Bonaparte überzeugt, daß der »Schuldige« hinter der Verschwörung der Herzog von Enghien, ein Mitglied der Familie Condé aus adeligem Haus sei und daß er der französische Prinz sei, auf den man in Paris gewartet habe. Enghien lebte friedlich im badischen Ettenheim nahe der französischen Grenze und man hörte gelegentlich das (falsche) Gerücht, daß er sich manchmal über den Rhein nach Frankreich begeben würde. Daran scheint Bonaparte wohl gedacht zu haben, als er schwor, daß »der erste dieser Prinzen, den ich zu fassen bekomme, gnadenlos erschossen wird«.

Am 10. März ließ Bonaparte seinen Rat in den Tuilerien zusammentreten, um speziell die Maßnahmen zu erörtern, die im Zusammenhang mit diesem von den Bourbonen angezettelten und von den Engländern unterstützten Mordplan gegen den Ersten Konsul standen. Unter den Anwesenden waren auch Talleyrand und Fouché. Über den Verlauf dieser Sitzung gibt es unterschiedliche Berichte, das Ergebnis ist aber dokumentiert: In derselben Nacht schickte Bonaparte einen Befehl an General Louis-Alexandre Berthier, den Kriegsminister: »Befehlen Sie General Ordener, sich nach Straßburg zu begeben. Ziel dieser Mission ist es, nach Ettenheim vorzurücken, die Stadt zu umstellen und den Herzog von Enghien zu entführen …« In der Nacht des 14. März wurde Bonapartes Befehl ausgeführt, der Herzog wurde auf neutralem Boden im Staat Baden gefangengenommen und über die Grenze nach Barrière de la Vilette und danach nach Vincennes gebracht. Nach einer kurzen Befragung durch General Pierre-Augustin Hulin (ein Verhör kann man das nicht nennen), die eher die Unschuld Enghiens bewies, wurde der Herzog in der Nacht des 20. März im Festungsgraben des Schlosses erschossen.

Es besteht kein Zweifel darüber, daß Enghien das ihm angelastete Verbrechen nicht begangen hat und daß seine Unschuld zum Zeitpunkt seines Todes keine Frage war. Seine Entführung aus einem neutralen Territorium, seine Aburteilung durch einen hastig zusammengestellten Militärgerichtshof und die eilige Hinrichtung aufgrund von durchsichtigstem Beweismaterial – all dies war ein Verbrechen, das selbst Bonapartes treueste Anhänger schwer erklären konnten und dessen Rechtfertigung auch den eifrigsten Verfechtern der napoleonischen Legende Kopfzerbrechen bereitete. Selbst Josephine äußerte ihren Tadel an dieser Tat des Ersten Konsuls, und er fühlte sich verpflichtet, in ihrem Salon eine Erklärung abzugeben: »Ich habe Blut vergossen, weil es für mich notwendig war, dies zu tun.« In seinem politischen Vermächtnis, das er nur zwei Wochen vor seinem Tod im Jahre 1821 diktierte, versicherte er: »Ich ließ den Herzog von Enghien festnehmen und verurteilen, weil dies für die Sicherheit, die Ruhe und die Ehre des französischen Volkes vonnöten war. Dies geschah zu einer Zeit, in der der Graf von Artois nach eigenen Angaben in Paris sechzig Mörder gedungen hatte. Unter ähnlichen Umständen würde ich auch heute das gleiche tun.«

Talleyrand behauptete in seinen Erinnerungen, daß die angebliche Mordverschwörung Bonaparte nur als Vorwand diente, Enghien gefangenzunehmen und hinrichten zu lassen. Das eigentliche Motiv dafür wäre sein Entschluß gewesen, sich selbst denen einzureihen, die Ludwig XVI. hinrichten ließen, um so die Republikaner an sich zu binden. Die »Ermordung« des Herzogs – so Talleyrands Wort dafür, »kann weder vergeben noch vergessen werden, noch ist sie je vergeben worden. Bonaparte alleine kann sich ihrer rühmen«.

Talleyrands diesbezügliche Meinung ist, wenn man seine eigene Rolle bei dem ruchlosen Verbrechen in Betracht zieht, unbegründet. Es ist nicht bekannt, daß bei der Ratsversammlung, die der schicksalsschweren Entscheidung vorausging, irgend jemand außer Cambacérès, der ehemalige Königsmörder, Bonaparte widersprochen hätte. Und dieser wurde von Bonaparte kurz mit den Worten abgefertigt: »Sie sind ja auf einmal so um das Wohlergehen der Bourbonen besorgt!« Talleyrand selbst gab in den *Mémoires* zu, die diesbezüglichen Dokumente vorbereitet und unterzeichnet zu haben, da ja sein Ministerim eine Depesche an die französiche Gesandtschaft in Baden schicken mußte, die in entwaffend einfachen Worten den Übergriff auf fremdes Hoheitsgebiet erklärte und rechtfertigte. »Der Erste Konsul hat es für notwendig erachtet, zwei kleine bewaffnete Abteilungen nach Offenburg und nach Ettenheim zu entsenden, um die Anstifter eines Verbrechens zu ergreifen, das seinem Wesen nach die Beteiligten jenseits der Grenzen des Völkerrechts stellt.«

Viele Zeitgenossen Talleyrands beschuldigten ihn, Bonaparte die Entführung und Hinrichtung des Herzogs von Enghien vorgeschlagen und sogar darauf bestanden zu haben. Doch waren die meisten dieser Ankläger – Fouché zum Beispiel und Savary, der während der Gerichtsverhandlung hinter General Hulin stand – darauf aus, sich selber von jeder Verantwortlichkeit für diese Tat loszusagen. Oder aber sie waren, wie wir es von Chateaubriand, Molé und wiederum Savary wissen, zu der Zeit, als sie ihre Memoiren verfaßten, Talleyrands erbittertste Feinde. Das wichtigste Beweisstück stammt von Chateaubriand, der in seinen Erinnerungen behauptet, er habe einen vom 8. März datierten Brief gesehen, in welchem Talleyrand dem Ersten Konsul vorschlug, den Herzog verhaften zu lassen. Baron Ménéval, der Nachfolger Bourriennes als Sekretär des Ersten Konsuls, gab zum gleichen Thema an, daß dieses Memorandum nur die schriftliche Bestätigung eines früheren Gesprächs zwischen Talleyrand und Bonaparte gewesen sei, in dem ersterer Bonaparte beschworen habe, alle nur erdenklichen Schritte zu unternehmen, um das Volk zu überzeugen, daß er keinerlei Interesse habe, die Bourbonen jemals wieder den Thron Frankreichs besteigen zu lassen. Dies scheint von einer Bemerkung Bonapartes auf St. Helena bestätigt zu werden:

»Meine Minister bedrängten mich, den Herzog von Enghien festnehmen zu lassen, obwohl er sich zu dieser Zeit auf neutralem Gebiet befand. Der Fürst von Bénévent [Talleyrand] legte mir zweimal den diesbezüglichen Haftbefehl vor und drängte mit aller ihm zur Verfügung stehenden Beredsamkeit, ihn zu unterzeichnen ... Ständig versicherte man mir, daß die neue

Dynastie nie sicher sein würde, solange noch ein Bourbone lebte. Das war Talleyrands wichtigstes Argument. Darauf gründete sich sein politisches Credo ... Das Ergebnis meiner eigenen Beobachtungen ließ mich schließlich diese Meinung Talleyrands teilen.«

Die Argumente von Talleyrands Feinden (zu denen man in diesem Fall auch Bonaparte rechnen muß) können kaum als Beweis dafür gelten, daß der Außenminister Bonaparte zu dieser Tat inspirierte oder sie billigte. Er hat jedoch dem Ersten Konsul gegenüber in diesem Fall mit derselben Ungehaltenheit reagiert, die er sonst an den Tag legte, wenn dieser im Begriff war, einen besonders provozierenden Fehler zu begehen. D'Hauterive, Talleyrands Freund und Mitarbeiter, erzählte Pasquier, daß er die Nachricht von Enghiens Hinrichtung im *Moniteur* gelesen hatte, kurz bevor er sich in Talleyrands Arbeitszimmer zur täglichen Arbeitsbesprechung begeben wollte. D'Hauterive stand der Schock offensichtlich noch im Gesicht geschrieben, denn Talleyrand sprach ihn sofort darauf an: »Was ist denn los mit Ihnen? Ihnen fallen ja die Augen aus dem Kopf.«

»Was los ist mit mir?« antwortete d'Hauterive. »Sie würden genauso aussehen, wenn Sie eben den *Moniteur* gelesen hätten. Was für eine schreckliche Tat!«

»Haben Sie den Verstand verloren?« tadelte Talleyrand. »Was ist daran so schrecklich? Ein Verschwörer wurde nahe der Grenze festgenommen, nach Paris gebracht und erschossen. Warum also die große Aufregung?«

Mehrere Zeugen bestätigten auch, daß Talleyrand jedem, der seine Empörung über Enghiens Tod äußerte, immer entgegnete: »Nun, schließlich ist Geschäft immer noch Geschäft.«

Auf der anderen Seite bestritt nur Talleyrand, für die Festnahme und die Verurteilung des Bourbonprinzen eingetreten zu sein oder auch nur damit zu tun gehabt zu haben, was über seine Zuständigkeit als Außenminister hinausgegangen wäre. Er verwahrte sich nachdrücklich gegen einen solchen infamen Verdacht.

Im Jahre 1823 schrieb er einen leidenschaftlichen Brief an Ludwig XVIII., indem er sich gegen die Anklage, an Enghiens Tod mitschuldig zu sein, verteidigte und erklärte, warum es seinen Feinden so sehr daran gelegen war, ihn da hineinzuziehen.

»Ich sage Ihrer Majestät nichts Neues, wenn ich Ihnen mitteile, daß ich in Thronnähe und auch weiter weg davon viele Feinde habe. In den letzten zwei Jahren wurde ich ständig von Menschen beschuldigt, die sich für Testamentsvollstrecker von Napoleon Bonapartes Rache halten.«

Sicherlich war Talleyrand kein grausamer oder blutrünstiger Mensch. Ganz im Gegenteil. Unter normalen Umständen widerstrebte es ihm, ein Recht zu erzwingen und er war dafür bekannt, daß er jede Anwendung von Gewalt verachtete. Man sagte, daß Talleyrands Meinung bezüglich der Hinrichtung Enghiens sich so zusammenfassen ließe: »Es war schlimmer als ein Verbrechen, es war ein grober Fehler.« Talleyrand selbst hat diese Worte nicht gesprochen. Aber sie könnten von ihm stammen, denn sie drücken exakt seine Einstellung aus. In diesem Fall konnte Talleyrand keinen Gewinn aus Enghiens Hinrichtung erzielen, aber dafür lief er Gefahr, alles zu verlieren. Er hatte sich immer redlich bemüht, nicht alle Wege zu den Bourbonen abzuschneiden, und es fällt schwer zu glauben, daß er einem Plan zugestimmt hätte, der ihm ein für allemal den Weg zu Macht und Einfluß für den Fall einer Wiedereinsetzung der Bourbonen versperrt hätte. In diesem Zusammenhang kann man sogar Talleyrands Äußerung, daß er »vergeblich den Zorn des Ersten Konsuls zu besänftigen suchte«, akzeptieren. Zu dieser Zeit stand Frankreich zwar wieder im Krieg mit England, sonst aber war es auf allen Seiten friedlich. Es war also die erste Pflicht des Außenministers, alles in seiner Macht Stehende zu tun, diesen Frieden zu erhalten.

Talleyrands Charakter, seine Neigungen, Ambitionen und sein Verantwortungsbewußtsein schließen eigentlich ein aktives Mitwirken an Planung und Ausführung der Ermordung des Herzogs von Enghien aus. Andererseits ist aber auch bewiesen, daß er gegen das Verbrechen keinen Widerspruch erhob, daß er sich für diesen Vorfall in seinem Brief an den französischen Minister in Baden öffentlich entschuldigte und daß er den Vorfall nach Enghiens Tod kaltblütig verteidigte. Als Alexander von Rußland eine Erklärung verlangte, antwortete Talleyrand ebenso höflich wie anzüglich, es sei, soviel er wisse, bisher niemand für die Ermordnung des verewigten Zaren Paul bestraft worden, aber die französische Regierung habe sich trotzdem nicht verpflichtet gefühlt, sich in diese Angelegenheit einzumischen.

Die schlagfertige und anmaßende Erwiderung konnte jedoch nicht über die Tatsache hinwegtäuschen, daß er eines der verabscheuungswürdigsten Verbrechen der napoleonischen Zeit geduldet hatte.

9. Das Kaiserreich

Die Aufdeckung der Cadoudal-Pichegru-Verschwörung gegen Bonaparte und die Hinrichtung des Herzogs von Enghien waren der letzte Auftritt im Drama der Konsulatszeit und zugleich das Ende aller Hoffnungen auf Frieden in Europa. Am 30. April gab das Tribunal eine Resolution bekannt, daß Napoleon Bonaparte zum Kaiser ernannt würde. Der Kaisertitel und die kaiserliche Macht werde in der männlichen Linie seiner Nachkommen erblich sein. Am 4. Mai wurde diese Resolution offiziell dem Senat übermittelt. Am 10. Mai bestimmten die Senatoren Bonaparte ohne Gegenstimme zum Kaiser, und am 19. Mai akzeptierte Bonaparte den so unlogischen Titel: »Napoleon, Kaiser der französischen Republik.«

Über ein Jahr hatte Bonaparte diesen Schritt sorgfältig vorbereitet. Er hatte lediglich auf eine günstige Gelegenheit gewartet, die ihm dann im Jahre 1804 mit der Aufdeckung der Cadoudal-Pichegru-Verschwörung gekommen schien, als die Nation geschlossen wie nie zuvor hinter ihrem Führer stand. Die Sympathie des Volks war so groß, daß nicht einmal die ruchlose Hinrichtung Enghiens Bonapartes Popularität verminderte – außer bei den Aristokraten des Faubourg St.-Germain, die aber ohnehin nie zu den glühendsten Verehrern Bonapartes zählten. »So«, sagte Talleyrand, »machte sich Bonaparte die royalistische Verschwörung zunutze ... um dem Senat den Kaisertitel abzuringen. Diesen Titel hätte er auch mit Mäßigung und Weisheit eines Tages erlangt, aber vielleicht eben nicht schon so bald. Er bestieg also den Thron, der mit dem Blut eines Unschuldigen besudelt war.«

Talleyrand wurde Hofkämmerer am kaiserlichen Hof. In dieser neuen Würde wohnte er dem feierlichen Krönungsritus am 2. Dezember 1804 in Notre-Dame bei. Napoleon nahm die aus goldenen Lorbeerblättern bestehende Kaiserkrone aus den zitternden Händen von Papst Pius VII. entgegen und drückte sie sich selbst aufs Haupt. Talleyrand mußte in diesem Augenblick ein Gefühl der Zufriedenheit darüber empfinden, daß Frankreich nun endlich wieder in den sicheren Hafen der Monarchie zurückgekehrt war.

Als Napoleon zum Kaiser proklamiert wurde, hatten er und Talleyrand bereits viereinhalb Jahre zusammengearbeitet. Das war nicht immer ganz einfach gewesen, denn Bonaparte hatte sich im Laufe der Jahre von einem aufmerksamen Studenten zu einem zunehmend eigensinnigen und egozentrischen Autokraten gewandelt. Und doch hatte Talleyrand ihm immer treu gedient, hatte gute Ratschläge erteilt, ungeachtet dessen, ob Bonaparte sie befolgte oder nicht; er hatte die Fehler des Ersten Konsuls entschuldigt, seine Mißgriffe verteidigt und zu seinen gelegentlichen despotischen Anfällen gute Miene gemacht. Es war der Mühe wert gewesen, denn während er seinem Staatsoberhaupt gedient hatte, hatte er gleichzeitig auch immer Frankreich gedient. Der versöhnende Ausgleich zwischen der alten und der neuen Ordnung war immer sein innenpolitisches Hauptziel gewesen. Trotz verschiedentlicher, mehr oder weniger ernst zu nehmender royalistischer Verschwörungen war ihm das auch gelungen. Die Aristokraten hatten dem neuen Regime allmählich nachgegeben, einige hatten es sogar akzeptiert. Bonaparte wertete es als großen Sieg, als die Gräfin von Montmorency, die Marquise von Mortemart und die Herzogin von Chevreuse zustimmten, der Kaiserin Josephine als Hofdamen zu dienen, und er wußte sehr wohl, daß er diese versöhnliche Geste seinem Großkämmerer zu verdanken hatte.

Auch in der Außenpolitik hatte Talleyrand unermüdlich gewirkt. Er hatte versucht, »in Frankreich eine monarchische Regierungsform aufzubauen, ein sicheres Fundament für einen Herrscher und gleichzeitig die Verbindung mit den europäischen Mächten so zu gestalten, daß sie Frankreich sein Glück und seinen Glanz vergaben«. Die Erfüllung dieser Aufgabe wurde ihm indessen durch den unstillbaren Machthunger seines Herrschers unmöglich gemacht. Talleyrands Politik basierte immer auf Mäßigkeit und umsichtigem Handeln, Tugenden, die Napoleon absolut fremd waren. Er liebte Macht über alles. Macht und Ruhm waren es, woran er sich berauschen konnte. Deshalb war auch sein Blick ständig auf Eroberungen gerichtet. Talleyrand, der davon ausging, daß die wahre Macht und der Ruhm einer Nation darin zu erkennen sind, wie es innerhalb der eigenen Grenzen aussieht, ahnte, daß nun eine Zeit kommen würde, in der Bonapartes Ehrgeiz und die wahren Interessen Frankreichs als Gegensätze aufeinanderprallen würden. Der Bruch des Friedens von Amiens und der neuerlich ausgebrochene Krieg mit England waren nicht die ersten, aber die deutlichsten Anzeichen für die zu erwartenden Ereignisse. Andere, nicht weniger unheilverkündend, sollten folgen:

> »Eitelkeit war die treibende Kraft in Bonaparte [schrieb Talleyrand]. Es genügte ihm nicht, Kaiser der Franzosen zu sein. Es war ihm nicht genug, vom obersten kirchlichen Würdenträger gekrönt worden zu sein. Um sich mit dem österreichischen Herrscherhaus messen zu können, mußte er auch noch König werden.«

Als Napoleon diesen Plan im Jahr 1804 erstmals kundtat, setzte Talleyrand alles daran, ihn davon abzubringen. Es würde nie Frieden in Europa geben, solange Frankreich eine Annexion Italiens anstrebte. Österreich, das Italien als seinen ureigensten Einflußbereich betrachtete, würde einem solchen Vorhaben nie zustimmen, und hinter Österreich stand ein mächtiges Rußland, das von einem englandfreundlichen und napoleonfeindlichen Zaren regiert wurde. Talleyrand setzte nun all seine Hoffnungen darauf, daß Napoleon zu bewegen wäre, sich wenigstens nicht selbst, sondern ein Mitglied seiner Familie auf den italienischen Königsthron zu setzen. Man schlug dem Kaiser dessen Bruder Joseph vor, von dem Napoleon ohne guten Grund große Stücke hielt. Aber Joseph hatte keine Lust, König von Italien zu werden. Danach wurde der Name Lucien Bonaparte genannt, und Talleyrand erinnerte den Kaiser daran, daß Lucien so tapfer als Präsident des Rats der Fünfhundert gearbeitet hatte, um seinem Bruder den Weg zur Macht zu ebnen. Aber Lucien lebte in Ungnade in Rom, da er ohne Napoleons Erlaubnis und unter seinem Stande geheiratet hatte. So krönte sich Napoleon im Mai 1805 schließlich selbst in Mailand, »und anstatt sich mit dem Titel eines Königs der Lombardei zu begnügen, wählte er den ehrgeizigeren und deshalb alarmierenderen Titel eines Königs von Italien«. Als ob dies nicht schon Zündstoff genug gewesen wäre, sandten Genua und Lucca, »wo Napoleons Unterhändler das Volk in Angst und Schrecken versetzt hatten, Abgeordnete mit der Bitte, Genua zu annektieren und Lucca einen Herrscher aus Napoleons Familie zu geben«. Im Juni gab der Kaiser beiden Wünschen statt. Genua wurde von Frankreich annektiert, und in Lucca regierte ab sofort Napoleons Schwester Elisa Bonaparte als Prinzessin von Lucca und Piombino. Als diese Nachricht in Europa bekannt wurde, sah Talleyrand seine schlimmsten Befürchtungen bestätigt. »Dieser Mann ist unersättlich!« rief Zar Alexander aus. »Sein Ehrgeiz kennt keine Grenzen. Er ist eine Geißel der Menschheit. Nun, da er den Krieg unbedingt haben will, soll er ihn bekommen. Je früher, desto besser!«

Im Januar hatte Talleyrand dann noch einmal versucht, Verhandlungen mit England einzuleiten. Man antwortete ihm, daß England erst die anderen festländischen europäischen Mächte, besonders Zar Alexander, in dieser Frage konsultieren müßte. In Rußland hatte man indessen schon im November 1804 versucht, eine dritte Koalition gegen Frankreich mit Schweden, Preußen, Österreich und England zu formieren. Nur Preußen hatte sich für Neutralität entschieden, und das eher aus Angst als aus dem Wunsch nach

Frieden. Österreich unterzeichnete im November 1804 eine geheime Konvention mit Rußland, in der es sich verpflichtete, fast eine Viertelmillion Soldaten ins Feld zu schicken. Im April 1805 schloß sich England eilends einer Allianz mit Rußland an, als es von den Plänen Napoleons hörte, die italienische Krone anzunehmen.

Napoleon wartete indessen mit seinen Armeen und einer großen Flotte in Boulogne auf eine günstige Gelegenheit für die Invasion Englands, als ihn Talleyrands Nachricht erreichte, daß eine 225 000 Mann starke österreichische Armee in Richtung Inn marschiere mit dem offensichtlichen Plan, auf bayerisches Gebiet vorzudringen. Gleichzeitig wurde ihm gemeldet, daß die französische Flotte unter Admiral Villeneuve wegen der Übermacht der englischen Seestreitkräfte sich aus dem Ärmelkanal zurückziehen würde. »Jetzt bin ich gezwungen«, schrieb Napoleon an Talleyrand, »meinen Kriegsplan zu ändern. Ich muß zwanzig Tage gewinnen und die Österreicher daran hindern, den Inn zu überqueren. Sie werden überrascht sein, wie schnell ich 200 000 Mann in Marsch setzen kann ... Wenn ich dann Österreich eine Lektion erteilt habe, werde ich zu meinem ursprünglichen Plan zurückkehren.«

Nach dieser Nachricht berichtete der preußische Gesandte in Berlin: »Monsieur de Talleyrand ist verzweifelt. Hätte er es vermocht oder vermöchte er es noch, den Ausbruch des Krieges zu verhindern oder ihn auf der Stelle zu beenden, bevor Ehrgeiz aufgekommen ist oder es gilt, die Ehre zu verteidigen, er würde darin den Höhepunkt seiner Amtsführung erblicken.« Talleyrand sollte diese Chance bekommen. Im September erreichte Napoleon den Rhein und schlug sein Lager in Straßburg auf. Talleyrand und andere hohe Kabinettsmitglieder mußten ihren Oberkommandierenden, der in ein und derselben Person auch noch Kaiser und Premierminister war, natürlich begleiten. So wünschenswert es für Talleyrand auch sein mochte, durch seinen Platz an Napoleons Seite einen gewissen Einfluß auf die Ereignisse nehmen zu können, so beschwerlich und lästig war ihm das Reisen. Er schrieb später aus Brünn: »Hier ist es fürchterlich – es sind augenblicklich viertausend Verwundete in der Stadt. Jeden Tag gibt es zahlreiche Todesfälle. Der Gestank war gestern ekelerregend. Heute friert es und das ist gut. Bitte senden Sie mir rasch etwas sehr trockenen Malaga – den trokkensten, den Sie bekommen können.«

Am 1. Oktober überschritten Napoleon und seine Soldaten den Rhein, während Talleyrand in Straßburg zurückblieb. Einige Tage später erhielt er eine Nachricht aus Stuttgart: »Mir geht es gut. Der Herzog von Württemberg erwartete mich am ersten Tor seines

Schlosses. Er ist ein vernünftiger Mann.« Am gleichen Tag erreichte Talleyrand noch ein weiterer Brief: »Ich kenne Macks Truppenbewegungen genau, und sie kommen meinen Wünschen entgegen. Ich werde ihn in Ulm überrumpeln!«

General Mack, der österreichische Oberbefehlshaber, befand sich tatsächlich in Ulm und erlebte am Morgen des 15. Oktober ein böses Erwachen, da die Stadt und seine Armee von den Franzosen umzingelt war. Er versuchte glücklos einen Ausbruch, und als die österreichischen Husaren sich in die Stadt zurückzogen, befahl Napoleon die Bombardierung der Stadt. General Mack, der vollkommen am Ende war, ergab sich mit seiner ganzen Armee. Nachdem Talleyrand von diesem Sieg in Kenntnis gesetzt worden war, machte er sich unverzüglich daran, eine Denkschrift aufzusetzen, in der er für eine Verbindung Österreichs mit Frankreich plädierte. Nur wenn Frankreich und Österreich sich gegen den gemeinsamen Feind Rußland zusammenschlössen, könnte es einen Sieg geben. Damit aber eine österreichisch-französische Freundschaft überhaupt von Dauer sein könnte, müßten gewisse Gebietsbereinigungen vorgenommen werden. Norditalien wäre so eine Gefahrenzone. Österreich sollte auf seine Gebietsansprüche in diesem Teil Europas verzichten, und es wäre zweckmäßig, die alte Republik Venedig als Pufferstaat zwischen den österreichischen und französischen Gebieten anzusehen. Als Entschädigung müßte Österreich in Osteuropa die Moldau, Bessarabien, die Wallachei und einen Teil von Bulgarien zugesprochen bekommen. Eine Anerkennung dieses Vorschlags würde das Ansehen des Hauses Habsburg trotz der Niederlage gegen Napoleon steigern, und der Gebietszuwachs würde einen zweifachen Zweck verfolgen: Zunächst sollte er jedes Ressentiment und jede Feindseligkeit gegenüber Frankreich ausschalten, darüber hinaus würde Rußland plötzlich einem mächtigen Feind an der Westgrenze gegenüberstehen. Rußland müßte dann, wissend, daß hinter Österreich das mächtige französische Kaiserreich steht, seinen Expansionsdrang nach Osten richten, wo es unweigerlich auf britische Gebietsansprüche stoßen würde. Die beiden Großmächte, die einzigen, die Frankreich wirklich gefährlich werden konnten, würden sich dann hoffentlich gegenseitig aufreiben. In Europa selbst gäbe es keinen Krieg.

Napoleon schenkte diesem weitsichtigen Plan Talleyrands gößte Beachtung und berief eine Konferenz in München ein, um über Talleyrands Denkschrift zu beraten. Aber schließlich gab sein glänzender Sieg bei Austerlitz den Ausschlag, und er vergaß Talleyrands kluge Ratschläge. Doch der Außenminister gab noch nicht auf.

Schon zwei Tage nach Austerlitz, als Europa dem Kaiser zu Füßen lag, unternahm er erneut einen Vorstoß und drängte Napoleon zu bedenken, daß nur die Befolgung der von ihm aufgezeigten Richtlinien den Frieden in Europa sichern könnte. Er schrieb:

>Die Habsburger Monarchie ist eine unhomogene Anhäufung von schlecht zueinanderpassenden Staaten, die in Sprache, Tradition, Bekenntnis und Zusammensetzung völlig verschieden sind. Sie haben nur eines gemeinsam: die Person ihres Herrschers. Eine solche Macht steht notgedrungen auf schwachen Beinen, aber sie ist ein ausreichendes Bollwerk gegen die Barbaren. Österreich ist jetzt zermalmt und gedemütigt. Es ist jetzt darauf angewiesen, daß sein Eroberer großmütig die Hand ausstreckt. Er sollte ihm dadurch, daß er es zum Bundesgenossen macht, jenes Selbstvertrauen wiedergeben, das so viele Niederlagen und Katastrophen ihm sonst für immer rauben. Ich bitte Eure Majestät herzlich und dringend, noch einmal die Denkschrift zu lesen, die ich Ihnen von Straßburg aus vorzulegen die Ehre hatte. Heute wage ich mehr den je zu behaupten, daß in ihr die Politik der Stunde dargelegt ist ... Es liegt jetzt im Ermessen Eurer Majestät, die österreichische Monarchie zu zerstören oder zu erheben. Wenn Sie sie zerstören, wird es nicht mehr in Ihrer Hand liegen, die Stücke zusammenzufügen. Die Existenz dieser Monarchie ist jedoch notwendig, ja unerläßlich für die zukünftige Sicherheit der Zivilisation.<

Talleyrands Ratschläge beeindruckten Napoleon überhaupt nicht mehr. Doch für Talleyrand selbst war es wichtig, seinen besten Rat gegeben zu haben. Nach Austerlitz konnte nichts und niemand mehr den Ehrgeiz des Kaisers bremsen. Deshalb blieb auch Talleyrand nichts anderes mehr übrig, als sich den Befehlen des Kaisers zu fügen. Nach den Wünschen Napoleons handelte er mit den österreichischen Gesandten, Fürst Johann von Liechtenstein und General Graf Giulay, den Friedensvertrag von Preßburg aus, der am 27. Dezember unterzeichnet wurde und die Habsburger Dynastie Venetien, Tirol und Vorarlberg kostete. Nach diesem Vertrag wurden Bayern, Baden und Württemburg als eigenständige Königreiche anerkannt. Alles in allem verlor Franz II. 2 500 000 Untertanen, ein Sechstel seiner Einkünfte, und mußte obendrein noch 40 000 000 Franc Kriegsentschädigung an Frankreich zahlen. »Österreich«, bemerkte Talleyrand, »hatte damals keine andere Wahl, als die Bedingungen des Siegers anzunehmen.« Talleyrand, der für den Wortlaut des Vertrags verantwortlich war (Napoleons Einflußnahme auf den Vertragstext war durch die geographische Entfernung auf ein Minimum beschränkt), bemühte sich, den Text soweit wie möglich von Zweideutigkeiten freizuhalten. Aber damit war Napoleon nicht zufrieden, der seinem Unterhändler vorwarf, die Friedensbedingungen seien zu günstig für Österreich ausgefallen. Österreich betrachtete die Sache von einem anderen Blickwinkel aus, und Metternich bemerkte später, es sei Talleyrand zu verdanken, daß »der Vertrag von Preßburg einige für uns günstige *Nuancen* enthält«. Talleyrand war von dem Verhandlungsergebnis weder angetan noch stolz darauf. Nach der Unterzeichnung dieses Papiers meinte er zu Napoleon zweideutig: »Nie zuvor hat Frankreich einen solchen Vertrag aufgezwungen und nie zuvor hat Österreich einen solchen unterzeichnet.« Aber erst 1812 tat Talleyrand seine diesbezüglichen Ressentiments öffentlich kund, als nämlich Napoleon, jetzt auf dem Gipfel seines Ruhms angelangt, dem Frieden von Preßburg ein Monument errichten wollte. Er ließ den Kaiser in ganz unmißverständlicher Weise wissen, daß er seinen Namen auf diesem Monument nicht zu sehen wünschte.

Zu dieser Zeit scheint der Bruch zwischen Napoleon und Talleyrand unausweichlich geworden zu sein. Beide arbeiteten auf Frieden und Ordnung in Europa hin, doch waren die Vorstellungen der beiden Männer über den Weg dorthin grundsätzlich verschieden. Talleyrand, für den immer das internationale Gleichgewicht im Vordergrund stand, konnte den Frieden nur auf diplomatischer Basis und nur im äußersten Fall mit militärischen Mitteln erreichen. Für das Europa seiner Tage bedeutete dies, daß »Österreich gegen seinen natürlichen Feind Rußland Frankreich als natürlichen Verbündeten haben müßte«. Englands politischen Ambitionen seien Schranken zu setzen, Italien müßte ein unabhängiges Königreich werden und der Zar müßte innerhalb seiner Grenzen bleiben. Napoleon dagegen wollte Frieden und Ordnung durch militärische Eroberungen herstellen. Er, der sich als Nachfolger Cäsars fühlte, wollte einen neuen *Pax Romana* schaffen. Dazu, das wußte Talleyrand, würde Europa ungeachtet von napoleonischen Siegen und diktierten Friedenverträgen niemals seine Zustimmung geben. Er sah nicht die Segnungen des Friedens vor sich, sondern endlose Jahre des Krieges und des Blutvergießens. Deshalb begann er, sich auf den Tag vorzubereiten, an dem die Katastrophe unweigerlich über Frankreich hereinbrechen würde. Metternich sah, daß es in Frankreich von nun an zwei Parteien gab. Die eine bestand aus Militaristen und Soldaten, deren Schicksale unentwirrbar mit dem napoleonischen Eroberungswahn verstrickt waren, die andere aus friedliebenden Diplomaten, die vorhersahen, daß Napoleons Ehrgeiz im Chaos enden würde. Wortführer dieser Gruppe war Talleyrand, der zur Zeit des Feldzugs von 1805 begann, »dem zerstörerischen Treiben Napoleons mit aller Kraft und Stärke entgegenzuarbeiten«.

Napoleon dachte damals nicht im entferntesten daran, daß sein Außenminister seine Innen- und Außenpolitik nicht mehr unterstützen könnte. Zu Beginn des Jahres 1806 bekam Talleyrand als Belohnung für seine Verdienste den Fürsten- und Herzogtitel über Bénévent, einer kleinen Enklave im Königreich Neapel, die früher päpstlicher Besitz war. Gleichzeitig erleichterte Napoleon Seine Heiligkeit auch wieder um die Stadt Pontocorvo, die er für Bernadotte vorgesehen hatte. Keines der beiden Gebiete war fürstlich oder besonders reich, aber Talleyrand machte zweifellos noch den besseren Fang. Bis zum Ende des Kaiserreichs im Jahre 1814 war er also »Seine Durchlaucht, der Fürst von Bénévent«. Er regierte seine Untertanen durch einen Stellvertreter klug und weise. Er verminderte die Steuerlast und verfügte, daß seine Untertanen vor der Aushebung zu den napoleonischen Truppen geschützt seien. Er besuchte aber niemals sein Land und nahm auch seinen prächtigen neuen Titel wenig ernst. Einen seiner Freunde, der durchaus darauf bestand, ihn »Hoheit« zu nennen, bat er: »Bitte titulieren Sie mich nicht so. Ich bin etwas weniger als eine Hoheit – und vielleicht etwas besser. Ein einfacher ›Monsieur de Talleyrand‹ ist mir viel lieber.« Cathérine Grand fühlte sich jeodoch durch diese Verfügung Napoleons in den siebenten Himmel versetzt, obwohl es ihre geistigen Kräfte überstieg, ihre neuen Titel auch korrekt zu benützen. Talleyrand war nicht der einzige, der von Napoleons Großzügigkeit im Jahre 1806 profitierte. Im März willigte Joseph Bonaparte endlich ein, eine Königskrone zu tragen und wurde zum König von Neapel ernannt. Der frühere Herrscher, Ferdinand IV., ein Bourbone, hatte die Stirn besessen, im letzten Krieg auf der Seite Österreichs zu kämpfen und wurde dafür durch einen napoleonischen Erlaß, der von Schloß Schönbrunn aus verfügt wurde, entthront. Joachim Murat, der Sohn eines Gastwirts, der 1799 in St.-Cloud für Bonaparte den Tag gerettet und Caroline, die Schwester des Kaiser geheiratet hatte, wurde Großherzog von Berg und Kleve. Im Juni wurde Louis, Napoleons jüngerer Bruder, zum König von Holland ernannt. Talleyrand nahm zu diesen Vorgängen folgendermaßen Stellung: »Seit Napoleon Kaiser geworden war, wollte er keine Republik mehr um sich haben.« Am 12. Juli unterzeichnete Napoleon ein Abkommen mit dreizehn deutschen Fürsten, wodurch sich diese vom Heiligen Römischen Reich, dessen Oberhaupt der habsburgische Kaiser Franz II. war, lossagten, und sich unter dem Schutz Napoleons zum Rheinbund zusammenschlossen. Gleichzeitig wurde ein Verteidigungs- und Angriffspakt abgeschlossen. Franz von Österreich, ein Realist, tat das einzige, was ihm in dieser Situation übrigblieb: er legte den Titel »Kaiser des Heiligen Römischen Reichs Deutscher Nation« nieder, und war fortan nur noch Kaiser von Österreich. Talleyrand, ebenfalls ein Realist, spielte eine führende Rolle bei der nachfolgenden schwierigen Gebietsaufteilung. In Ausübung dieser Tätigkeit vermehrte sich sein Privatvermögen noch einmal beträchtlich. Er verlangte, wie ein deutscher Gesandter erstaunt erzählte, »nicht die üblichen Juwelen, sondern Bargeld«.

Frankreich hatte jetzt Frieden, wenn auch einen sehr unsicheren. Preußen war durch Bonapartes Drohung gezwungen worden, einen Bündnisvertrag mit Frankreich abzuschließen, der zwischen Preußen und England den Kriegszustand herstellte. Österreich war momentan erschöpft und erniedrigt und konnte verständlicherweise nicht die Energie aufbringen, sich Bonapartes tyrannischem Treiben aktiv zu widersetzen. Und Alexander von Rußland war nach der Schlacht bei Austerlitz gezwungen, seine Truppen auf sein eigenes Territorium zurückzuziehen. Zu Anfang des Jahres 1806 war Bonapartes Erzfeind, Mr. Pitt, der englische Premierminister, gestorben. Pitts Nachfolger, zumindest auf dem Papier, war Lord Grenville, Talleyrands Gegenspieler in den Tagen des Londoner Exils. Über Einfluß verfügte jedoch eher Talleyrands alter Freund Charles Fox, der zum Außenminister ernannt worden war. Er, der Talleyrands Streben nach Frieden kannte und der immer gegen einen Krieg mit Frankreich gewesen war, suchte nun nach einer Gelegenheit, Verhandlungen zu beginnen. Diese kam mit der Aufdeckung einer Verschwörung gegen Napoleon in England. Fox schrieb unverzüglich an Talleyrand, um ihm alle Einzelheiten des Komplotts gegen den »*chef des Français*« mitzuteilen. Gleichzeitig faßte er noch einen privaten Brief mit persönlichen Grüßen an den Außenminister ab, und versicherte, daß mit der wunderlichen Bezeichnung für den französischen Kaiser keine Beleidigung beabsichtigt war. England habe jedoch offiziell das französische Kaiserreich noch nicht anerkannt und deshalb könne er auch in einer offiziellen Note von Bonaparte nicht als »Kaiser der Franzosen« sprechen. Talleyrand legte Napoleon diesen Brief vor, der darauf eine Woche später, am 2. März, verkündete: »Ich wünsche Frieden mit England, und ich bin bereit, ihn nach den Bestimmungen des Friedensvertrags von Amiens einzuhalten.«

So ermutigt, machte sich Talleyrand an die Arbeit. In Lord Yarmouth, einem Engländer, der bei Wiederausbruch des Krieges keine Ausreiseerlaubnis mehr erhielt, glaubte Talleyrand einen geeigneten Verbindungsmann zwischen sich und Fox gefunden zu haben. »Aber«, sagte Talleyrand, »nach zwei oder drei Unterredungen schickte Fox auf Anordnung von Lord Grenville einen Lord Lauderdale als weiteren Mitarbeiter für Lord Yarmouth.« Von diesem Moment an schien nichts mehr so richtig klappen zu wollen. England erklärte, daß es die Verhandlungen nicht forsetzen würde, ehe die deutschen Besitzungen Georgs III., besonders Hannover, nicht an England zurückgegeben würden. Die Situation war peinlich, da Napoleon diesen Staat bereits an Preußen abgegeben hatte. Dennoch gab er auf Talleyrands Drängen dieser Forderung nach, vorausgesetzt, daß für Preußen ein adäquater Ersatz gefunden würde. Dann drehten sich die Verhandlungsgespräche um Sizilien, wo immer noch der enteignete Bourbone, König Ferdinand, unter dem Schutz der englischen Flotte regierte. Auch in diesem Punkt war Napoleon zu Zugeständnissen bereit, und Talleyrand informierte Lord Yarmouth entsprechend. Aber plötzlich änderte Napoleon seine Meinung, und Talleyrand mußte seine Versicherung Yarmouth gegenüber revidieren. Von da an war Fox auf der Hut. »Es könnte sein«, ließ er seine Regierung wissen, »daß sie ein falsches Spiel mit uns spielen.«

Um sicherzugehen, daß Napoleon sich nicht auch im Fall Hannover eines anderen besinnen würde, informierte er den preußischen König über die Sache, der ob der Untreue des französischen Verbündeten in helle Aufregung geriet. Daraufhin war Frankreich über die Doppelbödigkeit Englands empört, denn irgendwie hatte man dort vergessen zu erwähnen, daß Preußen für Hannover entschädigt werden sollte. Und Napoleon war natürlich der Überzeugung, daß alle außer ihn die ganze Schuld treffe.

Die Sache komplizierte sich noch weiter durch ein Mißverständnis – oder besser durch ein zu gutes Verständnis – mit Rußland. Da Zar Alexander durch die Friedensverhandlungen zwischen England und Frankreich sein Bündnis mit England gefährdet sah, schickte auch er einen Gesandten zwecks Friedensverhandlungen nach Paris. Dieser Mann, Baron d'Oubril, verhandelte mit Talleyrand nach den Weisungen Petersburgs. Da es zwischen diesen beiden Nationen wenig Gebietskonflikte gab, wurde man rasch einig und unterzeichnete schon im Juli einen Vorvertrag. Napoleon war entzückt, würde doch dieser Vertrag England und Preußen ihres wichtigsten Bündnispartners berauben. Fox, der sicher ebensoviel staatsmännischen Weitblick hatte, ließ Zar Alexander wissen, daß dieser Vertrag für Rußland »erniedrigend« wäre. Zar Alexander kam nach gründlicher Lektüre des Vertragstextes zum selben Ergebnis. Der Vertrag brachte eindeutige Vorteile für Frankreich. Daraufhin informierte er Paris, daß er von einer Ratifizierung absehen würde.

Zu diesem Zeitpunkt starb Fox und mit ihm jede Hoffnung auf Verständigung zwischen den beiden Ländern. Sein Tod war auch gleichzeitig das Signal für den Ausbruch neuer Feindseligkeiten. Am 7. Oktober erreichte Napoleon ein preußisches Ultimatum mit der Forderung, die Franzosen hätten sich bis zum 8. Oktober über den Rhein zurückzuziehen. Doch zu dieser Zeit war der Kaiser mit seinen Truppen bereits nach Berlin unterwegs, und wie immer, wenn er in den Krieg zog, bester Stimmung. Talleyrand wußte jedoch, daß Napoleon ein »geheimes Unbehagen« bei dem Gedanken befiel, sich an Preußen zu messen. »Der alte Ruhm der preußischen Armee hatte ihn beeindruckt.« Die preußischen Soldaten genossen immer noch den Ruf, den sie sich unter Friedrich dem Großen erworben hatten. Talleyrand hatte wieder einmal vergeblich versucht, Napoleon von neuen Feindseligkeiten abzubringen, aber schon im nächsten Monat fand sich der Außenminister auf der Landstraße im Gefolge des Heeres, das nach Berlin marschierte.

Talleyrand hatte dabei Gelegenheit, in Wiesbaden einige Tage der Muße zu verbringen und sich in Mainz dem Kauf von Büchern zu widmen, einer Tätigkeit, der er mit Leidenschaft frönte. Außerdem fand er Zeit für Hortense de Beauharnais, die Tochter Josephines, Frau von Louis Bonaparte und neu ernannte Königin von Holland. Talleyrand war an ihr interessiert, weil sie die Geliebte von Charles de Flahaut, Talleyrands Sohn, war, der jetzt ein schmucker Offizier und dank Talleyrand im Gefolge des Kaisers war.

Während Talleyrand seltene Buchausgaben begutachtete, Heilwasser trank und sich mit der Königin von Holland anfreundete, traf Napoleon auf die preußische Armee und zermalmte sie in zwei entscheidenden Schlachten bei Jena und Auerstedt. Über 100 000 Preußen wurden gefangengenommen, mehr als 250 Regimentsfahnen erbeutet. In der dritten Oktoberwoche war der Kaiser in Berlin und war bereit, den verschreckten Preußen, die all ihre Energie darauf verwandten, Napoleon milde zu stimmen, seine Bedingungen aufzuerlegen. Die Hoffnungen der Preußen stützten sich auf Talleyrand, der unverzüglich herbeigeordert worden war. Man erinnerte sich noch an die Großzügigkeit, mit der er den Vertrag von Preß-burg ausgehandelt hatte, und Graf Haugwitz, der Talleyrand kann-te, schrieb an einen der preußischen Unterhändler:

> »Wenn Herr von Talleyrand wirklich kommt, so verzweifle ich noch nicht ganz daran, daß es ihnen gelingen könnte, vernünf-tigere politische Erwägungen wirksam zu machen, als es dieser fürchterliche Grundsatz ist, Preußen müsse vernichtet wer-den, um den künftigen Frieden Europas zu verbürgen. Der kluge und fortschrittlich gesinnte Minister wird ohne weiteres erkennen, daß Rußland und Österreich viel eher die Macht ha-ben, Frankreichs Frieden zu stören, wenn man Preußen die Macht nimmt, Rußland in Schach zu halten oder Österreich zu bedrohen.«

Als aber Talleyrand Ende Oktober in Berlin eintraf, fand er den Kai-ser im königlichen Palast in einer völlig unzugänglichen Stimmung vor. Kein von Talleyrand vorgebrachtes Argument brachte auch nur die geringste Reaktion von Napoleons Seite außer milder Unge-duld. Wenn Preußen Frieden wünschte, bräuchte es nur darum zu bitten. Es müßte lediglich seine Bedingungen annehmen. Inzwi-schen setzte er den Herzog von Braunschweig ab. Das gleiche Schicksal widerfuhr dem Kurfürsten von Hessen-Kassel, der zwar neutral geblieben war, aber trotzdem sein Heer mobilisiert hatte. Diese Länder und einige andere Gebiete faßte Napoleon zum Kö-nigreich Westfalen zusammen, dessen Krone Jérôme Bonaparte, Napoleons jüngster Bruder, bekam. Friedrich August von Sachsen, der im richtigen Moment auf die richtige Seite übergewechselt war, wurde belohnt, indem er vom einfachen Kurfürsten zum König von Sachsen avancierte.

Diese radikalen Gebietsverteilungen nach Lust und Laune des Kaisers und die zutiefst erniedrigenden Friedensforderungen – das Land wurde zur Hälfte seiner Einwohner und seiner Einkünfte be-raubt und sollte darüber hinaus auch noch 160 000 000 Franc Kriegs-entschädigung zahlen – konnten unmöglich Ausgangspunkt für ei-nen dauerhaften Frieden sein, sondern bargen in sich schon den Keim eines neuen Krieges. Preußen konnte, wie zuvor Österreich, zerschlagen werden, es konnte sogar dazu gezwungen werden, England den Krieg zu erklären, aber es würde nie mehr als ein Bündnispartner auf dem Papier sein, wenn es von Frankreich seines Stolzes und seiner Selbstachtung beraubt würde. »Ich war empört über alles, was ich sah und hörte, aber ich mußte meine Empörung verbergen«, berichtete Talleyrand. Anfang November befahl Napoleon seinem Außenminister, den Text einer Verordnung vorzubereiten, die eine Blockade Englands anordnete und Anweisungen gab, alle europäischen Häfen für britische Schiffe zu sperren. Talleyrand war von Amts wegen gezwungen zu tun, wie ihm befohlen war, billigen konnte er diesen Schritt nicht. Das Dekret wurde am 21. November verkündet und hatte fast den gleichen Wortlaut wie der Entwurf, den Talleyrand tags zuvor Napoleon vorgelegt hatte. Der Kaiser schloß nicht nur die Häfen Frankreichs und die der von Frankreich abhängigen Staaten, sondern befahl auch den neutralen Staaten, sich an das Dekret zu halten. »Ich werde das Meer mit einer Landstreitmacht erobern«, versprach Napoleon. Die Drohung war offensichtlich: Jedes Land, das sich diesem Dekret widersetzen würde, mußte mit einer französischen Invasion rechnen.

Schließlich vertraute Napoleon seinem Außenminister an, daß er entschlossen war, das bourbonische Königshaus in Spanien vom Thron zu verjagen. »Damals gelobte ich mir«, schrieb Talleyrand, »daß ich aufhören würde, sein Minister zu sein, sobald wir wieder in Frankreich waren.«

Nachdem Kaiser Napoleon mit Preußen abgerechnet hatte, wandte er seine Aufmerksamkeit Rußland zu. Zar Alexander wollte nach dem Sieg Frankreichs über Preußen keinesfalls klein beigeben, versuchte aber vergeblich, Friedrich Wilhelm zu überreden, sich Napoleons Forderungen zu widersetzen. Als ihm dies nicht gelang, war er entschlossen, den Krieg alleine, nur mit Schweden als Verbündeten, zu führen. Ende des Jahres 1806 zweifelte niemand mehr daran, daß Rußland sich zu keinem Frieden bewegen lassen würde, und daß Napoleon einem Winterfeldzug im Schnee Ostpreußens und Polens entgegensah, mit einer Armee, die für diese Art der Kriegführung unzureichend ausgerüstet und ausgebildet war.

In den letzten Tagen des Jahres 1806 machte sich Napoleon auf den Weg nach Warschau, wo er auf aktive Unterstützung durch Polen in diesem Konflikt hoffte. Talleyrand mußte seinem Kaiser unter großen Beschwernissen über ausgefahrene Landstraßen nachreisen.

Napoleon blieb mehrere Wochen in Warschau und war Gast bei einer nicht enden wollenden Reihe von Festen, Empfängen und Bällen. Talleyrand stellte ihm dabei eine bildschöne junge polnische Adelige, die Gräfin Marie Walewska, vor, die ihm später eine treue Geliebte werden sollte und ihm einen Sohn gebar. Angeblich hatte sie sich für ihr Land »geopfert«, aber Napoleon, der sich immer seiner militärischen Erfolge bei Frauen brüstete, meinte später in

St. Helena: »Sie hat es mir nicht zu schwer gemacht!« und »Talleyrand hat sie mir besorgt.«

Das entsprach sicherlich der Wahrheit. Wenn Talleyrand sich nicht gerade mit Denkschriften über die polnische Frage befaßte, dann leistete er seinem Herrn und Meister in seiner Funktion als Großkämmerer Beistand bei seinen Frauengeschichten. Sicherlich hatte er im Falle Marie Walewska auch noch einen anderen Hintergedanken: wenn Napoleon schon für Logik und Vernunft nicht ansprechbar war, vielleicht konnte ihn dann Marie Walewska, eine überzeugte Patriotin, dazu bringen, wozu er als Staatsmann nicht imstande war – einen unabhängigen polnischen Staat zu schaffen.

Talleyrand war der Überzeugung, daß ein starkes, autonomes Polen für den Frieden in Europa und für das Gleichgewicht auf dem Kontinent von größter Bedeutung wäre. Ebenso wie Österreich das südliche Bollwerk gegen die Angriffslust Rußlands bilden sollte, war Polen im Norden dafür lagemäßig prädestiniert. Aber Napoleon ließ sich weder von der Notwendigkeit noch von der Nützlichkeit einer solchen Abmachung überzeugen. Auf die Petitionen polnischer Patrioten gab er ebenso vage Antworten wie auf Talleyrands Argumente. Und Marie Walewska war von ihm so überwältigt, daß sie sich nicht darauf konzentrieren konnte, etwas für ihr Land zu tun. »Dieser Mann hat mein Herz in Schrecken versetzt«, schrieb sie. »Was für ein außergewöhnlicher Mann! Er ist wie ein Vulkan. Die Leidenschaft, die ihn beherrschte, war nicht die Liebe – die, wenn auch heftig, vergänglich war –, sondern Ehrgeiz.«

Es war in der Tat Ehrgeiz, der Napoleon aus den Armen Marie Walewskas nach Ostpreußen trieb, wo in den ersten Februartagen des Jahres 1807 Rußland seine Truppen zusammengezogen hatte. Er traf am 7. Februar in Eylau auf sie und errang einen klaren, aber nicht abschließenden Sieg. Erst Mitte Juni gelang ihm bei Friedland der entscheidende Schlag.

Am 21. Juni wurde ein Waffenstillstand unterzeichnet, und man vereinbarte für den 25. Juni bei Tilsit auf einem Memelfloß eine Zusammenkunft der beiden Kaiser.

Währenddessen hatte Talleyrand seine Zeit in Warschau genützt, an einem seiner Lieblingsprojekte, nämlich einem Bündnis zwischen Frankreich und Österreich, zu arbeiten. Die österreichische Regierung hatte vernommen, daß Frankreich im Falle eines Sieges über Rußland eventuell ein Bündnis mit Rußland abschließen würde, wodurch Österreich beiden Mächten ausgeliefert sein würde. Um dieser Möglichkeit entgegenzuwirken, kam Baron von Vincent im Auftrag seiner Regierung nach Warschau, wo Talleyrand ihm sofort einen Handel anbot. Wenn Österreich bereit wäre, seine polnischen Besitzungen aufzugeben, würde es statt dessen Schlesien bekommen – ein Gebiet, das es schon vor siebzig Jahren an Friedrich den Großen verloren hatte und um das es noch immer trauerte. Dann würde es ratsam sein, ein Bündnis mit Wien abzuschließen und einen starken polnischen Staat zu errichten. Dadurch würde die Möglichkeit einer Allianz zwischen Napoleon und Alexander verhindert. Talleyrand drängte Vincent zu einer unverzüglichen Antwort. Er wußte, daß Napoleon, wenn er erst einmal einen entscheidenden Sieg über Rußland errungen hätte, keinesfalls mehr einem derartigen Abkommen mit Österreich zustimmen würde, wohingegen er jetzt, solange der Ausgang des Feldzugs noch ungewiß war, diesen Handel angesichts der österreichischen Truppen, die er dann zusätzlich zur Verfügung hatte, eventuell gutheißen würde. Aber Vincent zögerte. Noch hatte Napoleon die Russen nicht entscheidend geschlagen, und es bestand die Möglichkeit, daß Rußland Napoleon besiegte. Es wäre ein tragischer Irrtum, im falschen Augenblick die falsche Seite gewählt zu haben.

Während Vincent noch zögerte, erreichte die Nachricht von Napoleons großartigem Sieg bei Friedland Warschau. Damit waren alle Hoffnungen auf ein Bündnis mit Österreich begraben. Der österreichische Gesandte war verzweifelt; er hatte gespielt und verloren. Talleyrand hatte dieses Spiel jedoch schon zu oft gespielt, um eines anderen Gefühls als dem der Resignation fähig zu sein. Mit einem Achselzucken las er den Befehl des Kaisers, sich sofort nach Tilsit zu begeben, wo die Friedensbedingungen zwischen Frankreich und Rußland, zwischen Napoleon und Alexander auszuhandeln wären. Das erste Zusammentreffen der beiden Herrscher fand auf einem romantisch geschmückten Floß statt, das in der Mitte der Memel lag. Der Herrscher des Westens und der des Ostens führten zunächst ein Gespräch unter vier Augen. Der Inhalt dieser Unterredung wurde nie aufgezeichnet. Währenddessen wartete Friedrich Wilhelm, der König von Preußen, im Regen am Flußufer, um zu erfahren, was die beiden Herrscher mit seinem Königreich vorhatten. Napoleon bestand darauf, die Preußen bereits auferlegten Bedingungen als gemeinsame Forderungen von ihm und Alexander darzustellen. Das war seine Art, aus Alexander einen Bündnispartner zu machen. Und es funktionierte. Nach dreistündiger Unterredung verkündete Napoleon, er habe sich aus Achtung für seinen Freund Alexander entschlossen, Preußen nicht zu zerstören, sondern es nur um die Hälfte seiner Ausdehnung und seiner Bevölkerung zu berauben.

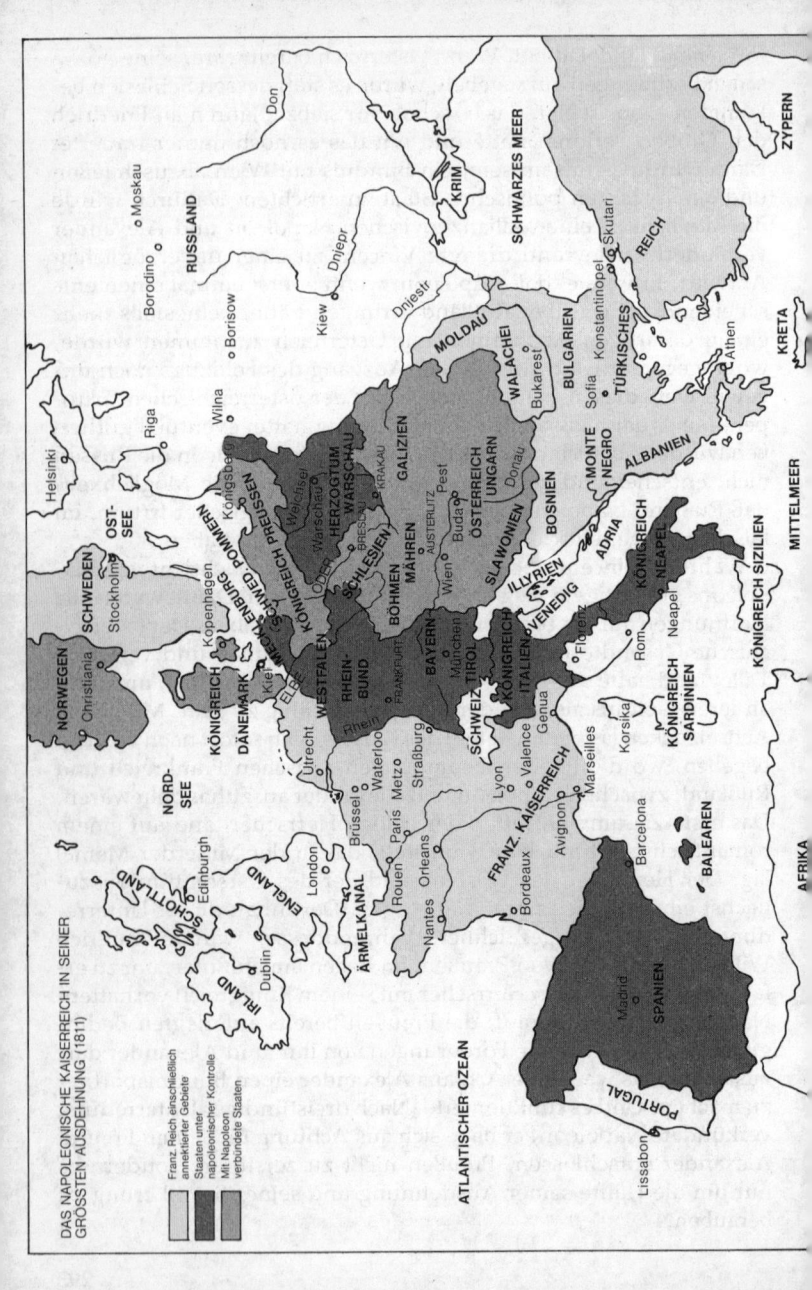

DAS NAPOLEONISCHE KAISERREICH IN SEINER
GRÖSSTEN AUSDEHNUNG (1811)

Franz. Reich einschließlich
annektierter Gebiete

Staaten unter
napoleonischer Kontrolle

Mit Napoleon
verbündete Staaten

Friedrich Wilhelm sah sich in seinen Hoffnungen getäuscht. Er vergaß seine Würde und flehte Napoleon um Gnade an. Doch der Kaiser der Franzosen konnte zwar seinen Kampfgegnern vergeben, gelegentlich auch denen, die ihn verraten und betrogen hatten, nie aber denen, die sich schwach gezeigt hatten. Der verzweifelte preußische König schrieb an seine Frau, Königin Luise, und bat sie, nach Tilsit zu kommen, um das Herz des Eroberers zu rühren.

Aber auch ihre Bemühungen waren vergeblich. Talleyrand begleitete die unglückliche Königin nach ihrem erfolglosen Versuch zu ihrer Kutsche zurück. Er erinnerte sich an diese Szene: »Wenn ich auf mein Leben zurückblicke, kommen mir viele Erinnerungen, die mir weh tun müssen; da ist es mir dann wenigstens ein großer Trost, wenn ich daran denke, daß die Königin gütige Worte zu mir sprach, ja mich fast zu ihrem Vertrauten machte. ›Herr Fürst von Bénévent‹, sagte sie, als ich sie zum Wagen geleitete, ›es gibt nur zwei Menscher hier, die es bedauern, daß ich gekommen bin: Sie und ich. Nicht wahr, Sie zürnen mir nicht, wenn ich sage, daß ich in diesem Glauben abreise?‹ Tränen der Bewegung und des Stolzes, die mir in die Augen stiegen, ließen sie meine Antwort wissen.«

Die Verträge von Tilsit – mit Rußland am 7. Juli und mit Preußen am 9. Juli unterzeichnet – wurden innerhalb von nur vierzehn Tagen von Napoleon und Alexander ausgehandelt. Talleyrand setzte zwar seine Unterschrift unter die Dokumente, hatte aber praktisch keinen Einfluß auf deren Formulierung. Die beiden Kaiser hatten in gegenseitiger Bewunderung und Verständnis füreinander die Sache unter sich ausgemacht. Einer schien dem Zauber des anderen erlegen zu sein. »Wäre Alexander eine Frau«, schrieb Napoleon nach dem ersten Treffen auf der Memel an Josephine, »hätte ich ihn zu meiner Geliebten gemacht.« Alexander war vom Kaiser der Franzosen ebenso beeindruckt, und die damals an seine Mutter geschriebenen Briefe glichen eher schwärmerischen Liebesbriefen eines jungen Mädchens als denen eines besiegten Herrschers, der mit seinem Eroberer einen Frieden aushandelt.

Dementsprechend waren auch die Bedingungen des Friedenvertrags mit Rußland großzügig abgefaßt. Der öffentliche Friedensvertrag wurde von einem geheimen Bündnisvertrag begleitet. Sollte England sich weigern, unter für Frankreich günstigen Bedingungen Frieden zu schließen, würde ihm Rußland den Krieg erklären. Sollte Napoleons Mittlertätigkeit zwischen Konstantinopel und St. Petersburg scheitern, so würde sich Frankreich an Rußland in einem Krieg gegen den Sultan anschließen, sie würden ihn gemeinsam seiner Besitzungen berauben und sie untereinander aufteilen. Da die England und der Türkei angebotenen Bedingungen unannehmbar waren, waren die Mittlertätigkeiten der beiden Kaiser von vornherein zum Scheitern verurteilt, was sie sehr wohl wußten. Der Bündnisvertrag war folglich nichts anderes als ein geheimes Abkommen zwischen Frankreich und Rußland, die Welt unter sich aufzuteilen. Aber das blieb nicht lange ein Geheimnis. Schon nach kurzer Zeit waren die Einzelheiten bekannt. England war empört über Napoleons Meisterstreich, wodurch Bonaparte seinen mächtigsten Feind und Englands Bündnispartner zu seinem Komplizen gemacht hatte. England konnte nicht viel tun, doch das, was es zu tun vermochte, tat es und entsandte eine Flotte in die Ostsee, die nach dem Beschuß von Kopenhagen eine ansehnliche dänische Flotte erbeuten konnte. Wenigstens diese Schiffe würden nicht in Napoleons Hände fallen.

Die Feldzüge der Jahre 1806 und 1807 und das Zusammentreffen der beiden Kaiser in Tilsit brachten einen Wendepunkt in Napoleons Laufbahn. Es lagen noch Jahre des Ruhms vor ihm, und die Welt lag ihm zu Füßen. Jeder Staat von Bedeutung war entweder sein Verbündeter oder sein Opfer, und wenn einer keines von beiden war, dann lebte er in einer solchen Furcht vor einer Invasion, daß Napoleon auch da schon so gut wie der Sieger war. Doch Napoleon, dem der Ruf der Unbesiegbarkeit anhaftete, hatte sich bereits entschlossen, den Weg bis zum Ende weiterzugehen, der, wie Talleyrand darlegte, »von militärischer Diktatur zu einer globalen Monarchie und von dieser nach Moskau« führte. Talleyrand war seinerseits von der Zeit der Tilsitverträge an entschlossen, alles in seiner Macht Stehende zu tun, Frankreich vor der bevorstehenden Katastrophe zu retten, des Kaisers ehrgeizige Pläne zu durchkreuzen und seinen Sturz herbeizuführen.

Schon in Berlin hatte er sich geschworen, sein Amt niederzulegen. Im August 1807 war es dann soweit. Napoleon behauptete später auf St. Helena, Talleyrand sei keineswegs zurückgetreten, sondern aufgrund von Klagen des bayrischen und des württembergischen Königs entlassen worden. Hier wie auch in anderen Fällen verfiel Bonaparte der Versuchung, die allen Eroberern und Staatsmännern einschließlich Talleyrand im Ruhestand gemeinsam ist, nämlich Geschichte zu ihrem eigenen Vorteil bzw. ihrem Wunschdenken umzuschreiben. Tatsache ist, daß Napoleon nie verstehen konnte, warum Talleyrand zurücktreten wollte, ebenso wie er nie verstehen konnte, warum Talleyrand immer für Frieden und Ordnung in Europa plädierte, statt danach zu trachten, den Ruhm Napoleons zu mehren.

Nachdem Talleyrand nun den Wunsch geäußert hatte, von seinem Amt entbunden zu werden, bekam er von Napoleon die Würde eines »Vice-Grand Electeur des Kaiserreichs«, was Talleyrand zum dritthöchsten Würdenträger in seinem riesigen Reich machte. Außer der kaiserlichen Familie standen nur Cambacérès, der Großkanzler, und Lebrun, der Großschatzmeister über ihm. Der Posten war mit 330 000 Franc Jahresgehalt so lukrativ, daß er den Verlust der »Geschenke«, die er als Außenminister zu erwarten hätte, mit Gleichmut hinnahm.

Talleyrand war nun der Verantwortlichkeit für politische Schachzüge, die er mißbilligte, ja sogar verachtete, endgültig enthoben. Napoleon dagegen konnte den Rat seines ehemaligen Ministers immer dann einholen, wenn er es wollte und mußte sich nicht mehr mit der ständigen Opposition eines Ministers herumschlagen, der ebenso selbständig und willensstark war wie er selbst. Als Talleyrands Nachfolger ernannte er am 10. August Jean-Baptiste Nompère de Champagny, Herzog von Cadore, der bis dahin Minister des Inneren war. Champagny besaß all die Eigenschaften, die sich Napoleon wünschte: er war gehorsam, respektvoll und hatte keinerlei eigene Ideen. Der neue Minister war so eifrig, daß Napoleon, der an Talleyrands bedächtiges Handeln gewöhnt war, einen milden Tadel aussprechen mußte: »Sie sollten meine Briefe immer drei oder vier Tage auf meinem Schreibtisch lassen, ehe Sie sie wegschicken.« Und auch von Talleyrand erhielt er einen Rat: »Sie werden nach einiger Dienstzeit für den Kaiser herausfinden, daß es unklug ist, seine Befehle allzu rasch auszuführen.« Eifer und Hast, Eigenschaften, denen Talleyrand nie etwas abgewinnen konnte, brachten Napoleon schon bald nach Talleyrands Amtsniederlegung in die zweifache Bredouille, die am Anfang seines Wegs in den Untergang stand: Spanien und die Erfurter Zusammenkunft.

10. Erfurt und danach

»Die Sache mit Spanien«, gestand Napoleon, als es zu spät war, »war der größte Fehler, den ich je begangen habe.« In Wirklichkeit war es eine ganze Reihe von Fehlern und Fehleinschätzungen, die der Stärke des Kaiserreichs zusetzten, seine militärische und politische Leistungsfähigkeit beeinträchtigten und nicht unmaßgeblich zu Napoleons Fall beitrugen.

Der erste dieser Irrtümer passierte ihm gegen Ende des Jahres 1806 in Berlin, als er auf Manuel de Godoys Mobilisierungserklärung hin geschworen hatte, die spanischen Bourbonen zu vernichten, was wiederum Talleyrand zu der Erkenntnis brachte, nicht mehr länger in seinem Amt zu verbleiben. Der Grund für Godoys Erklärung war nach Talleyrand nicht darin zu sehen, daß Godoy einen Angriff auf Frankreich plante, sondern daß er als Günstling und allmächtiger Minister König Karls und der Königin Luisa ein Rivale für den Erben auf den spanischen Thron, Ferdinand, Prinz von Asturien, war. Godoy verdächtigte Ferdinand, den König dahingehend zu beeinflussen, daß er seinen Minister entlassen sollte und dann König Karl selbst zur Abdankung zwingen würde. Dieser Verdacht war durchaus nicht unbegründet. Ferdinand glaubte seinerseits, Godoy intrigiere, um für sich selbst eine Krone zu erlangen, entweder die spanische oder die eines Königreichs, das von der Iberischen Halbinsel abgespaltet werden sollte. Auch seine Vermutungen waren berechtigt. Von jenseits der Pyrenäen glich das Land einer reifen Pflaume, die zu pflücken Napoleon nicht widerstehen konnte.

Spanien hatte für Frankreich eine gewisse strategische Bedeutung, da es auf dem Weg nach Portugal lag. Und Portugal war seit jeher ein Verbündeter Englands. Als solcher hatte es sich geweigert, dem von Napoleon 1806 erlassenen Befehl nachzukommen, englischen Schiffen das Anlaufen ihrer Häfen zu verwehren und hatte sich damit den Zorn des Kaisers eingehandelt. Dies war ein plausibler Grund für ein Geheimabkommen zwischen Napoleon und Godoy, das im Jahre 1807 nach der Amtsniederlegung Talleyrands abgeschlossen wurde und die Aufteilung Portugals zwischen Frankreich und Spanien oder besser gesagt, zwischen Frankreich und Godoy vorsah, der sein »Königreich« im Süden Portugals haben sollte. Auf diese Art und Weise war es Frankreich möglich, Portugal zu erreichen, ohne von Spanien daran gehindert zu werden.

Als die französischen Truppen unter Marschall Andoche Junot sich Lissabon näherten, schiffte sich der Regent von Portugal ein und verließ sein Land mit Ziel Brasilien. Dies brachte Napoleon ein wenig aus dem Konzept, denn es beraubte ihn jeder Grundlage, eine große Armee auf spanischem Boden rechtfertigen zu können. Aber aufhalten konnte ihn dies nicht. Unter dem Oberkommando von General René-Antoine Dupont nahmen 40000 französische Soldaten Positionen im Norden und im Westen Spaniens ein, wo sie von den Bewohnern als Befreier begrüßt wurden, da sie glaubten, Dupont sei gekommen, um Godoy zu stürzen und den Prinzen von Asturien einzusetzen. Schon bald darauf erkannten selbst der dümmliche Karl IV. und seine Königin, daß ihr Königreich ganz unbeabsichtigt in die Hände des Kaisers der Franzosen gefallen war. Das königliche Paar wandte sich ratsuchend an Godoy, der vorschlug, sie sollten dem Beispiel ihres portugiesischen Nachbarn folgen und aus dem Lande fliehen.

König Karl und Königin Luisa folgten diesem Rat oder, besser gesagt, sie versuchten ihm zu folgen und machten sich in großem Staat zum Hafen Cádiz auf. Auf ihrem Wege dahin trafen sie jedoch auf eine Aufstandsbewegung. Das tobende Volk forderte Godoys Kopf, der angeblich dem König geraten haben solle, Madrid zu verlassen. König Karl versprach in seinem Schrecken, Godoy sofort vor Gericht zu stellen. Dann verkündete er eine seiner periodischen Abdankungen.

Sobald er sich vor dem Volk sicher fühlte, widerrief er die Abdankung. Die so geschaffene Verwirrung paßte glänzend in Napoleons Plan. Es gab jetzt zwei spanische Könige: König Karl IV., dem jeder mißtraute, da man ihn für eine Marionette des verhaßten Godoy hielt, und Ferdinand VII., der auf die Unterstützung des Volks rechnen konnte, aus dem einfachen Grund, weil er die einzige Alternative zu Godoy war. Seine eigene Mutter sagte von ihm in einem seltenen Anfall von Einsicht, daß er »das Herz eines Tigers und den Kopf eines Maulesels habe«. Keiner dieser beiden Männer war eigentlich geeignet, ein für Napoleon so wichtiges Land wie Spanien zu regieren. »Mir bleiben nur zwei Möglichkeiten«, sagte der Kaiser, »die eine ist, Spanien zu übernehmen und dem Land einen Herrscher aus meiner eigenen Familie zu geben, unter dem Vorwand, den Aufruhr eines Sohnes gegen seinen Vater zu rächen [Ferdinand VII. hatte sich geweigert, die Widerrufung der Abdankung seines Vaters anzuerkennen]; die andere Möglichkeit, die mir noch bleibt, besteht darin, die nördliche Provinz von Spanien durch Verhandlungen mit Ferdinand VII. für Frankreich zu annektieren und ihn als König von Spanien anzuerkennen.«

Talleyrand, dem klar war, daß Napoleon sich für eine dieser beiden Alternativen entscheiden würde, plädierte für die Besetzung von Katalonien als das kleinere Übel. Er war immer gegen eine unverhältnismäßige Expansion des französischen Territoriums, und obgleich eine unrechtmäßige Besetzung kaum besser ist als eine unrechtmäßige Annexion, hatte erstere zumindest den Vorteil, vorübergehend und eventuell sogar als militärisches Mittel vertretbar zu sein. Aber Napoleons Entschluß stand bereits fest. Er bot seinem Bruder Louis, dem König von Holland, die spanische Krone an. Dieser jedoch fühlte sich bereits als Holländer und lehnte ab. Daraufhin bekam Joseph Bonaparte, König von Neapel, den Auftrag, seine Sachen zu packen, und König von Spanien zu werden.

Das nächste Problem war, der Inthronisierung von Don José I. (wie Joseph sich unbedingt nennen wollte) auf dem spanischen Thron den Anstrich von Loyalität zu geben. Die Antwort, die sich Napoleon auf diese heikle Frage ausgedacht hatte, hätte in ihrer Schlauheit von Talleyrand stammen können, der jedoch in dieser Angelegenheit nicht konsultiert worden war. Zuerst kündigte er einen persönlichen Besuch in Madrid an und versprach Ferdinand die Hand einer Prinzessin aus dem Hause Bonaparte. Gleichzeitig verhandelte er aber auch mit König Karl und Königin Maria Luisa. Er ließ Ferdinand wissen, daß er von Karls Abdankung nichts halte und daß er nicht verstünde, wie Spanien zwei Könige haben könnte, daß er sich aber gerne Karls Erklärung anhören und ihn gegebenenfalls wieder als König von Spanien anerkennen würde. Das Königspaar machte sich voll naiver Hoffnung auf den Weg, den Kaiser der Franzosen in Bayonne zu treffen. Am 5. Mai 1808 dort angelangt, sahen sie sich wieder so massiven Drohungen ausgesetzt, daß Karl erneut abdankte – diesmal zugunsten von demjenigen, den Napoleon auf den spanischen Thron setzen wollte. Ferdinand erging es nicht besser. Er wurde überredet, seine Unterschrift auf ein Dokument zu setzen, mit dem er seine Thronrechte an seinen Vater abtrat. Erst nach der Unterzeichnung erfuhr er, daß die Rechte seines Vaters bereits an Napoleon übertragen worden waren. Dann wurde er mit seinen jüngeren Brüdern und seinem Onkel, dem Herzog von San Carlos, nach Frankreich in Gefangenschaft gebracht. König Karl und Königin Maria Luisa, die weniger gefährlich waren, bekamen Compiègne und Chambord und eine Apanage von 6 000 000 Franc. Am 7. Juni empfing Napoleon in Bayonne mit großem Pomp seinen Bruder, Don José I. Als der neue Regent einen Monat später die Hauptstadt Madrid erreichte, stand ganz Spanien in offener Revolte gegen ihn, und er mußte nach elf schrecklichen Tagen aus der Stadt fliehen. Der Aufruhr schwelte noch mehrere Jahre weiter und verbrauchte Kräfte, die Napoleon in Osteuropa dringend nötig gehabt hätte. Spanien verbündete sich mit England, das eine Armee unter Wellington schickte. Im Jahre 1813 wurden die Franzosen bei Vittoria von dieser Allianz besiegt.

Talleyrand behauptete zeit seines Lebens, daß er von Anbeginn gegen das spanische Abenteuer Napoleons interveniert habe und daß dieser seine Entscheidungen entweder ohne sein Wissen oder gegen seinen ausdrücklichen Rat gefällt habe. Napoleon dagegen erklärte, Talleyrand sei von Anfang an in die Sache eingeweiht und mit dieser voll einverstanden gewesen. Erst als sich der unglückliche Ausgang dieses Abenteuers abzuzeichnen begann, hätte er plötzlich seine Billigung zurückgenommen. Während Talleyrand aussagte, der Vertrag von Fontainebleau sei in Geheimverhandlungen beschlossen worden, behauptete Napoleon, Talleyrand selbst sei es gewesen, der die Verhandlungen geführt habe. Es gab bei dieser Erklärung jedoch keine Antwort auf die Frage, warum Talleyrand den Vertrag dann nicht unterschrieben habe. Abgesehen davon erscheint es kaum wahrscheinlich, daß Talleyrand diesem Vertragspaket zugestimmt, geschweige denn dazu geraten hätte. Während der Konsulatszeit und in den Tagen des Kaiserreichs hatte er immer gegen jede Bestrebung Napoleons interveniert, die legitimen Dynastien Europas zu entmachten oder sie auch nur zu schwächen. Sowohl Preußen wie auch Österreich setzten nach ihren Niederlagen gegen Napoleon ihre Hoffnungen auf Talleyrand. Auch Portugal hatte sich an Talleyrand mit der Bitte um Schutz gewandt. Sein Amtsrücktritt kurz darauf wurde in Portugal als Tragödie angesehen.

Tatsache ist auch, daß sich Talleyrand nicht erst nach einigen Jahren (wie Napoleon behauptete) öffentlich gegen seines Kaisers spanische Ambition aussprach, sondern schon nach wenigen Monaten. Er hatte sich immer bemüht, Napoleon klarzumachen, warum das ganze Unternehmen sowohl Frankreich wie auch dem Kaiser selber schwere Einbußen im Ansehen einbringen mußte. »Wenn ein Mann von Welt unklug handelt«, dozierte er, »wenn er sich Freundinnen hält oder Frau und Freunde schäbig behandelt, wird man ihm sicherlich Vorwürfe machen; ist er aber reich, mächtig und klug, wird ihm die Gesellschaft vieles nachsehen. Aber wenn der gleiche Mann beim Kartenspiel betrügt, wird man ihn aus der Gesellschaft ausschließen und ihm nie verzeihen.« Napoleon hatte in der Tat die Sünde begangen, die ihm die Gesellschaft Europas nie vergeben würde: er hatte die spanischen Bourbonen ihres Thrones beraubt, nicht in einem Krieg, was man ihm vielleicht noch verziehen hätte, sondern durch schamlose Hinterhältigkeit.

Da diese Hinterhältigkeit offenkundig geworden war, versuchte er soviele »Schuldige« wie möglich mit hineinzuziehen. Talleyrand wurde zum offiziellen Gefangenenwärter der spanischen Prinzen gemacht, und als ob es damit nicht genug wäre, sollten die Gefangenen auch noch auf Talleyrands eigenem Besitz, in seinem eigenen Haus, untergebracht werden.

Im Jahre 1803 hatte Napoleon Talleyrand befohlen, sich einen hübschen Landsitz zu kaufen, auf dem er das diplomatische Korps und erlesene Gäste zu Einladungen empfangen könnte. Als geeignetes Objekt bot sich ein Besitz mit dem Namen Valençay im *dépar-*

tement Indre an, der etwa 200 Kilometer südlich von Paris lag. Der Besitzer residierte in einem herrlichen Schloß, umgeben von 40 000 Morgen Land und regierte wie ein Feudalherrscher über 23 Dörfer. Das Schloß selbst, das 25 Zimmerfluchten besaß, war von einem sorgsam gepflegten, 330 Morgen großen Park umgeben. Valençay war eines der großen Besitztümer Frankreichs. Es hatte irgendwie die Stürme der Revolution unbeschadet überstanden und gehörte nun einem von Bonapartes Beamten, Monsieur de Luçay. Es stand zum Verkauf und war genau das, was Bonaparte sich vorgestellt hatte, aber der Preis war, wie Talleyrand beklagte, »über den bescheidenen Mitteln, die mir zur Verfügung standen«. Napoleon erklärte sich bereit, sein Scherflein zu der Kaufsumme beizutragen und so ging Valançay im Mai 1803 an Talleyrand über, der es bis zu seinem Tode behielt.

Im Mai 1808 schickte Napoleon die spanischen Prinzen und ihr Gefolge nach Valençay. Talleyrand wurde davon in Kenntnis gesetzt und beauftragt, die Gäste ohne großen Aufwand, aber doch gebührend zu empfangen und sich um sie zu kümmern.

Es bestehen kaum Zweifel, daß Talleyrand zum Wächter der spanischen Gäste gemacht wurde, um als Mitschuldiger in dieses Verbrechen hineingezogen zu werden. Darüber hinaus war der Entschluß Napoleons, Valençay als Aufenthaltsort für seine Gefangenen auszuwählen, seine Art, Talleyrand daran zu erinnern, daß er immer noch der Diener des Kaisers war und sich als solcher zur Verfügung zu halten habe, auch wenn er die Spanienpolitik seines Herrn nicht billigte.

Talleyrand führte Napoleons Befehle gewissenhaft aus. Er behandelte die Gäste mit derselben Höflichkeit, die er ihnen hätte angedeihen lassen, wenn seine Gäste nicht in Wahrheit Gefangene gewesen wären, und er ließ auch nicht zu, daß irgendwer sie anders behandelt hätte.

Sechs Jahre lang blieben die Prinzen und ihr Oheim, der Herzog von San Carlos, auf Valençay und führten ein luxuriöses Leben. Man vertrieb sich den Tag mit Jagen, Tanzvergnügen und dem Besuch der Gottesdienste.

Napoleons Hoffnung auf ein Verhältnis zwischen dem Prinzen von Asturien und einer von Cathérine Grands Hofdamen erfüllte sich nie. Jedoch staunte man nicht schlecht, als der Herzog von San Carlos dem jetzt überreifen Liebreiz der Dame des Hauses selbst erlag. Talleyrand fühlte sich dadurch nicht übermäßig betroffen, denn er war inzwischen Cathérines Einfalt leid geworden. Ihm war es nur recht, daß sie sich eine andere Zerstreuung außer ihm selbst suchte.

Seine einzige Bedingung war wie immer, daß ihre Amüsements weder ihn noch sie in eine peinliche Situation bringen dürften. Doch Cathérine kannte das Wort Diskretion nicht, und schon bald erreichte die Nachricht von ihrer Liaison mit San Carlos den Kaiser. Eines Tages fragte er Talleyrand in Gegenwart mehrerer Hofdamen: »Warum haben Sie mir nicht erzählt, daß der Herzog von San Carlos der Geliebte Ihrer Frau ist?« Talleyrand antwortete, er habe gemeint, je weniger von der Sache geredet werde, um so besser werde der Ehre des Kaisers wie seiner eigenen gedient sein.

Talleyrand blieb bis August in Valençay und wurde dann von Napoleon nach Nantes und von da nach Paris beordert. Bei dem Zusammentreffen zwischen dem Kaiser und Zar Alexander in Tilsit war bereits eine weitere Zusammenkunft in Erfurt geplant worden. Talleyrand bekleidete zwar weder das Amt des Außenministers, noch stand er in des Kaisers Gnaden, mußte aber trotzdem als Großkämmerer des kaiserlichen Hofes und in seiner Funktion als kaiserlicher Berater anwesend sein. Der Abschied von Valençay war traurig. Die spanischen Prinzen hatten Tränen in den Augen und gaben ihm zum Zeichen ihrer Dankbarkeit das Gebetbuch, das sie in der Kirche benützt hatten. Am Ende des Monats, als Talleyrand bereits in Paris war, erhielt er einen rührenden Abschiedsbrief von den Prinzen, der mit »Eure herzlich verbundenen Cousins und Freunde« unterzeichnet war. Auf dem Weg nach Erfurt, erinnerte er sich, waren »mein Herz und meine Seele voll von Gedanken an die spanischen Prinzen«.

Er sollte sie nie wieder sehen.[20] Und es sollten acht ereignisreiche Jahre vergehen, ehe er wieder den Fuß auf Valençay setzen würde.

Während Napoleon und Talleyrand sich nach der sächsichen Stadt Erfurt aufmachten, näherte sich Alexander von St. Petersburg. Der Herrscher über ganz Rußland war bekümmert. Kurz vor seiner Abreise hatte er einen Brief von seiner Mutter erhalten, in dem sie ausdrücklich ihre Mißbilligung der neuen Freundschaft und der Allianz mit dem französischen Kaiser statuierte. Sie schrieb auch, daß sie dem bevorstehenden Treffen mit Napoleon mit äußerster Unruhe entgegensähe, da bei einer ebensolchen Gelegenheit die spanische Königsfamilie sich Napoleon in einer Stadt anvertraut hatte, die wie Erfurt von französischen Truppen besetzt war. Die Gefühle seiner Mutter, das wußte Alexander, wurden von den meisten Adeligen und allen Handelsleuten seines Kaiserreichs geteilt. Napoleons Handelsblockade gegen England hatte einen großen Markt für Rohmaterialien und russischen Weizen zum Erliegen gebracht, und der Wert des Rubels spiegelte allmählich diesen Verlust wider. Trotzdem hatte er seiner Mutter tapfer versichert, die Sicherheit im Reich sei nur durch einen Frieden mit Bonaparte gewährleistet, und er könne eine Zusammenkunft mit dem französischen Kaiser nicht verweigern, wenn damit der Sache des Friedens gedient sei. Aber seine Antwort befriedigte weder ihn selbst noch seine Mutter. Der Zar hatte seit Tilsit Zeit zum Überlegen gehabt, und seine wechselmütige Natur hatte sich von der anfänglichen Verzauberung durch Napoleon losgesagt. Nach zwei Niederlagen und einem Friedensvertrag, den er selbst als »schmachvoll« bezeichnete, ging er als Bettler zu einem Fest in Erfurt und war von vornherein dazu verurteilt, Napoleons Vorschlägen zuzustimmen. Er würde sich nicht trauen, etwas anderes zu tun, denn dem französischen Kaiser zu widersprechen, hieße Krieg und wahrscheinlich eine weitere Niederlage. Die Friedensbedingungen würden dann zweifellos ebenso niederschmetternd ausfallen wie diejenigen, die Österreich und Preußen aufgezwungen worden waren. Eine Opposition war demzufolge so gut wie ausgeschlossen. Andererseits käme eine Zusammenarbeit mit Napoleon einer Aufopferung der Interessen seines Volkes zugunsten der Franzosen gleich. Mit diesen düsteren Gedanken erreichte Alexander im späten September des Jahres 1808 die Stadt Erfurt.

Napoleon hatte in den Monaten seit Tilsit die Abkühlung in Alexanders Begeisterung für das Bündnis mit Frankreich gespürt. Deshalb gingen seine Bestrebungen für Erfurt dahin, diese Freundschaft zu erneuern, oder, wenn das nicht möglich wäre, den Zaren mit dem Glanz von Macht und Ruhm so zu beeindrucken, daß er jeden Widerstand von vornherein aufgeben würde. »Ich will, daß Alexander von meiner Macht geblendet ist!« So hatte am Vorabend der Erfurter Zusammenkunft Napoleons Weisung an Talleyrand gelautet. Und der Großkämmerer hatte in der kleinen Stadt die Könige von Sachsen, Württemberg und Baden sowie unzählige Fürsten zusammengerufen, um einen entsprechenden Eindruck auf den Zaren zu machen.

Eigentlich war dieser ganze Aufwand überflüssig. Keiner außer Napoleon selbst war sich der Macht Frankreichs mehr bewußt als Zar Alexander. Der Kaiser der Franzosen regierte über etwa 130 *départements*, war König von Italien, Protektor des Rheinbundes, dem zu dieser Zeit mit Ausnahme von Preußen und Österreich ganz Deutschland angehörte, und der sich mit Westfalen, Sachsen und dem Großherzogtum Warschau bis hin zur russischen Grenze ausdehnte. Napoleons Bruder Joseph war König von Spanien, Jérôme Bonaparte König von Westfalen, Louis Bonaparte König von Holland; Joachim Murat, der Schwager des Kaisers, hatte den von Joseph verlassenen Thron in Neapel bestiegen, und Österreich und Preußen, die beiden dem russischen Territorium am nächsten gelegenen Staaten, waren, wenn auch wider Willen, Napoleons Verbündete.

Dies alles war Alexander hinlänglich bekannt. Was er nur ungefähr ahnte, waren Napoleons Pläne für Erfurt. Da ging es zunächst um einen endgültigen Sieg über England durch eine strengstens einzuhaltende Blockade. Dies wiederum blieb sicher ohne Erfolg, solange Spanien und Portugal nicht völlig besiegt waren und dadurch gezwungen werden konnten, ihre Häfen für englische Schiffe zu schließen. Napoleon hatte genug Macht, dies zu erreichen. Was Bonaparte bekümmerte war, daß er es nicht wagen durfte, einen größeren Teil seiner Truppen auf der Iberischen Halbinsel zu stationieren. Denn in Österreich waren, seit Napoleons Schwierigkeiten in Spanien bekannt wurden, deutlich Unruhen zu verspüren. Talleyrand hatte recht behalten, als er sagte, daß sich Napoleon anstatt eines Verbündeten einen erbitterten Feind schaffen würde, der nur auf die erstbeste Gelegenheit wartete, sich für die erduldete Erniedrigung zu rächen. Zweites Ziel für Napoleon in Erfurt war es folglich, Alexanders Wort zu bekommen, ihm bei einer bewaffneten Auseinandersetzung zwischen Österreich und Frankreich zur Seite zu stehen. Damit würde er auch freie Hand auf der Iberischen Halbinsel haben.

Beiden Hauptzielen Napoleons stand Talleyrand negativ gegenüber. Er war sogar fest entschlossen, alles in seiner Macht Stehende zu tun, um die Pläne seines Souveräns zu durchkreuzen. Ein Europa ohne ein starkes Österreich im Osten und ein starkes England im Westen war undenkbar. Ersteres war nötig als Bollwerk gegen Rußland und als Pufferstaat zwischen dem Zarenreich und dem Reich Napoleons. Würde Österreich zerstört werden – und Talleyrand traute Napoleon zu, es ganz einfach von der Landkarte wegzuwischen –, hätten Frankreich und Rußland ständigen und unmittelbaren Kontakt und folglich auch immer Krieg. Aber ebenso wie Österreich für das politische und militärische Gleichgewicht auf dem Kontinent unentbehrlich war, so war England für das soziale und kulturelle Gleichgewicht bedeutsam. »Eins müssen Sie sich merken«, sagte Talleyrand zu Madame Rémusat, »wenn die englische Verfassung erschüttert wird, wird gleichzeitig die Zivilisation der Welt in ihren Grundfesten erschüttert.«

Bevor Napoleon Frankreich verließ, hatte er Champagny befohlen, Talleyrand mit sämtlichen Daten über Rußland zu versorgen, damit der frühere Außenminister in der Lage wäre, die Verhandlungen mit dem russischen Zaren zu führen. Diese Selbstzufriedenheit kann man nur Napoleons fester Überzeugung zuschreiben, daß er unumschränkter Herrscher über Europa und über jeden einzelnen war und daß ihm niemand ein Leid zufügen könnte. Fürst Metternich, der momentan österreichischer Botschafter in Paris war, sah das mit etwas anderen Augen: »Leute wie dieser Herr von Talleyrand gleichen scharfschneidigen Werkzeugen, mit denen zu spielen gefährlich ist.«

Doch Napoleon spielte gerne. Er beauftragte Talleyrand, einen Vertragsentwurf vorzubereiten mit den Bedingungen für Rußland: Intervention im Falle von Feindseligkeiten seitens der Österreicher und eine klare Versicherung Rußlands, Frankreich gegen England nach Kräften zu unterstützen. Dafür bot Napoleon die Provinzen Moldau und die Wallachei. Der Hauptinhalt des Vertrags aber sollte es sein, ein gemeinsames Vorgehen gegen England zu besiegeln. Talleyrand tat, wie ihm geheißen, vermied jedoch jede Bezugnahme auf Österreich, das Land, das, wie Napoleon sagte »mein wahrer Feind ist«. »Aber wie konnten Sie Österreich nur vergessen!« rief Napoleon, als er den Vertragsentwurf sah. »Das ist doch die Hauptsache! Sind Sie denn immer noch österreichfreundlich?« »Ein wenig, Sire«, antwortete Talleyrand. »Aber richtiger wäre es, glaube ich, zu sagen, daß ich nie russenfreundlich und immer franzosenfreundlich gewesen bin.«

Das erste Treffen zwischen Napoleon und Zar Alexander im Beisein von Talleyrand verlief freundschaftlich. Als Talleyrand danach in sein Zimmer zurückkehrte, fand er eine Nachricht vor, in der die Prinzessin von Thurn und Taxis, eine Schwester der preußischen Königin, ihre Ankunft ankündigte. Talleyrand begab sich unverzüglich zu ihr und nach noch nicht einmal einer Viertelstunde wurde auch der Zar gemeldet. Er war höchst liebenswürdig und mitteilsam und bat die Prinzessin um Tee. Man beschloß, sich in dieser Runde täglich nach den Verhandlungen zu treffen. Bei einer dieser Teestunden legte Talleyrand seine Karten auf den Tisch: »Sire«, sagte er zu Alexander, »es liegt in Ihrer Macht, Europa zu retten. Das französische Volk ist zivilisiert, aber sein Herrscher ist es nicht. Der russische Herrscher ist zivilisiert, aber sein Volk ist es nicht. Was liegt also näher, als daß der russische Herrscher der Verbündete des französischen Volkes wird.« Der einzige Wunsch eines jeden Franzosen sei Friede, aber wenn Alexander nicht Napoleons Pläne durchkreuzte, würden alle »als Opfer ihrem Untergang entgegensehen«. Diese Gedanken hörte Alexander Abend für Abend im Wohnzimmer der Prinzessin Thurn und Taxis, bis er schließlich selber glaubte, daß dies die Meinung »aller vernünftigen Franzosen« sei.

Während Talleyrand eifrig damit beschäftigt war, Napoleon zu hintergehen, war Napoleon seinerseits ebenfalls dabei, wenn auch weniger erfolgreich, Talleyrand hinters Licht zu führen. Er glaubte immer noch daran, daß er den Zauber, der auf seinem ersten Zusammentreffen mit Zar Alexander lag, wieder aufleben lassen und dadurch seinen Einfluß auf den Vertragspartner zurückgewinnen könnte. Napoleon setzte also höchstpersönlich einen Vertrag auf, den er als ungeheure Verbesserung gegenüber dem Entwurf von Talleyrand ansah. Er ließ Alexander schwören, ihn niemandem zu zeigen. Und um die Wichtigkeit zu unterstreichen, hatte er einige Artikel sogar selbst niedergeschrieben, damit sie niemand sehen konnte.

Aber noch am gleichen Abend zog Alexander das Dokument aus der Tasche und übergab es Talleyrand, der bemerkte, daß »Napoleon sich die Mühe gemacht hatte, fast den ganzen Entwurf, den ich aufgesetzt habe, unverändert abzuschreiben«.

Alexander und Talleyrand machten es sich bald zur Gewohnheit, die »Geheim«verhandlungen, die am gleichen Tag stattgefunden hatten, abends noch einmal durchzusprechen. Vorschläge, Argumente und Gegenargumente wurden gegeneinander abgewägt, und Talleyrand machte Vorschläge für das Treffen am folgenden Tag. Mehr als einmal notierte sich der Zar von Rußland Talleyrands Ausführungen.

Schon von der ersten Stunde der Verhandlungen an merkte Napoleon, daß er nicht mehr dem Alexander, den er in Tilsit kennengelernt hatte, gegenübersaß. Dieses Gefühl teilte er auch Talleyrand mit: »Ich kann mit Zar Alexander nichts mehr anfangen ... Er spielt nur eine Rolle. Wenn ihm so viel an mir liegt, warum unterzeichnet er dann nicht?«

Er wird wohl nicht unterzeichnet haben, weil er sicher nicht versteht, daß es zwischen Ehrenmännern komplizierter Verträge bedürfe, meinte Talleyrand. »Er glaubt, daß sein Wort und seine Zuneigung für Sie bindender sind als Verträge.«

»Unsinn!« entgegnete der Kaiser der Franzosen ärgerlich.

Es kann kein Zweifel darüber bestehen, daß Talleyrands Verhalten in Erfurt nach den üblichen Maßstäben gemessen Verrat an Frankreich und einen Treuebruch an Napoleon bedeutete. Seine Opfer waren die beiden Männer, die die zivilisierte Welt regierten. Aus Alexander hatte er einen Spion gemacht, der ihm die geheimen

Verhandlungsergebnisse verriet, und aus Napoleon einen Narren. Es war ein trickreiches Spiel, und ein gefährliches dazu, aber der Preis rechtfertigte das Risiko. Es ging um die Zukunft Frankreichs und um die Europas. Talleyrand wußte sehr wohl, daß er Kopf und Kragen riskierte, als er Napoleon gegen Alexander ausspielte. Er setzte alles aufs Spiel – seine Stellung, sein Vermögen, vielleicht sogar sein Leben. Er wußte, daß er sich einen Mann zum Feind machte, der bisher noch jeden Gegner vernichtet hatte. Retrospektiv betrachtet, fällt es schwer, Talleyrands Bemühungen, Europa vor dem ständigen Blutvergießen und dem totalen Chaos zu bewahren, als »Verrat« abzutun, wie das häufig geschehen ist. Talleyrand war eher stolz auf die Rolle, die er in Erfurt spielte, und bezeichnete sie als »den besten Dienst, den ich Europa während der napoleonischen Herrschaft noch erweisen konnte«.

Je länger sich die Verhandlungen hinzogen, um so schwieriger wurde die Verständigung zwischen Napoleon und Alexander. Schließlich gab es Kompromißvorschläge von beiden Seiten, und man unterzeichnete einen in vielen Punkten vom ursprünglichen Text abweichenden Vertrag.

Der Zar war bereit, Frankreich im Falle eines Angriffs durch Österreich beizustehen. Dadurch hätte Napoleon einen freien Rücken bei der Eroberung Spaniens und Portugals. Im Gegenzug durfte Alexander in Finnland einmarschieren und die Donauprovinzen annektieren, die er schon immer gerne haben wollte.

Napoleon war mit sich selbst zufrieden. Wahrscheinlich wäre dies nicht der Fall gewesen, wenn er gewußt hätte, daß Alexander den Vorschlag der russischen Intervention gegen Österreich nur auf Talleyrands Rat hin angenommen hatte, und der Zar nicht im entferntesten daran dachte, dieses Versprechen zur gegebenen Zeit zu halten. Am nächsten Morgen schrieb Alexander an Kaiser Franz einen beruhigenden Brief.

Kurz vor der Abreise von Erfurt hielt sich Talleyrand eines Abends noch spät bei Napoleon auf. »Er war vom Verlauf des Tages sehr angetan und hieß mich, länger zu bleiben, obwohl er sich schon in seine Gemächer zurückgezogen hatte. Er war auffallend erregt. Er stellte mir Fragen, ohne eine Antwort abzuwarten. Er setzte mehrfach zum Reden an, brach seine Ausführungen aber plötzlich ab, ohne daß man einen Sinn aus dem Gesagten hätte entnehmen können. Man merkte, daß er mit seinen Gedanken nicht bei dem war, wovon er sprach. Aber schließlich brachte er heraus, was ihm so große Probleme zu machen schien ›Scheidung!‹« Er legte Talleyrand dar, wie wichtig es für ihn sei, einen Erben zu haben, und daß er nur eine Dynastie gründen könne, wenn er eine Prinzessin aus einem der alten europäischen Herrscherhäuser heiraten würde. Und daß Zar Alexander eine Schwester im passenden Alter hätte. Talleyrand versprach, die Angelegenheit mit dem Zaren zu besprechen. »Gut«, sagte Napoleon, »aber denken Sie daran, daß es nicht so aussehen darf, als ob die Sache von mir ausginge.«

Der Zar verstand sofort, worum es ging, und erwiderte, daß es nicht in seiner Macht stünde, darüber zu verfügen. Das Schicksal seiner Schwester läge gänzlich in den Händen seiner Mutter, der Kaiserinwitwe; ihre Zustimmung wäre folglich unerläßlich. Die Kaiserinwitwe aber, das wußte ganz Europa, würde ihre Töchter eher aus dem Haus schicken, als sie an diesen Bonaparte, diesen »korsischen Abenteurer« und »leibhaftigen Teufel« zu verheiraten. Talleyrand, dem diese Einstellung sehr gelegen kam, machte mit Alexander aus, daß dieser am nächsten Tag von sich aus Napoleon vorschlagen sollte, die Großherzogin Katharina von Rußland zu heiraten. Dabei sollte Alexander sich genau an die Worte halten, die Talleyrand ihm vorsprach: Napoleon bemerkte in seiner Freude nicht, daß das Angebot in gänzlich unverbindlicher Form gehalten war.

Kurz darauf trennten sich die beiden Kaiser; Napoleon fuhr nach Paris zurück, Alexander nach St. Petersburg. Beide waren mit sich und miteinander zufrieden, aber der eigentliche Sieger der Erfurter Zusammenkunft war Talleyrand, der einen Weg gefunden hatte, wie er Napoleons Würgegriff in Europa lockern konnte. »Ich habe alles in meiner Macht Stehende getan, um das Vertrauen von Zar Alexander zu gewinnen«, sagte er, »und das ist mir auch gelungen!« Als Beweis für diese Leistungen hatte Alexander fortan zwei Gesandte in Paris. Einer war offiziell am kaiserlichen Hof akkreditiert – nämlich Fürst Kurakin, ein Exzentriker, dessen schrullige Eigenheiten allgemein Gelächter hervorriefen. Der andere war Graf Nesselrode, offiziell Kurakin als Berater zugeordnet, aber eigentlich Alexanders persönlicher Botschafter für Talleyrand.

Die Vertrautheit zwischen Alexander und Talleyrand brachte Vorteile auf innenpolitischer wie auf diplomatischer Ebene. Talleyrand hatte sich schon seit geraumer Zeit mit dem Problem befaßt, daß er keine ehelichen Kinder und damit auch keinen direkten Erben hatte. Alles, was er hatte – und das war viel und sollte noch mehr werden, würde an Graf Edmond de Périgord, den zweitgeborenen Sohn seines Bruders Archambaud, gehen. Edmond war gerade einundzwanzig, also in heiratsfähigem Alter, und Talleyrand wollte darauf sehen, daß der junge Herr eine vorteilhafte Partie machte. Die Schwierigkeit lag darin, eine passende Braut zu finden. In Frankreich wurden die Erbinnen großer Namen sorgsam von Napoleon für seinen eigenen Adel bewacht. Außerdem hatte sich Talleyrand Napoleons Gunst diesbezüglich schon im Jahre 1803 verscherzt, als Napoleon für seinen Stiefsohn Eugène de Beauharnais ein Mädchen aus der Talleyrand-Périgord-Linie ausgesucht hatte. Da diese Dame aber überraschend einen anderen Mann heiratete, munkelte man, die Sache sei manipuliert worden. Deshalb erschien es Talleyrand ratsam, seine Blicke über die von Napoleon beherrschten Gebiete hinausschweifen zu lassen.

Die Herzogin von Kurland hatte vier Töchter, deren jüngste, Dorothea, außerordentlich liebreizend, reich und intelligent war, und die ideale Partie für Edmond de Talleyrand-Périgord zu sein schien. Da die Provinz Kurland von der russischen Krone regiert wurde, wandte sich Talleyrand direkt an Alexander wegen dieser Heirat. Alexander war entzückt, eine Bitte gewähren zu können, die ihn nichts kostete und die zusätzlich noch eine nähere Bindung an Talleyrand zur Folge hätte. Er bot sich sogar an, persönlich bei der Herzogin vorzusprechen und um Dorotheas Hand zu bitten. Der Antrag wurde freudig angenommen, zumindest von der Mutter. Dorothea, die davon geträumt hatte, den Helden der polnischen Unabhängigkeit, den von Romantik umwobenen Prinzen Adam Czartoryski zu heiraten, begrub jedoch ihren Mädchentraum und fügte sich den Plänen ihrer Mutter.

Doch schien es für sie eine Pflicht zu sein, zumindest Edmond mitzuteilen, daß sie ihn nur auf den Wunsch ihrer Mutter hin geheiratet habe. Edmond seinerseits gestand seiner Frau: »Auch ich möchte Dir mitteilen, daß ich nur heiraten möchte, weil mein Onkel es so will. In meinem Alter, mußt Du wissen, hat das Junggesellendasein größeren Reiz als der Ehealltag.« Unter diesen Voraussetzungen heiratete das Paar am 22. April 1809 in Frankfurt. Ende April bezog die neue Gräfin Edmond de Périgord mit ihrer Mutter und ihrer Zofe das neue Haus Talleyrands, das große Hôtel de Monaco in der Rue de Varenne. Talleyrand war zunächst vom Anblick der jungen Dame enttäuscht. Er fand Dorothea dünn und unterentwickelt, affektiert und pedantisch. Er bevorzugte nun einmal den vollerblühten Liebreiz reifer Frauen, und die Herzogin von Kurland, die immer noch jung und hübsch war, gefiel ihm viel besser als seine neue Nichte. Hinzu kam, daß die Herzogin immens reich war und außerordentlich intelligent sein sollte. Sie besaß also all die Eigenschaften, mit denen Talleyrands Frau so geizte, und sie erschien zufälligerweise zu einem Zeitpunkt auf der Bildfläche, zu der Talleyrand Cathérines Einfalt wieder einmal gründlich satt hatte. In der Öffentlichkeit behandelte er sie immer noch mit äußerster Höflichkeit, privat lebten sie jedoch nebeneinander her wie zwei Individuen, die außer dem Namen und dem Haus, in dem sie wohnten, nichts gemeinsam hatten. Die Herzogin von Kurland und Talleyrand freundeten sich schnell an und ebensoschnell wurde ihre Liaison bekannt.

Da Talleyrand nach den Ereignissen von Erfurt keine offizielle Verantwortlichkeit mehr in der Regierung hatte, konnte er tun und sagen, was ihm gefiel. Nachdem er die ersten Schritte zur Vernichtung Napoleons bereits unternommen hatte, konnte er in Paris ganz öffentlich verlauten lassen, er wolle die napoleonische Politik bekämpfen. Bei jeder sich ihm bietenden Gelegenheit kritisierte Talleyrand die Regierung aufs schärfste und ermutigte mit seinem Beispiel andere, desgleichen zu tun. Da der Kaiser sich nicht in Paris aufhielt – er war kurz nach seiner Ankunft aus Erfurt nach Spanien abgereist, gab es viele, die den Mut fanden, ihre Mißbilligung und Unzufriedenheit öffentlich kundzutun.

Talleyrands Bestrebungen gingen darauf hinaus, die bis dahin unorganisierten Elemente der Opposition zu koordinieren und aus dem Dunkel ans Tageslicht zu bringen. Wenn diese Opposition sich als starke, einheitliche Front präsentierte, würde die öffentliche Meinung, die auf jeden Fall gegen jeden Krieg war, den Kaiser zwingen, seine ehrgeizigen Pläne zu mäßigen.

Das Meisterstück dieser Politik war Talleyrands Versöhnung mit seinem alten Nebenbuhler und Feind, dem Polizeiminister Joseph Fouché. Jahrelang war die gegenseitige Abneigung dieser beiden ebenso bekannt wie die Feindschaft zwischen den Häusern Bonaparte und Bourbon. Niemand wußte zu sagen, von wem eigentlich der erste Schritt ausgegangen war. Doch die Pariser Gesellschaft staunte nicht schlecht, als bei einem von Talleyrands Empfängen der anmeldende Diener den Namen des Polizeiministers in den Saal rief, wobei der Gastgeber eilfertig herbeihinkte, um den Gast aufs herzlichste willkommen zu heißen. Eingehängt wanderten die beiden dann durch die lange Flucht prunkvoller Räume, das schönste Abbild zweier Männer, die ein Komplott zum Sturz der Regierung vorbereiteten. Metternich berichtete nach Wien: »Obwohl Monsieur de Talleyrand und Monsieur Fouché in der Vergangenheit bittere Kontrahenten waren, haben sie nun zueinander gefunden. Momentan sind sogar ihre Ziele und ihre Wege, diese Ziele zu erreichen, identisch.« Wie Metternich weiter ausführte, war die allgemeine Meinung, Talleyrand und Fouché würden nicht auf den

Sturz des Kaisers hinarbeiten, sondern hätten die Festigung seiner Herrschaft im Auge. Außerdem munkelte man von einer neuen Ehe Napoleons, da die Kaiserin Josephine dem Kaiser keine Kinder geboren hatte und auch schon über das Alter hinaus war, in dem man darauf hoffen konnte.

Napoleon war durch die bekanntgewordene Freundschaft der beiden Männer mehr alarmiert als durch die Mobilmachung Österreichs und kehrte unverzüglich nach Paris zurück.

Am 27. Januar 1809, dem Tag seiner Ankunft in der Hauptstadt, ließ Napoleon Fouché zu sich rufen. Der Polizeiminister mußte schwere Vorwürfe für sein Verhalten einstecken. Darauf berief er eine außerordentliche Sitzung des Kronrats ein, bei der alle Großwürdenträger des Kaiserreichs und die Minister anwesend waren. Napoleon eröffnete die Sitzung mit einer Rede, in der er seinen Beamten untersagte, eigene Gedanken zu haben.

Nachdem er sich so in Rage gesprochen hatte, begann er, nervös zwischen dem Kamin und dem Tisch, gegen den Talleyrand lehnte, hin und her zu laufen. Eine Stunde lang ergoß sich eine Flut von Schmähungen aus dem Munde des Kaisers. Es gab kaum ein Verbrechen, das in dieser Anklagerede fehlte, kaum ein Schimpfwort, das nicht eingeflochten war. Talleyrand wurde ein Dieb, ein Feigling, ein Verräter genannt. Sogar Méneval, Napoleons Sekretär und größter Bewunderer, gab zu, daß der Kaiser seine Würde vergessen habe.

Talleyrand zeigte mit keiner Äußerung, daß er sich angesprochen fühlte. Napoleon war durch diese Teilnahmslosigkeit irritiert und verlor jede Beherrschung. Er verhöhnte ihn wegen seines Gebrechens und der Untreue seiner Frau. Dann ging er auf seinen Vice-Grand-Electeur, den Fürsten von Bénévent, den Großkämmerer des kaiserlichen Hofes, zu und teilte ihm in der Sprache der Landsknechte mit, daß er nichts weiter »als ein Haufen Mist in seidenen Strümpfen« sei.

Niemand im Saal bewegte sich, keiner wagte zu intervenieren. Dann verließ der Kaiser den Schauplatz. Erst jetzt schien Talleyrand wieder zum Leben zu erwachen und hinkte nach einer ernsten Verbeugung zu den peinlich berührten Anwesenden zur Tür und in den Gang hinaus. Zu einem der Minister, die ihm folgten, sagte er: »Wie schade, daß ein so großer Mann so schlecht erzogen ist.« Am selben Abend erzählte er jedoch die Szene in aller Ausführlichkeit vor Freunden. Ihre Empörung übertraf bei weitem seine eigene. Frau von Laval, eine langjährige Freundin, war außer sich vor Zorn, als Talleyrand ihr den Vorfall berichtete. »Das haben Sie angehört«, rief sie schließlich entrüstet, »und Sie haben nicht einen Stuhl, eine Feuerzange, ein Schüreisen oder irgendwas gepackt, um ihn damit niederzuschlagen?« »Ach«, sagte Talleyrand, »ich habe wohl daran gedacht, aber ich war wohl zu faul dazu.«

Jeder, der Napoleon oder Talleyrand nicht kannte, hätte annehmen müssen, daß das Zerwürfnis endgültig und unwiderruflich war und daß dies das Ende von Talleyrands Laufbahn sei. Genau das Gegenteil war der Fall. Der Auftritt vor dem Kronrat hatte sich an einem Samstag abgespielt. An Sonntagen liebte es Napoleon, in den Tuilerien einen Empfang zu geben, bei dem so viele Minister und Würdenträger wie möglich anwesend zu sein hatten. Einer der ersten Gäste am Sonntag nach der Beschimpfung Talleyrands war der Finanzminister, der Herzog von Gaeta, der der Kronratssitzung ebenfalls beigewohnt hatte. Er war erstaunt, Talleyrand ganz lässig am Kamin stehen zu sehen. Der Herzog registrierte, daß Napoleon zwar die Männer zu beiden Seiten Talleyrands ansprach, seinen »Vice-Grand-Electeur« aber geflissentlich übersah. Auch am folgenden Sonntag befand sich Talleyrand unter den Gästen. Gaeta beobachtete, daß Napoleon den neben Talleyrand stehenden Mann etwas fragte, was dieser jedoch nicht beantworten konnte. Talleyrand wußte unverzüglich Bescheid und antwortete, als ob der Kaiser ihn persönlich angesprochen hätte. Das Eis war gebrochen. Für einen zufälligen Beobachter hätte es ausgesehen, als wäre die Frage direkt an Talleyrand gegangen. Der Kaiser hatte die Genugtuung, daß Talleyrand den ersten Schritt zur Versöhnung getan hatte, und Talleyrand hatte den Trost, daß, wenn auch Napoleon nicht zu ihm gesprochen hatte, er doch zu Napoleon hatte sprechen dürfen. Allem Anschein nach war dem Kaiser seine Unbeherrschtheit inzwischen auch peinlich, und er war demzufolge nur allzu froh, diese ungute Situation damit beendet zu haben. Jedenfalls begnügte er sich damit, Talleyrand als Strafe für seine Vergehen vom Amt des Großkämmerers zu entbinden, beließ ihm aber die Würde des »Vice-Grand-Electeur«.

Es kam häufig vor, daß Napoleon seine Selbstbeherrschung gegenüber seinen Mitarbeitern und sogar gegenüber fremden Herrschern verlor, aber er hätte wissen müssen, daß Talleyrand die in aller Öffentlichkeit ihm gegenüber ausgesprochenen Beleidigungen nie würde vergessen können. Wie schon einmal, als es um Spanien ging, hatte Napoleon im Kartenspiel betrogen. Die spanische Königsfamilie war nicht fähig gewesen, sich zu verteidigen. Aber Talleyrand war kein degenerierter Bourbone. Am Tag nach der bewegten Kronratssitzung hatte er in Metternichs Gesandtschaft vorgesprochen und angekündigt: »Die Zeit ist gekommen. Es ist meine Pflicht, mich direkt mit Wien in Verbindung zu setzen.

Am 12. April 1809 erreichte Napoleon die Nachricht, daß die Österreicher wiederum den Inn überschritten hatten und in Bayern eingefallen waren. Nur die meisterhafte Beherrschung seiner Truppen rettete Napoleon diesmal vor der Katastrophe. Wien fiel am 13. Mai, aber die Brücken waren zerstört, und der größte Teil der österreichischen Armee stand am nördlichen Ufer der Donau. Beim Versuch, sie anzugreifen, wurde Napoleon nach Essling zurückgedrängt und verlor dabei 20 000 Mann. Es war dies seine erste bemerkenswerte Niederlage, und die Nachricht darüber verbreitete sich wie ein Lauffeuer in Europa. England machte Pläne, auf dem Festland einzufallen, und sogar der zurückhaltende preußische König äußerte gegenüber seinem Kriegsminister: »Sollte es noch einen weiteren österreichischen Sieg geben, mache ich auch mit.«

Hätte Rußland, wie vereinbart, Napoleon unterstützt, so hätte er von Österreich nichts zu fürchten gehabt. Statt dessen hielt sich Zar Alexander an die Politik, die ihm Talleyrand vorgeschlagen hatte, und verlegte seine Truppen abwechselnd von Grenzgebiet zu Grenzgebiet, vermied es aber sorgfältig, zugunsten seines Verbündeten auch nur einen einzigen wirksamen Schlag zu führen. »Was für ein Bündnis ist das!« meinte Napoleon verärgert. »Sie warten alle darauf, sich an meinem Grab zu treffen, aber ich werde sie enttäuschen.«

Während Napoleon im eingenommenen Habsburgerschloß in Wien residierte, war Paris in hellem Aufruhr. Die Nachricht, daß Napoleon beim Sturm auf Regensburg verwundet worden war, hatte die Hauptstadt erreicht. Es handelte sich zwar nur um eine leichte Verwundung, aber der Bevölkerung wurde mit einem Male bewußt, daß der Kaiser nicht unsterblich war – und daß er keinen Erben hatte. Hinzu kam, daß sich nach der Niederlage bei Essling plötzlich jedermann mit der Tatsache beschäftigte, daß Napoleon nicht mehr unbesiegbar war, ja daß er sogar von der österreichischen Armee besiegt worden war, die nun wahrlich nicht zu den besten zählte und nur von einem Erzherzog befehligt wurde.

Die Nachricht von der Niederlage bei Essling erreichte Paris zur selben Zeit wie das Gerücht, daß die Engländer von den Niederlanden aus das Festland angreifen wollten. Das bedeutete, daß Frankreich dem Feind schutzlos preisgegeben war, da sich der Kaiser mit seiner Armee am anderen Ende Europas befand. Nun zeigte sich der wahre Wert der Kreaturen, mit denen Napoleon die hohen Staatsämter besetzt hatte. Der Kriegsminister, der in Napoleons

Abwesenheit für die Verteidigung des Landes verantwortlich war, suchte dem Volk einzureden, die Gefahr sei nicht so groß, anstatt Maßnahmen zum Widerstand gegen England zu ergreifen. Der einzige Minister, der handelte, war Fouché, der als Polizei- und als Innenminister fungierte. Er wußte um die Gefährlichkeit der Lage und war entschlossen, ihr entgegenzutreten. Alle seine Ministerkollegen fürchteten sich, ohne ausdrückliche Zustimmung des Kaisers etwas zu unternehmen. Nur einer unterstützte Fouchés Initiative: Talleyrand. Fouché ließ die Nationalgarde mobilisieren. Der Kriegsminister protestierte heftig, aber erfolglos gegen diese Entscheidung. Binnen kürzester Zeit stand an der Grenze eine provisorische Armee von 60 000 Mann. Den Oberbefehl hatte der umstrittene Marschall Bernadotte, der einstmals in eine Verschwörung gegen Napoleon verwickelt war und dessen Dienste jetzt nur verfügbar waren, weil Napoleon ihn aus Österreich in Ungnade nach Hause geschickt hatte.

Es stellte sich heraus, daß Fouchés Aktion zwar gut geplant, aber nicht nötig gewesen wäre. Das Wetter hatte sich plötzlich so verschlechtert, daß die Engländer nicht landen konnten und gezwungen waren, in ihren Heimathafen zurückzukehren. Kurz darauf kam die Nachricht, daß Napoleon bei Wagrain einen entscheidenden Sieg über die Österreicher errungen habe. Es sollte der letzte von Napoleons großen Siegen sein. Die Engländer verschoben ihre Invasionspläne, der preußische König tat einen Seufzer der Erleichterung, daß er so knapp vermieden hatte, wieder einmal auf der falschen Seite gestanden zu haben, und Zar Alexander verbrachte viele Stunden grübelnd in seiner Winterresidenz in St. Petersburg.

Napoleon kehrte im Triumph nach Paris zurück, und der Hof erwartete, daß nun Fouchés Kopf fallen würde und danach auch der von Talleyrand. Aber nichts dergleichen passierte. Die wahre Größe von Fouchés Leistung schien der Kaiser nicht begriffen zu haben. Was der Minister bewiesen hatte, war nicht, daß Frankreich auch in Napoleons Abwesenheit für seine eigene Verteidigung sorgen könnte, sondern daß ein Polizeiminister allein mit der Unterstützung eines halb in Ungnade gefallenen Talleyrands die Regierungsmaschinerie unter Kontrolle bringen und eine neue Armee aus dem Boden stampfen konnte. Doch Napoleon war von seiner eigenen Qualität so angetan, daß er sich immer noch weigerte, daran zu glauben, daß ihm jemand allen Ernstes Schaden zufügen könnte. Er bestrafte Fouché aber für dessen Eigenwilligkeit nicht, sondern lobte ihn öffentlich und ernannte ihn zum Herzog d'Otrante. Über Talleyrands Rolle in dieser Angelegenheit sprach weder Fouché noch Napoleon, noch Talleyrand.

Die Jahre zwischen 1809 und 1814 waren eine seltsame Zeit für Talleyrand. Er gehörte zwar dem kaiserlichen Hof an, war aber trotzdem in einer schwierigen und ungewöhnlichen Lage. Er stand nicht mehr in der Gunst des Kaisers, und dabei blieb es, denn während dieser Zeit wurden Napoleon ständig Beweise für seinen Verrat hinterbracht. Aber er behielt das Amt des »Vice-Grand-Electeur« und wurde für verschiedene zeremonielle Aufgaben eingesetzt. Napoleon erklärte später auf St. Helena, er habe Talleyrand im Amt gelassen, weil er dessen Möglichkeiten, Schaden zu stiften, unterschätzt und sich damals auch noch eine gewisse Zuneigung für diesen Mann bewahrt gehabt habe. Beide Erklärungen haben eine gewisse Wahrscheinlichkeit für sich. Der Geheimdienst des Kaisers funktionierte vorzüglich, und er konnte sich darauf verlassen, über jeden Plan für eine Verschwörung unterrichtet zu werden. Einmal sagte er zum Grafen Molé: »Ich schwöre Ihnen, ich müßte lügen, wenn ich sagen wollte, daß ich jemals großen Nutzen von ihm gehabt habe – und ich glaube nicht einmal, daß er so sehr klug ist, wie Sie meinen. Sehen Sie sich doch nur einmal sein Leben an. Er war von Geburt und Rang einer der Höchstgestellten im Adel und in der Geistlichkeit, und er hat alles getan, um zu seinem eigenen Sturz beizutragen. Als er aus Amerika zurückkam, vollendete er seine eigene Erniedrigung, indem er sich öffentlich mit einer dummen alten Kokotte zusammentat. Ich wollte ihn, obwohl ihm nichts daran zu liegen schien, während der Verhandlungen über das Konkordat aus dem Dreck ziehen, indem ich vom Papst einen Kardinalshut für ihn erbat, und beinahe hätte ich ihn auch bekommen. Aber er wollte ihn nicht, und er hat ohne Rücksicht auf mich und den europäischen Skandal sein schandbares Verhältnis geheiratet, von dem er sich nicht einmal Nachkommenschaft erhoffen darf. Jeder weiß, daß er mehr Geld gestohlen hat als irgendein anderer Mensch, und doch hat er nie einen Sou. Ich muß ihn noch heute aus meiner Privatschatulle unterstützen und seine Schulden bezahlen.«

»Immerhin«, meinte Molé, »werden Sie mir zugeben, Sire, daß er ein Unterhalter von Brillanz und Anmut ist«.

»Oh, ja«, antwortete der Kaiser, »darin liegt seine Stärke, und er weiß es auch.«

Dies scheint der Eindruck Napoleons von Talleyrand gewesen zu sein, der sich ihm an tiefsten eingeprägt hatte, als dieser als Außenminister noch in Amt und Würden war und später, als er ihn als

Hauptunterhändler abschieben wollte. Auf jeden Fall war er überzeugt, daß Talleyrand, der frühere Revolutionär, nie fähig sein würde, mit den Bourbonen Frieden zu schließen, und daß er nichts aus dem Sturz des Kaiserreichs und der Wiederherstellung der alten Dynastie gewinnen könne. Deshalb könnte man ihn ignorieren und ihn in Frieden sein Amt als »Vice-Grand-Electeur« ausüben lassen.

Talleyrands Rolle im öffentlichen Leben in den letzten Jahren des Kaiserreichs war gering, aber hinter den Kulissen übte er beträchtlichen Einfluß aus. 1809 hatte Napoleon nach langem Überlegen und mit großem Widerwillen die Scheidung von Josephine beschlossen. Talleyrand war immer für diese Scheidung eingetreten, da es auf der Hand lag, daß ohne Erben das Kaiserreich Napoleons nach dessen Tod ein Ende finden würde. Fouché stimmte mit ihm in diesem Punkt völlig überein. Als es jedoch um die Wahl einer neuen Kaiserin ging, hatten die beiden unterschiedliche Vorstellungen. Napoleon selbst war bezüglich seiner neuen Ehefrau auf realistische Weise neutral, denn er trennte sich von seiner geliebten Josephine nur, um einen Erben zu bekommen.

In Frage kamen drei Prinzessinnen: die Schwester von Zar Alexander, die letzterer in Erfurt vage versprochen hatte; eine Tochter des sächsischen Königs, und eine Tochter aus dem Hause Habsburg. Bei einer Sondersitzung des Kronrats war jeder Minister und Würdenträger aufgefordert, seine Meinung zur Person der Kaiserinnachfolgerin kundzutun. Fouché war für Katharina von Rußland, um durch diese Verbindung das russische Bündnis zu stützen. Als Talleyrand gefragt wurde, sprach er sich beredt und in aller Ausführlichkeit für eine Verbindung mit dem Hause Habsburg aus, nicht zuletzt deshalb, weil damit in den Augen Europas die Verbrechen der Revolution, besonders die Hinrichtung Marie-Antoinetts, gesühnt werden und so ein bedeutender Beitrag zur Wiederversöhnung geleistet würde. Seine Argumente waren einleuchtend, und am 2. April wurde der Kaiser der Franzosen mit der Erzherzogin Marie-Louise von Österreich in den Tuilerien kirchlich getraut. Als Zeichen ihrer Dankbarkeit Talleyrand gegenüber wählte sich die neue französische Kaiserin Dorothea de Périgord, Edmonds Frau, als eine ihrer zwölf Kammerzofen.

Talleyrand legte weiterhin großen Wert darauf, Napoleons Politik, wo immer es ging, in aller Öffentlichkeit zu kritisieren. Diese Bemerkungen wurden, wie Talleyrand auch wußte, natürlich sofort Napoleon hinterbracht. Und Napoleon schüttelte den Kopf ob der Undankbarkeit seines Vice-Grand-Electeur und vergaß die Angelegenheit meist recht schnell im guten Glauben, Talleyrand könne keinen Schaden anrichten, solange er nur immer davon unterrichtet sei, was Talleyrand vorhatte. Was er allerdings zu übersehen schien, war, daß Talleyrands offene Kritik nur Tarnung war, die den Kaiser und seine Spitzel von seinen wahren Plänen ablenken sollte. Einstweilen konnte er in aller Heimlichkeit Österreich und Rußland über Napoleons Pläne informieren. Metternichs Berichte nach Wien waren voll von Informationen eines gewissen Monsieur »X«, Talleyrands Decknahme. Auch in den Berichten Nesselrodes von der russischen Gesandtschaft fehlte es nicht an detaillierten Informationen, gegeben von einem Monsieur »Henri«, der ebenfalls Talleyrand war.

Die Informationen stammten teilweise von Fouché, auf dessen Indiskretionen er angewiesen war, weil ihm der Zugang zu bestimmtem Informationsmaterial versperrt war. Das ging eine ganze Weile gut, bis sich Fouché eines Tages eines anderen besann. Nachdem ihm bewußt geworden war, daß er auf eigene Initiative hin Krieg machen oder wenigstens damit drohen konnte, entschloß er sich, nun auf eigene Faust Frieden zu schließen. Es dauerte nicht lange, bis Napoleon zugetragen wurde, daß er ohne jede Befugnis mit England in Verhandlungen getreten war. Napoleon entließ ihn mit sofortiger Wirkung aus seinem Amt und befahl ihm, Frankreich zu verlassen.

Dies war ein schwerer Schlag für Talleyrand, und Fouchés Demission schlug sich auch sofort in der Qualität der Nachrichten nieder. Doch schon bald hatte Talleyrand andere Informationsquellen angezapft, und alles ging seinen gewohnten Gang.

Napoleons unheilvolle Handelspolitik verursachte wirtschaftliche Erschütterungen in ganz Europa durch die von ihm verfügte Blockade. Viele Banken, bei denen Talleyrand Geld angelegt hatte, machten zu dieser Zeit Bankrott. Dieser Schlag kam völlig unerwartet, und plötzlich hatte Talleyrand fast kein Bargeld mehr zur Verfügung, so daß er seine Schulden nicht mehr bezahlen konnte. Wieder einmal verkaufte er seine Bibliothek, doch der Erlös war so gering, daß er nicht einmal die dringendsten Bedürfnisse deckte. Seine guten Beziehungen zu Zar Alexander bewogen ihn, sich an ihn mit der Bitte um Hilfe zu wenden; eine Bitte, die den feinfühlenden Alexander schockierte, der ja schließlich ein ausländischer Herrscher war, mit dem Talleyrand als hoher Beamter seines Heimatlandes in geheimer Verbindung stand. So beantwortete er die Bitte mit einer höflichen, aber entschiedenen Ablehnung. In vorsichtig gewählten Worten wies er darauf hin, in was für eine peinliche Lage beide, Gläubiger und Borger, durch ein solches Geschäft geraten würden.

Das Problem wurde schließlich durch Napoleon selbst aus der Welt geschafft, der Talleyrands Haus für einen guten Preis kaufte. Seine Machenschaften hätten Talleyrand jetzt davon abhalten sollen, von Napoleon Geld anzunehmen, aber sein Verhältnis zum Geld stand nicht auf dem Boden allgemeingültiger Ansichten. Er hatte in dieser Hinsicht nur einen einzigen Grundsatz, an dem er bis ins Alter festhielt:»*Il ne faut jamais être pauvre diable*« – »Man darf nie zu den armen Teufeln zählen«.

In diesen Jahren spielten sich Talleyrands Aktivitäten meist in den Häusern seiner Freunde ab, und aus diesen Kreisen stammen auch die Aufzeichnungen über seine Person. Auch die Tagebücher seiner Feinde geben Aufschluß über sein Leben. Eine von letzteren war die Gräfin Kielmannsegge, eine Sächsin und intime Freundin der Herzogin von Kurland. Ihr Auftreten in diesem Kreis – die Herzogin war Talleyrands Geliebte – hatte den Zweck des Spionierens, denn sie war die Geliebte von Savary, dem Herzog von Rovigo, der Fouchés Stelle im Polizeiministerium übernommen hatte. Aus dieser Perspektive schilderte sie ihren ersten Eindruck von Talleyrand: »Als er auf mich zukam mit seinem hinkenden Gang, seinem schweren Körper, seinen flammenden Augen und seinem schlangenhaften Mund und Kinn, mit seinem lähmenden Lächeln und seinen gezierten Schmeicheleien, dachte ich: ›Die Natur hat ihm die Wahl gelassen, ob er Schlange oder Tiger werden wollte, und er hat sich fürs erstere entschieden‹.« Aber auch diese Dame konnte sich eines gewissen Grades an Bewunderung für Talleyrand nicht erwehren. Und doch nahm sie ihre Aufgaben als Polizeispitzel sehr ernst. Während des Sommers 1811 hatte sich die Herzogin von Kurland in einem kleinen Schloß in St.-Germain einquartiert, wo Talleyrand häufiger Gast war. Die Gräfin Kielmannsegge beschrieb dieses Schloß als wahres Nest für Verschwörungen gegen Napoleon. Nesselrode war ein häufiger Besucher, und es gab lange Gespräche zwischen ihm und Talleyrand, die jedoch hinter verschlossenen Türen stattfanden. Die Herzogin von Kurland selbst stand in ständigem Briefkontakt mit dem Zar von Rußland, aber ihre Briefe wurden von Talleyrand aufgesetzt, dann von Madame de Laval abgeschrieben und schließlich von der Herzogin gelesen und unterzeichnet. Nicht einmal die Herzogin, klagte die Gräfin Kielmannsegge, hätte ihr über den Inhalt dieser Briefe etwas mitgeteilt.

Die Berichte des Herzogs von Rovigo enthielten zweifellos sämtliche Beobachtungen der Gräfin Kielmannsegge. Trotzdem war Napoleon gegenüber Talleyrand nicht mehr ganz so frostig; er nickte ihm manchmal zu, und es kam sogar vor, daß er ihm zulächelte. Sofort kam das Gerücht auf, daß sich Talleyrand wieder seinen Weg in die Gunst des Kaisers zurückbahnte. Das mag vielleicht auch gar nicht so falsch gewesen sein, denn noch im selben Jahr entschloß sich Napoleon, seinen früheren Außenminister noch einmal mit einer schwierigen und bedeutsamen Aufgabe zu betrauen. Der Kaiser war sich genau wie das übrige Westeuropa darüber klar, daß er schon bald wieder ins Feld ziehen würde, diesmal gegen seinen treulosen Verbündeten, den Zaren von Rußland. Obgleich er, wie schon in früheren Jahren, gegen einen eigenständigen polnischen Staat war, war er sich bewußt, daß sein militärischer Erfolg von der Unterstützung durch Polen abhing. Deshalb verlangte der Posten des französischen Gesandten für Polen einen Mann mit großer diplomatischer Erfahrung und äußerstem Geschick. Es gab nur einen Mann, der diese Bedingungen erfüllte, und so entschloß sich Napoleon, Talleyrand mit dieser Aufgabe zu betrauen, obwohl er von dessen Zusammenarbeit mit Zar Alexander wußte. Doch es kam nie dazu. Warum, wurde nicht klar. Sicher war jedoch, daß Talleyrand kurz vor seinem Wiedereintritt in den diplomatischen Dienst stand, als schließlich der Kaiser kurzfristig seinen Entschluß änderte.

Die Enttäuschung darüber war bei Talleyrands Freunden größer als bei ihm selber. Als kleinen Trost für den Verlust der Gesandtschaft und seines Hauses, das er an Napoleon verkauft hatte, erwarb er einen Wohnsitz in der Rue St.-Florentin. Noch vor Jahresende hatte er sich mit seiner Nichte, der Gräfin Edmond de Périgord, dort eingerichtet. Graf Edmond selbst war zu seinem Regiment gerufen worden. Die Herzogin von Kurland war, von den drohenden Feindseligkeiten zwischen Frankreich und Rußland alarmiert, zu ihren Besitztümern in Deutschland geeilt, um sie vor kriegerischer Verwüstung zu schützen. Sie brach keine Minute zu früh auf, denn Napoleon befahl zum gleichen Zeitpunkt die Generalmobilmachung, nachdem er entrüstet vernommen hatte, daß Alexander an der polnischen Grenze Truppen zusammenzog und in Österreich, Schweden, Preußen und Polen Bündnispartner suchte. Am 23. Juni war Napoleons 400 000 Mann starke Armee, die ein Dutzend Sprachen sprach, bereit, die Memel zu überqueren und in russisches Territorium einzudringen.

Währenddessen hatte Talleyrand Gelegenheit, seine Nichte Dorothea, Edmonds Frau, näher kennenzulernen. Sie war jetzt neunzehn Jahre alt, und die letzten unreifen Züge waren verschwunden. Sie war nicht hübsch, denn ihre hochmütigen Züge und ihre großen dunklen Augen waren zu ungewöhnlich für einen derartig konventionellen Begriff. In späteren Jahren würde man sie schön nennen, und auch Talleyrand fand dies, wie er häufig sagte. Doch für Talleyrand war ihr scharfer Verstand und ihre Lernbegierde wichtiger. Darüber hinaus besaß sie noch andere Eigenschaften, die Talleyrand an ihr schätzte: einen Sinn dafür, was einem Mitglied der Gesellschaft zu Gesicht stand und geziemte, und ein tiefes Mißtrauen gegenüber drastischen Veränderungen und Erneuerungen. Sie hatte also Eigenschaften, die auch sein eigenes Charakterbild prägten, und er war entzückt, sie in seiner Nichte wiederzufinden, die er noch vor kurzem für »affektiert und pedantisch« gehalten hatte. Dorothea selbst zeigte lebhaftes Interesse für ihren Oheim und seine Denkweise. Talleyrand hielt mit seiner Erfahrung, seiner Weisheit und seinem Wissen um die Menschen und die Welt den Schlüssel zu einem Reich in der Hand, das Dorothea interessierte und faszinierte. Es schien, als hätten sich zwei Geistesverwandte über den Alters- und Erfahrungsunterschied hinweg getroffen. In den Wintermonaten des Jahres 1812 wurde die Grundlage der Beziehungen zwischen Talleyrand und Dorothea gelegt.

Als Napoleon im Sommer 1812 gegen Rußland in den Krieg zog, bemerkte Talleyrand zu seinen Freunden, dies sei »der Anfang vom Ende«. Die nächsten Monate bewiesen, daß er damit recht hatte. Die große Armee war ohne Widerstand in russisches Gebiet eingedrungen. Der Zar hatte sich entschlossen, den Franzosen zunächst nicht Paroli zu bieten, sondern der Weite des Landes und dem Winter die Arbeit zu überlassen. Und Napoleon marschierte weiter. Als er Smolensk auf dem halben Weg nach Moskau erreicht hatte, waren von den ursprünglich 400 000 Soldaten nur noch 160 000 übriggeblieben. Der Rest war an Erschöpfung oder Krankheit gestorben. Am 14. September erreichte die Armee Moskau und fand es verlassen und in Flammen vor. Es gab keinerlei Vorräte für die Armee von 100 000 Mann. Einen Monat lang hatte Napoleon versucht, Friedensverhandlungen mit dem Zaren zu führen, der sich 300 Meilen entfernt in St. Petersburg aufhielt. Ohne Erfolg! Und der Winter stand vor der Tür. Im November befahl Napoleon, die Lager abzubrechen. Aber es war bereits zu spät. Der erste Schnee fiel, noch ehe die Armee Smolensk erreicht hatte. Die Temperaturen blieben unter dem Gefrierpunkt, und Tausende erfroren, Tausende wurden von den Bauern niedergemetzelt, Tausende von den Kosaken aus dem Hinterhalt erschossen. Im Dezember kehrten nur noch 30 000 Soldaten über die Memel zurück. Die große Armee hatte aufgehört zu bestehen.

Unmittelbar nach seiner Ankunft in Paris rief der Kaiser seinen Kronrat zur Beratung zusammen. Als es an Talleyrand war, zu sprechen, drängte dieser den Kaiser zu sofortigen Friedensverhandlungen. »Verhandeln Sie, solange sie noch etwas zu verhandeln haben«, riet er Napoleon.

Ein geschlagener Napoleon war eher Vernunftsargumenten zugänglich als ein siegreicher Napoleon. Talleyrand schlug ihm vor, Frankreich solle seine ihm noch verbliebenen Armeeverbände zu den im Vertrag von Lunéville festgesetzten Grenzen zurückziehen. Während dieser Besprechung bat Napoleon Talleyrand, so lange dazubleiben, bis alle gegangen waren. Unter vier Augen schlug er ihm vor, wieder das Außenministerum zu übernehmen.

»Das kann ich nicht«, antwortete Talleyrand. »Ich bin mit Ihren Angelegenheiten nicht vertraut«.

»Sie kennen sie gut genug!« schrie Napoleon wütend, »aber Sie versuchen, mich zu hintergehen!«

»Nein, Sire. Aber ich will dieses Amt nicht annehmen, weil ich glaube, daß Ihre Ansichten allem zuwiderlaufen, was nach meiner Überzeugung dem Ruhm und dem Glück meines Vaterlands dient.«

Napoleon war zu Hause in Paris, aber der Krieg mit Rußland war noch nicht beigelegt. Im Februar 1814 hatte Preußen im Überschwang der Freude ob der Auflösung der großen Armee ein Bündnis mit Rußland geschlossen und Frankreich den Krieg erklärt. Der Rheinbund wurde aufgelöst. Sachsen zog sich aus dem Bündnis mit Frankreich zurück, Österreich schwankte zwischen Mäßigung und Gier, und England bot jedem Unterstützung an, der gegen Frankreich kämpfen wollte.

Solange Österreich noch unentschlossen war, beschloß Napoleon schnell zuzuschlagen, um seine Hauptgegner Rußland und Preußen loszuwerden. Im April kehrte er nach Deutschland zurück und unternahm einen Feldzug, der die Einnahme Leipzigs zum Ziel hatte. Er war zwar in einigen kleineren Scharmützeln erfolgreich, aber seine Truppen waren zu schwach, um einen Nutzen aus diesen kleinen Siegen zu ziehen. Deshalb war er gezwungen, im Juni einem Waffenstillstand zuzustimmen. Als die Feindseligkeiten im August wieder aufgenommen wurden, hatten sich Österreich und Schweden an Rußland und Preußen angeschlossen. Obgleich die französischen Truppen zahlenmäßig unterlegen waren, erfochten sie einen glänzenden Sieg bei Dresden, wurden jedoch im Oktober, nach dem Austritt Bayerns und Sachsens aus dem Bündnis, bei Leipzig entscheidend geschlagen. Dem Kaiser und seinen noch verbliebenen Männern gelang es gerade noch, einer Umkesselung zu entgehen und sich nach Frankreich zurückzuziehen. Russische, preußische und österreichische Truppen folgten ihm auf den Fersen – der Überlebenskampf um Frankreich hatte begonnen.

Während des Winters 1813/14 und bis in den Frühling hinein bewegte sich die Kampflinie zwischen Paris und der Grenze hin und her. Sein militärisches Genie hatte Napoleon nicht verlassen, und der Kampf, den er auf dem Heimatboden focht, gilt als der glanzvollste seiner Karriere. Doch die politische Situation hatte sich inzwischen grundlegend verändert. Deutschland, Spanien und Italien waren unwiderruflich verloren. Die preußische Armee marschierte auf Paris, während im Süden Wellington die Lage beherrschte. Vom militärischen Standpunkt aus betrachtet, war die Lage hoffnungslos. Doch solange sich die Alliierten über das Schicksal Frankreichs nicht einig waren, hätte er noch verhandeln können. Metternich beispielsweise bot Frankreich einen großzügigen Frieden an, der sich auf die »natürlichen Grenzen« Frankreichs stützen sollte: den Rhein, die Alpen, die Pyrenäen. Da aber Napoleon zögerte, kam inzwischen der britische Außenminister, Lord Castlereagh, im Hauptquartier der Bündnispartner an und bestand darauf, daß weder die Niederlande noch das Rheinland in Frankreichs Besitz bleiben dürfe. Metternich mußte seinen Vorschlag revidieren, und statt dessen forderten die Alliierten, solle Frankreich sich innerhalb die Grenzen von 1792 zurückziehen. »Wenn nur Talleyrand hier wäre«, hatte Napoleon in dieser Lage mehr als einmal gerufen, »der könnte mich hier herausholen.«

In Wahrheit freilich hätte ihn kein Minister mehr retten können. Caulaincourt, der damalige Außenminister, tat genau das, was Talleyrand getan hätte, und bestand darauf, daß Napoleon den letzten Vorschlag der Alliierten annehmen sollte. Aber die französischen Truppen hatten gerade eine unbedeutende Schlacht gewonnen, und das gab Napoleon soviel Oberhand, daß er nicht auf Caulaincourt hören wollte. Er vertraute so sehr auf einen etwaigen Sieg, daß er sich sogar weigerte, über einen von den Alliierten angebotenen Waffenstillstand zu verhandeln. Angesichts einer derart blinden Dickköpfigkeit kamen die Alliierten zu dem Schluß, ein Gespräch mit Napoleon hätte keinen Sinn mehr, und Europa müsse ein für allemal von diesem Menschen befreit werden. Am 9. März schlossen die vier Mächte offiziell einen Zwanzig-Jahres-Pakt, der einzig und allein die Vernichtung Napoleons als Ziel hatte. Jede Nation sagte zu, 150 000 Mann ins Feld zu schicken, wenn je wieder Europa durch das Auftauchen eines Bonaparte bedroht schien.

Dieser Vertrag von Chaumont war auf Drängen von Castlereagh zustande gekommen, der für das Finanzielle im Bündnis zuständig war. Aber England wollte mehr als nur ein Bündnis gegen Bonaparte. Man wollte das bourbonische Herrscherhaus wieder auf den Thron setzen. Und man wartete nur noch auf eine entsprechende Antwort von Napoleons Feinden, um diese Bedingung auch den übrigen Verbündeten nahezulegen.

Diese Antwort war nicht leicht zu erhalten. In Paris war man geteilter Meinung. Einige wollten, daß Napoleons Sohn von Marie-Louise, der König von Rom, nach der Abdankung Napoleons den Thron besteigen sollte. Andere wieder forderten eine Republik. Talleyrand war nach reiflicher Überlegung zu dem Schluß gekommen, nur die Bourbonen könnten Frankreich vor dem totalen Chaos retten. Napoleons Sohn war noch ein kleines Kind, und sein Regime würde nie die Unruhen überleben, die einem Sieg der Alliierten über Frankreich notgedrungen folgen würden. Auch mit einer Republik hatte man es bereits versucht, und Talleyrand wußte, zu welchen Exzessen das führen würde. Es blieben nur noch die Bourbonen.

Nun ging es primär darum, den Bourbonen die Bereitschaft Frankreichs und seiner, Talleyrands, selbst kundzutun, ehe sie mit den Alliierten einig würden und mit diesen zurückkehren würden. Dies war nicht ganz einfach. Ein Briefwechsel mit verbannten Fürsten konnte den Kopf kosten. Talleyrand brauchte einen mutigen und zuverlässigen Boten, der durch die Verteidigungsstellungen Napoleons bis zu den Alliierten, möglichst aber gleich zu den Fürsten selbst vordringen und ihnen die Nachricht bringen sollte, daß ihre Sache in der Hauptstadt auf Unterstützung rechnen konnte. Diesen Mann fand Talleyrand in Baron de Vitrolles, der mit Leib und Seele die bourbonische Sache vertrat. Es gelang ihm auch, sein Ziel zu erreichen. Talleyrand war vorsichtig genug gewesen, ihm nichts Schriftliches mitzugeben, und so mußte er seine ganze Überzeugungskraft aufbieten, um Metternich, Castlereagh, Nesselrode und Hardenberg (den preußischen Vertreter) davon zu überzeugen, daß Talleyrand auf der Seite der Bourbonen war.

Vitrolles klärte mit dem Grafen von Artois auch gleich die Frage, wer in der Zeit zwischen Napoleons Demission und der Rückkehr der Bourbonen die Regierungsgeschäfte übernehmen sollte. Man kam überein, das nur ein Mann dazu fähig wäre, nämlich Talleyrand, den der Graf noch immer Bischof von Autun nannte.

Während Talleyrands Bote mit den Bourbonen über Frankreichs Zukunft beratschlagte, rückten die Armeen der Verbündeten rasch in Richtung Paris vor, und Napoleons Lage wurde zusehends aussichtslos. Marie-Louise, die während Napoleons Abwesenheit die

Regierungsgeschäfte führte, berief am 28. März eine Sitzung ein, in der darüber beraten werden sollte, ob sie und ihr Sohn Paris verlassen und sich an einen sicheren Ort begeben sollten, oder ob sie bis zum Ende in der Stadt bleiben sollten. Talleyrand war dafür, daß die Kaiserin und der König von Rom bleiben sollten, denn wenn die Regentin fliehen würde, hätte die stellvertretende Regierung mit ihr gehen müssen, und das wiederum würde notwendigerweise die Übergabe der Stadt bedeuten. Aber er wurde überstimmt, und die Kaiserin sollte am nächsten Morgen die Stadt verlassen.

Als Mitglied des Regentschaftsrates war es Talleyrands Pflicht, der Kaiserin zu folgen. Am 30. März standen die Verbündeten bereits vor den Toren von Paris, und wenn jetzt noch jemand die Stadt verlassen wollte, so mußte er sich beeilen. Als Napoleons Brüder Joseph und Jérôme die Ausweglosigkeit der Lage sahen, folgten sie ihrer Schwägerin. Aber Talleyrand war nicht gewillt, desgleichen zu tun. Der russische Zar, mit dem Talleyrand in freundschaftlicher Verbindung stand, war bereits in den Vororten von Paris. In Paris würde sich das Schicksal Frankreichs entscheiden, und deshalb war Talleyrand entschlossen, dort zu bleiben. Und doch durfte er seine Pflicht gegenüber der Kaiserin nicht vernachlässigen.

Infolgedessen wurde mit Hilfe von Madame de Rémusat eine listige Lösung in Szene gesetzt. Der Graf von Rémusat befehligte die Wache an einem der Tore in Paris, und an eben diesem Tor sprach Talleyrand am Abend des 30. März vor. Mit großer Höflichkeit setzte der Graf von Rémusat dem Fürsten von Bénévent auseinander, daß er ihn nicht passieren lassen könne. Laut genug, daß Soldaten und herumstehende Bürger es hören könnten, prostestierte Talleyrand und erklärte, daß der wachhabende Offizier kein Recht habe, ihn an seiner Pflicht, der Kaiserin zu folgen, zu hindern. Danach kehrte Talleyrand unverzüglich zu seinem Haus zurück. Er konnte jetzt behaupten, daß er versucht habe, der Kaiserin zu folgen, aber daran gehindert worden sei, und er hatte sogar Zeugen dafür.

Sechs Wochen zuvor hatte Napoleon einen Brief an Joseph Bonaparte geschrieben: »Wenn unsere Truppen Paris evakuieren müßten und Talleyrand versuchen sollte, die Kaiserin zum Verbleib in der Stadt zu überreden, dann weißt Du, daß er einen Verrat plant. Hüte Dich vor diesem Mann. Er ist ohne Zweifel der ärgste Feind unseres Hauses.« Der Kaiser, den das Glück nun verlassen hatte, zeigte auf einmal eine Einsicht, die ihm in glücklicheren Tagen versagt gewesen war.

Anmerkungen zu Teil 3

[1]) Madame de Staël weilte zur Zeit seiner Ankunft nicht in Paris, und so nahm er bei einer alten Freundin aus vorrevolutionären Tagen, Madame de Boufflers, in Auteuil in der Nähe des Bois de Boulogne für einige Zeit Quartier. Später zog er in das Haus eines unbekannten Generals namens Arcon in der Rue de l'Assomption nahe den Tuilerien um.

[2]) Die königlichen Akademien waren im Jahr 1792 aufgelöst und durch ein nationales Institut ersetzt worden, das »mit der Aufgabe betraut war, die verschiedenen Entdeckungen zu prüfen und Künste und Wissenschaften zu fördern«. Diese Organisation, das *Institut des Sciences et des Arts* war im Jahr 1795 in vier Sektionen unterteilt und zählte insgesamt 144 Voll- und 144 außerordentliche Mitglieder. Talleyrand wurde in die zweite Sektion, das Institut für moralische und politische Wissenschaften, und hier wiederum in die Abteilung für Wirtschaftspolitik, berufen.

[3]) Schon 1796 war Pitt gezwungen, wie Talleyrand erklärte, »Verhandlungen mit uns vorzutäuschen, um innere Schwierigkeiten zu überwinden« (*Memoires*, Bd. 1, Seite 193). Diese Verhandlungen waren im Dezember 1796 abgebrochen worden und wurden, wie bereits erwähnt, im Juli 1797 durch Lord Malmesbury in Lille wieder aufgenommen. Die unverhältnismäßigen Forderungen der Engländer verhinderten jede Verständigung.

[4]) Der Sohn Ludwig XVI. und Marie-Antoinettes, den die royalistischen Parteien als Ludwig XVII. proklamiert hatten, war im Juni 1795 im Temple gestorben. Noch im gleichen Monat hatte Graf de Provence, damals in Verona, den Titel Ludwig XVIII. angenommen und am 24. Juni eine Proklamation herausgegeben, die die Wiederherstellung des *Ancien régime* und die Bestrafung der Revolutionäre zum Thema hatte. Ludwig XVIII. war als legitimer Anwärter auf den französischen Thron die begehrte Figur, um die sich die Royalisten scharten und zu dessen Gunsten Pichegrus Intrige angezettelt worden war.

[5]) 49 *départments* annullierten die Wahlen ganz, andere teilweise. Insgesamt wurden 214 Abgeordnete gestrichen, von denen wiederum 65 unter dem neuen Gesetz nach Französisch-Guayana deportiert wurden. Darunter waren auch Pichegru, Barthélemy, Ramel und Carnot.

[6]) Der diesbezügliche Brief an Bonaparte ist verlorengegangen. Talleyrands Hoffnungen und seine Enttäuschung sind nur aus Bonapartes Antwort bekannt.

[7]) Der Titel, den Ludwig XVIII. als Emigrant benützte.

[8]) Als Bonaparte erster Konsul geworden war, zahlte er die Summe zurück und fragte dabei Talleyrand: »Warum haben Sie mir das Geld damals geliehen? Ich habe schon so oft versucht, den Grund dafür herauszufinden.« Talleyrand antwortete: »Es gab keinen Grund. Ich war sehr krank und dachte, ich würde Sie nie wiedersehen. Sie waren jung und hatten großen Eindruck auf mich gemacht. Deshalb habe ich Ihnen geholfen.« »Wenn das so ist«, sagte Bonaparte, »waren Sie ein Narr!«

[9]) Die amerikanischen Unterhändler schienen von einem bestimmten Präzedenzfall von »Geschenkaustausch« in den franko-amerikanischen Beziehungen nichts gewußt zu haben. Im Jahre 1776 schickte der Kongreß einen Amerikaner namens Silas Deane

nach Paris. Er sollte größere Mengen Waffen, Kleidung und Munition für Washingtons Armee kaufen. Laut Dokumenten des Ministeriums für Auswärtige Angelegenheiten erhielt Deane eine Zahlung von 24 000 Livres als »secours extraordinaire« oder »außerordentliche Zuwendung« aus Privatgeldern des Königs (Décisions du roi, 1760–1792, Affaires de l'Amérique«, 7 décembre 1780). Obgleich Deanes »Freundlichkeit«, wie Talleyrand euphemistisch bemerkte, bedeutend geringer als die von Talleyrand geforderte war, sollte man sich daran erinnern, daß er sich das Geld, soweit bekannt, nicht mit Kongreßmitgliedern teilen mußte.

[10]) Nach Zeitungsberichten hat Talleyrand von 1797 bis 1804 über 30 000 000 Franc von fremden Regierungen eingeheimst. Talleyrand nahm nie Stellung zu diesen Berichten. Er hat sie weder bestätigt noch zurückgewiesen; das hätte auch ganz und gar nicht seinem Charakter entsprochen. Sein Schweigen sagt also gar nichts. Chateaubriand, der sicher weit weniger verläßlich ist, hat bestimmt nicht sehr übertrieben, als er schrieb: »Wenn Talleyrand keine Verschwörung betrieb, dann trieb er Handel«. Denjenigen Zeitgenossen, denen Talleyrands außergewöhnliche Bestechlichkeit bekannt war, schien die Summe von 30 000 000 Franc nicht unrealistisch zu sein. Nicht einmal seine Freunde protestierten, als Louis Bastide nur wenige Monate nach Talleyrands Tod im Jahr 1838 in seinem Vie politique et religieuse de Talleyrand-Périgord alle diese Zahlen einer langen Liste von Ländern gegenüberstellte, die zu Talleyrands Reichtum auf ihre Weise beigetragen hatten.

[11]) Noch im gleichen Jahr wurde Jorry festgenommen und zur Deportation verurteilt. Talleyrand bat den Polizeiminister, ihm einen »persönlichen Gefallen« zu tun und für Jorry Straferlaß bei den Konsuln zu erwirken, »da Jorry, soweit ich weiß, niemanden außer mir beleidigt hat, glaube ich das Recht zu haben, Sie darum ersuchen zu dürfen«. Daraufhin bekam Jorry Straferlaß und verschwand für immer von der Bühne der Weltgeschichte (Citoyen francais, 10 novembre 1799).

[12]) In seinen Memoiren bestreitet Barras, je dafür Geld bekommen zu haben und meint, wenn es wirklich für ihn bestimmt gewesen sei, so hätte Talleyrand bestimmt vergessen, es ihm zu übergeben. Daß es tatsächlich so war, ist zumindest sehr unwahrscheinlich. Barras, der sein Leben lang Bestechungsgelder genommen hat und selten etwas Wertvolleres zu verkaufen gehabt hatte, als sein stilles Verschwinden bei dieser Gelegenheit, war sicher nur durch Geld zu überzeugen gewesen. Ein reibungsloser Abtritt ohne pekuniäre Zuwendung ist ihm einfach nicht zuzutrauen. Das wußte Talleyrand, und man darf annehmen, daß er dementsprechend gehandelt hat.

[13] Artikel III der Verfassung des Jahres III (1795) ermächtigte den Rat der Fünfhundert, an ihrendeinem Ort außerhalb von Paris zu tagen.

[14]) Gohier und Moulin hatten nach einem Zusammentreffen mit Bonaparte in den Tuilerien eilends den vom General geforderten Rücktritt erklärt. Sieyès und Ducos, so hatte Bonaparte Gohier und Moulin mitgeteilt, hätten versprochen, am 19. Brumaire ihren Hut zu nehmen.

[15]) Das Konkordat von 1802 war eines der dauerhaftesten Ergebnisse aus der Zusammenarbeit zwischen Bonaparte und Talleyrand. Es regelte die Beziehungen zwischen Kirche und Staat in Frankreich für das ganze 19. Jahrhundert und blieb bestehen, bis es die antiklerikalen Kräfte der Dritten Republik im Jahre 1905 abschafften.

[16]) Die Ziviltrauung wurde am 10. September 1802 in der Mairie des 10. Pariser Bezirks vollzogen. Die kirchliche Zeremonie folgte am nächsten Tag in der Pfarrkirche des Dor-

fes Epernay. Am 9. September hatten Talleyrand und Cathérine einen Ehevertrag unterschrieben, in dem Talleyrand seiner Braut unter anderem Juwelen im Wert von 300 000 Franc, Wertpapiere und Aktien einer Hamburger Bank, ein Haus in der Rue d'Anjou-St.-Honoré und den Besitz Pont-de-Sains-, der ursprünglich dem Herzog von Orléans gehört hatte, zugestand. Vertragszeugen waren Bonaparte, Josephine, Talleyrands beide Brüder Archambault und Boson sowie zwei Notare.

[17]) Nach Bonapartes Eroberung von Piemont im Jahre 1798 hatte König Charles Emmanuel abgedankt und seinen Untertanen befohlen, den französischen Generälen zu gehorchen. Im Jahre 1800 bot Bonaparte an, Piemont an seine legitime Dynastie zurückzugeben. Doch nach der Schlacht bei Marengo war Bonaparte auf dieses Thema hin nicht mehr ansprechbar und verweigerte nach dem Vertrag von Lunéville sogar jede diesbezügliche Verpflichtung. Im April 1801 war Piemont in *départements* geteilt und in französisches Besatzungsgebiet umgewandelt worden. Von da an war es nur noch ein kleiner Schritt zur Annexion im Jahre 1802.

[18]) Von den 3 500 000 wahlberechtigten Franzosen sprachen sich weniger als 9 000 gegen das Konsulat auf Lebenszeit aus. Sogar die streng royalistische Provinz Vendée hatte sich für Bonaparte ausgesprochen: nur 6 Bürger von 17 000 wollten die Regierungszeit des Konsuls nicht verlängert wissen.

[19]) Pichegru war 1797 von Cayenne nach London geflohen, wo er der britischen Regierung und den Bourbonen seine Dienste anbot. Beide engagierten ihn, und die britische Regierung unterstützte ihn finanziell.

[20]) Ferdinand und seine jüngeren Brüder Carlos und Antonio blieben bis zum 3. März 1814 in Valençay. Dann wurden sie unter den Bedingungen des Vertrags von Valençay entlassen und kehrten nach Spanien zurück.

4. Teil

Das neue Europa
(1814–1815)

Ich hatte Talleyrand seit 1806 nicht mehr gesehen, aber wieder fiel mir die intellektuelle Erhabenheit seines Blicks, die unerschütterliche Ruhe seiner Züge, die ganze Haltung des Mannes auf, den ich für den hervorragendsten Diplomaten seiner Zeit halte. Er schien die illustre Gesellschaft durch die Anmut des Geistes und die Überlegenheit seines Genius zu beherrschen.

Graf de la Garde-Chambonas
Souvenir du Congrès de Vienne.
Band 1, S. 143

11. Der Vertrag von Paris und die Restauration

Zwei Stunden nach seiner freundschaftlichen Auseinandersetzung mit Monsieur de Rémusat betrat Talleyrand das Haus von Marschall Marmont, dem Befehlshaber der kaiserlichen Truppen in Paris. Es war bereits Mitternacht, aber Marmonts Wohnzimmer war voll von Leuten – Senatoren, Generälen, Staatsmännern; alle waren gekommen, ihren Rat anzubieten. Unter ihnen befand sich auch Graf Orloff, der Adjutant des Zaren Alexander, der geschickt worden war, um die Möglichkeit eines Waffenstillstands und seine Bedingungen auszukundschaften. Bourrienne, der ebenfalls zugegen war, erinnerte sich, daß allgemein ein napoleonfeindlicher Ton vorherrschte und daß die Bourbonen wieder erwähnt wurden.

Marmont überließ seine Gäste ihren Diskussionen und hatte mit Talleyrand ein Gespräch unter vier Augen. Es ist nicht bekannt, worüber diese beiden Männer verhandelten oder zu welchem Schluß sie kamen. Aber fast jeder in Paris glaubte, daß die Übergabe der Stadt an die Alliierten durch den Marschall auf Talleyrands Anraten hin geschehen war.

Am nächsten Vormittag marschierten die Armeen der Verbündeten in Paris ein. An ihrer Spitze ritt Alexander in einer weißen Uniform. Um seine schmale Taille hatte er einen schwarzen Ledergürtel geschlungen, und glitzernde Goldepauletten betonten die schmalen Schultern. Der hinter ihm reitende Preußenkönig Friedrich Wilhelm fiel niemandem auf. Alle Augen waren auf Alexander gerichtet. Er war der Bezwinger der mächtigen napoleonischen Armeen, und er hatte das größte Kaiserreich seit der Zeit, als Rom die Welt regierte, zum Sturz gebracht. An diesem Morgen war Talleyrand entgegen seiner sonstigen Gewohnheit sehr früh aufgestanden. Er hatte eben seine Morgentoilette beendet, als Nesselrode, ein alter Bekannter, in der Rue St.-Florentin gemeldet wurde. Während die Verbündeten ihren siegreichen Einzug in Paris hielten, waren Talleyrand und Nesselrode damit beschäftigt, eine Proklamation an das französische Volk aufzusetzen. Sie waren gerade mit dieser Arbeit fertig, als Zar Alexanders Besuch angekündigt wurde. Talleyrand erwartete ihn am Hofeingang. »Monsieur de Talleyrand«, sagte Alexander, »ich habe mich entschlossen, in Ihr Haus zu kommen, weil Sie mein Vertrauen und das meiner Verbündeten besitzen. Wir werden nichts definitiv beschließen, ehe wir Ihre Meinung dazu gehört haben. Sie kennen Frankreich, seine Bedürfnisse und seine Wünsche. Sagen Sie uns, was getan werden soll und wir werden es tun.«

Zar Alexander meinte es ehrlich mit dem französichen Volk, und er war überzeugt, daß nur Talleyrand in der Lage war, ihm in dieser Hinsicht richtig zu raten. Alles hing nun von Alexander, dem mächtigen Herrscher ab. Es besteht kein Zweifel darüber, daß seine Entschlüsse allein auf Anraten Talleyrands gefaßt wurden, und auch nicht daran, daß ihm die Ratschläge eher aufgezwungen als angeboten wurden. In diesem kritischsten Augenblick in seinem Leben und in der Geschichte Frankreichs wußte Talleyrand nur allzugut, was er wollte, und Alexander erkannte in ihm eine Entschlußkraft, derer er sich selber kaum rühmen konnte.

Die erste Frage, die Talleyrand besprechen wollte, nachdem die Begrüßungsfreundlichkeiten ausgetauscht waren, war die zukünftige Regierungsform Frankreichs. Es war kein Geheimnis, daß Zar Alexander einer Rückkehr der verbannten bourbonischen Fürsten nicht gerade begeistert gegenüberstand. Talleyrand begann also damit, ihn von der Notwendigkeit der Wiedereinsetzung der rechtmäßigen Thronfolger zu überzeugen. Als Alexander immer noch Zweifel daran hegte, daß das französische Volk wirklich die Rückkehr des bourbonischen Herrscherhauses begrüßen würde, erwiderte Talleyrand, die gesetzgebenden Körperschaften würden von sich aus für diese Rückkehr eintreten, sobald sie davon überzeugt seien, daß dies auch dem Interesse der Verbündeten entspräche. Dafür würde er garantieren.

Der Nachmittag des 31. März 1814 war der Zenit in Talleyrands Laufbahn. Seine neue Position war mächtiger und einflußreicher als jede, die er zu irgendeiner Zeit zuvor innegehabt hatte und künftig innehaben sollte. Die Familie Bonaparte befand sich nicht mehr in Paris, und die Bourbonen waren noch nicht zurückgekehrt; es gab nur einen einzigen Mann, auf den sich Alexander und die Verbündeten verließen und dessen Rat sie akzeptierten. Über den Wortlaut der schicksalsschweren Unterredung dieses Tages ist nur wenig bekannt, und so läßt sich der Inhalt auch nur an Hand der Ergebnisse rekonstruieren.

Am 1. April wurde die Proklamation öffentlich verkündet, die Nesselrode und Talleyrand tags zuvor aufgesetzt hatten und die Alexander nach einigen Änderungen zugunsten des französischen Volkes akzeptiert hatte. Noch am selben Morgen schickte Talleyrand eine Botschaft an den Grafen von Artois; er bediente sich dabei eines bourbonischen Abgesandten, der in Paris wartete. Diese Botschaft enthielt den Ausdruck seiner aufrichtigen Hoffnung, daß der Graf und seine Anhänger die Trikolore, die die französischen Soldaten zwanzig Jahre lang mit Ruhm bedeckt hatten, auch künftig als Nationalflagge anerkennen würde. Die Trikolore sahen wiederum die Emigranten nicht so gerne. Sie erinnerte sie nicht an Siege, sondern war das Symbol der Revolution. Deshalb wurde Talleyrands erster Versuch, die Rückkehr der alten Ordnung mit den Errungenschaften der neuen versöhnlich zu einigen, empört zurückgewiesen. Am gleichen Nachmittag hatte Talleyrand eine glücklichere Hand. Der »Vice-Grand-Electeur« als einziger anwesender Würdenträger des Kaiserreichs führte den Vorsitz bei einer einberufenen Senatssitzung. Von 140 Senatoren waren nur 64 anwesend. Der Rest war entweder beim Herannahen der Alliierten geflüchtet oder war zu verschreckt, um öffentlich in Erscheinung zu treten. Talleyrand empfahl eine Übergangsregierung, die aus ihm selbst als Präsidenten, dem Herzog von Dalberg, dem Grafen von Jaucourt, General Beurnonville bestehen sollte – also aus »Talleyrands Whist-Kränzchen«, wie diese Runde von Chateaubriand verächtlich genannt wurde. Am folgenden Tag verkündete der Senat auf Talleyrands Vorschlag hin die Absetzung Napoleons, befreite das Volk und die Armee von dem auf Napoleon geleisteten Treueeid und lud Ludwig XVIII. offiziell zur Rückkehr nach Frankreich ein. Danach stellte Talleyrand dem Zaren die Mitglieder des Senats vor. Er machte ihn dabei darauf aufmerksam, daß viele von den Senatoren, die jetzt für die Wiedereinsetzung des Hauses Bourbon plädierten, einst für die Hinrichtung Ludwig XVI. gestimmt hatten. Talleyrand wollte damit vor Alexander betonen, wie wichtig es war, diese Königsmörder dafür gewonnen zu haben, den Bruder ihres Opfers auf den Thron zu heben.

Freilich sahen Männer wie der Baron von Vitrolles in der dem Senat erwiesenen Achtung Anzeichen einer beklagenswerten Schwäche, wenn nicht sogar des Verrats. Sie hielten die Schlacht schon für gewonnen und meinten, Ludwig XVIII. von Frankreich bräuchte nur noch den Thron zu besteigen; sofern überhaupt irgendwelche Zugeständnisse zur Debatte stünden, so dürfte sich die Bevölkerung glücklich schätzen, wenn man bereit sei, ihre früheren Missetaten zu vergeben. Der Graf von Artois und seine Anhänger übersahen eine Tatsache, der sich Talleyrand völlig bewußt war: die Zivilbevölkerung war zwar gleichgültig gestimmt, die Armee jedoch war mißtrauisch, und es bedurfte einer versöhnenden Geste, um die nötige Vertrauensbasis zu schaffen. Am 3. April stimmte die Legislative für die Absetzung, und Talleyrand rief einige bekannte Männer zu sich, um über die neue Verfassung zu diskutieren. Nun wagten sich auch die Royalisten mehr und mehr in den Vordergrund. Alexander, der zu Anfang gegen eine Wiedereinsetzung der Bourbonen war und der glaubte, daß die bourbonische Sache keine Unterstützung finden würde, stellte zu seiner Überraschung eine maßgebliche Anhängerschaft unter der Führung Talleyrands fest.

Nun konnte sich Talleyrand der neuen Verfassung widmen. Der Entwurf entsprach in etwa der Verfassung von 1791. Talleyrand übergab sie dem Senat zur Verbesserung und Revision und bestand lediglich darauf, das Einkammersystem durch zwei Kammern zu ersetzen. Gleichzeitig flocht er ein, daß der neue König während seines langen Exils in England sicher Gelegenheit gehabt hätte, demokratische Institutionen zu studieren. Am 5. April wurde der Entwurf der neuen Verfassung einstimmig vom Senat gebilligt.

Für Alexander brachte zumindest Artikel 29 dieser Verfassung die Beruhigung, daß der verbannte Ludwig nicht als absolutistischer Monarch zurückkehren würde. In dieser Forderung war er sich mit der Übergangsregierung einig gewesen.

Der Baron von Vitrolles weilte zu dieser Zeit wieder in Paris und wurde während seines Aufenthalts Zeuge eines dramatischen Vorfalls. Er sollte Berichte der Übergangsregierung, also von Talleyrand an den Grafen von Artois, überbringen und fand sich deshalb um

10 Uhr morgens am 4. April in der Rue St.-Florentin ein, um die entsprechenden Instruktionen entgegenzunehmen. Talleyrand war noch im Bett, von wo aus er alle Geschäfte der Übergangsregierung leitete. Vitrolles setzte sich zu ihm und besprach mit Talleyrand Einzelheiten über die Feierlichkeiten beim Einzug des künftigen Königs in Paris. Danach wolle er sich eilends verabschieden, doch Talleyrand ersuchte ihn, erst später aufzubrechen, weil er ihm noch einen persönlichen Brief mitgeben wollte.

Vitrolles fand Talleyrand unerwarteterweise recht umgänglich.

>Er hatte den großen Vorzug, daß keine Frage ihn überraschte und daß die am wenigsten erwarteten ihm offenbar am liebsten waren . . . Seine geniale Überlegenheit schwebte über dem ganzen Gewirr von Ränken, und er hielt im verborgenen alle Fäden in der Hand. Er säte seine Bemerkungen so ohne Vorbedacht aus, wie die Natur den Samen der Pflanzen streut. So erzählte er mir auch scheinbar ganz ohne jede damit verbundene Absicht von seinem Gespräch mit dem Grafen von Artois im Jahre 1789.«

Vitrolles fand, daß »dieses Gespräch in wenigen Worten Talleyrands Verhalten während der Revolution ganz und gar rechtfertigte«.

Vitrolles wartete den ganzen Tag auf Talleyrands »persönlichen Brief«. Er wollte am Nachmittag aufbrechen, sollte aber doch bis zum Abend warten. Etwa um acht Uhr abends saß er eben bei Talleyrand, der ihm gerade den Brief überreichen wollte, der den Grafen von Artois zum offiziellen Einzug in Paris einladen sollte. Ihre Unterhaltung wurde durch sporenklirrende Schritte auf dem Parkettfußboden unterbrochen. Ein Adjutant betrat den Raum und teilte Talleyrand mit, daß Napoleons Vorpostenoffiziere erschienen seien, um eine Unterredung mit dem Zaren zu erbitten. Talleyrand ließ den Brief an den Zaren rasch in seine Tasche gleiten. »Dies ist ein Zwischenfall«, sagte er zu Vitrolles mit einer Betonung, die erkennen ließ, für wie wichtig er diese Angelegenheit hielt. »Wir müssen sehen, wie die Sache abläuft. Im Moment können Sie nicht aufbrechen. Bei Kaiser Alexander muß man auf Überraschungen gefaßt sein. Er ist nicht umsonst der Sohn Pauls des Ersten.«

Vitrolles wartete bis Mitternacht und ging dann nach Hause ins Bett. Talleyrand blieb die ganze Nacht über auf, und als Vitrolles am nächsten Morgen zurückkam, erfuhr er, daß sich der Fürst eben erst zurückgezogen habe und daß er seine Abreise noch verschieben müsse. Während Vitrolles geschlafen hatte, war für Napoleons Sache die letzte Karte ausgespielt worden. Es war der Wachsamkeit Talleyrands zu verdanken, daß sie keinen Stich mehr machen konnte.

Als Napoleon von dem Absetzungsdekret erfahren hatte, rief er seine Marschälle zu sich und präsentierte ihnen einen letzten, verzweifelten Plan: mit Marmonts 20000 Mann wollte er nach Paris marschieren, die Verbündeten aus der Stadt verjagen und sich mit den vom Süden her anmarschierenden Truppen vereinen. Während er seinen Vorschlag vortrug, herrschte peinliches Schweigen, ein Zeichen dafür, auf wie wenig Begeisterung er stieß. Am nächsten Tag hatte sich Napoleon für eine andere Taktik entschieden. Er schickte Caulaincourt mit einem schriftlichen Angebot nach Paris, in dem er zugunsten seines Sohnes, des Königs von Rom, abdankte. Marmont hatte inzwischen gestanden, daß er seine 20000 Mann den Verbündeten zur Verfügung stellen würde. Als er jedoch von der geplanten Abdankung erfuhr, war er bereit, mit Caulaincourt nach Paris zu gehen. Am 5. April wurden die Abgesandten von Zar Alexander empfangen.

Während der Unterredung begann Zar Alexander unschlüssig zu werden. Noch immer war er voller Bewunderung für seinen Freund. Nach einer Besprechung mit Talleyrand, in der sich dieser in schärfster Weise gegen Napoleons Vorschlag aussprach, kehrte Alexander zu Caulaincourt zurück und verlangte die bedingungslose Abdankung. »Wir werden ihn nicht seiner ganzen Existenz berauben«, sagte er, »er soll sein eigenes Königreich bekommen.«

»Was für ein Königreich«, fragte Caulaincourt, »und wo?« Korsika, Sardinien und Korfu wurden nacheinander vorgeschlagen und verworfen. Dann entschloß man sich für Elba. Napoleon nahm die Nachricht mit schweigender Bitterkeit auf, setzte sich an den Tisch und unterzeichnete die Abdankungsurkunde. Am gleichen Tag, dem 6. April, trat die neue Verfassung in Kraft. Das Schicksal des Hauses Bonaparte war besiegelt.

Talleyrand meldete bei Caulaincourt Bedenken bezüglich Elba und der jährlichen Zahlungen an Napoleon aus der Staatskasse an. Am nächsten Tag trafen Lord Castlereagh und Fürst Metternich in Paris ein. Beide teilten Talleyrands Einwände gegen Elba. Castlereagh hätte sich einen weniger »kontroversen Aufenthaltsort« gewünscht und ging sogar so weit, vorzuschlagen, Napoleon könnte in Großbritannien Aufnahme finden. Fouché schlug als Exil die Vereinigten Staaten von Amerika vor, und Metternich warf ein, daß man innerhalb von zwei Jahren wieder mit Krieg rechnen müsse, wenn Napoleon auf Elba wäre. Um drei Uhr nachmittags schließlich war man sich einig. Talleyrand gab seine Zustimmung zu der Abmachung mit Napoleon, die offiziell Vertrag von Fontainebleau genannt wurde, und Caulaincourt überreichte Napoleons Abdankung. Auf Grund protokollarischer Schwierigkeiten wurde der Vertrag erst am nächsten Tag gegengezeichnet und am Nachmittag Napoleon zur Ratifizierung überreicht. In der folgenden Nacht unternahm Napoleon einen Selbstmordversuch. Am nächsten Morgen jedoch hatte er sich wieder gefangen, und nachdem Marie-Louise versprochen hatte, ihn nach Elba zu begleiten, ratifizierte er den Vertrag von Fontainebleau.

Währenddessen befand sich der Graf von Artois in Begleitung von Vitrolles auf dem Weg nach Paris. Unterwegs überbrachte ein Bote aus Paris eine Abschrift der Verfassung, der Talleyrand den Namen *Charte* gegeben hatte. Vitrolles und Artois hielten sie schlichtweg für ein Unheil. Nun eilte Vitrolles voraus, um die gefaßten Beschlüsse wieder rückgängig zu machen. Talleyrand empfing ihn mit der gewohnten Verbindlichkeit und stimmte dem Vorschlag zu, daß der Graf von Artois zum Generalstatthalter von Frankreich ernannt werden sollte. Vitrolles atmete auf, in der Meinung, für die absolutistische Monarchie einen Teilsieg errungen zu haben. Doch Talleyrand fügte einige Augenblicke später hinzu, daß der König erst die Verfassung anerkennen und einen Eid auf sie leisten müßte. Was für eine Stellung sollte denn aber, so wandte Vitrolles ein, der Graf von Artois einnehmen? Der König werde erst in zwei Wochen eintreffen und bis dahin könne man doch seinem Bruder keinen untergeordneten Posten zumuten. Talleyrand löste das Problem, indem er vorschlug, selbst den Vorsitz der vorläufigen Regierung niederzulegen und an seine Stelle den Grafen von Artois treten zu lassen. Damit mußte sich Vitrolles zufriedengeben, und er kehrte wieder zu seinem Herrn zurück.

Am 10. April war Ostern. Auf Anordnung von Zar Alexander wurde auf dem ehemaligen Place de la Révolution nach Riten der orthodoxen Kirche ein feierliches Te Deum zelebriert. Talleyrand konnte von seinem Fenster aus zusehen. An diesem Tag speiste der Zar zusammen mit der Herzogin von Kurland und ihrer Tochter Dorothea von Périgord bei ihm. Am 12. April hielt der Graf von Artois nach fünfundzwanzigjährigem Exil seinen Einzug in Paris, und Talleyrand war einer der ersten, der ihn am Stadtrand begrüßte. Niemand wußte so recht, ob Artois als offizieller Repräsentant Ludwigs XVIII. oder als Privatperson gekommen war. Paris nahm ihn jedenfalls als offiziellen Vertreter des legitimen Königs auf. Napoleonstatuen wurden umgestürzt, und die Bevölkerung zeigte so große Begeisterung, als ob man diesen Tag schon seit zwanzig Jahren herbeigesehnt hätte. Und sogar die alte Garde tauchte aus dem unfreiwilligen Untergrund auf, um zu applaudieren. Talleyrand nützte die positive Haltung der Öffentlichkeit aus, um Artois die Regierungsgeschäfte zu übertragen. Am 16. April erfolgte die Formierung einer neuen Regierung, bestehend aus einem großen Staatsrat, der sich aus fünf Mitgliedern der früheren provisorischen Regierung und Marschall Moncey, Marschall Oudinot und General Dessoles zusammensetzte. Frankreich hatte nun eine Regierung, die die Alliierten akzeptieren würden. Es war auch höchste Zeit, denn Franz I., der österreichische Kaiser, war tags zuvor in Paris eingetroffen, während Metternich und Castlereagh sich bereits mehrere Tage dort aufhielten. Friedrich Wilhelm von Preußen war, wenn auch unsichtbar, im Schatten Alexanders zugegen. Nun, da Napoleon und seine Familie ausgeschaltet waren, konnten die Verbündeten darangehen, mit Frankreich Frieden zu schließen. Und schon gab es die ersten Kontroversen, die jedoch weniger politischer oder diplomatischer Natur waren, sondern in den Persönlichkeiten von Metternich, Castlereagh und Alexander lagen, die ein seltsames Dreiergespann bildeten.

Der österreichische Minister und der russische Zar waren während des Kriegs oft unterschiedlicher Meinung gewesen. Danach hatte es Zwistigkeiten wegen des Vertrags von Fountainebleau gegeben, der nach Metternichs Ansicht innerhalb von zwei Jahren unweigerlich wieder zum Krieg führen würde. Metternich hatte den Vertrag nur unterzeichnet, weil er zu spät gekommen war, um seine Annullierung durchzusetzen.

Metternich war wie Talleyrand von Kopf bis Fuß ein *Grandseigneur*, klug und gemäßigt und voll Abscheu für alles Abenteuerliche. Dafür war er einfach zu zivilisiert und zu vorsichtig. Bis zum Ende hielt er Napoleon für unbesiegbar und glaubte nicht an die Wiedereinsetzung der Bourbonen. Er bewunderte Talleyrand, war aber zu sehr auf die öffentliche Meinung bedacht, um die Feindschaft der Kirche und des Adels gegen den ehemaligen Bischof ignorieren zu können. Ihm war jeder und alles verdächtig: Napoleon und die Bourbonen, Talleyrand und Alexander, die Revolution und die Restauration.

Bei Castlereagh lag der Fall einfacher. Durch die isolationistische, nur auf das Inselreich gerichtete Politik seiner Regierung konnte er die große ideologische Veränderung in Europa nicht verstehen. Er sah nur, daß Frankreich gezwungen werden mußte, innerhalb sei-

Charles-Maurice de Talleyrand,
Fürst von Benevent und Herzog von Dino.
Lichtdruck nach einem Gemälde von François Gerard,
1808.

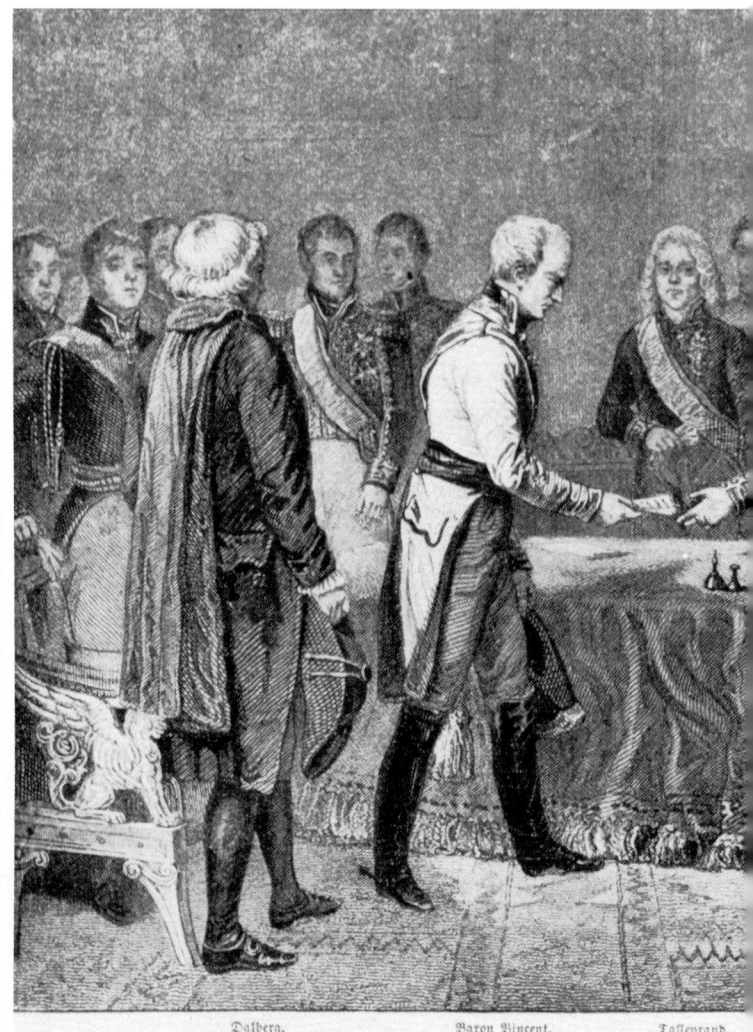

Dalberg. Baron Vincent. Talleyrand.

Erfurter Fürstentag am 27. 9. 1808:
Napoleon trifft mit Alexander I.
und den Fürsten der Rheinbundstaaten zusammen.

Napoleon.   Jerome.   König von Sachsen.   Zar Alexander.

Rechts Zar Alexander und die Könige von Westfalen
und Sachsen, im Hintergrund Talleyrand.
Zeitgenössischer Kupferstich.

Fürst von Metternich,
österreichischer Staatskanzler.
Gemälde von Thomas Lawrence, 1818/19.

ner früheren Grenzen zu bleiben, damit das Machtgleichgewicht erhalten bliebe. Seiner Meinung nach war Alexander zu großzügig und vertrauensselig gegenüber Frankreich. Er mißtraute Talleyrand und seinen Ideen, da er sie nur teilweise verstand. Er hatte klare und unkomplizierte Vorstellungen, doch waren diese engstirnig und kurzsichtig.

Die Männer, mit denen Talleyrand die Friedensbedingungen aushandeln mußte, waren also folgende: Castlereagh, ein insularer Empiriker, Alexander, ein überlegener Fanatiker und Metternich, ein *Grandseigneur* mit einem Hauch Hamlet. Glücklicherweise war man im Paris des April 1814 voll hoffnungsvoller Erwartung und Mut, und so machte sich Talleyrand daran, die Verhandlungen vorzubereiten. Doch vor dem Eintreffen des Königs und seiner Anerkennung der *Charte* war Artois' Staatsrat nur ein Schatten. Trotzdem unterzeichneten die Verbündeten am 23. April einen Vorvertrag, in dessen Klauseln sich Frankreich verpflichtete, die noch von französischen Truppen außerhalb der Grenzen des Jahres 1792 besetzten Festungen zu räumen, während die Alliierten sich bereit erklärten, ihre Armeen aus diesen Gebieten ebenfalls zurückzuziehen. Die Alliierten stimmten zu, französisches Gebiet zu räumen, noch ehe offiziell Frieden geschlossen war.

Bevor dies geschehen konnte, mußte jedoch der französische König anwesend sein, der von einem Gichtanfall in London zurückgehalten wurde. Am 29. April erreichte er Compiègne, wo er drei Tage lang hofhielt und bedeutende Leute empfing. Sein berühmtester Besucher war natürlich Talleyrand. »Ich freue mich, Sie zu sehen«, begrüßt Ludwig ihn. »Unsere Häuser entstammen dem gleichen Zeitalter. Meine Ahnen haben es nur besser verstanden als Ihre. Wäre es umgekehrt gewesen, so würden Sie heute zu mir sagen: ›Nehmen Sie sich einen Stuhl, setzen Sie sich zu mir und dann wollen wir von unseren Geschäften reden!‹ So bin ich es, der sagt: ›Nehmen Sie Platz und lassen Sie uns plaudern.‹«

Talleyrand nahm diese schmeichelhaften Worte mit großer Genugtuung zur Kenntnis und unterrichtete dann den König über den Stand der Dinge. Auch Zar Alexander stattete dem französischen König einen Besuch ab und betrachtete es als besonderes Anliegen, daß Ludwig XVIII. der Verfassung zustimme. Alexander fühlte sich in dieser Unterredung vernachlässigt, zumal König Ludwig XVIII. das Thema »Verfassung« einfach überging und ihn auch sonst nicht übermäßig zuvorkommend behandelte.

Am nächsten Tag gab Ludwig seine Version von der Verfassung bekannt. Er hatte durchaus nichts gegen die konstitutionelle Form der Monarchie in Frankreich. Nur wollte er die Verfassung dem Volk von der Krone als ein Geschenk der Gnade geben. Im übrigen blieb es im großen und ganzen bei der von Talleyrand entworfenen Verfassung.

Talleyrands Politik hatte sich also tatsächlich durchgesetzt. Sein Vorschlag, die Trikolore als Nationalflagge anzuerkennen, sein beharrliches Eintreten für die Bedeutung des Senats und sein Bestreben, daß zuerst Artois und dann Ludwig die Charte anerkannten – all das brachte Talleyrands dringenden Wunsch zum Ausdruck, zwischen dem wiederhergestellten Königtum, dem Kaiserreich und der Revolution einen versöhnenden Ausgleich zu schaffen. Wie immer ließ sich Talleyrand von Mäßigung und Versöhnlichkeit leiten. Zwar gehörte er nicht zu den Menschen, die für ihre Grundsätze sterben oder sich für sie in Unannehmlichkeiten bringen lassen, aber er hielt an ihnen fest und war ihnen treu auf seine Weise.

Auch Ludwig hatte seine Prinzipien. Er war liberaler gesinnt als mancher Royalist. Gleichzeitig symbolisierte dieser gewichtige, früh gealterte Mann den alten Grundsatz der legitimen Monarchie. Er, der König von Frankreich, war vom Adel zurückgerufen, vom Volk begeistert empfangen und von den früheren Revolutionären mit Ungeduld als der einzige Mann erwartet worden, der den Frieden erreichen konnte. Denn er war König auf Grund eines alten Gesetzes, das noch immer von der Mehrheit des Volkes anerkannt wurde, ein Gesetz, auf das sich selbst Talleyrand berufen hatte, als er Alexander von der Wichtigkeit von Ludwigs Rückkehr überzeugen wollte. Und Ludwig kehrte in der Überzeugung zurück, daß er das seinem Recht verdanke und nicht Talleyrands Intervention. Er verstand sich als legitimer und unbestreitbarer Nachfolger von Ludwig XVII., als Herrscher, dem Gott das Wohl seines Volkes anvertraut hat. In einem Vierteljahrhundert Exil hatten die Bourbonen nichts vergessen und nichts dazugelernt.

In diesem Sinn hielt Ludwig am 3. Mai seinen offiziellen Einzug in Paris. Die ganze Stadt war auf den Beinen, um ja nichts von dem festlichen Ereignis zu versäumen. Nicht ein einziger Soldat war zu sehen. An Ludwigs Seite saß Marie-Thérèse, Herzogin von Angoulême, Tochter Ludwigs XVI. und Marie-Antoinettes, die zweiundzwanzig Jahre zuvor in denselben Straßen den haßerfüllten Pöbel hatte grölen hören.

Während Arbeiter überall damit beschäftigt waren, den Kaiseradler durch die Bourbonlilie zu ersetzen, machte sich der König daran, Artois' Schattenregierung durch eine endgültige zu ersetzen. Das Hauptproblem bestand offensichtlich darin, was aus dem Mann werden sollte, der eigentlich Frankreichs geheimer Führer gewesen war. Es war kein Geheimnis, daß Talleyrand nach dem Posten des Ratspräsidenten trachtete, um damit der Gegenpol zum König zu werden. Für Ludwig war jedoch diese Vorstellung in Anbetracht der Vergangenheit absurd. Ein degradierter Adeliger, verheirateter Bischof, früherer Minister des Direktoriums, des Konsulats und des Kaiserreichs konnte nicht Premierminister eines französischen Königs von Gottes Gnaden werden. Und doch wollte Ludwig auf die Erfahrung und den großen Einfluß dieses Mannes bei den verbündeten Herrschern während der Friedensverhandlungen nicht verzichten. So wurde Talleyrand am 8. Mai zum Außenminister ernannt, während sich Ludwig den Präsidentenstuhl des Rats selbst vorbehielt. Damit war Talleyrand praktisch aus den inneren Angelgenheiten Frankreichs ausgeschlossen, was ihn mit einiger Bitterkeit erfüllte. Er sollte nun mit der Koalition aus den Ländern England, Österreich, Preußen, Schweden, Portugal und Spanien verhandeln, die langsam ungeduldig wurden. Castlereagh beklagte sich, daß Paris »ein schlechter Ort für Geschäfte« sei und spielte damit auf die vielen Bälle, Empfänge und Abendessen an, die sowohl den Herrschern als auch den Ministern so viel kostbare Arbeitszeit nahmen.

Frieden in Europa bedeutete, das europäische System zu reorganisieren, wobei erst einmal Institutionen geschaffen werden mußten, die fähig waren, dieses Europa zu regieren. Zieht man den Umfang und die Vielschichtigkeit einer solchen Aufgabe in Betracht, dann konnte man lange, schwierige und zähe Verhandlungen voraussehen. Castlereaghs Optimismus wurde belächelt, als er die Hoffnung äußerte, man könne bis zum 15. Mai zu einer allgemeinen Einigung kommen. Doch so absurd war Castlereaghs Schätzung gar nicht. Gegen Ende Mai war einer der schwierigsten Friedensverträge, der Erste Frieden von Paris, entworfen und unter Dach und Fach gebracht. Die Verhandlungen hatten sich wider Erwarten als so unkompliziert erwiesen, daß es darüber fast keine Aufzeichnungen gibt.

Die beiden Männer, die dieses Wunder an Zusammenarbeit vollbracht hatten, waren Zar Alexander und Talleyrand. Zar Alexander wirkte durch seinen spontanen Enthusiasmus mitreißend. Talleyrand wußte mit Weitblick und Vernunft diese Begeisterung, die zweifellos nicht anhalten würde, in die richtigen Bahnen zu lenken.

Talleyrand und Alexander trugen dazu bei, daß der Gedanke an Teilung und Verstümmelung ganz aufgegeben wurde. Frankreich erhielt sogar territorialen Zugewinn, der über die Grenzen des Jahres 1792 hinausging. König Ludwig hätte beinahe die für Frankreich so erfolgreichen Verhandlungen behindert, indem er, schlecht beraten, darauf bestand, einen Großteil Belgiens zu bekommen. Dagegen verwahrte sich Castlereagh heftig und bemerkte, Frankreich solle doch endlich die falsche Vorstellung aufgeben, daß »Flandern für Frankreich notwendig wäre«. Dank der Intervention Talleyrands wurde dieser Streitpunkt friedlich aus der Welt geschafft. Noch einmal brachte Ludwig Unruhe in die Verhandlungen, als er sich weigerte, den Sklavenhandel zu unterdrücken. Castlereagh hatte sich unter dem massiven Druck der öffentlichen Meinung in England voll dafür eingesetzt. Auch hier kam es zu einer friedlichen Einigung, und Frankreich schaffte den Sklavenhandel im Jahr 1819 ab.

England, Preußen und Rußland hätten für die unglaublichen Erniedrigungen, die man ihnen zugemutet hatte, enormen Schadenersatz fordern können. Aber davon war keine Rede. Auf Talleyrands Ansuchen hin kam man sogar überein, nicht einmal die zahllosen Kunstwerke, die Napoleon als Kriegsbeute in ganz Europa, vor allem aber in Italien geraubt hatte, zurückzufordern. Jetzt blieb nur noch das schwierigste aller Probleme – nämlich zu bestimmen, was aus dem riesigen Territorium werden sollte, das einst zum französischen Kaiserreich gehört hatte. Die verhandelnden Parteien mußten zwischen den diversen Annexionen der Revolution und des Kaiserreichs unterscheiden. Gebiete, die gewaltsam annektiert worden waren, gingen in den Besitz ihrer früheren Herrscher zurück. Die Koalition hatte kein Recht, darüber zu verfügen. Als nächstes waren die Territorien an der Reihe, die Frankreich seit der Revolution rechtmäßig durch Vertrag zustanden. Frankreich hatte sich jedoch entschlossen, mit den Grenzen des Jahres 1792 zufrieden zu sein, und so waren diese Gebiete, fast halb Europa, ohne Herrscher. Aus dieser riesigen Landmasse sollte nun das neue Europa gebildet werden. Da Frankreich alleine die Souveränität über diese Gebiete besaß, konnte auch nur Frankreich diese Souveränität an Herrscher abgeben, die dann selbst zu legitimen Herrschern werden sollten. So erhielt der Papst die Gebiete zurück, die ihm Napoleon im Jahre 1808 weggenommen hatte, nicht aber den Teil, den er formell im Vertrag von Tolentino an Frankreich im Jahre 1797 abgetreten hatte. Der König von Sardinien erhielt den Teil seines Königreichs zurück, den Napoleon unrechtmäßig im Jahre 1803 annektiert hatte, nicht aber Nizza und Savoyen, die beide im Vertrag von 1797 Frankreich zugesprochen worden waren.

Dies war ein komplexes Problem, und schon bald gaben die alliierten Herrscher und ihre Minister Talleyrand recht, der der Meinung war, alle angebotenen Lösungen würden zu hastig präsentiert, um den schwierigeren Problemen Rechnung zu tragen. Man brauchte viel Zeit, wenn jeder zufrieden sein sollte. Zunächst sollte deshalb der Frieden mit Frankreich im Vordergrund stehen und die Grenzen festgesetzt werden. Dann würde Frankreich Vorkehrungen treffen für den offiziellen Verzicht auf die betreffenden Gebiete. Die Übergabe dieser Territorien sollte dann zu einem späteren Zeitpunkt auf einem Kongreß in Wien vor sich gehen. Talleyrand brachte es fertig, von Großbritannien, Preußen, Rußland und Österreich die Zusicherung zu bekommen, daß man in Wien in der gleichen wohlwollenden Stimmung gegenüber Frankreich verhandeln wolle. Auf dieses Versprechen der alliierten Vertreter war er besonders stolz. In seinen Erinnerungen schreibt er darüber:

»Wenn ich an die Verträge des Jahres 1814 denke, an die unzähligen Schwierigkeiten, mit denen ich mich auseinanderzusetzen hatte, an die Rachsucht einiger Abgeordneter, mit denen ich zu tun hatte und die ich erst eines Besseren belehren mußte, kann ich dem Urteil der Nachwelt getrost mit gutem Gewissen ins Auge schauen. Ich will nur noch daran erinnern, daß sechs Wochen nach der Rückkehr des französischen Königs das Territorium gesichert war, fremde Soldaten französischen Boden verlassen hatten, daß Frankreich nach der Rückkehr seiner Soldaten aus den ausländischen Garnisonen über eine ausgezeichnete Armee verfügte und daß wir schließlich auch all die bewundernswerten Kunstwerke im Land behalten durften, die unsere Armeen aus fast allen europäischen Museen zusammengetragen hatten.«

Ohne Zweifel war dieser Erste Frieden von Paris ein Meisterstück konstruktiver Diplomatie. Die Alliierten hatten Frankreich ja in ihrer Hand und hätten es ebensogut mit vernichtenden Vergeltungsforderungen belegen können. England hätte Belgien und Holland beanspruchen können, die deutschen Staaten, die nicht nur ohne Macht, sondern auch ohne Herrscher waren, hätten zwischen Österreich und Preußen aufgeteilt werden können. Wie Europa ausgesehen haben würde, wenn Napoleons Besieger es ihm gleich getan hätten, bleibt dahingestellt. Frankreich hätte jedenfalls nichts dagegen tun können. Daß dies nicht geschah, ist vor allem Zar Alexander zu verdanken, dessen Großzügigkeit auf andere ansteckend wirkte, und Talleyrand, der es fertigbrachte, daß diese Großzügigkeit zu Papier gebracht und damit Frankreichs Fortbestand garantiert wurde.

Zar Alexander erfreute sich einer ungeheuren Popularität, die ihm gleichzeitig Autorität verlieh. Talleyrand dagegen besaß weder diese Popularität noch hatte er irgendwelche militärischen Kräfte hinter sich. Die Konzessionen, die die Alliierten ihm machten, beruhten vor allem auf zwei Gründen: die persönliche Lage Talleyrands und die politische Situation der alliierten Regierungen.

Was den ersten Faktor betrifft, so hatte sicherlich Talleyrands »Verrat« an Napoleon in Erfurt einiges mit seinem Erfolg beim »Ersten Frieden von Paris« zu tun. Damals hatte Talleyrand begonnen, den Ruf nach Gerechtigkeit laut werden zu lassen. Jetzt konnte er die Alliierten daran erinnern, daß er damals schon gegen den Machtmißbrauch protestiert hatte, dessen Opfer die Verbündeten geworden waren. In der Stunde von Bonapartes Sturz stand Talleyrand als erster Mitstreiter der Sache der Alliierten da. Ehe er Mäßigung und Gerechtigkeit predigte, hatte Talleyrand diese Tugenden selbst praktiziert.

Die Nachgiebigkeit der Verbündeten basierte jedoch auf politischen wie auch gefühlsmäßigen Überlegungen. Was die alliierten Regierungen und ihre Völker vor allem anderen wünschten, waren Sicherheit und Ruhe. Sie konnten darauf vertrauen, daß der Verlust aller napoleonischen Eroberungen an sich schon ein großer Schock für die französische Öffentlichkeit sein würde.

Drei der Verbündeten, Preußen, England und Österreich, hatten ihre Karten auf den Tisch gelegt und ihre Ansprüche geltend gemacht. Aber es gab einen Herrscher, von dem man in dieser Hinsicht noch nichts vernommen hatte: Alexander, der die anderen zu Großmut und Gerechtigkeit ermahnte, hatte für sich selbst noch keine Ansprüche gestellt. Er hatte die Geheimklausel sorgfältig gelesen, die besagte: »Die Beziehungen, die zu einem dauerhaften Gleichgewicht der Macht führen, sollen auf dem Kongreß nach Grundsätzen geregelt werden, die von den Verbündeten zu bestimmen sind.« Er hatte sich deshalb entschlossen, abzuwarten.

Diese Entscheidung war Talleyrand ein Dorn im Auge und sollte für Alexander beim Wiener Kongreß zur Tragödie werden.

12. Zwischenspiel in London

Die Verträge von Paris wurden nicht nur von den vier Großmächten unterzeichnet, sondern auch von einigen kleineren Verbündeten: Spanien, Schweden und Portugal. Es war jedoch von Anfang an klar, daß nur England, Österreich, Preußen und besonders Rußland etwas mitzureden hatten. Und Frankreich hatte bereits anerkannt, daß die Neuordnung Europas ausschließlich in den Händen der Alliierten lag. Es war deshalb offensichtlich, daß der kommende Wiener Kongreß nicht mehr als ein Zusammentreffen war mit dem Zweck, die Entscheidungen der vier wichtigsten verbündeten Mächte zu ratifizieren. Sollte es ihnen gelingen, sich schon vor der Zusammenkunft in Wien zumindest vorläufig zu einigen, so würde Talleyrand, ohne viel Gelegenheit für Einwände zu bekommen, unterzeichnen müssen. Aus diesem Grunde lud der englische Prinzregent den Zaren, den österreichischen Kaiser und den König von Preußen und ihre Minister nach London ein. Österreich war dort nur durch Fürst Metternich vertreten. Diese Londoner Konferenz wurde ein Fiasko.

Der Fehler lag teilweise bei Castlereagh, der wie üblich die Situation falsch eingeschätzt hatte. Er war wenig von Alexander eingenommen und hatte sich in Paris auf Österreich und Metternich verlassen. Nun waren aber das britische Kabinett, der Premierminister und der Prinzregent genau gegenteiliger Meinung. Sie teilten Europas Verehrung für den Zaren von Rußland und hatten wenig Vertrauen in Österreich und noch weniger in seinen Außenminister.

Wäre Alexander klug gewesen, so hätte er die Situation für sich ausgenützt und England für seine Zukunftspläne gewonnen. Statt dessen manövrierte er sich selbst durch einige diplomatische und gesellschaftliche *faux pas* in eine unglückliche Lage hinein, die ihm nicht nur den Verlust der Freundschaft des Tory-Kabinetts und des Prinzregenten einbrachte, sondern ihn auch Talleyrand entfremdeten, und England, Frankreich und Österreich praktisch zu einem Bündnis gegen Rußland trieb.

Der Zar, der von der Rückkehr der Bourbonen nie so recht begeistert war, hatte nur auf Talleyrands Drängen seine Zustimmung gegeben. Nun paßte ihm plötzlich Ludwigs Verhalten nicht mehr. Die Verfassung, die Ludwig am 4. Januar präsentierte, fand seine Mißbilligung, obwohl sie nur detaillierter und genauer war als die von Talleyrand vorgeschlagene. Sie orientierte sich an der Verfassung der Vereinigten Staaten, und eigentlich gab es wenig daran, das den plötzlichen Zorn des Zaren verständlich gemacht hätte. Und doch verließ er am Vorabend des Tages, an dem die Verfassung vorgelegt werden sollte, wütend die französische Hauptstadt und begab sich, gefolgt von Friedrich Wilhelm von Preußen, nach London. Er weigerte sich, Fürst Talleyrand zu empfangen oder auch nur eine Nachricht von ihm anzunehmen und verkündete allerorts lauthals, Talleyrand habe ihn verraten, als er es zuließ, daß Ludwig XVIII. diese Verfassung vorlegte. Der Grund von Alexanders Zornausbruch war nicht im Inhalt von Ludwigs *Charte* zu sehen, sondern in ihrem Ursprung. Die Verfassung, die Talleyrand mit Alexanders Zustimmung angefertigt hatte, war in seinen Augen so etwas wie ein Pakt gewesen. Danach wäre Ludwig nur nach dem Willen des Volkes König geworden, und nur, nachdem die Verfassung von König und Volk angenommen worden war. Die *Charte* dagegen war eine Konzession des Thrones, die von Ludwig XVIII., König von Frankreich seit dem Tod Ludwig XVII., in dem »19. Jahr seiner Regierung« gemacht worden war.

Talleyrand ließ einige Tage verstreichen, bis sich der kaiserliche Zorn etwas gelegt hatte und schrieb dann einen beruhigenden Brief an seinen früheren Freund.

Alexander fühlte sich vom französischen König und von Talleyrand verraten, weil Ludwig XVIII. sich geweigert hatte, die Krone aus den Händen des Volkes zu empfangen. Dies betrachtete er als grundsätzlichen Verrat aber an Alexanders, nicht an Ludwigs Grundsätzen. Denn Alexander war es ehrlich mit seiner Begeisterung für demokratische Ideale. Und weil er ehrlich war, irritierte es ihn, wenn er auf Opposition stieß. Weil er ein Fanatiker war, war Opposition für ihn Betrug und Verrat.

Zar Alexander erreichte London am 7. Juni, drei Tage nach der offiziellen Bekanntgabe von Ludwigs *Charte*. Er war fest entschlossen, das Werk der Entfremdung, das er in Paris begonnen hatte, zu vollenden. Zunächst bereitete die Bevölkerung ihm und Friedrich Wilhelm einen begeisterten Empfang. Auch hier wurde er als Befreier Europas gefeiert und man brachte ihm stürmische Ovationen. Die Universität Oxford verlieh ihm einen Doktortitel als »Verteidiger der Rechte Europas«. Alexander wollte sich jetzt entspannen und seinen Ruhm genießen.

Wäre er dabei geblieben und wäre er damit zufrieden gewesen, sich auf den unzähligen Festen und Banketten, die ihm zu Ehren arrangiert worden waren, zu zeigen, und hätte er die gesellschaftlichen Initiativen seiner Gastgeber und die politischen Verhandlungen seinem fähigen Minister Nesselrode überlassen, wäre alles in bester Ordnung gewesen. Er beging jedoch den Fehler, seine Schwester, die Großherzogin Katharina, die auch gleichzeitig seine Geliebte war, nach London einzuladen. Abgesehen davon, daß es bei einigen dieser Feierlichkeiten unüblich war, Damen einzuladen, stieß Katharina durch ihr rüdes und verletzendes Wesen schon bald jedermann vor den Kopf. Sie hegte von Anfang an eine extreme Antipathie gegen den Prinzregenten und entsetzte eine Abendgesellschaft, indem sie darauf bestand, die Musikkapelle nach Hause zu schicken, weil »Musik in mir immer einen Brechreiz verursacht«. War Katharinas Verhalten schon schlimm genug, so war die unverständliche Tatsache, daß ihr Benehmen vom Zaren durchaus gebilligt wurde, noch schlimmer. Alexander hatte darauf bestanden, in London eine Privatunterkunft zu haben und nicht im St. James Palace abzusteigen. Nun war seine Residenz das Pulteney Hotel in einem Stadtteil, dessen Bewohner dem Prinzregenten nicht gerade wohlgesonnen waren. Dies ging sogar so weit, daß der Prinzregent seinen angekündigten Besuch bei Alexander nicht abstatten konnte, weil er von dem aufgebrachten Volk daran gehindert wurde. Das Mißfallen auf beiden Seiten wuchs, nachdem Alexander so lange gewartet hatte und sich dann schließlich selbst zur Residenz des Prinzregenten begeben mußte.

Den Höhepunkt dieser unterkühlten Visite in England brachte der 18. Juni, der Tag eines Guildhall Banketts. Zar Alexander, prachtvoll in Scharlach und Gold gekleidet, fuhr im Wagen des Prinzregenten in die Stadt, begleitet von Katharina, deren Teilnahme aufs schärfste kritisiert worden war und der man mitteilte, daß es für Damen unüblich sei, bei derartigen Gelegenheiten dabeizusein. Als die königliche Gesellschaft, der Prinzregent, der Kaiser, der König von Preußen, die Großherzogin, die Herzogin von York und die Gräfin Lieven, an den Gästen vorbeigingen, sah Alexander die beiden wichtigsten Oppositionsführer, Lord Grey und Lord Holland, beide erbitterte Feinde des Prinzregenten. Er blieb stehen, um sich mit ihnen zu unterhalten, während der Prinzregent mit zorngerötetem Gesicht danebenstand und warten mußte. Während des folgenden Banketts sprach der Regent kein einziges Wort mit Alexander und seiner Schwester. Die Stimmung wurde auch nicht besser, als die Großherzogin beim Auftritt der eigens engagierten Sänger laut klagend verkündete, sie könne sich des Brechreizes nicht erwehren.

Nicht nur die Regierungspartei war von der Unverfrorenheit der Großherzogin und ihres Bruders schockiert, auch die Oppositionsführer waren von dem Vorfall peinlich berührt. Lord Grey hielt es zwar für natürlich, daß britische Politiker etwas gegen ihren Prinzregenten hatten, aber es war doch etwas ganz anderes, wenn ein Ausländer ihn öffentlich beleidigte. Dieses Gefühl schien auch die britische Öffentlichkeit zu teilen. Gegen Ende von Alexanders Besuch gab es keine begeisterten Menschenmassen mehr für ihn in London. Man applaudierte jetzt Blücher, dem preußischen General, und Platow, einem aufsehenerregenden Kosaken in Alexanders Gefolge.

Keiner, auch nicht Talleyrand und am allerwenigsten Castlereagh, hatte ahnen können, welches Unheil Alexanders Launenhaftigkeit in Verbindung mit seiner chaotischen Schwester anrichten würde. Trotzdem war man allerseits hocherfreut: Talleyrand, weil er wußte, daß jeder Zwist zwischen den Verbündeten Frankreich nur zugute kommen würde; Castlereagh, weil er nun das Kabinett, den Regenten und das britische Volk auf seiner Seite gegen Alexander hatte, und Metternich, weil er vermutete, daß Alexanders Ansprüche auf polnisches Gebiet übermäßig sein würden und daß nur ein gemeinsames Vorgehen der Bündnispartner gegen Rußland beim bevorstehenden Kongreß einen für Österreichs Sicherheit so riskanten Plan verhindern konnte.

In dieser Atmosphäre wurden zwei wichtige Fragen erörtert: die der preußischen Ansprüche auf Sachsen und die Forderungen Alexanders nach Teilen von Polen. Bei beiden Problemen zeigte sich Alexander völlig unzugänglich. Da russische Truppen fast das gesamte polnische und sächsische Gebiet besetzt hielten, mußten beide Fragen bis zum Kongreß in Wien vertagt werden. Es war inzwischen ganz klar geworden, daß Alexander nicht nur, wie er laut verkündete, Frieden und Gerechtigkeit wollte, sondern auch den größten Teil Polens.

Man kam zunächst überein, bezüglich der besetzten Länder nichts zu unternehmen, ehe ihr Schicksal durch einen offiziellen Vertrag geklärt war. Alle vier Mächte sollten 75 000 Mann in Kampfbereitschaft halten, bis die Neugliederung Europas zum Abschluß gekommen war.

Dann brach am 27. Juni Alexander von Dover in Richtung Festland auf, und man atmete erleichtert auf. Am nächsten Tag erhielt Castlereagh eine Nachricht von ihm. Ihm sei klargeworden, daß der Kongreß sich wahrscheinlich länger als erwartet hinziehen würde, und er wollte seiner Heimat einen Besuch abstatten, ehe er nach Wien käme. Also wurde der Beginn des Kongresses von Anfang August auf Ende September verschoben.

Talleyrand hatte die Entwicklung in London mit Interesse verfolgt. Die Kluft zwischen Alexander und der britischen Regierung sowie Metternichs Bestrebungen paßten ausgezeichnet in seine Pläne für den Wiener Kongreß. Er wußte sehr wohl, daß Frankreich in Wien praktisch hilflos dastand, wenn sich die vier verbündeten Herrscher einig zeigten. War jedoch Rußland isoliert und Großbritannien, Österreich und Preußen in geschlossener Front, könnte

Frankreich sehr wohl eine Schlüsselposition erreichen. Es könnte zum Katalysator einer europäischen Einigung werden und nicht zu ihrem Opfer – das aber setzte äußerst gefühlvolles Taktieren voraus.

Wollte Frankreich also etwas ausrichten, so mußte ein Unterhändler nach Wien geschickt werden, der sich der Bedeutung der Situation voll bewußt war, dem die Details genauestens bekannt waren und der den französischen Standpunkt fest und ehrlich zu vertreten wußte. Er mußte den Bündnispartnern klarmachen, daß Frankreich sich in seinen früheren Grenzen stark genug fühle und keinerlei Ambitionen hege, sie auszudehnen.

Es gab eigentlich nur einen qualifizierten Kandidaten für den Posten des französischen Botschafters in Wien. Und Talleyrand, der wußte, daß Bescheidenheit hier fehl am Platze war, betrachtete es nicht nur als sein Recht, sondern auch als seine Pflicht, diese Stellung für sich in Anspruch zu nehmen.

Der König ließ ihn, als er sich um diese Mission bewarb, gar nicht erst zu Ende reden, sondern forderte ihn auf, die wichtigsten Verhandlungspunkte schriftlich zu fixieren. In ein paar Tagen war dieses zu Recht berühmt gewordene Dokument abgefaßt und vom König gebilligt. Es führte die Hauptziele Frankreichs bei der Neugliederung des Nachkriegs-Europa auf:

1. Österreich daran zu hindern, den Thron von Sardinien mit einem habsburgischen Prinzen zu besetzen.
2. Murat vom napoleonischen Thron abzusetzen und dieses Königreich wieder seinem früheren bourbonischen Herrscher zuzuführen.
3. Rußland daran zu hindern, ganz Polen zu annektieren.
4. Preußische Pläne, das gesamte Königreich Sachsen zu erwerben, zu durchkreuzen.

Mit dem ersten Punkt manifestierte Talleyrand den Grundsatz der Legitimität. Seiner Meinung nach waren die von Frankreich annektierten Länder – ob sie es nun aus der Zeit der Revolution waren oder durch Napoleons Eroberungen dazugekommen waren – für ihre legitimen Herrscher nie wirklich verloren. Sie mußten ihren ursprünglichen Herren nur zurückgegeben werden. Das war praktisch schon geschehen. Es waren nur noch jene übriggeblieben, deren »legitime Herrscher« entweder von der politischen Bühne verschwunden waren (wie es bei der Republik Genua der Fall war), oder ihre Herrschaft niedergelegt hatten, ohne einen Nachfolger zu bestimmen. In diese letzte Kategorie gehörten alle Länder, die Frankreich nach rechtmäßigen Abtretungsverträgen in der Revolution oder in der Zeit des Kaiserreichs annektiert hatte. Nun hatte Frankreich mit dem Pariser Vertrag den Herrschaftsanspruch aufgegeben, ohne ihn an jemand anderen abzutreten. Es war eine Situation ohne Präzedenz: die Hälfte aller europäischen Länder waren ohne legitime Herrschaft.

Doch wer wollte die Macht und die Autorität besitzen, die legitime Herrschaft in diesen Ländern wiederherzustellen? Nach Talleyrands Ansicht mußte ganz Europa in einem Kongreß darüber entscheiden. Dadurch wurde Europa zu einer fast metaphysischen Staatenvereinigung, die in gemeinsamer Handlung das Recht hatte, Souveränität zu schaffen und anzuerkennen.

Da Frankreich allein nichts ausrichten konnte, machte sich Fürst Talleyrand daran, unter den anderen Mächten nach Verbündeten zu suchen. Rußland wurde ins Auge gefaßt, doch wieder verworfen. Metternich hatte Talleyrand gegenüber eine derartige Skepsis entwickelt, daß Talleyrand und Ludwig XVIII. sich einig waren, daß von Österreich nichts erwartet werden könne. Und Preußen würde ohne Zweifel dem Beispiel des großen Verbündeten Rußland folgen.

Blieb also nur England übrig. Castlereagh war sich immer dieser Möglichkeit bewußt gewesen, mit Frankreich ein Bündnis einzugehen, sollten alle anderen Mittel, die Schwierigkeiten zwischen England und Rußland beizulegen, scheitern.

Talleyrand schlug Castlereagh ganz konkret vor, Frankreich und England sollten zusammen als die einzigen beiden neutralen Mächte auftreten. Zudem brachte Talleyrand mehrere Punkte bezüglich der Regelung der polnischen und der italienischen Frage vor, bei denen er sicher war, daß seine Meinung mit der Castlereaghs übereinstimmte.

Großbritannien und Frankreich, die aus unterschiedlichen Gründen auf diesem Kongreß keine speziellen Territorialansprüche zu vertreten hatten, waren von ihrer Position her geradezu prädestiniert, als Mittler zwischen den anderen Mächten zu fungieren, deren ehrgeizige Pläne notgedrungen aufeinanderprallen mußten. In zwei Untersuchungen, denen Ludwig XVIII. interessiert beiwohnte, versicherte sich Talleyrand, daß England während des Kongresses keinem Punkt zustimmen würde, der Frankreich zum Schaden gereichen könnte. Als Gegenleistung bevollmächtigte er Castlereagh, die Ansichten Frankreichs zu vertreten, bis er selbst im späten September in Wien ankommen werde und bot Frankreichs Unterstützung an in der Frage der russischen Pläne mit Polen. Als Castlereagh einige Tage später Paris verließ, war zwischen England und Frankreich eine gewisse Interessengemeinschaft entstanden, deren Vorteile Talleyrand in den kommenden Monaten ausnützen, und die ein entscheidender Faktor bei der Lösung der schweren Krise des Wiener Kongresses werden sollte.

Nun konnte Talleyrand seine ganze Aufmerksamkeit der Zusammenstellung seiner Delegation für den Wiener Kongreß widmen. Bei der Auswahl hatte er einerseits das Prestige seiner Abordnung im Auge, andererseits die Brillanz seiner Kandidaten. Den Herzog von Dalberg ernannte er zu seinem Stellvertreter, weil er, der für seine zahllosen Indiskretionen bekannt war, der ideale Mann war, »die Geheimnisse zu verbreiten, die jeder wissen soll«. Als Vertreter der extremen Royalisten wählte er den früheren Adjutanten des Herzogs von Artois, Graf Alexis de Noailles. »Wenn man sich schon einen Spion gefallen lassen muß«, schrieb er der Herzogin von Kurland, »dann möchte ich mir diesen wenigstens selbst aussuchen.« Der Marquis de la Tour du Pin-Gouvernet sollte wegen seiner vornehmen Abstammung und seiner gesellschaftlichen Stellung zur Delegation gehören (»zum Unterzeichnen von Pässen ist er gerade gut genug«). Für die harte Arbeit dagegen suchte er sich den Graf de la Besnardière aus, »den ich für den besten Mann im Außenministerium seit vielen Jahren halte«. Der Graf von Jaucourt, ein Freund aus der Zeit vor der Revolution, sollte als geschäftsführender Außenminister in Paris bleiben. Bei ihm konnte sich Talleyrand darauf verlassen, daß seine Anordnungen befolgt und er über alle Entwicklungen in der französischen Hauptstadt informiert sein würde.

Eine sehr wichtige Position war bislang noch unbesetzt. Jedermann war sich darüber klar, daß es in Wien ein sehr reges gesellschaftliches Leben geben würde und, gemäß dem Brauch der damaligen Zeit, mindestens ebenso viele Entscheidungen in den Salons und Ballsälen gefällt werden würden wie am Konferenztisch. Die französische Delegation brauchte also eine entsprechende Dame der Gesellschaft, deren Schönheit, Abstammung und Intelligenz Talleyrands Mission erleichtern würde.

Es hätte sich geziemt, daß Talleyrand seine Frau Cathérine mit nach Wien genommen hätte. Aber Talleyrand war sich mehr als jeder andere darüber klar, daß Cathérine eine erbärmliche Botschafterin abgeben würde. Ihre jugendliche Schönheit war verblichen, und sie war jetzt eine aufgedunsene, geschwätzige alte Frau, die ihre Zeit damit zubrachte, sich ihrer früheren Schönheit zu rühmen. Ihr unmögliches Verhalten und ihre zahllosen *faux pas* waren inzwischen so allgemein bekannt, daß es einer Katastrophe gleichgekommen wäre, hätte man diese Frau mitten in Europas arroganteste Gesellschaft mit all ihren politischen Ränken hineingestellt.

Aber es gab in Talleyrands Familie eine junge Dame, die für die Teilnahme am Wiener Kongreß im gleichen hohen Maße geeignet war, wie das Cathérine im negativen Sinne war. Dorothéa de Périgord hatte die Natur mit einem Intellekt beschenkt, der es ihr gestattete, es mit jedem Staatsmann aufnehmen zu können. Ihre Schönheit machte sie mit jedem Mitglied des europäischen Adels konkurrenzfähig. Der Abstammung nach gebührte ihr ein Platz in den erlauchtesten Kreisen. Viele Persönlichkeiten, die in Wien ihre Länder vertraten, waren zu ihr blutsverwandt. Mit der preußischen Königsfamilie war sie seit vielen Jahren eng verbunden. Der russische Zar war ein intimer Freund ihrer Mutter. Und alle ihre Schwestern hatten in Wien strategisch wichtige Stellungen bei der Übermittlung von Informationen: Wilhelmina, die Herzogin von Sagan, war die Geliebte Fürst Metternichs; Pauline, Prinzessin von Hohenzollern-Hechingen, war mit einem der herrschenden Fürsten verheiratet und hatte einen Geliebten aus den Reihen der Unterhändler; und Jeanne, die Herzogin von Acerenza, galt als aussichtsreichste Kandidatin auf das Bett des Barons Friedrich von Gentz, des Generalsekretärs des Kongresses, und als eine unerschöpfliche Quelle für Klatsch. Diese Qualifikationen im Zusammenhang mit der Zuneigung, die Talleyrand für die Frau seines Neffen hegte, machten ihm die Entscheidung leicht.

Dorothéa nahm den Vorschlag ihres Oheims ohne Zögern an. Unzufriedenheit im ehelichen Alltag und mit dem Leben in der Pariser Gesellschaft machten sie für eine solche Abwechslung nur allzu empfänglich. Immerhin traf sie eine bedeutsame Entscheidung, die der Welt den Abbruch ihrer Beziehungen zu ihrem Gatten signalisierte. Man kann sich denken, was die Pariser Gesellschaft aus der Neuigkeit machte, daß der als Lüstling verschriene Talleyrand statt mit seiner Frau mit seiner attraktiven Nichte nach Wien fuhr.

Zur Zeit der Vorbereitungen des Wiener Kongresses gab es jedoch nicht die leisesten Anzeichen dafür, daß Talleyrand seine Nichte nicht nur als liebe Verwandte betrachtet hat, die auf so bewundernswerte Weise dazu qualifiziert war, ihn bei seiner schwierigen Mission in Wien zu unterstützen. Doch wußte er um den Klatsch in der Pariser Gesellschaft und traf sich deshalb mit Dorothéa heimlich in einem Landhaus in der Nähe von Paris, um von dort aus mit ihr zusammen die Reise nach Wien anzutreten.

Als Cathérine davon erfuhr, wollte sie im ersten Moment ihrem

Mann nachfahren, um in Wien in aller Öffentlichkeit ihren Platz an der Seite ihres Mannes zu beanspruchen. Aber sie kam davon ab, und so war am 16. September eine Ehe beendet, die von der Diktatur Napoleons auferlegt worden war. Gleichzeitig war der Beginn einer Beziehung gesetzt, die bis zum Ende von Talleyrands Leben Bestand haben sollte. Zunächst aber war er auf dem Weg von Paris nach Wien, wo eine große Aufgabe auf ihn wartete.

13. Der Wiener Kongreß

Talleyrand kam mit seinem Gefolge am 23. September in Wien an und nahm im Nobelhotel Kaunitz Quartier. Die glanzvollsten Namen und Persönlichkeiten Europas zog es in die österreichische Hauptstadt. Die Hofburg beherbergte gleichzeitig zwei Kaiser, zwei Kaiserinnen, vier Könige, eine Königin, zwei Kronprinzen, zwei Großherzoginnen und drei regierende Fürsten. Die Fürstlichkeiten geringeren Grades waren noch zahlreicher, und dazu kam die Zahl ihrer Höflinge. Kurz gesagt, alles, was Rang und Namen hatte oder haben wollte, fand sich in Wien ein. Aber nicht alle Besucher kamen, um zu arbeiten, vielmehr wurden sie von der Tradition des Nichtstuns und des Vergnügens angezogen, die ein typisches Merkmal des 18. Jahrhunderts war. Glitzernde Orden und Uniformen und Höflinge der kaiserlichen, königlichen und erlauchten Hoheiten schufen die Atmosphäre, in der es vor allem um Amüsement ging und Arbeit nebensächlich erschien. Der Fürst von Ligne, die lebendige Verkörperung des achtzehnten Jahrhunderts, erfand dazu den allgemein bekanntgewordenen Witz: »*Le Congrès ne marche pas; il danse.*«

Der kaiserliche Hof zu Wien hatte den hohen Besuchern in zweifacher Weise Rechnung getragen. Zunächst einmal hatte man ein Unterhaltungsprogramm ausgearbeitet, das seit den Tagen der römischen Herrschaft nicht seinesgleichen gesehen hatte. Zweitens hatte man Vorsorge für eine Überwachung getroffen, die auch das unauffälligste Kommen und Gehen von Herrschern und Delegierten registrierte. Baron Franz Hager, der Polizeichef, erhielt täglich von seinen Agenten Berichte darüber, was jeder der hohen Gäste gesagt oder getan hatte. Außerdem wurde ihm täglich Nachricht über jeglichen Schriftverkehr überbracht. Talleyrands Delegation schien einer besonderen Überwachung wert zu sein. Der Polizei fiel sofort ein höchst suspektes Individuum im Gefolge des Fürsten, ein Österreicher namens Sigismund von Neukomm, auf. Metternich ordnete eine besonders strenge Observation dieses Mannes an.

Bald fand man heraus, daß Neukomm ein Pianist und Komponist aus Salzburg war, daß er als Talleyrands Gast in seinem Haus lebte und seit 1809 sein Protegé war. Aber das machte ihn nicht weniger verdächtig. Metternich war sicher, daß sich ein Komplott zusammenbraute, und selbst die unverfänglichsten Äußerungen Neukomms wurden in einem Polizeidossier gesammelt, das bald prall voll war.

Es war eine Atmosphäre, in der sich Talleyrand sofort zu Hause fühlte. Unter den vielen Gästen war auch der Graf von la Garde-Chambonas, dem wir eine Schilderung seines ersten Besuchs in der französischen Gesellschaft verdanken:

»Ich kam schon frühzeitig in die Gesandtschaft und traf nur Herrn von Talleyrand, den Herzog von Dalberg und die Gräfin von Périgord an. Der Fürst begrüßte mich mit dem erlesenen Anstand, der ihm zur zweiten Natur geworden ist; er ergriff meine Hand mit jener gütigen Gebärde, die an ein längst vergangenes Zeitalter erinnert, und sagte: ›Ich muß also nach Wien kommen, Monsieur, damit ich das Vergnügen habe, Sie in meinem Hause begrüßen zu dürfen.‹

Ich hatte ihn seit dem Jahre 1806 nicht mehr gesehen, aber ich war wieder einmal tief gerührt von seinem geistvollen Ausdruck, von der unzerstörbaren Gelassenheit seiner Züge, von der ganzen Haltung dieses außerordentlichen Mannes, in dem ich – gleich allen damals in Wien versammelten Besuchern des Kongresses – den größten Diplomaten der Zeit erblickte. Unverändert war der ernste und tiefe Klang seiner Stimme, unverändert waren die ungezwungenen und natürlichen Umgangsformen, unverändert auch seine tief verwurzelte Vertrautheit mit den Sitten der besten Gesellschaft; alles wirkte damals schon wie eine vom Schicksal aufbewahrte Spiegelung einer Welt, die nicht mehr bestand, und die er als einer ihrer letzten Vertreter so überaus vollkommen verkörperte. Er beherrschte, so schien es mir, die ganze erlauchte Versammlung, durch den Zauber seines Geistes und die unwiderstehliche Kraft seines Genies.«

Kurze Zeit später war der Graf zum Abendessen eingeladen und schrieb, »Monsieur de Talleyrand gab sich bei Tisch mit gewohnter Liebenswürdigkeit und heiterer Geselligkeit, ja er war sogar noch liebenswürdiger, als er es in seinen Empfangsräumen zu sein pflegte. Verschwunden war seine sonstige Schweigsamkeit, von der einmal jemand gesagt hat, er habe aus ihr eine Kunst der Beredsamkeit gemacht. Daß sein Gespräch hier weniger tiefgründig war, verstärkte vielleicht noch seinen Reiz. Seine Rede kam geradewegs aus dem Herzen und floß ohne Hemmung dahin.«

Talleyrand war jedoch nicht nach Wien gekommen, um jedermann von seinem Charme zu überzeugen oder sich selbst zu amüsieren, obwohl er beides ausgiebig tat. Schon am Tag seiner Ankunft wurde er an die Wichtigkeit seiner Arbeit erinnert. Die Bevollmächtigten von Österreich, Preußen, Großbritannien und Rußland hatten schon am Tag zuvor zwei Entscheidungen getroffen:

1. Großbritannien, Österreich, Preußen und Rußland wollten ein Abkommen unterzeichnen, womit sie sich die letzte Entscheidung über alle Territorialfragen vorbehielten.
2. Frankreich und Spanien sowie alle anderen auf dem Kongreß vertretenen Nationen sollten erst wegen dieser Fragen konsultiert werden, nachdem die vier verbündeten Mächte »eine endgültige Entscheidung« bezüglich des Schicksals des Herzogtums Warschau und der freien Gebiete Deutschlands und Italiens getroffen hätten.

Frankreich, so befürchtete man, würde zu jeder Frage Stellung nehmen wollen, ob diese nun seine Interessen berühre oder nicht.

Diese Beschlüsse und die Begründung dafür widersprachen ganz offensichtlich dem, was man früher in Paris und London ausgemacht hatte. In Paris waren die Verbündeten mit einem Versprechen von Talleyrand zufrieden gewesen, daß Frankreich die für den Wiederaufbau beschlossenen Leitlinien akzeptieren würde. Spanien, Portugal und Schweden sollten ebenfalls an dieser Entscheidung teilhaben. Einen Monat später waren die vier Mächte in London übereingekommen, einen vorläufigen Plan für die Verteilung der Territorien zu erstellen und dann Frankreich, Spanien und Schweden (Portugal war von der Teilnahme ausgeschlossen) von diesem Plan in Kenntnis zu setzen. Gemeinsam wollte man dann ein endgültiges Schema erarbeiten.

Die Abkommen von Paris und London hatten Frankreich eine bedeutende Rolle zugestanden. Die Beschlüsse des 22. September jedoch schlossen Schweden aus und gestatteten Spanien nur die Mitbestimmung bei jenen Angelegenheiten, die es direkt betrafen. Und Talleyrand wurde erst eingeschaltet, nachdem die vier Mächte unter sich zu einer Entscheidung gekommen waren. Während des dreimonatigen Zwischenspiels waren Frankreich und die Verbündeten verschiedene Wege gegangen. Die Verbündeten hatten sich von Europa abgewandt und hatten einen exklusiven Klub der Eroberer gegründet.

Der Grund dafür ist nicht schwer zu erraten. Er lag vor allem in dem Wunsch Zar Alexanders, sich polnisches Gebiet einzuverleiben. Da er Polen erobert hatte und es von seinen Soldaten besetzt war, konnten seine Verbündeten ihm einen Anspruch nicht allzu heftig streitig machen.

Talleyrand fand in Wien eine gewisse Feindseligkeit gegenüber der versöhnlichen Haltung vor, die in Paris die Atmosphäre ausgemacht hatte. Am 25. September schrieb er an König Ludwig: »In Wien kommt die Sprache der Vernunft und der Mäßigung nicht mehr über die Lippen der Generalbevollmächtigten.« Er war jedoch überzeugt, daß Metternich und nicht Alexander der eigentliche Schuldige war. Diese Überzeugung stützte sich nicht nur auf die unterschiedlichen Persönlichkeiten und Interessen. Am 25. September hatte Alexander von Rußland in Wien seinen Einzug gehalten und hatte unmittelbar nach seiner Ankunft nach Talleyrand schicken lassen. Für den 1. Oktober war eine Privataudienz vereinbart. Dann erhielt Talleyrand am Morgen des 30. September eine kurze private Nachricht von Metternich, daß er ihn zu einer Vorbesprechung am selben Tag in seinem Haus erwarte. Dort, so hieß es in der Nachricht, würde er außerdem auch die Minister von Preußen, England und Rußland antreffen. Metternich fügte hinzu, daß er eine ähnliche Einladung an den spanischen Minister, Monsieur de Labrador, geschickt habe. Talleyrand antwortete, daß er »hocherfreut« sei, »die Minister Rußlands, Englands, Spaniens und Preußens zu treffen«. Zur gleichen Zeit suchte der Graf von Labrador das Hotel Kamnitz auf und zeigte Talleyrand seine Einladung. Sie glich der, die Talleyrand bekommen hatte, mit dem Unterschied, daß sie in der dritten Person abgefaßt war und mit Fürst Metternich *und seine Amtskollegen* unterzeichnet war. Talleyrand zeigte Labrador, was er geantwortet hatte und riet ihm ebenso zu antworten, aber Frankreich vor den übrigen Mächten zu nennen. »Auf diese Weise verbanden der Graf von Labrador und ich das, was die anderen so gerne trennen wollten, und wir trennten, was sie nur allzugern verbunden wissen wollten.«

»Ich war schon vor 2 Uhr im Haus des Fürsten Metternich«, fuhr Talleyrand fort. »Die Minister der vier Höfe saßen bereits um einen langen Konferenztisch, an dessen einem Ende Lord Castlereagh saß und offensichtlich den Vorsitz führte. Ihm gegenüber am anderen Ende saß ein Herr, den Fürst Metternich nur als Generalsekretär der

Konferenzen vorstellte. Es war Herr von Gentz. Mir wurde ein leerer Platz zwischen Lord Castlereagh und Fürst Metternich zugewiesen. Ich fragte sofort, warum ich allein und nicht die anderen französischen Bevollmächtigten auch eingeladen worden waren. Antwort: Weil man es für richtig gehalten hatte, daß die einleitenden Besprechungen nur von den Chefs der Abordnungen geführt würden. Frage: Weshalb ist dann der Spanier Labrador anwesend, der doch nicht der Führer der spanischen Delegation sei? Antwort: Weil dieser noch nicht in Wien eingetroffen ist. Frage: Weshalb ist Preußen neben Hardenberg auch durch Humboldt vertreten? Antwort: Wegen der körperlichen Behinderung des Fürsten (er war so gut wie taub).« »Nun denn«, antwortete Talleyrand sanft, »wenn es auf körperliche Behinderungen ankommt, so können wir ja alle damit aufwarten.«

Castlereagh verlas dann einen Brief des portugiesischen Bevollmächtigten, der zu wissen wünschte, weshalb man ihn von den Vorbesprechungen ausschlösse. Talleyrand und Labrador pflichteten ihm bei, auch die übrigen Vertreter schienen nicht abgeneigt. Aber Metternich bestand darauf, eine entsprechende Beschlußfassung bis zur nächsten Sitzung zu vertagen.

Castlereagh ging danach zur Tagesordnung über. »Der Zweck der heutigen Besprechung ist«, sagte er, »Sie mit der Arbeit bekanntzumachen, die von den vier Mächten hier bereits geleistet worden ist.« Er bat Metternich um das Protokoll. Metternich überreichte Talleyrand ein Dokument, das von Metternich selbst, Nesselrode, Castlereagh und Hardenberg unterzeichnet war.

»In diesem Dokument«, stellte Talleyrand fest, »tauchte das Wort ›Verbündete‹ in jedem Absatz auf. Ich erhob Einspruch gegen diesen Ausdruck. Ich sagte, man zwinge mich zu der Frage, wo man sich eigentlich befinde. Waren wir immer noch in Chaumont? Oder in Laon? Ob man denn nicht längst Frieden geschlossen hätte, und wenn nicht, gegen wen man dann Krieg führe?«

Man beeilte sich, Talleyrand zu versichern, daß mit dem Wort »Verbündete« keinerlei böse Absicht verbunden sei und man es nur »der Kürze halber« benützt habe.

»Kürze«, meinte Talleyrand dazu eisig, »sollte niemals auf Kosten der Genauigkeit erstrebt werden.«

Nachdem Talleyrand einige Absätze des Dokuments sorgfältig studiert hatte, sah er verwundert auf und sagte: »Das verstehe ich nicht.« Dann las er weiter. »Ich verstehe immer noch nicht. Für mich gibt es nur zwei Daten: den 30. Mai, an dem beschlossen wurde, diesen Kongreß zu veranstalten, und den 1. Oktober, an dem der

Kongreß eröffnet werden sollte. Zwischen diesen beiden Daten ist ein Vakuum. Alles, was in dieser Zeit stattgefunden hat, ist, was mich betrifft, nicht vereinbart worden.«

Die peinlich berührten Verhandlungspartner beeilten sich zu versichern, daß sie dem Schriftstück ohnehin keine allzu große Bedeutung beimessen würden und sie bereit seien, es zurückzuziehen.

»Wenn es so wenig Bedeutung hat«, warf Graf Labrador ein, »warum haben Sie es dann unterzeichnet?«

Niemand wußte eine Antwort, und das Dokument wurde tatsächlich zurückgezogen.

Doch Metternich gab sich nicht so leicht geschlagen. Er legte ein bedeutsames Schriftstück vor, das Labrador zusammen mit den anderen Vertretern unterzeichnen sollte. Diese Erklärung erläuterte in einer weitläufigen Präambel die Notwendigkeit, die Arbeit des Kongresses zu vereinfachen. Nach vielen Bestätigungen, daß niemand beabsichtige, die Rechte irgendeines Staates einzuschränken, wurde vorgeschlagen, daß alles, womit sich der Kongreß zu befassen habe, in zwei Gruppen aufgeteilt würde, für jede Gruppe sollte ein besonderer Ausschuß gebildet werden. Die Länder, die an diesem Verhandlungsgegenstand ein spezifisches Interesse hätten, könnten sich dann an den entsprechenden Ausschuß wenden, worauf dieser, nachdem das Für und Wider gründlich diskutiert worden war, die Angelegenheit vor den Kongreß bringen würde. Der Kongreß könnte erst einberufen werden, wenn die beiden Ausschüsse ihre Arbeit beendet hätten.

Talleyrand war sofort auf der Hut. Er erkannte, daß sich die Großmächte die Regelung aller bedeutsamen Fragen vorbehalten wollten. Solange die früheren Verbündeten zusammenarbeiteten, würden er und sein spanischer Amtsgenosse immer eine Minderheit von 2 gegen 4 bleiben.

Talleyrand erbat sich angesichts dieser schwierigen Entscheidung Bedenkzeit aus. Es war zu prüfen, ob dieser Vorschlag mit den Rechten, die dieser Kongreß schützen sollte, vereinbar sei. »Wir haben uns zusammengefunden, um die Rechte eines jeden Staates zu achten und zu sichern«, sagte er. »Da wäre es doch fatal, wenn wir sie gleich zu Anfang verletzten. Wenn schon alles vor Beginn des Kongresses geregelt sein soll, dann setzt man an den Anfang, was eigentlich ans Ende gehört.«

Hierin gab ihm Lord Castlereagh recht. »Aber«, fügte dieser hinzu, »welch' anderen Weg sollten wir begehen, um uns nicht in unendlich abschweifenden Verfahrensfragen zu verlieren?«

Talleyrand brachte dazu prompt einen Vorschlag: »Warum beru-

fen wir den Kongreß nicht jetzt und hier zusammen?« Es folgte eine
lange Diskussion, in der »die Vertreter der Siegermächte« begründeten, warum es ihrer Ansicht nach unmöglich war, beim derzeitigen Stand der Dinge alle Delegierten einzuberufen. Irgend jemand
erwähnte in diesem Zusammenhang das Problem des neapolitanischen Thrones, oder, wie Talleyrand es ausdrückte, »das Problem
dessen, der in Neapel regiert«, denn er vermied, Murats Namen
auszusprechen. In diesem Punkt äußerte sich Labrador sehr freimütig, während Talleyrand kein Wort über die Lippen brachte. Als der
Spanier zu Ende gesprochen hatte und Metternich ihm antworten
wollte, unterbrach ihn Talleyrand: »Von welchem König von Neapel sprechen Sie? Der fragliche Herr ist uns nicht bekannt.«

Auf Humboldts Äußerung, daß die Großmächte Murats Souveränität anerkannt hätten und ihm sein Königreich zugestanden hätten, antwortete Talleyrand: »Diejenigen, die eine solche Garantie
gegeben haben, hatten kein Recht und keine Befugnis, dies zu tun.«
Dann kehrte er zu der Verfahrensfrage des Kongresses zurück und
gab zu bedenken, daß die Schwierigkeiten geringer sein würden als
allgemein befürchtet, und daß sicherlich eine praktikable Lösung
gefunden würde. Der preußische Verhandlungspartner erklärte,
daß ein Weg gefunden werden müßte, damit beispielsweise so winzige Fürstentümer wie Leiden und Liechtenstein sich nicht in allgemeine Angelegenheiten Europas einmischen könnten. Die übrigen Teilnehmer nickten zustimmend und vertagten die Sitzung auf
den nächsten Tag.

Es hatte also bei dem ersten Zusammentreffen zwischen Talleyrand und den Ministern der Siegermächte eine Mißstimmung und
einen Sieg für den französischen Außenminister gegeben. Auffallend ist jedoch nicht so sehr Talleyrands Stärke, sondern die Schwäche der Verbündeten. Sie waren die Eroberer Frankreichs, und ihre
Armeen standen in ganz Europa. Aber bereits beim ersten stärkeren
Widerstand von seiten Talleyrands hatten sie den Vorschlag, der
ihnen jede Macht eingeräumt hätte, zurückgezogen und einen
zweiten Plan ausgefertigt, der inhaltlich Talleyrands Wünschen
eher entgegenkommen sollte. Als auch dieser auf Schwierigkeiten
stieß, wurde eilends alles auf einen späteren Zeitpunkt vertagt, und
man kam überein, mit Talleyrands Unterstützung noch einmal von
vorne anzufangen.

Talleyrand, der die alliierte Front an einem schwachen Punkt
durchbrochen hatte, machte sich eilends daran, seinen taktischen
Vorteil weiter auszubauen. Am 1. Oktober schickte er, ohne erst
das für den nächsten Tag anberaumte Treffen abzuwarten, eine of-

fizielle Denkschrift an die Minister von Österreich, Großbritannien, Preußen, Rußland und Spanien, in der er klarlegte, daß nur der Kongreß das Recht hätte, Entscheidungen zu fällen, und daß die acht Mächte, die den Friedensvertrag unterzeichnet hatten (d. h. die fünf Empfänger der Denkschrift zusammen mit Frankreich, Portugal und Schweden), nur berechtigt waren, als Ausschuß zur Vorbereitung der Tagesordnung des Kongresses sowie zur Bildung derartiger Ausschüsse zu fungieren.

In einer Unterredung Talleyrands mit Zar Alexander machte dieser deutlich, daß er lieber wieder Krieg führen würde, als das herzugeben, was er jetzt besaß. Der wankelmütige Herrscher, den sich Talleyrand beim Pariser Vertrag so gefügig gemacht hatte, war jetzt plötzlich ins feindliche Lager übergelaufen. Talleyrand schrieb in seinem Bericht an König Ludwig über die Unterredung: »Sie sehen, Eure Majestät, daß unsere Position hier schwierig ist und daß sie von Tag zu Tag schwieriger werden kann.«

Talleyrand sollte damit recht behalten. Es war unmöglich, auf Alexander zu zählen. Der Zar war wütend auf Metternich, entfremdet von Großbritannien, skeptisch gegenüber Talleyrand und nur Friedrich Wilhelm von Preußen wohlwollend gestimmt, der sich devot und unterwürfiger denn je benahm.

Während Zar Alexander momentan unzugänglich war und auch andere Dinge im Kopf hatte – ihm hatten es die schönen Damen der Gesellschaft angetan –, blieb Talleyrand nichts anderes übrig, als zu warten, welche Wirkung sein Memorandum bei den anderen Delegierten zeigen würde. Die Antwort kam schon bald. Alle Beteiligten waren erzürnt, daß er die Ergebnisse einer privaten Unterredung in einem offiziellen Kommuniqué kundgab. Preußen und Rußland warfen Frankreich in aller Öffentlichkeit vor, daß es einen Krieg provoziere. Man kam überein, alle Entscheidungen von den sechs Ministern, die an der Konferenz teilgenommen hatten, fällen zu lassen – diesen Entschluß müßte man dann allerdings vor ganz Europa rechtfertigen. Oder man müßte diesen Plan gänzlich fallenlassen.

Die vier Delegierten traten am Morgen des 2. Oktober zusammen, um sich darüber einig zu werden. Man kam überein, die Idee der sechs Mächte ganz aufzugeben und Talleyrands Forderung zu akzeptieren, daß alle acht Unterzeichneten des Friedensvertrags einen offiziellen, kompetenten Ausschuß bildeten. Man bestand jedoch darauf, daß der Kongreß erst zusammentrete, wenn sich alle acht Mächte über die Tagesordnungspunkte und über Verfahrensfragen einig seien. Darüber hinaus beschloß man, diese Antwort Talleyrand mündlich mitzuteilen.

Dies geschah durch Castlereagh, der Talleyrand bei einer Abendgesellschaft der schönen Herzogin von Sagan am 4. Oktober diesen Entschluß mitteilte und ihm dazu eine schriftliche Erklärung überreichte, die besagte, daß die derzeitigen Vorschläge der Verbündeten das Ergebnis des ersten geheimen Artikels des Vertrags von Paris seien. Talleyrand war zwar hocherfreut, daß die Verbündeten in diesem wichtigen Punkt nachgegeben hatten, blieb aber trotzdem skeptisch, da die Alliierten seiner Meinung nach immer noch so handelten, als wäre Bonaparte weiterhin auf dem französischen Thron.

Talleyrand beschloß zu handeln. Zunächst berief er eine Konferenz der kleineren deutschen Staaten ein und überzeugte diese beredt, daß Frankreich, bis vor kurzem noch der Würger kleiner Staaten, jetzt deren Beschützer war. Die Delegierten dieser Herzog- und Fürstentümer sagten ihm ihre uneingeschränkte Unterstützung im Kampf gegen die Diktatur der vier Großmächte zu.

So gestützt, beantwortete Talleyrand am nächsten Tag die Erklärung mit einem langen Brief an Castlereagh, in dem er die neuen Vorschläge offiziell zurückwies und wieder darauf bestand, daß der Kongreß sofort zusammentreten sollte.

Er schlug die Bildung dreier Ausschüsse vor: einen für Italien, einen zur Neuordnung deutscher Territorien und einen Verfassungsausschuß für Deutschland.

Am gleichen Tag, dem 5. Oktober, versammelten sich die Generalbevollmächtigten noch einmal. Talleyrand wurde höchst indigniert aufgefordert, den Brief zurückzuziehen, was er entschieden ablehnte. Darauf wollte man den Kongreßbeginn auf einen unbestimmten Zeitpunkt verschieben. Talleyrand argumentierte, daß er einer Verschiebung um zwei bis drei Wochen nur zustimmen würde, wenn ein genaues Datum festgelegt und für die Teilnahme feste Regeln aufgestellt würden, die Talleyrand dann auch gleich zu formulieren wünschte:

> »Jeder Herrscher, der allgemein anerkannte Souveränität über einen Staat hat, der am letzten Krieg teilgenommen hat, der diese Souveränität nicht aufgegeben hat und dessen Souveränität unbestritten ist, kann Generalbevollmächtigte zum Kongreß entsenden. Dasselbe gilt für jeden Staat, der vor dem letzten Krieg unabhängig war und der nach der Teilnahme am Krieg jetzt wieder unabhängig ist. Erfüllt ein Herrscher oder ein Staat diese Bedingungen nicht, dann kann er auch an den Verhandlungen nicht teilnehmen.«

Sinn und Zweck dieser Verordnung Talleyrands war offensichtlich. Sie würde Murat ausschließen, dessen Souveränität nicht »unbestritten« war und dessen neapolitanischer Thron nach Talleyrands Wunsch wieder an die Bourbonen zurückgegeben werden sollte. Dagegen würde der König von Sachsen den Bedingungen entsprechen, der unglücklicherweise im entscheidenden Kampf mit Napoleon gegen die Verbündeten gekämpft hatte, dessen Königreich aber als Schutzschild gegen die Preußen von großem Vorteil wäre. In beiden Fällen handelte es sich um legitimen Herrschaftsanspruch anstelle gewaltsamer Machtübernahme.

Am 8. Oktober erhielt Talleyrand von Metternich eine Mitteilung, in der er für den gleichen Abend acht Uhr eine Konferenz ankündigte und ihn gleichzeitig bat, etwas früher zu kommen, »da es einige äußerst wichtige Dinge zu besprechen gibt«. Talleyrand kam um sieben Uhr an und wurde unverzüglich zu Metternich geführt, der ihn aufs herzlichste begrüßte. Metternich erzählte von einer Erklärung, die sich geringfügig von der Talleyrands unterschied, aber im großen und ganzen dessen Vorschlag »sehr ähnlich« sei. Talleyrand bat um das Dokument, doch Metternich entschuldigte sich, daß er keine Kopie zur Hand hätte. »Wahrscheinlich wird es in diesem Moment an die Verbündeten verteilt«, bemerkte Talleyrand. »Reden Sie nicht von Verbündeten«, sagte Metternich, »es gibt keine mehr.« Talleyrand ging unverzüglich auf den Kern seiner Meinungsverschiedenheit mit Metternich ein. »Wie bringen Sie es fertig, russisches Gebiet wie ein umschnürendes Band um Ihren besten und wichtigsten Gebietsbesitz, nämlich Ungarn und Böhmen, zu dulden? Wie können Sie es zulassen, daß der ganze Erbbesitz eines alten und guten Nachbarn (nämlich des Königs von Sachsen) Ihrem natürlichen Feind (nämlich Preußen) zugesprochen wird?«

Metternich hörte Talleyrands Ausführungen zu, ohne eine Miene zu verziehen, nahm dann seine Hand und sagte: »Unsere Anschauungen sind gar nicht so verschieden.« Danach kehrte er zum eigentlichen Thema zurück und bestand darauf, daß die Teilnahmebestimmung Talleyrands nicht sofort öffentlich bekanntgemacht werden würde. »Sie würden jedermann nur unnötig erschrecken«, argumentierte er, »und was mich betrifft, so würden Sie mich in eine schwierige Lage bringen. Wird Murats Generalbevollmächtigtem die Teilnahme verweigert, haben wir daraus nur Nachteile zu erwarten, da er schließlich bereits in Italien etabliert ist und wir nicht.«

An dieser Stelle wurden die Minister Rußlands, Preußens, Großbritanniens, Spaniens, Portugals und Schwedens angekündigt, und die Konferenz wurde offiziell von Fürst Metternich eröffnet. Er verlas die beiden Vorschläge, den Talleyrands und seinen eigenen, die die Teilnahme am Kongreß regeln sollten. Preußen entschied sich unverzüglich für den Vorschlag Metternichs mit der Begründung, daß der österreichische Plan frei von Vorurteilen sei, was man von Talleyrands Vorschlag nicht behaupten könne. Das stimmte natürlich, aber ganz einfach aus dem Grund, daß Metternichs Vorschlag nach Talleyrands Worten nichts anderes besagte, »als die Eröffnung des Kongresses auf den 1. November festzusetzen.«

Es folgte eine stürmische Diskussion. Talleyrand fügte sich schließlich unter der Bedingung, daß Metternichs Vorschlag der Satz beigefügt wurde, daß bei allen Diskussionen, Handlungen und Verfahren »das allgemein geltende Recht« berücksichtigt werden sollte. Wiederum gab es erhitzte Gemüter, doch mußte man schließlich zugeben, daß man bei der Neuordnung von Ländern und Völkern schlecht auf diesen Zusatz verzichten konnte, auch wenn er vielen als selbstverständlich und deshalb als völlig überflüssig erschien. Gentz wurde beauftragt, ein Kommuniqué im Namen der acht Mächte vorzubereiten.

Talleyrand berichtete dem Grafen von Jaucourt einige Tage später: »Man sagt, daß wir mit dem Einschub des Ausdrucks ›allgemein geltendes Recht‹ einen Sieg errungen hätten. Diese Meinung deutet in etwa an, welcher Geist diesen Kongreß beherrscht.«

In Wirklichkeit war Talleyrands Sieg noch viel größer, als ihm zu diesem Zeitpunkt selbst bewußt war oder er zugeben wollte. Die acht Tage andauernde Diskussion war ein Kampf zwischen eigennützigen Interessen und Verfahrensfragen gewesen, wie er zuvor in der Geschichte der Diplomatie noch nie dagewesen war. Und die Prinzipien in der Person Talleyrands hatten schließlich den Sieg davongetragen. Die Vertreter Rußlands, Preußens, Österreichs und Englands, die sich in Paris über die Neuordnung Europas einig gewesen waren, hatten nun in drei äußerst wichtigen Punkten Meinungsverschiedenheiten: bezüglich Polen, Sachsen und Neapel. Der Zar begehrte das Herzogtum Warschau, und als Preis für Preußens Duldsamkeit war er bereit, König Friedrich Wilhelm Sachsen zu überlassen. Preußen wollte Sachsen und unterstützte deshalb Alexanders polnische Ambition. Österreich wollte weder Rußland in Polen, noch Preußen in Dresden wissen, aber es wollte Murat in Neapel, um so die Bourbonen dieses Königreichs zu berauben und den Einfluß Frankreichs in Italien auszuschalten. England, oder zumindest Castlereagh, war bereit, Sachsen an Preußen abzugeben, hielt jedoch eine russische Annexion Warschaus schlichtweg für eine Katastrophe. Dem Schicksal Neapels gegenüber war er gleichgültig. In Paris waren die Bevollmächtigten bereit gewesen, Talleyrands Grundsatz des legitimen Herrschaftsanspruchs nach öffentlichem Recht anzunehmen. In Wien war man diesbezüglich eher vorsichtig, da man Nachteile für das eigene Lager befürchtete. Es ist Talleyrands Hartnäckigkeit zuzuschreiben, daß er schließlich durchsetzte, daß die anderen Minister den legitimen Herrschaftsanspruch und das öffentliche Recht als Grundlage für alle beim Kongreß zur Verhandlung stehenden Fragen akzeptierten. Nun galt es, den gewonnenen Boden weiter auszubauen und zu sichern.

14. Vertrauliche Annäherung

Die Idee, beim Wiener Kongreß mittels »vertraulicher Kommunikation zwischen den Generalbevollmächtigten aller Mächte« vorzugehen, geht anscheinend auf Metternich zurück. Die drei Wochen zwischen dem 8. Oktober und dem Eröffnungstermin des Kongresses stellten eine Art inoffiziellen Kongreß dar, in dessen Verlauf die Bevollmächtigten »aller Mächte« sich bezüglich der wichtigsten Fragen bereits inoffiziell einigen sollten. Dieser Gedankenaustausch fand nicht an den Konferenztischen statt – das hätte einen zu offiziellen Anstrich gehabt –, sondern in den Salons und Ballsälen beim Klang von Violinen im Walzertakt.

In den Vorstellungen des Adels waren Bälle, Bankette und Abendgesellschaften nicht als private Vergnügungen anzusehen, sondern als prunkvolle und halboffizielle gesellschaftliche Ereignisse, die von Kirche und Staat gleichermaßen unterstützt wurden. Ihr Aufwand entsprach der politischen oder religiösen Machtstellung des Gastgebers, und sie mußten gleichermaßen sowohl dem Rang der Gäste als auch der Bedeutsamkeit des Ereignisses Rechnung tragen.

Der Gastgeber des Wiener Kongresses war der Kaiser von Österreich. In seiner Hofburg trafen sich die gekrönten Häupter Europas. Und in seiner Hauptstadt gab sich die politische und gesellschaftliche Elite Europas ein Stelldichein. Dieses gesellschaftliche Ereignis sollte zwanzig Jahre Revolution und Krieg vergessen machen. Der Bedeutsamkeit seiner Gäste und der Gelegenheit entsprechend, war der österreichische Kaiser genötigt, unerschöpfliche Phantasie und unerschöpflichen Reichtum zu präsentieren – Dinge, die er beide nicht im Übermaß besaß. Die Ausgaben für die kaiserliche Tafel zu Beginn des Kongresses allein machten in etwa so viel aus, wie die täglichen Aufwendungen für das gesamte österreichische Außenministerium. Ein extra zu diesem Zweck ins Leben gerufener

Ausschuß hatte nur die Aufgabe, Unterhaltungen und Vergnügungen für die Delegierten, ihre Frauen und die Begleiter zu ersinnen. Die Arbeit dieses Ausschusses fand allgemein Anerkennung. Es verging kein Tag, an dem den Besuchern nicht etwas Neues zu ihrer Ergötzung geboten wurde: Bankette, Konzerte, Masken- und Schwarzweißbälle, Jagdgesellschaften, Revuen, Militärparaden, Theateraufführungen und vieles mehr. Der Kaiser hatte auch andere Herrscherhäuser angehalten, ihren Teil in dieser Hinsicht zum Gelingen des Kongresses beizutragen – schon damit er selbst etwas entlastet würde –, und so bemühten sich die Fürsten des Kaiserhauses, der österreichische und der ungarische Hochadel, die Aristokratie, die von überallher nach Wien geeilt war und die Delegationen der europäischen Mächte aufs beste zu unterhalten. Ganz Europa tummelte sich in den Salons und Ballsälen der Gräfin Dorothéa de Périgord, Lady Castlereaghs, der Herzogin von Sagan, der Gräfin Zichy, der Madame Fuchs, der Fürstin Esterházy, der Fürstin Liechtenstein, der Fürstin Thurn und Taxis und natürlich der berühmten Fürstin Bagration. Ganz Europa flirtete, klatschte, speiste und tanzte. Und die Delegierten redeten, verhandelten, kämpften und kamen gelegentlich auch zu Ergebnissen oder Kompromissen. Neben dem großen Ballsaal gab es kleinere Salons, in denen die Könige und Minister – im Kostüm, aber ohne Gesichtsmaske – die Verhandlungen, die sie bei einem früheren Ball angefangen hatten, fortsetzten. Hier konnten Gesandte mit den gekrönten Häuptern Probleme besprechen, ohne vorher um eine Audienz ansuchen zu müssen. Einen Herrscher in einem Ballsaal anzusprechen, seine Aufmerksamkeit zu erregen und ihn in einen der Salons zu locken, wurde während des Kongresses fast zu einer Kunstform verfeinert.

Diese Art der Diplomatie brachte es mit sich, daß Frankreich und die kleineren Mächte von diesen »vertraulichen Unterredungen« fast völlig ausgeschlossen waren. Das war Metternichs Plan – und das hatte Talleyrand befürchtet. Talleyrand hatte natürlich keinerlei Kontrolle darüber, was beispielsweise Castlereagh und Nesselrode in einem Salon über Polen, oder was Baron von Humboldt und Metternich über Sachsen besprachen. Talleyrands Isolierung war so perfekt und offensichtlich, daß der spanische Gesandte, Graf von Labrador, der »Abtrünnigkeit« beschuldigt wurde, als man seine häufigen Besuche in der französischen Gesandtschaft bemerkte. Und der bayrische König gestand Eingeweihten gegenüber, daß er es nicht wage, so oft mit Talleyrand zu sprechen, wie er das gerne wollte.

Metternichs Plan, Frankreich des Mitspracherechts in den Angelegenheiten des Kongresses zu berauben und besonders den Grundsatz des öffentlichen Rechts zu umgehen, den Talleyrand durchgesetzt hatte, war klug und umsichtig wie Metternich selbst. Der Österreicher hatte jedoch zwei wichtige Dinge nicht bedacht. Erstens Talleyrands Feinsinn und Genialität, und zweitens die Entschlossenheit Zar Alexanders, seinen Willen durchzusetzen, koste es, was es wolle. Gegen Ende Oktober, nach dreiwöchiger »vertraulicher Annäherung«, wurde es allmählich immer deutlicher, daß Metternichs Plan dem Scheitern nahe war, der Kongreß sich kurz vor der Auflösung befand, noch ehe er zusammengetreten war, und Europa am Rande eines Krieges stand.

Alle Versuche, Zar Alexander bezüglich Polen zum Umdenken zu bewegen, waren fehlgeschlagen. Es war im Verlauf dieser Vorgespräche zu unglaublichen Auftritten zunächst mit Talleyrand, von dem Alexander fälschlicherweise glaubte, er habe seine früheren Verbündeten gegen ihn aufgehetzt, und dann mit Metternich gekommen, der sich nach einer solchen Szene schwor, nie wieder mit dem russischen Herrscher privat zu sprechen.

Der Bruch zwischen England, Österreich und, vielleicht, Preußen einerseits und Rußland andererseits, schien endgültig. Die westlichen Mächte machten am 31. Oktober noch einen letzten, etwas melodramatisch anmutenden Versuch, Alexander zur Vernunft zu bringen. Dafür sollte die Fürstin Bagration ihre Reize einsetzen. Das Zusammentreffen war für die Nacht des 31. Oktober angesetzt und dauerte nach Agentenberichten von $1/2$ 11 Uhr abends bis zwei Uhr nachts. Das, meinte man, wäre genug Zeit gewesen, auch über Politik zu sprechen. Doch am nächsten Morgen ließ die Fürstin einen Polizeispitzel wissen, ihr sei nicht gelungen, Zar Alexander umzustimmen. Er sei fest entschlossen, in der Polenfrage hart zu bleiben, und wenn sich die ganze Welt gegen ihn verbünden würde. Krieg lag also wieder einmal in der Luft. Talleyrand befürchtete, daß Österreich wahrscheinlich gegen Rußland und Preußen in den Krieg ziehen würde, wenn Metternich auf französische Unterstützung rechnen könnte. Talleyrand fragte in einem Lagebericht in Paris an, ob er Metternich die Unterstützung durch französische Truppen zusagen könne.

Während Alexander mit dem Säbel rasselte und Österreich im Begriff war, desgleichen zu tun, tat Talleyrand mehr, als nur Berichte nach Paris zu senden. Er verbrachte einen großen Teil seiner Zeit damit, in einem unermüdlichen Feldzug die anderen Mächte zur Opposition gegen die Verbündeten zu bewegen, besonders gegen deren Pläne, Sachsen und Polen einzuheimsen. Talleyrands

Bemühungen, Frankreich als Streiter für Frieden, Gerechtigkeit und Fürsprecher der kleineren Nationen hinzustellen, waren so erfolgreich, daß er am Ende des Monats einen Verbündeten gewonnen hatte, der mächtiger war als Castlereagh oder Metternich: die öffentliche Meinung. Ein Geheimbericht für Baron Hager schilderte die Lage sehr eindrucksvoll:

> »Überall hört man, daß es keine Verständigung gibt. Die allgemeine Lage ist negativ. Man sagt, es würde nicht mehr über die Wiederherstellung der Ordnung und Gerechtigkeit gesprochen, sondern nur davon, was jeder haben möchte; man munkelt, daß es Krieg geben werde. Jeder weiß, daß Alexander Metternich nicht leiden kann, daß Talleyrand momentan der einzig Vernünftige ist. Talleyrand will nichts für Frankreich, sondern nur Gerechtigkeit, Stabilität, Mäßigung und Frieden auf den heiligen Grundsätzen von Recht und Vernunft.
> Diese Haltung stellt Frankreich in den Augen der Mittel- und Oberklasse über alle anderen, während die Russen, die Preußen und unsere eigenen Minister in den Augen der Öffentlichkeit an Gunst eingebüßt haben.«

Das war die Situation gegen Ende Oktober, nur wenige Tage bevor der Kongreß einberufen werden sollte. England und Österreich standen Schulter an Schulter gegen Rußland, während Preußen noch zögerte, auf welche Seite es sich stellen sollte. Talleyrand beharrte immer noch auf den Grundsätzen, die er Anfang Oktober kundgetan hatte und wurde dabei von den kleineren Mächten und der öffentlichen Meinung voll unterstützt. Es war klar, daß jetzt etwas geschehen mußte. Die vier Mächte erkannten, daß sie die Methode der »vertraulichen Annäherung« zumindest in ihrer derzeitigen Form aufgeben mußten. Diese hatte sie alle in eine Zwickmühle gebracht, von der nur Frankreich, das davon ausgeschlossen war, paradoxerweise profitiert hatte. Der erste Schritt in diese Richtung war, noch einmal die acht Staaten an den Verhandlungstisch zu rufen, die den Pariser Friedensvertrag unterzeichnet hatten. Dies geschah am 30. Oktober, und bei dieser Gelegenheit wurde Talleyrand gebeten, den Delegierten Vorschläge zu unterbreiten, wie man weiter vorgehen sollte. Er tat dies bereits am nächsten Tag. In dem Dokument forderte er die Errichtung einer *commission générale*, die sich aus Vertretern aller Mächte, einschließlich des Papstes, zusammensetzen sollte. Dieser Generalausschuß sollte dann vier Unterausschüsse benennen, die sich mit den Komplexen Italien,

Schweiz, Polen und Sachsen befassen sollten. Die Unterausschüsse würden ihre Besprechungsergebnisse dem Generalausschuß mitteilen, der sie dann dem Kongreß vorlegen würde. Er gestand den zur Debatte stehenden Herrscherhäusern (Murat und König August von Sachsen) eine Teilnahme ihrer Vertreter an den Diskussionen zu, an einer Abstimmung sollten sie jedoch nicht teilnehmen dürfen. Während die verschiedenen Ausschüsse an ihren speziellen Sektoren arbeiteten, sollten, wieder von einem anderen Ausschuß, die Beglaubigungsschreiben aller Generalbevollmächtigten überprüft werden, so daß, wenn der Generalausschuß einmal seine Arbeit beendet hatte, der gesamte Kongreß sofort einberufen werden könnte.

Das war sogar für die arg in Bedrängnis geratenen Verbündeten zuviel. Die Kluft zwischen Talleyrand und den anderen Ministern war immer noch zu groß.

Deshalb konnte man sich nur so weit einigen, daß die Vollversammlung des Kongresses verschoben werden sollte, ein Beglaubigungsausschuß aus drei durch Los zu ermittelnden Mächten errichtet würde und Metternich offiziell den Vorsitz über den Ausschuß der acht Mächte führen sollte. Diesen Entscheidungen konnte Talleyrand guten Muts zustimmen. Sein Vorschlag war, wie von ihm ohnehin erwartet, zurückgewiesen worden – aber er hatte seinen Standpunkt deutlich dargelegt. Die »vertrauliche Annäherung« wurde weiterhin praktiziert, aber von nun an konnten er und die Minister der kleinen Staaten nicht mehr ausgeschlossen werden. Seine Opposition würde, wie sich bereits gezeigt hatte, zu gefährlich sein.

Am 5. November erhielt Talleyrand eine Einladung, Metternich um vier Uhr einen Besuch abzustatten. Bereits anwesend waren Castlereagh und Nesselrode. Metternich eröffnete die Unterredung mit der Feststellung, daß der Kongreß in eine Sackgasse geraten sei und bat Talleyrand in seinem sowie in Castlereaghs und Nesselrodes Namen, alle persönlichen Gefühle beiseite zu stellen und dem Kongreß zu einer Lösung zu verhelfen. Talleyrand teilte seine Ansicht mit, der Kongreß befände sich deshalb in einer ausweglosen Lage, weil man seine Einberufung immer wieder verschoben hatte. »Wir werden ihn früher oder später einberufen müssen«, fügte er hinzu. »Je länger wir es aufschieben, um so mehr wird es aussehen, als ob wir etwas verstecken wollten.«

Castlereagh meinte, daß er diesem zwar zustimme, aber »allein eine Erwähnung des Kongresses versetzt die preußischen Delegierten in Angst und Schrecken«. Auch Metternich stimmte im Prinzip zu, meinte jedoch, man solle besser warten, »bis man sich zumindest über die wichtigsten Fragen geeinigt hat«. Er erklärte Talleyrand, daß man die besten Vorsätze habe, die schweizerische Frage mit Talleyrands Hilfe zu regeln, und er schlug vor, an Ort und Stelle mit Talleyrand das Problem Italien zu erörtern.

Dies schien kein so brisantes Thema zu sein, da sich ganz Italien die Wiederherstellung der alten Ordnung wünschte. Aber auch hier gab es Probleme, vor allem was Parma, die Toscana und das Königreich Neapel betraf. Zu Beginn des Jahres 1814 hatte Österreich, von Napoleon in Angst und Schrecken versetzt, Murats Bündnisangebot angenommen und mit ihm am 11. Januar einen entsprechenden Beistandspakt abgeschlossen. Jetzt war dieser Pakt plötzlich, jedenfalls soweit es Österreich betraf, sehr unbequem geworden. Es war schwierig, Murat, dieses Relikt aus der Zeit der Revolution, in eine europäische Ordnung »nach öffentlichem Recht« zu integrieren. Doch Murat zurückzuweisen wäre gleichbedeutend mit einem Wortbruch des österreichischen Kaisers. Und was noch schlimmer wäre: Murat könnte sich durch diese Behandlung herausgefordert fühlen, sich an die Spitze all derer in Italien zu stellen, die sich ein revolutionäres Regime wünschten und ein unabhängiges Königreich Italien gründen. Diese letzte Möglichkeit bedrückte vor allem Metternich. Deshalb schlug er in der ersten Diskussion um Italien, an der Talleyrand teilnahm, vor, den Problemkomplex aus dem Aufgabenbereich des Kongresses zu streichen und auf einen späteren Zeitpunkt zu verschieben. »Der natürliche Lauf der Dinge«, erklärte er Talleyrand, »wird unweigerlich eine Rückkehr der Bourbonen auf den neapolitanischen Thron mit sich bringen.«

»Der natürliche Lauf der Dinge«, antwortete Talleyrand, »scheint sich momentan sehr günstig zu bewegen. Der Kongreß muß sich über diese Frage einigen. Vom geographischen Standpunkt aus betrachtet, wird dieses Problem das letzte sein, das auf uns zukommt. Und ich will geographisch vorgehen.«

Metternich sprach von den Anhängern, die Murat in Italien hatte, aber Talleyrand unterbrach ihn. »Wenn Sie Italien neu ordnen, wird Murat keine Anhänger haben. Regeln Sie die Nachfolge in Sardinien, senden Sie einen Erzherzog nach Mailand, erkennen Sie die Ansprüche der Königin von Etrurien an und geben Sie dem Papst zurück, was sein ist – Ländereien, die ihre eigenen Truppen besetzt halten. Dann wird Murat beim Volk keine Anhänger mehr haben.« Metternich antwortete auf diese Vorschläge, die Dinge lägen bei weitem nicht so einfach, wie Talleyrand sie dargestellt habe, und es gäbe da gewisse »Komplikationen« – sein Lieblingswort –, von denen Talleyrand nichts wüßte. Als sich dann doch alle einig waren, die Italien betreffenden Fragen, wie Talleyrand es vorgeschlagen hatte, von Norden nach Süden anzugehen, vertagte sich die Konferenz.

Die Nachricht von Talleyrands *de facto* Aufnahme in den Kreis der Minister der Siegermächte beunruhigte verständlicherweise Zar Alexander sehr. Österreich und England sprachen sich nun deutlich gegen eine russische Expansion nach Polen aus, Preußen schwankte noch. Frankreichs neuer Status als Voll-Partner könnte den Zaren sehr wohl dazu zwingen, seinen Plan, sich selbst zum König von Polen zu krönen oder seine Einsetzung als König mit Waffengewalt zu erzwingen, aufgeben zu müssen. Deshalb entschloß er sich zu einer außergewöhnlichen Strategie, die Loyalität des noch unentschlossenen Königs von Preußen zurückzugewinnen. Er lud Friedrich Wilhelm zum Abendessen ein und setzte alle seine Überredungskünste ein, um ihn davon zu überzeugen, daß es in seinem eigenen Interesse wäre, Rußland in dieser Angelegenheit zu unterstützen. Dann ließ Alexander Fürst Hardenberg kommen, der Friedrich Wilhelms Kongreßbevollmächtigter war. Dem unglücklichen Hardenberg wurde in schroffer Weise mitgeteilt, Rußland und Preußen seien zu einer »endgültigen« Übereinkunft gelangt. Alexander verlangte dann von Hardenberg, er solle sich äußern, ob er den Befehlen seines Königs diesbezüglich auch strikt Folge leisten werde. Hardenberg blieb keine andere Wahl als sein Rücktritt.

Metternich war natürlich über Friedrich Wilhelms Kapitulation empört. Er versicherte Talleyrand, daß er aller Illusionen über Preußen beraubt sei und daß Österreich »Sachsen nie aufgeben wird«. Bei Polen dagegen war er bereit, Zugeständnisse zu machen. Talleyrand war damit nicht unzufrieden. Wenn Metternich in der sächsischen Frage hart bliebe, könnte das Preußen leicht befremden, und wenn er wirklich bei Polen nachgiebig wäre, würde er damit England vor den Kopf stoßen. In jedem Fall würde das die ohnehin schon stark in Mitleidenschaft gezogene Koalition noch mehr belasten, was Frankreich sehr gut zu seinem eigenen Vorteil ausnützen könnte. Dazu mußte er Österreich und England davon überzeugen, daß Frankreich nicht einmal im entferntesten daran dachte, sich auf die russische Seite zu schlagen. Aus diesem Grund mied er absichtlich jeden Umgang mit Alexander. Dieser jedoch glaubte immer noch an eine Versöhnung mit Frankreich und begann, Talleyrands Gesellschaft in den diversen Wiener Salons zu suchen. Auf einem Ball beim Grafen Zichy machte Alexander sich an Talleyrand heran, drückte freundschaftlich seinen Arm und bat ihn herzlich und dringend um einen ganz und gar zwanglosen Besuch. Diesmal gab es kein Entkommen.

Doch die gefürchtete Unterredung verlief ruhig, und Alexander schlug Talleyrand einen Handel vor: »Seien Sie nett gegen mich in bezug auf Sachsen, dann werde ich hinsichtlich Neapel genauso nett zu Ihnen sein.« Talleyrand antwortete, in der neapolitanischen Frage sei der Zar doch ganz gewiß derselben Ansicht wie er selbst.

Alexander hatte sich gewandelt. Während der ganzen Unterredung zeigte er sich nicht ein einziges Mal jähzornig oder aufgebracht. Es war offensichtlich, daß er nicht länger darauf zählte, mit Hilfe seiner früheren Verbündeten ans Ziel zu kommen, und daß er wie Österreich zur Seite Frankreichs tendierte.

Talleyrand hatte sich Alexander gegenüber bereit erklärt, sogar einen Teil Sachsens »als Opfer für den Frieden« aufzugeben. Bei seiner Rückkehr in das Hotel Kaunitz machte er die Erfahrung, daß Europa und Frankreich – ob sie nun der Auflösung Sachsens zustimmten oder nicht – vor eine vollendete Tatsache gestellt wurden. In seinem Zimmer fand er den sächsischen Generalbevollmächtigten mit einem Protestschreiben von König Friedrich August von Sachsen und einer ernsten Neuigkeit: Fürst Repnin, der russische Generalgouverneur von Sachsen, hatte soeben erklärt, er habe als Folge des Abkommens zwischen Rußland und Preußen die Verwaltung Sachsens an Vertreter des preußischen Königs übergeben. Das Abkommen, auf das sich Repnin berief, datierte vom 28. September und besagte, daß der Kaiser von Rußland bezüglich des sächsischen Throns »in Absprache mit England und Österreich handle«. Castlereagh und Metternich protestierten sofort heftig, da Alexander eine »Von-Fall-zu-Fall-Unterstützungszusage« als feste, absolute Zusage mißbraucht hätte. Talleyrand war gewillt, ihnen zu glauben, konnte jedoch nicht umhin, mit einer gewissen Schadenfreude festzustellen, »wie wenig Übereinstimmung im Grunde zwischen so eng Verbündeten besteht und das, nachdem sie so lauthals verkündet hatten, daß Frankreich einen Keil des Zwists zwischen sie treiben wollte«.

Am Tag danach sprach Lord Castlereagh bei Talleyrand vor. »Enttäuscht in all seinen Hoffnungen, die er auf Preußen gesetzt hatte«, bemerkte Talleyrand, »und fassungslos vor den Trümmern seiner Politik stehend, war er in eine Art Depression verfallen. Er kam, um sich mit mir zu besprechen, um die Abwicklung zu beschleunigen. Ich sagte ihm . . . daß England und Österreich die polnische Frage der sächsischen untergeordnet hatten und daß dies fehlgeschlagen sei; daß man nun die beiden Komplexe trennen und zuerst die polnische in Angriff nehmen müsse. Dann würde Österreich wesentlich entlastet und könnte seine ganze Aufmerksamkeit der sächsischen Frage zuwenden, die die österreichischen Generäle ohnehin für weitaus wichtiger hielten. Rußland wäre sicher zufrieden, wenn erst einmal die Angelegenheit geregelt sei, die es direkt betraf, und würde sich dann wahrscheinlich sehr wenig in die andere einmischen. Preußen stünde dann allein gegen England, Österreich, Frankreich und Spanien, und die Angelegenheit könnte leicht und schnell aus der Welt geschafft werden.«

Talleyrands Drängen, der polnischen Frage Priorität einzuräumen, scheint erfolgreich gewesen zu sein. Eine Woche später berichtete er, daß »der Fortgang der Dinge durch die wichtigen Fragen bezüglich Polen und Sachsen behindert wurde«. Und tatsächlich lag, obwohl die acht Mächte zusammengekommen waren, um die Problemstellung der Königin von Etrurien zu behandeln, die ganze Aufmerksamkeit der Versammlung auf der Krise, die durch das Eindringen Preußens in Sachsen hervorgerufen worden war. Fürst Metternich und Lord Castlereagh sandten beide Protestbriefe nach Berlin, in denen sie erklärten, daß die Übernahme der sächsischen Krone durch Friedrich Wilhelm nur unter bestimmten Voraussetzungen gebilligt werden würde. Sollte nämlich Preußen nicht gewillt sein, die polnische Frage zu aller Zufriedenheit mitzuentscheiden, dann wären ihre Konzessionen bezüglich Sachsen null und nichtig.

Währenddessen ließ Alexander die Kongreßdelegierten in regelmäßigen Abständen wissen, daß er seine eigene Vorstellung im Hinblick auf Polen und Sachsen durchzusetzen gedenke, auch wenn dies Krieg bedeuten würde. »Man kann noch nicht mit letzter Sicherheit vorhersehen, was der Zar im Schilde führt«, schrieb Talleyrand, »der allein durch seinen Hochmut und seine unrealistischen Pläne kurz davor ist, die Fackel des Krieges wieder anzuzünden.«

15. Krise und Lösung: Der Dreierbund

Alexanders »unrealistische Pläne«, wie Talleyrand sie beschrieb, entsprangen nicht einem wirren Kopfe und resultierten auch nicht aus ungezügeltem Ehrgeiz. Er war seiner Natur nach ein Rebell, er stand unter dem Zwang, Widerspruch leisten zu müssen. Wenn er eine Idee oder eine Sache unterstützte, die dann auch verwirklicht wurde, kehrte sich seine Begeisterung unmittelbar in das Gegenteil um. Nachdem er jahrelang für die Revolution und für Napoleon eingetreten war, war er plötzlich vom Geist des Konservatismus beseelt und unterstützte die Wiedereinführung des *Ancien régime*. Als dann Europa unter dem Einfluß Talleyrands sich dazu durchgerungen hatte, den Kontinent gemäß den Prinzipien des öffentlichen Rechts und des legitimen Herrschaftsanspruchs zu reorganisieren, machte Alexander erneut eine Metamorphose durch und kämpfte plötzlich wieder für revolutionäre Ideen. Preußen sollte ganz Sachsen bekommen, denn die Sachsen selbst wären ganz und gar gegen eine Zerstückelung. Für Polen schlug er plötzlich eine *égalité* und *fraternité*-Politik vor. Wollte man einen Krieg vermeiden, so mußte er dazu gebracht werden, entweder das öffentliche Recht wieder anzuerkennen oder zumindest die Absurdität seiner polnischen Ambitionen zu erkennen.

Alle Hoffnungen konzentrierten sich auf ein Zusammentreffen des Zaren mit dem Kaiser von Österreich und dem König von Preußen, bei dem Alexander davon überzeugt werden sollte, sich seine polnischen Pläne aus dem Kopf zu schlagen. Doch im letzten Moment gab der preußische König klein bei. An seiner Schwäche scheiterte der ganze Plan, und Castlereaghs Versuch, den Mittler zu spielen, endete damit, daß ein unentschlossenes Preußen in das russische Lager getrieben wurde und Österreich sich von Preußen distanzierte.

Fürst Hardenberg war der nächste, der versuchte, Alexander auf den Pfad der Vernunft zu führen. Er schlug eine Art Teilung Polens vor, wobei Alexander den Löwenanteil bekommen sollte, während Preußen und Österreich ebenfalls bestimmte Gebiete zufallen sollten. Dann, meinte er, gäbe es keine Einwände, wenn sich Alexander zum Herrscher über seinen Teil von Polen ernennen würde. Alexander war jedoch lediglich bereit, Thurn und Krakau zu freien Städten zu machen, unter der Bedingung, daß Sachsen Preußen zufallen würde. Metternich wollte natürlich einen solchen Vorschlag nicht einmal in Betracht ziehen. Seine und Castlereaghs Bereitschaft, Sachsen an Preußen zu opfern, war ausschließlich unter der Bedingung von Preußens aktiver Kooperation gegen Rußland erfolgt. Da Preußen nun auf seiten des Zaren stand, war Österreich entschlossen, Sachsen nicht herzugeben. Wenn Preußen Sachsen nicht bekommen und sich auch nicht nach Osten hin in Richtung Polen ausbreiten könnte, mußte es sich eben entweder mit seinen derzeitigen Grenzen zufriedengeben oder bei anderen kleineren deutschen Staaten Ersatz suchen. Hardenbergs Intervention beendete, was Castlereaghs Ungeschicklichkeit begonnen hatte: Österreich und

Preußen waren zu unversöhnlichen Feinden geworden, und Preußen sprach nun wie Rußland offen von Krieg.

Alexander erkannte, daß dieser Bruch Österreich und England in die Arme Frankreichs treiben könnte. Er ließ deshalb Talleyrand ausrichten, er strebe nicht mehr die vollständige Integrierung Sachsens an, sondern würde ein kleines, unabhängiges Königreich Sachsen akzeptieren. Gleichzeitig wollte er von Talleyrand klipp und klar wissen, ob Frankreich irgendwelche Zugeständnisse an Österreich gemacht habe. Talleyrand beantwortete diese Frage ebenso klar mit »Nein!«.

Damit nicht zufrieden, kam Alexander mit Metternich zu einer Unterredung zusammen, bei der es ziemlich stürmisch zuging. Von beiden Seiten fielen harte Worte. Nach der Unterredung beklagte sich der Zar bei Kaiser Franz von Österreich, daß Metternich ihn beleidigt habe und er ihn zu einem Duell herausfordern würde. Das aber war gerade das letzte, was Europa momentan brauchen konnte: ein Duell zwischen dem Kaiser von Rußland und dem österreichischen Kanzler um die sächsische Frage. Glücklicherweise beruhigte sich der erboste Zar wieder so weit, daß er es dabei bewenden ließ, Metternich bei den anderen Bevollmächtigten als größten Störenfried hinzustellen. Mitte Dezember war man immer noch nicht zu einer Einigung über Sachsen und Polen gelangt; die Mobilisierung lief auf vollen Touren, und Krieg stand vor der Tür.

Während also der Kongreß am Rande eines Chaos dahinschlitterte, hatte Talleyrand geduldig, wenn auch nicht müßig auf seine Chance gewartet. Jetzt hatten Castlereaghs ungeschickte Planung, Hardenbergs Launen und Metternichs Zögern den »Fall von äußerst dringlicher Notwendigkeit« heraufbeschworen, den Talleyrand vorausgesehen hatte. In diesem Augenblick brauchten England und Österreich nur einen kleinen Anstoß, um voll hinter Talleyrand und Frankreich zu stehen.

Während einer Unterredung mit Castlereagh wegen der Gründung eines Statistik-Ausschusses zur genauen Erfassung der sächsischen Bevölkerung erwähnte Talleyrand, daß er es für wichtig halte, »ehe man eine genaue Erfassung durchführte, zunächst einmal die Rechte des sächsischen Königs anzuerkennen, worüber wir, Fürst Metternich und ich, uns einigen sollten«.

»Einigen?« antwortete Castlereagh erstaunt. »Schlagen Sie damit ein Bündnis vor?«

»Diese Übereinkunft kann auch ohne Bündnis vor sich gehen«, sagte Talleyrand, »aber wenn Sie es gerne in Form eines Bündnisses möchten, so habe ich nichts dagegen.«

»Aber ein Bündnis könnte zu einem Krieg führen, und wir sollten wirklich alles tun, um Krieg zu vermeiden.«

»Dieser Meinung bin ich auch«, erklärte ihm Talleyrand. »Es muß jedes Opfer gebracht werden, um einen Krieg zu verhindern.«

Der Samen begann zu keimen. Der britische Widerstand schwächte sich ab.

Talleyrands wohlüberlegter Plan, die Verbündeten zu entzweien und zu einem neuen Bündnis zu überreden, in das auch Frankreich eingeschlossen sein würde, verwirklichte sich schon bald, wenn auch eigentlich durch Alexander und nicht durch Talleyrand. Der russische Zar versuchte in einer Konferenz der Verbündeten – unter Ausschluß Frankreichs – endlich die beiden unlösbaren Probleme anzupacken. Alexander ließ seine Verhandlungspartner wissen, daß er für Rußland das Herzogtum Warschau, nicht aber Gnesen, Posen und die früheren Provinzen Westpreußens beanspruche. Diese letztgenannten Gebiete sollte Preußen bekommen. Bezüglich Sachsen blieb Alexanders Standpunkt unverändert: das gesamte Königreich mußte dem preußischen König zufallen. König Friedrich August von Sachsen sollte mit einem 700 000 Einwohner zählenden Staat am linken Rheinufer entschädigt werden.

Diesmal kam der Protest von unerwarteter Seite. Die Preußen waren von Alexanders Vorschlag begeistert. Österreich war bereit, in bezug auf Polen Zugeständnisse zu machen, konnte sich aber mit der für Sachsen vorgeschlagenen Lösung nicht anfreunden. Jetzt war es auf einmal Castlereagh, der querschoß. Keiner wußte, was ihn an dieser Lösung so herausforderte. Auf jeden Fall berichtet Castlereagh am nächsten Tag Talleyrand, daß der Zar sich wie ein wildgewordener Tyrann gebärde und ganz Europa seine Meinung aufdiktieren wolle. Talleyrand nahm Castlereaghs Empörung zum Anlaß, noch einmal sein Anliegen eines Bündnisses zwischen England, Frankreich und Österreich vorzubringen. Castlereagh, dem nur wenige Tage zuvor die Zeit »noch nicht reif« dafür erschien, war plötzlich hellauf begeistert und wollte sogar höchstpersönlich den Vertragsentwurf für dieses Bündnis ausarbeiten. Noch am gleichen Abend akzeptierten Metternich und Talleyrand Castlereaghs Entwurf. Österreich und Frankreich sagten sich gegenseitig die Bereitstellung von 15 000 Soldaten zu, und England wollte mit ebensoviel Soldaten oder entsprechender finanzieller Unterstützung aufwarten. Hannover, Bayern, Hessen-Darmstadt und Sardinien erhielten ebenfalls die Möglichkeit, sich diesem Vertrag anzuschließen. Schließlich wollte man eine Militärkommission für den Fall einer russischen Intervention in Westeuropa einrichten.

Talleyrand verhehlte seinen Triumph über diesen spektakulären Erfolg nicht. An seinen königlichen Herrscher in Paris schrieb er überschwenglich: »Nun ist Frankreich nicht mehr isoliert in Europa. Eure Majestät kann sich auf ein Bündnisgefüge stützen, wie man es sich normalerweise nicht einmal in fünfzigjährigen Verhandlungen zu erreichen erträumte. Nur der Vorsehung, die Ihnen den Thron zurückgegeben hat, haben wir dies zu verdanken.«

Die untypische Bescheidenheit, mit der Talleyrand das Bündnis der Vorsehung zuschrieb, war sicherlich unbegründet. Sein ganzes Leben lang war er für dieses Ziel eingetreten. In Wien endlich hatte er es erreicht.

Da Castlereaghs Ehrgeiz und seine Leistungen bescheidener waren, konnte er es sich leisten, weniger enthusiastisch als Talleyrand zu sein. »Die Kriegsgefahr ist gebannt«, schrieb er nach London. Er hatte recht. Es dauerte noch einige Stunden, bis die Nachricht vom Dreierbund, wie der Geheimvertrag genannt wurde, allgemein bekannt war. Erst als die Neuigkeit auch durch alle Kanäle der Wiener Gesellschaft gedrungen war, wurde Preußen und Rußland bewußt, daß ein weiterer Widerstand in diesem Punkt sinnlos geworden war. Talleyrand wurde von nun an zu allen Beratungen hinzugezogen, und der Viererausschuß, der die Geschichte des Wiener Kongresses bestimmte, war zu einem Fünferrat geworden.

Der neu gegründete Ausschuß hielt seine Gründungssitzung am 12. Januar ab. Der erste Punkt auf der Tagesordnung war Polen. Wien hielt den Atem an, da allgemein eine heftige Kontroverse erwartet wurde. Es wurde enttäuscht. Man einigte sich auf Zugeständnisse und schlug für Polen eine »Verwaltungsform vor, die mit dem Volkscharakter in Einklang stehen mußte«. Dieser Schritt war einige Tage zuvor mit Talleyrand besprochen worden, und Talleyrand, dessen Einstellung zur polnischen Frage sehr gemäßigt war, hatte zugestimmt.

Alexander, der nun das bekommen sollte, was er immer angestrebt hatte, zeigte sich plötzlich sehr versöhnlich bezüglich der Gebiete, die er für sich selbst nicht haben wollte. Polen war sein Hauptziel. Sachsen war zweitrangig, und so war er willens, sich hier auf einen Kompromiß zu einigen. Preußen gab jedoch nicht so schnell auf. Bei einer Versammlung am 12. Januar forderte es noch einmal das ganze Gebiet Sachsens. Diesmal stellten sich Talleyrand, Castlereagh und Metternich gemeinsam gegen dieses Ansinnen, und in zweiwöchiger Arbeit wurde ein annehmbarer Kompromiß erarbeitet. Nach anfänglichen Schwierigkeiten gelangte man am 29. Januar zu einer Einigung. Preußen wurden 800000 Untertanen des sächsischen Königs und zusätzlich 1 400 000 am Rhein angeboten. Dadurch würde das preußische Reich zu einem Land mit insgesamt 10 000 000 Einwohnern anwachsen. Aber Hardenberg war damit nicht zufrieden. Er, oder besser gesagt sein König, forderte auch Leipzig, und das Ringen begann von neuem, diesmal bitterer und zäher als je zuvor.

Schließlich kam wieder einmal der Zufall zuhilfe. Castlereagh wurde nach London zurückberufen und durch den Herzog von Wellington ersetzt. Die britische Regierung war mit ihrem Bevollmächtigten in Wien unzufrieden, und er war ständig den Angriffen der Opposition ausgesetzt. Die Rückberufung wurde offiziell mit einer Parlamentssitzung begründet, bei der Castlereagh Rechenschaft über seine Wiener Tätigkeit ablegen sollte. Castlereagh wollte Wien nicht gern verlassen, ohne wirklich etwas erreicht zu haben. Deshalb arbeitete er in einem wahren Energieausbruch Tag und Nacht mit Talleyrand und Metternich zusammen gegen Hardenberg, Friedrich Wilhelm und Alexander an einem neuen Vorschlag, dem dritten. Er wurde von Preußen nicht ohne Einwände am 9. Februar angenommen. Sachsen sollte halbiert werden. Den bevölkerungsreicheren und wohlhabenderen Teil mit 1 200 000 Einwohnern sollte König Friedrich August bekommen. Dazu gehörte auch die Stadt Leipzig, die Preußen so nachdrücklich gefordert hatte. Die Hälfte, die Preußen zugesprochen werden sollte, war weder so reich noch so bedeutend, wie die des sächsischen Königs. Als Entschädigung für Leipzig gestand Alexander dem preußischen König Thurn zu. Diese Lösung war erst nach hartem Ringen durchgesetzt worden. Castlereagh hatte bis zuletzt darauf bestanden, daß Preußen die interessantesten Teile Sachsens zugesprochen werden müßte. Talleyrand war dagegen der Überzeugung, daß Preußen so wenig wie möglich von diesem Land erhalten solle, und darin wurde er, wenn auch »sehr ungenügend«, von Metternich unterstützt.

Am 1. Februar schrieb Talleyrand an König Ludwig, um ihm mitzuteilen, daß er sich mit seiner Meinung gegen härtesten Widerstand nun doch durchgesetzt hätte. »Ich muß sagen«, fügte er erschöpft hinzu, »daß ich auch jetzt noch über meinen Erfolg erstaunt bin.«

Nach der Einigung galt es noch, das von Talleyrand so eifrig verfochtene Prinzip der Legitimität zu wahren. Für die Teilung Sachsens mußte zunächst die Zustimmung Friedrich Augusts eingeholt werden. Talleyrand, Wellington und Metternich fuhren deshalb in dringender Sendung nach Preßburg zum König von Sachsen, um ihn zur Annahme der Regelung zu überreden, der die anderen Mächte bereits zugestimmt hatten.

Etwa Mitte Februar hatten die fünf großen Mächte die beiden kritischen Probleme, nämlich Polen und Sachsen, gelöst. In beiden Fällen kam das Verhandlungsergebnis dem, was Talleyrand vorgeschwebt hatte, sehr nahe. Weitere Ausschüsse wurden gegründet, und es gab endlose Diskussionen. Erreicht wurde dabei sehr wenig, auch nicht in einem Punkt, der Talleyrand sehr am Herzen lag, nämlich, Joachim Murat vom neapolitanischen Thron zu stürzen. Auch das Schicksal der kleineren italienischen Gebiete hing noch in der Luft. Niemand wußte so recht, ob Parma nun an die Bourbonen oder an Marie-Louise, die frühere französische Kaiserin, abgegeben werden sollte. Großherzog Ferdinand aus dem Habsburger-Geschlecht führte noch immer in der Toscana das Regiment, und keiner konnte sagen, ob er dort bleiben, und wenn nicht, wie man ihn von dort wegbringen sollte.

So vergnügte man sich weiter bei Tanzveranstaltungen und Banketten, hofierte schöne Damen und flirtete in den Salons. Dann wurde das fröhliche Treiben jäh durch eine Totenmesse unterbrochen. Talleyrand hatte angeregt, anläßlich des 22. Jahrestags der Hinrichtung Ludwig XVI., eine Seelenmesse für den unglücklichen Monarchen lesen zu lassen. Auf Einladung der französischen Gesandtschaft trafen sich alle Herrscher und Adeligen Europas im Stephansdom, um für die Seele ihres Bruders und Vetters zu beten, Gott dafür zu danken, daß ihnen ein ähnliches Schicksal erspart geblieben war und über die bewegten Worte des Abbé de Zaignelins einige Tränen zu vergießen. Das einzige gekrönte Haupt, das man vergeblich in den Reihen der Trauernden suchte, war das des russischen Zaren Alexander. Er war der Messe ferngeblieben, da er sie für eine antirevolutionäre Provokation hielt. Talleyrand war mit sich und seinem Erfolg zufrieden. Neben einem moralischen hatte er mit dem Gedenkgottesdienst auch noch einen politischen Zweck verfolgt. Er wollte den versammelten Herrschern und Gesandten eine »feierliche Lektion« erteilen. Ludwig XVI. war das Opfer einer mangelnden Achtung vor dem Gesetz und einer Panik geworden, die das Volk befällt, wenn es spürt, daß seine Herrscher unfähig sind, eine Krise durchzustehen. Nun mochten zwar die Monarchen, die in Wien für seine Seele beteten, immer noch ihre Krone tragen, aber wehe ihnen, wenn ihren Untertanen bewußt würde, daß das Gesetzesgefüge zerschmettert war. Alles an dieser Zeremonie – die Trauerrede, die feierliche Totenliturgie und sogar die Musik von Neukomm – war dazu prädestiniert, diese Lektion zu vermitteln. War auch ihre Wirkung unbestritten, so hielt sie doch nicht sehr lange vor. Schon bald war alles wieder im Trubel der Vergnügungen vergessen.

Die Zukunft Neapels verursachte Talleyrand nun einiges Kopfzerbrechen. Seiner Meinung nach sollte Neapel an Ferdinand IV. zurückgegeben werden. Österreich hatte jedoch durch feierlichen Vertrag Murat den Besitz seines Königreichs verbürgt, und die englische Regierung hatte diesen Vertrag anerkannt. Metternichs Lage war um so heikler, als er der Liebhaber von Murats Frau, Caroline Bonaparte, gewesen war. Empört schrieb Ludwig der Achtzehnte an Talleyrand, der Kaiser von Österreich sei ja noch schlimmer als Marc Anton, der nämlich hätte sich doch wenigstens Kleopatra für sich selbst erobert, und er hätte nicht zugelassen, daß sein Minister mit seinen Liebesgeschichten in seine Politik hineinpfuschte. Österreich fand es nach dem Beitritt zum Dreierbund in zunehmendem Maße schwierig, Murat gegen die französischen Ansprüche zu schützen und begann, sich von dem italienischen Bündnispartner loszulösen. Im Februar war der Bruch bereits so offenkundig, daß Österreich eine 100 000 Mann starke Armee in der Poebene aufstellte, die einem eventuell aufmüpfigen Murat nachdrücklich Österreichs neuen politischen Standpunkt klarmachen sollte. Metternich, ungeachtet seiner Beziehungen zu Königin Caroline, hatte König Joachim Murat einfach satt, der seiner Ansicht nach Unruhe im nördlichen, also österreichischen Italien stiftete. Ihm wurde jetzt klar, daß Murat als napoleonisches Relikt immer den Frieden in Europa und, was noch schlimmer war, die österreichische Vorherrschaft auf der Halbinsel bedrohen würde. In dieser Überzeugung wurde er von England unterstützt, wo man Murat als Bedrohung für die Herrschaft im Mittelmeerraum ansah. Metternich und Castlereagh waren sich sozusagen einig, daß Murat abgelöst werden müßte. Castlereagh hatte auf seinem Rückweg nach London (nachdem er durch Wellington ersetzt worden war) in Paris Station gemacht und den französischen König für die österreichischen Pläne in Norditalien gewinnen können. Talleyrand wurde auf dem laufenden gehalten und stimmte dieser Übereinkunft, allerdings nicht ohne Vorbehalt, zu. Sein Zögern erklärte sich daraus, daß der Handel mit Norditalien eigentlich dem Prinzip der Legitimität widersprach.

Alle diesbezüglichen Bemühungen sollten sich schon bald als sinnlos erweisen. Murat mußte zwar auf seinen Thron verzichten, doch verlor er ihn nicht auf Grund eines Beschlusses des Wiener Kongresses, sondern durch eine erstaunliche Drehung des Glücksrads: durch Napoleon I., früherer Kaiser der Franzosen, der sich die Kaiserkrone wieder aufsetzte.

16. Italien und die hundert Tage

Am Morgen des 7. März, noch bevor Talleyrand aufgestanden war, saß seine Nichte Dorothéa am Bett ihres Oheims und erzählte über die Probe zu einer Laientheateraufführung, bei der sie mitwirken sollte. Ein Diener unterbrach das Gespräch und übergab Talleyrand einen Brief von Metternich. Talleyrand bat seine Nichte, ihn zu öffnen: wahrscheinlich, meinte er, werde ihm darin die Stunde der Kongreßsitzung mitgeteilt. Dorothéa öffnete den Brief und rief: »Napoleon hat Elba verlassen – oh, Onkel, und meine Probe!«

»Ihre Probe wird trotzdem stattfinden, Madame«, antwortete Talleyrand, und traf dann mit gewohnter behaglicher Ruhe die üblichen Vorbereitungen fürs Ankleiden. Als er damit fertig war, machte er sich auf den Weg zu Metternichs Haus. Er war der erste der Bevollmächtigten, der dort eintraf. Metternich las ihm sofort die Botschaft vor, die er an diesem Tag um sechs Uhr morgens vom österreichischen Generalkonsul in Genua erhalten hatte. Als auch die anderen – Hardenberg, Nesselrode, Wellington – kamen und die Botschaft vernommen hatten, waren sich diese fünf Männer sofort einig: »In weniger als einer Stunde«, teilte Metternich mit, »hatten wir uns für Krieg entschieden.«

Doch der Kongreß mußte weitergehen. Deshalb, erklärte Talleyrand am 9. März, würden er, Wellington und Metternich wie geplant nach Preßburg fahren, um mit König Friedrich August von Sachsen über die Teilung seines Königreichs zu verhandeln. Doch bevor er sich zum König von Sachsen begab, hatte Talleyrand noch eine persönliche Angelegenheit zu erledigen. In Preßburg lebte damals Frau von Brionne, eben jene Frau von Brionne, die Talleyrand als jungen Mann geliebt und vor der Revolution einen Kardinalshut für ihn zu erlangen versucht hatte. Seit der Revolution hatte sie jede Verbindung zu Talleyrand, dessen politische Aktivität sie schroff ablehnte, abgebrochen. Nun war sie alt und lag im Sterben und hatte ihn wissen lassen, daß sie bereit war, zu vergeben. Wellington, Metternich, der König von Sachsen und alle Fragen der Weltpolitik mußten warten, während Talleyrand vor der einstmals geliebten Frau niederkniete und ihre Vergebung erbat. Er sah Tränen auf ihren Wangen und hörte ihre Stimme: »So, da sind Sie also wieder. Ich habe immer gewußt, daß ich Sie einmal wiedersehen würde. So sehr ich auch das, was Sie getan haben, verwerfen mußte – ich habe nie auch nur einen Augenblick aufgehört, Sie zu lieben.«

Den Mann, dessen unerschütterliche Selbstbeherrschung sprichwörtlich geworden war, überwältigte die Rührung so, daß er kein Wort sprechen konnte. Er mußte das Zimmer verlassen, um im Garten Madame Brionnes seine Fassung wiederzugewinnen. Als er dann zurückkehrte, konnten die beiden Freunde gelassen von Vergangenem und Zukünftigem sprechen in dem Bewußtsein, daß sie sich nie mehr wiedersehen würden. Ein paar Tage später starb Madame de Brionne.

Der Besuch beim sächsischen König am darauffolgenden Tag gestaltete sich sehr schwierig. Friedrich August gab sich äußerst kühl und unzugänglich. Die Unterhändler mußten all ihre Künste aufwenden, um dem König die bereits beschlossenen Verhandlungsentscheidungen schmackhaft zu machen. Es schien, als ob alles wieder in das Stadium der Verhandlungen zurückfallen würde.

Aus diesem Dilemma gab es eigentlich nur einen einzigen Ausweg: Friedrich August klipp und klar zu erklären, daß Sachsen trotz seines Widerstandes wie vorgesehen geteilt werden würde. Das taten Talleyrand, Metternich und Wellington in einer offiziellen Erklärung, kurz bevor sie Preßburg verließen. Einige Tage später wurden die betreffenden Gebiete in Wien formell an Preußen übergeben.

Das Hauptaugenmerk dieser Stunde lag weder auf der Zerstückelung Sachsens noch auf den Protesten des sächsischen Königs, es galt vielmehr eindeutig dem Vormarsch Napoleons. In Preßburg erfuhren die drei Unterhändler, daß Napoleon in Antibes von einem entschlossenen Kommandanten zurückgewiesen worden war. Am 10. März verbreitete sich die Nachricht wie ein Blitz, daß Lyon dem Kaiser nicht nur seine Pforten geöffnet, sondern ihm auch den Empfang eines Befreiers hatte angedeihen lassen. Am Dreizehnten veröffentlichte der Kongreß eine Erklärung, daß man »dem König von Frankreich und der französischen Nation jede Hilfe anbiete«, die benötigt würde, um den Tyrannen zurückzuschlagen. Am sechzehnten März stimmte Ludwig XVIII. zum erstenmal zu, das Band der Ehrenlegion zu tragen, und erklärte vor der Abgeordnetenkammer: »Wie könnte ich mit sechzig Jahren meine Karriere besser beenden, als indem ich bei der Verteidigung meines Landes sterbe?« Am siebzehnten März wurde bekannt, daß Marschall Ney, auf dessen Truppen man allerorts gehofft hatte, mit allen seinen Soldaten auf die Seite seines ehemaligen Oberbefehlshabers übergelaufen sei.

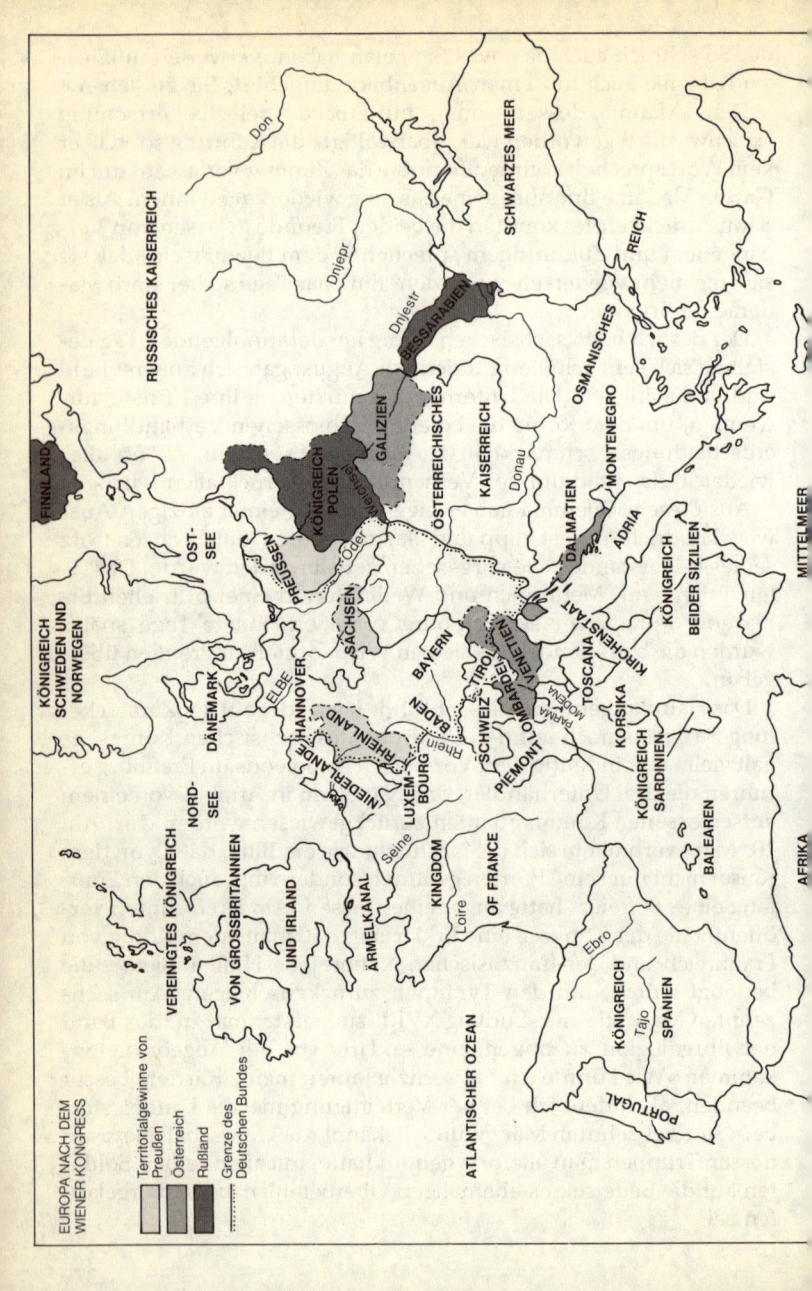

EUROPA NACH DEM
WIENER KONGRESS

Territorialgewinne von
Preußen
Österreich
Rußland
Grenze des
Deutschen Bundes

RUSSISCHES KAISERREICH

SCHWARZES MEER

Don

Dnjepr

Dnjestr

BESSARABIEN

KÖNIGREICH POLEN

GALIZIEN

Weichsel

ÖSTERREICHISCHES KAISERREICH

OSMANISCHES REICH

MONTENEGRO

Donau

DALMATIEN

ADRIA

KÖNIGREICH BEIDER SIZILIEN

FINNLAND

KÖNIGREICH SCHWEDEN UND NORWEGEN

OST-SEE

PREUSSEN

Oder

SACHSEN

BAYERN

Elbe

DÄNEMARK

HANNOVER

TIROL

LOMBARDEI-VENETIEN

SCHWEIZ

BADEN

PARMA

MODENA

TOSCANA

KIRCHENSTAAT

KORSIKA

RHEINLAND

NIEDERLANDE

LUXEM-BOURG

Rhein

PIEMONT

KÖNIGREICH SARDINIEN

NORD-SEE

VEREINIGTES KÖNIGREICH VON GROSSBRITANNIEN UND IRLAND

ÄRMELKANAL

KINGDOM OF FRANCE

Seine

Loire

ATLANTISCHER OZEAN

KÖNIGREICH SPANIEN

Ebro

Tajo

PORTUGAL

BALEAREN

MITTELMEER

AFRIKA

Am 18. März eilte König Ludwig XVIII. noch in Hausschuhen aus den Tuilerien, bestieg seinen Wagen und wurde vor dem napoleonischen Sturm nach Gent in Sicherheit gebracht. In der Nacht des zwanzigsten März brauste ein von Kavallerie begleiteter Wagen in die Hauptstadt. Er war sofort von einer ungeheuren Menge hochrufender Bürger umgeben, die die Wagentüre aufrissen, den Reisenden auf ihre Schultern hoben und ihn im strömenden Regen in die Tuilerien trugen, wo sich ganz Paris versammelt hatte, um seinen Kaiser mit *Vive l'Empereur* zu begrüßen. Um Mitternacht lag Napoleon I., Kaiser der Franzosen, wieder in seinem alten Bett, das der bourbonische König so eilends verlassen hatte. Furcht erfüllte die kaiserlichen und die königlichen Höfe Europas.

Furcht kann lähmen, aber auch stimulieren. Im Fall des Wiener Kongresses hatte sie unerwarteterweise den letzteren Effekt. Bälle und Vergnügungen gab es weiterhin, doch die napoleonische Bedrohung hatte wenigstens die Delegierten aus ihrer Lethargie aufgeschreckt.

Plötzlich gab es Resolutionen bezüglich der Schweiz und der deutschen Staaten. Beide Lösungen fanden Talleyrands Zustimmung. Die Neutralität der Schweiz »ist ganz besonders günstig für Frankreich, da unser Land, sonst an allen Grenzen durch Festungen gesichert, eben an dieser einen Grenze zur Schweiz keine hat. Die Neutralität dieses Landes gibt uns also eine absolut sichere Grenze an dem einen Punkt, an dem sie unbefestigt ist.« Der im Entstehen begriffene Deutsche Bund versprach, »einer der wichtigsten Elemente des europäischen Gleichgewichts zu werden«. Doch war da immer noch das ungelöste Italienproblem, und für Talleyrand war dieses wichtiger als die Regelung der schweizerischen und deutschen Angelegenheiten.

Nun stellte sich auf einmal das italienische Problem ganz von selbst in den Blickpunkt der Öffentlichkeit. Am 5. März hatte Murat an die österreichischen und britischen Regierungen geschrieben, daß er unter allen Umständen zu seinen Verträgen mit besagten Regierungen stehe. Nur zehn Tage später, als es Murat klar schien, daß Napoleon wieder die Macht in Frankreich übernehmen würde, fiel er mit 40 000 Mann in den Kirchenstaat ein. Talleyrand war entzückt. Murat selbst war ihm zu Hilfe gekommen.

Talleyrand hatte allen Grund, sich zu freuen. Napoleons Erfolg in Frankreich und die Bedrohung durch Murat von Italien aus ließ die fünf großen Mächte Europas zusammenstehen, wie es kein Argument Talleyrands besser hätte bewirken können. Am 25. März schlossen sich England, Preußen, Österreich und Rußland zu einem neuen Bündnis zusammen, das den Vertrag von Chaumont erneuerte, und noch am gleichen Tag lud man Frankreich ein, daran teilzuhaben. Am 27. März nahm Frankreich dieses Angebot an und verpflichtete sich zusammen mit seinen Mitunterzeichnern, die Waffen erst dann wieder niederzulegen, wenn Napoleon ein für alle Mal vernichtet sein würde.

Als Murat in den von österreichischen Truppen besetzten Kirchenstaat eindrang und diese zurückwichen, kam es zum Bruch. Murat wußte sehr wohl, daß er damit eine Kriegshandlung begangen hatte. Österreich ging zur Offensive über, und Murat wich nach Süden aus. In der Zwischenzeit war man am Hof in Wien eifrig damit beschäftigt, einen neuen Vertrag mit Neapel zu unterzeichnen, diesmal mit dem früheren bourbonischen Monarchen, Ferdinand IV. Am 20. April legte Murat seine Krone ab. Drei Tage später zogen österreichische Truppen in Neapel ein, und Ferdinand IV. wurde zum König sowohl von Neapel als auch zum König der beiden Sizilien proklamiert.

Ein Wermutstropfen trübte allerdings Talleyrands Freude. Ferdinand hatte sein Königreich von Österreich und nicht von Frankreich zurückerhalten, und es war auch Österreich, das seinen Willen dem nördlichen Italien aufzwang. Insgesamt aber war er zufrieden und willens, bei den noch übrigen Gebieten großzügig zu verfahren.

Mit der Lösung der Italienfrage waren die Arbeiten des Wiener Kongresses praktisch abgeschlossen. Am 9. Juni wurde das Schlußprotokoll unterzeichnet, das noch einmal alles bestätigte, was besprochen und vereinbart worden war. Damit war das größte diplomatische Treffen, das je in Europa stattgefunden hatte, beendet. Seine Leistung ist wohl hauptsächlich darin zu sehen, daß er einem Kontinent die Gestalt gegeben hatte, an der für die nächsten hundert Jahre nichts geändert werden sollte. Dieses Verdienst war vor allem Talleyrand zuzuschreiben, der durch seine Umsicht, seine Beharrlichkeit und sein Verhandlungsgeschick ganz Europa dazu gebracht hatte, die Grundsätze, die Frieden und Sicherheit garantierten, anzunehmen.

Nun hielt es niemanden mehr in Wien. Es roch nach Krieg, und so wurden eilends die Koffer gepackt. Man verließ die Stadt so überstürzt, daß es den Anschein hatte, als ob Napoleon mit seinen Truppen schon vor der Hofburg stünde. König Ludwig hatte Talleyrand gebeten, ihm nachzukommen.

Keiner ahnte, daß Talleyrand, der eben die Krönung seines politischen Lebens erleben durfte, statt einer Belohnung seine Entlassung aus den Diensten des Königs entgegennehmen sollte.

5. Teil

Zweite Restauration,
Rückkehr ins private Leben und Revolution
(1815-1830)

> *Ich bin durchaus Ihrer Meinung, daß man sich auf Talleyrand nicht verlassen kann; und doch wüßte ich keinen, auf den Seine Majestät sich eher verlassen könnte als auf ihn. Die Sache liegt nämlich so: Frankreich ist eine Diebes- und Räuberhöhle und deshalb können die Franzosen als Verbrecher auch nur von Verbrechern regiert werden.*
>
> Lord Castlereagh

17. Talleyrands hundert Tage

Während Talleyrand sich in seiner üblichen Art, also gemächlich, zu seinem Herrscher auf den Weg machte, kämpfte Kaiser Napoleon verzweifelt zwar nicht um sein Leben, aber um seinen Thron. Mit der für ihn typischen Energie, hatte er sich seit seiner Rückkehr nach Paris am 20. März darangemacht, eine Regierung zu organisieren und Armeen auszuheben. Es war fast ein Wunder, wie er Versorgungsschwierigkeiten löste, Kriegsmüdigkeit und Opposition der Royalisten aus dem Weg schaffte und 284000 Mann unter Waffen stellte. Den größten Teil dieser Armee, 128000 Mann, faßte er zu einer einzigen Streitkraft zusammen, die er nach Belgien führen wollte.

Auch auf diplomatischem Gebiet hatte er sich einiges einfallen lassen, um seine Feinde in verschiedene Lager aufzuteilen. Der vielversprechendste Vorstoß auf diesem Gebiet und zugleich auch der schicksalhafteste für Talleyrand war, die Kopie eines geheimen antirussischen Vertrags zwischen Talleyrand, Metternich und Castlereagh Zar Alexander zukommen zu lassen. Alexander tobte, wie Napoleon vorausgesehen hatte, aber momentan fürchtete er Napoleon mehr als ein mögliches Bündnis zwischen Engländern, Österreichern und den royalistischen Franzosen. In einem Anfall von Umsicht entschloß er sich, dem napoleonischen Ehrgeiz ein für alle Mal ein Ende zu setzen.

Das machte die Aussichten für den französischen Kaiser nicht gerade rosig. Seiner Armee von nicht ganz 300000 Mann standen 600000 alliierten Soldaten gegenüber. Aber Napoleon war nicht der Mann, der sich von ungünstigen Vorzeichen schnell abschrecken ließ. Er entschied sich, Belgien in einem Blitzkampf einzunehmen und dort Wellington und Blücher, die beiden berühmtesten und gefürchtetsten Oberbefehlshaber der Bündnispartner, zu besiegen. Die psychologische Wirkung eines solchen Sieges zu Beginn eines Krieges würde in Frankreich und im Ausland von unschätzbarem Wert sein. Am Morgen des 18. Juni veröffentlichte der *Moniteur* ein absichtlich vage gehaltenes Kommuniqué von der Front: »Der Kaiser hat soeben einen eindeutigen Sieg über die englischen und preußischen Armeen unter dem Oberkommando von Lord Wellington und Marschall Blücher errungen. Die Armee zieht jetzt in Verfolgung des Feindes weiter nach Ligny.«

Noch einmal, ein letztes Mal, schwebte Paris im Siegestaumel. Während sich das Volk in den Straßen drängte, um Einzelheiten über den Sieg zu erfahren, vollzog sich viele Meilen weiter nordwärts, in der Nähe eines unbekannten Ortes namens Waterloo, der letzte Akt des napoleonischen Dramas. Als man in Paris bei Einbruch der Dunkelheit in der illuminierten Stadt den Sieg über die Alliierten feierte, ließ der Kaiser zu seinem letzten Angriff blasen. Mit acht Bataillonen, unterstützt von Schwerer Artillerie, stürmte er auf Wellingtons Kampflinie zu. Aber die englischen Truppen waren nicht zu erschüttern und setzten trotz schwerer Verluste zu einem Gegenschlag an, der Napoleon zurückwarf und seine Hoffnung auf einen Sieg schwinden ließ. Der Eroberer Europas hatte seine letzten Reserven erschöpft, und es blieb ihm nur noch der Rückzug. Gardeeinheiten kämpften mit übermenschlicher Tapferkeit, um den Rückzug abzusichern. Napoleon, der die Reaktion auf Waterloo fürchtete, eilte nach Paris, um zu retten, was noch zu retten war.

Talleyrand erfuhr die ungeheuerliche Nachricht am folgenden Tag, dem 19. Juli, in Aachen. Napoleons Niederlage war für Talleyrand eine vorhersehbare und unabwendbare Tatsache. Er hatte die Haltung der Bündnispartner in Wien gesehen und wußte, daß ihre verbissene Entschlossenheit den Kaiser früher oder später zu Fall bringen würde. Was Napoleon nicht einsehen wollte, für Talley-

Oben: Ludwig XVIII., König von Frankreich.
Holzstich nach einem Gemälde von A. J. Gros, 1815.

Unten: Der Teufel diktiert Talleyrand die Erklärung
vom 13. März 1815. Zeitgenössische Karikatur.

Wiener Kongreß 1814/15:
Sitzung der Bevollmächtigten der acht am
Pariser Frieden beteiligten Mächte.
Kupferstich (Ausschnitt), 1819.

Rückkehr der Bourbonen 1814:
Allegorie auf die Wiederaufrichtung Frankreichs
durch Ludwig XVIII.
Gemälde von Louis-Philippe Crepin (Ausschnitt), 1814.

Altersbildnis
des berühmten französischen Staatsmanns.
Radierung von Blanchard nach Scheffer.

rand aber auf der Hand lag, war, daß selbst ein anfängliches Kriegs-glück auf die Dauer nichts am Endsieg der Alliierten ändern konnte.

König Ludwig hatte sein Quartier von Brüssel nach Mons verlegt, wohin ihm Talleyrand ohne allzugroße Hast folgte. Dort angekommen ließ man ihm wissen, er solle sich sofort bei König Ludwig melden. »Ich habe es nie eilig«, gähnte er, »und für eine solche Angelegenheit ist morgen auch noch Zeit genug.«

Diese Antwort wurde dem König hinterbracht, und der Monarch tobte vor Empörung. Auf Chateaubriands Intervention hin wollte er ihm schließlich doch noch eine Chance geben. Dieser bat ihn, sich die Angelegenheit noch einmal durch den Kopf gehen zu lassen. Doch Talleyrand wollte nicht. Er war müde und wollte schlafen gehen.

Ludwig zeigte nun einen wahrhaft königlichen Zorn. Wenn Monsieur de Talleyrand ihn heute nicht sehen wollte, dann würde er morgen keine Gelegenheit mehr dazu bekommen. Und er ließ Pferde und Wagen für die Abreise fertigmachen.

Ein Freund, durch den sonst eher phlegmatischen Ludwig alarmiert, eilte zu Talleyrand und berichtete ihm von dem bevorstehenden Aufbruch des Königs. Darauf sprang Talleyrand aus dem Bett, entschloß sich zur schnellsten Toilette seines Lebens und ließ sich eilends zum Quartier des Königs bringen. Im Hof fand er Ludwig bereits in einem Wagen vor. Ein Höfling näherte sich dem wütenden Monarchen und meldete: »Sire, es ist Monsieur de Talleyrand.« »Das kann nicht sein«, antwortete Ludwig, »Monsieur de Talleyrand schläft.«

Widerwillig ließ er sich dann doch zu einem Gespräch mit Talleyrand überreden.

Ludwig hörte sich das, was Talleyrand vorzubringen hatte, geduldig und unbeteiligt an. Dann sprach er: »Fürst, wie ich höre, wollen Sie uns verlassen. Die Heilwasser werden Ihnen guttun. Schreiben Sie uns, wie es Ihnen ergeht.« Er nickte, machte ein unmißverständliches Zeichen der Entlassung und bestieg wieder seinen Wagen, um die Stadt zu verlassen.

Talleyrand blieb zurück, blaß vor Zorn und vor Erniedrigung. Zum Herzog von Lévis-Mirepois, einem Freund des Königs sagte er: »Gehen Sie, Monsieur le Duc. Gehen Sie und verkünden Sie in Europa, wie mich der König, dem ich seine Krone wiedergebracht habe, behandelt.« Eine andere Aufzeichnung vermittelt uns die Worte, die er Dorothea gegenüber am nächsten Tag äußerte, als er seine Haltung wiedergewonnen hatte: »Ich war nicht sehr befriedigt von meiner ersten Unterredung mit dem König.«

Am folgenden Abend dinierte Talleyrand mit dem Bürgermeister von Mons und erstaunte jedermann durch seinen Gleichmut und seine gute Laune. Man tuschelte darüber, ob Talleyrand wohl etwa froh war, diese Bürde losgeworden zu sein, oder ob er sein Bedauern und seinen Zorn so gut zu verbergen wußte.

Die wahrscheinliche Antwort auf diese Vermutungen ist, daß Talleyrand sowohl erleichtert wie erzürnt war, ohne daß eines dieser Gefühle dominierend war. Tiefer als jedes oberflächliche Gefühl war seine Sicherheit, eine tiefe und bleibende Überzeugung, daß König Ludwig ohne Fürst Talleyrand nicht überleben könnte. Talleyrand wußte, daß auch Ludwig sich dessen bewußt war. Vielleicht noch wichtiger war jedoch, daß Talleyrand sicher sein konnte, daß auch ganz Europa sich dessen bewußt war. Deshalb konnte er ruhig abwarten, wie die Dinge ihren Lauf nehmen würden.

Sofort setzte sich eine Gruppe von Politikern, unter anderem Chateaubriand und Metternich, für eine Versöhnung zwischen Talleyrand und König Ludwig XVIII. ein. Das Argument, Frankreich könnte durch das Verhalten seines Königs Schaden nehmen, bewegte Talleyrand unter anderem dazu, dem König nach Cambrai zu folgen. Ausschlaggebend für diese Entscheidung war jedoch seine Überzeugung, daß er im Recht und König Ludwig im Unrecht war. Wellington soll Talleyrand in einem Brief gebeten haben, um Frankreich und der Monarchie willen seinen Stolz einmal beiseitezustellen.

Wellington und mit ihm die englische Regierung waren sehr skeptisch bezüglich der Zukunft der bourbonischen Dynastie, und das mit gutem Grund. Denn es war keineswegs eine beschlossene Sache, daß König Ludwig nach Napoleons endgültiger Niederlage wieder den Thron seiner Vorfahren würde besteigen können. In den Reihen der Verbündeten und in Frankreich selbst gab es viele Stimmen, die lieber eine Republik gesehen hätten. Wieder andere glaubten, daß die Ruhe im Land nur dann wieder herzustellen wäre, wenn Napoleons Sohn, der König von Rom, die Regentschaft übernehmen würde.[1] Und viele, unter ihnen der Zar von Rußland, setzten sich ganz offen für die Absetzung des älteren Zweigs der Bourbonen zugunsten des jüngeren, des Hauses Orléans, vertreten durch den Herzog von Orléans, ein.

Fest stand, daß Ludwigs Prestige während der Ersten Restauration schwer gelitten hatte. Um die Unterstützung der Öffentlichkeit zurückzugewinnen, mußte Ludwig die Freiheit der Person und der Presse, ein unabhängiges Rechtssystem und die Verantwortlichkeit der Staatsminister gewährleisten. Diese Punkte wollte Talleyrand bei seinem Zusammentreffen mit dem König in Cambrai mit aller Deutlichkeit fordern.

König Ludwig brauchte wirklich nichts dringender als einen guten Berater. Er war immer noch fest dazu entschlossen, bei der erstbesten Gelegenheit nach Paris zurückzukehren. Als Napoleon die Hauptstadt verlassen hatte, wollte er sich den Weg zur Rückkehr ebnen, indem er eine Proklamation an das französische Volk erließ, bei deren Abfassung er jedoch keine sehr glückliche Hand bewies. Er drohte allen Anhängern Napoleons mit seiner königlichen Rache und erklärte, mit Ausnahme der königlichen Familie trügen alle Schuld an Napoleons Regentschaft der hundert Tage. Von dieser Proklamation fühlte sich jeder verletzt, das französische Volk ebenso wie die Verbündeten. Eine Ausnahme bildeten lediglich die extremen Royalisten, angeführt vom Grafen Artois.

Kaum hatte Talleyrand das königliche Quartier erreicht, berief er eine Ratsversammlung ein, um die verfahrene Situation zu besprechen. Mit Hilfe des Grafen Beugnot hatte der Fürst bereits eine weitere Proklamation für Ludwig zur Unterschrift vorbereitet. Darin wurden die unter der Ersten Restauration begangenen Fehler zugegeben und der Wille ausgedrückt, es in Zukunft besser zu machen. Beugnot las dem Rat dieses von Talleyrand aufgesetzte Schriftstück vor. Als er damit fertig war, herrschte einen Augenblick Totenstille. Danach bat Ludwig Beugnot mit zitternder Stimme, den Entwurf noch einmal vorzulesen. Nachdem dies geschehen war, wandte sich der Graf d'Artois in leidenschaftlichen Worten gegen das Dokument. Es sei dies eher ein Geständnis und ein Versprechen der Wiedergutmachung. Solche Worte, schrie er, schändeten die königliche Würde.

»Monsieur, erlauben Sie, daß ich widerspreche«, antwortete Talleyrand gelassen. »Der König hat tatsächlich Fehler gemacht; und er hat sich tatsächlich durch persönliche Gefühle auf falsche Wege leiten lassen. Mit dieser Tatsache müssen Sie sich wohl abfinden.«

»Ist das eine versteckte Anspielung auf mich?« fragte der Graf von Artois.

»Da Monsieur die Frage nun einmal stellen: ja. Monsieur haben viel Unheil angerichtet.«

»Der Fürst von Talleyrand vergißt sich.«

»Das mag schon sein. Aber nur Wahrheitsliebe veranlaßt mich dazu.«

In diesem Moment griff Herzog de Berry, Artois' Sohn, ein und wandte sich in scharfen Worten gegen die Proklamation und gegen Talleyrand. Doch zu jedermanns Erstaunen verwies der König selbst seinen ungestümen Neffen in seine Schranken: »Das genügt, mein Neffe. Ich entscheide selbst, was in meiner Gegenwart und in meinem Rat gesprochen wird.« Worauf der Rat gegen die Stimmen von Artois und Berry die Proklamation annahm. Der König unterzeichnete sie, ließ sie von Talleyrand gegenzeichnen und verkündete sie am 28. Juni in Cambrai.

Die Verbündeten waren beruhigt, das französische Volk ermutigt. Wellington war entzückt, würde doch diese Proklamation seine Arbeit um ein Vielfaches erleichtern. Talleyrand war nicht voll zufrieden. Zwar hatte Ludwig im Prinzip der Notwendigkeit einer Versöhnung zugestimmt, doch hatte er nicht auf ihn gehört, als er sich gegen eine sofortige Rückkehr nach Paris aussprach. Dies bedeutete nach Talleyrands Ansicht, daß Ludwig in einer von den Verbündeten besetzten Hauptstadt seinem Land nicht die Art von konstitutioneller Monarchie würde geben können, die es gebraucht hätte, um den Thron zu erhalten.

Ob Talleyrand in diesem Punkt recht behalten sollte oder nicht, würde sich erst in den kommenden Jahren zeigen. Momentan konnte er nichts anderes tun, als dem König und seinem Gefolge nach Paris zu folgen.

Während einer Rast übermittelte er Dorothea die neuesten Nachrichten: »Bonaparte hält sich in Cherbourg auf und wartet auf ein Schiff. Hoffentlich erwischen ihn die Engländer. Er hat viel Geld bei sich, und es heißt, daß er nach Amerika fliehen möchte.«

In Wahrheit war Napoleons Situation weitaus dramatischer. Der Kaiser war am 21. Juni nach dem Debakel bei Waterloo in Paris angekommen. Sein Bruder Lucien hatte vorgeschlagen, daß er sich unverzüglich zur Abgeordnetenkammer begeben und versuchen solle, zu retten, was noch zu retten war, indem er die Diktatur ausrief. Statt dessen begab sich Napoleon niedergeschlagen und zusätzlich von einer Infektion geschwächt in Caulaincourts Haus und nahm ein heißes Bad. Fouché, der Polizeiminister, der bereits mit Wellington in Verbindung stand, war mit Besuchen beschäftigt. Er sprach bei den Bonaparte-Anhängern aus den Reihen der Abgeordneten vor, denen er mitteilte, Napoleon solle zugunsten des Königs von Rom abdanken. Die Liberalen versuchte er davon zu überzeugen, daß eine Diktatur unter Napoleon unter allen Umständen verhindert werden müsse.

Napoleon selbst war nicht abgeneigt, als Diktator aufzutreten, kurioserweise bestand er jedoch darauf, dies nur auf legaler Basis zu tun. »Im öffentlichen Interesse«, erklärte er, »würde ich eine solche Macht annehmen, wenn mir die Kammern eine solche Macht verleihen würden.« Aber es war bereits zu spät, etwas von den Kammern zu erwarten, denn der unermüdliche Fouché hatte sie wissen lassen, daß der Kaiser ihre Auflösung plane. Auf Lafayettes Antrag hin erklärte die Versammlung, daß sie in permanenter Sitzung stehe, und jeder, der ihre Auflösung anstrebe, sich des Verrats schuldig mache. Dann bestimmten alle Kammern, eine Abordnung unter Leitung von Fouché zu den Verbündeten zu schicken, um die Friedensbedingungen auszuhandeln. Dies alles geschah ohne Konsultation des Kaisers und ohne ihn davon auch nur in Kenntnis zu setzen. Dies war eine offene Rebellion gegen die kaiserliche Autorität und Napoleon war sich dessen sofort bewußt. Er zog einen Staatsstreich in Betracht, verwarf jedoch diese Idee wieder, da er sich nicht absolut auf die Unterstützung durch das Volk verlassen konnte. Jetzt blieb ihm nur noch die Wahl, entweder abzudanken oder abgesetzt zu werden.

Verzweifelt unterzeichnete Napoleon am 22. Juni seine Abdankungsurkunde zugunsten des Königs von Rom. Am 25. verließ er Paris und gelangte über Malmaison nach Noirot und von dort nach Rochefort, wo angeblich, wie Fouché versprochen hatte, zwei Schiffe warten würden, die ihn in ein neutrales Land bringen würden. Was Fouché dem Kaiser nicht mitgeteilt hatte war die Tatsache, daß britische Schiffe in diesem Hafen patroullierten und Napoleon aus diesem Grunde nicht an Bord gehen konnte. So war also seine Situation, als Talleyrand am 3. Juli Dorothea mitteilte, daß er sich in Cherbourg befände und auf eine Passage nach Amerika warte.

Am 9. Juli trat Napoleon tatsächlich in Verhandlungen mit den Engländern. Er ergab sich am 15. des gleichen Monats dem Kommandanten der *Bellerophon,* einem Kapitän Maitland. Man kam überein, dem Kaiser in England Asyl zu gewähren, eine Entscheidung, die die Kompetenzen Maitlands bei weitem überschritt. Der britischen Regierung war das mehr als peinlich. Man wußte nicht, was man mit dem Ex-Kaiser anfangen sollte; man wußte lediglich, daß man ihn nicht in England haben wollte. Lord Liverpool schlug sogar Castlereagh vor, Napoleon an Ludwig XVIII. auszuliefern, damit dieser ihn erschießen lasse. Schließlich wurde am 28. Juli nach ausführlicher Diskussion und großer Aufregung entschieden, Napoleon nach St. Helena in die Verbannung zu schicken.

Für Talleyrands Pläne war wichtig, daß Napoleon sich nicht mehr in Paris befand, daß die Staatsgewalt von einer provisorischen Regierung übernommen worden war und daß jetzt der Weg zu einer zweiten Restauration des Hauses Bourbon offenstand. Offen, falls nicht Zar Alexander seinen Willen durchsetzen und den Herzog von Orléans auf den Thron setzen würde; oder falls nicht die Bonapartisten die beiden Kammern dazu zwingen würden, Napoleons Abdankung zu respektieren und den König von Rom als Napoleon II. anzuerkennen; oder falls es der republikanischen Partei nicht gelingen würde, die Monarchie ganz abzuschaffen. Der Schlüssel zur Lösung war, wie immer, Paris. Wer in der Lage war, die Hauptstadt unter Kontrolle zu bringen, konnte praktisch alles erreichen. Und der Mann, der Paris nach Napoleons Abreise in Händen hatte, war Bonapartes langjähriger Polizeiminister und Talleyrands ehemaliger Mitarbeiter und späterer Gegenspieler Joseph Fouché, Herzog von Otranto. Auf irgendeine Art und Weise mußte er für die bourbonische Sache gewonnen werden.

Das Hauptproblem bei diesem Vorhaben war weniger Fouché selbst, als vielmehr König Ludwig. Fouché war trotz seines Herzogtitels ein Königsmörder, der in den Augen des Königs immer noch mit dem schweren Makel belastet war, für den Tod Ludwigs des Sechzehnten gestimmt zu haben. Soweit auch die Bereitschaft des Königs ging, Vergangenes zu vergessen, so war ihm bisher noch nicht zugemutet worden, mit einem Königsmörder zu verhandeln, geschweige denn, ihm einen Platz in der neuen Regierung zuzugestehen.

Talleyrand bedauerte zwar die Notwendigkeit, sich eines solchen Mannes bedienen zu müssen, der seiner Ansicht nach nur daran dachte, aus einer nicht mehr existierenden Macht Kapital zu schlagen, dachte jedoch wie immer praktisch. Wenn es sich als nötig erweisen sollte, Fouché zu schmeicheln und zu bestechen, um den Thron für die Bourbonen zu retten, dann mußte Fouché eben geschmeichelt und bestochen werden. Und König Ludwig mußte dies akzeptieren. Talleyrands erster Schritt dahin war, diese Notwendigkeit etwas verschleiert bei einer Ratssitzung vorzubringen. Er schlug dem König vor, die Posten in der neuen Regierung für jeden offenzuhalten, »der sie auszufüllen vermag« – auch denen, die für den Tod Ludwigs des Sechzehnten gestimmt hatten. Die Wirkung seiner Worte war ungeheuerlich. König Ludwig, den man für gewöhnlich nicht so leicht aus der Ruhe bringen konnte, schlug mit den Händen auf die Armlehnen seines Stuhls, sprang auf und schrie: »Niemals! Niemals, solange ich lebe!« Und dabei blieb es – zumindest für den Augenblick. Talleyrand kannte Ludwig und wußte, daß dieser Samen zur rechten Zeit bei entsprechender Pflege zum Keimen gebracht werden konnte.

Wellington, wie Talleyrand ein praktischer Mann, stand bereits mit Fouché in Verbindung. Es wurde vereinbart, daß Wellington, begleitet von Talleyrand und Pozzo di Borgo (die Augen und Ohren des Zaren), am Abend des 5. Juli in Neuilly mit Fouché zu einer Lagebesprechung zusammentreffen sollte. Ludwig hatte diese Unterredung, von Talleyrand und Wellington unter Druck gesetzt, genehmigt. Er teilte Vitrolles mit, daß er seine Beauftragten gebeten habe, auf seine Gefühle Rücksicht zu nehmen: »Gehen Sie schonend mit mir um, habe ich ihnen gesagt, und vergessen Sie nicht, daß es sich sozusagen um meine Jungfernschaft handelt.« Vitrolles, der ein fanatischerer Royalist war als der König selbst, fand den Scherz ganz und gar nicht lustig und stürmte angewidert aus dem Zimmer. In der Zwischenzeit saßen Talleyrand, Wellington und Pozzo di Borgo in Neuilly beim Abendessen und hörten Fouché zu, der die schwierige Situation in Paris erläuterte. Er stellte die Macht der Orléanisten und der Republikaner in der Stadt sehr übertrieben dar, damit die Dienste, die er bereit war, Ludwig zu erweisen, um so bedeutender erschienen. Diese Sprache verstand Talleyrand besser als irgend jemand anderer. Aus Fouchés bunter Mischung extrahierte er folgende Fakten: in Paris wurde ein bewaffneter Aufstand zwischen Republikanern, Anhängern des Hauses Orléans und Royalisten vorbereitet, der beim geringsten Anlaß ausbrechen konnte. Fouché war in der Lage, diesen Anlaß zurückzuhalten oder den Aufstand ausbrechen zu lassen, je nachdem, was für ihn günstiger war. Talleyrand unterbrach ihn deshalb mitten im Satz und unterbreitete ihm ein realistisches Angebot: eine Generalamnestie für seine Freunde und den Posten des Polizeiministers für ihn selbst in der neuen Regierung. Fouché nahm sofort an. Man schüttelte sich die Hände und begab sich nach Hause. Da es bereits sehr spät war, begann sich Talleyrand sofort zu entkleiden. Es war vier Uhr früh, als plötzlich Baron von Vitrolles in Talleyrands Zimmer stürzte. Talleyrand übersah Vitrolles Erregtheit, begrüßte ihn freundlich und ließ sich nicht in seiner Tätigkeit unterbrechen. Auf die drängende Frage des Ultraroyalisten nach dem Ausgang der Unterredung entgegnete er nach einem ausgiebigen Gähnen: »Ja, also, Herr von Vitrolles. Ihr Herzog von Otranto hat uns überhaupt nichts gesagt. Wie gefällt Ihnen das?«

Der arme Vitrolles, der nicht ahnen konnte, daß Fouché soeben den Posten des Polizeiministers in Ludwigs Regierung übernommen hatte, antwortete: »Er ist nicht *mein* Herzog von Otranto. Er ist *Ihr* Herzog von Otranto.« Bei Anbruch der Morgendämmerung fuhr er eilends zu Fouché, um zu erfahren, warum dieser »nichts zu den Beauftragten des Königs gesagt habe«. »Was hätte ich ihnen denn sagen sollen? Sie sagten mir ja auch nichts«, war Fouchés Antwort.

Am nächsten Tag ging Talleyrand, auf Fouchés Arm gestützt, zu König Ludwig, damit dieser seinen neuen Minister begrüßen könne. Chateaubriand hat uns diese gespenstisch wirkende Szene mit seinem Feinsinn für Ironie aufgezeichnet: »Plötzlich öffnete sich die Tür und herein kam das Laster, gestützt durch das Verbrechen, also Herr von Talleyrand auf Fouchés Arm gestützt. Der königstreue Königsmörder kniete nieder und legte die Hände, durch die das Haupt Ludwigs des Sechzehnten gefallen war, in die Hände des Mannes, dessen Bruder der königliche Märtyrer gewesen war; und der abtrünnige Bischof stand als Bürge des Eides daneben.«

Am 8. Juli kehrte Ludwig der Achtzehnte abermals in seine Hauptstadt zurück. Die Pariser nahmen ihn ohne Begeisterung aber auch ohne Protestdemonstrationen auf. Er nahm dabei die traditionelle Route über die Rue St.-Denis. Talleyrand wollte zur selben Zeit in Paris eintreffen, wählte jedoch einen anderen Weg. Alleine, in einem geborgten Wagen fuhr er durch den Faubourg St.-Honoré. Von dort aus begab er sich unverzüglich in die Rue St.-Florentin. Bei seiner Ankunft stand seine gesamte Dienerschaft, unter ihnen auch sein treuer Diener Courtiade, an der Türschwelle. Das Haus war in einem ausgezeichneten Zustand, so, als ob der Hausherr nur für einen Tag abwesend gewesen wäre.

Am Tag nach Ludwigs Ankunft in der Hauptstadt verkündete eine Proklamation des Königs die Bildung einer neuen Regierung. Talleyrand wurde zum Präsidenten des Kronrats und zum Außenminister ernannt. Mit Ausnahme von Fouché bestand Talleyrands Kabinett, wie zu erwarten war, aus gemäßigten Männern, die schon der letzten Regierung gedient hatten. Das Finanzministerium gab er dem Baron Louis, das Marineministerium dem getreuen Jaucourt. Abgesehen von der zweifellos vorhandenen Qualifikation der neu ernannten Kandidaten hatte Talleyrand zwei Überlegungen gehorcht: Zunächst sah er darauf, eine Kontinuität zwischen dem Regime der Ersten Restauration und der Zweiten zu wahren. Der Öffentlichkeit mußte immer vor Augen gehalten werden, daß Napoleons hunderttätige Herrschaft nur die vorübergehende Aufhebung einer legitimen Regierung gewesen war. Die zweite Überlegung war die Notwendigkeit, »ein Gegengewicht zu der unglücklichen, aber unvermeidlichen Wahl des Herzogs von Otranto zu schaffen«. Fouché mag zwar wichtig für die Wiedereinsetzung der Bourbonen gewesen sein, aber niemand, am allerwenigsten Talleyrand selbst, machte sich Illusionen über Fouchés Loyalität zu dem neuen Regime. Die neue Regierung wurde vom König und von der Öffentlichkeit als das aufgenommen, was sie war: eine wohlausgewogene

Gruppe von Männern, denen es gelingen würde, die Wunden des letzten Aufruhrs zu heilen. Nur die extremen Royalisten waren empört. Ihren Ausschluß aus der Regierung hatten sie sich jedoch selbst zuzuschreiben. Talleyrand hatte einem von ihnen, dem Herzog von Richelieu, einen hohen Posten angeboten; dieser hatte jedoch abgelehnt.

Die dringendste Aufgabe war zunächst die Neuordnung der Legislative. Nach der Verfassung lag die gesetzgebende Gewalt in den Händen der Pairs (Abgeordnete aus dem französischen Hochadel). Da die Pairswürde vom König und der Regierung als beratendem Gremium vergeben wurde, hielt Talleyrand den Schlüssel zum Oberhaus in Händen. Er plädierte für eine erbliche Pairswürde mit der Begründung, deren Stabilität und Ansehen würden die möglicherweise fehlende Unterwürfigkeit gegenüber dem König wettmachen. Ludwig dagegen wünschte, die Pairswürde auf Lebenszeit zu beschränken, um sie nach dem Tod eines Abgeordneten auf eine ihm genehme Persönlichkeit übertragen zu können. Als Ludwig schließlich nachgab, begann Talleyrand, eine Liste der neuen Pairs aufzustellen, die vom König genehmigt werden mußte. Er tat dies mit einer Lässigkeit, die alle, außer denjenigen, die ihn gut kannten, in Erstaunen setzte.

Der ewig erstaunte Vitrolles hat den Vorgang aufgezeichnet: »Eines Tages kam ich in das Haus des Herrn von Talleyrand und fand ihn im Gespräch mit Herrn Pasquier, dem neuen Justizminister. Er ging im Zimmer auf und ab, während Herr Pasquier mit der Feder in der Hand am Tisch saß. ›Ja, sehen Sie‹, sagte Herr von Talleyrand, ›wir sind gerade dabei, Pairs zu machen. Die Kammern werden bald zusammentreten. Wir wissen nicht, wieviel Einfluß wir in der Abgeordnetenkammer haben werden, und da müssen wir wissen, daß wir uns auf die Pairskammer verlassen können.‹ Und der Fürst, immer im Auf- und Abgehen, nannte die Namen, wie sie ihm gerade einfielen, gerade als handelte es sich um Einladungen zu einem Festessen oder einem Ball.« Als dann die anderen Mitglieder des Kabinetts hereinkamen, forderte Talleyrand sie auf, Namen vorzuschlagen. Selbst Vitrolles, dem diese lässige, doch für Talleyrand nicht untypische Art mißfiel, ließ sich herbei, den einen oder anderen Namen zu nennen, darunter auch einen berühmten Marinekommandeur. Talleyrand war hocherfreut: »Ausgezeichnet! Das wird die Flotte freuen!«

Die Liste der neuen Pairs wurde vom König ohne Änderung oder sonstige Anmerkung genehmigt und unterzeichnet. Am gleichen Abend teilte Talleyrand der in seinem Salon versammelten Gesellschaft mit, daß die Liste schon am nächsten Morgen im *Moniteur* aufgeführt sein würde. Für den Rest des Abends gab es daraufhin kein anderes Gesprächsthema mehr. Niemand wußte, ob er oder sein Vater oder sein Sohn nicht schon in ein paar Stunden ein Pair von Frankreich sein würde. Graf Molé, der auf der Liste stand, schrieb über diese Situation: »Gespannte Erwartung malte sich auf jedem Gesicht. Dagegen glich das des Herrn von Talleyrand mehr denn je einer Maske. Es sah aus, als bemitleide er von ganzem Herzen die Leute, die sich über eine solche Kleinigkeit dermaßen aufregen konnten. ›Du lieber Gott‹, antwortete er den erregten Fragern, ›das werden Sie ja morgen in der Zeitung lesen. Ich erinnere mich selbst nicht mehr so genau an alle Namen – da war, glaube ich, ein Herr Soundso.‹ Und dann nannte er meinen Namen und den von drei anderen Anwesenden . . . Noch nie in meinem Leben war ich so verblüfft.«

Später am Abend entdeckte man, daß zwei wichtige Namen vergessen worden waren: Graf von Blacas und Monsieur von la Châtre. »Und wer, glauben Sie, hat mich daran erinnert?« fragte er Vitrolles höchst amüsiert. »Keine Geringere als Madame de Jaucourt selbst, die zum Essen bei mir war.« Diese Madame de Jaucourt war einmal Madame de la Châtre gewesen, hatte sich jedoch scheiden lassen und ihren Liebhaber Jaucourt geheiratet. Aber sie war offensichtlich fair genug, um sich noch für ihren früheren Gatten einzusetzen. Was die Angelegenheit in Vitrolles Augen noch schlimmer machte, war die Tatsache, daß sich der König bereits zu Bett begeben hatte und Talleyrand die beiden Namen auf eigene Faust einsetzte, ehe er die Liste dem Drucker übergab (König Ludwig gab nachträglich jedoch seine Genehmigung).

Hinter Talleyrands scheinbar leichtfertiger Art versteckte sich eine energische Entschlußkraft, gesetzte Ziele zu erreichen. Ihm war es recht, daß jedermann glaubte, er hätte diese Aufgabe leger angegangen. So würde er am wenigsten Schwierigkeiten haben, seine Kandidaten durchzubringen. In Wirklichkeit hatte er die 92 Männer nach gründlicher Überlegung entsprechend den Erfordernissen des postnapoleonischen Europas und Frankreichs ausgewählt. Die Bonapartisten waren ebenso vertreten wie die Ultras. Es war, wie immer bei Talleyrands Entscheidungen, etwas für jeden dabei, aber für keinen zuviel. Das Konzept des Machtgleichgewichts war auf Frankreich ebenso anwendbar wie auf Europa insgesamt.

Bei der Auswahl für die Abgeordnetenkammer war er weniger erfolgreich – oder besser gesagt, zu erfolgreich. Der Fürst hatte sich die Abgeordnetenkammer als repräsentativen Querschnitt durch die Öffentlichkeit gewünscht: Eine gute Mehrheit für das wiedereingesetzte Königtum natürlich, aber gut durchwachsen mit Republikanern, Jakobinern und Bonapartisten. Ihm, der sich sein Leben lang seine Bewunderung für das britische Parlamentssystem bewahrt hat, schwebte eine starke royalistische Partei und als Gegengewicht eine artikulierte, vielleicht auch loyale Opposition vor. Die Wahlen im August brachten jedoch eine unliebsame Überraschung. Bonapartisten, Republikaner und Jakobiner existierten ganz einfach nicht mehr. Talleyrands Kabinett sah sich plötzlich einer Kammer aus reaktionären Radikalen gegenüber, die seiner Person und seiner Regierung mit unverhohlenem Mißtrauen begegneten.

Talleyrands Kabinett war nach dieser unerwarteten und unvorhersehbaren Wende in einer schwierigen Lage. Mehrere Minister, vor allem Fouché, aber auch Talleyrand selbst, waren König Ludwig mehr oder weniger durch die politische Situation in Frankreich und Europa nach Napoleons hunderttägiger Herrschaft aufgezwungen worden. Wenn die Monarchie überleben sollte, dann galt es – darüber war man sich in ganz Europa einig – die Bonapartisten zu besänftigen, die Republikaner zu versöhnen, den alten Jakobinern Honig ums Maul zu schmieren und, soweit möglich, die Radikalen zu neutralisieren. Deshalb bestand auch das Kabinett ausschließlich aus Gemäßigten. Nun mußte man sich plötzlich mit einem Haufen Extremisten herumschlagen. Talleyrand und seine Minister standen zwischen einem ziemlich unbeteiligten Monarchen und einer feindselig gestimmten zweiten Kammer.

Es mußte etwas geschehen, wenn das Kabinett überleben und überhaupt erst einmal regieren wollte. Talleyrand hatte rasch eine Idee parat: als Entgegenkommen für die extremen Royalisten sollte Fouché geopfert werden.

Joseph Fouché war ein folgerichtiges Opfer. Er war ein Führer in der Revolution, eine der einflußreichsten Persönlichkeiten im Kaiserreich und eigentlich nur durch Zufall während der Ersten Restauration nicht in den Diensten der Bourbonen gewesen. Darüber hinaus ließen seine Leistungen als Polizeiminister zu wünschen übrig. Sein strenges Regiment hatte in ganz Frankreich Ressentiments ausgelöst und im Süden sogar zu Unruhen und Demonstrationen geführt. Fouché beantwortete diese mit noch strengeren Maßnahmen. Das Volk, vom Blutvergießen gleichermaßen abgestoßen und ermutigt, begann, Massaker zu veranstalten. Die Regierung unternahm alles ihr Mögliche, die Ordnung wiederherzustellen.

Als ob Fouché nicht schon genug Unheil angerichtet hätte,

machte er seiner eigenen Karriere durch zwei vertrauliche Berichte an den König den Garaus. In einem Bericht schilderte er den beklagenswerten Zustand, in den die verbündeten Truppen die Bevölkerung der besetzten Gebiete gebracht hätten, und welche Folgen man daraus zu erwarten hätte. Sein zweiter Bericht ging auf die Unruhen im Süden und die Gewalttaten im ganzen Land ein. Nun war zunächst einmal, wie Talleyrand selbst zugab, an den Berichten »nichts auszusetzen. Monsieur Fouché hat nur seine Pflicht getan und wir sind bereit zuzugeben, daß seine Schilderungen von der Wahrheit nicht sehr weit entfernt sind«. Dann aber gelangten beide Berichte, die nur für den König bestimmt waren, in die Hände der Presse und Fouché klagte lauthals darüber, daß ihm Kopien dieser Berichte von einer unbekannten Person gestohlen worden seien. Jedermann in Paris wußte, daß die »unbekannte Person« nur Fouché selbst gewesen sein konnte. Talleyrand sprach es deutlich aus: »Es war nicht mehr möglich, mit einem Mann, der zu derartigen Methoden greift, etwas anzufangen.« Er fügte hinzu: »Ich bat den König um Fouchés Entlassung aus dem Amt.«

Die eigentliche Amtsentlassung Fouchés schilderte ein Augenzeuge, der allgegenwärtige Baron de Vitrolles. Es war an einem späten Abend im August, als eine in der Rue St.-Florentin abgehaltene Ratssitzung ihrem Ende zuging. Die Minister hatten schon ihre Aktenmappen geschlossen. Talleyrand saß auf seinem Schreibtisch; sein linkes Bein hing in der Luft, das andere berührte den Fußboden. Wie zufällig begann er davon zu sprechen, wie abenteuerlich es sei, in fremde Länder zu reisen und dort Frankreich zu vertreten. Besonders lobte er dabei die Vereinigten Staaten von Nordamerika: »Amerika! Welch' herrliches Land! Ich kenne es sehr gut, denn ich habe dort gelebt. Es ist hinreißend!«

Einige der Minister, die Talleyrands Art nicht kannten, fuhren fort, ihre Sachen zusammenzuräumen und wollten aufbrechen. Aber diejenigen, die den Fürst kannten, blieben stumm und warteten, wozu der Diskurs über die Reize der Neuen Welt wohl führen würde. Auch Fouché blieb, nach außen hin Geschäftigkeit vortäuschend und sich zum Aufbruch anschickend, in Wirklichkeit aber auf jedes Wort lauschend. »Da gibt es Flüsse«, fuhr Talleyrand fort, »wie wir sie in Europa noch nie gesehen haben. Der Potomac zum Beispiel! Es gibt nichts Gewaltigeres als den Potomac! Und dann diese großartigen Wälder aus – wie heißen die Bäume doch gleich, Monsieur de Vitrolles?« »Stechapfel«, antwortete Vitrolles. Talleyrand wechselte dann abrupt das Thema und sprach von den Schwierigkeiten eines Ministeramts in Frankreich und den dornenreichen Fragen, die die Regierung mit den Besatzungstruppen schon bald würde lösen müssen. Dann fiel die Axt: »Meine Herren, es gibt nur ein Land und wirklich nur ein einziges, in dem der Minister unseres Königs sich der angenehmen Seiten seines Amtes erfreuen und wirklichen Einfluß ausüben kann. Und dieser Glückliche ist der Mann, der Frankreich in den Vereinigten Staaten vertreten wird. Meine Herren, ich habe hier den besten Posten zu besetzen, den der König zu vergeben hat.« Eine unbehagliche Stille erfüllte den Raum. Alle hatten sofort verstanden. Auch Fouché. Er schleuderte Hassesblitze in die Runde, dann trat er aus der Rue St.-Florentin, aus der französischen Regierung und vom Schauplatz der Weltgeschichte ab.[2]

Kaum war der in Ungnade gefallene Minister außer Hörweite, als Talleyrand sich zu Vitrolles wandte und sagte: »Ich denke, daß ich ihm diesmal endgültig das Kreuz gebrochen habe.«

Aber mit Fouchés Kopf allein waren weder die Öffentlichkeit noch die extremen Royalisten zufrieden. Talleyrand und Fouché gehörten in ihren Augen zusammen. Sie waren immer Komplizen gewesen. Beide waren sie ehemalige Geistliche. Beide hatten führende Rollen in der Revolution gespielt, waren im Direktorium und im Kaiserreich Minister gewesen. Napoleon hatte auf sie gebaut, sie reich belohnt, und war sowohl von dem einen als auch von dem anderen betrogen worden. Nach Talleyrand war Fouché der beste Mann in des Kaisers Diensten gewesen. Und Napoleon hatte das gewußt. Ja, er sprach sogar selten von dem einen, ohne den anderen nicht auch zu erwähnen. Auch in seiner schwersten Stunde, unmittelbar nach seiner endgültigen Abdankung, drückte er sein Bedauern darüber aus, daß ihm nicht genügend Zeit verblieben war, Fouché und Talleyrand aufhängen zu lassen. »Aber«, fügte er hinzu, »diese Arbeit will ich dann den Bourbonen überlassen.«

Es war fast unmöglich, daß zwei Männer, die immer und so lange Zeit hindurch in einem Atemzug genannt worden waren, in den Augen der Öffentlichkeit nun auf einmal getrennt werden sollten. Das französische Volk sah in Fouchés Entlassung ein Vorspiel zu Talleyrands eigener. Erst in Paris, dann in ganz Europa, ging das Gerücht, daß Talleyrands Tage gezählt seien, daß seine Regierung ohne die Unterstützung des Königs und seiner Abgeordneten nicht überleben würde; und daß sein Schicksal durch eine offene Feindschaft mit seinem alten Kontrahenten und früheren Freund, dem Herrscher über ganz Rußland, besiegelt würde, der ihm die Vorkommnisse in Wien weder vergeben noch vergessen konnte.

Talleyrand war sich sicher seiner prekären Situation bewußt, aber es kümmerte ihn seltsamerweise nur wenig, und was noch eigenartiger anmutete, er versuchte die Situation in keiner Weise zu seinen Gunsten zu beeinflussen. Zwei Staatsmänner, die zu dieser Zeit mit dem Fürsten in enger Verbindung standen, Molé und Pasquier, berichteten übereinstimmend, daß er seiner politischen Zukunft gleichgültig gegenüberstand und an einer seltsamen geistigen Apathie zu leiden schien. So hatte er zum Beispiel einmal in Erwägung gezogen, seine Beziehung mit Alexander von Rußland ins reine zu bringen, konnte sich jedoch nicht dazu aufraffen. »Ich habe das Gefühl, daß ich eigentlich an den Zaren schreiben müßte«, sagte er zu Frau von Rémusat, »aber ich habe wirklich nicht die geringste Lust dazu. Viel lieber gehe ich zu Frau von Laval und spiele Whist mit ihr. Schreiben Sie doch den Brief für mich.« Frau von Rémusat tat es, aber was dabei herauskam, war enttäuschend.

Möglicherweise war Fürst Talleyrand einfach müde und spürte das herannahende Alter. Er war 61 geworden. Oder er hatte zuviele Feinde besiegt, um glauben zu können, daß eine Gruppe von schlichten ländlichen Herren aus der Provinz den Mann stürzen könnte, der in Wien den russischen Kaiser und den preußischen König besiegt hatte. Wahrscheinlich aber stimmt der Grund, den sowohl Molé wie auch Pasquier für den wahrscheinlichsten hielten: eine Herzensangelegenheit.

Etwas sehr Eigenartiges war Talleyrand in Wien widerfahren. Dorothea hatte trotz aller Pflichten als offizielle Gastgeberin der französischen Gesandtschaft und trotz der zahllosen Theateraufführungen, Bälle, Empfänge und Salons Zeit gefunden, sich einen Liebhaber zuzulegen. Der junge österreichische Offizier, Graf Clam-Martinitz, war hübsch, elegant, amüsant – kurz alles, was das Herz einer jungen Dame begehrte . . . und er war bis über beide Ohren in Dorothea verliebt. Talleyrand hatte die Affäre bislang stillschweigend akzeptiert. Seine Beziehung zu Dorothea, die zu dieser Zeit ausschließlich auf familiären Banden und gleichen gesellschaftlichen und intellektuellen Interessen basierte, erlaubte ihm keine Intervention. Darüber hinaus hoffte er, daß nach Beendigung des Kongresses, wenn Dorothea nach Paris zurückkehren und Clam seine militärische Laufbahn als Adjutant Schwarzenbergs wiederaufnehmen würde, die Zeit und die Entfernung alles ins alte Lot bringen würden. (Dorotheas Gatte, Graf Edmond de Périgord, war fast so phlegmatisch wie Talleyrand. Als er von der Liebesbeziehung erfuhr, verkündete er lauthals, er werde seinen Nebenbuhler zum Duell fordern. Dann aber vergaß er seinen Vorsatz über seinen üblichen Beschäftigungen – Huren und Glücksspiel – wieder.)

Nach Talleyrands Ernennung zum Präsidenten des Kronrats war Dorothea nach einer Visite auf ihren deutschen Besitztümern nach Paris zurückgekehrt. Aber der Fürst hatte die Situation falsch eingeschätzt. Anstatt sich wieder an ihr häusliches Leben zu gewöhnen, war Dorothea jetzt rastlos und unzufrieden. Ihre Gleichgültigkeit gegenüber Edmond de Périgord hatte sich zu einer tiefen Aversion gewandelt. Sie kehrte nicht in sein Haus zurück, sondern zog in den ersten Stock des Hauses in der Rue St.-Florentin.

Und dann tauchte plötzlich Graf Clam in Paris auf. Nach Monaten der Trennung war seine Liebe leidenschaftlicher denn je. Talleyrand witterte einen Skandal, und sogar Edmond raffte sich, durch die öffentliche Meinung angestachelt, zu Taten auf. Seine Ehre verlangte Satisfaktion und ein Termin wurde festgelegt. Ein anonymer österreichischer Spitzel berichtete über den 14. August aus der französischen Hauptstadt nach Wien:

> »Ein österreichischer Major und Graf de Périgord, ein Neffe Talleyrands und Gatte der jüngsten Prinzessin aus dem Hause Kurland, standen sich in einem Duell gegenüber . . . Périgord wurde mit dem Säbel quer über das Gesicht verletzt. Die Familie Kurland, einschließlich Périgords Frau, war entzückt. Sie hatte schon vor diesem Ereignis die Trennung von ihm gewünscht.«

Von da an verschlechterte sich Dorotheas Situation in Paris zusehends. Sie war ständig zwischen ihrem Liebhaber und ihren Kindern hin- und hergerissen und hatte zudem noch ihren zunehmend feindseligen und verbitterten Gatten zu ertragen. Ihre Freunde hatten sich nach dem Skandal alle von ihr abgewandt. Nachdem ihre Situation gegen Ende Oktober unerträglich geworden war, ließ Talleyrand sie widerwillig wieder nach Wien gehen. In den ersten Novembertagen verließen sie und Graf Clam die französische Hauptstadt, um nach einem Umweg über Italien nach Wien zu fahren.

Dorotheas Flucht aus Paris führte Talleyrand erst richtig vor Augen, wie tief seine Gefühle für seine Nichte waren. Ihm wurde klar, wie innig und leidenschaftlich er sie liebte. Und diese lange unterdrückte Enthüllung verwirrte ihn dermaßen, daß er, dessen Haltung und Zurückhaltung sprichwörtlich war, plötzlich keine Beherrschung mehr über seine Gefühle hatte.

Jeder, der Talleyrand kannte, schien von seinem Kummer zu wissen. Ganz Paris sprach darüber. Charles de Rémusat bemerkte: »Sein Bedauern über ihre Abwesenheit, die Qualen der Sehnsucht, das Verlangen, sie wiederzusehen, bewirkten, daß er während der letzten Monate völlig anders als sonst war.« Madame de Boigne, eine Freundin von Talleyrands Frau, schrieb nicht ohne eine gewisse Genugtuung: »Dorotheas Abreise hat ihn an die Grenze des Wahnsinns gebracht.« Molé, ein etwas mitfühlenderer Beobachter, schilderte Talleyrand als »dahinwelkend, verzehrt vom Fieber, das der Verlust der geliebten Person ausgelöst hat, mit anderen Worten, an gebrochenem Herzen sterbend«.

Es ist möglich, daß Talleyrand wirklich so getroffen war, wie jedermann glaubte. Es ist ebensogut möglich, daß er, der nie impulsiv oder unüberlegt handelte, Dorothea gut genug kannte, um zu wissen, daß er sie nur an seine Seite zurück und von ihrem Liebhaber weg bringen würde, wenn er an ihr Gewissen, ihr Verantwortungsgefühl und ihre familiären Verpflichtungen appellierte. Eines ist jedenfalls sicher: Fürst Talleyrand, dessen eiskalte Gelassenheit die Welt kannte, traf Dorotheas Abreise so schwer, daß er viele seiner normalen Verhaltensweisen aufgab.

Viele, aber nicht alle. Immer noch war er der unermüdliche Diplomat, der Ränkeschmied par excellence, und so machte er sich mit der Geschicklichkeit des ersten und dem Gespür des zweiten daran, den Schaden zu reparieren, den Dorotheas Abreise in seinem Leben angerichtet hatte. Er schrieb an Dorothea selbst, an die Herzogin von Sagan und an Friedrich von Gentz. Letzterer, mit dem sich der Fürst nach eigenen Angaben »bestens« verstand, sollte Talleyrand bei den Gesprächen bezüglich Dorotheas Rückkehr vertreten. Gentz machte sich mit der ihm eigenen Geschäftigkeit an die Aufgabe. Er sah zu, daß er möglichst häufig mit Dorothea und ihrem Liebhaber zusammentraf und lud sie schließlich am 21. Januar zum Tee und zum anschließenden Abendessen ein. Dem äußeren Anschein nach machte er jedoch keine Fortschritte. Dorothea empfing ihn nur, wenn Clam anwesend war. Aber Gentz wußte etwas, wovon man in Wien nichts wußte. Am 22. Januar stattete Gentz Clam einen Besuch ab, um ihm Lebewohl zu sagen. Der österreichische Offizier verließ noch in derselben Nacht die Stadt, um sich in Schwarzenbergs Hauptquartier nach Mailand zu begeben.

Nach seiner Abreise wartete Gentz geduldig vier Tage lang. Das mußte seiner Meinung nach genügen, um den ersten Trennungsschmerz überwunden zu haben. Dann besuchte er Talleyrands Nichte und wurde diesmal von ihr allein empfangen. »Ich verbrachte zwei Stunden bei Madame de Périgord, um mit ihr über ihre familiären Angelegenheiten zu sprechen«, notierte er in seinem Tagebuch. Ein ähnlicher Eintrag findet sich unter dem Datum des

30. Januar, und ein abschließendes Gespräch fand am 18. Februar statt. Am 19. Februar gab Dorothea einen Abschiedsball für ihre Wiener Freunde. Drei Tage später bestieg sie ihren Wagen, um nach Paris zurückzufahren. Überall hörte man Spekulationen über den Grund von Dorotheas Abreise aus Wien. Generationen von Geschichtsschreibern und Biographen haben sich mit dieser Frage beschäftigt. Die am weitgehendsten akzeptierte Erklärung zu Dorotheas Lebzeiten und auch danach war die von Graf Molé, der behauptete, sie habe immer den Ehrgeiz besessen, »einen berühmten und wirklich mächtigen Mann zu beherrschen«. Er fügte hinzu: »Es war dies eine Rolle, die zu spielen sie von Natur aus gut ausgestattet war.« Nun »opferte sie ihre Liebe ihrem Ehrgeiz«. Obgleich man immer noch an dieser Erklärung festhält, erscheint sie doch zu einfach und wird weder dem Onkel noch seiner Nichte gerecht. Daß Dorothea ehrgeizig war, wird niemand abstreiten. Aber zu behaupten, daß Ehrgeiz der einzige Grund für ihre Rückkehr nach Paris und zu Fürst Talleyrand gewesen sei, hieße, die Komplexität der menschlichen Natur außer acht zu lassen. Talleyrand war ja momentan auch alles andere als »wirklich mächtig« und es gab keinerlei Anzeichen dafür, daß sich das ändern würde. Dorothea hielt sich ihr Leben lang im Hintergrund und stellte in ihrer Rolle als rechte Hand des alten Mannes ihren persönlichen Ehrgeiz immer hintenan.

Sicherlich waren es mehrere Faktoren, die Dorothea zur Rückkehr bewegten. Schließlich war Clam nur ein hübscher Offizier, wenn auch mit vielversprechenden Zukunftsaussichten, dessen Kopf voll von ruhmreichen Schlachten und glanzvollen Bällen war. Dagegen übte Talleyrand trotz seines fortgeschrittenen Alters und einer beginnenden Senilität immer noch einen starken Einfluß auf Frauen jeden Alters aus. Immer noch hörte man die Damen der Gesellschaft von seiner »Anziehungskraft« und seinem »unfaßbaren Charme« sprechen.

Entscheidend für Dorothea war jedoch sicherlich das geheimnisvolle Band, das Oheim und Nichte von Beginn ihrer Beziehungen an miteinander verbunden hatte – ein gegenseitiges Erkennen, fast eine Intuition, die ein vollkommenes gegenseitiges Verständnis mit sich brachte. »Es ist sehr selten«, sagte Talleyrand einmal, »daß man jemanden hat, der ganz man selbst ist, ohne geistige Vorbehalte, ohne Geheimnisse, ohne gegensätzliche Interessen.« Das Band, das Dorothea von Wien nach Paris, von Clam zu Talleyrand, zog, war das gleiche, das diese Beziehung für immer, bis der Tod vierundzwanzig Jahre später eingriff, verbinden sollte.

Dorotheas Rückkehr brachte zwar eine Verbesserung für Talleyrands persönliche Lage, nicht aber für die Frankreichs. Talleyrands Freunde und Feinde beklagten, daß er die Staatsangelegenheiten vernachlässigen würde. Tatsächlich waren diese aber weder unter Talleyrands Kontrolle noch unter derjenigen der Kammern und ebensowenig unter der des Königs. Sie waren zu dieser Zeit ausschließlich Sache der Verbündeten.

Die französische Regierung befand sich in der merkwürdigen Situation, immer noch mit den Besatzungsmächten, nämlich mit England, Preußen, Österreich und natürlich mit Rußland, im Kriegszustand zu stehen. Nun kam auf die Regierung, also auf Talleyrand, eine geradezu herkuleische Aufgabe zu: die Verhandlungen um einen für Frankreich ehrenhaften Frieden zu führen.

Diese Aufgabe war praktisch ein Ding der Unmöglichkeit, und zwar aus dem einfachen Grund, weil Frankreich keine Karten mehr zum Ausspielen hatte. Das Wohlwollen, das die verbündeten Sieger an den Tag gelegt hatten, hatte sich aufgelöst, als die gegenseitige Achtung und Freundschaft zwischen Talleyrand und Alexander aufgehört hatte zu bestehen. Es wurde nicht mehr von Fairneß oder von Grundsätzen gesprochen. Es war nur noch von Kriegsbeute die Rede. Die Preußen wollten, oder besser gesagt, forderten Elsaß-Lothringen, das Saartal, Luxemburg, Savoyen und darüber hinaus eine Entschädigung von 1 200 000 Franc.

Die britische Regierung, von Wellington und Castlereagh gedrängt und von Rußland unterstützt, kam mit etwas gemäßigteren Forderungen: Die nördlichen französischen Festungen sollten von den Verbündeten besetzt bleiben. Die Reparationen sollten in Form der Rückgabe der Kunstwerke bezahlt werden, die das napoleonische Frankreich seit 1804 aus ganz Europa systematisch zusammengeplündert hatte.

Zar Alexander fand zwar auch diese Bedingungen noch recht streng, aber immerhin weitaus akzeptabler als die preußischen Wünsche. Preußen stand also mit seinen unmäßigen Forderungen gegen England, Rußland und Österreich alleine da und mußte klein beigeben.

Talleyrand war empört über diese Forderungen und sein Ton in seinen Antworten an die Verbündeten wurde zunehmend hochmütiger und schroffer, worüber sich die Verbündeten dann doch »einigermaßen erstaunt« zeigten. Der König befürchtete, die Verbündeten durch Talleyrands Hartnäckigkeit so weit zu vergrämen, daß diese an Versöhnung bald nicht mehr denken würden. Talleyrand war da anderer Meinung: »Über diese Konzessionen zu diskutieren, bedeutete praktisch zuzugeben, daß sie berechtigt seien. Es würde dann nichts anderes übrigbleiben, als nachzugeben.«

Angesichts der Weigerung des Königs, auf Talleyrands Prinzipien, für die er so lange gekämpft hatte, einzugehen, stand der Fürst vor einer schwierigen Entscheidung. Er mußte entweder dem König gehorchen und damit letzten Endes alle Forderungen der Alliierten erfüllen, oder er mußte sein Amt zurückgeben.

Am 24. September legte Talleyrand in einer sehr unterkühlten Unterredung mit dem König die Karten auf den Tisch. Wenn der König ihm nicht in aller Form und Deutlichkeit das Vertrauen aussprüche, meinte Talleyrand, dann hätten der Präsident des Kronrats und sein Kabinett keine andere Wahl, als ihren Rücktritt zu erklären. Der König, dessen unzerstörbare Gemütsruhe eines Talleyrand würdig war, sah einen Augenblick zur Zimmerdecke und sagte dann gelassen: »Na schön, dann suche ich mir ein anderes Kabinett.« Worauf Talleyrand seinen Rücktritt erklärte, den der König »geradezu entzückt« annahm.

Ludwigs Erleichterung wurde nicht von allen Verbündeten geteilt. Metternich, Castlereagh und Lord Stewart (Castlereaghs Bruder) sprachen alle bei Talleyrand vor, um ihn vielleicht doch noch umzustimmen. »Warum weigern Sie sich, mit uns Minister von *Europa* zu werden?« fragte Castlereagh.

»Weil ich«, antwortete Talleyrand, »nur Minister von *Frankreich* sein möchte.«

Der russische Zar jedoch war hochbeglückt von Talleyrands unfreiwilligem Rückzug von der politischen Bühne, ja es hieß sogar, er habe dabei kräftig mitgemischt. »Meine Amtsniederlegung«, sagte Talleyrand, »erfüllte auch den russischen Zar mit großer Genugtuung. Er machte mir die Ehre, mich zu hassen, nicht, wie er sagte, weil ich ein Freund der Engländer war . . ., sondern weil ich der Mann war, der ihn aus nächster Nähe in vielen verschiedenen Situationen beobachten konnte, im Glück und im Unglück; weil ich genau wußte, wieweit ich auf die Großzügigkeit seines Charakters rechnen konnte. Was er brauchte, war ein Dummkopf, und das konnte ich nie und nimmer sein.«

Was Talleyrand nur andeutete, war überall ein offenes Geheimnis. Alexander hatte mit allen Mitteln und ganz offen auf den Sturz von Talleyrands Kabinett hingearbeitet. Nach Sir Henry Bulwer, der mit Wellington und Castlereagh befreundet war, hatte der Zar dem französischen König klipp und klar erklärt, Frankreich könne nichts von ihm erwarten, solange Talleyrand im Amt sei. Würde der König jedoch Talleyrands Posten mit dem Herzog von Richelieu besetzen, dann könnte man schon »darüber reden«; dann nämlich würde der Zar seinen Einfluß geltend machen und zusehen, daß die Verbündeten einen für Frankreich günstigen Frieden aushandeln würden. Das war kurz nach Waterloo geschehen, als Paris und ein Großteil Frankreichs von den alliierten Armeen besetzt waren, als Blücher und seine Preußen ihren Anteil forderten.

Alexander arbeitete nicht nur auf Talleyrands Rücktritt hin, sondern versuchte vor allem, die Ernennung des Herzogs von Richelieu zu dessen Nachfolger als Kronratspräsident und als Außenminister durchzusetzen. Dies war derselbe Herzog von Richelieu, der drei Monate zuvor einen Posten in Talleyrands Kabinett mit der folgenden Begründung abgelehnt hatte: »Ich war vierundzwanzig Jahre weg aus Frankreich . . . ich bin ein Fremder hier und kenne weder die Personen noch die Institutionen.« Eben dieser Herzog von Richelieu war früher Generalleutnant in der russischen Armee gewesen, hatte lange Zeit wichtige Dienste für den Zar als Gouverneur der Krimprovinz geleistet und war nach Talleyrands Worten »fest überzeugt, daß unter den Ebenbildern Gottes, die auf der Erde wandelten, keines so edel war wie Kaiser Alexander von Rußland«.

Insgesamt gesehen trafen Alexanders Machenschaften und seine unverhohlene Freude über Talleyrands Rücktritt diesen nicht sehr. Zu seinem Rückzug ins Privatleben schrieb er:

> »Ich trat ohne großes Bedauern von meinem Amt zurück. Um es beim Namen zu nennen: Es sollte die Ehre, Frankreich zu regieren, das Ziel des erhabensten Ehrgeizes sein. Doch die damaligen Umstände verlangten einen zu hohen Preis. Zusätzlich zu den Forderungen der Verbündeten (die jetzt unsere Feinde waren) hätte mir das rein persönliche Einschränkungen auferlegt, die mir die Ausübung der Macht unmöglich gemacht hätten. Der König konnte sich des Widerwillens nicht erwehren, den er empfand, weil er sich mir gegenüber zu Dank verpflichtet fühlte.
>
> Seine Höflinge hätten ständig versucht, gegen mein Kabinett zu intrigieren. Und die Kammer selbst hätte, unterstützt von des Königs heimlicher Opposition (gegen Talleyrands Politik), ständig mit Feindseligkeit und Opposition reagiert . . . Auch mein Alter und die Müdigkeit, die ich empfand, verlangten nach einem Rücktritt aus dem öffentlichen Leben.
>
> Deshalb meine ich sagen zu können, daß ich mich ohne Bedauern zurückziehe und fest entschlossen bin, nie mehr wieder eine führende Position zu übernehmen.«

Alle diese Beobachtungen entsprachen sicherlich der Wahrheit, wenn sie auch nicht die volle Wahrheit sind. Die verschiedenen Probleme und Schwierigkeiten und sogar Alexanders Beschluß, seinen Erzfeind zu Fall zu bringen, wären überwindbar und lösbar gewesen, wenn Talleyrand die Unterstützung des Königs gehabt hätte oder wenigstens auf sie hätte hoffen können. Ludwigs definitive Entscheidung hatte so gut wie nichts mit Talleyrands politischen Leistungen zu tun, sondern lag ausschließlich in der Person Talleyrands begründet. Niemand wußte das besser als der gestürzte Minister selbst.

Ludwig hatte diese Entscheidung aus dem Gefühl der Angst heraus gefällt. Er war alt, krank und von Gicht geplagt. Er war zweimal verbannt und zweimal seinem Land durch fremde Armeen aufgezwungen worden. Jetzt hatte er nur noch den Wunsch, in Ruhe gelassen zu werden und wie es einem König zustand, in seinem königlichen Palast zu sterben. Wenn sich die Verbündeten aus Frankreich zurückzogen und das Land sich selbst überließen, würde es weder für ihn noch für Frankreich Frieden geben. Immer wieder tauchte noch das Wort Republik auf. Allenthalben war auch noch die Forderung nach einer Orléans-Monarchie zu hören. Würde sich der russische Kaiser zurückziehen, so wäre Frankreich auf Gedeih und Verderb den preußischen Barbaren ausgeliefert. Wenn Talleyrand der Preis dafür war, daß König und Land solche Schrecken erspart blieben, dann mußte er eben gehen. Was Ludwig brauchte, war, auf einen Nenner gebracht, Talleyrands Politik ohne Talleyrand. Und das war es auch, was er trotz Talleyrands Vorbehalten gegenüber seinem Nachfolger, dem Herzog von Richelieu, bekam.

Als Talleyrand von Richelieus Ernennung erfuhr, meinte er nur: »Was für eine ausgezeichnete Wahl! Er kennt die Krim besser als sonst irgend jemand in Frankreich.« Es stimmte natürlich, daß Richelieu im Vergleich zu Talleyrand hoffnungslos unerfahren war. Doch besaß er Intelligenz und Urteilsvermögen, und seine Hartnäckigkeit brachte ihn so manchen Schritt weiter. Dazu besaß er das Vertrauen des Königs und das des Zaren, Vorteile, die Talleyrand zu dieser Zeit nicht mehr genoß. Mit Ludwigs Unterstützung und Alexanders Segen bekam er in den Griff, was Talleyrand entglitten war: einen Frieden, mit dem die Franzosen leben konnten. Er war gezwungen, in gewisser Weise von der harten Linie, die Talleyrand markiert hatte, Abstand zu nehmen, aber doch nicht so weit, daß dies die Stärke oder die Ehre Frankreichs gefährdet hätte. In dem endgültigen, am 20. November 1815 unterzeichneten Friedensvertrag, dem Zweiten Friedensvertrag von Paris, wurde den Niederlanden ein schmaler Streifen an ihrer Grenze zu Frankreich zugesprochen und das Saarland ging an Preußen. Piemont erhielt ein Stück von Savoyen, die Schweiz einen Streifen Grenzgebiet. Eine Kriegsentschädigungssumme in Höhe von 700 000 000 Franc wurde festgesetzt. Zusätzlich mußte sich Frankreich zur Zahlung der privaten Entschädigungsansprüche für die Verluste, die durch die napoleonischen Invasionen entstanden waren, verpflichten. 150 000 Mann der Verbündetenarmeen sollten die französischen Departments im Norden für fünf Jahre, die eventuell auf drei Jahre reduziert werden konnten, besetzt halten. Diese Armee sollte unter dem Oberkommando des Herzogs von Wellington stehen. Ihre Beziehung zur französischen Regierung war durch ein Abkommen der Gesandten der vier Siegermächte in Paris festgelegt. Die Besatzungskosten (jährlich schätzungsweise 150 000 000 Franc) mußten natürlich die Franzosen aufbringen.

Der einzige Punkt, in dem Richelieu klein beigeben mußte, bezog sich auf die unter Napoleon geplünderten Kunstwerke. Hier gab es kein Verhandeln mehr. Die Preußen hatten nämlich bereits, ohne einen Vertrag oder ein Abkommen abzuwarten, damit begonnen, die Kunstschätze, die ihnen gehört hatten (und noch einige andere dazu), nach Berlin zu transportieren. Dadurch ermutigt besannen sich auch die kleineren Mächte und entdeckten so manches Kunstwerk, das sie Frankreich entweder als Geschenk für den Frieden oder als Liebesgabe für den kriegerischen Herrscher gestiftet hatten. Paris mußte mit geballten Händen zusehen, wie der niederländische König die flämischen Meisterwerke wieder an sich nahm, die Napoleon so stolz im Louvre ausgestellt hatte. Die Florentiner bekamen ihre Venus der Medici zurück. Die großen Pferde des heiligen Markus wurden wieder an ihrem Platz in Venedig aufgestellt. Am meisten befremdete aber das Verhalten des Papstes, dessen Vorgänger Napoleon so großzügig mit Gemälden und Statuen versorgt hatte, um sich so die kaiserliche Gunst zu sichern; er schickte den Bildhauer Antonio Canova mit dem Auftrag nach Frankreich, eine Liste der »gestohlenen« Kunstwerke anzulegen. Jemandem, der diesen Mann als »Gesandten des Heiligen Stuhls« bezeichnete, antwortete Talleyrand: »Nennen Sie ihn doch lieber den ›Leiter der Versandabteilung‹ des Heiligen Vaters.«

Talleyrand konnte verstehen, daß Ludwig unter den damaligen Umständen seinen Rücktritt nur allzugern annahm. Daß er es aber tat, ohne auch nur das leiseste Bedauern darüber auszudrücken, irritierte den Mann, dem immer an geziemender Form gelegen war. Ludwig wußte jedoch sehr wohl, was sich gehörte. Am 28. September ernannte er Talleyrand zu seinem Großkämmerer. Dasselbe Amt hatte Talleyrand auch schon unter Napoleon bekleidet. Damit hatte er Zugang zu den königlichen Gemächern und bei offiziellen Ereignissen einen Ehrenplatz und eine jährliche Zuwendung von 100 000 Franc zu erwarten. Er wurde in entsprechender Form durch einen Brief des Königs, den ein königlicher Bote überbrachte, von seiner Ernennung unterrichtet. Auf den Brief folgte ein offizieller Glückwunschbesuch des Herzogs von Richelieu. Talleyrand war wieder beruhigt. »Dies alles war in der geziemenden Form erfolgt«, bemerkte er mit Genugtuung.

Talleyrands Verwunderung über seinen so leichtfertig hingenommenen Rücktritt zeugt von einer überraschenden Naivität. Offensichtlich hatte er seine Dienste so überschätzt, daß er glaubte, man würde ihn schon bald zurückholen. Und andererseits unterschätzte er den Undank des Hauses Bourbon. Niemals kam ihm der Gedanke, daß eine Königsfamilie, die zweimal ihre Wiedereinsetzung hauptsächlich ihm verdankte, ihm während der restlichen anderthalb Jahrzehnte ihrer Herrschaft keinerlei Amt mehr anbieten würde. In beiden Fällen gab er sich einem Irrtum hin. Solange das Haus Bourbon an der Regierung war, überließ man Talleyrand seinem Amüsement.

18. Amtspause

Als Talleyrand von der Höhe seiner Macht herabstürzte, ließen ihn die Umstände noch einigermaßen sanft zu Boden gleiten. Es war keine Ungnade damit verbunden, was schon seine baldige Ernennung zum Großkämmerer bewies. Darüber hinaus ermöglichte ihm sein Einkommen, einen Lebensstil zu führen, wie er ihn gewohnt war und ihn sich und der Welt schuldig zu sein glaubte. Talleyrands Position und sein Einkommen hatten genügt, um seinen Seelenfrieden zu sichern. Zudem wußte er, daß seine gemäßigte Politik unter dem Herzog von Richelieu und seinem mächtigen Polizeiminister Elie Decazes (den Talleyrand einmal als »gutaussehenden Friseurlehrling« beschrieben hatte) weitergeführt werden würde.

Noch wichtiger als die Politik und momentan auch wichtiger als Reichtum war für Talleyrand die Tatsache, daß er die beiden wichtigsten Frauen in seinem Leben, Dorothea und seine Frau Cathérine, genau dort hatte, wo er sie haben wollte. Dorothea an seiner Seite und Cathérine irgendwo, nur nicht in seinem Haus.

Dorotheas Rückkehr nach Paris – nach dem Clam-Martinitz-Zwischenspiel – ging nicht unbemerkt vor sich und die Pariser Gesellschaft war nicht gerade freundlich in ihrer Beurteilung. Jedermann wußte, daß die Gräfin Edmond de Périgord nicht mit ihrem Gatten unter einem Dach lebte, sondern mit Fürst Talleyrand. Zudem war allseits bekannt, daß der Graf und die Gräfin keine offizielle Trennung vollzogen hatten, ein Punkt, der in einem katholischen Frankreich doch wohl einiges Aufsehen erregte. Es galt auch als sicher, daß die Beziehung zwischen Fürst Talleyrand und seiner Nichte nicht nur rein platonischer Natur war.

Talleyrand wußte jedoch den äußeren Schein so gut zu wahren, daß kein öffentlicher Skandal daraus wurde. Sorgfältig hatte er seinen Haushalt so organisiert, daß die Gesellschaft, wenn sie es wünschte, über sein ungewöhnliches Familienleben hinwegsehen konnte. Glücklicherweise war das Haus in der Rue St.-Florentin dazu geräumig genug. Obwohl Dorothea gegenüber den von Talleyrand bewohnten Zimmerfluchten residierte, tat der Hausherr ein übriges, um den Schein zu wahren und seinem Haus den Ruf eines großzügigen Gästehauses zu geben, so daß man vielleicht hätte glauben können, Dorothea sei nur eine unter vielen anderen Familienmitgliedern und Freunden, die ständig das Haus bewohnten. Talleyrands Takt und sein Verständnis für die menschliche Natur brachten es fertig, daß der anfängliche Klatsch bald abflaute und die Situation von der Gesellschaft, vom Hofe Ludwigs des Achtzehnten und sogar von der Herzogin von Kurland, von der man eher eine bittere Reaktion erwartet hätte, nachdem sie von ihrer Tochter in der Gunst Talleyrands abgelöst worden war, akzeptiert wurde.

Im gleichen Maße, wie Dorotheas Anwesenheit für Talleyrands Seelenfrieden in den Jahren seiner Amtspause von Bedeutung war, galt dies für die Abwesenheit Cathérine Talleyrands. Cathérine war zu Beginn der Hundert Tage nach England geflohen, mit der Absicht, nach Napoleons endgültiger Vernichtung zurückzukehren. Dem schob Talleyrand allerdings rigoros einen Riegel vor. Das letzte, was er wollte, war seine Frau in Paris um sich zu haben. Die Zeit war nicht gerade freundlich zu der einst so wunderschönen Frau gewesen. Sie hatte Fett angesetzt, ein rot aufgedunsenes Gesicht und immer schlechte Laune. Ihr Mangel an Taktgefühl und Geschmack wäre in den adeligen Kreisen, die sich in dieser Zeit um den Thron scharten, schlichtweg ein Skandal gewesen.

Talleyrand sparte weder Mühe noch Kosten, die Fürstin davon zu überzeugen, daß sie jenseits des Ärmelkanals bleiben sollte. Er schrieb sogar an den Marquis d'Osmond, den französischen Gesandten in London (der seinen Posten mehr oder weniger Talleyrand verdankte) und bat ihn, dafür zu sorgen, daß Cathérine »vernünftig« bleibe. Osmond tat sein Bestes – er traute sich gar nicht anders. Aber Cathérine war ebenso erfinderisch, wenn es darum ging, Gründe für eine Abreise zu finden, wie Osmond es war, ihr das Verbleiben schmackhaft zu machen. Eines ihrer klugen Argumente war, daß sie sich die Londoner Preise nicht leisten könne. Andere Argumente waren: Es sei ihre Pflicht, an der Seite ihres Gatten zu sein. Das englische Klima würde sie umbringen und sie bräuchte dringend Luftveränderung; nur die milden Lüfte Frankreichs würden ihr zur Gesundung verhelfen. Schließlich erklärte sie sich bereit, bei einer Rückkehr über den Kanal keinen Skandal heraufzubeschwören. Sprach's und reiste sofort aus England ab. Sie ließ sich unweit von Paris in Pont-le-Sains nieder, einem Besitztum, das ihr Talleyrand bei ihrer Hochzeit geschenkt hatte. Wie man hörte, wollte sie den Sommer über in Pont-le-Sains bleiben und den Winter in Brüssel verbringen.

Dorothea war damit nicht zufrieden. Sie schlug Talleyrand vor, er solle Monsieur Perrey, seinen Sekretär, zu Madame de Talleyrand schicken, um ihr mitzuteilen, daß sie keinen Pfennig bekommen würde, ehe sie nicht wieder in England sei.

Zwar konnte man Dorothea ein hohes Maß an Logik nicht abstreiten, als sie dies forderte, doch waren ihre Überlegungen überaus grausam und rachsüchtig. Selbst Talleyrand hat wahrscheinlich Mitleid der Frau gegenüber empfunden, die ihn Jahre zuvor durch ihre Schönheit und ihr sprühendes Leben gefangengenommen hatte. Er konnte sich jedenfalls nicht dazu entschließen, so rigoros gegen Cathérine vorzugehen, wie Dorothea es vorgeschlagen hatte. Er zahlte ihr weiterhin 30 000 Franc jährlich und verlangte, daß sie sich nicht von Pont-du-Sains wegrührte.

Einige Tage, nachdem Talleyrand sein Verhältnis zu seiner Frau derart geregelt hatte, erhielt er Besuch von Charles de Rémusat, dem auffiel, daß sein Gastgeber vor Ausgelassenheit nur so sprühte. »Er ist gleichzeitig entzückt und entzückend. Er lacht über alles. Er freut sich über alles. Er sagt über nichts und niemand ein scharfes Wort.«

Verständlicherweise war Cathérines Laune genau das Gegenteil. Sie war zutiefst enttäuscht und verbittert über ihre Zurückweisung und klagte bei Freunden über »die kleine Hütte, denn das ist sie wirklich, und beileibe alles andere als ein Schloß«, in der sie gezwungen war zu leben. Sie war ständig dahinter her, den neuesten Klatsch zu erfahren, vor allem über Talleyrand und sein Haus.

Nun muß man zugeben, daß Pont-de-Sains nicht unbedingt den Vorstellungen und Gewohnheiten der Fürstin entsprechen konnte.

Es war wirklich nur eine sehr bescheidene Unterkunft, stand relativ einsam und hatte keine unmittelbaren Nachbarn. Nur gelegentlich zog es Besucher an. In dieser Lage war es zum Beispiel ein ideales Refugium für einen Staatsmann, der die Einsamkeit zum Nachdenken, zum Studieren und zum Lesen suchte. Cathérine jedoch teilte die Begeisterung ihres Mannes für Gäste, Leben und Fröhlichkeit. Ihr sagten die Freuden der Einsamkeit nichts und sie hatte auch kein Interesse daran, ein Gefühl dafür zu entwickeln. Mit einem Wort: Pont-de-Sains langweilte sie tödlich. Eines Tages, spät im Jahre 1817, riskierte sie es, sich den Zorn ihres Mannes zuzuziehen, ganz zu schweigen davon, daß sie 30000 Franc aufs Spiel setzte und tauchte mit dem Mut der Verzweiflung in Paris auf.

Fürst Talleyrand wurde sofort davon in Kenntnis gesetzt, daß die Fürstin in der Stadt gesehen worden sei. Er zeigte sich verblüfft, aber vor allem war er empört darüber, daß sie ihn auf diese Weise einem Skandal und vielleicht sogar der Lächerlichkeit preisgeben würde. Nach außen aber mimte er stoische Gleichgültigkeit. Natürlich wurde er diesbezüglich mehrfach angesprochen, unter anderem auch vom König selbst: »Stimmt es, Fürst Talleyrand, daß Madame zurückgekehrt ist? Wenn das so ist, dann kann Ihnen das doch wohl kaum gleichgültig sein.«

»Majestät«, antwortete Talleyrand, »es stimmt tatsächlich. Es scheint, daß auch ich meinen 20. März habe« – womit er auf Napoleons triumphierende Rückkehr in die Tuilerien und Ludwigs überstürzte Flucht nach Gent am 20. März anspielte. Der König wurde zuerst blaß vor Zorn, dann rot vor Scham, wußte jedoch darauf nichts zu erwidern. Die versammelten Höflinge wichen entsetzt vor Talleyrand zurück, der mit unbeweglichem Gesicht gelassen in ihrer Mitte stand. Von da an wagte niemand mehr am Hofe, am allerwenigsten der König, den Namen der Fürstin vor ihrem Gatten zu erwähnen.

Obwohl die Angelegenheit sehr peinlich war, brachte es Talleyrand nicht fertig, Cathérines Ungehorsam mit dem Entzug der finanziellen Zuwendungen zu bestrafen, wie er gedroht hatte. Vielleicht war er gerührt über Cathérines offensichtliche Verzweiflung, vielleicht wollte er auch nur den Skandal nicht noch vergrößern. Talleyrand ließ seine Gedanken zu dieser Entscheidung nicht laut werden. Fest steht, daß er tat, als ob es seine Frau nicht gäbe. Und Cathérine respektierte dies. Sie wagte es nie, in der Rue St.-Florentin aufzukreuzen und sie zweifelte nie daran, daß Dorothea – »Madame Edmond«, wie sie sie nannte – jetzt und für immer die Dame des Herzens und des Hauses de Talleyrand war.

Mit Resignation im Herzen und einem gewichtigen Geldbeutel mietete sie ein Haus im Vorort Auteuil. Dort ließ sie sich nieder und verbrachte die restlichen Jahre ihres Lebens allein und in Einsamkeit. Bis zu ihrem Tode sah sie ihren Gatten kein einziges Mal mehr.

In den *Mémoires* hat der Zeitraum zwischen 1815 und 1830 kaum Erwähnung gefunden. Es scheint, als ob der Fürst wenig an jenen Jahren gefunden hätte, was er für erwähnenswert oder für die Nachwelt von Interesse hielt. Nie hat er, soweit bekannt ist, noch einmal den Wunsch nach einer öffentlichen Position geäußert. Er wurde jedoch nicht müde, Richelieu, seine Arbeit und seine Anhänger zu kritisieren. Seine Äußerungen und Briefe wurden regelrechte Giftspritzen.

König Ludwig dagegen hatte große Hochachtung vor Richelieu. Ebenso schätzte er seinen neuen und leistungsfähigen Polizeiminister Decazes sehr. Talleyrands Attacken gegen diese Minister kamen natürlich auch dem König zu Ohren. »Es ist verwundete Eitelkeit und enttäuschter Ehrgeiz«, sagte er. Er kannte seinen Großkämmerer und beschloß, dagegen etwas zu tun. Er und Richelieu dachten sich für 1815 ein Weihnachtsgeschenk aus. Da Talleyrand ohne männlichen Nachkommen geblieben war, wurde beschlossen, daß er sowohl seinen Pair- als auch seinen Fürstentitel auf seinen Bruder Archambaud vererben könnte. In dieser Familie würden dann in der männlichen Linie beide Titel weitervererbt werden. Talleyrand war nicht weniger erfreut als sein Bruder über dieses Geschenk von der Krone und konnte seine Befriedigung kaum verbergen. Doch so schnell ließ er sich auch nicht kaufen, und er verschoß weiterhin Giftpfeile.

Zu Beginn des Jahres 1816 beschloß Talleyrand, seinen Besitz Valençay wieder einmal aufzusuchen. Er hatte ihn seit 1806 nicht mehr gesehen, als die spanischen Prinzen dort unfreiwillig einquartiert waren. Die Spanier waren alles andere als ideale Mieter gewesen. Mit Leidenschaft hatten sie Zimmerpflanzen gezüchtet und beim Gießen die Parkettböden ruiniert. Einer der Prinzen beschäftigte sich mit Vorliebe mit der Herstellung von Wolfsfallen und hatte Exemplare seiner Meisterkunst an die Vertäfelung des Hauses genagelt. Einmal wäre beinahe das ganze Schloß niedergebrannt, als nämlich Talleyrands Gäste beschlossen hatten, eine Art Spanisches Auto da fé mit Werken Voltaires und Rousseaus zu veranstalten. Dorothea gefiel der Besitz auf Anhieb, obwohl sie ihn in seinem derzeitigen Zustand als »unheimlich« empfand. Es mußte alles renoviert und neu möbliert werden.

Begonnen werden sollte mit den Zimmern, die der Herzogin von

Kurland zugedacht waren. Talleyrand versprach ihr, sich persönlich um die Neugestaltung zu kümmern, damit alles fertig sei, wenn die Herzogin im Oktober zurückkehren würde. »Dann, meine Liebste, können wir am gleichen Ort, mit denselben Vergnügungen leben, wie wir es früher taten. Ich kann mir nichts Schöneres vorstellen, als mein Leben mit Dir zu verbringen.«

Die Herzogin wartete nicht bis Oktober. Im Sommer stattete der Präfekt von Indre und sein Sekretär dem neuen Hausherrn einen Höflichkeitsbesuch ab und fand den Fürsten beim Einordnen seiner Bücher in seiner Bibliothek vor. Er wurde dabei von zwei »schönen und eleganten Damen« unterstützt, von Dorothea und ihrer Mutter. Es war ein perfektes Bild, und der Präfekt beeilte sich nach Paris zu berichten, daß sich der Fürst auf einen langen Aufenthalt auf Valençay einzurichten schien.

Der Besuch des Präfekten hatte natürlich nicht nur gesellschaftlichen Charakter. Er war gekommen, um die (politische) Temperatur des Fürsten zu messen. Irgend jemand von Valençay, der offensichtlich häufig Gast im Schloß war, wußte zu berichten, daß Talleyrand eifrigst mit den Vorbereitungen zur Wiedereinsetzung der Bonaparte-Dynastie in der Person Napoleons des Zweiten, des früheren Königs von Rom und derzeitigen Herzogs von Reichstadt, beschäftigt war. Hinzu kam das Gerücht, daß Napoleon sich gar nicht in St. Helena befände, sondern sich in der Nähe verborgen hielte. Alle diese Dinge, fuhr der Bericht fort, wären dem Informanten aus dem Munde Talleyrands persönlich bekannt. Später geriet dieses Gerücht in Vergessenheit, und man kann annehmen, daß dem neugierigen Präfekten aller Wind aus den Segeln genommen war, als er Talleyrands häusliches Glück vor Augen geführt bekam und von Talleyrand selbst eines Besseren belehrt worden war.

Es hat den Anschein, als blühte Talleyrand in dieser Umgebung auf. Befreit von der Last der politischen Verantwortung lebte er auf in der Gesellschaft der beiden Frauen, die er am meisten schätzte. Doch Talleyrand machte auch hier nichts im kleinen Rahmen. Er nahm am Leben der kleinen Gemeinde ebenso regen Anteil wie er es in Wien an den europäischen Belangen getan hatte. Der kleine Ort bekam schon bald sein Wohlwollen zu spüren. Ein neuer Glockenturm für die Pfarrkirche wurde errichtet, man richtete eine Apotheke ein und baute ein Krankenhaus, wo die Bedürftigen ihre Medikamente gratis bekommen konnten. Ein Armenhaus wurde gebaut und eine Mädchenschule errichtet. Die Ortsbewohner wählten ihn in Anbetracht seiner Verdienste zum Bürgermeister, ein Amt, das er sechs Jahre innehatte.

Es wäre aber falsch zu glauben, daß Talleyrand das Leben eines ländlichen Gutsherrn führte. Das wollte er auch nie. Immer noch stand er erst sehr spät am Morgen auf und verbrachte dann mehrere Stunden damit, sich für den Tag zurechtzumachen. Seine Tafel war mit der in Paris durchaus vergleichbar. Talleyrand war schließlich nicht nur Frankreichs berühmtester Staatsmann, sondern auch der Gourmet *par excellence*.

Nach dem Mittagsmahl, das am frühen Nachmittag serviert wurde, fuhr Talleyrand auf sein Besitztum und sah in den Feldern, den Wäldern und Gärten nach dem Rechten. Wenn er ins Schloß zurückkam, liebte er Unterhaltung und spielte nicht selten eine Partie Whist.

Talleyrand schätzte auch private Theateraufführungen. Bücher wurden dutzendweise gelesen, laut und jeder für sich. Sein liebster Zeitvertreib aber war und blieb die Konversation. Nun konnte er selbst authentische Informationen über die Geschichte von fast einem halben Jahrhundert liefern, und es fehlte ihm nicht an Zuhörern. Ständig fuhren in Valençay Wagen aus Paris vor. Alte Freunde kamen – die Gräfin Tyszkiewicz, der Baron de Vitrolles – aber auch neue und einige unerwartete Gäste. Einer von ihnen war Pierre-Paul Royer-Collard, ein frömmelnder Katholik und erklärter Royalist, der einmal erklärt hatte, allein beim Anblick eines verheirateten Priesters müsse er sich schon übergeben. Royer-Collard war zufällig Talleyrands Nachbar und bei weitem die berühmteste Persönlichkeit im ganzen Umkreis. Als solche wurde von ihm erwartet, daß er und seine Frau ihre Aufwartung in Valençay machen würden. Doch die Zeit verging und nichts dergleichen geschah. Daraufhin schickte Talleyrand eine Nachricht zu Royer mit der Frage, ob er Monsieur und Madame Royer-Collard einen Besuch abstatten dürfe. Die Antwort war formell und unterkühlt: Monsieur bedauerte, Fürst Talleyrand davon in Kenntnis setzen zu müssen, daß die Gesundheit von Madame Royer-Collard ihr nicht erlaube, Besuche zu empfangen oder zu machen. Doch Talleyrand ließ sich nicht so leicht abwimmeln. Er fuhr selbst die zwölf Meilen zu Royer-Collards Besitz, und als er aus dem Wagen stieg und den verblüfften Royer-Collard begrüßte, sagte er nur milde: »Mein Herr, es ist ein bißchen schwierig, an Sie heranzukommen.« Aus dieser ersten Begegnung entwickelte sich fast unmittelbar eine starke und dauerhafte Freundschaft zwischen dem Fürsten, der mit seiner Nichte in Sünde lebte, und Royer-Collard, dem Beispiel häuslicher Tugend. Die Freundschaft dieser beiden Männer dauerte bis zu Talleyrands Tod.

Ein anderes neues Gesicht in der Umgebung Talleyrands war ein junger Mann namens Adolphe Thiers, der fünfzig Jahre später Präsident einer französischen Republik werden sollte, die er mitbegründet hatte. An Thiers und Talleyrand konnte man Gegensätze studieren, und das lag nicht nur am Altersunterschied. Thiers war mit Leib und Seele Bourgeois, so wie Talleyrand mit Leib und Seele Aristokrat war; Thiers war ebenso offenherzig und begeisterungsfähig wie der Fürst reserviert war; Talleyrand verkörperte das achtzehnte Jahrhundert, Thiers das neunzehnte; Thiers war der personifizierte Eifer, Talleyrand schreckte immer vor übergroßem Eifer zurück. Aber beide fühlten sich, vielleicht gerade durch ihr unterschiedliches Wesen, zueinander hingezogen. Einmal beklagte sich der junge Mann, daß Talleyrand immer das Gespräch auf Frauen bringe, wenn er von Politik spreche. »Ja, aber«, antwortete Talleyrand mit einem Lächeln, »was ist denn Politik, wenn nicht Frauen?«

So vergingen die Jahre der Amtspause auf angenehme Weise mit guten Freunden, gutem Essen und guten Gesprächen, im Sommer in Valençay und im Winter in Paris. Dazwischen gab es Urlaub in den Bergen oder in Kurorten. Schon seit langem hatte Talleyrand es sich zur Gewohnheit gemacht, Bourbon-l'Archambault zu besuchen, einen Kurort inmitten Frankreichs. Er hatte sich dort immer sehr wohl gefühlt, und seine Diener bemerkten, daß er dort alle Sorgen über Bord zu werfen schien und der nachsichtigste und angenehmste Dienstherr war. Seine Briefe von Bourbon sind frei von haßerfüllten Geschichten über Richelieus Regierung. In dieser Zeit experimentierte Talleyrand auch mit anderen Orten. Drei Jahre hintereinander fuhr er in die Pyrenäen. Einen Sommer verbrachte er in der Schweiz, einen Herbst in Marseille. Im Jahr darauf fuhr er nach Hyères. Und im letzten Jahr seiner Amtspause (1829) besuchte er Aix-la-Chapelle.

Natürlich reiste der Fürst nicht allein. Er wurde immer von Dorothea begleitet und von der treuen Gräfin Tyszkiewicz. Dorothea und die Gräfin fuhren meist vorneweg, um entsprechendes Quartier zu besorgen. Die Begleitung der polnischen Gräfin, die Tatsache, daß man getrennt reiste, gehörten zu der Aura von Respektabilität, die der Fürst immer gewahrt hatte. Doch schon machten sich in Gesellschaft und Anschauungen Veränderungen bemerkbar. Ein fast puritanisches Moralbewußtsein machte sich breit. In England wuchs eine Prinzessin namens Viktoria auf, und der Geist dem sie ihren Namen geben sollte, gewann bereits an Bedeutung. Unmoral, oder das, was man dafür hielt, wurde in der noblen Gesellschaft mit Argwohn betrachtet. Talleyrand als Großkämmerer des christlichen Königs von Frankreich konnte nicht vorsichtig genug sein.

Diese Meinung teilte offensichtlich auch der König. Sein Großkämmerer war ein Ex-Bischof, noch dazu ein verheirateter, der seine Frau schäbig behandelte und mit der Frau seines Neffen ein Verhältnis hatte. So weit, so gut. Zumindest hatte er so viel Taktgefühl, daß andere durch seinen Lebenswandel nicht verletzt wurden. Im Juni 1816 beorderte der König den Fürsten von Valençay nach Paris. Anlaß war die Hochzeit des Herzogs von Berry mit Caroline, Prinzessin beider Sizilien.

Talleyrand mußte gehorchen. Das Protokoll verlangte die Anwesenheit des Großkämmerers. Darüber hinaus hatte Talleyrand zu dieser Hochzeit auch seinen Teil beigetragen. Zunächst sollte Berry die Großherzogin Anna von Rußland, die Schwester Zar Alexanders, ehelichen. Der Fürst hatte von dieser Ehe entschieden abgeraten, weil er die religiösen Unterschiede sah und überhaupt das Ganze für eine Mesalliance hielt. Sein wahrer Beweggrund war jedoch sicher eher darin zu suchen, daß er befürchtete, die Schwester seines Feindes eines Tages auf dem Thron Frankreichs sitzen zu sehen.

So war diese Hochzeit so etwas wie ein persönlicher Triumph für den Minister im Ruhestand. Er sollte in der königlichen Kutsche von Paris nach Fontainebleau fahren, um die Braut an einer vereinbarten Wegkreuzung im Wald zu treffen. (Es handelte sich zufälligerweise um die gleiche Wegkreuzung, wo er im Jahre 1806 mit Napoleon zusammen Papst Pius VII. erwartet hatte, der kam, um Bonaparte zum Kaiser zu krönen.) Talleyrand war natürlich begeistert und die Fahrt nach Fontainebleau verlief so angenehm, als ob die beiden Männer die engsten Freunde wären. Es gehörte zu Ludwigs Lieblingsbeschäftigungen, über Mitglieder seines Hofes zu klatschen und Anekdoten zu erzählen, und er hatte es in dieser Disziplin zu bemerkenswerten Erfolgen gebracht.

Ebenso angenehm verlief die Trauungszeremonie in den Tuilerien, die der Hofgeistliche, Monseigneur de Talleyrand-Périgord, der Onkel des Fürsten, abhielt. Dem Fürsten selbst galt alle Aufmerksamkeit und er erstaunte jedermann durch seine gute Laune.

Die Hochzeitsfeierlichkeiten waren für Europa das Signal, daß Talleyrand trotz seines mehr oder weniger freiwilligen Rücktritts beim König in hoher Gunst stand. Nichts war weiter entfernt von der Wahrheit als diese Annahme. Ludwig konnte reizend zu seinen ärgsten Feinden sein (und war es auch). Damit gelang es ihm gelegentlich sogar, Kritiker seiner Person zu Freunden umzuziehen. Kaum jemand konnte dieser Taktik, gepaart mit einem charmanten königlichen Lächeln, widerstehen. Aber Talleyrand kannte seinen

König, und die Leutseligkeit des Monarchen verfehlte ihre Wirkung auf ihn. Weiterhin erging er sich in Schmähungen gegen das Kabinett, so daß auch unvoreingenommene Zuschauer schockiert waren. Man schloß allgemein daraus, daß seine Fähigkeiten nachzulassen begannen. »Es ist erstaunlich, wie sehr er nachgelassen hat«, schrieb der preußische Gesandte nach Berlin. Sogar Wellington, der ihm eigentlich immer wohlgesinnt war, meldete nach London, daß »mit ihm nichts mehr anzufangen ist«.

Bei einem Abendessen am 18. November 1816 in der britischen Botschaft erreichte die Spannung ihren Höhepunkt. Talleyrand lebte damals nach einer ärztlichen Vorschrift, die ihm nur eine einzige Mahlzeit am Tage, nämlich abends, gestattete. Infolgedessen aß und trank er bei dieser einen Mahlzeit mehr, als für ihn gut war. Schließlich hatte er einen roten Kopf und redete offenherziger als sonst drauflos. Als das Essen beendet war und die Gäste das Speisezimmer verlassen hatten, zog er eine Gruppe von Gästen in eine Fensternische und begann auf das Kabinett zu schelten. Je mehr Zuhörer sich dem Kreis zugesellten, desto lauter und leichtfertiger wurde er, bis er schließlich die Regierung des Verrats beschuldigte, weil sie dem Zweiten Pariser Friedensvertrag zugestimmt hatte. Pasquier, der ehemalige Justizminister, der jetzt den Vorsitz in der Kammer hatte, war ebenfalls unter den Gästen. Er hörte genug, um den Wunsch nach Flucht zu verspüren. Als noch mehr Gäste kamen, schien sich für ihn eine Gelegenheit zu bieten, doch Talleyrand bemerkte sein Vorhaben und rief ihm so laut, daß es jedermann hören konnte, eine beleidigende Schmähung gegen den Polizeiminister Decazes, den Liebling des Königs, nach.

Einen solchen Affront konnte Pasquier nicht auf sich sitzenlassen. Er drehte sich zu Talleyrand hin und antwortete (nach seiner eigenen Darstellung des Zwischenfalls): »Sie mögen denken, wie es Ihnen beliebt, aber solange der König einen Polizeiminister hat, hat niemand das Recht, in derartiger Ausdrucksweise von ihm zu sprechen.« Darauf verließ er das Zimmer, hörte jedoch noch, wie Talleyrand ihm nachrief: »Und die Deputiertenkammer läßt sich vom Polizeiminister gängeln!« Dies war nun eine unzweideutige Beleidigung Pasquiers, der den Vorsitz in der Kammer führte. Aber da er bereits draußen war, konnte er glücklicherweise so tun, als ob er sie gar nicht gehört hätte. Es war zu erwarten, daß sich die Gäste daraufhin eilends auf den Nachhauseweg machten. Jeder wollte der erste sein, der den Skandal weitererzählen konnte.

Da es noch früh am Abend war, begab sich Talleyrand in Madame de Lavals Haus. Es wurde ihm jetzt klar, daß er töricht gehandelt hatte, und er wußte, daß seine Feinde diese Torheit gegen ihn verwenden würden. Er wußte auch, wie wichtig es war, daß seine eigene Darstellung des Vorfalls zuerst in die Salons kam. In Madame de Lavals Salon hatte er im Jahre 1809 seinen berühmten Auftritt mit dem Kaiser erzählt. Damals war es Napoleon, der sich schlecht benommen hatte. Jetzt war es ein Minister des Königs, den Talleyrand schmählich beleidigt hatte – und das unter dem Dach eines ausländischen Gesandten. Und obwohl Madame de Laval und ihre Freunde eifrig die amüsante, aber fiktive Darstellung des Vorfalls immer wieder erzählten, glaubte keiner daran. Es gab einfach zu viele Augenzeugen, und die Geschichte verbreitete sich wie ein Lauffeuer in Paris. Wie das so üblich ist, fügte jeder, der sie erfuhr, beim Weitererzählen noch etwas hinzu, so daß schließlich ganz Paris glaubte, Talleyrand hätte sich wie ein Rasender benommen und Decazes wäre verleumderisch beleidigt worden.

Die Geschichte nahm ihren Weg in die Provinz und erschien sogar in der englischen Presse. Dazu meinte Talleyrand nicht schweigen zu können. Er schrieb in makellosem Englisch einen Brief an Lord Castlereagh. Darin suchte er den Vorfall als dermaßen belanglos hinzustellen, daß er sich selbst die Glaubwürdigkeit nahm. Er bat auch einen gewissen Mr. Tierney, der ebenfalls als Gast bei dem unseligen Abendessen zugegen war, die Richtigkeit seiner Angaben zu bestätigen. Doch Mr. Tierney konnte sich dazu nun wirklich nicht aufraffen.

Angesichts eines solchen Skandals sah sich das Kabinett zum Eingreifen genötigt. Ein hoher Würdenträger des Hofes durfte nicht ungestraft die Minister des Königs beleidigen. Der Rat trat zur Beratung zusammen. Molé, berichtete Pasquier, sei dafür gewesen, daß der Großkämmerer sein Amt niederlegen müßte. Die meisten Minister, Pasquier eingeschlossen, vertraten die Ansicht, ein vom König erteilter Verweis reiche aus. Richelieu und Decazes, die Talleyrand so beleidigend angegriffen hatte, schlugen einen Mittelweg ein. Sie waren dafür, daß gegen Talleyrand ein Verbot ausgesprochen würde, am Hofe zu erscheinen. Dieser Vorschlag wurde schließlich auch gebilligt und dem Fürsten durch einen Botenmeister der Kammer zugestellt. Der Fürst antwortete dem König schriftlich, daß er sich dem Urteil unterwerfe, sich aber keiner Schuld bewußt sei.

Die Verbannung vom Hofe sollte nicht von langer Dauer sein. Nach drei Monaten, im Februar 1817, erhielt der Fürst einen weiteren Brief vom König, in dem dieser ihm mitteilte, das Urteil sei auf Antrag des Herzogs Richelieu aufgehoben, und er könne seine Aufgaben am Hofe wieder aufnehmen.

Talleyrand wurde vom König wohlwollend empfangen. Beide taten, als ob nichts vorgefallen wäre, und in diesem Sinne brachte Talleyrand auch seinen Wunsch vor, zum Herzog von Valençay ernannt zu werden. Ludwig hielt diesen Wunsch für harmlos und unterzeichnete unverzüglich die entsprechenden Dokumente. Als jedoch der Rat davon erfuhr, kam es fast zu einem öffentlichen Aufruhr. Valençay, so wurde Ludwig mitgeteilt, war der Ort, an dem Napoleon einen Teil der spanischen Königsfamilie festgehalten hatte. Wenn nun das Dorf und das Schloß zum Herzogtum erhoben würde, so hieße das, daß Ludwig nachträglich Napoleons schmähliche Behandlung von Ludwigs Verwandten akzeptiere. Dieses Argument hatte Gewicht. Der derzeitige spanische König war Ferdinand VII., der spanische Prinz, der Wolfsfallen an die Vertäfelung des Schlosses genagelt hatte.

Um Talleyrand doch nicht gleich wieder zu enttäuschen, beschloß er ihn zum Herzog zu machen. Nicht zum Herzog von Valençay, aber zum Herzog von Talleyrand. Doch es sickerte durch, daß Talleyrand den Titel nicht für sich begehrt hatte, sondern für seinen Bruder Archambaud. So unterzeichnete Ludwig im Oktober ein weiteres Dekret, das dem Fürst erlaubte, seinen Titel an seinen Bruder Archambaud und an seine männlichen Nachkommen in direkter Linie zu vererben.[3]

Talleyrand war darüber glücklich, aber noch nicht ganz zufrieden. Es war nicht nur brüderliches Wohlwollen, aus dem heraus er den Herzogtitel anstrebte. Er wollte diesen Titel für Archambauds Erben, oder, genauer gesagt, für Dorothea sichern. Doch man mußte sich an die Gepflogenheiten halten. Es würde sich nicht geziemen, den Sohn zu einem Herzog zu machen, wenn der Vater ein einfacher Marquis geblieben war. Auch gab es wenig in der Laufbahn des Sohnes, mit dem man einen so glänzenden Titel hätte rechtfertigen können. Dorothea würde also Gräfin Talleyrand bleiben müssen, bis der natürliche Lauf der Dinge dies änderte. Da der neue Herzog acht Jahre jünger als sein Bruder war, schien die Sache noch nicht akut zu sein.

Aber schon bald eilten die Vorsehung und ein anderer König zu Hilfe. Am 2. Dezember kam in Paris durch königlichen Boten ein Brief von Ferdinand, dem König beider Sizilien, an. Ferdinand hatte Talleyrand bereits aus Dankbarkeit für die Rückgabe seines Fürstentums einen Herzogtitel verliehen. Dies war jedoch nur eine persönliche und titularische Ehrung: ein Herzogtum ohne Land, aber mit einem Einkommen von 60 000 Franc, was Talleyrand sowieso lieber war. Jetzt fügte Ferdinand noch einen territorialen Titel hinzu, den des Herzogtums von Dino. Da Archambaud bereits ein französisches Herzogtum besaß, übergab Talleyrand diesen Titel an Edmond, wobei er jedoch sorgfältig darauf achtete, daß das Einkommen ihm verblieb. So wurde aus der Gräfin Talleyrand eine Herzogin von Dino, der Titel, unter dem Dorothea in der Geschichte am bekanntesten geworden ist.

Talleyrand war überglücklich. »Heute«, schrieb er an die Herzogin von Kurland, »gerät Dorothea bei Hofe in den Genuß aller Vorzüge, die ein Herzogtitel mit sich bringt . . . Der König von Neapel hat eben an Edmond und Dorothea den Titel verliehen, der zu meinem neapolitanischen Herzogtum gehört. Sie werden sich von nun an Herzog und Herzogin von Dino nennen können. Dino ist der Name eines königlichen Besitzes in Kalabrien.« Tatsache war, daß Dino weder »königlich«, ja nicht einmal herzoglich war. Es war eine winzige, unwirtliche Insel im Golf von Policastro, die nur für ihre Tausende und Abertausende Kaninchen und den Sardinenreichtum in den angrenzenden Gewässern bekannt war. Aber Dorothea war ebenso entzückt wie ihr Oheim, sowohl seinet- als auch ihrer selbst willen.

Trotz dieser Ehrenüberhäufungen für das Haus Talleyrand im Jahre 1817 brachte dieses Jahr auch weniger erfreuliche Ereignisse. Es signalisierte den Anfang vom Ende der Freunde aus Talleyrands eigener Generation. Die Serie von persönlichen Verlusten sollte bis zu Talleyrands eigenem Ableben nicht abreißen.

Als erster starb Talleyrands ältester Freund Choiseul, dessen Freundschaft ein halbes Jahrhundert überlebt hatte. »Er war der letzte aus der Reihe der Leute, mit denen ich aufgewachsen bin«, schrieb Talleyrand, »und ich bin jetzt fast der letzte Überlebende dieser Generation. Wie traurig das ist.« Im gleichen Jahr starben auch Madame de Staël und Du Pont de Nemours. Der Fürst hatte sich mit Nemours immer gut verstanden und war von diesem unersetzlichen Verlust zutiefst getroffen. Über Germaine de Staël hatte er jedoch bei ihrem Tod genausowenig Gutes zu sagen wie zu ihren Lebzeiten. Er war zu alt, um noch heucheln zu wollen.

Die schwersten Schicksalsschläge brachten ihm das Jahr 1821 mit dem Ableben von Madame de Rémusat, deren Freundschaft er seit den sorglosen Tagen des Konsulats gepflegt hatte, und von seinem geliebten und betagten Oheim Kardinal Talleyrand. Am schmerzlichsten jedoch traf ihn der Tod der Herzogin von Kurland im August dieses Jahres, die er viele Jahre seines Lebens leidenschaftlich geliebt und deren innige Freundschaft er sich erhalten hatte, nachdem die Glut der Leidenschaft verglüht war. Dorotheas Mutter war nicht nur unbestreitbar schön gewesen, sondern hatte auch Witz, Intelligenz und ein ausgeprägtes Urteilsvermögen besessen. Eben diese Qualitäten schenkten ihr die Freundschaft dieses umstrittenen Mannes, der so lange ihr Geliebter gewesen war. Es gehört nicht zu den erfreulichen Dingen im Leben einer Frau, wenn sie sich in der Zuneigung des geliebten Mannes durch die eigene Tochter verdrängt sieht. Doch hatte sie sich nie dazu hinreißen lassen, die Bitterkeit in ihrem Herzen nach außen hin zu zeigen oder sich gar in Vorwürfe über die Untreue des Geliebten zu ergehen. »Ich werde um sie trauern bis zu meinem Tod«, schrieb Talleyrand bewegt, »ein Tag, dem ich jetzt ohne Furcht entgegensehen kann.« Dies waren nicht nur leere Worte, die im Augenblick des tiefsten Schmerzes niedergeschrieben worden waren. Viele Jahre später fand ihn Dorothea vor dem Porträt der Herzogin in Tränen aufgelöst. Er wischte sie sich peinlich berührt ab und sagte: »Ich glaube nicht, daß es je auf Erden eine Frau gab, die größerer Bewunderung würdig war.«

Ebenfalls in diesem Jahr 1821 wurde eine Todesnachricht bekannt, die weit über die Grenzen Frankreichs hinaus beachtet wurde. Am 14. Juli war Talleyrand zum Abendessen bei Madame Crawford – ihr Haus war momentan der zentrale Treffpunkt der *beau monde* – als die Nachricht eintraf, Napoleon sei am 5. Mai auf St. Helena gestorben. Einen Augenblick lang verstummte das Stimmengewirr der plaudernden Gruppen, bis Madame Crawford die Stille unterbrach: »O Gott! Welch ein Ereignis!« Aus der anderen Ecke des Raumes antwortete Talleyrand mit seiner tiefen, ruhigen Stimme: »Nein, Madame, das ist kein Ereignis mehr, das ist nur noch eine Neuigkeit.«

Gegen Ende des ersten Jahres seit seiner Amtspause war es Talleyrand klargeworden, daß seine Chancen, wieder zu einem Amt zu kommen, nicht sehr groß waren. Mit seinen ewigen Schmähungen gegen die Regierung, seiner übersteigerten Antipathie gegenüber Decazes (der eigentlich doch ein sehr fähiger Minister und zudem der Liebling des Königs war) und seiner dickköpfigen Ablehnung Richelieus (dessen gemäßigte Politik im Grunde genommen Talleyrands Vorstellungen am meisten entgegenkam und dessen Politik von König Ludwig gebilligt wurde) und schließlich nach dem skandalösen Vorfall in der britischen Gesandtschaft hatte er sich jede Anwartschaft auf einen Posten in der Regierung verscherzt. So konnte er sich ungestört zwei Projekten widmen, die ihm schon lange im Kopf herumgingen. Das erste war Teil I bis IX seiner Memoiren, also die Zeit bis zum August 1816. Das zweite Projekt war eine eher unrühmliche Angelegenheit. Er befaßte sich damit, gewisse Regierungsdokumente an die österreichische Regierung zu veräußern. Am 12. Januar 1817 schrieb Talleyrand an Fürst Metternich und bot ihm in unmißverständlichen Worten die Korrespondenz zwischen sich selbst und Bonaparte sowie zwischen seinen beiden Nachfolgern im Ministeramt und Bonaparte an. Als Begründung gab er an, daß sich der russische Zar dafür stark interessiere, so daß er, Talleyrand, befürchten müsse, die zwölf Bündel Korrespondenz würden ihm eines Tages abhanden kommen. Nun hätte man das Angebot vielleicht gerade noch rechtfertigen können. Es war bei hohen Regierungsbeamten nicht unüblich, den Briefwechsel ihrer Amtszeit beim Antritt in den Ruhestand an sich zu nehmen. Die Tatsache jedoch, daß Talleyrand auch die Korrespondenz seiner beiden Amtsnachfolger mit Bonaparte an sich genommen hatte, könnte man zweifellos als Diebstahl bezeichnen. Ebenso kam es einem Staatsverrat gleich, daß er derartige Dokumente einer ausländischen Macht anbot.

Talleyrands Preisvorstellungen für diese Unterlagen waren nicht unerheblich – eine halbe Million Franc. Aber das Risiko war eben auch hoch. Sollte man ihn bei dieser Tätigkeit erwischen, würde er vor Gericht gestellt und seiner Ehrenrechte verlustig gehen. Das hatte Talleyrand auch bedacht, und so war eine seiner Verkaufsbedingungen, daß der Kaiser von Österreich ihm »in Wien oder einem anderen Teil seines Staates Asyl gewährt, falls meine (Talleyrands) Abreise nötig werden sollte«.

Metternich schienen Preis und Bedingungen akzeptabel, und die Übergabe fand statt. Etwa 832 Dokumente trafen in Wien ein, und Talleyrand erhielt Nachricht, daß die »Ware in gutem Zustand angekommen sei«. Was danach passierte, ist nicht mit letzter Sicherheit geklärt. Es gibt keine Aufzeichnungen darüber, daß Talleyrand seine 500 000 Franc je bekommen hätte. Sicher ist nur, daß ein Jahr später, im Juni 1818, die Dokumente an Talleyrand zurückgeschickt wurden. Metternich versicherte dazu, daß die Papiere sachgemäß »geprüft« worden seien. Die Wiener waren tatsächlich gründlich vorgegangen. Metternich hatte sämtliche Schriftstücke sorgfältig kopieren lassen, ehe er sie zurückgab. Es erscheint sehr wohl möglich, daß er die Zahlung verweigert hat, weil die Dokumente längst nicht so bedeutsam waren wie Talleyrand behauptet hatte. Von den 832 Schriftstücken, die nach Wien gebracht worden waren, waren nur 73 Originale mit Napoleons eigenhändiger Unterschrift. Die restlichen Unterlagen waren lediglich Routinebriefe, die nur für einen Historiker von Interesse waren. Nicht alle der 73 signierten Briefe wurden tatsächlich auch zurückgegeben – einige befinden sich heute noch in Wiener Archiven. Auf jeden Fall hat sich nach 1818 das Verhältnis zwischen Metternich und Talleyrand erheblich verschlechtert.

Zur gleichen Zeit machte ihm seine Liebe zu Dorothea beträchtliche Geldsorgen in Paris. Edmond, der neue Herzog von Dino, stand plötzlich vor dem finanziellen Zusammenbruch. Von seiner Mutter hatte er 3 000 000 Franc und den wunderbaren Besitz von Rosny geerbt. Gegen Ende des Jahres 1817 hatte er mit Spiel und ausschweifendem Lebenswandel die drei Millionen durchgebracht und lebte bereits von Dorotheas Vermögen. Darüber hinaus hatte er Schulden in schwindelnder Höhe gemacht, und die Gläubiger hatten inzwischen jede Geduld mit ihm verloren. An diesem Punkt schlug Talleyrand vor, oder besser gesagt, er bestand darauf, daß Dorothea die gesetzliche Trennung ihres Eigentums von dem ihres Gatten anstrebe. Dies wurde im März 1818 nach einer gerichtlichen Anhörung gewährt. Schon bald darauf mußte Edmond Rosny verkaufen, um seine Gläubiger zu befriedigen. Nun, da die finanziellen Angelegenheiten geregelt waren und Dorotheas Vermögen für den verschwenderischen Herzog außer Reichweite war, schien sich das Ehepaar auf einmal wieder besser zu verstehen. Obwohl sie weiterhin getrennt wohnten, sahen sie sich häufig. Doch weiterhin hieß es allgemein, ihre Ehe sei der Auflösung wieder ein Stück näher gekommen.

Wie um diesen Klatsch Lügen zu strafen, gab Edmond im Frühjahr 1820 sein Haus auf und zog in die Rue St.-Florentin. Allem Anschein nach hatte er sich mit Dorothea ausgesöhnt, und die beiden lebten wiederum in ehelicher Eintracht. Paris staunte – das kam schon fast einem Skandal gleich. Mit einem Mal waren plötzlich auch alle Schulden des Herzogs bezahlt. Hatte sich Talleyrand mit seinem Neffen arrangiert? Warum sollte er aber Edmond, den er immer verachtet hatte und dessen Frau er liebte, unter seinem Dach aufgenommen haben? Der Klatsch bekam neue Nahrung, als Dorothea am 29. Dezember desselben Jahres einer Tochter das Leben schenkte, die auf den Namen Pauline getauft wurde. Die Gesellschaft nahm natürlich an, daß Talleyrand der Vater des Kindes sei, und daß er Edmond eine große Summe gezahlt hatte, damit er zu Dorothea in die Rue St.-Florentin zöge und so der Geburt des Kindes eine Legitimität verschaffe.

Talleyrand machte sich nicht die Mühe, den Klatsch aus der Welt zu schaffen. Er nahm ihn einfach nicht zur Kenntnis. Pauline war und blieb sein erklärter Liebling unter den Kindern in seinem Haus. Es mag zwar schwierig sein, zwischen väterlicher und großväterli-

cher Zuneigung zu unterscheiden, jedoch bleibt die Tatsache beste-
hen, daß Pauline in Talleyrands Testament weitaus großzügiger be-
dacht worden war als Dorotheas andere Kinder. All dies wurde in
Paris sorgfältig registriert, und es galt als sicher, daß Talleyrand
Paulines wirklicher Vater war. Jeglicher Zweifel daran wurde einige
Monate später zerstreut, als sich der Herzog und die Herzogin von
Dino trennten, diesmal für immer.

Dorotheas Trennung von ihrem Ehemann wurde am Hofe und in
Adelskreisen eher als skandalös empfunden. Der höfische Geist
hatte sich vom toleranten Verhalten der Revolutionszeit zu einer auf
Gesetzesstrenge bedachten Moral gewandelt. Ludwig wußte, daß
sein Thron wackelte, und eine unsichere Regierung tendiert leicht
dazu, Gesetz, Ordnung und »öffentliche Moral« besonders zu betonen, um damit die Opposition mundtot zu machen. Dorothea
wurde nur zu Hofe eingeladen, wenn es als eine öffentliche Beleidigung hätte angesehen werden können, sie nicht einzuladen. Sie
wiederum nahm Einladungen des Königs nur an, wenn es undenkbar war, dies nicht zu tun. Die Haltung des Hofes übertrug sich natürlich auch auf die Pariser Gesellschaft; am schärfsten schnitten sie
jene Damen, deren Lebenswandel einer genauen Untersuchung
auch nicht standgehalten hätte. Über diese Kränkung kam Dorothea ihr Leben lang nicht weg. Auch Leute, die sie nicht so gut kannten, sahen in ihrem Gesicht eine »innere Angst, die sie um Jahre älter erscheinen ließ«. Jeder hielt sie für eine böse Frau mit einem äußerst lockeren Lebenswandel. Bis zu ihrem Tode genügte es, einmal
mit einem Mann gesehen zu werden, und schon sprach jedermann
von ihrem »neuesten Liebhaber«. Später entwickelte die Herzogin
eine gewisse Immunität gegen all diese Anschuldigungen und ignorierte das Geschwätz einfach. Doch im Jahre 1821 war sie noch nicht
so weit. Sie war zu stolz, gegen den bösartigen Klatsch zu protestieren, aber andererseits zu selbstbewußt, ihren Lebenswandel zu ändern. Also brachte sie der höfischen Gesellschaft Verachtung und
Gleichgültigkeit entgegen, eine Haltung, die ihr der Hof noch viel
weniger verzeihen konnte. Der Tag sollte jedoch kommen, an dem
die Bourbonen ihre Kühle gegenüber der Herzogin von Dino und
die damit verbundene indirekte Beleidigung gegen Europas hervorragendsten Staatsmann bereuen sollten.

Talleyrand selbst war, außer der Zeit, in der er in Ungnade gefallen war, immer ein gern gesehener Gast am Hofe. Sein Amt als
Großkämmerer erforderte häufig seine Anwesenheit. Doch dies
tröstete ihn nicht über die Tatsache hinweg, daß man zwar seinen
Ratschlägen höflich zuhörte, sie aber nicht befolgte und ihn spüren

ließ, daß er ein Außenseiter war. Doch während Dorothea mehr die Kälte spürte, mit der ihr Onkel empfangen wurde, fehlte ihm vor allem die Gesellschaft von Gleichgesinnten. Als Ausgleich waren der Fürst und seine Nichte häufig im zweiten, viel lebendigeren, königlichen Haushalt in Paris zu Gast, dem von Louis-Philippe, Herzog von Orléans, im Palais Royal. Dort gab es interessantere Leute, anregendere Konversation und angemessenere Behandlung. Talleyrand und Dorothea besuchten das Palais Royal nicht aus Pflichtgefühl, sondern zum Vergnügen, und es gab viele, darunter auch Decazes' Spitzel, die feststellten, daß man die beiden viel häufiger im Haus des Herzogs von Orléans zu Gesicht bekäme als in den Tuilerien.

Das Protokoll im Palais Royal war auf ein Minimum beschränkt, die Atmosphäre dementsprechend entspannt, und doch konnte man bei Louis-Philippe nie vergessen, daß er, das Oberhaupt des jüngeren Zweigs der königlichen Familie, ebenso edel, ebenso vornehm und von ebenso altem französischen Blut war wie Ludwig.

Talleyrand hat immer gute Beziehungen zum Hause Orléans gehabt. Seine Mitglieder waren von einer Offenheit und einem Liberalismus, der Talleyrand mehr lag als der politische Opportunismus des älteren Zweigs der Bourbonen. Er hatte seine Zuneigung zu Louis-Philippes Familie im Jahre 1816 demonstriert, als er, entgegen den Vorstellungen Ludwigs des Achtzehnten, darauf bestanden hatte, dem Haus Orléans seine Besitzungen wieder zurückzugeben, die während der Revolution konfisziert worden waren. Darüber hinaus interessierte sich der Herzog auch für Dorothea, und die beiden wurden echte Freunde. Jedoch ist es wahrscheinlich, daß Dorothea für Orléans hauptsächlich wegen ihres mächtigen und einflußreichen Onkels interessant erschien. Orléans wußte sehr wohl, daß nur ein Mann die Weisheit, Erfahrung und die Geschicklichkeit besaß, die er brauchen würde, um seine Ambitionen auf den Königsthron zu realisieren.

Die neuen Verbindungen zwischen der Rue St.-Florentin und dem Palais Royal blieben in den Tuilerien nicht unbemerkt, und schon gab es Geflüster über eine »Orléans-Partei« und sogar über ein »Orléans-Komplott«. Eines Tages nahm Madame Rémusat ihren ganzen Mut zusammen und fragte den Fürsten inmitten einer politischen Konversation, ob es wohl nicht das beste wäre, die Herrschaft der Bourbonen durch den Orléans-Zweig zu ersetzen. Talleyrand begriff sofort, warum die Dame dies gefragt hatte und stritt die Idee kategorisch ab. Die Gerüchte blieben jedoch bestehen; sie entsprangen nicht allein Talleyrands gesellschaftlichen Verbindungen zu der Orléans-Familie. Im Jahr 1816, kurz nach Talleyrands Amts-rücktritt, war ein Mann namens Didier in Grenoble hingerichtet worden, weil ihm angeblich regierungsfeindliche Umtriebe nach-zuweisen waren. Vor seinem Tod soll er folgenden Satz geäußert haben: »Lassen Sie dem König ausrichten, er soll den Herzog von Orléans und Fürst Talleyrand so weit wie möglich vom Thron und von Frankreich fernhalten.« Die Quelle, aus der dieser Bericht stammt, erwies sich später als unglaubwürdig, doch zweifellos hatte Talleyrand mit seinem Weitblick schon daran gedacht, daß ein sympathischer Ersatz für den König bereitstünde, falls man der Narrheiten der Bourbonen überdrüssig werden sollte. Er war sogar so weit gegangen, die Bourbonen in der Person ihres gehorsamen Dieners, des Barons von Vitrolles, zu warnen: »Nehmen Sie sich in acht, Monsieur de Vitrolles, der Herzog von Orléans ist Ihnen auf den Fersen.« Trotzdem war es oft schwierig, Talleyrands politische Haltung in den Jahren zwischen seinem Amtsrücktritt und den Er-eignissen des Juli 1830 zu verstehen oder gar zu rechtfertigen. Man hätte erwarten können, daß Talleyrand, dessen liberale Regie-rungsprinzipien vom König und seinen Ministern durchaus prakti-ziert wurden, diesem Regime auch jede Unterstützung angedeihen ließ. Genau das Gegenteil war der Fall. Die offene Feindseligkeit gegenüber Richelieu, seinem Nachfolger, begann mit dem Zeit-punkt von Richelieus Ernennung und sollte nicht enden, ehe das Haus Bourbon endgültig fiel. Sein Entschluß, Richelieus Regierung zu Fall zu bringen, zeigte sich ursprünglich in den bizarren politi-schen Bindungen, die er einging, um sein Ziel zu erreichen. Er stimmte einer Gesetzesvorlage der Ultras, seiner ärgsten Feinde, zu, wohl wissend, daß die Ablehnung dieser Gesetzesvorlage der Regierung nur schaden und das Prestige des Throns unterminieren würde. Während ganz Europa sich über diese plötzliche Kehrtwen-dung wunderte, schrieb Pozzo di Borgo an Zar Alexander folgende Erklärung: »Diese Intrige, so hofft Monsieur de Talleyrand, wird von Erfolg gekrönt sein (also seine Bemühungen, Richelieus Regie-rung zu stürzen).«

Der Schlüssel zur Erklärung von Talleyrands plötzlichem Über-tritt in das Lager der Ultras war schwierig, aber nicht unmöglich zu finden. Richelieu war in seinen Augen nichts anderes als eine Ma-rionette des Zaren von Rußland, seines Erzfeinds. Und der Zar war wiederum der Inbegriff aller reaktionären und absolutistischen Kräfte in Europa. Wenn also Talleyrand die Politik Richelieus unter-stützte, würde er sich damit gleichzeitig für die Verbreitung des rus-sischen Einflusses in Frankreich und in Westeuropa einsetzen.

Würde er hingegen auf seiten der einzig möglichen Alternative, nämlich der Ultras, stehen, dann würde eventuell der Tag kommen, an dem Richelieu und damit Alexanders Einfluß zu Fall gebracht werden könnte. Er wählte also lediglich zwischen einer Partei, deren reaktionäre Anschauungen er unter Kontrolle halten konnte und einem ausländischen Autokraten, dessen Vorstellungen nur Unglück über Frankreich bringen würden.

In England war man ebenfalls von Alexanders offen zur Schau gestelltem Ehrgeiz alarmiert. Nicht minder beunruhigt war der sonst nicht aus der Ruhe zu bringende Metternich, dem die russischen Wünsche in bezug auf Deutschland plötzlich zum Bewußtsein kamen. Er schlug daraufhin eine Allianz zwischen Österreich, Großbritannien und Frankreich als antirussische Front vor.

Talleyrand war offensichtlich mit seinem Mißtrauen gegenüber Alexander nicht allein. Es ist auch weiter nicht erstaunlich, daß ein König mit Skepsis rechnen muß, der dem Druck von russischer Seite nachgegeben und einen Mann zum Minister gemacht hatte, der die Interessen des Zaren vertrat und nicht diejenigen Frankreichs. Nach Talleyrands Meinung ging es nun in erster Linie darum, um jeden Preis auf »Frankreichs Sicherheit« zu schauen.

Talleyrand engagierte sich in seiner Opposition gegen die Regierung so sehr, daß man von der Rue St.-Florentin allgemein als vom regierungsfeindlichen Zentrum sprach. Nie, nicht einmal zu seinen mächtigsten Zeiten, waren Talleyrands Zimmer so vollgepfropft mit Menschen, wie eben zu dieser Zeit. Da waren natürlich seine Freunde, aber ebenso kamen alte Feinde, die inzwischen zu Freunden geworden waren, sowie die Ultras, mit denen er seit den Anfangszeiten der Restauration über Kreuz stand. Sie huldigten ihm jetzt als ihrem Mitkämpfer, wenn sie ihn auch noch nicht als einen der Ihren betrachteten. Als Talleyrand einmal gefragt wurde, ob er ein Ultra geworden sei, antwortete er: »Wenn Sie damit meinen, daß ich gegen die Regierung bin, dann muß ich ›ja‹ sagen. Ich bin wirklich gegen die Regierung im allgemeinen und gegen Monsieur Decazes im besonderen.« In seinem Unwillen über den Polizeiminister ließ er sich zu so manchen Taten hinreißen: mindestens einmal lud Talleyrand alle Minister – außer Decazes natürlich – zu einem üppigen Abendessen an genau dem Tag ein, an dem sie Decazes schon vorher eingeladen hatte. Die armen Minister getrauten sich nicht, einen der beiden vor den Kopf zu stoßen, schützten Unwohlsein oder dringende Geschäfte vor und blieben an diesem Abend zu Hause.

Ein solches Verhalten imponierte natürlich den Ultras enorm, denn es war ihnen ebensosehr wie Talleyrand daran gelegen, Richelieu und sein Kabinett loszuwerden, egal wie. So waren sie ständig dabei, Ränke zu schmieden und alles zu tun, dem Minister das Leben schwerzumachen und ihn zum Rücktritt zu bewegen.

Die verschiedenen Verschwörungen und Intrigen gegen den Herzog von Richelieu hätten gegen keine weniger geeignete Zielscheibe gerichtet sein können. Obgleich Richelieu ein überzeugter Royalist und ein ehemaliger Freund der Ultras war, verfolgte er seine Politik der Mäßigung mit beträchtlicher Fähigkeit und ohne jeden persönlichen Ehrgeiz. Er hatte das Amt nur widerwillig angenommen und das auch nur nach langem Bitten von König Ludwig und Zar Alexander. Vom Tage seiner Ernennung an hatte sich Richelieu ebenso heftig nach seiner Entlassung aus dem Amt gesehnt, wie dies Talleyrand für ihn tat. Oft hatte er seinen Rücktritt angekündigt. Oft hielt ihn auch nur die Gegendrohung im Amt, daß der König damit gezwungen würde, Talleyrand wieder zu berufen. Also blieb er und in Wahrheit gab es auch keinen anderen. Die Ultras waren nicht fähig, einen Mann von politischem Format zu benennen – außer Talleyrand, den Pseudo-Ultra. Bei den Gemäßigten, Richelieus eigenen Gefolgsmannen, war die Situation ähnlich. Wer, wenn nicht Talleyrand, hatte sich in Frankreich stets für eine Politik der Mäßigung eingesetzt? Alle Augen schienen auf Talleyrand gerichtet zu sein, den Mann, der an Fähigkeit und Erfahrung so hoch über allen seinen Zeitgenossen emporragte. Er selbst teilte die Ansicht derer, die seine Rückkehr an die Macht für unvermeidbar hielten und scheute keine Mühe, diese so bald wie möglich herbeizuführen. Was er zu erreichen hoffte, war ein Kabinett aus Vertretern aller Parteien. Er bemühte sich deshalb weiterhin, das Vertrauen der Ultras zu bekommen. Gleichzeitig versuchte er eine Annäherung an Decazes, der auch gern darauf einging. Ein Bündnis zwischen dem Fürsten und dem Minister gegen Richelieu war wirklich eine ungeheure Verbindung.

Richelieu war sich dessen sehr wohl bewußt und nahm die Ablehnung einer von ihm favorisierten Gesetzesvorlage in der Kammer zum Anlaß, endlich das zu tun, was er schon immer hatte tun wollen: Er trat zurück und konnte sich nun ungeheuer erleichtert der Behaglichkeit des Privatlebens widmen. Mit ihm ging Molé. Decazes blieb als einziger Vertrauter des Königs zurück und man erwartete allgemein, daß er dem König raten werde, Talleyrand zu benennen. Andererseits schien man aber Talleyrands Macht und Einfluß zu fürchten, und so kam es, daß Dessolles, politisch ein unbeschriebenes Blatt, zum Ratsvorsitzenden ernannt wurde. Ein

Mann, der zu wenig bekannt war, um Feinde zu haben. Er, der General des Kaiserreichs, versuchte die Bonapartisten um sich zu scharen, und indem er Decazes im Ministerium behielt (er hatte eigentlich kaum eine andere Möglichkeit), hoffte er, die Ultras, die Liberalen, die Gemäßigten und sogar Talleyrand selbst zu versöhnen. Er irrte auf der ganzen Linie. Die Angelegenheit nahm einen so unglücklichen Verlauf, daß selbst Molé zu Richelieu in einem vertraulichen Gespräch sagte, er bedauere, daß Talleyrand nicht sein Nachfolger geworden war.

Dessolles' Regierungstage waren, wie vorherzusehen, gezählt. Er trat gegen Ende des Jahres 1819 zurück, und wieder machte sich Talleyrand Hoffnungen, und wiederum waren diese vergeblich. Nun entschloß sich Decazes, der schon immer die treibende Kraft hinter den Kulissen gewesen war, dieses Amt selbst zu übernehmen, das er schon seit langem unter seine Kontrolle gebracht hatte. Er hielt den Rat Talleyrands nicht mehr für nötig und holte sich in seiner kurzen Amtszeit eher Rat von Richelieu.

Aber auch für Decazes waren die Tage des Ministeramtes gezählt. Sein Kabinett bestand ausschließlich aus liberalen Ministern. Er sah keine Notwendigkeit, auch Vertreter anderer politischer Richtungen miteinzubeziehen, und so gab es allenthalben bald bittere Gefühle. Am 13. Februar 1820 kam es zu einem tragischen Zwischenfall: der Herzog von Berry wurde in der Oper ermordet. Die Herzogin, die mitansehen mußte, wie ihr Gatte durch die Hand des Mörders fiel, zeigte auf Decazes und rief aus: »Der ist sein wirklicher Mörder!«

Es gibt absolut keine sicheren Beweise dafür, daß Decazes in irgendeiner Weise für die ruchlose Tat verantwortlich zeichnete. Doch das ganze Volk schloß sich bald der Meinung der verzweifelten Frau an. Eine Welle des Unmuts und der Unzufriedenheit zwang ihn, sein Amt niederzulegen. Dem König blieb keine andere Wahl, als Decazes Rücktritt zuzustimmen. Um ihn vor dem Zorn seiner Feinde zu schützen, schickte er ihn als Gesandten nach London. Nun wollten die Ultras selbst einen Minister vorschlagen. Ihre Wahl fiel auf Talleyrand.

König Ludwig hatte jedoch mittlerweile eine Liste von Männern zusammengestellt, die er bitten wollte, eine neue Regierung zu bilden: Richelieu, Molé, Pasquier und den Grafen de Villèle, einen führenden Ultraroyalisten. Dann ernannte der König zu jedermanns Unmut, am meisten zu Richelieus eigenem, diesen zum Ratsvorsitzenden. Der Herzog, der zu dieser Zeit krank im Bett lag, nahm nur äußerst widerstrebend an und nur, nachdem der Graf von Artois »auf seine Ehre als Fürst und Edelmann« geschworen hatte, er und seine Anhänger würden die neue Regierung unterstützen. Richelieu teilte mit Ludwig XVIII. die Unfähigkeit, aus Erfahrung zu lernen. Artois brach, wie er das schon mehrfach getan hatte, sein Ehrenwort, kaum daß es ausgesprochen war. Fast unmittelbar danach taten sich die Ultras wieder mit den Liberalen zusammen, blockierten so jede Bewegung der Regierung und vereitelten Richelieus Vorhaben, gemäßigt und verfassungsmäßig zu regieren. Trotz seiner angegriffenen Gesundheit kämpfte der Herzog einige Zeit tapfer, doch war jedem klar, daß die Tage seiner Regierung gezählt waren.

Unter den gegebenen Umständen wäre es sicherlich niemandem, nicht einmal Talleyrand, möglich gewesen, nach Berrys Tod Frankreich vernünftig zu regieren. Der Mord zog eine wahre Sturmflut von reaktionären Gefühlen nach sich. Außerdem zogen sich viele liberale und gemäßigte Minister aus der Regierung zurück. Es bedurfte keiner großen Fantasie, um zu erkennen, daß der Liberalismus und die reaktionären Vorstellungen des Bürgertums jetzt direkt aufeinanderprallten und diese Konfrontation sich bitter und zerstörerisch auf Frankreich auswirken würde, bis es entweder zu einer konstitutionellen Monarchie oder zu einer Revolution kommen würde. Doch Talleyrand hoffte immer noch auf die Monarchie der Restauration. »Er meint«, schrieb Madame de Rémusat, »daß alle Franzosen in ihrem Verantwortungsbewußtsein getroffen werden, wenn Madame de Berrys Kind[4] ein Junge sein sollte. Sollte das Kind jedoch ein Mädchen sein, würde jede Verbindung des Volkes zu den Bourbonen abreißen.« Talleyrands Vorhersage schien wohlbegründet. Am Morgen des 29. September 1820 um 2 Uhr früh gebar die Herzogin einen Sohn. Es geschah so schnell, daß keine Zeit blieb, offizielle Zeugen für die Geburt herbeizuholen, und so mußte die Herzogin ohne Hilfe mit dem Kind in ihren Armen still daliegen, während ihre Zofe aufgeregt nach kompetenten Zeugen suchte, die dann glaubhaft versichern konnten, daß sie einen Sohn geboren hatte. König Ludwig war über diese Nachricht außer sich vor Freude, und mit ihm jubelten seine Untertanen. Eine Familie stimmte jedoch nicht in die Freudengesänge ein – das Haus Orléans, das durch die Geburt des Kindes wieder ein Stück weiter weg vom Thron gerückt war.

Talleyrand hatte gehofft, daß sich durch die Geburt des Kindes, des Herzogs von Bordeaux, das Land wieder mit den Bourbonen versöhnen würde. Das trat zwar ein, aber nur für kurze Zeit. Artois und seine Anhänger, im festen Glauben, die Geburt des Erben habe den Thron aus der Gefahr eines Umsturzes gebracht, arbeiteten nun daran, die Monarchie gegen jegliche Angriffe zu schützen. Richelieu wurde unter Druck gesetzt und stimmte daraufhin im Jahre 1821 einem Gesetzentwurf zu, der die Freiheit der Presse beträchtlich einschränken sollte. Wer sich gegen eine solche Maßnahme wandte, machte sich unbeliebt. Trotzdem blieb Talleyrand in Paris, um gegen das Gesetz zu stimmen und zu sprechen. »Schließlich«, äußerte er sich Dorothea gegenüber, »muß man sich den Leitsätzen, zu denen man sich ein Leben lang bekannt hat, treu bleiben.« In der Rede, die er bei diesem Anlaß hielt, betonte er, wie wichtig es sei, im Einklang mit dem Geist der Zeit zu handeln. Die Freiheit der Presse sei eine Forderung der Zeit, und die Regierung gefährde ihre eigene Existenz, wenn sie diese Tatsache nicht wahrhaben wolle.

Während die Pairs starr vor Schrecken zuhörten, fuhr er fort, indem er die durch die Revolution von 1789 bewirkten Veränderungen pries. Jene Revolution habe insofern im Einklang mit dem Zeitgeist gestanden, als sie Freiheit der Religionsausübung, Gleichheit vor dem Gesetz, Freiheit des einzelnen, Geschworenengerichte und Pressefreiheit proklamiert habe. Dann schloß Talleyrand seine Rede mit einer versteckten Warnung an die Regierung: »Heutzutage ist es nicht mehr leicht, die Menschen lange Zeit zu täuschen . . . Denn da ist jemand, der klüger ist als Voltaire, klüger als Bonaparte, klüger als einer von den Direktoren, klüger als irgendeine vergangene, gegenwärtige oder zukünftige Regierung; und dieser jemand ist Jedermann.«

Was Talleyrand ausdrücken wollte, war, daß keine Regierung auf die Dauer gegen den Wunsch des Volkes regieren konnte. Die einschränkenden Maßnahmen, die Richelieu anstrebte, standen im krassen Gegensatz zum Zeitgeist. Deshalb waren sie auch zum Scheitern verurteilt. Wenn die Regierung weiterhin diesen reaktionären Weg verfolgen würde, würde sie unweigerlich stürzen. Und die bourbonische Monarchie selbst müßte untergehen, da sie ein Anachronismus geworden war und die Bedürfnisse Frankreichs nicht mehr befriedigen konnte. Talleyrand war sich darüber völlig im klaren; Ludwig XVIII. sicher ebenso. Doch er war der Gefangene der Meinung seiner Familie und seiner Berater. Er war zu müde und zu krank, um sich vom politischen Schürzenzipfel des Grafen Artois und seiner Partei loszureißen, zu schwach, um die Drehung nach links zu machen, die er nach Talleyrands Meinung tun hätte müssen, wenn die Regierung und seine Dynastie überleben sollte.

Talleyrands eigene Wendung nach links kam im denkbar ungünstigsten Moment für seine politische Karriere. Richelieus Kabinett wankte seinem Ende entgegen, der König hörte auf die Ultras. Sie würden es auch sein, die über die Wahl des neuen Kabinettchefs entschieden. In eben dem Moment, in dem das Amt, das er die letzten fünf Jahre angestrebt hatte, in greifbare Nähe rückte, hatte er sich auf die Grundsätze des Liberalismus besonnen, die den Ultras schon immer ein Dorn im Auge gewesen waren. Er hatte die Extremisten über Jahre hinweg hofiert und sich, als er es für nötig erachtete, auch mit ihnen verbündet. Aber nun, da Frankreich am Scheideweg zwischen Absolutismus und Revolution stand, hatte er sich zu den Grundsätzen bekannt, die zeit seines Lebens zu seinem Gedankengut gehörten. Es war nicht Talleyrand, der sich vom König abwandte, sondern der König, der sich von Frankreich abwandte.

Endlich trat Richelieu zurück. Sein Nachfolger wurde nicht unerwartet Graf Villèle, einer der Sprecher der Ultras. König Ludwig hatte sich wieder einmal den Argumenten des Grafen von Artois gebeugt, und damit war die Bourbonen-Monarchie dem Abgrund wieder einen Schritt näher gerückt.

Villèles erste Amtshandlung bestätigte Talleyrands Beobachtung. Er verwarf die Gesetzesvorlage über die Einschränkung der Pressefreiheit hauptsächlich auf Grund des Aufsehens, das Talleyrands Rede in der Öffentlichkeit erregt hatte. Er kündigte jedoch zugleich eine neue Maßnahme an, nach der die Regierung gleichzeitig der Kläger und der Richter bei jedem Verfahren gegen die Presse sein würde. Wieder protestierte Talleyrand gegen den Gesetzesentwurf, für den sich nur ein Mann, der Herzog von Fitz-James einzusetzen wagte, der Talleyrand heftig angriff und ihm sein Verhalten während der Revolution und im Kaiserreich vorwarf. Aller Augen waren auf Talleyrand gerichtet, der aufmerksam zuhörte, aber nicht die geringste Erregung erkennen ließ. Als Fitz-James geendet hatte, wandte er sich zu seinem Nachbarn und sagte freundlich: »Der Herzog ist eigentlich ein recht begabter Mann. Dies oder jenes war vielleicht ein wenig grob, aber im großen und ganzen war es doch eine gute Rede.«

Die Gesetzesvorlage kam nicht durch. Einige Monate später schlug Villèle ein neues Zensurgesetz vor, das er »das Gesetz der Gerechtigkeit und Liebe« nannte. Chateaubriand nannte es »das Gesetz der Vandalen«. Und Talleyrand bezeichnete es als »so einfältig, daß es keinesfalls französischen Ursprungs sein kann«.

An diesem äußerst unruhigen Punkt in der Geschichte Frankreichs, als das Land zwischen liberaler und reaktionärer Politik hin- und hergerissen war, beschloß das Kabinett Villèle, in die Angelegenheit einer fremden Nation einzugreifen und noch dazu auf der Seite des Absolutismus. Der Bourbone König Ferdinand von Spanien war dabei, sein Versprechen, als konstitutioneller Monarch zu herrschen, zu brechen. Es kam zu einem Aufstand, und die Ultras in Frankreich forderten sofort die militärische Unterstützung des spanischen Königs. Jedermann war gegen eine Intervention, am allermeisten natürlich Talleyrand. Aber die Ultras setzten sich durch, und die Entscheidung wurde von Ludwig in einer Thronrede am 28. Januar 1823 bekanntgegeben. Die Armee sollte sofort mit der Mobilmachung beginnen. Gleichzeitig wurde bekanntgegeben, daß Montmorency, Villèles Außenminister, zurückgetreten war, und seine Stelle mit dem erzkonservativsten aller Ultras, Chateaubriand, besetzt werden sollte.

Talleyrand wurde daraufhin sofort zum Mittelpunkt der Opposition gegen den spanischen König (eine Tatsache, die Chateaubriand als persönlichen Affront wertete und deshalb von diesem Zeitpunkt an Talleyrand als seinen erbittertsten Gegner ansah). In privaten Gesprächen und in Reden wurde er nicht müde, seine Meinung kundzutun und vor der Gefahr dieses Krieges zu warnen. Er wußte auch, daß seine Äußerungen auf jeden Fall der Regierung und dem König zu Ohren kommen würden. »Wo wir hier hineingeraten«, sagte er zu seinem guten Freund Adolphe Thiers[5], der die Intervention in Spanien unterstützte »kann man einen inneren Aufruhr nennen; und das ist die schlimmste Art von Krieg. Wir sind in genau derselben Lage wie damals, als ich Napoleon riet, sich nicht in spanische Angelegenheiten einzumischen. Napoleon hörte nicht auf meinen Rat und stocherte in ein Hornissennest . . . Nun, wenn wir uns weiter an dem spanischen Abenteuer beteiligen, dann wird sich die Geschichte wiederholen, und wir werden auf die Nase fallen.«

Zwar fiel das Haus Bourbon durch den Krieg weiter in Mißkredit, doch blieb Frankreich zumindest das militärische Fiasko, das Napoleon damals heraufbeschworen hatte, erspart. In zwei Monaten traf der Herzog von Angoulême, der ältere Sohn des Grafen Artois und Oberbefehlshaber über die französischen Truppen, in Madrid ein. Mit dem Fall von Cádiz im September 1823 war der Krieg vorüber. Am 12. Oktober wurde in Notre-Dame ein feierliches *Tedeum* zelebriert, um den Sieg der französischen Waffen zu feiern. Zum Amüsement des gesamten Hofes mußte Fürst Talleyrand als Großkämmerer der Huldigung dieses Krieges, den er immer verworfen hatte, beiwohnen. Doch nicht auf Talleyrand waren dabei alle Augen gerichtet, sondern auf den König. Es wurde bemerkt, daß er während der gesamten Zeremonie an seinem Gebetbuch herumnestelte, es mehrfach fallen ließ und ständig mit verwirrtem Blick um sich sah. Seiner Umgebung wurde klar, daß sie dem Anfang vom Ende seiner Herrschaft zusahen.

Talleyrands mutiger Einsatz gegen den spanischen Krieg, besonders die Veröffentlichung seiner Rede, die er vor der Pairskammer halten wollte, hatte überall in Europa große Bewunderung erregt. Talleyrand galt allerorts als der Held der Liberalen. Stendhal schrieb über die Rede Talleyrands, daß sie »bemerkenswert vom politischen Standpunkt, aber auch literarisch erstrangig ist«. Natürlich regte sie auch seine Feinde zu einem erneuten Angriff an. Am 9. Oktober 1823 veröffentlichte René Savary, Herzog von Rovigo und früherer Polizeiminister im Kaiserreich, einen Artikel, den er aus seinen Memoiren extrahiert hatte. Darin beschuldigte er Talleyrand, Napoleon zur Festnahme des Herzogs von Enghien im Jahre 1804 gedrängt und auf des Herzogs Hinrichtung bestanden zu haben.

Talleyrand, der sich zu dieser Zeit in Valençay aufhielt, eilte sofort nach Paris zurück. Er wußte, daß derartige Enthüllungen, wenn man ihnen nicht sofort entgegentrat, ihn in Mißkredit bringen würden und politisch ruinieren könnten. Dorothea drängte ihren Onkel, unterstützt von Royer-Collard, »ganz nach oben« zu gehen – also beim König selbst vorzusprechen. Talleyrand tat dies auch am 8. November und brachte dem König zur Kenntnis, daß er Feinde »sowohl in der Nähe des Throns wie auch weit entfernt davon« hätte. Nachdem er dargelegt hatte, daß nicht einmal die Condé-Familie, zu der Enghien gehört hatte, sich erlaubte, ihn für die Tat verantwortlich zu machen, informierte er den König darüber, daß er eine Gerichtsverhandlung vor der Pairskammer gegen Rovigo in Szene setzen wollte.

Das wollte König Ludwig unter allen Umständen vermeiden. Es gab Tumulte genug in Frankreich, da wollte er nicht auch noch längst vergangene Sachen aufwärmen lassen. Es würde sicherlich zu Demonstrationen und Gegendemonstrationen kommen, von denen im Endeffekt nur die Bonapartisten profitieren würden. Sollte Talleyrand wirklich schuldig sein, dann wäre damit Napoleon von jeder Schuld freigesprochen; sollte Rovigo schuldig sein, was Talleyrand beweisen wollte, dann wäre wiederum Napoleon aus der Sache heraus. Verlierer wären letzten Endes nicht Talleyrand oder Rovigo, sondern der bourbonische Thron. Ludwig beschloß deshalb, die Angelegenheit im Keime zu ersticken. Er ließ Talleyrand in einem Brief wissen, daß die Stellung, die er innehabe, der beste Beweis dafür sei, daß die gegen ihn vorgebrachten Beschuldigungen auf Seine Majestät keinen Eindruck machten.

Einige Tage später erschien im *Moniteur* vom 17. November folgende Notiz: »Der König hat dem Herzog von Rovigo untersagt, die Tuilerien zu betreten.« Eine vom König ausgesprochene Absolution war die denkbar beste Rechtfertigung, und Talleyrand war zufrieden.

Derartige Angriffe und der Ausdruck des Vertrauens von seiten des Königs hinderten jedoch Talleyrand nicht daran, weiterhin die repressiven Tendenzen der Regierung öffentlich zu mißbilligen. Villèle konterte seinerseits mit Repressalien. Da er an Talleyrand nicht direkt herankam, suchte er sich ein anderes Opfer aus; Chateaubriand wurde seines Ministeramts enthoben – »aus dem Hause gejagt wie ein Diener« –, wie er selbst in der für ihn typischen Übertreibung sagte. Als Trostpflästerchen bekam er die Gesandtschaft in Genua, einen Posten, den er nur kurze Zeit innehatte, ehe er für immer von der politischen Bühne abtrat. Einige Monate später erzählte jemand Talleyrand, Chateaubriand sei fast völlig taub geworden. »Ach was«, meinte Talleyrand dazu, »er hält sich nur für taub, weil er niemanden mehr über sich reden hört.«

Das Jahr 1824 brachte jedoch Ereignisse von größerer Bedeutung als die Ungnade, in die Chateaubriand gefallen war. Anfang August brach Ludwig XVIII. beim Abendessen zusammen und mußte danach das Bett hüten. Im Laufe des Monats ließen seine Kräfte immer mehr nach, bis er schließlich im September so schwach war, daß er ohne Hilfe nicht mehr sitzen und auch nicht mehr hofhalten konnte. Er war unglaublich abgemagert. Sein Augenlicht war fast völlig geschwunden, und er sprach so leise, daß man ihn kaum verstehen konnte. Der Großkämmerer Frankreichs hatte seinen Aufenthalt in Bourbon-l'Archambault unterbrechen und nach Paris zurückkehren müssen, um, wie es das Protokoll verlangte, beim Tod seines Herrschers dabeizusein. Mit Talleyrands Gesundheitszustand stand es auch nicht zum besten. Er ging auf die siebzig zu, und Dorothea machte sich ernstlich Sorgen, ob er die Belastung aushalten würde, wenn der Todeskampf des Königs noch lange andauern sollte. Der Großkämmerer des Königs mußte täglich mehrere Stunden stehend im Gemach des Königs zubringen und, wie Dorothea beklagte, Dienste tun, »wie sie einem Mann vom Alter und der Gebrechlichkeit eines Monsieur de Talleyrand kaum zumutbar sind«.

Am 12. September kam der Beichtvater des Königs, Abbé Rocher, an das Krankenbett, zögernd zwar, denn er hatte sich seiner Majestät noch nie zuvor unaufgefordert genähert. Als der König ihn sah, drückte er sein Erstaunen aus und ließ ihn wissen, daß er so krank nun auch wieder nicht sei, um einen Priester zu brauchen.

Am 15. September um 3 Uhr früh erhielten Talleyrand, die königliche Verwandtschaft und die hohen Hofbeamten eine kurze Nachricht: »Der König stirbt.« Er eilte zu den Tuilerien, um festzustellen, daß der König sich erholt und einen raschen Pulsschlag hatte. Am folgenden Tag kam dieselbe Nachricht noch einmal, und diesmal war es kein Irrtum. Um vier Uhr nachmittags tat Ludwig der Achtzehnte seinen letzten Atemzug. Die Ärzte waren mit ihrer Kunst am Ende. Der König wurde offiziell für tot erklärt. Die Türen des Schlafgemachs wurden geöffnet, und der Herzog von Blacas verkündete den im Vorraum Wartenden: »Meine Herren, der König!« Und König Karl X., dicht gefolgt vom Großkämmerer, schritt durch den Raum.

Karl der Zehnte wurde am 29. Mai 1825 gekrönt, obwohl er die Herrschaft unmittelbar nach dem Tod seines Vorgängers übernommen hatte. Der Schritt vom Grafen von Artois zum König von Frankreich hatte keinen dauerhaften Einfluß auf seine Prinzipien oder seine Politik. Zunächst begann er recht spektakulär seines Amtes zu walten, indem er die Zensur-Gesetzesvorlage aus der Welt schaffte. Dann jedoch, als die Regierung von der Presse angegriffen wurde, fiel er wieder in die reaktionären Verhaltensweisen zurück, die man von ihm schon während der Regierungszeit Ludwigs des Achtzehnten kannte. Mit blinder Entschlossenheit verfügte er, den Bauern und Bürgern die Rechte, die sie sich während der Revolution und des Kaiserreichs erkämpft hatten, wieder zu entziehen.

Weitere ähnliche Maßnahmen führten zu Tumulten und Unmut auf allen Seiten. Man beschloß, etwas gegen den Aufschrei des Volkes zu unternehmen. Der König sollte sich in der Öffentlichkeit zeigen und so das Vertrauen des Volkes zurückgewinnen. Also fuhr Karl X. zum Marsfeld, um eine Parade der Nationalgarde abzunehmen. Entlang des Weges schien alles in bester Ordnung, doch auf dem Paradeplatz selbst gab es keine Hochrufe für den König, dafür war immer häufiger ein »Nieder mit den Ministern!« zu hören. Der König reagierte gelassen und ließ sich im Ablauf der Zeremonie nicht stören. Am nächsten Tag wurde die Nationalgarde entlassen. Kurze Zeit später sprach man wieder von einem Zensurgesetz, das jede Kritik an der Regierung unterbinden sollte.

In dieser Zeit häuften sich die »Zwischenfälle« in den Straßen, und jedes Ereignis, ob es von der Regierung ausging oder nicht, schien zum Anlaß für den Ausbruch neuer regierungsfeindlicher Demonstrationen zu werden. Der Tod des berühmten Schauspielers Talma war eine solche Gelegenheit. Talma hatte bis zu seiner letzten Stunde die Sakramente der Kirche oder auch nur den Besuch eines Geistlichen zurückgewiesen. Deshalb verwehrte ihm die Kirche ein kirchliches Begräbnis. Dem Sarg folgte eine große Menschenmenge, und nach dem Nachruf kam es zu einer hitzigen Demonstration gegen die Kirche. Thron und Altar waren jedoch in dieser konservativen und absolutistischen Zeit so eng miteinander verbunden, daß es schwierig zu unterscheiden war, wo Kirche und Thron ihre Trennungslinie hatten. Das Volk machte auch keine großen Unterschiede, und es war jedermann klar, daß der König ebenso Zielscheibe dieser Demonstration war wie die Geistlichkeit.

Ein weiterer Zwischenfall trug sich im Jahre 1828 zu, und da sich dieser direkt gegen den aktivsten und profiliertesten Widersacher der Regierung richtete, mußte er Widerhall auf das Regime finden. Im Januar wurde in der Basilika von St.-Denis alljährlich am Gedenktag der Hinrichtung Ludwigs des Sechzehnten eine kirchliche Feier abgehalten. Nach dem Gottesdienst stand Talleyrand am Eingang der Basilika und wartete, bis der König, der Dauphin und der Herzog und die Herzogin von Angoulême vorbeigegangen waren. Plötzlich entstand eine Bewegung in der Menge. Ein Mann bahnte sich durch die Reihen der Garde einen Weg, stürzte sich auf den Fürsten und versetzte ihm mehrere Schläge mit der flachen Hand auf den Kopf und ins Gesicht. Talleyrand fiel zu Boden. Der Angreifer stieß ihn noch mehrere Male, ehe die Garde ihn überwältigen konnte. Es war alles so schnell gegangen, daß keiner wußte, was geschehen war. Zunächst glaubte man, der Großkämmerer sei ermordet worden. Als man festgestellt hatte, daß er unverletzt geblieben und mit dem Schrecken davongekommen war, trug man ihn zu seinem Wagen und brachte ihn, gefolgt von einer großen Menschenmenge, nach Hause und ins Bett. Sein Haus war wie gewöhnlich voller Leute, und die Nachricht verbreitete sich wie ein Lauffeuer in Paris.

Der Angreifer war Marie-Armand Guerri de Maubreuil, Marquis von Oravault. Er stammte aus einer alten, aber verarmten bretonischen Familie, die während der Revolution nach England emigriert war. Er hatte in Napoleons Armee gedient, war aber wegen eines Vertrauensbruchs in Ungnade gefallen. Später war er während des Kaiserreichs und in der Restauration mehrfach festgenommen und ins Gefängnis gesteckt worden. Bei seiner ersten Festnahme nach einem Straßenraub im Jahre 1814 hatte er behauptet, ein Beauftragter Talleyrands zu sein, der damals an der Spitze der Übergangsregierung stand. Bei der Verhandlung behauptete er weiter, der Fürst habe ihn auch dazu gedungen, Kaiser Napoleon zu ermorden. Diese Beschuldigungen waren so phantastisch, und die Liste der anderen Persönlichkeiten, die er ebenfalls aufführte, war so lang und unglaublich, daß Maubreuil für verrückt erklärt und ins Gefängnis gesteckt wurde. Er fügte noch hinzu, er hasse Talleyrand, weil der Fürst die alten Geschlechter Frankreichs einschließlich seines eigenen ruiniere und weil er ein »abtrünniger Priester« sei. Gegen die erste Beschuldigung verwehrte sich der Fürst in seinen *Mémoires* und erklärte, daß sie »nur von einem Narren oder einem Verrückten« stammen könne. Was die anderen Beschuldigungen beträfe, so wäre er immer stolz darauf gewesen, gegen das *Ancien Régime* angekämpft zu haben. Die Pariser Bürger standen ganz auf seiner Seite, da Maubreuil, der bei jeder sich bietenden Gelegenheit von Talleyrand als »Priester ohne Gewand« sprach, mit den kirchlichen und bürgerlichen Reaktionären, d. h. der Regierung Villéles, identifiziert wurde.

Dies war eine Situation, die Talleyrand durchaus meistern konnte. Obgleich er natürlich einen Schock davongetragen hatte, war er abgesehen von einigen blauen Flecken unverletzt geblieben. In der Rue St.-Florentin standen die Türen für alle Besucher offen, die dem Fürsten ihr Mitgefühl bekunden wollten. Sie fanden den Fürsten auf einem Diwan liegend vor, umgeben von vielen Kissen, den Kopf in einen eindrucksvollen Verband gehüllt. Jedem erklärte er, daß dies ein Mordanschlag gewesen sei, und er beteuerte immer wieder, daß er mit »geballten Fäusten« niedergeschlagen worden sei. »Er hat mich niedergestreckt wie einen Stier«, behauptete der Fürst und vollführte mit der geballten Faust einen erläuternden Lufthieb. Von allen Seiten strömte ihm Mitgefühl entgegen, sogar von Leuten wie Pasquier, der seit dem Auftritt in der britischen Botschaft vor zehn Jahren nicht mehr mit ihm gesprochen hatte. Er kam, um sich nach dem Befinden des Fürsten zu erkundigen, und die beiden Männer söhnten sich aus.

Pasquiers Besuch mag sehr wohl von Sympathie für einen Mann ausgelöst worden sein, den er so lange und so gut kannte. Andererseits gehörte es für ihn als Mitglied der Regierung ohnehin zu seinen Aufgaben, sich mit der Opposition zu befassen. Und es gab keinen Ort, an dem man den Puls der Opposition besser messen konnte als in der Rue St.-Florentin.

Talleyrand hatte sich nach dem Tod Ludwigs des Achtzehnten und der Inthronisation Karls des Zehnten mehr und mehr auf die Seite der liberalen Opposition gestellt, nicht nur durch seine verbalen Angriffe gegen die Politik der Regierung, sondern auch dadurch, daß er die Fürsten der Opposition näher um sich scharte: Royer-Collard, Thiers und François Mignet, den Historiker.

Auch mit der Schwester des Herzogs von Orléans und seinen Anhängern stand er in ständiger Verbindung. Er bereitete sich für den Sturm vor, der, wie er wußte, kommen würde. Der König, der noch immer glaubte, nach göttlichem Recht zu regieren, war beim Volk in Mißkredit geraten. Und die Regierung Villèles hatte den Punkt erreicht, wo ein Regieren unmöglich geworden war. Seine Minister stammten zwar ausschließlich aus den Reihen der Ultras, waren aber dem äußersten rechten Flügel seiner Partei immer noch nicht reaktionär genug. Dieser verband sich mit den Liberalen der Opposition und machte dem Kabinett die Arbeit unmöglich; sie hatten dabei meistens zu Recht das Gefühl, der König billige insgeheim ihr Vorgehen. Villèle hatte also beide Kammern und alle Parteien gegen sich; sein Rücktritt war eigentlich unvermeidlich. Statt dessen löste er jedoch 1827 die Deputiertenkammer auf und rief Neuwahlen aus. Als sich herausstellte, daß die neue Kammer noch liberaler gesinnt war als die vorhergehende, ergab er sich dem Unausweichlichen und reichte seinen Rücktritt ein.

Einige Tage lang atmete Frankreich auf. Man nahm an, der König würde nun für sein neues Kabinett nach links blicken und Talleyrand zum dritten Mal die Gelegenheit geben, die bourbonische Krone zu retten. Statt dessen ernannte Karl der Zehnte, der die Zeichen der Zeit nicht zu erkennen schien, den Vicomte de Martignac zum Ratsvorsitzenden, der außer einem alten und ehrenvollen Namen nichts besaß, das ihn dazu befähigt hätte, die von Villèles Regierung geschlagenen Wunden zu heilen. Selbst der König war von ihm enttäuscht. Martignac wollte die Politik seines Vorgängers fortführen, der König drängte auf ein Kabinett aus den Reihen der extremen Rechten. Die Kammern und Parteien standen in geschlossener Front gegen das neue Kabinett; der König zog seine Unterstützung zurück, und nach einem Monat mußte Martignac seinen Rücktritt einreichen.

Der König beschloß nun, sich einen Minister nach seinem eigenen Herzen zu suchen. Im August 1829 verbreitete sich das Gerücht, daß der neue Ratspräsident und Außenminister Fürst Jules de Polignac hieße. Er war ein enger Vertrauter des Königs und Führer des extremsten Flügels der Ultras. Er war auch der Sohn der Fürstin von Polignac, einer Vertrauten von Marie-Antoinette. Diese Freundschaft hatte Marie-Antoinette viel Haß eingebracht, da die Revolutionäre die Fürstin von Polignac jedes nur erdenklichen Lasters und der übelsten Korruption beschuldigten. Angeblich sollen die beiden nicht nur Freundinnen, sondern sogar Geliebte gewesen sein. Der Tod unter der Guillotine hatte nicht ausgereicht, ihre

Sünden zu sühnen, und so galt der Name Polignac in der Meinung fast jedes Franzosen als Verkörperung aller Irrtümer und Laster des *Ancien Régime*. Ob der Fürst diesen schlechten Ruf verdiente oder nicht, sei dahingestellt. Tatsache ist jedoch, daß der König einen fatalen Fehler beging, als er seinen Freund an die Spitze der Regierung stellte. Die Reaktionen auf diese Ernennung reichten vom hysterischen Zusammenbruch bis zur kühlen Feststellung, man sei der endgültigen Zerstörung wieder einen Schritt näher gekommen.

Talleyrand wußte, was zu tun war: »Man mußte mit allen Mitteln nach Sicherheit für Frankreich trachten, und wenn dies überhaupt noch möglich wäre, die Monarchie retten, ungeachtet des Prinzips der Legitimität.« Im Herbst jenes Jahres erhielt Talleyrand in Rochecotte (ein kleiner Besitz, den er 1825 Dorothea geschenkt hatte) den Besuch von Adolphe Thiers und einem vielversprechenden, brillanten jungen Schriftsteller und Politiker namens Armand Carrel.[6] Thiers und Carrel waren entschlossen, mittels der Presse gegen die Regierung zu kämpfen. Doch Polignacs Politik hatte bereits die Verleger so eingeschüchtert, daß sie es nicht wagten, kritische Berichte zu veröffentlichen. Talent war im Übermaß vorhanden, es fehlte lediglich an Geld. So waren sie zu einem der reichsten und besorgtesten Bürger Frankreichs gegangen. Sie brauchten nicht lange zu reden, um den Zweck ihres Besuchs zu erreichen; sie bekamen das Geld. Einen Monat später, im Jahr 1830, erschien die erste Ausgabe der neuen Zeitung, die sich »*National*« nannte.

Der Gedanke, die Monarchie zu retten, indem man die Legitimität opferte – also im äußersten Notfall das Haus Bourbon durch das Haus Orléans ersetzte – wurde nicht zuerst von Talleyrand geäußert. Die Zeitungen, und zwar die regierungsfeindlichen ebenso wie die regierungsfreundlichen, waren voll von Berichten über dieses Thema. Für Talleyrand gab es zur Bourbon-Dynastie keine andere Alternative als das Haus Orléans. Eine Republik war damals völlig ausgeschlossen. Die Mittelklasse, die Bourgeoisie und die Bauernschaft, erinnerte sich nur allzugut noch an die Exzesse, die Kriege und die zerstörerische Kraft der revolutionären Republik. Allein das Wort »Republik« signalisierte für jeden rechtschaffenen und fleißigen Franzosen Anarchie und Chaos. Darin war sich dieser große und gewichtige Teil des französischen Volkes durchaus mit der Oberschicht einig, die von einer Fortsetzung der Monarchie in irgendeiner Form abhängig war, um ihre eigene, auf wirtschaftlichem und sozialem Gebiet privilegierte Stellung zu erhalten. Jeder schien zu ahnen, daß 1829 die Monarchie des Hauses Bourbon ausweglos in das letzte Stadium ihrer Existenz getreten war und schon bald abgelöst werden würde – entweder von einer anderen Dynastie oder von einer anderen Regierungsform. Eine Zeitung beschrieb die Situation treffend:

> »Da ist wieder der Hof mit seinen alten Vorurteilen, die Emigranten mit ihren Kümmernissen, die Geistlichkeit mit ihrem Haß auf alles Freiheitliche. Alle kommen, um sich zwischen Frankreich und seinen König zu stellen. All das, was wir in vierzig Jahren harter Arbeit und Elend überwunden zu haben glaubten, droht jetzt unserem Land von neuem. Unglückliches Frankreich! Unglücklicher König!«

Der König gab mittlerweile vor, die wahren Empfindungen seines Volkes nicht zu kennen. Er glaubte, das Volk stünde auf seiner Seite, und nur Talleyrand und seine »Orléans-Clique« schürten die Opposition.

Die *National*, das Organ der Orléans-Opposition, wurde nicht müde, auf die Parallelen zwischen den Bourbonen und den Stuarts hinzuweisen: Hinrichtung, Restauration, Thronnachfolge durch einen Bruder des Königs. Der Leser wurde ständig daran erinnert, wie ähnlich sich die Politik Karls des Zehnten und Jakobs des Zweiten waren. Jeder wußte, daß Jakob nach einer unblutigen Revolution abgesetzt und von einem Mitglied seiner Familie abgelöst worden war. Auch hier wartete sehr diskret, aber mit wachem Ehrgeiz, ein königlicher Verwandter im Palais Royal; der Herzog von Orléans, der all die liberalen Grundsätze verkörperte, die die Bourbonen vergessen zu haben schienen. Als Talleyrand gegen Ende des Jahres von Valençay zurückkehrte, suchte ihn Vitrolles eines Abends in der Rue St.-Florentin auf. Er war erstaunt über die vielen Gäste und Themen, die dort besprochen wurden, und bat Talleyrand um eine Erklärung: »Als er mir die Namen der Leute nannte, war mir alles mit einem Schlag klar. Wieder einmal erkannte ich den weisen Mann, der stets für alle Fälle gerüstet ist.«

Einigen Anhängern Karls des Zehnten war inzwischen auch klargeworden, daß es an der Zeit war für eine versöhnliche Geste. In diesem Sinne versuchte Villèle den König zu beeinflussen, als dieser seine Thronrede für den 2. März 1830 vorbereitete. Doch Karl entschloß sich zu einem barschen, ja fast drohenden Ton. In dem Moment, als er davon sprach, daß er geeignete Mittel und Wege finden werde, die Ordnung mit Gewalt wiederherzustellen, fiel ihm bei einer heftigen Kopfbewegung der Hut vom Kopf und rollte die Treppen vom Thron herunter. Ein Omen! Fasziniert wartete man, wie der König auf dieses Zeichen reagieren würde. Dann ging der Herzog von Orléans hinüber, hob den Hut auf und hielt ihn, bis der König seine Ansprache beendet hatte.

Die Kammern reagierten respektvoll, aber fest: der König sollte den Frieden und das Wohl Frankreichs sichern, indem er Fürst Polignac und seine Minister entließ. Der König stellte sich jedoch hinter Polignac und löste die Kammern auf. Neuwahlen wurden für den 23. Juni und den 3. Juli angesetzt. Die neugewählten Kammern sollten dann wieder am 3. August zusammentreten.

Polignac mußte verrückt sein, wenn er glaubte, daß eine Wahl ein anderes Ergebnis als eine überwältigende Mehrheit für die Liberalen bringen würde. Und der König mußte ebenso verrückt sein, auf Polignac zu hören. »Die Regierung ebnet dem Herzog von Orléans den Weg zum Thron«, hieß es überall. Talleyrand schrieb an die Prinzessin von Vaudémont: »Nichts mehr kann das Unheil abwenden.« Diejenigen, die Talleyrand kannten, wußten, daß der »weise Mann, der immer für alle Fälle vorbereitet ist«, nie in seiner außergewöhnlichen Karriere auf der falschen Seite gestanden hatte.

Wenn, wie Talleyrand geschrieben hatte, das Unheil unausweichlich war, dann konnte er nichts mehr tun, weder *für* die Sache Karls des Zehnten noch *gegen* sie. Er hatte sich in aller Öffentlichkeit auf die Seite der Orléans-Partei gestellt. Er hatte sein Geld und sein Prestige in den Dienst dieser Sache gestellt. Er und Dorothea standen in bestem Verhältnis zu dem Herzog von Orléans und seiner starken und ehrgeizigen Schwester Adélaïde. Mit anderen Worten, er hatte das Haus Bourbon abgeschrieben und sich mit dem Haus Orléans arrangiert. Jetzt gab es nichts mehr zu tun als abzuwarten, ob die Zukunft ihm wieder recht geben würde. Schon Anfang April, Wochen vor der sonst üblichen Zeit, verließen Talleyrand und Dorothea die Stadt in Richtung Valençay, um dort den Sturm abzuwarten, der in Paris losbrechen würde. Von Valençay aus schrieb er an Barante: »Wir durcheilen unbekannte Gewässer, ohne Ruder und ohne Steuermann. Nur eines ist sicher: wir werden Schiffbruch erleiden.«

Es hatte für Karl X. Zeichen genug gegeben, nach denen er einen sicheren Kurs hätte steuern können. Doch hatte er das fatale Talent seiner Familie geerbt, alles zu ignorieren, was ihm unangenehm war. Es gab ausreichende Hinweise auf einen drohenden »Schiffbruch«, denen Karl keinerlei Beachtung schenkte. Bei einem Ball zu Ehren des Königs und der Königin von Neapel hörte man ständig außerhalb des Palais Royal »*Vive le Duc d'Orléans*«-Rufe. Als der König auf der Terrasse erschien, verstummten die Stimmen. Daraufhin verließ er das Palais, während das Volk in den Palastgärten Stühle und Bänke aufeinanderstellte und sie anzündete. Dies war der erste ferne Donnerschlag eines heraufziehenden Gewitters.

Während des ganzen Abends ließ sich der König nicht in seiner Heiterkeit verdrießen. Man konnte ihm ansehen, daß er der festen Überzeugung war, er und seine Regierung würden diese Stürme überstehen. Am gleichen Tag wurde eine Militärexpedition nach Algier entsandt, der offiziellen Version nach, um Vergeltung für eine einem französischen Diplomaten zugefügte Beleidigung zu üben. In Wirklichkeit sollte jedoch das französische Volk mit einer Eroberung beschenkt werden, um es von den inneren Problemen abzulenken. Manch ein wackliges Regime war auf diese Weise wieder gefestigt worden. Als die Erfolgsnachricht mittels des neuen technischen Wunders, des Telegraphen, eintraf, daß der Weg zu einer nordafrikanischen Kolonie offenstünde, tanzte das Volk in den Straßen. Doch die Umsichtigen unter ihnen wußten, daß es nur eine radikale innenpolitische Veränderung war, die dem Volk in Wahrheit helfen konnte.

Vor den Wahlen zur Deputiertenkammer appellierte der König direkt an das Volk, seine Stimme den konservativen Abgeordneten zu geben. Doch das Ergebnis dieses noch nie dagewesenen Schrittes war niederschmetternd für den König: die Kammern wurden mit 274 liberalen und mit 142 konservativen Abgeordneten besetzt. Es war eine klare Niederlage für König Karl, für Jules de Polignac und für die Sache der Ultraroyalisten in Frankreich.

Dem König waren nun die Augen geöffnet, und er handelte schnell. Er plante so etwas wie einen königlichen Staatsstreich, der nach Ansicht seiner Berater die einzige Möglichkeit war, dem Volk klarzumachen, daß es irrte. Am 25. Juli unterzeichnete er gemäß Artikel 14 der Charta, der es ihm erlaubte, besondere Gesetze zu erlassen, wenn es um die Sicherheit des Staates ging, vier Verordnungen.

Die Pressefreiheit wurde als erstes aufgehoben, mit dem Zusatz, alle »nichtautorisierten Schriftstücke müssen sofort konfisziert werden«. Als nächstes wurde die neue Deputiertenkammer, die noch nicht einmal zusammengetreten war, aufgelöst. Die dritte Verordnung verringerte die Zahl der Abgeordneten und beschränkte das Wahlrecht auf »ein Viertel der Wähler des *département*, die am meisten Steuern zahlen«.[7] Als letzte und ergänzende Verordnung setzte er für September Neuwahlen der Kammern an.

Talleyrand, der gerüchteweise von den Verordnungen gehört hatte, war am 24. Juli eilends nach Paris zurückgekehrt, saß ruhig in seinem Haus in der Rue St.-Florentin und erwartete das Unvermeidliche. Es bedurfte keiner Intervention seinerseits, niemand brauchte mehr einen Rat. Die Zeit würde kommen, aber noch war es nicht so weit. Mittlerweile beauftragte er seinen Makler, die Regierungsanleihen abzustoßen.

Am Morgen des 26. Juli rief der Herzog von Orléans, der in Neuilly frühmorgens den *Moniteur* las, aufgeregt aus: »Jetzt sind sie vollends verrückt geworden!« Madame Adélaïde kam herbeigelaufen, warf einen Blick in die Zeitung und befahl mit ruhiger Stimme dem Personal: »Rasch! Laßt uns Kokarden machen!« Sie ging in ihr Gemach und holte jedes Stückchen Stoff hervor, das rot, weiß oder blau war. Während des ganzen Tages und noch fast die ganze folgende Nacht saß der Herzog dabei, ohne etwas zu sagen, beobachtete die Damen, hörte ihren Gesprächen zu, sagte aber selbst sehr wenig.

In Paris herrschte überall Aufruhr. 45 Journalisten hatten als Repräsentanten der einflußreichsten Zeitungen des Landes in einer Bekanntmachung kategorisch erklärt, sie würden weiterarbeiten und hätten nicht vor, ihre Texte der Regierung zur Zensur vorzulegen. Am darauffolgenden Tag traten nun auch die neu gewählten Deputierten auf die Bildfläche und distanzierten sich von den am 25. Juli erlassenen Verordnungen des Hofes, die den verfassungsmäßig garantierten Rechten des französischen Volkes widersprächen. Einerseits könne eine Deputiertenkammer, die noch nicht einmal zusammengetreten war, auch nicht aufgelöst werden, andererseits verletze das Vorhaben, eine neue Deputiertenkammer zu bilden, die Verfassung und die Rechte der Wahlmänner. Das Recht an der Ausübung ihrer Pflichten könne ihnen nur durch physische Gewalt genommen werden.

Die Lage des Hauses Bourbon war auch jetzt noch nicht hoffnungslos. König Karl hätte die widersinnigen Verordnungen widerrufen können. Er hätte Polignac entlassen und jemand anderen – Talleyrand wäre zu diesem Zeitpunkt wohl der einzige gewesen – beauftragen können, eine neue Regierung zu bilden. Statt dessen befahl Karl dem Polizeiminister, die Druckpressen derjenigen Verlagshäuser zerstören zu lassen, die es gewagt hatten, sich seinen Verordnungen zu widersetzen und die diese verräterische Erklärung gedruckt hatten. Am Tag, als dieser Befehl bekannt wurde, wurde Paris wieder zur Stadt der Revolution. Das Volk drängte sich in den Straßen und lärmte mit erhobenen Fäusten. Dann begann man, Barrikaden zu errichten. Am frühen Abend war die Menschenmenge auf den Boulevards so dicht geworden, daß niemand mehr durchfahren konnte. Die königliche Garde und die Gendarmerie sowie einige Infanteriebataillone wurden herbeigeholt und von der Menge mit einem Hagel von Steinen, Möbelstücken, Ziegeln, Töpfen und Pfannen begrüßt. Die Soldaten feuerten Warnschüsse ab um die Demonstranten zur Räson zu bringen; doch dies hatte nur das Gegenteil zur Folge und der Zorn der Bevölkerung wuchs von Minute zu Minute. Pflastersteine flogen durch die Luft. Erst als die meisten erschöpft waren und nach Hause gingen, war die Ordnung wieder hergestellt. So endete der erste Tag der *Trois Glorieuses*, wie die drei glorreichen Tage der Revolution des Jahres 1830 genannt wurden.

In der Rue St.-Florentin regte sich den ganzen Tag nichts. Gelegentlich brachte ein Kurier Nachrichten über die Ereignisse in der Stadt. Talleyrand hörte zwar diesen Berichten und der aufgeregten Diskussion seiner Gäste darüber aufmerksam zu, begnügte sich selbst aber mit gelegentlichen, eher unverbindlichen Einwürfen. Er wartete. Der Ausgang der Dinge war noch immer zweifelhaft und als kluger Staatsmann handelte er nicht, ehe die Zeichen auf Sieg standen.

Der zweite glorreiche Tag, der 28. Juli, zog hell und heiß herauf. Vor dem Hôtel de Ville sammelte sich schon in aller Frühe eine Menschenmenge. Gegen acht Uhr war das Gebäude besetzt, und zwei Waffenarsenale sowie die Lager mehrerer Waffenschmiede waren geplündert. Eine Stunde später erklärte Marschall Marmont, Herzog von Ragusa und Stadtkommandant von Paris, den Ausnahmezustand und ließ seine Bataillone in der ganzen Stadt in Stellung gehen. Um die Mittagszeit waren die Straßen voll mit wütenden Parisern und der Kampf ging ernsthaft los. Die Einheiten des Königs wurden von den Boulevards in die engen Seitenstraßen gelockt und dort von oben beschossen. Als sie sich in ihre Stellungen zurückziehen wollten, errichtete man hinter ihnen Barrikaden, die sie daran hinderten. Marmont mußte die Artillerie zu Hilfe rufen. Bei Einbruch der Dunkelheit gaben der Kanonendonner, das unheilverkündende Totenglöcklein und die Trommelschläge, die alle Bürger zu den Waffen riefen, auch dem Letzten zu verstehen, daß eine Revolution im Gange war, die entweder mit der Unterwerfung der Bürger oder mit dem Sturz der Bourbonen enden mußte.

König Karl war von seinen Ministern versichert worden, es bestünde keinerlei ernste Gefahr und Marmont sei Herr der Lage. Am späten Abend sprach Baron de Nevas, ein Adjutant, beim König vor und schilderte die verzweifelte Lage, erzählte von dem Gemetzel in der Stadt, von den Versorgungsschwierigkeiten der königlichen

Truppen und vor allem von der Entschlossenheit des Volks, bis zum Ende weiterzukämpfen.

»Mein lieber Baron«, sagte König Karl, »sicherlich übertreibt Ihr ein wenig.«

»So wenig übertreibe ich, Sire, daß ich Ihnen versichere, Sie werden Ihre Krone nicht mehr lange tragen, wenn Sie nicht innerhalb von drei Stunden zu Verhandlungen bereit sind.« Der König schwieg einen Augenblick, dann begann er eine Partie Whist zu spielen.

Am Nachmittag des folgenden Tages, dem 29. Juli, erkannte Marmont die Hoffnungslosigkeit der Lage. Viele seiner Regimenter waren zum Volk übergelaufen und der Rest war müde, hungrig und demoralisiert. Er befahl den Rückzug aus der Stadt nach St.-Cloud. Mit dem Abzug der Truppen verschwanden auch alle Spuren königlicher Autorität. Das Volk hatte gesiegt. Die Deputierten handelten schnell, um eine Anarchie zu vermeiden. Eine Kommission wurde gebildet, deren Aufgabe es war, die Stadt zu verwalten, die Nationalgarde wurde wieder ins Leben gerufen und dem Kommando eines Mannes unterstellt, der wie kein anderer die Kunst der Revolution beherrschte: Marquis de Lafayette.

Polignac hatte seinem König mittlerweile versichert, daß keine Vorkommnisse zu melden wären, die Aufständischen weder Waffen noch Munition besäßen, die Mehrheit der Bürger auf der Seite des Königs stünde und zu Verhandlungen bereit sei. Wie erstaunt war er deshalb, als nachmittags seine Minister in einem schmutzigen, unauffälligen Wagen vorfuhren und berichteten, sie seien gerade noch einmal mit dem Leben davongekommen. Bald darauf traf auch Marquis de Sémonville, ein Pair aus den Reihen der Ultras ein, der den König beschwor, die Verordnungen des 25. Juli zu widerrufen und Polignac samt seinen Ministern zu entlassen. »Wenn Majestät nicht sofort handelt, ist alles verloren und Ihre Majestät wird morgen nicht mehr König von Frankreich sein.« Karl antwortete traurig: »Ich bin jetzt in derselben Lage wie mein unglücklicher Bruder im Jahr 1792. In drei Tagen wird die Monarchie der Vergangenheit angehören.«

Doch er zögerte immer noch. Erst am späten Nachmittag beschloß er, das Kabinett aufzulösen und Polignac durch den Herzog von Mortemart zu ersetzen.

Seine Vernunft kam zu spät. Um die Mittagsstunde saß Talleyrand an seinem Fenster, blickte auf seine Uhr und sagte zu seinen Gästen: »Meine Freunde, heute, am 29. Juli um fünf Minuten nach zwölf Uhr Mittag, hat der ältere Zweig des Hauses Bourbon in

Frankreich aufgehört zu herrschen.« Dann schickte er seinen Sekretär Colmache zum Haus des Herzogs von Orléans und ließ den Herzog auffordern, unverzüglich nach Paris zu kommen und sich an die Spitze des Aufruhrs zu stellen. Louis-Philippe, der Herzog von Orléans, war noch unentschlossen. Wer weiß, wie dies alles enden würde? Was würde sein, wenn das Volk ihn nicht akzeptierte? Doch Adélaïde zerstörte seine Zweifel und sagte: »Voran! Du bist der Führer!«

Also kehrte der Herzog am 30. Juli von Neuilly nach Paris zurück und fand in der Stadt einen Krieg zwischen Orléanisten und Republikanern vor. Viele Stunden lang war der Ausgang unsicher, aber Talleyrands Freunde, besonders Thiers und Laffitte, waren nicht müßig gewesen. Die Gebäudewände waren rasch mit riesigen Plakaten versehen worden:

»Der Herzog von Orléans steht auf der Seite der Revolution.«

»Der Herzog von Orléans hat die Trikolore im Kampf getragen. Nur er kann sie wieder tragen. Wir werden keinen anderen akzeptieren.«

»Der Herzog von Orléans will seine Krone aus den Händen des Volks empfangen.«

Frühmorgens am 31. Juli erschienen Vertreter der Gruppe, die vom Stadthaus aus die Lage beherrschten, um Orléans »im Namen Frankreichs« die Führerschaft anzubieten. Der Herzog, immer noch zögernd, bat um eine Stunde Bedenkzeit. Ein Bote wurde rasch in die Rue St.-Florentin geschickt, um den Rat Talleyrands einzuholen. »Soll annehmen!« war seine bündige Antwort. Kurz darauf trat der Herzog von Orléans vor die Vertreter des Volkes und teilte ihnen seine Entscheidung mit: er würde annehmen.

König Karl der Zehnte hatte St.-Cloud verlassen und sich mit seiner Familie nach Rambouillet begeben. »Nicht ich habe den König verlassen«, bemerkte Talleyrand, »sondern der König hat uns verlassen.« Lafayette, der Führer der Nationalgarde, wurde gedrängt, eine Republik zu proklamieren und sich selbst an deren Spitze zu stellen. Aber der Marquis war jetzt 73 und kränklich . . . und er fürchtete, daß eine Republik zu dieser Zeit zu denselben radikalen Auswüchsen führen würde wie 1792. Er lehnte ab, und die Republikaner wußten nicht recht, was sie unternehmen sollten.

Nun waren das Haus Orléans und seine Anhänger am Zug. Um zwei Uhr nachmittags fuhr Louis-Philippe mit einer von Madame Adélaïdes Kokarden am Hut, begleitet von einer großen Anzahl von Deputierten zum etwa eine Meile vom Palais Royal entfernten Stadthaus. Es war ein kalkuliertes Risiko. Viele Leute auf der Straße waren fanatische Republikaner, und es gab Zurufe wie »Nie wieder Bourbonen!« und auch weniger Freundliches. Doch die Stimmung des Volkes ganz allgemein war eher freundlich als feindselig. Als der Herzog im Stadthaus ankam und von Lafayette und der Stadtkommission empfangen wurde, rief die Menge: »*Vive le Duc d'Orléans! Vive la liberté!*« Und als Orléans und Lafayette kurze Zeit darauf auf dem Balkon erschienen und Orléans die Trikolore der Revolution trug, hörte der Jubel nicht auf.

Doch Louis-Philippe war noch nicht König. Am 2. August bestätigte Karl der Zehnte Orléan's Ernennung zum Generalleutnant und dankte gleichzeitig (für sich und seinen Sohn) zugunsten seines Enkels, des Herzogs von Bordeaux, Sohn des Herzogs von Berry, ab. Dann fuhr er in Richtung Cherbourg ab und schiffte sich nach England ein.

Die Abdankungsurkunde war wahrscheinlich Karls einzige politisch geniale Handlung. Er ernannte darin den Herzog von Orléans zum Regenten, solange sein Enkel noch minderjährig war. Damit hoffte er, an Orléans Ehre zu appellieren, damit dieser die Krone nicht für sich in Anspruch nehmen würde. Aber diese Hoffnung war vergebens. Der Herzog von Orléans hatte Talleyrands Segen, war von Lafayette und dem Volk anerkannt und nun nicht unbedingt gewillt, die zweite Geige zu spielen. Pflichtgetreu proklamierte er die Abdankung, unterließ es jedoch, die Nachfolge von König Karls Enkel zu erwähnen.

Noch spät in dieser Nacht trafen sich Fürst Talleyrand und Louis-Philippe im Palais Royal. Die Unterredung dauerte bis zum Morgengrauen. Über das Gespräch gibt es nur Vermutungen, keine Aufzeichnungen. Aber sicherlich befaßten sich die beiden sehr ausführlich mit der Charta, die auf äußerst liberale Weise revidiert wurde. In den nächsten Tagen entwickelten sich die Dinge sehr rasch. Am 7. August erklärten die von Louis-Philippe zusammengerufenen Kammern den Thron für vakant, da »Karl der Zehnte und Seine Königliche Hoheit, Louis-Antoine, der Dauphin, sowie alle Mitglieder des älteren Zweigs des Königshauses gerade französisches Territorium verlassen haben« und verkündeten, daß »das Volk nach allgemeinem Konsensus Seine Königliche Hoheit, Louis-Philippe von Orléans, Generalleutnant Frankreichs und seine Nachkommen auf den Thron ruft«. Gleichzeitig nahmen die Kammern nach einer Abstimmung die Neufassung der Charta an.

Am 9. August 1830 wurde der Herzog von Orléans offiziell als Louis-Philippe I. zum König von Frankreich proklamiert. Sein treuer Adjutant, General de Rumigny, notierte in seinem Tagebuch: »Es ist wie ein Regenbogen nach einem Unwetter.«

Talleyrand äußerte sich weniger poetisch: »Nun wären wir also wieder an der Macht.«

[1] Am 23. Juni, vier Tage nach Waterloo, hatte Napoleon seine Abdankung zugunsten des Königs von Rom unterzeichnet. Er hoffte damit, zumindest den Thron für seinen Sohn aus den Trümmern des Kaiserreichs gerettet zu haben.

[2] Später änderte Talleyrand seinen Entschluß ab und bot Fouché die Gesandtschaft in Dresden anstelle der in Washington an. Fouché akzeptierte und versah dort einige Monate seinen Dienst, bis er auch von dort verbannt wurde, weil er gegen die Interessen Frankreichs intrigiert hatte. Österreich gewährte ihm schließlich Asyl, doch mußte er sich dort einer ständigen polizeilichen Überwachung unterziehen. Er starb im Jahre 1820 in Triest.

[3] Archambaud wurde damit zum Ahnherrn der herzoglichen Linie aus der Talleyrand-Familie, die bis Mitte der sechziger Jahre des 20. Jahrhunderts existierte. Damals starb in New York die Witwe Anna Gould aus der fünften herzoglichen Generation. Sie war die Erbin eines der größten Vermögen in Amerika.

[4] Die Herzogin war, als ihr Mann ermordet wurde, im zweiten Monat schwanger. Da Ludwig XVIII. keine Kinder hatte, war der Graf Artois, sein Bruder, der Erbe. Artois hatte zwei Söhne, den Herzog von Angoulême, der ebenfalls keine Kinder hatte, und den Herzog von Berry. Sollte nun Berry keinen männlichen Erben haben, dann würde die Bourbon-Linie aussterben, und die Orléans-Familie würde den Thron besteigen.

[5] Zukünftiger Minister, Ratspräsident und nach dem französisch-preußischen Krieg von 1870 erster Präsident der Dritten Republik.

[6] Carrels Leben nahm in einem Duell mit einem anderen berühmten Journalisten, Émile de Girardin, im Jahre 1836 ein jähes Ende.

[7] Mit anderen Worten, das Wahlrecht wurde auf 25% derjenigen Wähler reduziert, die gerade mit überwältigender Mehrheit eine liberale Abgeordnetenkammer geschaffen hatten. Karl versuchte nun, statt 30 000 000 bis 33 000 000 Bürger durch 100 000 ihrer reichsten Mitbürger repräsentieren zu lassen, nicht mehr als 25 000 Wähler – die reichsten und wahrscheinlich konservativsten 0,00083% der Bevölkerung – für künftige Wahlen zuzulassen.

6. Teil

Als Botschafter in London
(1830-1834)

Ich zögere nicht zu sagen, daß Fürst Talleyrand sich bei allen
Transaktionen des Wiener Kongresses und bei allen anderen
Verhandlungen, in denen ich mit ihm zu tun hatte, in jedem
Fall äußerst korrekt und aufrichtig verhalten hat.

Herzog von Wellington

Von den ersten Tagen des neuen Regimes an war jedem klar, daß
sich das Bürgertum mit der Julirevolution endgültig durchgesetzt
hatte. Ein Sieg, der 41 Jahre zuvor mit dem Sturm auf die Bastille
seinen Anfang genommen hatte; ein Sieg über den Absolutismus
und eine Regierung, die nicht das Volk vertrat; auch ein Sieg über
den aristokratischen Geist. Aber es war nicht unbedingt ein Sieg
über die Aristokraten, zumindest nicht über einen bestimmten Aristokraten aus altem, zweifellos blaublütigem Geschlecht, dessen
Dienste beim Volk und dem neuen Bürgerkönig in hohem Ansehen
standen. Fürst Talleyrand fand sich im Alter von sechsundsiebzig
Jahren, eine Dekade, nachdem er nach eigener Ansicht »das Ende
meiner politischen Karriere« erreicht hatte, plötzlich zurückversetzt
ins Rampenlicht der Staatspolitik.

Dies war nicht nur der Fall, weil er schon lange vor dem Juli 1830
die zukünftigen Sieger, Louis-Philippe, Madame Adélaïde und
Thiers, unterstützt hatte, sondern vor allem deshalb, weil seine Fähigkeiten für Louis-Philippe ebenso unverzichtbar waren, wie sie es
für die Nationalversammlung, das Direktorium, das Konsulat, das
Kaiserreich und die Bourbonen gewesen waren. Talleyrand wußte
das. Louis-Philippe wußte das. Und beide wußten, daß der andere
es wußte. Ein Treffen mit sehr offenem Meinungsaustausch war anberaumt worden, sobald die Kammern ihren neuen König ange-

nommen hatten. Die Lage Louis-Philippes, das war beiden Männern klar, war alles andere als gesichert, besonders im Hinblick auf die ausländischen Mächte. Zar Nikolaus I. von Rußland, der 1825 seinem Bruder auf den Thron von Rußland gefolgt war und eine enge Bindung zu den konservativen Kräften in Europa fühlte, setzte sich in aller Öffentlichkeit dafür ein, den »Barrikadenkönig«, wie er ihn nannte, zu bekämpfen und den Bourbonen wieder an die Macht zu verhelfen. Nikolaus hatte bereits einen seiner Generäle nach Berlin geschickt, um sich preußische Hilfe für eine Invasion Frankreichs zu sichern. Man konnte auch erwarten, daß andere konservative Monarchien, Preußen und Österreich, wenig Begeisterung für einen Monarchen aufbringen würden, den sie für einen Usurpator hielten. Deshalb war es für Louis-Philippe zunächst einmal eminent wichtig, sich die diplomatische Anerkennung und Unterstützung Großbritanniens zu sichern.

Louis-Philippe schickte seinen Adjutanten, General Graf Baudrand, nach England. Baudrand kehrte wenige Tage später wieder zurück und brachte die Zusicherung für eine Anerkennung des neuen französischen Königs durch die englische Regierung mit. Sowohl der König wie auch Talleyrand waren hocherfreut.

»An London muß sich die Außenpolitik der Regierung orientieren«, ließ Talleyrand den König wissen. Louis-Philippe war gewillt, diesen Rat anzunehmen. Aber guter Rat allein war nicht genug. Er brauchte auch einen Mann, der Frankreich in London entsprechend vertrat. »Es war unerläßlich«, sagte Talleyrand, »daß ein erfahrener Mann nach England geschickt wurde, einer, den man in Europa bereits kannte.« Frankreich hatte nur *einen* solchen Mann, nämlich Talleyrand, und er selbst wußte das sehr wohl. Er war der einzige, der die wichtigsten Persönlichkeiten der britischen Regierung bereits kannte (Wellington zum Beispiel, der zur Zeit Premierminister war, und Lord Aberdeen, den Außenminister). Er war der einzige, dessen Ruf allein schon genügte, um den Erfolg seiner Mission zu garantieren. Und er war der einzige, bei dem sich große politische Erfahrung und Prestige mit aristokratischem Auftreten so vollendet verband, daß selbst eine Tory-Regierung ihn als einen der ihren anerkennen mußte.

»Der König hat mir sofort diesen etwas schwierigen Posten angeboten«, fuhr Talleyrand fort, »aber ich habe aus Altersgründen und wegen der Aktivität, die eine solche Mission erforderte, abgelehnt.« Eine Zeitlang schien es, als ob der Fürst bei dieser Entscheidung bleiben würde, und in der ersten Septemberwoche hatte er das Angebot des Königs immer noch nicht angenommen. Louis-Philippe und seine Minister boten ihre ganzen Überredungskünste auf, um den alten Mann zu bewegen, seine Entscheidung zu revidieren.

Zum Drängen von offizieller Seite kamen noch die Argumente einer Person, die Talleyrand wichtiger waren als der Wunsch Louis-Philippes. Dorothea war überzeugt, daß die Botschaft die ideale Position für ihren Onkel wäre. Sie wollte ihn begleiten in diese Stadt, die wahrscheinlich die einzige war, in deren Gesellschaft sie sich wirklich glücklich und zu Hause fühlen konnte.

Am Sonntag, dem 5. September, war es soweit. Talleyrand hatte zugesagt, und Louis-Philippe hatte in einer Note seinen »Dank« und seine »Freude« über diese Entscheidung zum Ausdruck gebracht. Die Nachricht verbreitete sich in Windeseile in Europa. Sogar im fernen St. Petersburg wußte man nach wenigen Tagen davon.

Sechs Wochen später erkannte Rußland die Orléans-Monarchie an, gefolgt von Österreich, Preußen, Spanien und den kleineren europäischen Staaten. Es hieß allgemein, Talleyrands Ernennung habe diese Meinungsänderung bei Zar Nikolaus bewirkt. Sogar der russische Botschafter in Paris, Pozzo di Borgo, mit dem Talleyrand kein allzugutes Verhältnis verband, erkannte, daß mit Talleyrands Ernennung zum Botschafter in London eine Annäherung zwischen England und Frankreich zu erwarten sei und daß der Zar die Situation realistisch sehen müsse. Und die Gräfin de Boigne, deren Vater, Marquis d'Osmond, während der Restauration Gesandter in London gewesen war, kommentierte: »Die Entsendung Talleyrands nach London verlieh dem neuen Thron sofort einen sehr hohen Rang innerhalb der diplomatischen Kreise.«

In Frankreich selbst war man geteilter Meinung. Talleyrands Freunde waren natürlich begeistert, doch viele Leute dachten anders. Die Radikalen und auch eine Reihe Liberaler waren überzeugt davon, daß Talleyrand, um seine Mission der Aussöhnung mit den Engländern zu erfüllen, mehr aufzugeben gewillt war, als sich mit Frankreichs Ehre vereinbaren ließe. Man munkelte, der Fürst würde die Frage der belgischen Unabhängigkeit gänzlich in die Hände der Engländer legen, um leichter ein Übereinkommen zu erreichen. Talleyrand wußte von diesen Gerüchten. »Jeder war gegen mich«, schrieb er. Doch er kümmerte sich wenig darum. Er wußte, was zu tun war und wie es getan werden mußte. So verließ er am 24. September den Hafen von Calais »voller Hoffnung«, wie er bekannte, »und mit dem Enthusiasmus eines jungen Diplomaten auf dem Weg zu seinem ersten Posten.« Dorothea sollte ihm eine Woche später folgen.

»Als ich den Salut von der Festung hörte, der in Dover die Ankunft des französischen Botschafters verkündete«, schrieb Talleyrand später, »mußte ich unwillkürlich an die Zeit vor 36 Jahren denken, als ich, aus meinem Land durch revolutionären Aufruhr verbannt, auch dieses Land verlassen mußte, vom englischen Botschafter verjagt durch die Intrigen der Emigranten.«

Er hat jedoch den Engländern die Behandlung, die ihm widerfahren war, niemals nachgetragen. Er hegte überhaupt niemals ernsthaften Groll gegen die Engländer. Ferdinand von Funck, ein deutscher Offizier, bestätigte 1806 diese Beobachtung: »Talleyrand liebte das englische Volk . . . Oft sprach er ausführlich und rückhaltlos darüber. Er war überhaupt in seinen Äußerungen im allgemeinen nicht so zurückhaltend, wie man das bei einem so umsichtigen Staatsmann wie ihm vielleicht erwartet hätte. Wenn er eine Gelegenheit sah, den Engländern etwas Schmeichelhaftes zu sagen, ließ er sie niemals ungenutzt vorübergehen. Gerne sprach er von seinem Aufenthalt in ihrem Lande, und er tat es sehr freimütig und herzlich.«

Doch das England, das er 1830 wiedersah, unterschied sich erheblich von dem, das er 1794 verlassen hatte. Damals war Pitt, den Talleyrand als »rechtschaffensten und logischsten Staatsmann« der englischen Geschichte respektiert hatte, auf dem Höhepunkt seiner Macht; jetzt regierten Wellington, Palmerston und Lord Grey. Damals war es das England Georgs III., des »verrückten Georgs«, eines charmanten Prince of Wales, eine Zeit der Kniehosen und der gepuderten Perücken. Jetzt stand England an der Schwelle zum Viktorianischen Zeitalter mit Schoßröcken und Zylinderhüten, wo der Walzer durch andere Tänze abgelöst worden war und sich selbst die strengsten Eltern daran gewöhnt hatten, daß ihre Töchter beim Tanz von vollkommen fremden Herren im Arm gehalten wurden.

Die Zeichen der Zeit machten sich in der politischen Arena wie auch in der Gesellschaft bemerkbar. Im Juni 1830 war Georg IV. gestorben. Sein Bruder Wilhelm IV. folgte ihm auf den Thron. Es hieß allgemein, der König sei liberal gesinnt. In Wahrheit aber hatte er gar keine genauen Vorstellungen. Aber selbst das war in gewissem Sinne liberal, da sich die Krone liberalen Reformen auch nicht widersetzen würde. Der Ruf nach solchen Reformen wurde immer lauter, nicht nur im Parlament, sondern auch vom Volk. Die allgemeinen Neuwahlen, die bei Wilhelms Thronbesteigung abgehalten worden waren, hatten die konservative Tory-Regierung fünfzig Sitze im Unterhaus gekostet. Der Herzog von Wellington hatte sich, statt sich an die Spitze der Reformbewegung zu stellen und sie da-

mit besser in der Hand zu haben, kategorisch gegen eine Reform-
vorlage ausgesprochen und erklärt, er werde »sich derartigen Maßnahmen widersetzen, wenn sie von anderen eingebracht werden.«
Seine Regierung und mit ihr der Konservatismus starb an Alters-
schwäche und selbst beigebrachten Wunden. England machte also
eine Revolution eigener Art durch. Aber anders als in Frankreich,
wo sie von der Mittelklasse ausging, war hier die Oberklasse der
auslösende Faktor.

Das England, in das Talleyrand zurückkehrte, war also zugleich
rätselhaft und paradox, ein Land, in dem neue Ideen und radikale
Reformen von Mitgliedern einer Aristokratie verbreitet wurden, die
als strengste und exklusivste ihrer Art in der Welt galt. Fremden
schien diese noch nie dagewesene Methode äußerst ungewöhnlich.
Sogar Dorothea, die in den fünfzehn Jahren ihres Lebens mit Talleyrand eine Menge gelernt hatte, stand dieser Situation einigermaßen
hilflos gegenüber.

Der Befremdung, die Nicht-Engländer in diesem Land empfan-
den, entsprach die Reserviertheit der Engländer selbst gegenüber
Fremden, in diesem Falle auch gegenüber dem neuen französischen
Botschafter und seinem Gefolge. Das Volk, wie auch die Regierung,
war dem neuen Regime in Frankreich nicht feindlich gesinnt, man
fühlte sich jedoch unwohl. Die erste französische Revolution hatte
ganz Europa in schier endlose Kriege gestürzt. Würde die zweite
dies ebenfalls tun? Zwar hatten die Bourbonen sich in England nicht
gerade großer Beliebtheit erfreut, aber sie waren zumindest »legitim«, und damit keine unbekannte Größe gewesen. Louis-Philippe
dagegen war unbekannt und hatte den Thron unter ziemlich ungewöhnlichen Umständen bestiegen. Wilhelm IV. betrachtete Louis-
Philippe schlichtweg als »ruchlosen Schurken«, und er sagte dies
auch bei jeder möglichen und unmöglichen Gelegenheit, bis ihn der
Herzog von Wellington darauf hinwies, daß ein wenig Zurückhaltung in seinen Äußerungen vielleicht schon angebracht wäre.

Der Botschafter Louis-Philippes konnte kaum erwarten, auf allgemeine Anerkennung zu stoßen. Doch er war entschlossen, alles
in seinen Kräften Stehende zu tun, um sich, und damit Frankreich,
die Gunst der Engländer zu sichern. Vor dem Volk trat er als Revolutionär auf, bei Englands vornehmen Lords und Ladies, besonders
bei dem konservativen Premierminister, war er ganz der *Grandseigneur*, ein Vertreter der ältesten aristokratischen Traditionen Europas.

Natürlich war Talleyrand allerlei Klatsch und Geschwätz ausgesetzt, dem er zumeist die Spitze abbrach, indem er alles ganz ein-

fach ignorierte. Es erleichterte auch nicht gerade Talleyrands Position, daß sich der frühere französische König, Karl der Zehnte, mit einem Großteil seiner Familie in England aufhielt. Karl ließ sich natürlich keine Gelegenheit entgehen zu betonen, daß es in Frankreich nur *eine* legitime Dynastie und nur *einen* echten König gäbe, und daß *er* dieser König sei. Der britischen Regierung war das ebenso peinlich wie Talleyrand, aber man konnte eben nur das Beste hoffen und insgeheim wünschen, daß Karl und seine Familie sich bald entschließen würden – was schließlich auch geschah – in einem anderen Land mit freundlicherem Klima Zuflucht zu suchen.

Talleyrand hatte in seinen Memoiren erklärt, daß er die Herzogin von Dino gebeten habe, ihn zu begleiten, weil er gehofft hatte, ihr Liebreiz würde die englische Gesellschaft verzaubern. Er hatte damit sicher nicht zuviel gehofft. Wellington fand sie faszinierend und war entzückt von ihrer Gesellschaft. Aber sie übte ihre Wirkung nicht nur auf Talleyrands Freunde aus. An einem einzigen Abend in Wellingtons Haus gewann sie nicht nur Fürst Paul Eszterházy, den österreichischen Botschafter, für sich, sondern auch den preußischen Delegierten Baron von Bülow, dessen Familie sie schon als Kind kennengelernt hatte. Das war ein beachtlicher Erfolg, wenn man bedenkt, daß Preußen und Österreich zusammen mit Rußland zu den erbittertsten Opponenten des neuen Regimes in Frankreich gehörten.

Dorothea erwies sich nicht nur bei gesellschaftlichen Ereignissen als sehr nützlich, sondern fungierte auch als Talleyrands Vertraute, Beraterin und Privatsekretärin. Als Talleyrand in offizieller Audienz dem König Wilhelm vorgestellt werden sollte, sah Wellington diesem Treffen mit äußerst gemischten Gefühlen entgegen. Er fürchtete, Wilhelm könnte wieder einige Äußerungen über die Orléans-Dynastie fallen lassen und damit zu unnötigen Mißstimmungen beitragen. Talleyrand bat Dorothea um einen Vorschlag, wie er den König von England ansprechen sollte. Dorothea notierte einige Worte und übergab sie ihrem Onkel, der den König als »Nachfahre des hochberühmten Hauses Braunschweig« titulieren sollte. Die Anspielung war ein Kompliment und gleichzeitig ein Hinweis für Wilhelm, daß die Thronbesteigung seiner Vorfahren im Jahre 1688 unter ähnlichen Umständen stattgefunden hatte wie die Erhebung Louis-Philippes auf Frankreichs Thron. Der König verstand Talleyrands Anspielung und zeigte sich hochbeglückt. Die Audienz verlief von diesem Zeitpunkt an äußerst harmonisch und schloß mit dem gegenseitigen Austausch von Freundlichkeiten. Nach Talleyrands Meinung verdankte er die gute Atmosphäre dieser Unterredung nur Dorotheas Anspielung auf das Haus Braunschweig. Fortan suchte er ihren Rat bei allen wichtigen Angelegenheiten, die auf ihn zukamen.

Die englische Gesellschaft war es zufrieden, nachdem sie Gelegenheit bekommen hatte, den legendären Talleyrand und seine Nichte eingehend zu beäugen, die beiden und ihre Beziehung zueinander ohne weiteren Kommentar zu akzeptieren. Lady Grey, die für ihre Soirées gleichermaßen berühmt war wie für die Strenge ihrer Moralbegriffe, sprach nicht nur für sich, sondern für ihre ganze Gesellschaftsschicht, als sie erklärte: »Ich mag die Herzogin von Dino sehr gern. Sie hat immer gute Laune und ist eine angenehme Gesellschafterin. Da sie nie etwas sagt, das mich beleidigen würde, kümmern mich die vielen Liebhaber, die sie angeblich hat, gar nicht.« Sogar König Wilhelm ließ sich gelegentlich sehen, allerdings erst, als Wellington ihn daran erinnert hatte, daß der Kaiser und die Kaiserin von Österreich, diese Inkarnation von Moral, Dorothea willig als Botschafterin in Wien aufgenommen hatten.

Aber nur akzeptiert zu werden war nicht genug für Talleyrand. Sein Hauptziel war es, Frankreich und England näher aneinander zu binden. Um Englands Freundschaft zu gewinnen, mußte er erst die Männer gewinnen, die England regierten. In kurzer Zeit hatte Dorothea das alte Botschaftsgebäude am Portland Place so verwandelt, daß die Engländer gerne kommen würden und damit Frankreichs Prestige gestärkt würde. Die Räume waren mit all der Pracht der großen Salons der französischen Aristokratie im 18. Jahrhundert geschmückt. Die Küche war perfekt, der unerschöpfliche Witz des Gastgebers und der Liebreiz der Gastgeberin machten die Empfänge zu den brillantesten und meistbesuchtesten in London. Auch französische Würdenträger, die in London zu Besuch weilten, waren gleichermaßen beeindruckt. »Die Julirevolution erscheint manchmal ein wenig bourgeois«, bemerkte einer von ihnen, »aber dank unseres Monsieur de Talleyrand erscheint sie in London in sehr großem Stil!«

Schon bald bekam Talleyrand jedoch die Kosten dieses aufwendigen Lebensstils zu spüren. Nach einem Monat in England schrieb Dorothea nach Hause an Prosper Barante: »Unsere Abendessen hier sind ein durchschlagender Erfolg, und sie gehen sicher in die Geschichte der Gastronomie ein; aber finanziell ruinieren sie uns völlig, und Monsieur de Talleyrand ist einigermaßen entsetzt ob der Kosten.«

Irgendwie muß jedoch das Problem gelöst worden sein, denn während der vier Jahre in der britischen Hauptstadt gab es weiterhin die brillanten Feste, ohne daß sich Talleyrands Vermögen wesentlich verringerte. Nach einer Weile wurde ihnen das Haus am Portland Place sogar zu klein und sie nahmen ein größeres und repräsentativeres Objekt am Hanover Square. Es wurde zum Schauplatz der luxuriösesten Dinners und elegantesten Bälle in ganz Europa. Kein anderes Haus erfreute sich größerer Beliebtheit bei der englischen Aristokratie und dem diplomatischen Korps. Innerhalb weniger Monate genoß Talleyrand auf allen Ebenen der Gesellschaft den größten Einfluß. Prosper Mérimée, der sich damals in London aufhielt, sah es so: »Egal, wohin er geht, er schafft um sich einen Hof und diktiert das Gesetz.«

Talleyrand hatte nur einen ernsthaften Konkurrenten in der Londoner Gesellschaft: Rußland – repräsentiert von seinem Botschafter und dessen Frau, Fürst und Fürstin Lieven. Fürstin Lieven war eine der wenigen Diplomatengattinnen, die wahrlich den Titel einer Botschafterin verdient hätte, denn ihr gebührte er viel mehr als ihrem unbedeutenden Mann. »Madame de Lieven«, bemerkte Dorothea, wie üblich sehr realistisch, »muß gefürchtet, respektiert, gepflegt und hofiert werden.« Ihre politische Bedeutung, auf Intelligenz und Erfahrung basierend, paarte sich mit einer Autorität, die niemand in Frage zu stellen wagte. Es war unvermeidlich, daß diese beiden Frauen, Dorothea und die Fürstin Lieven, miteinander in Konkurrenzkampf treten würden. Und die Londoner Gesellschaft war dabei ein aufmerksamer Beobachter. Die Fürstin lebte seit 1812 in England. Sie kannte jedermann in der Regierung, auch die, die erst in der Zukunft etwas zu sagen haben würden. Sie war eine enge Vertraute von Lord Grey, der bald Wellington als Premierminister ablösen würde. Mit diesem engen Freund der Botschafterin würde Talleyrand in seinen Verhandlungen mit England zu tun haben. Der Konkurrenzkampf war zwar groß, doch brachte keine der beiden Frauen persönliche Gefühle mit ins Spiel. Madame Lieven wurde sogar später eine Freundin Talleyrands und ein häufiger Gast im Hause. Die Freundschaft basierte auf einer gegenseitigen Wertschätzung der Fähigkeiten des anderen, wenn auch Madame Lieven sich oft in sehr schnippischer Art und Weise äußerte. Von Talleyrand sagte sie einmal nicht ohne Bewunderung: »Ein Mann, der fünfundsiebzig Jahre seines Lebens damit zugebracht hat, zu intrigieren, vergißt diese Kunst nicht im sechsundsiebzigsten.« Das war ihre Art der Anerkennung von Talleyrands unverminderter Geistesschärfe.

Der Herzog von Wellington war ganz für Talleyrand eingenommen und verteidigte ihn in seiner üblichen offenherzigen Art gegen jeden Klatsch. Die beiden brachten auch alle Voraussetzungen mit, gute Freunde zu werden. Sie stammten aus derselben Generation, und beide waren Aristokraten der alten Schule. Sie verabscheuten alles Unpraktische, im persönlichen wie im politischen Bereich, sowie Scharlatanerie, Engstirnigkeit und Spießigkeit in jeder Form. Keiner konnte wirklich der Versuchung widerstehen, seine Gedanken offen auszusprechen, was manchmal zu Differenzen führte. Aber die beiden Staatsmänner verstanden sich ausgezeichnet. Auch mit Lord Aberdeen verband Talleyrand eine herzliche Freundschaft. Sie hatten sich in Wien kennen- und schätzengelernt. Lord Aberdeen, der Außenminister, war der erste, dem Talleyrand geschrieben hatte, als er von seiner Ernennung erfuhr, und Lord Aberdeen schrieb unverzüglich zurück, daß er sich freue, »die freundschaftlichen Beziehungen aufzufrischen«.

Die erste Krise in Talleyrands Arbeit in London entsprang nicht etwa Differenzen zwischen ihm und der britischen Regierung, sondern Unstimmigkeiten mit seiner eigenen Regierung. Talleyrand hielt nicht sehr viel von Molé, dem Außenminister, und gab dies auch ganz offen zu. Statt an ihn, seinen Vorgesetzten, zu berichten, hatte er sich zwischen London und dem Palais Royal ein Kommunikationsnetz eingerichtet. Es entwickelte sich eine rege Korrespondenz zwischen Dorothea und der Schwester des Königs. Diese wurde mit wenigen Unterbrechungen während des gesamten London-Aufenthalts aufrechterhalten. Die Briefe, wie auch jene, die Talleyrand selbst an seine alte Freundin, die Prinzessin Vaudémont, schrieb, erfüllten einen außerordentlich wichtigen Zweck: Durch Madame Adélaïde und die Prinzessin erfuhr der König alles Wichtige, was der Außenminister nicht wissen sollte. Dorothea stand auch in ständigem Kontakt mit Adolphe Thiers, und diese Briefe waren nicht weniger wichtig, denn Thiers galt damals als einer der einflußreichsten Politiker der Julimonarchie, und Talleyrand erwartete große Dinge von ihm.

Molé wurde sich natürlich schon bald darüber klar, daß Frankreichs Außenpolitik nicht an den Ufern der Seine, sondern an der Themse gemacht wurde. Er beklagte sich darüber bitterlich bei Louis-Philippe, aber der König ignorierte auf den Rat seiner Schwester hin sämtliche derartige Vorwürfe. Schließlich versuchte Molé völlig verzweifelt, seinen Rücktritt zu erklären, aber dies ignorierte Louis-Philippe ebenso. Endlich wurde Molé aus seiner mißlichen Lage befreit, als Laffitte zum Ratspräsidenten ernannt wurde. Laffitte übergab das Außenministerium seinem und Talleyrands altem Freund und Mitarbeiter Sebastiani. Dieser war ein solider, durch und durch ehrlicher Soldat, der nicht die geringste Ahnung hatte, was ein Außenminister zu tun hatte. Demzufolge war er zufrieden, daß er seine Befehle aus London bekam. Für die nächsten zwei Jahre war Talleyrands Wort in Louis-Philippes Außenministerium Gesetz. Der Fürst instruierte seinen (theoretischen) Vorgesetzten über die Richtlinien der französischen Politik. Dies war die Politik, für die er ein Leben lang gekämpft hatte und die in die Tat umzusetzen er jetzt Gelegenheit bekommen hatte. Der wichtigste Grundsatz dabei war wie immer, eine möglichst enge Bündnispolitik mit England zu betreiben.

Die Kluft zwischen dem Außenminister und seinem Botschafter hatte sich hauptsächlich an Differenzen wegen der belgischen Frage und Belgiens Unabhängigkeitsbestrebungen vertieft. Für Talleyrand war es die einfachste Sache der Welt, diese Angelegenheit in London auszutragen, in Zusammenarbeit mit Wellington und dem französischen Botschafter in Den Haag, Bertin de Veaux, einem alten Freund und Verbündeten. Talleyrand schlug vor, dieser solle seine Berichte direkt an die Botschaft in London und nicht nach Paris schicken. Aber darauf wollte sich nun Molé keinesfalls einlassen. Er verlangte, daß die Berichte unverzüglich und direkt an ihn gesandt würden und fügte einige unfreundliche Bemerkungen bezüglich Talleyrands Benehmen im allgemeinen hinzu. »Wir sind sehr unglücklich über den Ton, in dem Monsieur de Molés Depeschen gehalten sind«, klagte Dorothea nach Paris. Weitere kleine Konflikte und Unstimmigkeiten machten die Situation so ungut, daß sich Talleyrand schließlich aufraffte und an den erzürnten Minister einen versöhnlichen Brief schrieb.

Trotz dieses sicherlich ehrlich gemeinten Annäherungsversuchs blieb das Verhältnis der beiden immer gespannt. Erst als Molé im Jahre 1820 von Sebastiani abgelöst wurde, konnte der Fürst ernsthaft damit beginnen, an der Lösung der belgischen Frage zu arbeiten, einem Problem, das sich auf die Julimonarchie äußerst kritisch auswirkte und sie ständig bedrohte. In Wien hatte sich Talleyrand gegen einen Anschluß Belgiens an Holland gewandt, weil er damit das geheiligte Prinzip der Legitimität verletzt sah. Doch hatte man den Anschluß beschlossen, ohne auf die Wünsche der Belgier einzugehen. Jetzt, da sich die Belgier gegen das ihnen aufgezwungene Urteil wehrten, fürchtete man allerorts, daß der belgische Aufstand den Anstoß für aufrührerische, das heißt liberale, Umtriebe in anderen Ländern geben könnte. Eine Gruppe Belgier verlangte andererseits lauthals die Eingliederung Belgiens in Frankreich. Das erfüllte nun wieder Preußen mit Angst und Schrecken, denn damit wäre

Frankreich der direkte Nachbar Preußens am Rhein geworden. Auch England wandte sich dagegen, denn es war entschlossen, den bedeutenden Handelshafen Antwerpen nicht in französische Hände fallen zu lassen.

Angesichts der allgemeinen Unruhe schien es Talleyrand angebracht, den Großmächten zu versichern, daß Frankreich nicht daran denke, sich in die inneren Angelegenheiten Belgiens einzumischen. Er konnte Wellington und Aberdeen von der Ehrlichkeit dieser Erklärung überzeugen. Danach schlugen Talleyrand und Wellington gemeinsam vor, eine Konferenz zur Lösung der belgischen Frage einzuberufen. London war ihrer Meinung nach der geeignetste Verhandlungsort. Trotz eines Proteststurms der französischen Republikaner, die lieber eine Konferenz in Paris gesehen hätten, fiel die Wahl auf London. Dort kamen am 4. November 1830 Vertreter von England, Preußen, Rußland, Österreich, den Niederlanden und natürlich Frankreich zusammen. Zunächst wurde kurzerhand beschlossen, einen Waffenstillstand während der Konferenz zu erklären. Den Bedingungen des von Talleyrand und Wellington zuvor bereits sorgfältig ausgearbeiteten Waffenstillstands entsprechend, sollten die holländischen und die belgischen Armeen in ihren Positionen verbleiben. Damit war praktisch die Unabhängigkeit Belgiens, Talleyrands wichtigster Punkt, anerkannt. Nun mußte für das neue Königreich ein König gefunden werden. Momentan stimmte Talleyrand mit Louis-Philippes Ansicht überein, der Prinz von Oranien sei der geeignetste Kandidat. »Die Situation ist außerordentlich kompliziert«, schrieb er nach Paris, »und ohne Zweifel ist die Wahl des Prinzen von Oranien die einfachste Lösung.«

Bevor diese Frage ernstlich erörtert werden konnte, trug sich in England etwas zu, das Talleyrand nicht sonderlich überraschte, ihn aber doch störte. Das englische Unterhaus hatte sich in einer relativ bedeutungslosen Abstimmung mehrheitlich gegen den Vorschlag der Regierung ausgesprochen, die dies wiederum als Vertrauensbruch ansah und ihren Rücktritt erklärte. In Wirklichkeit aber hatte man diese unbedeutende Niederlage nur als willkommenen Vorwand für einen ohnehin geplanten Rücktritt genommen. Schon seit langem schwelte ein Aufruhr, weil Wellington sich standhaft gegen eine parlamentarische Reform geweigert hatte. Der König rief Lord Charles Grey auf, ein Kabinett aus gemäßigten Mitgliedern der Whigs zu bilden.

Vom persönlichen Standpunkt aus bedauerte Talleyrand aufrichtig, daß Wellington aus dem Amt schied. »Ich stand viele Jahre hindurch in freundschaftlicher Beziehung zu ihm, und er genoß mehr

Vertrauen in Europa als irgend jemand sonst.« Andererseits ließen die liberalen Whigs, die jetzt an die Macht kamen, die Hoffnung aufflammen, daß die Verhandlungen leichter voranschreiten würden. Während man darauf wartete, daß Lord Grey sein Kabinett nominierte, kam man überein, daß bis zur Handlungsfähigkeit der neuen Regierung weiterhin Wellington und Aberdeen England bei der Londoner Konferenz vertreten sollten. Dies erwies sich als keine gute Lösung, da nach den anfänglich erzielten Erfolgen der Fortgang der Verhandlungen plötzlich stagnierte. Holland und Belgien brachten Einwände gegen die im Waffenstillstandsprotokoll vorgeschlagenen Grenzen vor.

Alles, was Talleyrand und Wellington sich so sorgfältig überlegt hatten, schien auf einmal wieder in Frage gestellt. Mittlerweile hatten sich die Querelen zwischen Belgien und Holland über die Grenzen in ganz Europa herumgesprochen, und es hagelte von allen Seiten neue, meist radikale Vorschläge zur Lösung der belgischen Frage. Nikolaus von Rußland bot in seiner bekannt offenen Art wieder einmal an, Kosaken nach Belgien zu entsenden, um so die Belgier zur Räson zu bringen. Am 29. November revoltierten die Polen jedoch gegen das Regime des Zaren, und die Kosaken wurden, sehr zur Erleichterung der Belgier und zum Entsetzen der Polen, in jenes Land abkommandiert.

Österreich, alarmiert durch revolutionäre Unruhen in mehreren deutschen und italienischen Staaten, schlug dem König von Preußen eine bewaffnete Intervention in Belgien vor. Doch der preußische Monarch wollte davon nichts wissen und lehnte einen solchen Schritt rundweg ab.

Ein weiteres, eher heikles Hindernis für eine Erledigung des Problems Belgien kam für Talleyrand von einer unerwarteten Seite, nämlich von Frankreich selbst. Der Fürst berichtete scheinbar gelassen über dieses Ereignis:

»Zu der Zeit, als die Konferenz begann, die wichtigsten Fragen zu erörtern, reiste aus Paris ein Abgesandter des neuen Ministeriums an . . . Es war der Graf von Flahaut. Seine Mission war etwas kompliziert, und als Vorwand für seine Ernennung ließ man wissen, daß er schon seit langem freundschaftliche Beziehungen zu einigen Mitgliedern des neuen englischen Kabinetts, unter anderem zu Lord Grey, hätte. Man war auch der Meinung, daß ich seine Anwesenheit als angenehm empfinden würde, zumal ich Monsieur de Flahaut zu Beginn seiner Karriere so freundlich unter die Arme gegriffen hätte.«

Es stimmte natürlich, daß Talleyrand für seinen hübschen Sohn aus der Verbindung mit Madame de Flahaut (der jetzigen Madame Souza) schon immer sehr viel Zuneigung aufgebracht hatte. Mit etwas Hilfe von seinem Vater hatte sich der Sohn auch recht gut gemacht. Er war im Kaiserreich in den Generalsrang aufgestiegen und schließlich sogar persönlicher Adjutant Napoleons geworden. Nach Waterloo war er nach England ins Exil gegangen, wo sein Charme, sein gutes Aussehen und seine familiären Verbindungen ihm die Gunst einer der begütertsten Erbinnen des Landes, Margaret Elphinstone, der Tochter von Lord Keith, eingebracht hatte. Die Ereignisse der Julirevolution hatten der Karriere des Monsieur de Flahaut wieder Tür und Tor geöffnet und so war er, vom Drängen seiner Frau stimuliert, wieder auf dem Vormarsch. »Monsieur de Flahaut war mit dem Ziel gekommen, seinen Weg als Botschafter vorzubereiten, wenn die Umstände mich zwingen sollten, meinen Posten aufzugeben.«

Dieser Plan war gar nicht so unklug, wie es vielleicht auf den ersten Blick scheinen könnte. Flahaut hatte über zehn Jahre in England gelebt, und er kannte jeden, den man kennen mußte. Seine Frau hatte enge und engste Verbindungen zu vielen der großen Whig-Familien und zu nicht weniger Tory-Familien. Außerdem war Flahaut, wie könnte es als Sohn Talleyrands anders sein, liebenswürdig, ein begabter Diplomat und zudem äußerst attraktiv. Schließlich hatte er auch keine Schwierigkeiten gehabt, den neuen Außenminister, General Sebastiani von der Richtigkeit seines Plans zu überzeugen. Fürst Talleyrand war bekanntlich in einer außerordentlichen Mission nach London geschickt worden: Er sollte freundschaftliche Beziehungen zwischen der Julimonarchie und den Briten herstellen und darüber hinaus Frankreich bei der Regelung der belgischen Frage vertreten. Wenn der Fürst seine Aufgabe erfüllt hätte, würde er zweifellos auf Grund seines hohen Alters zurücktreten und wo sonst, wenn nicht in der eigenen Familie, sollte Paris einen Mann finden, der Talleyrand ablösen könnte.

All dies klang sehr vernünftig, und Flahauts Mission in England schien allen Beteiligten einzuleuchten – außer Talleyrand und Dorothea. Dorothea hatte persönliche Gründe. Sie war nie sehr begeistert von diesem illegitimen Zweig des Talleyrand-Stammbaums gewesen. Vielleicht hatte sie die Begünstigungen übelgenommen, die der Fürst Charles de Flahaut angedeihen ließ, während ihr eigener Gatte, ein echter Périgord, sein Leben als unbedeutender Regimentskommandeur fristen mußte. Es ist auch möglich, daß sie, besitzergreifend wie sie war, die Konkurrenz von Graf und Gräfin de

Flahaut in der Gunst Talleyrands fürchtete. Dorotheas größte Abneigung sollte sich jedoch auf eine Feindin konzentrieren, die es wert war: auf Margaret de Flahaut, geborene Elphinstone. Margaret war in vielerlei Hinsicht ebenso klug und ebenso ehrgeizig wie Dorothea. Sie war darüber hinaus eine Frau, die Tugend eher als Waffe denn als Zierde betrachtete, und das konnte Dorothea, die in dieser Beziehung unbewaffnet war, überhaupt nicht ertragen. Ihre negativen Gefühle wurden, wie sich denken läßt, von Madame de Flahaut erwidert; in ihren gemäßigtsten Momenten bezeichnete sie Dorothea als »lügnerisches Teufelchen« und als »scheußliche kleine Schlange«. Lady Granville, die amüsiert die Begegnungen der beiden beobachtete, bemerkte, »Madame de Dino . . . und Meg treffen sich zwar und essen miteinander, aber ihre Treffen ähneln eher einem Stier- oder einem Hahnenkampf.« Unter diesen Umständen konnte man kaum von Dorothea erwarten, daß sie die Angelegenheit Flahaut in der Botschaft unterstützte. Sie setzte all ihre Geschicklichkeit ein, um zwischen Vater und Sohn eine Kluft zu schlagen.

Talleyrand selbst betrachtete das Verhältnis nicht ganz so negativ. Schließlich war der Graf nicht gekommen, um ihn zu entthronen, sondern um ihm nachzueifern, und das war als ehrlichste Form der Schmeichelei anzusehen. Weniger Verständnis konnte Talleyrand für den »offiziellen Teil« in Flahauts Mission aufbringen. Der Graf brachte eine Depesche und mehrere Briefe von General Sebastiani mit, in denen der neue Minister den Rat seines Botschafters zu verschiedenen Dingen erbat. Das war Routine. Was aber Talleyrand wirklich in Wut versetzte, waren die Instruktionen, die der Graf bekommen hatte, seinen Vater zu einer radikalen Lösung der belgischen Frage zu bewegen.

Anfang November hatte der belgische Kongreß nachdem er sich für die Monarchie als Staatsform entschieden hatte, in Paris angefragt, ob es angebracht wäre, dem Herzog von Nemours, einem von Louis-Philippes Söhnen, die Krone anzubieten. Der König hatte Talleyrand konsultiert und danach das Angebot abgelehnt, da man befürchtete, England könnte sich dadurch verletzt fühlen. Nun versuchte Flahaut seinerseits den Fürsten davon zu überzeugen, daß es nur eine Möglichkeit gäbe, allen Parteien gerecht zu werden: Belgien in drei Teile zu teilen, von denen einer an Holland, einer an Preußen und einer (der größte) an Frankreich gehen sollte. Damit auch England zufrieden wäre, sollte es die Stadt und den Hafen Antwerpen bekommen. Dieser Plan war natürlich absurd. »Man brauchte nicht lange zu überlegen, um zu erkennen, daß dieses Projekt absolut sinnlos und gefährlich war und allen Bemühungen um einen dauerhaften Frieden widersprach.« England wieder auf dem Festland zu haben, »nach all dem Blutvergießen, das es Frankreich gekostet hat, es da wegzubringen«, war ganz und gar indiskutabel. »Ich schwor«, sagte Talleyrand, »mir eher meine rechte Hand abhacken zu lassen, ehe ich ein Dokument unterzeichnen würde, das England zurück auf das Festland bringen würde.« Auch der Vorschlag, Preußen an die nördliche Grenze Frankreichs anschließende Gebiete anzubieten, war einfach undenkbar. So war Flahauts »Lösungsvorschlag« insgesamt gesehen »für die internationale Sicherheit der glatte Selbstmord und kann eigentlich nur als Intrige gewertet werden.« Mit dieser Antwort mußte sich Talleyrands Sohn zufriedengeben und sie nach Paris überbringen. Seine Depesche für Paris schloß mit einem Rat an Sebastiani: »Was Algier betrifft, so habe ich vermieden, darüber zu sprechen und ich hoffe, die gleiche Zurückhaltung auch von Frankreich erwarten zu können. Die Welt soll sich an den Zustand der Besatzung gewöhnen, und Schweigen ist die beste Art und Weise, dies zu erreichen. Ich glaube, daß sich die öffentliche Meinung in England zu diesem Thema gewandelt hat und daß wir damit auf keine unüberwindlichen Schwierigkeiten stoßen werden.« Der allgemeine Tenor der Botschaft an Paris war kurz folgender: »Solange man mir in London freie Hand läßt, und solange man sich in Frankreich korrekt verhält, wird alles für Frankreich zum Besten sein.« Nicht einmal der unerfahrene Sebastiani konnte dies mißverstehen.

Während Talleyrand seinen Außenminister instruierte, sich nicht in seine Angelegenheiten einzumischen, nahmen Wellington und sein Kabinett den Abschied, und Lord Grey etablierte sich mit seinem Whig-Kabinett. Dabei hatte Grey keine leichte Zeit. Die Tories waren fast ein Jahrhundert lang an der Macht gewesen, und selbst die natürlichsten Verbündeten der Whigs schienen über deren plötzlichen Aufstieg zur Macht nicht gerade begeistert zu sein.

Trotz dieser wenig rosigen Aussichten gelang es Grey bis zum 20. November, ein Kabinett mit beachtlichen Talenten zusammenzustellen. Er selbst übernahm das Amt des Premierministers und Schatzministers, Lord Palmerston wurde Außenminister, Lord Melbourne Innenminister. Talleyrand begrüßte die Ernennung dieser Männer. »Diese Regierung«, schrieb er an Madame Adélaïde, »wird stark und uns wohlgesinnt sein. Ich stehe mit den wichtigsten Regierungsmitgliedern in freundschaftlichem Kontakt . . . Sie wollen, daß sich England und Frankreich in allen Bereichen mit den anderen Mächten besprechen. Sie halten ein starkes, gesundes Frankreich für den Frieden in Europa für unerläßlich. Und sie alle sprechen vom König der Franzosen mit äußerster Hochachtung.«

Lord Grey und Talleyrand standen wirklich sehr gut miteinander. Auf Vorschlag des Fürsten betonte der neue Premierminister in seiner ersten Ansprache vor dem Parlament die gemeinsamen Ziele und Interessen Frankreichs und Englands. Mit Palmerston jedoch, mit dem er für gewöhnlich zu tun hatte, kam Talleyrand nicht so gut aus. Der neue Außenminister betrachtete alle »Ausländer« so, wie das nur ein Engländer fertigbringt. Er behandelte sie alle mit gleichgültiger Verachtung. Nie kam ihm der Gedanke, einem Fürst Talleyrand mit Rücksicht auf sein Alter, seine Erfahrung, seine Leistungen, seinen Hintergrund und seine Position zumindest die Höflichkeit angedeihen zu lassen, die ein Gentleman im Umgang mit einem anderen Gentleman üblicherweise für selbstverständlich hält. Er brachte es bedenkenlos fertig, den Fürsten stundenlang im Vorzimmer des Auswärtigen Amtes warten zu lassen, als ob er einer aus der Dienerschaft und nicht der Vertreter einer Großmacht sei. Zu diesem Verhalten hatte sicher auch eine weitverbreitete Karikatur beigetragen, die in Frankreich nach der Amtsübernahme durch Greys Kabinett veröffentlicht worden war. Sie zeigte Talleyrand, wie er Palmerston führte. Die Unterschrift lautete: »Der Lahme führt den Blinden.« Das verletzte den Menschen natürlich sehr, der alle Ausländer als Untermenschen betrachtete.

Dorothea ärgerte sich ständig über Palmerston und verachtete ihn später zutiefst. Talleyrand war nicht so kritisch. Immerhin hielt er Palmerston für einen der fähigsten Staatsmänner seiner Zeit, wenn er ihm auch zum Nachteil anrechnete, jede politische Frage persönlich aufzufassen.

Trotz der bestehenden Antipathie zwischen diesen beiden Staatsmännern der neuen und der alten Schule war Talleyrand bei weitem zu feinsinnig und zu erfahren, um seine Mission irgendwie durch Palmerstones Emotionen beeinträchtigen zu lassen. So war die Arbeit mit ihm ebenso effektiv, wenn auch nicht mit soviel Freude verbunden, wie dies mit Lord Aberdeen der Fall gewesen war. »Wir erreichten ausgezeichnete Ergebnisse«, bemerkte Talleyrand dazu.

Bereits beim ersten Zusammentreffen der Konferenz unter dem Vorsitz von Lord Palmerston konnte der neue Außenminister bekanntgeben, daß sowohl die Niederlande wie auch Belgien den am 4. November vorgeschlagenen Waffenstillstand annehmen würden. Dadurch konnten sich die Delegierten einer weitaus schwierigeren Frage voll widmen, nämlich für Belgien einen Herrscher zu suchen, der nicht nur für sein Land, sondern auch für die großen Mächte akzeptabel war.

Talleyrand war ursprünglich für den Prinzen von Oranien eingetreten; dagegen hatte sich jedoch die Mehrheit des belgischen Kongresses ausgesprochen. Man beschloß, den Befürwortern des Prinzen von Oranien eine gewisse Zeitspanne einzuräumen, in der sie versuchen sollten, den Kongreß zu ihrem Kandidaten zu überreden. In der Zwischenzeit würden sich die Botschafter mit vergleichsweise geringfügigeren Fragen wie beispielsweise der Angleichung der Grenzen und der Aufteilung der Staatsschuld befassen. Dabei kam man auch ganz gut voran.

In Paris sahen die Dinge mittlerweile nicht ganz so positiv aus. Die Nachricht vom polnischen Aufstand hatte eine Welle von emotionsgeladenen Forderungen nach Hilfe für die bedrängten Polen ausgelöst. Louis-Philippe hielt sich jedoch streng an seine – vielmehr Talleyrands – Politik der Nichteinmischung. Die Regierung zeigte sich ebenso entschlossen bei einer anderen, sehr prekären Situation. Den ehemaligen Staatsministern wurde eine Reihe von Unregelmäßigkeiten vorgeworfen und sie sollten vor Gericht gestellt werden. Die Regierung war von Anfang an entschlossen, diesen Männern Gerechtigkeit widerfahren zu lassen und die emotionalen Rachegedanken des Volks gar nicht erst allzusehr aufkommen zu lassen. Damals schien es durchaus nicht sicher, ob die neue Regierung stark genug sein würde, die Ordnung aufrechtzuerhalten. Am 22. Dezember fand die Gerichtsverhandlung statt. Es fiel kein Wort von Todesstrafe und es kam auch nicht, wie gefürchtet, zu Ausschreitungen. Talleyrand nahm diese Nachricht mit »ungeheurer Erleichterung« auf.

Am 20. Dezember verhandelten die Botschafter in London sieben Stunden lang. England und Frankreich waren zunächst die einzigen, die für die Unabhängigkeit Belgiens eintraten. Die vier übrigen Bevollmächtigten mußten erst in zähen Verhandlungen dazu überredet werden. Der Alliance Grey-Talleyrand konnten sie jedoch auf die Dauer nicht widerstehen, und sie stimmten, einer nach dem anderen, dem Vorschlag zu. Wie erwartet war der russische Botschafter am schwierigsten zu überzeugen, aber auch er wurde schließlich dazu gebracht zu unterzeichnen – ein Ereignis, das Talleyrand an Sebastiani mit besonderem Stolz berichtete. Für Talleyrand wog dieses Ergebnis all die vielen kräfteverzehrenden Debatten und das Gerangel mit Lieven voll auf. Und auch für Frankreich war diese Lösung von eminentem Vorteil. Das Abkommen schuf, genau genommen, eine zweite Schweiz an der nördlichen Grenze Frankreichs. Aus Paris gratulierte Mademoiselle: »Der König ist entzückt und sehr stolz auf den Botschafter *seiner Wahl*.« Louis-Philippe konnte seine Begeisterung kaum verbergen, ging im Palast auf und ab und erzählte jedem von »Monsieur de Talleyrands großem Coup«.

Die Erklärung über Belgiens Unabhängigkeit wurde in den einzelnen Ländern unterschiedlich aufgenommen. In Belgien begrüßte man die Entscheidung logischerweise, in Holland zeigte man sich verschnupft. In Frankreich gab es, abgesehen von Louis-Philippes Begeisterung, bei den Ultrakonservativen viel Mißmut darüber, daß Belgien für Frankreich nun verloren war und daß Louis-Philippe sich zudem entschlossen hatte, die belgische Krone für den Herzog von Nemours zurückzuweisen. Sebastiani ließ sich jedoch nicht beirren und die Ultras mußten die Entscheidung annehmen, ob sie ihnen nun paßte oder nicht.

In England herrschte eine ganz andere Stimmung. Talleyrand, dem dieser Triumph der Diplomatie eigentlich zuzuschreiben war, galt als der Held der Stunde. Sein Wagen wurde in den Straßen mit Hochrufen bedacht, und sogar Dorothea jubelte das englische Volk begeistert zu. Der Lord Mayor von London gab ein rauschendes Fest für führende englische Staatsmänner und Politiker. Ein einziger Ausländer war eingeladen: Talleyrand, der Ehrengast. Er war von der enormen Welle der Zuneigung, die ihm entgegengebracht wurde, überwältigt und sprach in seinem Toast von »dem seltenen Glück, Europa die Aussicht auf Frieden bieten zu können, der vom Gesetz geschützt und von Herrschern garantiert wird, die um die Vorteile des Friedens wissen und alles in ihrer Macht Stehende tun, um ihn aufrechtzuerhalten.« Der donnernde Applaus, der ihm daraufhin entgegenbrauste, galt weniger diesen Worten als dem Mann, der sie gesprochen hatte, einer Persönlichkeit, die im hohen Alter die Kräfte, die ihr noch verblieben waren, voll und ganz in die Dienste dieses Friedens gestellt hatte.

Doch der Friede war so lange nicht gesichert, wie die leidige Frage eines Herrschers für die neue Nation nicht gelöst war. Talleyrands persönliche Wahl fiel auf einen deutschen Prinzen, nämlich Prinz Leopold von Sachsen-Coburg. Ihn hielt er für diese schwierige Aufgabe geeignet. Er hatte sich beim Wiener Kongreß durch äußerste Loyalität ausgezeichnet und die Interessen des sächsischen Königs gegen Preußen und Rußland tapfer vertreten, und er hatte sich auch nicht von den Drohungen Zar Alexanders einschüchtern lassen. Er war, wenn man das so sagen will, ein Mann, der Frankreich unterstützte und Frankreichs Feinde bekämpfte. Aber bis zum Letzten wollte ihm Talleyrand doch nicht trauen, und so sollte er nicht nur mit einer Krone, sondern gleichzeitig auch mit einer Königin betraut werden, die darauf achtete, daß ihr Gatte nicht vom Pfad der Loyalität abkam. »Prinz Leopold als belgischer König, verheiratet mit einer französischen Prinzessin, schien mir die optimale Lösung zu sein.«

Inzwischen hatte Holland den Waffenstillstand verletzt und über den Antwerpener Hafen eine Blockade verhängt. Es galt, schnell zu handeln. Talleyrand gelang es in dieser prekären Situation, die Bevollmächtigten der Londoner Konferenz zu einer Anerkennung der Neutralität Belgiens zu überreden. Der Plan der französischen Regierung, Belgien zu teilen, wurde von Talleyrand strikt abgelehnt. Am 4. Juni wurde Leopold von Sachsen-Coburg zum König von Belgien gewählt.

Als jedoch danach wieder Unruhen auftraten, wurden die Bestrebungen nach einem endgültigen Vertrag zwischen den beiden verfeindeten Nationen Holland und Belgien verstärkt. Die Konferenz setzte 24 Artikel auf, die als Grundlage für die offizielle Trennung zwischen Belgien und Holland dienen sollten. Sie wurden an die Regierungen zur Unterzeichnung geschickt.

Kaum war die belgische Frage endgültig geregelt, schien ein Krieg auf der Iberischen Halbinsel den europäischen Frieden zu gefährden. Ein Thronfolge-Krieg, der aufgrund der Interessenskonflikte der Großmächte leicht auf andere Länder übergreifen konnte. Österreich, Preußen und Rußland unterstützten den konservativen Don Carlos (den Bruder des verstorbenen Ferdinand VII.), der Ferdinands eher liberale Tochter Isabella als Thronerbin stürzen wollte. Als der Krieg sich auf Portugal auszudehnen drohte, griffen England und Frankreich ein. Nach zähen und verbissenen Verhandlungen schlossen England, Frankreich, Spanien und Portugal den sog. Vierer-Bund zur gegenseitigen Unterstützung und Verteidigung gegen Übergriffe von außen. Es war nur Talleyrand zu verdanken, daß dieser Pakt nicht von England im Alleingang (wie Palmerston es versucht hatte), mit Frankreich als Anhängsel abgeschlossen wurde, sondern Frankreich gleichberechtigt wurde.

Bei einem Zwischenaufenthalt in Frankreich erfuhr Talleyrand, daß die belgische Frage wieder zu einem ungelösten Problem geworden war. Der König von Holland hatte sich geweigert, Antwerpen der neuen belgischen Regierung zu überlassen. Es gelang Talleyrand, die englische Zustimmung für einen französischen Einmarsch in Belgien zu erlangen. Anfang Dezember kapitulierte Antwerpen.

Nach seiner Rückkehr nach England wurde er von allen Seiten geehrt und gefeiert. Aber die Verhältnisse hatten sich im Laufe der Zeit so verändert, daß das Leben in London viel von seinem ursprünglichen Reiz für Talleyrand verloren hatte.

Ende 1832 traf ihn der Verlust von zwei hochgeschätzten Freunden, der Prinzessin von Vaudémont und seines Freundes Dalberg. Talleyrand hatte plötzlich das Gefühl, seine Zeit überlebt zu haben. In Frankreich war Sebastiani vom Herzog von Broglie abgelöst worden, der ein kühles, autoritäres, strenges Regiment führte und ausschließlich direkt mit London verhandelte.

Die Zeit zum Rücktritt schien gekommen. Vielleicht sollte er seine letzten Lebensjahre ruhig in Frankreich verbringen, von Freunden umgeben und umhegt von der Frau, die ihn liebte. Aber was würde sein, wenn er nach einigen Monaten idyllischer Abgeschiedenheit wiederum den Wunsch verspüren sollte, aktiv an der europäischen Politik teilnehmen zu wollen? Er war immer noch unentschlossen, als ihm am 18. August, einen Tag vor seiner geplanten Abreise nach Frankreich, Dorothea einen mitfühlenden langen Brief übergab, in dem sie ihm von ihren Gedanken berichtete:

»Du bist vor vier Jahren nicht hierher gekommen, um Dein Glück zu machen, eine Karriere weiterzuführen oder Deinen Ruhm zu mehren . . . Du bist nur mit einem Ziel gekommen: Deinem Land einen großen Dienst zu erweisen, als es in ernsthafter Bedrängnis war. In Deinem Alter ist es wohl ein gewagtes Abenteuer, nach fünfzehn Jahren der Zurückgezogenheit in einem Moment des heftigsten Sturms wieder aufzutauchen. Du hast jetzt alles erreicht, was Du wolltest. Laß es damit genug sein . . . Dies allein ist ein geziemender Abschluß Deiner Karriere. Jede andersartige Überlegung Deinerseits ist Deiner nicht würdig.

Wenn man wie Du Geschichtliches geleistet hat, kann man nur noch an die Zukunft denken, die im Buche der Geschichte stehen wird. Und die Geschichte, das weißt Du sehr wohl, urteilt über das Ende eines Menschenlebens strenger als über den Anfang. Wenn Du, wie ich glauben darf, Wert auf mein Urteil wie auf meine Liebe legst, dann sei so ehrlich mit Dir, wie ich es jetzt mit Dir zu sein wage . . .

Sage den Menschen, daß Du alt bist, bevor sie etwa finden, Du seist zu alt.

Sag der Welt in aller Einfachheit und Hochherzigkeit ›Meine Stunde hat geschlagen‹.«

Talleyrand dachte über diese Gedanken gründlich nach, konnte sich jedoch immer noch nicht zu einem definitiven Entschluß durchringen. Was seine persönlichen Angelegenheiten betraf, so hatte er immer überstürzte Entscheidungen nach Möglichkeit vermieden. Er verließ London wie geplant am 19. August, hatte jedoch zuvor offiziell Abschied vom König genommen. Als Talleyrand sich 1833 verabschiedete, hatte der König zu ihm gesagt: »Wann kommen Sie wieder?« Nun fragte er nur: »Wann reisen Sie?« Palmerstons Einfluß machte sich auch hier bemerkbar.

Als Dorothea wenige Tage später ebenfalls in Paris eintraf, fand sie Talleyrand traurig, deprimiert und irgendwie gelangweilt vor. Er beklagte sich, daß alle in Frankreich ebenso alt und abgearbeitet seien wie er. Kurze Zeit später fühlte er sich wieder besser, weil in Valençay die Sonne, die frische Luft und die fast fromme Ehrfürchtigkeit der Dorfbewohner seine Sinne wieder belebt hatten. Am 26. Oktober traf der Herzog von Orléans, der Sohn Louis-Philippes, zu einem dreitägigen Besuch in Valençay ein. Er war höflich, mitfühlend und entschlossen zu sprechen. Madame Adélaïde gegenüber bekannte Talleyrand: »Der Herzog von Orléans machte mir klar, daß ich seiner Meinung nach dem König in London keine Dienste mehr erweisen könne.« Orléans erklärte jedoch ausdrücklich, daß dies seine Meinung sei, und daß der König Talleyrand sogar dränge, nach London zurückzukehren. Die Worte des Herzogs machten starken Eindruck auf Talleyrand. Dies war die Stimme der neuen Welt des neunzehnten Jahrhunderts, die zu der alten Welt des achtzehnten Jahrhunderts sprach. Talleyrand, dessen Sinn für Zeitgeist sprichwörtlich geworden war, wurde nachdenklich. Als Orléans abgereist war, teilte er Dorothea mit, daß es nichts mehr gäbe, was er für Frankreich in London tun könne. Dorothea verdoppelte daraufhin ihre Bestrebungen, ihren Onkel zum Rücktritt zu bewegen. Auch Royer-Collard, dessen Meinung Talleyrand immer geschätzt hatte, sprach sich dafür aus.

Talleyrand schien Anfang November kurz vor der Entscheidung zu stehen. Er ließ Dorothea wissen, daß er mehr denn je entschlossen sei, zurückzutreten. Doch fände er es schwierig, wenn nicht sogar ein unmögliches Unterfangen, den entsprechenden Brief an den König zu schreiben. Vielleicht hoffte der Fürst, daß er aufgefordert würde, seinen Rücktritt persönlich vorzutragen. Vielleicht hoffte er, daß der König dann versuchen würde, ihn zu überreden, weiterhin im öffentlichen Leben für Frankreich zu verbleiben. Aber wenn er auch nur einen dieser Gedanken hegte, dann hatte er zumindest nicht mit Dorotheas Entschlossenheit gerechnet. In einer halben

Stunde hatte sie den gefürchteten Brief aufgesetzt, ließ den Entwurf von Royer-Collard überarbeiten und schickte den Brief am 13. Dezember nach Paris zum König.

Der Kampf war vorüber. Es war vollbracht. Schon bald kamen Briefe vom König und von Madame Adélaïde mit der Bitte, der Fürst möchte doch seine Entscheidung noch einmal überdenken. Madame Adélaïde bot ihm noch einen Posten in Wien an, wo man seine Dienste sehr gut brauchen könnte. Dorothea fürchtete, Talleyrand werde der Versuchung nicht widerstehen können, aber ihre Ängste waren grundlos. Talleyrand hatte nie in seinem Leben eine Entscheidung gefällt, die er nicht in allen Einzelheiten durchdacht hatte. Wenn dies auch manchmal zu Verzögerungen führte, so waren seine Entscheidungen dafür immer unwiderruflich.

Dann kam, wie um die Dinge noch im letzten Moment so kompliziert wie möglich zu machen, aus London die Nachricht, Melbournes Kabinett habe gehen müssen und damit auch Palmerston. Wellington war jetzt Premierminister; doch damit nicht genug: er hatte in Paris sofort seinen Wunsch bekundet, Talleyrand wieder in London zu haben. »Sie allein«, beeilte sich Madame Adélaïde zu schreiben, »konnten es [das Verständnis zwischen Frankreich und England] zuwege bringen, Sie allein können es bewahren.« Am gleichen Tag schrieb Louis-Philippe noch einmal und bekräftigte, was Mademoiselle schon gesagt hatte.

Das war zwar eine große Versuchung, aber Talleyrand verschwendete anscheinend keinen Gedanken mehr an sie. Die in den Briefen beschriebenen Umstände sagten ihm nur eines: er hatte für seinen Rücktritt den bestmöglichen Zeitpunkt gewählt. London bat ihn zu kommen. Paris befahl ihm praktisch, seinen Botschafterposten wieder wahrzunehmen. Er konnte sich nun zurückziehen, ohne daß sein Stolz oder sein Ruf Einbuße erlitten, und ohne, da ja Wellington nun an der Macht war, Frankreich wehzutun. Am 23. November bestätigte Talleyrand dem König und Madame Adélaïde noch einmal, daß er, bei all ihrer Güte, fest entschlossen sei, sich ins Privatleben zurückzuziehen. Dann machte er sich daran, die Vergnügungen des Alters in vollen Zügen zu genießen, bis seine Zeit abgelaufen war.

7. Teil

Die letzten Jahre
(1834-1838)

Vergessen Sie nicht, ich bin Bischof.

Talleyrand

Talleyrand stand zur Zeit seines Rücktritts im November 1834 in seinem achtzigsten Lebensjahr. Er hatte noch dreieinhalb Jahre zu leben, und diese Jahre sollten für ihn eine Zeit der Ruhe und des Glücks sein. Zwar ließ seine Gesundheit nach, und seine kranken Beine trugen ihn kaum noch; sein Geist, seine Augen und sein Gehör waren jedoch unvermindert scharf. Man darf wohl sagen, daß ihm in seinen letzten Lebensjahren ein Höchstmaß an Zufriedenheit beschieden war. In Paris war er der Salonlöwe, der erfahrenste Politiker Europas, der französische *Grandseigneur* schlechthin. In Valençay war er der hochverehrte Edelmann, umgeben von Familie, Freunden und Dienerschaft, deren Hauptaufgabe darin bestand, für das Wohlergehen des Hausherrn zu sorgen. Talleyrand hatte endlich Zeit und Muße, die drei Dinge zu genießen, an denen ihm am meisten gelegen war: die Gesellschaft seiner Lieben, die Lust am Gespräch und seinen Reichtum.

Was letzteren betraf, so gab er weiterhin sein Geld mit vollen Händen aus, allerdings nur, wenn ihm die Ausgabe durch ihren Zweck auch gerechtfertigt erschien – beispielsweise, wenn es um sein eigenes Vergnügen ging oder es seine Stellung in der Gesellschaft oder die Bedürfnisse anderer erforderten. Sein Geld wurde großzügig ausgegeben, aber nie verschwendet. Das Hauswirtschaftsgeld war streng eingeteilt, nicht aus Sparsamkeitsgründen, sondern aus einem angeborenen Ordnungssinn heraus. Als einmal seine Nichte Charlotte, Baronesse de Talleyrand, und ihre Tochter einige Tage in der Rue St.-Florentin weilten, gab er seinem Butler sorgfältige Anweisungen, für die Gäste alles Notwendige bereitzustellen, sich dabei aber auf keine extravaganten Wünsche der Damen einzulassen.

Genauso sorgfältig wie mit seinem Geld ging er mit der Auswahl der Leute um, die er bei sich haben wollte. Immer an seiner Seite war Dorothea von Dino, die Frau, der er seit zwanzig Jahren zugetan war und die sich die Schönheit sowie die charakterlichen und geistigen Eigenschaften bewahrt hatte, die Talleyrand von Anfang an an ihr so fasziniert hatten. Dazu gehörte auch seine vierzehnjährige Großnichte Pauline, Dorotheas Tochter, die Talleyrand anbetete. Pauline hatte die Anmut und das sanfte Wesen ihrer Mutter geerbt. Ihre Seele war so unverdorben, wie es nur die eines behüteten Kindes sein kann. Talleyrand war fasziniert von dieser kristallklaren Reinheit und verbrachte jede freie Minute mit ihr. In London hatten die beiden schon fast zum Stadtbild gehört: Pauline, die jeden Abend in einem Wagen vor der Botschaft auf den Fürsten wartete, der sie dann zu einer Spazierfahrt einlud. Er verbrachte mit Pauline fast ebensoviel Zeit wie mit Dorothea, und wenn sie nicht beisammen sein konnten schrieb er ihr täglich Briefe. Als sie 1835 den Sommer in der Schweiz verbrachte, fühlte sich Talleyrand elend. »Das Haus ist so leer, wenn Du nicht da bist«, schrieb er. »Ich gewöhne mich nur schwer an Deine Abwesenheit, liebe Minette« – sein Kosename für Pauline. Seine Briefe an Pauline sind ein beredtes Zeugnis für seine innige Zärtlichkeit zu ihr, aber auch für den Einfallsreichtum, mit dem er, jetzt ein Mann über achtzig, Themen erörterte, die einen jungen Menschen zu fesseln vermochten.

Seine Liebe zu Pauline beschränkte sich nicht nur auf Briefe schreiben. Er wachte mit einer Akribie über ihre Erziehung, die nur ein Mann aufbringen konnte, der die Welt allzugut kannte. Vor allem war ihm, dem ehemaligen Bischof, daran gelegen, daß sie in der Ausübung ihrer religiösen Pflichten nicht nachlässig wurde, und er bestand darauf, daß sie für ihre häufigen Besuche bei ihrem Beichtvater, Abbé Dupanloup, seinen Wagen nahm. »Er war persönlich stolz auf Paulines Frömmigkeit«, bemerkte Dorothea, »und es schmeichelte ihm, daß sie, dank seiner Bemühungen, so fromm erzogen wurde.«

Paulines Religiosität mußte sich, darauf bestand Talleyrand, in ihrer Haltung und in ihrem äußeren Erscheinungsbild zeigen. Tugend und guter Geschmack waren da untrennbar miteinander verbunden. Gegen Ende des Jahres 1835, als Pauline fünfzehn geworden war und an den ersten Bällen in den Häusern guter Freunde teilnahm, gab Talleyrand Dorothea strikte Anweisungen bezüglich der Garderobe seiner Großnichte, vor allem bezüglich des Dekolletés der jungen Dame. Er hatte ziemlich genaue Vorstellungen: »Wenn das, was eine junge Dame herzeigt, schön ist, dann verstößt es gegen die Schicklichkeit; wenn aber das, was sie herzeigt, häßlich ist, dann ist es eben nur häßlich.«

Dorothea begann im Jahre 1831, ein Tagebuch zu führen und machte regelmäßig, manchmal sogar täglich Eintragungen. Ihre Schilderungen geben ein genaues Bild über Talleyrands, ihr eigenes und das Leben von Pauline während dieser Zeit. Sie lebten, wie immer, hauptsächlich in der Rue St.-Florentin in Paris. Die Sommermonate verbrachten sie auf dem Lande. Gelegentlich hielten sie sich auch in Rochecotte auf, wo Talleyrand die Rolle des Gastes und Dorothea die Rolle der Gastgeberin spielte. An beiden Orten übten sie eine Gastlichkeit großen Stils, die eher einem Sonnenkönig als einem Bürgerkönig zu Gesicht stand. Die offiziellen Einladungen wurden durch lustige Zwischenspiele aufgelockert, so zum Beispiel durch die Aufführung der *Femmes Savantes,* in der Dorothea und die jüngeren Haushaltsmitglieder die Hauptrollen spielten. Talleyrand liebte diese Zerstreuungen besonders, versicherte Dorothea. Das Haus war stets voller Gäste. Jung und alt waren ihm gleichermaßen willkommen; es war ihm egal, ob ihm ein Parvenu oder ein Prinz, ein Handelsmann oder ein Künstler, ein Schriftsteller oder ein Staatsmann seine Reverenz erwiesen. Solange er ein Freund oder auch nur ein Bekannter war, waren die Türen in St.-Florentin immer für ihn offen.

Und so kamen sie denn. Die Jungen, um ein legendäres geschichtliches Monument zu bestaunen, die Alten, um seinen Witz und seine Weisheit noch einmal zu hören. Talleyrand empfing sie, in einem riesigen Polstersessel sitzend, das Haar im alten Stil gepudert. Mit seinem Rohrstock pflegte er auf den Boden zu klopfen und sein krankes Bein – der »Pferdehuf«, wie es die Gräfin Mirabeau genannt hatte – war auf eine Ottomane gebettet. Seine blau-grauen Augen, die nichts von ihrer früheren Schärfe verloren hatten, waren gewöhnlich halbgeschlossen. Seine Züge wirkten wie versteinert in einer Maske aus Hochmut und Gleichgültigkeit. Er war der Fürst, immer kühl, höflich und galant. Manchmal wurde er, wie einer seiner Besucher berichtete, »plötzlich lebendig, erwachte wie aus einem Dämmerzustand. Dann wurde die Konversation lebhaft, klug, brillant, tiefschürfend. Sein Geist sprühte nur so. Man war erstaunt, entzückt und hörte fasziniert zu. Dabei sprach er immer sehr laut und war dominierend im Gespräch«.

Manchmal bezogen sich seine Bemerkungen auf die Geschichte, manchmal auf seine eigene Karriere. Dabei versuchte er auch sein Verhalten vor einer neu heranwachsenden Generation von Politikern zu rechtfertigen. Zu Monsieur de Montalivet, einem jungen Mann, dem eine vielversprechende Karriere in der Politik offenzustehen schien, sagte er:

»Ihr Vater unterstützte das Kaiserreich, und Sie mögen mich nicht, weil Sie glauben, ich hätte den Kaiser verlassen. In Wirklichkeit bin ich jedem treu geblieben, der sich selber treu geblieben ist. Wenn Sie alle meine Handlungen nach diesem Gesichtspunkt überprüfen, werden Sie feststellen, daß ich immer danach gelebt habe. Wo finden Sie jemanden, der seine eigene Intelligenz aufgibt oder sein eigenes Land opfert für einen einzelnen – wer immer dieser auch sein mag, wie hochwohlgeboren oder hochbegabt auch immer?«

Nicht alle seine Reden sollten erbauen oder instruieren. Seine Zunge war so scharf wie eh und je, und seine Aussprüche, vor allem die unfreundlichen, sagte noch immer ganz Paris nach. Sie zielten gegen schlechten Geschmack, Heuchlertum und Lächerlichkeiten. Über eine Dame, die von der Mutter Natur in gewisser Hinsicht nicht übermäßig verwöhnt worden war, die aber darauf bestand, das gewagteste Dekolleté des Abends zu tragen, frotzelte er: »Ihr wäre es unmöglich, mehr zu enthüllen oder weniger zu verhüllen.«

Einmal verspätete sich ein General, der zum Abendessen geladen war, und entschuldigte sich dann damit, von einem Pekinesen aufgehalten worden zu sein. Mit eisiger Stimme fragte Talleyrand: »Darf ich fragen, General, was Sie mit ›Pekinesen‹ meinen?«

»Oh, ›Pekinese‹ ist ein Wort, das wir Soldaten für alles verwenden, was unmilitärisch ist.«

»Ach ja«, antwortete Talleyrand, »ebenso wie wir ›militärisch‹ sagen, wenn wir ›unzivil‹ meinen.«

Als er einmal Besuch von einem deutschen Diplomaten hatte, der sich als besonders geschwätzig erwies, hörte Talleyrand schweigend zu. Als der Deutsche die ungewöhnliche Stille bemerkte und seinen Redefluß unterbrach und fragte: »Was ist denn los?« antwortete Talleyrand: »Oh, entschuldigen Sie bitte. Ich habe immer gewartet, daß Sie etwas sagen.«

Solche Spitzen bekamen jedoch nur die zu spüren, die sie auch wirklich verdient hatten. Normalerweise behandelte Talleyrand seine Gäste und seine Dienerschaft mit einer Rücksichtnahme, die schon an väterliche Nachgiebigkeit grenzte. Er konnte Klatsch jeder Art nicht leiden und wollte ihn weder in seiner Gegenwart noch in seinem Haus hören. »Ich glaube nicht, daß es in ganz Paris ein Haus gab«, bemerkte Dorothea, »wo Klatsch so verachtet wurde wie im Hause Talleyrand.« Talleyrand selbst gab dafür die Erklärung: »Sicherlich, es ist leicht, sich in anderer Leute Angelegenheiten zu mischen. Ich kann das genausogut wie jeder andere. Aber was ist damit erreicht? Es würde mein Leben komplizieren und Probleme schaffen. Im übrigen bin ich für derartige Anstrengungen zu faul.«

Talleyrands beißender Witz schien die Menschen und selbst die, die ihm zum Opfer fielen, eher anzuziehen als abzustoßen, und so war das Haus immer voll. An einem einzigen Tag waren Besucher wie Jules d'Entraigues, der Herzog von Noailles, die Fürstin Schönberg, Alexis de Tocqueville, die Herzogin von Albufera, Adolphe Thiers, Monsieur de la Redorte und Monsieur Mignet, der Geschichtsschreiber, zu Gast. Und das waren nur die wenigen, die so bekannt waren, daß Dorothea es für wichtig hielt, sie in ihrer *Chronique* aufzuschreiben. Am Abend desselben Tages gab sich Talleyrand seiner »Manie, auswärts zu essen«, hin, wie Dorothea es nannte, und speiste mit Louis-Mathieu Molé.

Viele von Talleyrands Freunden und Besuchern waren Politiker, und solange noch Atem in Talleyrand war, konnte er nicht vom politischen Ränkespiel lassen. Er hatte immer noch großen Einfluß auf den König durch seine ständige Verbindung zu Madame Adélaïde. In dem langen politischen Wettstreit zwischen Thiers und Guizot nahm er Partei für Thiers. Thiers war Talleyrands Mann: Sein Intellekt war rasiermesserscharf, seine Manieren tadellos und seine Gespräche lebendig und unterhaltsam. Außerdem verband ihn eine langjährige Freundschaft mit der Herzogin von Dino. Als Thiers im Februar 1836 vom König beauftragt wurde, ein Kabinett zu bilden, war man allgemein der Meinung, Talleyrand habe die Posten besetzt. Als er im August desselben Jahres stürzte, vermutete man ebenso allgemein, Talleyrand habe ihn im Stich gelassen. In keinem Fall hatte Talleyrand jedoch wirklich eingegriffen. Ihn störte das Gerede über seinen angeblichen Einfluß. Von Thiers Sturz und von Graf Molés Nachfolge hatte er am 28. August in Valençay durch einen Brief von Madame Adélaïde erfahren. Thiers riet damals dringend zur Militärhilfe in Spanien. Der König verweigerte seine Zustimmung, und Talleyrand teilte diese Ansicht. Er hatte sich der Einmischung in spanische Angelegenheiten schon unter Napoleon widersetzt; er hatte sich ihr unter Ludwig dem Achtzehnten widersetzt, und er widersetzte sich ihr auch unter dem Bürgerkönig. Sein Einfluß in dieser Angelegenheit bestand also höchstens indirekt. Molés erste Amtshandlung war ein Brief an Talleyrand.

> »Da das neue Kabinett zur Lösung einer Frage berufen und auf Anschauungen gegründet ist, aus denen Monsieur de Talleyrands kluge Einsicht sich einen Herzenswunsch gemacht hat, so dürfen die neuen Minister wohl das beglückende Gefühl der Übereinstimmung mit ihm haben. Und ich selbst glaube zuversichtlich daran, und zähle auf Herrn Talleyrands Rat und Meinungsäußerung.«

Die Herzogin von Dino schrieb diese »nette, ehrerbietige, kleine Note« mit obigem Wortlaut aus ihrer Erinnerung in ihr Tagebuch. Am nächsten Tag empfing Frau von Dino von Guizot einen Brief, der beinahe schon ein Liebesbrief war und mit dem er sie über seinen Eintritt ins Kabinett informierte. Sie schrieb in ihr Tagebuch: »Die Freundschaft und das Vertrauen, mit denen der König Herrn von Talleyrand auszeichnet, machen es jedem Minister unmöglich, sich schlecht mit ihm zu stellen.«

Die Hochachtung des Königs für Talleyrand war damals jedem bekannt. Der Fürst war häufig Gast in den Tuilerien, manchmal bei Louis-Philippe, manchmal bei Madame Adélaïde. Bei einer solchen Gelegenheit mokierte sich der Chevalier d'Orsay, der immer nach dem letzten Stand der Mode gekleidet war, über Talleyrands hoffnungslos altmodische Kleidung. Aber auch er mußte sich der Ehrerbietung beugen, mit der Talleyrand nicht nur vom König und seiner Schwester, sondern auch von den Hofdamen behandelt wurde. Wenn man das Geräusch von Talleyrands Stock, noch weit weg, auf den Parkettböden hörte, verstummten rundum die Gespräche, und es raunte durch den Raum: »*Le prince! Le prince!*«

Der König und die königliche Familie waren bemüht, dem Mann Achtung zu erweisen, der, was auch immer seine sonstigen politischen Sünden gewesen sein mochten, in großem Maße für die Restauration der Monarchie in Frankreich verantwortlich war. Talleyrand wurde von Louis-Philippe für die kleinen und oft unbequemen Ehrenämter ausgewählt, mit denen Könige ihre Wertschätzung zum Ausdruck bringen. Im Winter 1834-35 beispielsweise mußte Talleyrand den König bei einem Besuch in Versailles begleiten. Louis-Philippe plante das Schloß nach vierzig Jahren der Verwahrlosung wieder herrichten zu lassen. Eine Palastbegehung in Versailles war wegen der ewig langen Gänge, Warteräume und Salons einfach eine Qual für einen Mann mit schwachen Beinen. »Mein Gleichgewicht«, sagte er bei dieser Gelegenheit, »ist so wacklig wie das alte Europa.«

Der Thronerbe, der Herzog von Orléans, verheiratete sich im Frühjahr 1837 in Fontainebleau. Talleyrand war Ehrengast. Während alle, auch Dorothea und Pauline, sich ein Zimmer teilen mußten, bekam Talleyrand das prächtige Gemach, das einst Madame de Maintenon, die Frau Ludwigs des Vierzehnten, bewohnt hatte. Dorothea hatte dem Tag mit gemischten Gefühlen entgegengesehen, befürchtete sie doch, daß sich die Anstrengung auf ihres Oheims Gesundheit auswirken könnte. Doch Talleyrand, der die Hochachtung von Herrschern immer entsprechend zu würdigen wußte, überlebte sowohl die Feierlichkeiten als auch die endlos lange Trauungszeremonie erstaunlich gut. »Ich fand in Fontainebleau alles so schön«, sagte er, »daß ich vergaß, müde zu werden.«

Nicht weniger feierlich war sein Empfang in der Académie Française, als Talleyrand an der Aufnahmezeremonie für Thiers teilnahm. Er trat ein, gestützt von seinem Großneffen, dem Herzog von Valençay, umgeben von den elegantesten Frauen von Paris: der Herzogin von Dino, Lady Castellane, der Gräfin von Boigne und anderen mehr. Totenstille trat ein, als der Fürst von Talleyrand den Raum betrat, und spontan erhoben sich Frankreichs berühmteste Denker, Schriftsteller und Führer von ihren Plätzen.

Und doch – trotz der hohen Achtung, die ihm alle entgegenbrachten, trotz seiner politischen Macht, trotz der Bequemlichkeit und Behaglichkeit, der Anmut und liebenswerten Schönheit, die seinen letzten Jahren geschenkt waren, fand Talleyrand den Frieden der Seele nicht. Er dachte nicht an die Gegenwart, sondern an die Vergangenheit und an die Zukunft, also an seinen Tod. Die vielen Freunde, die in den letzten Jahren gestorben waren und sein eigenes hohes Alter machten den Tod zu einem Phänomen, das ihn ständig umgab. Der Tod seiner Frau gegen Ende des Jahres 1835 und seine eigene, sich ständig verschlimmernde Gebrechlichkeit ließen ihn über die Vergänglichkeit der menschlichen Existenz nachsinnen. Als Dorothea ihm die Nachricht überbringen mußte, daß seine Frau im Sterben lag, war sie nicht so sehr über den Schock des Verlustes besorgt, denn sie wußte, daß ihm im Grunde genommen nichts an ihr lag, sondern darüber, daß der Tod »einer Person seines Alters, mit der er gelebt hatte und der er seinen Namen gegeben hatte«, seinen Zustand noch verschlimmern könnte. Er hörte ruhig zu, ohne dazu eine Bemerkung zu machen. Dann sprach er von etwas anderem. Für den Rest des Tages wurde seine Frau nicht mehr erwähnt. Am folgenden Tag dagegen sprach er unaufhörlich von ihr. Nicht traurig, denn Heuchelei konnte er noch nie leiden, sondern in aller Ruhe. Vor allem sprach er von dem Begräbnis und von den Vorkehrungen, die zu treffen wären. Er zeigte weder Kummer noch Bedauern, denn er war zu stolz, um ein Gefühl vorzutäuschen. Alles, was er verspürte, war Erleichterung. Cathérines Tod würde ihn von einer Bürde befreien, die ihn immer bedrückt hatte. Er würde nun endlich kein verheirateter Bischof mehr sein. Den ganzen Tag über war er ruhig, fast heiter; manchmal schien er fast fröhlich gestimmt zu sein, und Dorothea überraschte ihn dabei, wie er ein Liedlein summte. »Macht dir der Gedanke, daß du bald Witwer sein wirst, so gute Laune?« fragte sie ironisch. Als Antwort gab er ihr ein amüsiertes Lächeln.

Die Nachricht vom Tode der Fürstin Talleyrand kam erst am 10. Dezember 1835. Sie hatte im Sterben die Würde gezeigt, die ihr im Leben immer abgegangen war. Talleyrands einziger Kommentar, als er vom Tod seiner Frau hörte, war: »Das erleichtert meine Lage beträchtlich.« Er nahm nicht an den Trauerfeierlichkeiten teil, sondern ließ sich durch Monsieur Demion vertreten, der auch alle Formalitäten erledigt hatte.

Talleyrand litt unter immer wiederkehrenden Depressionen. Zu oft hatte er den Tod in seiner nächsten Umgebung gesehen, als daß ihn der Gedanke an seinen eigenen nicht bedrückte. Am 2. Februar 1837 schrieb er:

> »Dreiundachtzig Jahre sind vergangen. Ich vermag nicht zu sagen, daß ich zufrieden bin, wenn ich bedenke, wie ich sie verbracht hate. Wieviel unnütze Erregungen, wie viele fruchtlose Bestrebungen, nervenzerrüttende Verwicklungen, übertriebene Gemütsbewegungen, nutzlos vertane Anstrengungen, vergeudete Fähigkeiten! Wie oft habe ich Haß entdeckt, wie oft den rechten Maßstab verloren, wie viele Träume zerstört und Neigungen bis zum schalen Rest befriedigt! Und das Ergebnis von alledem? Seelische und körperliche Erschöpfung, völlige Entmutigung und ein tiefer Ekel vor der Vergangenheit. Es gibt viele Menschen, denen die Gabe oder meinetwegen auch die Unfähigkeit verliehen ist, jemals sich selbst zu erkennen. Ich besitze nur zu sehr den gegenteiligen Mangel oder meinetwegen auch Vorzug, und er wächst mit dem wachsenden Alter.«

Der Grund für Talleyrands düstere Gemütszustände war das Urteil der Nachwelt, das ihm nicht so gleichgültig war wie die Meinung der Mitwelt. Er wußte, daß dieses Urteil schon zu seinen Lebzeiten geschrieben wurde, und es ist doch nicht zu bezweifeln, daß er, der sich sein Leben lang nicht um das Gerede der Leute gekümmert hatte, sich mit einiger Besorgnis zu fragen begann, wie man nach seinem Tode über ihn denken würde. Deshalb begann er, den Umgang mit Menschen zu pflegen, die seiner Meinung nach in der Zukunft einflußreich sein würden. Balzac hatte ihn zum Beispiel in seinem 1834/35 erschienenen Buch *Père Goriot* einen Mann genannt, der auf dem Wiener Kongreß Frankreich gerettet hatte und dem die Könige Dank schuldeten, den man aber statt dessen mit Kot bewarf. Balzac wurde nach Rochecotte eingeladen. Dorothea fand ihn »gewöhnlich im Aussehen und in seinen Manieren, und sicherlich ist seine Gedankenwelt auch so. Zweifellos ist er ein kluger Mann, aber ohne Feuer und leichte Anmut im Gespräch. Er befragte und beobachtete uns alle sehr eingehend, besonders Herrn von Talleyrand.« Aber Talleyrand wußte, wie wichtig die gute Meinung dieses stämmigen, überaus elegant angezogenen, wißbegierigen kleinen Mannes war, und er setzte alles daran, ihn zu gewinnen. Die Wirkung auf Balzac war stark. »Herr von Talleyrand«, schrieb er, »ist ein erstaunlicher Mensch. Ich erlebte zwei oder drei Feuergarben gewaltiger Gedanken. Er lud mich dringend ein, ihn in Valençay zu besuchen, und ich werde es bestimmt tun, wenn er dann noch lebt!«

Bei einer anderen Gelegenheit ließ er den Dichter Lamartine einen Blick in sein Herz tun. Er war einer der ersten gewesen, die Lamartines dichterische Ausdruckskraft erkannten:

> »Die Natur hat Sie zum Dichter gemacht, die Dichtkunst wird Sie zum Redner machen. Feingefühl und Überlegungen werden Sie zum Politiker machen. Ich habe den Mirabeau vergangener Tag gekannt. Versuchen Sie, der Mirabeau der Zukunft zu sein. Er war ein großer Mann, aber er besaß nicht den Mut, unvolkstümlich zu sein. In dieser Hinsicht habe ich mehr Mannesmut als er. Ich gebe meinen Ruf aller Mißdeutung und allen Beleidigungen durch den Pöbel preis. Man hat mich für sittenlos und macchiavellistisch gehalten, ich bin aber nur gelassen und hochmütig. Ich habe niemals einer Regierung oder einem Herrscher einen bösen Rat gegeben, aber ich habe mich nicht von ihrem Sturz mitreißen lassen. Nach einem Schiffbruch braucht man einen Steuermann, der die Opfer rettet. Ich bin geistesgegenwärtig, und ich bringe sie in einen Hafen. Was für

ein Hafen das ist, spielt keine Rolle, wenn er nur Zuflucht bietet. Ich habe der öffentlichen Meinung ein Leben lang getrotzt; ich kann ihr auch noch weitere vierzig Jahre lang trotzen, wenn ich im Grabe liege. Einem Staatsmann, der anständig handeln will, stehen viele Wege offen. Ich begreife, daß mein Weg nicht der Ihre ist. Aber Sie werden mich eines Tages höher schätzen, als Sie heute ahnen. Meine sogenannten Verbrechen bestehen nur in der Phantasie von Dummköpfen. Hat ein kluger Mann es je nötig gehabt, Verbrechen zu begehen? Das Verbrechen ist das Hilfsmittel politischer Tröpfe . . . Ich habe Schwächen gehabt, vielleicht auch Untugenden, aber Verbrechen – niemals!«

Talleyrands Bemühungen, die gute Meinung der Leute zu gewinnen, die in Zukunft einflußreich sein würden, beschränkten sich nicht nur auf Menschen der Feder. In seinem hohen Alter versuchte er noch, die gute Meinung einer Dame zu gewinnen, die immer gegen ihn eingenommen war. Es war Lady Granville, die Frau des englischen Botschafters, die von Talleyrand immer als »alte Eidechse« sprach. Eines Morgens besuchte er sie. »Habe ich Dir schon berichtet«, schrieb sie danach an ihre Schwester, »daß Talleyrand mir am Mittwochmorgen einen langen Besuch abgestattet hat? Es fällt wirklich schwer und ist schmerzlich zu glauben, daß er nicht der allerbeste Mensch der Welt ist – so freundlich, so gütig, so einfach, so großmütig gibt er sich. Man vergißt sein vergangenes Leben und sein heutiges Aussehen. Stundenlang hätte ich ihm zuhören mögen.«

Aber die vorteilhafte Meinung Lady Granvilles, die Zuneigung Lamartines, die Bewunderung Balzacs – das alles genügte ihm nicht. Er hatte beobachtet, daß die Napoleonlegende vom Denken und der Phantasie der Franzosen Dauerbesitz ergriff. Er wußte: je heller in Zukunft der Ruhm Napoleons strahlte, um so schwärzer würde seine eigene Niedertracht aussehen. Deshalb machte er sich am 1. Oktober 1836 daran, etwas zu tun, was er sein ganzes Leben zu umgehen versucht hatte. Er setzte eine feierliche Erklärung auf, die nach seinem Tod seinen Erben, seinen Verwandten und Freunden verlesen werden sollte. Sie enthält eine Rechtfertigung für einige seiner Handlungen. Die Rolle, die er in der Revolution spielte, übergeht sie, aber sie erwähnt seine Säkularisation durch den Papst und drückt die Überzeugung aus, daß er dadurch völlig frei in seinen Entschlüssen geworden sei. Danach habe er beschlossen, Frankreich unter jeder Regierung zu dienen, denn immer sei es möglich und nötig, Gutes zu stiften:

»Darum habe ich dem Kaiser Napoleon gedient, wie ich dem Konsul Napoleon gedient hatte. Und ich diente ihm ehrlich, solange ich glauben konnte, daß er vorbehaltlos ein ehrlicher Diener Frankreichs war. Als ich aber den Beginn jener umstürzlerischen Unternehmungen erleben mußte, die sein Verderben wurden, verließ ich das Kabinett, und das vergab er mir nie.

Wenn ich heute in meinem zweiundachtzigsten Jahre die so zahlreichen Handlungen meines politischen Lebens – es ist ein langes Leben gewesen – in mein Gedächtnis zurückrufe und sie mit strengstem Maß messe, so komme ich zu folgendem Ergebnis:

Von keiner der Regierungen, denen ich diente, habe ich mehr empfangen, als ich gab. Keine habe ich im Stich gelassen, die sich nicht zuvor selbst im Stich gelassen hätte. Niemals habe ich den Nutzen irgendeiner Partei, meinen eigenen oder meiner Verwandten Nutzen gewogen, wenn es um den Nutzen Frankreichs ging, der übrigens, wie ich meine, nie im Widerspruch zum wahren Nutzen für Europa stand. Dieses Urteil, das ich über meine Handlungen fälle, wird, so hoffe ich, das Urteil aller unvoreingenommenen Menschen sein. Und wenn diese gerechte Beurteilung mir etwa nach meinem Tode verweigert werden würde, so genügte mir allein die Überzeugung, daß man sie mir in Wirklichkeit schulden würde, um meinen letzten Lebenstagen den Frieden zu sichern.«

Und dann folgte ein eigenartiger Abschnitt, der ohne Zweifel dazu diente, sich mit den Anhängern des Kaiserreichs auf diese Art und Weise auszusöhnen.

»Da Napoleon mich selbst in die Lage gebracht hatte, in der ich zwischen Frankreich und ihm wählen mußte, so traf ich *die* Wahl, die mir die höchste aller Pflichten vorschrieb. Aber ich tat es mit bitterem Schmerz darüber, daß ich jetzt nicht mehr wie früher den Vorteil meines Kaisers und den meines Landes als einen untrennbaren Begriff betrachten und erstreben konnte. Trotzdem werde ich bis zu meinen letzten Stunden nicht vergessen, daß er mein Wohltäter war, denn das Vermögen, das ich meinen Neffen hinterlasse, verdanke ich zum großen Teil ihm. Meine Neffen sollen nicht nur selber immer daran denken, sondern es auch ihren Kindern ins Gedächtnis pflanzen, und diese wiederum ihren Kindern, so daß das Andenken daran sich in meiner Familie von Geschlecht zu Geschlecht forterbt. Begibt es sich dann einmal, daß ein Mensch, der den Namen Bonaparte trägt, sich in einer Lage befindet, da er Hilfe oder Beistand braucht, so sollen ihm meine unmittelbaren Erben oder deren Nachkommen jede Art von Hilfe gewähren, die in ihrer Macht steht.«

In der Erklärung stand auch, daß seine Memoiren erst dreißig Jahre nach seinem Tod veröffentlicht werden sollten, und daß er all seine Papiere einschließlich der Memoiren der Herzogin von Dino hinterlasse und wenn sie vor Ablauf der drei Jahrzehnte sterben sollte, alles an Bacourt überginge, der zum Stab der Londoner Botschaft gehört habe.

Die feierliche Erklärung war für ein kleines Publikum, nur für den engsten Familien- und Freundeskreis, gedacht. Eine Gelegenheit, der Welt einige von den Schlüssen bekanntzugeben, zu denen er auf Grund großer politischer Erfahrung gekommen war, gab es, als er die Trauerrede für Graf Reinhard, seinen Nachfolger im Außenministerium in der Zeit des Direktoriums, hielt.

Die Zeremonie war für den 8. März 1838 vorgesehen. Als der Zeremonienmeister meldete: »Der Fürst!« erhoben sich alle Anwesenden von ihren Sitzen. Gestützt auf zwei Diener, begab sich der alte Mann langsam zu dem ihm freigehaltenen Platz. Er las die Rede ohne Brille, mit seiner tiefen Stimme, die so fest und wohltönend war wie nur je.

Während er Reinhards nicht gerade bemerkenswerte Laufbahn von ihrem Anbeginn her schilderte, betonte er besonders die Tatsache, daß Reinhard sich ursprünglich für die Priesterlaufbahn vorbereitet habe. Das Theologiestudium, hob er hervor, sei eine ganz ausgezeichnete Vorbereitung für den diplomatischen Dienst. An dieser Stelle war es dem Publikum mit einem Schlage klar, daß er mehr von sich selbst als von Reinhard sprach. Er beschrieb weiter die Taten des Verstorbenen und die Fähigkeiten, die er bei ihrer Ausführung bewiesen hatte. Nur eine einzige habe ihm gefehlt: sein Geist arbeitete zu langsam. Im Gespräch konnte er sich nur schwer ausdrücken, seine Schriftstücke dagegen seien Meisterwerke.

Die Hörerschaft sah sich damit ausdrücklich auf den Unterschied hingewiesen zwischen Reinhard und einem Manne, der im Gespräch niemals seinesgleichen gefunden hatte. Es folgte danach eine Darlegung, welche Eigenschaften ein vollkommener Außenminister haben müsse. Neben einem allerfeinsten Spürsinn müsse er die Fähigkeit besitzen, offenherzig zu erscheinen, während er in Wahrheit undurchdringlich bleibt. Er müsse seine Befähigung sogar durch die Wahl seiner Vergnügungen beweisen. Seine Gesprächsführung soll einfach, abwechslungsreich, voll Überraschung, immer natürlich und zuweilen treuherzig sein. Mit einem Wort: Er dürfe in den vierundzwanzig Stunden des Tages nie auch nur einen Augenblick aufhören, Außenminister zu sein.

Die einfachen, aber tiefen Wahrheiten, die Art, wie er sie aussprach, das Alter und die erstaunliche Laufbahn des Redners machten einen tiefen Eindruck auf die Zuhörer. Victor Cousin rief aus: »Es ist Voltaire, nur besser!« und alle Anwesenden bedachten den Redner mit frenetischem Beifall. Die Zeitungen urteilten, mit wenigen Ausnahmen, günstig. Talleyrand las sie voll Freude und sogar Dorothea, die »bezüglich ihres Onkels kein Wort der Kritik vertrug«, bekannte, daß »die Sache besser als erwartet gelaufen sei«.

Talleyrands Laudatio auf Graf Reinhard war seine letzte Botschaft an die Völker Europas. Sie war, wie er selber sagte, »mein Abschied an die Welt«. Seine Zeiteinteilung war, wie immer, vollkommen, denn er hatte nur noch drei Monate zu leben. Nun mußte er sich mit der Frage beschäftigen, wie man ihn in jener Welt aufnehmen würde. Er sah dem Tod ebenso entgegen, wie er es mit dem Leben getan hatte, mit derselben Ruhe und Gelassenheit, die mehr als ein halbes Jahrhundert ganz Europa in Staunen versetzt hatte. Noch hatte er eine Rechnung zu begleichen: seine Aussöhnung mit der Kirche. Als Aristokrat seiner Zeit starb man nicht als Ungläubiger, und er wußte sehr wohl, daß Paris und ganz Europa gespannt zusehen würden, wie er sein Ende meisterte.

Talleyrand hatte schon viel über diese Frage nachgedacht. Alle seine Vorfahren hatten dem katholischen Glauben angehört. Zwar hatte er das ihm aufgezwungene Priestertum immer gehaßt, im Herzen jedoch war er ein Katholik geblieben, auch wenn das für spätere Generationen vielleicht nicht so leicht zu verstehen war. Er hatte während der Revolution alles in seinen Kräften Stehende getan, Priestern, die in Lebensgefahr geraten waren, zu helfen. Er hatte immer verarmte Klöster finanziell unterstützt und hatte sich stets bemüht, Bischöfe und Theologen in seinem Haus zu begrüßen. In seinen späteren Lebensjahren hatte er regelmäßig die Sonntagsmesse besucht, besonders in Valençay, wo er als Schloßherr ein gutes Beispiel geben wollte. Er fand große Freude an Paulines Religiosität und gab auch Religionsunterricht in der Familie, wenn sich die Gelegenheit ergab.

Diese paradox erscheinende Religiosität des ehemaligen Bischofs von Autun war bekannt und ließ viele von Talleyrands Freunden hoffen. Er erhielt ständig Mitteilungen von den Klöstern und Konventen, die von ihm Unterstützung erfuhren, daß für ihn Messen und Andachten abgehalten würden. Er hatte diese Briefe in einer besonderen Schublade aufbewahrt und sprach oft mit Dorothea darüber. »Siehst du, diese guten Seelen haben mich nicht aufgegeben. Vielleicht bin ich doch nicht so schlecht wie manche Leute denken.«

All das zeichnete Dorothea sorgfältig auf. Sie waren ihr Beweis genug, daß er auf die eine oder andere Weise den Weg zurück zur Kirche finden würde. Was sie nicht wußte war, daß sich ihr Onkel längst eingehend mit diesem Gedanken beschäftigt hatte. In der ruhigen Abgeschiedenheit von Valençay hatte er viele Stunden damit zugebracht, über die Handlung nachzudenken, die von seiner Warte aus gesehen sein Leben krönen sollte. Aber er hatte diese Gedanken für sich behalten, und so war Dorothea traurig, daß es selbst zu dieser vorgerückten Stunde nicht den Anschein hatte, als wollte ihr Onkel die zur Versöhnung mit Rom nötigen Schritte unternehmen. Daher plante sie einen Feldzug, der von der Perfektion der Strategie her gut und gerne von Talleyrand hätte stammen können. Ihr erstes Geschütz feuerte sie anläßlich Paulines Firmung ab. Dorothea war damals in ständigem Kontakt mit Hyacinth-Louis de Quelen, dem Erzbischof von Paris. Er war ein frommer Mann, mutig und entschlossen, jedoch ohne die Eigenschaften, die Talleyrand so hoch schätzte: Humor, Taktgefühl und Empfindsamkeit. Trotzdem hoffte Dorothea durch seine Intervention eine Versöhnung Talleyrands mit der Kirche zu erwirken. Auf ihre Veranlassung hin hatte er nach Rom geschrieben, um zu erfragen, was nötig sei, damit Fürst Talleyrand wieder zu den Sakramenten der Kirche zugelassen würde. Die Antwort ließ nicht lange auf sich warten. Der Erzbischof könnte dem Fürsten unter folgenden Bedingungen die Absolution erteilen: die Angelegenheit mit seiner Frau müsse geklärt werden (der Brief war vor Cathérines Tod geschrieben worden); zweitens müsse der Fürst ein Schuldgeständnis ablegen und demutvoll um Wiederaufnahme in den heiligen Schoß der Kirche ersuchen; und schließlich sollte der Erzbischof »die entsprechende Person von dem Gram und dem Leid des Heiligen Vaters in Kenntnis setzen und von dem Trost, den seine Rückkehr dem Heiligen Vater bringen würde.«

Dies, soviel wußte Dorothea, war unmöglich. Talleyrand würde selbst bereuen, aber er würde sich von niemandem dazu zwingen lassen. Deshalb kam die direkte Art des Erzbischofs nicht in Frage. Sie bestand darauf, daß »passiv und vorsichtig« vorgegangen werden müßte.

Cathérines Tod vereinfachte Talleyrands Lage wirklich sehr. Er wußte, daß damit ein großes Hindernis aus der Welt geschafft war, das den Weg nach Rom noch blockiert hatte. Denselben Gedanken hatte auch der Erzbischof, der Cathérines Tod als *die* Gelegenheit betrachtete, in der Rue St.-Florentin einen Besuch abzustatten. Talleyrand war angenehm überrascht, doch kam ihm der Termin ungelegen. Aber auch zu anderen Zeiten sah er keine Möglichkeit, den Erzbischof zu empfangen, denn er wußte genau, was hinter den Kulissen vorging. Dorothea mag zwar nicht gewußt haben, was in Talleyrands Kopf vorging, aber er wußte um so besser, was in ihrem Kopf vorging. Und seiner Ansicht nach war die Zeit dafür noch nicht reif.

Dorothea wechselte also ihre Taktik und verfolgte jetzt eine Politik der kleinen Schritte. Sie ließ sich dabei keine Gelegenheit entgehen, und auf die Dauer wurde selbst der eigenwillige Talleyrand weich. Der Wendepunkt schien im Dezember gekommen zu sein, als Dorothea in Rochecotte schwer krank wurde. Talleyrand wich nicht von ihrer Seite, und sie erzählte ihm nach ihrer Genesung von einem spirituellen Erlebnis, das sie gehabt hatte. Sie fühlte sich in ihrem religiösen Glauben jetzt zutiefst bestärkt. »Also hast du einen wichtigen Moment in Deinem Leben erreicht«, sagte er zu ihr. »Erzähl mir, wie du dazu gekommen bist.« Sie erklärte, so gut sie konnte und legte dar, daß sie neben anderen Erwägungen auch an die Verpflichtungen gedacht hätte, die ihr die gesellschaftliche Stellung auferlegten. Diese Erklärung scheint bei Talleyrand einen tiefen Eindruck hinterlassen zu haben.

Zu Beginn des Jahres 1838 schrieb Dorothea in ihrer *Chronique* von einer ständigen Verschlechterung seines Zustandes. Er fieberte, hatte Atembeschwerden, und sein Bein schmerzte mehr denn je. Das Ende nahte. Talleyrand wußte es. Und er wußte auch, daß ihm keine Zeit mehr für langwierige diplomatische Schachzüge bleiben würde. Am 5. Februar bat er Dorothea, den Abbé Dupanloup, Paulines Beichtvater und Religionslehrer, einzuladen. Der Abbé sagte zwar erst zu, ließ sich aber später entschuldigen, da er wegen einer dringenden Verpflichtung nicht kommen könne. Talleyrand war enttäuscht. »Er ist weniger intelligent als ich dachte«, äußerte er Dorothea gegenüber. »Es sollte ihm wichtig sein, hierherzukommen, um seinet- und um meinetwillen.« Talleyrand vermutete wahrscheinlich mit Recht, daß Dupanloup mit ihm spielte wie der Angler mit dem Fisch. Aber es ist eine alte Weisheit, daß sich alte Fische nicht schnell an Land ziehen lassen. Womit Dupanloup nicht gerechnet hatte, war, daß Talleyrand auch Königen befohlen hatte. Prompt beschwerte er sich beim Erzbischof von Paris, der einzulenken versuchte, indem er vorschlug, der Fürst solle seine Einladung wiederholen und er selbst, der Erzbischof, werde dafür sorgen, daß dem Abbé diesmal nichts Unaufschiebbares dazwischenkommen würde. Unerwarteterweise stimmte Talleyrand zu. Noch einmal erfolgte eine Einladung, und diesmal kam der Abbé.

Das Abendessen verlief harmonischer, als man es unter den gegebenen Umständen erwartet hatte. Dupanloups Herz war von Anfang an gewonnen:

> »Man stelle sich meine Überraschung vor. Ich hatte natürlich erwartet, daß die Unterhaltung von geziemendem Ernst sein werde. Aber sie war sogar fromm. Herr von Talleyrand sprach viel über Predigten und Kanzelredner. Er führte verschiedene erlesene Predigtstellen und Aussprüche von Geistlichen an, die er in seiner Jugend gehört hatte.«

Aber auch Talleyrand war vom Abbé angetan. »Er ist ein Mann, der zu leben weiß«, sagte er zu Dorothea mit Befriedigung.

Die Herzogin von Dino schöpfte nach diesem guten Anfang wieder Hoffnung, aber sie wurde wieder enttäuscht. Mehrere Wochen vergingen. Talleyrands Kräfte ließen zusehends nach, und noch immer war nichts geschehen. Nach seiner Totenehrung auf Graf Reinhard am 4. März war Talleyrand »sehr erschöpft und sehr schwach«. Dorothea war zutiefst beunruhigt. Auf ihre Veranlassung hin ließ der Abbé anfragen, ob er den Fürst besuchen dürfte, und Talleyrand willigte ohne Zögern ein. Der Priester wurde von Pauline, Talleyrands »Schutzengel«, zu ihrem Großonkel geführt. Dann fielen Dorothea und Pauline in ihrem Zimmer auf die Knie und baten Gott um die Gnade der Reue und einen friedlichen Tod für den Fürsten. Währenddessen hatte Talleyrand den Abbé in ein lebhaftes Gespräch über seine diversen Krankheiten und die Heilmittel, die man verordnet hatte, verwickelt. Nur von Reue und Schuldbekenntnissen war keine Rede. Dupanloup berichtete danach Dorothea davon, daß der Fürst »nicht direkt vom Thema gesprochen« habe, aber daß es seiner Meinung nach »Grund zur Hoffnung« gäbe. Auf jeden Fall bescheinigte Dorothea dem Abbé, daß er Diskretion und Takt bewiesen und die Situation großartig gemeistert habe.

Jetzt aber war Dorothea fest entschlossen, die Sache zu einem Abschluß zu bringen. Während der nächsten zwei Wochen verbrachte sie viele Stunden bei Erzbischof Quelen und setzte einen Brief an den Papst auf. Er sollte, wenn Talleyrand ihn erst einmal unterzeichnet hätte, seine Wiedereingliederung in die Kirche bewirken. Einige Tage später hatte sie »eine wichtige Unterredung mit Monsieur de Talleyrand« und fand ihn in einem Zustand der Zugänglichkeit, der schier an ein Wunder grenzte.

Dadurch ermutigt, wagte der Abbé den nächsten Schritt. Er schickte dem Fürst einen Brief, in dem er ihn an seinen geliebten Onkel, den Erzbischof von Reims, und an seine Verantwortung für Paulines Glück und ihre Erbauung durch sein gutes Beispiel erinnerte. Als der Brief kam, ließ er Dorothea holen und fragte mißtrauisch: »Weißt du, was das Ganze soll?«

»Nein, ich weiß es nicht.«

Er ließ Dorothea den Brief laut vorlesen. Dorothea brach dabei mehrere Male in Tränen aus. »Lies zu Ende«, sagte er. »Da gibt es doch nichts zu weinen. Das Ganze ist eine ernsthafte Sache.«

Als sie geendet hatte, war es totenstill im Raum. »Wenn ich ernstlich krank werden sollte, würde ich einen Priester holen lassen. Glaubst du, daß der Abbé Dupanloup kommen würde?«

»Ganz gewiß würde er das tun, aber es würde nicht viel nützen, denn du müßtest ja vorher in den Schoß der Kirche zurückkehren.«

»Ja, ja«, sagte er, »ich weiß, ich muß mich irgendwie mit Rom auseinandersetzen. Darüber habe ich schon seit einiger Zeit nachgedacht.«

»Seit wann?« rief Dorothea erstaunt aus.

»Seit dem Besuch des Erzbischofs von Bourges in Valençay. Damals habe ich mich schon gewundert, warum der Erzbischof, der doch schließlich für meine Seele verantwortlich ist, nicht auf die Frage zu sprechen kam.«

»Er wird es wohl nicht gewagt haben.«

»Aber ich wäre doch sicherlich nicht erzürnt gewesen.« Dorothea nahm Talleyrands Hand und fragte ihn mit tränenerstickter Stimme: »Aber warum wartest du, daß andere auf die Frage zu sprechen kommen. Warum machst du nicht selbst den ersten Schritt? Rom und der Erzbischof von Paris sind dir sehr wohlgesonnen. Warum versuchst du es nicht?«

»Ich weigere mich ja gar nicht. Ich weiß, daß ich es tun muß. Aber ich weiß nicht, was sie von mir wollen. Warum sagt mir das niemand?«

Dorothea ging zu ihrem Schreibtisch und brachte die Liste mit den Bedingungen, auf die der Erzbischof von Quelen bestand. Talleyrand las sie, machte einige Bemerkungen dazu, hatte aber keine größeren Einwände.

Kurz nach dieser Unterredung, noch am gleichen Tag, kam die Nachricht, daß Archambaud de Talleyrand, der Bruder des Fürsten, gestorben sei. Talleyrand war sehr bestürzt. Archambaud war so plötzlich gestorben, daß er vorher keine Gelegenheit mehr gehabt hatte, seine Sünden zu beichten und die Sakramente zu empfangen. »Es ist nur eine weitere Warnung«, meinte Talleyrand zu Abbé Dupanloup, der zu einem Kondolenzbesuch vorbeikam.

Einige Tage später, als Dorothea sich zu einem Besuch bei Erzbischof Quelen fertig machte, holte Talleyrand aus einer Schublade ein Blatt Papier heraus, das auf beiden Seiten beschrieben war und viele Berichtigungen aufwies. Er gab es Dorothea und bemerkte, daß es ihr einen guten Empfang beim Erzbischof sichern würde. Das Schriftstück enthielt seinen langersehnten Widerruf, seine Bitte um Versöhnung mit Rom.

Bei ihrer Rückkehr wußte Dorothea zu berichten, daß der Erzbischof mit dem Inhalt des Schriftstücks sehr zufrieden sei, es aber in einer kirchengerechteren Form wünschte. Dies war nun wiederum nicht die Antwort, die sich Talleyrand vorgestellt hatte, aber er sagte nur: »Was immer ich schreibe, muß mit dem Datum meiner Rede in der Akademie versehen sein. Ich will nicht, daß die Leute nachher sagen, ich müßte nicht mehr Herr meiner Sinne gewesen sein, als ich dies unterzeichnete.«

Anfang Mai schien er sich so weit erholt zu haben, daß er eine kleine Ausfahrt durch Paris unternehmen konnte. Am 12. Mai jedoch überkam ihn während eines Essens mit dem Grafen von Noailles, der Fürstin Lieven und Montrond ein heftiger Schüttelfrost. Er wurde zu Bett gebracht und bekam eine Tasse heißen Tee. Nach einiger Zeit war er wieder so weit hergestellt, daß die unterbrochene Konversation fortgesetzt werden konnte, als ob nichts geschehen wäre. In der Nacht wiederholte sich der Anfall und Cruveilhier, sein Arzt, diagnostizierte ein Karbunkel in der Gürtelgegend. Die Operation dauerte lange und war äußerst schmerzhaft. Doch das einzige, was Talleyrand dabei verlauten ließ, als der Schmerz am unerträglichsten erschien, war: »Wissen Sie eigentlich, mein guter Cruveilhier, daß Sie mir sehr weh tun?«

Kaum war die Operation beendet, ließ sich Talleyrand in den Salon tragen und beteiligte sich trotz hohen Fiebers scheinbar heiter und gelassen an der Unterhaltung. Es amüsierte ihn, daß der Hund, den einer der Assistenzärzte mitgebracht hatte, aus dem Zimmer geschafft werden mußte, weil er sonst dem Arzt an die Gurgel gesprungen wäre.

Während der Nacht hielten die Schmerzen unvermindert an, das Fieber ging nicht zurück und seine Kräfte schwanden von Stunde zu Stunde. Abbé Dupanloup wurde eilends herbeigeholt, und Talleyrand empfing ihn auch sofort in seinem Zimmer. Der Priester fand »diesen alten Mann, den sterbenden Bischof«, wie er ihn nannte, sehr verändert vor. Das Gesicht war eingefallen, die Augen halbgeschlossen. Seine Stimme war jedoch immer noch klar und fest. »Mein lieber Abbé, es scheint mir so lange her, daß wir uns das letzte Mal gesehen haben. Ich bin sehr krank.« Dupanloup übergab ihm zwei Dokumente: das erste war der Text von Talleyrands Erklärung in der von Erzbischof Quelen revidierten Fassung, das zweite war der Entwurf des Briefes an den Papst. Beide müßten unterzeichnet werden, ehe die Tröstungen der Religion gewährt werden könnten, drängte der Abbé sanft. Die Spannung stieg bis ins Unerträgliche, als Talleyrand, beobachtet von Dorothea und Dupanloup, die Schriftstücke durchlas. Ohne einen Kommentar abzugeben, nahm er dann den Brief an Papst Gregor XVI. auf. Darin brachte er einen wichtigen Punkt zu seiner Entlastung vor: »Die Ehrfurcht, die ich den Urhebern meines Lebens schulde, verbietet mir nicht zu sagen, daß meine ganze Jugend einem Beruf gewidmet war, für den ich nicht geboren bin.« Nun fehlte nur noch die Unterschrift. Statt diese nun endlich zu vollziehen, wandte er sich an Dupanloup und verlangte zu erfahren, warum seine eigene Version denn nun nicht adäquat gewesen sei. Schließlich habe er sie genau überlegt, und sie habe alles Notwendige enthalten.

Dupanloup war die Sache sehr unangenehm, aber er fand doch irgendwie den Mut zu antworten: »Fürst, diejenigen, die Sie kennen, werden ohne Zweifel in diesen Seiten alles finden. Aber Sie müssen zugeben, daß es hierzulande viele Leute gibt, die nicht zu lesen wissen. Und, wenn Sie mir erlauben, das zu sagen: es gibt einige, die, wenn es um Sie geht, nicht sehr gut lesen.«

Dies war die Art von Antwort, die Talleyrand gern mochte und auch akzeptierte. »Seien Sie so liebenswürdig, mir den Text dazulassen, Herr Abbé. Ich möchte ihn noch einmal lesen.«

Schweren Herzens kam der Abbé diesem Wunsch nach und berichtete dem Erzbischof davon. Der Prälat rang die Hände, hob die Augen zum Himmel und flüsterte: »Diese Hemmnisse kommen vom Satan!« Damit zeigte der Bischof, daß er den reuigen Sünder im Grunde genommen nicht verstand. Montrond kam wahrscheinlich in seiner Erklärung den Tatsachen schon näher: »Damals ging es ihm [Talleyrand] vornehmlich um zwei Dinge. Erstens wollte er nicht außerhalb der Kirche sterben, und zweitens wollte er erst wieder im letzten Moment in den Schoß der Kirche zurückkehren, damit er sich nicht noch mit den sarkastischen Kommentaren der ganzen Welt auseinandersetzen mußte.«

Am nächsten Tag kam der Abbé wieder an das Krankenbett. Der Fürst saß, von Kissen gestützt, in seinem Bett. Die untere Körperhälfte war unbeweglich und er konnte wegen der Operationswunde nicht flach im Bett liegen. »Der Erzbischof sendet Ihnen seine guten Wünsche und Gebete«, begann Dupanloup. »Werden Sie jetzt das Schriftstück unterzeichnen?«

»Übermitteln Sie bitte dem Erzbischof meinen Dank. Und sagen Sie ihm, daß alles rechtzeitig erledigt sein wird.«

Dupanloup ging in das Vorzimmer und berichtete Dorothea und Pauline darüber. Die Herzogin und ihre Tochter waren von panischer Angst erfüllt, daß der Fürst unversöhnt mit der Kirche sterben könnte. Pauline wurde beauftragt, das zu versuchen, was weder der Abbé noch Dorothea zu erreichen vermocht hatten. Das Mädchen brach in Tränen aus und ließ sich vom Abbé Dupanloup segnen. Dann begab sie sich in das Krankenzimmer. Einige Minuten später kam sie mit leeren Händen wieder heraus. Ihr Großonkel hatte ihr nur versichert, daß er »morgen zwischen fünf und sechs Uhr früh« unterzeichnen werde.

Daraufhin betrat Dupanloup noch einmal Talleyrands Zimmer: »Fürst, kann ich dem Erzbischof sagen, daß wir morgen auf Ihre Unterschrift hoffen dürfen?« Der Sterbende unterbrach ihn scharf: »Sprechen Sie nicht von Hoffnung, reden Sie von Gewißheit, denn es ist gewiß.« Talleyrands Entschluß, erst am nächsten Morgen zu unterschreiben, brachte für seine Familie eine weitere Nacht des Wachens und qualvollen Wartens. Es schien unwahrscheinlich, daß der Sterbende die Nacht noch überleben würde. Pauline wagte noch einen Vorstoß. Wieder wurde sie sanft, aber bestimmt zurückgewiesen, mit der Begründung, daß es noch nicht sechs Uhr sei.

Um vier Uhr morgens am 16. Mai 1838 warteten der Abbé, die Herzogin von Dino und Pauline vor der Tür des Krankenzimmers. Bei ihnen waren fünf Zeugen, die der Erzbischof von Paris ausgesucht hatte: der Fürst von Poix, der die Aristokratie des *Ancien Régime* verkörperte; St.-Aulaire, der Botschafter in Wien, und Barante, der Botschafter in St. Petersburg als Vertreter der Diplomatie; Royer-Collard und Molé, Präsident des Rats, als Vertreter der Regierung. Um fünf Uhr betraten sie alle das Sterbezimmer. Kein Geräusch war zu hören.

Nach einigen Augenblicken hob Talleyrand den Kopf, öffnete die Augen und blickte um sich. Er begrüßte die Anwesenden und fragte dann, wie spät es sei. Als irgendeiner antwortete »Sechs Uhr!« hielt der gewissenhafte Abbé es für seine Pflicht, diese fromme Lüge zu berichtigen. »Noch nicht, Fürst, es ist erst fünf Uhr!«

»Gut«, sagte Talleyrand. Und dann wartete man weiter.

Nach einer halben Stunde ging die Tür auf, und ein Mädchen, ganz in Weiß gekleidet, kam herein. Es war Marie de Talleyrand, die Tochter von Charlotte, Baronesse de Talleyrand. Die Kleine ging an jenem Morgen zu ihrer ersten heiligen Kommunion. Sie kniete vor Talleyrand nieder und sagte: »Lieber Onkel, ich bitte Sie um Ihren Segen.«

»Mein Kind, ich wünsche dir viel Glück im Leben, und wenn ich irgend etwas dazu beitragen kann, so will ich es von ganzem Herzen gern tun.«

»Du kannst es«, schaltete sich Dorothea ein, »indem du sie segnest.« Er streckte die Hand aus und tat es.

Die Uhr schlug sechs. Der Fürst gab ein Zeichen, und der Herzog von Valençay und Bacourt näherten sich, um ihn zu stützen. Pauline und Dorothea knieten nieder, die anderen Zeugen standen. Die Herzogin verlas dann das Dokument noch einmal laut und übergab es ihrem Onkel. Der Sterbende nahm es und setzte ohne weiteres Zögern seinen Namenszug darunter: *Charles-Maurice, Prince de Talleyrand.* Der Brief an Papst Gregor wurde ebenso rasch unterzeichnet. Beide Dokumente trugen nach Talleyrands Wunsch das Datum des 10. März – einem Tag aus der Woche, in der er seine Rede auf Graf Reinhard gehalten hatte. Es war vollbracht. Die Schriftstücke wurden unverzüglich dem wartenden Erzbischof überbracht, der sie mit einem Sonderkurier nach Rom bringen ließ.

Talleyrand war wieder eingeschlafen. Um acht Uhr erwachte er durch ein Lärmen im unteren Stockwerk. Ein königlicher Bote stürzte in den Raum und meldete die Ankunft Seiner Königlichen Majestät, Louis-Philippe, König der Franzosen. Als Louis-Philippe, gefolgt von Prinzessin Adélaïde, eintraf, saß Talleyrand in untadeliger Haltung auf seiner Bettkante, zum letzten Mal in seinem Leben. Der König gab sich etwas ungelenk. »Es tut mir leid, Fürst«, sagte er, »Sie bei solchen Schmerzen zu sehen.«

»Sire«, antwortete Talleyrand mit seiner tiefen, festen Stimme. »Sie sehen einen sterbenden Mann vor sich. Alle, die sich wirklich um ihn sorgen, wünschen sich nur eins, daß es bald zu Ende sein möge.«

Dann stellte Fürst Talleyrand, der Großkämmerer, noch ein letztes Mal alle im Raum Anwesenden dem König vor. Als der König sich nach einigen Augenblicken wieder verabschiedete, raffte sich Talleyrand mit seinen allerletzten Kräften auf und machte eine tiefe Verbeugung. »Sire«, sagte er, »Sie haben heute unserem Haus eine Ehre erwiesen, die wert ist, in unsere Annalen einzugehen, eine Ehre, an die sich meine Nachfahren mit Stolz und Dankbarkeit erinnern werden.« Und zu Madame Adélaïde, die etwas länger blieb, sagte er: »Madame, ich liebe Sie sehr.«

Als die hohen Gäste gegangen waren, schlief Talleyrand erschöpft ein. Abbé Dupanloup stand in seinem Priestergewand vor ihm, als er erwachte. Nun war die Stunde gekommen, in der der Fürst seine Sünden beichten und die Absolution erteilt bekommen sollte. Er hatte die Sakramente fast ein halbes Jahrhundert nicht mehr empfangen. Das Zimmer leerte sich, und die beiden blieben allein zurück. Als die Türen sich wieder öffneten, drängten Familienangehörige, Freunde und Dienerschaft herein. Als Dupanloup Talleyrands Handflächen ölen wollte, um so die heilige Ölung vorzunehmen, protestierte Talleyrand: »Nein, nein, Herr Abbé. Vergessen Sie nicht – ich bin Bischof.«

Dupanloup änderte das Ritual entsprechend der Vorschrift für Bischöfe und benetzte die Handrücken mit Öl. Als die Zeremonie beendet war, schloß der Fürst seine Augen und schien zu schlafen.

In der Zwischenzeit hatten sich die Räume und die Straße vor dem Haus mit Menschen gefüllt, die Talleyrand kannten: Staatsmänner, Schriftsteller, Freunde, Traurige und Neugierige, Gleichgültige und Weinende. Das ganze Haus war wie immer von Gesprächsgemurmel erfüllt. Am frühen Nachmittag öffnete sich die Tür, und ein Diener stolperte, halb blind vor Tränen, heraus, um den Arzt hereinzuholen. Der Arzt eilte zum Kranken, und alle folgten ihm in das Krankenzimmer. Talleyrand saß, von Bacourt und Dupanloup gestützt, auf dem Bett. Er hob noch einmal den Kopf und sah um sich. Dann fiel sein Haupt schwer auf seine Brust. Es war 3.55 nachmittag am 17. Mai 1838. »Wir knieten um das Bett meines Onkels, beteten und weinten«, berichtete Pauline. »Als der Arzt den Tod bekanntgab, küßten wir alle zum letzten Mal seine Hand. Sie war schon ganz kalt.«

Das Zimmer leerte sich. Zurück bei dem Toten blieben nur Dorothea und Pauline. Ein Priester, der für Talleyrands Seelenfrieden betete, leistete ihnen in dieser schweren Stunde Gesellschaft. In Windeseile verbreitete sich in Paris, was die letzten Besucher in der Rue St.-Florentin gesehen und gehört hatten.

Bei Sonnenuntergang wußte es ganz Paris: »Der Fürst ist tot.«

Zeittafel

1754	2. *Februar: Charles-Maurice de Talleyrand-Périgord in Paris als zweites Kind von Charles-Daniel de Périgord, Graf von Talleyrand, und seiner Frau Alexandrine-Arie-Victoire-Eléonore de Damas d'Antigny geboren.* 23. August: Dauphin Ludwig, der spätere Ludwig XVI., in Versailles geboren.
1754-1758	*Charles-Maurice bei einer Pflegestelle am Stadtrand von Paris.*
1755	10. Februar: Montesquieu gestorben. 1. November: Erdbeben von Lissabon. 2. November: Erzherzogin Marie Antoinette, Tochter Maria Theresias und Franz I., geboren.
1756-1763	Siebenjähriger Krieg.
1756	16. Januar: Westminster-Konferenz zwischen Preußen und England. 1. Mai: Erster Versailler Vertrag: Französisch-österreichisches Verteidigungsbündnis.
1757	1. Mai: Zweiter Vertrag von Versailles. Frankreich tritt in den Siebenjährigen Krieg ein. 17. Oktober: Ferchault de Réaumur, Biologe und Physiker, gestorben.
1758	*Charles-Maurice erleidet einen Unfall. Eine lebenslange Gehbehinderung ist die Folge.* *Für zwei Jahre lebt er bei Marie-Françoise de Rochechouart, Fürstin von Chalais, seiner Urgroßmutter.* 6. Mai: Maximilien de Robespierre geboren.
1759	März: Dritter Vertrag von Versailles zwischen Frankreich und Österreich. 21. Mai: Joseph Fouché geboren. 27. Juli: Maupertuis, Physiker und Mathematiker, gestorben. 28. Oktober: Georges Danton geboren. Voltaires »Candide« erschienen.
1760-1769	*Charles-Maurice auf dem Collège d'Harcourt in Paris. Freundschaft mit Auguste de Choiseul.*

ab 1760	Industrielle Revolution in England.
1760	17. Oktober: Claude-Henri de Saint-Simon geboren.
	25. Oktober: Georg II. von England gestorben. Auf den Königsthron folgt ihm sein Onkel Georg III.
1761	15. August: Dritter Bourbonischer Familienvertrag. Das Spanien Karls III. tritt der Koalition zwischen Frankreich und Österreich gegen England und Preußen bei.
1762	*Archambaud, zweiter Bruder von Charles-Maurice, geboren. Cathérine-Noël Worlée in Tranquebar geboren.*
	5. Januar: Kaiserin Elisabeth von Rußland gestorben. Ihr Nachfolger Peter III. wird nach dreimonatiger Herrschaft ermordet. Katharina II. zur russischen Zarin gekrönt.
	Verbot des Jesuitenordens in Frankreich (1764 Aufhebung des Ordens).
1763	*Charles-Maurice de Talleyrand erkrankt an den Blattern.*
	10. Februar: Friede von Paris. Frankreich verliert den größten Teil seines nordamerikanischen Gebiets. England wird führende Kolonialmacht.
	15. Februar: Friede von Hubertusburg zwischen Österreich, Preußen und Sachsen.
	Rousseaus »Contrat social« erschienen.
1764	*Boson, Talleyrands dritter Bruder, geboren.*
	12. September: Jean Philippe Rameau gestorben.
1765	18. August: Kaiser Franz I. gestorben. Joseph II. folgt ihm auf den Thron.
	James Watt baut die erste Dampfmaschine.
1766	23. Februar: Durch den Tod des einstigen Polenkönigs Stanislas Leszcynski fallen die Herzogtümer Lothringen und Bar an Frankreich.
	Louis de Bougainville tritt seine dreijährige Reise um die Welt an.
1767	23. Oktober: Benjamin Constant de Rebecque, der spätere Dichter und Politiker, in Lausanne geboren.
1768-1774	Russisch-türkischer Krieg.
1768	4. September: François-René de Chateaubriand geboren. Frankreich kauft Korsika von Genua.
1769	*Talleyrand reist nach Reims an den Hof des Erzbischofs Charles-Antoine de la Roche-Aymon.*
	Er wird zur Priesterlaufbahn bestimmt, während sein Bruder Archambaud das Erbrecht erhält.
	2. Februar: Papst Clemens XIII. gestorben.

19. Mai: Clemens XIV. wird Nachfolger auf dem Stuhl Petri.

15. August: Napoleon Bonaparte in Ajaccio/Korsika geboren.

Voltaires Roman »La Princesse de Babylone« erschienen.

1769-1774	*Talleyrand im Priesterseminar von Saint-Sulpice.*
1770	19. April/16. Mai: Ludwig Dauphin und Marie Antoinette von Österreich heiraten. Hochzeitsfeierlichkeiten in Wien und Versailles.

30. Mai: François Boucher gestorben.

James Cook entdeckt die australische Ostküste bis zur Torresstraße.

1771/72	*Bekanntschaft mit Dorothée Dorinville.*
1772	5. August: Erste Teilung Polens.
1773	15. Mai: Clemens von Metternich in Konstanz geboren.
1774	10. Mai: Ludwig XV. gestorben. Sein Enkel besteigt als Ludwig XVI. den Thron Frankreichs.

22. September: Papst Clemens XIV. gestorben.

Turgot wird zum Generalkontrolleur der Finanzen, Vergennes zum Außenminister ernannt.

Der Marineminister Sartine beginnt mit dem Ausbau der französischen Seestreitkräfte.

1775-1783	Nordamerikanischer Freiheitskrieg.
1775-1777	*Student an der Sorbonne. Freundschaft mit Choiseul und Louis de Narbonne.*
1775	15. Februar: Pius VI. zum Papst gewählt.

April: Talleyrand zum Subdiakon in St.-Nicolas-du-Chardonnet geweiht. Er wird Abt von St. Rémy in Reims.

Unter dem Kriegsminister Graf Saint-Germain beginnt die Heeresreform.

1776	Januar: Turgots Reform-Edikte.

12. März: Ludwig XVI. erzwingt vom Pariser Parlament die Einregistrierung dieser Edikte.

10. Mai: Sturz Turgots.

4. Juli: Unabhängigkeitserklärung der 13 nordamerikanischen Kolonien.

1777	Kriegsminister Graf Saint-Germain gestürzt.

Necker wird Finanzminister.

1778/79	Bayerischer Erbfolgekrieg.
1778	6. Februar: Handels- und Bündnisverträge von Versailles zwischen Frankreich und den Vereinigten Staaten.

Frankreich tritt in den Krieg gegen England ein.
Voltaire kehrt nach Paris zurück.
Begegnung mit Talleyrand und Benjamin Franklin.
30. März: Voltaires »Irène« uraufgeführt.
30. Mai: Voltaire gestorben.
2. Juli: Jean-Jacques Rousseau gestorben.
Catherine-Noël Worlée heiratet Georges Francis Grand.

1779   13. Mai: Friede von Teschen. Ende des Bayerischen Erb-
folgekrieges.
8. August: In Frankreich Abschaffung der Leibeigen-
schaft auf den königlichen Besitzungen.
*September: Talleyrand zum Diakon geweiht und in die Erz-
diözese von Reims aufgenommen.*
18. Dezember: Priesterweihe.

1780   *Mai: Talleyrand wird Generalbevollmächtigter des Klerus.*
29. August: Jean Auguste Dominique Ingres geboren.
29. November: Maria Theresia gestorben. Ihr Sohn Joseph II. folgt auf den Kaiserthron.

1781   Neckers »Compte rendu au Roi«, der erste Staatshaus-
halt in Frankreich.
Entlassung Neckers.
30. März: Turgot gestorben.
19. Oktober: Washington siegt bei Yorktown.

1782/83 *Beginn der Beziehungen zur Gräfin Adelaïde de Flahaut.*
1783   *Talleyrand lernt William Pitt in Reims kennen.*
23. Januar: Stendhal (Henri Beyle) geboren.
3. September: Friede zu Versailles. England erkennt die
Unabhängigkeit der USA an.
21. Oktober: Erster Ballonflug von Jacques und Joseph
Mongolfier.
29. Oktober: Jean le Rond d'Alembert gestorben.
Ludwig XVI. ernennt Calonne zum Generalkontrolleur
der Finanzen.
Die Verfassung der Vereinigten Staaten von Amerika
wird verkündet.

1783/84 *Geburt des illegitimen Sohnes Charles de Flahaut.*
1784   Vergennes vermittelt den Frieden zwischen Rußland
und der Türkei.
31. Juli: Denis Diderot gestorben.

1785   Vertrag von Fontainebleau zwischen dem Reich und
den Niederlanden.
Halsbandaffäre um Marie Antoinette.

1786	17. August: Friedrich II., der Große, gestorben. Sein Neffe Friedrich Wilhelm II. wird König von Preußen. Französisch-englischer Handelsvertrag. Edmund Cartwright erfindet den mechanischen Webstuhl.
1787-1792	Letzter Krieg Österreichs und Rußlands gegen die Türken.
1787/88	Adelsrevolution in Frankreich. Wirtschaftskriese.
1787	*Nach dem Tod des Erzbischofs von Bourges geht das Bistum an den Bischof von Nancy, nicht wie erwartet an Talleyrand über.*

22. Februar – 25. Mai: Notabelnversammlung in Versailles, erstmals seit 1626.

9. April: Ludwig XVI. entläßt Calonne.

18. Mai: Loménie de Brienne wird Generalkontrolleur der Finanzen.

25. Mai: Ludwig XVI. löst die Notabelnversammlung auf.

6. August: Das Parlament von Paris fordert die Einberufung der Generalstände.

14. August: Brienne verbannt das Parlament nach Troyes.

Aufruhr in Paris.

Das Parlament kehrt zurück.

September: Englisch-preußische Intervention in Holland.

Österreichisch-russischer Krieg.

Vergennes gestorben. Montmorin wird Außenminister.

1788	*2. Mai: Der Erzbischof von Lyon gestorben. Sein Nachfolger wird nicht Talleyrand, sondern de Marboeuf, der Bischof von Autun.*

8. Mai: Ludwig XVI. erzwingt die Reform des Justizwesens.

Entmachtung der Parlamente. Unruhen in verschiedenen Landesteilen.

7. Juni: Aufstand in Grenoble.

August: Unruhen in der Dauphiné. Die Generalstände werden einberufen. Brienne abgelöst.

Agrarkrise in Frankreich. Mißernte. Teuerung.

Necker als Finanzminister zurückberufen.

Die Parlamente erhalten ihre Rechte wieder.

6. November – 12. Dezember: Notabelnversammlung.
Dezember: Charles-Daniel, Graf von Talleyrand, gestorben.
Er setzte sich noch kurz vor seinem Tod beim König für die
Wahl seines Sohnes zum Bischof ein.

1789   *16. Januar: Talleyrand in Issy zum Bischof von Autun ge-*
weiht; zudem wird er Graf von Saulieu und Baron d'Issy-Le-
veque, Lucenay, Grosme und Touillon.

4. März: Proklamation der amerikanischen Verfassung.
12. April: Talleyrand reist nach Paris.

5. Mai: Die französischen Generalstände treten erstmals seit 1614 in Versailles zusammen.

15./17. Juni: Der Dritte Stand konstituiert sich als Nationalversammlung (1789-1791 Verfassunggebende
Versammlung).

20. Juni: Ballhaus-Schwur.

12. Juli: Gesetz über die Zivilkonstitution des Klerus.

14. Juli: Sturm auf die Bastille.

Talleyrand zum Mitglied der Verfassunggebenden Versamm-
lung gewählt.

4. August: Die Nationalversammlung schafft die Feu-
dalordnung und die Standesprivilegien ab.

26./27. August: Erklärung der Menschen- und Bürgerrechte.

5./6. Oktober: Die Pariser Marktfrauen ziehen nach
Versailles. Die königliche Familie muß nach Paris zurückkehren.

10. Oktober: Talleyrand setzt die Verstaatlichung der Kir-
chengüter durch. Auch Kron- und Emigranten-Güter wer-
den eingezogen.

Talleyrand lernt Gouverneur Morris und Madame de Staël
kennen.

Dezember: Gründung der Jakobinerklubs in Paris,
dann in ganz Frankreich.

1790   *Februar: Talleyrand zur Präsidenten der Nationalversamm-*
lung gewählt.

20. Februar: Kaiser Joseph II. gestorben. Leopold II.
wird Nachfolger.

19. Juni: Abschaffung des erblichen Adels in Frankreich.

12. Juli: Zivilverfassung des Klerus. Verstaatlichung der
französischen Kirche, Priesterwahl, Aufhebung der
Klöster.

14. Juli: Talleyrand liest die Messe zum Föderationsfest.
September: Necker flieht in die Schweiz.
Dezember: Talleyrand legt den Treueid auf die Verfassung ab.
Er verzichtet auf die Bischofswürde.
Den Eid leisten auch der Bischof von Orléans, Loménie de Brienne, der Erzbischof von Sens und der Bischof von Viviers.

1791   *Ende der Liaison mit Adelaïde de Flahaut. Beginn der Beziehung zu Germaine de Staël.*
2. April: Mirabeau gestorben.
20.-25. Juni: Der Fluchtversuch der französischen Königsfamilie scheitert in Varennes.
17. Juli: Gemetzel auf dem Marsfeld.
27. August: Pillnitzer Deklaration. König Friedrich Wilhelm II. von Preußen und Kaiser Leopold II. beschließen, die französische Monarchie zu stützen.
3. September: Die Verfassung tritt in Kraft.
14. September: Ludwig XVI. leistet den Eid auf die Verfassung.
30. September: Auflösung der Nationalversammlung.
1. Oktober: Einberufung der Legislative (Gesetzgebende Versammlung).
Die adeligen Emigranten werden durch Dekret bis zum 1. Januar 1792 nach Frankreich zurückbefohlen.

1792-1797   Erster Koalitionskrieg Frankreichs gegen Österreich und Preußen.

1792 (Jahr I)   *Januar: Talleyrand als »persönlicher Vertreter« (Botschafter) in London. Frostige Aufnahme.*
1. März: Leopold II. gestorben. Sein Sohn folgt als Franz II. auf den Kaiserthron.
10. März: Narbonne entlassen.
15. März: Talleyrand kehrt nach Frankreich zurück. Neuer Außenminister wird Charles-François Dumouriez, der sich mit Talleyrand um ein Bündnis mit England bemüht.
April: Talleyrand exkommuniziert.
20. April: Frankreich erklärt Österreich und Preußen den Krieg. *Talleyrand und Chauvelin gehen daraufhin als Gesandte nach London.*
20. Juni: Erster Sturm auf die Tuilerien.
5. Juli: Talleyrand wieder in Paris.
7. Juli: Abstimmung gegen Pétion.
13. Juli: Nationalversammlung setzt Pétion wieder ein.

10. August: Erstürmung der Tuilerien.

13. August: Suspendierung der königlichen Gewalt. Ludwig XVI. und seine Familie werden in den Temple gebracht.

2.-6. September: Massaker in den Gefängnissen (»Septembermorde«). Zweite Welle der Adelsemigration.

Talleyrand erhält erneut den Auftrag, als Gesandter nach London zu gehen.

Er zieht dort in die Woodstock Street in Kensington.

20. September: Kanonade von Valmy. Rückzug der preußischen Truppen. Die Revolutionsheere besetzen das linke Rheinufer und erobern Belgien.

21. September: Der Nationalkonvent tritt zusammen. Abschaffung der Monarchie. Das Jahr I der Französischen Republik beginnt.

5. Dezember: Talleyrand auf der Liste der geächteten Emigranten.

11.-26. Dezember: Prozeß gegen König Ludwig XVI.

1793

21. Januar: Ludwig XVI. wird hingerichtet. Das deutsche Reich, England, Holland, Spanien, Portugal, Sardinien und Neapel schließen sich daraufhin der antifranzösischen Koalition an.

31. Januar/1. Februar: Kriegserklärung England–Frankreich.

10. März: Das Revolutionstribunal wird eingerichtet.

6. April: Einsetzung des Wohlfahrtsausschusses unter Vorsitz von Danton.

April: Talleyrand muß in einer finanziellen Krise seine Bücher versteigern lassen.

Er kann nach Juniper Hall (Surrey/Mickleham) übersiedeln.

31. Mai-2. Juni: Unruhen in Paris. Sturz der Girondisten.

13. Juli: Jean Paul Marat ermordet.

17. Juli: Abschaffung aller grundherrlichen Rechte.

27. Juli: Robespierre in den Wohlfahrtsausschuß gewählt.

Sommer: Madame de Staël zu Besuch in Juniper Hall.

23. August: Dekret über die allgemeine Wehrpflicht; der Nationalkonvent beschließt auf Initiative Carnots die »Levée en masse«.

27. August: Toulon von den Engländern besetzt.

September: Beginn der Schreckensherrschaft.

9. Oktober: Gesetz über die Ausübung der Kulte.

16. Oktober: Königin Marie Antoinette hingerichtet.

4. Dezember: (14. Frimaire): Das Massaker von Lyon beginnt.

19. Dezember: Toulon von den Revolutionstruppen eingenommen. Bonaparte Hauptmann der Artillerie.

Rußland und Preußen verständigen sich über die zweite Teilung Polens.

1794
6. Februar: Ende des Massakers in Lyon.

15. Februar: Talleyrand muß England verlassen. Er geht nach Amerika.

Bei einem Aufenthalt in Falmouth lernt er General Benedict Arnolds kennen.

März: In Philadelphia. Bekanntschaft und Verbindung mit Alexander Hamilton, Graf von Noailles, Marquis de Blancons, Omer Talon, Herzog de la Rochefoucauld-Liancourt, Graf von Moré. Während seines Amerika-Aufenthalts Reisen mit Beaumetz, Heydecoper und Courtiade durch die Staaten New York, Connecticut und Massachusetts.

Freundschaft mit Antoine de la Forest.

24. März: Hinrichtung Héberts und seiner Anhänger.

5. April: Danton und Desmoulins hingerichtet.

13. April: Der Dichter Chamfort (Nicolas Sébastien Roch) in Paris gestorben.

4. Juni: (16. Prairial): Robespierre wird Präsident des Konvents.

8. Juni (20. Prairial): Fest des Höchsten Wesens.

14. Juli: Fouché aus dem Jakobinerklub ausgeschlossen.

25. Juli: André Chenier hingerichtet.

27. Juli (9. Thermidor): Sturz Robespierres.

Talleyrands Schwägerin Madeleine de Périgord hingerichtet.

28. Juli: Saint-Just und Robespierre hingerichtet.

November: Schließung der Jakobinerklubs.

1795
Jahresanfang: Talleyrand und Casenove gründen zusammen zwei Landerschließungsgesellschaften in Holland.

Januar: Dritte Teilung Polens.

1.-4. April: Volksaufstand in Paris. Er wird von General Pichegru niedergeschlagen.

5. April: Friede von Basel zwischen Frankreich und Preußen. Die Rückkehr der Emigranten wird möglich.

20.-22. Mai: Erneute Unruhen in Paris.

28. Mai: Auflösung des Revolutionstribunals.

8. Juni: Ludwig XVIII. im Temple gestorben. Daraufhin nimmt in Verona der Graf von Provence den Titel Ludwig XVIII. an.

9. August: Fouché verhaftet.

22. August: (5. Fructidor): Die neue Verfassung wird angenommen.

3. September: Talleyrands Petition um Rückkehr wird vom Nationalkonvent positiv beantwortet.

5. Oktober: Barras putscht gegen die Rechten. Militärische Mitwirkung Bonapartes.

27./28. Oktober: Bildung der neuen Nationalversammlung.

1796   27. Febr.: Bonaparte läßt den Pantheonklub schließen.

2. März: Er wird Befehlshaber der Italienarmee.

9. März: Heirat mit Joséphine Beauharnais.

26. März: Beginn des Italienfeldzugs.

16. April: Aufstand der Babouvisten (Anhänger Babeufs) niedergeschlagen.

18. April: Vorfriede von Leoben.

13./15. Juni: Talleyrand kehrt nach Frankreich zurück.

31. Juli: Bei Madame de Genlis in Hamburg.

21. September: In Paris.

23. September: Talleyrand wird offiziell als Mitglied des Instituts der Wissenschaften und Künste empfangen.

September: Napoleon besiegt die Österreicher bei Bassano.

November: Er siegt erneut bei Arcole.

1797-1799   Rastätter Kongreß.

1797   *Affäre mit Madame Delacroix.*

Talleyrand lernt Cathérine-Noël Worlée Grand kennen.

Januar: Napoleons Sieg bei Rivoli.

Februar: Napoleon wiederum siegreich bei Mantua.

27. März: Alfred de Vigny geboren.

9. Juli: Edmund Burke gestorben.

Sommer: Talleyrand zum Minister des Äußeren ernannt.

3./4. September (17./18. Fructidor): Barras' Staatsstreich gegen das Direktorium. Paris unter Kriegsrecht.

Talleyrand im Briefwechsel mit Bonaparte.

17. Oktober: Friede von Campoformio zwischen Frankreich und Österreich.

Belgien und das linke Rheinufer gehen an Frankreich, Österreich erhält Venedig.

	16. November: Friedrich Wilhelm II. gestorben. Sein Sohn Friedrich Wilhelm III. besteigt den preußischen Thron.

16. November: Friedrich Wilhelm II. gestorben. Sein Sohn Friedrich Wilhelm III. besteigt den preußischen Thron.

5. Dezember: Napoleon Bonaparte wieder in Paris.

1798   *3. Januar: Talleyrands Fest für Joséphine Beauharnais-Bonaparte. Napoleon und Madame de Staël lernen sich kennen.*

19. Januar: Auguste Comte geboren.

5. März: Talleyrand unterbreitet dem Direktorium seine Pläne für den Ägypten-Feldzug.

24. April: Eugène Delacroix, mutmaßlicher natürlicher Sohn Talleyrands, geboren.

19. Mai: Die französische Flotte läuft von Toulon aus. Beginn des Ägypten-Feldzugs unter Napoleon.

Talleyrands beabsichtigte Reise zu Verhandlungen nach Konstantinopel kommt nicht zustande.

Bruch mit Madame de Staël.

1799-1802   Zweiter Koalitionskrieg gegen Frankreich.

1799   Emanuel Joseph Sieyès ins Direktorium aufgenommen.

Eroberung von Jaffa.

Syrien-Feldzug.

12. März: Frankreich erklärt Österreich den Krieg. Zweiter Koalitionskrieg.

20. Mai: Honoré de Balzac geboren.

Juli: Talleyrand tritt als Regierungsmitglied zurück.

20. Juli: Der von ihm empfohlene Fouché wird Polizeiminister.

23. Juli: Schlacht von Abukir.

13. August: Fouché läßt den Jakobinerklub schließen.

23. August: Napoleon kehrt nach Frankreich zurück.

29. August: Papst Pius VI. gestorben.

9. Oktober: Napoleon landet in Frejus.

9. November (18. Brumaire): Staatsstreich Napoleon Bonapartes.

21. November: Talleyrand wieder Außenminister.

Dezember: Napoleon Erster Konsul auf zehn Jahre.

Verkündung der neuen Verfassung.

Barras muß Paris verlassen.

1799-1804   Konsularregierung Napoleons.

1800   14. März: Pius VII. wird Papst.

5. Mai: Napoleon beginnt seinen zweiten Italienfeldzug.

14. Juni: Schlacht bei Marengo.

10. Oktober: Aufdeckung eines angeblichen republikanischen Komplotts.

Gründung der Bank von Frankreich.

1801   Januar: Die royalistische Verschwörung unter Chevalier de Coigny bzw. »Chevalier Joubert« wird bekannt.

9. Februar: Mit dem Frieden von Lunéville kommen die Verhandlungen Talleyrands mit Österreich zum Abschluß. Frankreich behält das linke Rheinufer.

23. März: Zar Paul I. ermordet. Alexander I. folgt auf den russischen Thron.

Oktober: Joseph Bonaparte schließt den Vorvertrag mit England ab. Talleyrand wird übergangen.

9. November: Verhaftung des Jakobiners Chevalier.

1802   *Talleyrand kehrt offiziell in den Laienstand zurück.*

26. Februar: Victor Hugo geboren.

27. März: Friede von Amiens zwischen Frankreich und England.

24. Juli: Alexandre Dumas d. Ä. geboren.

2. August: Napoleon Konsul auf Lebenszeit.

10. September: Talleyrand heiratet Cathérine-Noël Grand.

15. September: Fouché in Ungnade.

Konkordat zwischen Frankreich und der katholischen Kirche.

Piemont wird annektiert.

1803   *Talleyrands Bemühungen um Frieden zwischen England und Frankreich erfolglos.*

25. Februar: Der Reichsdeputationshauptschluß zu Regensburg bringt das Ende des alten deutschen Reiches.

Mai: Talleyrand erwirbt den Besitz Balençay im Indre.

11. Dezember: Hector Berlioz geboren.

1804   Januar/Februar: Verschwörung zwischen Moreau, Pichegru und Cadoudal gegen Napoleon aufgedeckt.

12. Februar: Immanuel Kant gestorben.

9. März: Widerrechtliche Verhaftung des Herzogs von Enghien.

20. März: Hinrichtung.

März: Code Civil (»Code Napoléon«) veröffentlicht.

Mai: Napoleon »Kaiser der französischen Republik«.

Talleyrand wird Hofkämmerer.

1. Juli: George Sand geboren.

November: Geheimabkommen zwischen Österreich und Rußland.

2. Dezember: Kaiserkrönung Napoleons.

23. Dezember: Charles-Augustin Sainte-Beuve geboren.

Alexander Hamilton fällt im Duell.

1805 Dritter Koalitionskrieg gegen Frankreich.

Mai: Napoleon krönt sich in Mailand zum König von Italien. Seine Schwester Elisa wird Prinzessin von Lucca und Piombino.

1. Oktober: Napoleon überschreitet den Rhein. *Talleyrand in Straßburg.*

Französische Truppen besetzen Wien.

17. Oktober: Die Feste Ulm kapituliert.

21. Oktober: Admiral Nelson besiegt bei Trafalgar die französisch-spanischen Seestreitkräfte und fällt im Gefecht.

2. Dezember: Dreikaiserschlacht bei Austerlitz. Sieg Napoleons über die russischen und österreichischen Truppen.

15. Dezember: Vertrag zu Schönbrunn zwischen Preußen und Frankreich.

26. Dezember: Friede von Preßburg. Gebietsverluste für Österreich. Napoleon König der Langobarden. Bayern und Württemberg werden Königreiche.

Die Auseinandersetzungen zwischen Napoleon und Talleyrand nehmen zu.

1806/07 Vierter Koalitionskrieg.

1806 1. Januar: Abschaffung des Revolutionskalenders.

Talleyrand wird Fürst von Bénévent.

23. Januar: William Pitt gestorben. Lord Grenville wird Premierminister von England.

März: Joseph Bonaparte König von Neapel.

Juni: Louis Bonaparte König von Holland.

Metternich wird österreichischer Botschafter in Paris.

12. Juli: Bildung des Rheinbundes unter Führung Frankreichs.

Juli: Vorvertrag zwischen Rußland und Frankreich.

6. August: Franz II. dankt als römisch-deutscher Kaiser ab (als Franz I. bleibt er wie schon seit 1804 Kaiser von Österreich). Ende des Heiligen Römischen Reiches Deutscher Nation.

22. August: Jean-Honoré Fragonard gestorben.

13. September: Charles Fox gestorben.

14. Oktober: Schlacht bei Jena und Auerstedt. Frankreich siegt über die preußischen Armeen.
Oktober: Talleyrand bei Hortense Beauharnais, Königin von Holland.
Er begleitet Napoleon auf seiner Reise nach Berlin.
21. November: Kontinentalsperre gegen England verfügt.
Jahresende: In Warschau. Talleyrand macht Napoleon mit der Gräfin Marie Walewska bekannt.

1807   7. Februar: Napoleon siegt bei Eylau über die russischen Truppen.
Juni: Sieg bei Friedland.
7.-9. Juli: Friede von Tilsit zwischen Frankreich, Rußland und Preußen. Das Königreich Westfalen und das Großherzogtum Warschau entstehen; Danzig wird freie Stadt, Rußland erhält ostpreußische Gebiete.
August: Talleyrand tritt zurück. Nachfolger wird Jean-Baptiste Nompère de Champagny.
Oktober: Beginn der Bauernbefreiung in Preußen.

1808-1814   Krieg Napoleons gegen Spanien und Portugal.

1808   26. Februar: Honoré Daumier geboren.
2. Mai: Aufstand in Madrid.
5. Mai: König Karl von Spanien verhandelt in Bayonne mit Napoleon. Abtretung des Throns an den König von Frankreich. Prinz Ferdinand, seine Brüder und der Herzog von San Carlos werden nach Balençay in Gefangenschaft gebracht.
Juni: Joseph Bonaparte Regent von Spanien. Joachim Murat König von Neapel.
Juli: Revolte in Madrid.
September: Talleyrand mit Napoleon in Erfurt zu Verhandlungen mit Zar Alexander. Brautwerbung um die Großherzogin Katharina von Rußland.
4. Nov.: Beginn des Feldzugs gegen Spanien. Murat erobert Madrid. Joseph Bonaparte König von Spanien. Gerard de Nerval geboren.

1809   Krieg Österreichs gegen Frankreich (Fünfter Koalitionskrieg).
Tiroler Aufstand unter Andreas Hofer.
12. April: Österreicher fallen in Bayern ein.
22. April: Edmond de Talleyrand-Périgord heiratet Dorothea von Kurland in Frankfurt.

Talleyrand lernt die Brautmutter, die Herzogin von Kurland, kennen.

13. Mai: Wien gefallen.

21./22. Mai: Niederlage Napoleons bei Aspern (Eßling).

5./6. Juli: Schlacht bei Wagram. Napoleon besiegt die österreichischen Truppen.

6. Juli: Pius VII. in Rom verhaftet und nach Fontaine-bleau gebracht. Frankreich annektiert den Kirchen-staat.

14. Oktober: Friede von Schönbrunn.

15. Dezember: Napoleons Ehe mit Joséphine gelöst.

Talleyrand zeigt offen seine Opposition gegen Napoleon. Aussöhnung mit Fouché.

Wirtschaftliche Unruhen. Bankrott der Banken. *Auch Talleyrand muß sein Haus verkaufen.*

1810	20. Februar: Andreas Hofer in Mantua hingerichtet.

1. März: Frédéric Chopin geboren.

27. März: Kaiser Napoleon heiratet Marie-Louise, die Tochter des österreichischen Kaisers Franz I.

2. Juni: Fouché als Polizeiminister entlassen und zum Generalgouverneur von Rom ernannt.

11. Dezember: Alfred de Musset geboren.

1811	20. März: Napoleons Sohn, der König von Rom, gebo-ren.

Jahresende: Talleyrand und seine Nichte Dorothea wohnen in der Rue St.-Florentin.

1812	*Die Beziehung zu Dorothea vertieft sich.*

14. März: Französisch-österreichische Allianz.

Mai: Fürstentag zu Erfurt.

24. Juni: Napoleons Rußlandfeldzug beginnt.

15.-20. September: Brand von Moskau.

ab 19. Oktober: Rückzug der Großen Armee.

26.-28. Oktober: Übergang über die Beresina.

3. Dezember: Napoleon kehrt allein nach Paris zurück.

Napoleon bietet Talleyrand den Posten des Außenministers an.

30. Dezember: Russisch-preußische Konvention von Tauroggen.

1813/14	Deutsche Befreiungskriege.
1813	16. März: Preußen erklärt Frankreich den Krieg.

15. April: Napoleon reist von Paris ab.

20./21. Mai: Schlacht bei Bautzen.

22. Mai: Richard Wagner geboren.

11./12. August: Österreich tritt dem Bündnis gegen Frankreich bei.

16.-19. Oktober: Völkerschlacht bei Leipzig. Napoleon unterliegt den Alliierten.

31. Oktober: Auflösung des Rheinbundes.

1814   1. Januar: Blücher überschreitet bei Kaub den Rhein.

1. Februar: Er siegt bei La Rothière.

3. März: Vertrag von Balençay. Die spanischen Prinzen Ferdinand, Carlos und Antonio kehren von Talleyrands Besitzung nach Spanien zurück.

31. März: Die Alliierten ziehen in Paris ein.

1. April: Sturz Napoleons.

6. April: Abdankung. Napoleon wird nach Elba verbannt.

10. April: Rückkehr der Bourbonen. Ludwig XVIII. wird König von Frankreich.

16. April: Bildung der neuen Regierung unter dem Grafen von Artois.

3. Mai: Ludwig XVIII. zieht in Paris ein.

8. Mai: Talleyrand zum Außenminister ernannt.

20. Mai: Pius VII. kann nach Rom zurückkehren.

30. Mai: Erster Pariser Friede.

4. Juni: Der König erläßt die »Charte constitutionelle«. Londoner Konferenz zwischen England, Rußland, Österreich und Preußen.

September: Wiener Kongreß. Zur französischen Delegation gehören Talleyrand, der Herzog von Dalberg, der Herzog von Artois, der Marquis de la Tour du Pin-Gouvernet, der Graf de la Besnardière, Graf von Jacourt und Talleyrands Nichte Dorothea.

23. September: Ankunft in Wien.

30. September: Die Verhandlungen zwischen den Generalbevollmächtigten beginnen. Isolierung Talleyrands.

31. Oktober: Talleyrand fordert eine »commission générale«. George Stephenson baut die erste Dampflokomotive.

1815   12. Januar: Der Fünferrat trifft sich erstmals.

1. März: Napoleon landet bei Cannes. Die »Herrschaft der Hundert Tage« beginnt.

9. März: Talleyrand in Preßburg am Sterbebett von Madame de Brionne.

18. März: Ludwig XVIII. flieht nach Gent.

Cathérine de Talleyrand verläßt Paris und geht nach England.

20. März: Napoleon zieht in Paris ein. Murat dankt als König von Neapel ab.

Carnot wird Innenminister.

25./27. März: England, Preußen, Österreich, Rußland und Frankreich verbünden sich gegen Napoleon.

1. April: Bismarck geboren.

8. Juni: Wiener Kongreßakte. Das Gleichgewicht der europäischen Großmächte wird wiederhergestellt. Bundesakte. Gründung des Deutschen Bundes. Die französische Delegation kehrt nach Paris zurück.

18. Juni: Schlacht bei Waterloo. Blücher und Wellington besiegen Napoleon.

19. Juni: Talleyrand in Aachen.

Er folgt Ludwig XVIII. von Brüssel nach Mons. Nach einer Auseinandersetzung Entlassung Talleyrands.

22. Juni: Napoleon dankt erneut, zugunsten des Königs von Rom ab.

8. Juli: Ludwig XVIII. kehrt nach Paris zurück.

Talleyrand wird Präsident des Kronrates und Außenminister, Fouché Polizeiminister.

28. Juli: Napoleon nach St. Helena verbannt.

24. September: Talleyrand tritt zurück. Der Herzog von Richelieu wird sein Nachfolger. Polizeiminister ist Elie Decazes.

26. September: Heilige Allianz zwischen Zar Alexander I., Kaiser Franz I. von Österreich und König Friedrich Wilhelm III. von Preußen.

28. September: Talleyrand zum königlichen Großkämmerer ernannt.

Der mit Dorothea liierte Graf Clam-Martinitz fordert Edmond de Périgord zum Duell.

Oktober: Dorothea geht zu Graf Clam-Martinitz nach Wien zurück. Talleyrand versucht ihre Rückkehr zu erreichen.

13. Oktober: Joachim Murat in Kalabrien erschossen.

20. November: Zweiter Pariser Frieden zwischen Frankreich und den Alliierten. Frankreich muß Gebiete abtreten und Reparationen zahlen.

Dezember: Talleyrand erhält das Recht, seinen Pair- und Fürstentitel auf den Bruder zu vererben.

1816   4./5. Januar: Entlassung und Verbannung Fouchés.

5. Januar: Amnestiegesetz beschlossen.

21. *Februar: Dorothea kehrt nach Paris zurück.*
Talleyrand läßt Balençay renovieren. Es ist von nun an Sommersitz.
Bekanntschaft mit Paul Royer-Collard und Adolphe Thiers.
Juni: Talleyrand zur Hochzeit des Herzogs von Berry und Prinzessin Caroline von Sizilien.
18. *November: Talleyrand wird wegen beleidigender Reden für drei Monate vom Hof verbannt.*
Benjamin Constants »Adolphe« erscheint.

1817   *Januar: Talleyrand bietet Metternich seine Korrespondenz mit Bonaparte zum Kauf an.*
Choiseul-Gouffier, Botschafter in Konstantinopel, Staatsminister und Mitglied des Rates unter Ludwig XVIII., gestorben.
14. Juli: Madame de Staël gestorben.
Oktober: Talleyrand erhält den erblichen Herzogstitel.
18. Oktober: Wartburgfest der deutschen Burschenschaftler.
Dez.: Edmond de Périgord wird Herzog von Dino.
Bankrott Edmonds.
Du Pont de Nemours gestorben.
Jahresende: Cathérine kehrt nach Paris zurück. Sie wohnt bis zu ihrem Tod in Auteuil.

1818   *Scheinbare Aussöhnung zwischen Edmond und Dorothea.*
5. Mai: Karl Marx geboren.
17. Juni: Charles Gounod geboren.
August: Karlsbader Beschlüsse
Herbst: Kongreß von Aachen. Vorzeitiger Abzug der Besatzungstruppen aus Frankreich.
29. *Dezember: Pauline, Dorotheas Tochter, geboren.*
Elie Herzog von Decazes wird Nachfolger Richelieus im Amt des Ministerpräsidenten.

1819   *Dorothea und Edmond trennen sich endgültig.*
20. Juni: Jacques Offenbach geboren.
Decazes tritt zurück.
Frankreich schafft den Sklavenhandel ab.
Erste Fahrt eines Ozeandampfers.

1820   Beginn der Revolution in Spanien und Portugal.
29. Januar: Georg III. von England gestorben. Sein Sohn Georg IV. wird englischer König.
13. Februar: Ermordung des Herzogs von Berry, des Thronfolgers der Bourbonen.

15. Mai: Wiener Schlußakte.

26. Dezember: Fouché in Triest gestorben.

1821-1829 Griechischer Unabhängigkeitskrieg.

1821 7. April: Charles Baudelaire geboren.

5. Mai: Napoleon auf St. Helena gestorben.

12. Dezember: Gustave Flaubert geboren.

Joseph Graf von Villèle wird nach dem Rücktritt Decazes Ministerpräsident.

Madame de Rémusat gestorben.

Revolution in Piemont-Sardinien.

1822 Erfindung der Photographie durch Niepce.

1823 3. August: Lazare Carnot in Magdeburg gestorben.

Französische Intervention in Spanien. Hinrichtung der spanischen Revolutionsführer.

9. Oktober: René Savary, Herzog von Rovigo, beschuldigt Talleyrand der Beteiligung an der Hinrichtung des Herzogs von Enghien.

2. Dezember: Monroe-Doktrin. Prinzip der Nichteinmischung in Angelegenheiten der USA.

1824 *September: Talleyrand am Sterbebett König Ludwigs XVIII.*

16. September: Tod des Königs. Karl X. folgt auf den französischen Thron.

1825 29. Mai: Krönung Karls X.

1826 19. Oktober: François Joseph Talma, Schauspieler, gestorben.

1827 26. März: Ludwig van Beethoven gestorben.

1828 *Guerri de Maubrieul, Marquis d'Oravault, schlägt Talleyrand nieder.*

21. April: Hippolyte Taine geboren.

Frankreich greift in den griechischen Unabhängigkeitskrieg ein.

1829 29. Januar: Barras in Chaillot gestorben.

Juli: Vicomte de Martignac Ratspräsident.

August: Jules de Polignac wird sein Nachfolger im Amt.

Balzac beginnt die »Comédie Humaine«.

1830-1831 Polnische Revolution.

1830 *Erste Ausgabe der Zeitung »National«, herausgegeben von A. Thiers und A. Carrel, finanziert von Talleyrand.*

25. Juni: Georg IV. von England gestorben. Wilhelm IV. wird König.

Juni/Juli: Regierungsumbildung. Bei Neuwahlen siegen die Liberalen.

24. *Juli: Talleyrand in Paris.*

25. Juli: Karl X. unterzeichnet Notverordnungen.

26. Juli: Ausbruch der »Juli-Revolution«. Der König dankt ab und flieht nach England.

27.-29. Juli: »Trois Glorieuses«.

31. Juli: Der Herzog von Orléans vom Volk als Führer proklamiert. Karl X. in Rambouillet.

2. August: Karl X. dankt zugunsten seines Enkels, des Herzogs von Bordeaux, ab.

9. August: Der Herzog von Orléans wird als Louis-Philippe I. König der Franzosen.

24. *September: Talleyrand reist als Botschafter nach England. Dorothea und Pauline folgen.*

Nach England erkennen auch Rußland, Österreich, Preußen und die übrigen europäischen Staaten Louis Philippe I. an.

Talleyrand begegnet in London dem russischen Botschafter Fürst Lieven und seiner Frau, dem Herzog von Wellington sowie dem Außenminister Lord Aberdeen.

4. November: Verhandlungen um die belgische Frage beginnen in London.

Charles Graf von Flahaut, wohl Talleyrands natürlicher Sohn, als französischer Gesandter und möglicher Amtsnachfolger in England.

Die englische Regierung unter Wellington tritt zurück. Lord Charles Grey bildet ein gemäßigtes liberales Kabinett.

8. Dezember: Benjamin Constant in Paris gestorben.

20. Dezember: Belgiens Unabhängigkeit wird beschlossen.

1831	4. Juni: Leopold von Sachsen-Coburg wird zum König von Belgien gewählt.
	Dezember: Antwerpen kapituliert.
1832	22. März: Johann Wolfgang von Goethe gestorben.
	21. September: Sir Walter Scott gestorben.
	Jahresende: Prinzessin von Vaudémont gestorben.
1834-1839	Karlistenkrieg in Spanien.
1834	19. *August: Talleyrand kehrt nach Frankreich zurück. Dorothea und Pauline folgen.*
	26.-29. *Oktober: Der Herzog von Orléans zu Besuch in Balençay.*
	13. *Dezember: Entlassungsgesuch Talleyrands.*

Winter: Mit dem König zur Besichtigung in Versailles.
Gründung des Deutschen Zollvereins.

1835   2. März: Kaiser Franz I. von Österreich gestorben.
Ferdinand I. wird Nachfolger.
Jahresende: Cathérine de Talleyrand gestorben.

1836   Putschversuch Louis Napoleons in Straßburg.
Februar – August: Thiers Ministerpräsident.
August: Molé folgt im Amt nach.
Armand Carrel im Duell gefallen.
1. Oktober: Talleyrand verfaßt seine »Rechtfertigung«.

1837   *Frühjahr: Hochzeit des Herzogs von Orléans in Fontaine-*
bleau. Talleyrand nimmt an den Feierlichkeiten teil.
20. Juni: Wilhelm IV. von England gestorben. Königin
Victoria besteigt den englischen Thron.
Daguerre erfindet sein photographisches Verfahren.

1838   *8. März: Talleyrand hält die Trauerrede für den ehemaligen*
Außenminister Graf Reinhard.
Archambaud de Talleyrand-Périgord gestorben.
12. Mai: Talleyrand wird operiert. Zunehmende Verschlech-
terung des Gesundheitszustands.
16. Mai: Talleyrand unterzeichnet die Dokumente seines Wi-
derrufs und der Aussöhnung mit der Kirche.
Louis-Philippe I. besucht ihn am Sterbebett.
17. Mai: Talleyrand gestorben.

Bibliographie

I. Talleyrands eigene Werke

Talleyrands zahlreiche *Motions, Opinions, Réponses, Rapports* und *Interventions* sind in den *Archives parlementaires* oder beim *Moniteur* aufbewahrt, wo sie unter seinem Namen im Register auftauchen. Die unten aufgeführten Werke sind gesondert veröffentlicht worden. Als eine Kuriosität der modernen Historiographie sei vermerkt, daß keine Gesamtausgabe von Talleyrands umfangreicher Korrespondenz existiert. Die unten aufgeführten Einzelausgaben erfassen nur bestimmte Zeitabschnitte seiner Laufbahn oder enthalten nur die Korrespondenz mit einigen Zeitgenossen. In diesen Zusammenhang wäre auch G. Lacour-Gayets Buch *Talleyrand* zu stellen, das, auszugsweise oder im Gesamttext, viele bis dato unveröffentlichte Briefe enthält.

L'Assemblée Nationale aux Français. Paris, ohne Datum.
    Talleyrands Rechtfertigung der Politik der Nationalversammlung, gehalten am 11. Februar 1790.
Communication faite au Sénat dans sa séance du 15 Pluviôse, an XIII. Paris, ohne Datum.
Compte de la dépense du ministère des Relations extérieures . . . Paris, an VII (1799).
    Talleyrands Ausgabenaufstellung des Außenministeriums in der Zeit 1796-1799.
Compte de la dépense du ministère des Relations extérieures . . . Paris an IX (1801).
    Die Ausgabenaufstellung des Außenministeriums für die Zeit 1799-1801.
»Correspondance de Talleyrand avec le Premier Consul pendant la campagne de Marengo«, Hrsg. Comte Boulay de la Meurthe in *Revue d'histoire diplomatique*, Bd. VI, S. 182.
    Eine Sammlung von Briefen, die Talleyrand und Bonaparte während des italienischen Feldzugs, 1800, austauschten. Die Beziehungen zwischen dem Ersten Konsul und seinem Außenminister waren damals noch ausgezeichnet, und Talleyrands Briefe sind

eine interessante Mischung von guten Ratschlägen und Bewunderung.

»Correspondance de Talleyrand et de Bacourt«, in *Le Correspondant*, März-Juli 1893.

Correspondance diplomatique de Talleyrand: Le ministère de Talleyrand sous le Directoire, hrsg. mit Einführung und Anmerkungen von G. Pallain. Paris 1891.

Talleyrands offizieller Briefwechsel als Außenminister in der Zeit des Direktoriums. Einige der darin enthaltenen Briefe (wie auch einige aus den beiden folgenden Quellen) sind auch in Talleyrands Memoiren zu finden. Der von Pallain herausgegebene Text ist aber wahrscheinlich der genauere.

Correspondance diplomatique de Talleyrand: La mission de Talleyrand à Londres . . ., hrsg. mit Einführung und Anmerkungen von G. Pallain. Paris, 1887.

Talleyrands Diplomatenkorrespondenz während der Mission in London 1792, einschließlich der Briefe an das Außenministerium und an einzelne Personen, wie auch an Lord Lansdowne in den Vereinigten Staaten.

Correspondance diplomatique de Talleyrand: L'ambassade de Talleyrand à Londres, hrsg. mit Einführung und Anmerkungen von G. Pallain. Paris 1891.

Talleyrands offizielle Korrespondenz während seiner Botschafterzeit in London 1830-1834.

Correspondance du comte de Jaucourt . . . avec le prince de Talleyrand pendant le Congrès de Vienne, hrsg. mit Einführung und Biographie von M. Le Visse de Montigny. Paris, 1905.

Korrespondenz und Depeschen Talleyrands an das Außenministerium während des Wiener Kongresses 1814-1815.

Correspondance inédite du prince de Talleyrand et du roi Louis XVIII., hrsg. mit Einführung, Kommentar und Anmerkungen von G. Pallain. Paris, 1881.

Briefwechsel zwischen Talleyrand und Ludwig XVIII. während des Wiener Kongresses 1814-1815, aufbewahrt im Außenministerium. Zwischen dem von Pallain herausgegebenen und dem Text der *Mémoires* gibt es nur geringfügige Unterschiede, obwohl ersterer wahrscheinlich der verläßlichere ist.

Des Loteries, par M. l'évêque d'Autun. Paris, 1789.

Talleyrands Kommentar gegen die staatliche Lotterie.

Discours de M. le prince de Bénévent au Roi. Paris, ohne Datum.

Talleyrands Ansprache an Ludwig XVIII. vom 2. Mai 1814 anläßlich der Vorstellung des Senats.

Discours prononcé par le ministre des Affaires étrangères. Paris, ohne Datum.

Talleyrands Rede vor der Pairskammer am 8. September 1814 bezüglich der Annahme neuer Gesetze zur Regelung der Staatsfinanzen in der wiederhergestellten Monarchie.

Eclaircissements donnés par le Citoyen Talleyrand à ses Compatriotes. Paris, an VII (1799).

Talleyrands Erklärung bezüglich der Jorry-Affäre anläßlich seines Rücktritts als Außenminister im Jahr 1799.

Eloge de M. le comte Reinhard. Paris, 1838.

Die vielgepriesene Lobrede auf Graf Reinhard, gehalten vor der Akademie am 3. März 1838.

Essai sur les avantages à tirer de colonies nouvelles dans les circonstances présentes, Hrsg. M. d'Hauterive, Paris an VII (1799).

Talleyrands Plädoyer für die Schaffung neuer Kolonien, gehalten im Institut am 3. Juli 1797.

»Les Etats-Unis et l'Angleterre en 1795« in *Revue d'histoire diplomatique*, Bd. III, Paris 1889.

Text von Talleyrands Vortrag über die amerikanisch-britischen Handelsbeziehungen, gehalten im Institut am 4. April 1797.

Er wurde im Jahre 1805 in London unter folgendem Titel veröffentlicht: *Mémoire sur les relations commerciales des Etats-Unis avec l'Angleterre*. Im Jahr 1809 wurde er in Boston unter dem Titel *Memoir Concerning the Commercial Relations of the United States with England* abgedruckt.

»Intervention de Talleyrand sur l'article 6 de la déclaration des droits de l'homme« in *Archives parlementaires,* Bd. VIII.

Talleyrands Vorschlag vom 21. August 1789 in der Nationalversammlung bezüglich Artikel VI der Menschenrechtserklärung.

»Lettres à Madame Adélaïde« in *Nouvelle Revue rétrospective*. Paris, 1901-1902.

Briefe an die Schwester des Königs Louis-Philippe während Talleyrands Zeit als Botschafter in London 1830-1834.

»Lettres de Talleyrand à Caulaincourt«, Hrsg. J. Hanoteau in *Revue des deux mondes* Bd. XXIX, S. 782; Bd. XXX, S. 142.

Korrespondenz mit Louis Caulaincourt, Herzog von Vicenze, während seiner Zeit als Botschafter in St. Petersburg (1807-1811) und seiner Zeit als Außenminister 1813-1814.

»Lettres de Talleyrand à Madame de Staël«, in *Revue d'histoire diplomatique,* Bd. IV, S. 79, 290.

»Lettres de Talleyrand à Metternich«, Hrsg. Jean de Bourgoing in *Napoléon*, No. 95, 1965.

»Lettres et billets du prince de Talleyrand et M. Royer-Collard«, hrsg. mit Einführung von P. Royer-Collard in *Mélanges de la Société des bibliophiles français*, Bd. I, S. 3, 1903.

Talleyrands Briefwechsel mit dem Führer der Doktrinären während der letzten Jahre der Zweiten Restauration und in der Julimonarchie.

Lettres inédites de Talleyrand à Napoléon, hrsg. mit Einführung und Kommentaren von Pierre Bertrand. Paris, 1889.

Briefe an Napoleon vom Beginn des Konsulats an bis zu Talleyrands »Ungnade« und dem Verlust seiner Position als Großkämmerer im Jahre 1809.

Mémoires du prince de Talleyrand.

Einführung und Anmerkung von Herzog von Broglie. Paris, 1891-1892, 5 Bde.

Eine neue französische Ausgabe der Memoiren Bd. I und Bd. II, hrsg. von Paul Couchoud, erschien im Jahre 1957. Sie enthält eine ergänzende wertvolle Dokumentation.

Band I und II, die Zeit 1754-1808 und 1809-1814 umfassend, haben größtenteils erzählenden Charakter und sind, zumindest im biographischen Teil, unvollständig. Band III (1815-1830), Band IV (1830-1832) und Band V (1832-1834) enthalten hauptsächlich den offiziellen Briefwechsel und nur kurze erzählende Passagen, wobei der Wiener Kongreß und die Botschafterzeit in London die größte Aufmerksamkeit erfahren. Die *Mémoires* waren in der Form, in der sie etwa fünfundfünfzig Jahre nach Talleyrands Tod veröffentlicht wurden, wahrscheinlich bis zu einem gewissen Grad von Bacourt, dem Verwalter des literarischen Nachlasses Talleyrands, verfälscht, jedoch ist ihre Authentizität nie ernsthaft bezweifelt worden. (Eine gründliche Diskussion der Authentizität und Glaubwürdigkeit der *Mémoires* findet sich in den Werken von P. Bertrand, G. Lacour-Gayet und J. Flammermont, die in der Bibliographie dieses Buches aufgeführt sind.) Die fast ausschließliche Behandlung von politischen Fragen, hinter denen Talleyrands persönliches Leben zurücktrat, rief bei der Erstveröffentlichung große Enttäuschung und Skepsis hervor.

Le ministre des Relations extérieures au citoyen Camille Corona, Rom 1798.

Ein von Talleyrand unterzeichneter Brief, datiert vom 3. Germinal, Jahr VI, in dem er der Regierung von Rom im Namen der Direktoren gratulierte.

Motion de M. l'évêque d'Autun sur les mandats impératifs. Paris, ohne Datum.

Talleyrands Stellungnahme vor der Versammlung am 7. Juli 1789 über die Abschaffung des imperativen Mandats.

Motion de M. l'évêque d'Autun sur la proposition d'un emprunt faite à l'Assemblée nationale par le premier ministre des Finances, et sur la consolidation de la dette publique. Versailles, ohne Datum.

Rede vor der Nationalversammlung am 27. August 1789, in der er geeignete Maßnahmen für eine Staatsanleihe vorschlägt.

Motion de l'évêque d'Autun sur les biens ecclésiastiques. Versailles, ohne Datum.

Talleyrands Rede vom 10. Oktober 1789 über die Konfiszierung der Kirchengüter durch den Staat.

Opinion de M. l'évêque d'Autun sur les banques et sur les rétablissements de l'ordre dans les finances. Paris, 1789.

Talleyrands Bericht vom 4. Dezember 1789 als Prüfer der Diskontbank.

Opinion de M. lévêque d'Autun sur la fabrication des petites monnaies. Paris, ohne Datum.

Talleyrands Rede vom 12. Dezember 1790 über die Neuprägung von Geld.

Opinion de M. le prince de Talleyrand sur le projet d'adresse en réponse au discours du Roi. Paris 1823.

Die für den 3. Februar 1823 vorbereitete Rede gegen die Regierungspläne eines Krieges mit Spanien (Die Rede wurde nie gehalten, da die Debatte geschlossen wurde, ehe Talleyrand aufgerufen war. In die Protokolle wurde sie jedoch aufgenommen.)

Opinion de M. le prince duc de Talleyrand sur le projet de loi relatif à la répression des délits commis par la voie de la presse. Paris, 1822.

Talleyrands Stellungnahme vor der Pairskammer am 26. Februar 1822 gegen das von der Villèle-Regierung vorgeschlagene Gesetz, nach dem Journalisten und Schriftsteller, die die Zensurgesetze verletzt hatten, kein Recht auf eine ordentliche Gerichtsverhandlung haben sollten.

Opinion de M. le prince de Talleyrand sur le projet de loi relatif aux journaux et écrits périodiques. Paris, 1821.

Talleyrands berühmte Rede vom 24. Juli 1821 für die Pressefreiheit und gegen die geplante Pressezensur der Regierung.

Opinion de M. le prince duc de Talleyrand sur le projet de loi relatif à la circonscription des arrondissements électoraux. Paris, 1821.

Stellungnahme vom 9. April 1821 gegen Richelieus Vorschlag bezüglich einer Wahlrechtsreform.

Opinion de M. le prince duc de Talleyrand sur une proposition de M. le comte Lanjuinais. Paris, ohne Datum.

Talleyrands Rede vom 26. Dezember 1820 über die Pflichten und Aufgaben der Pairskammer.

Pétition de Maurice Talleyrand . . . à la Convention nationale. Paris ohne Datum.

In diesem Brief aus Philadelphia protestierte Talleyrand im Jahre 1795 gegen seine Aufnahme in die Emigrantenliste und bat, nach Frankreich zurückkehren zu dürfen.

Le Prince de Talleyrand et la maison d'Orléans, Hrsg. Comtesse de Mirabeau. Paris, 1890.

Talleyrands Briefwechsel mit König Louis-Philippe und Madame Adélaïde, 1830-1838.

Procès-verbal de l'Assemblée générale du clergé de France. M. l'abbé de Périgord, ancien agent-général, secrétaire de l'Assemblée. Paris, 1789.

Talleyrands Protokollaufzeichnung der Klerusversammlung im Jahre 1786, bei der er zum Sekretär der Versammlung ernannt wurde.

Projets des décrets sur l'instruction publique. Paris, 1791.

Ein Entwurf der Gesetzesvorschläge unter Berücksichtigung von Talleyrands »Bericht über das öffentliche Erziehungswesen«.

Rapport de l'agence contenant les principales affaires du clergé. Paris, 1788.

Talleyrands Bericht über die Organisation und Güter der französischen Kirche in der Zeit von 1780-1785. Zwar sind als Autoren »M. l'abbé de Périgord et M. l'abbé de Boisgelin« angegeben – Boisgelin war der zweite Generalagent –, jedoch steht außer Zweifel, daß der Bericht ausschließlich aus Talleyrands Feder stammt und auch so aufgenommen wurde.

Rapport fait au nom du Comité de constitution Paris, ohne Datum.

Ein Bericht vom 7. Mai 1791 an die Versammlung über einen Erlaß des Départements Paris vom 6. April 1790 hinsichtlich der Religionsfreiheit.

Rapport fait au premier Consul, en Sénat. Paris, ohne Datum.

Talleyrands Bericht an den Ersten Konsul über Entschädigungsregelungen mit einigen deutschen Staaten, 1802 vor dem Senat gehalten.

Rapport sur l'instruction publique. Paris, 1791.

Der berühmte »Bericht über das öffentliche Erziehungswesen« für den Verfassunggebenden Ausschuß der Nationalversammlung, vorgelegt am 10., 11. und 19. September 1791.

Réponse de M. l'évêque d'Autun au Chapitre de l'Eglise Cathédrale d'Autun. Paris, 1790.

Talleyrands Rechtfertigung des Erlasses der Trennung von Kirche und Staat (12. April 1790).

Talleyrand, ancien évêque d'Autun, à ses concitoyens. Paris, ohne Datum.

Talleyrands offener Brief an den Nationalkonvent aus London vom 12. Dezember 1792. Darin verteidigt er sich gegen die Beschuldigung, mit Ludwig XVI. gegen das französische Volk zusammengearbeitet zu haben.

Talleyrand et Royer-Collard. Paris, 1927.

Unveröffentlichter Briefwechsel, zum größten Teil in der von Paul Royer-Collard herausgegebenen Sammlung nicht enthalten.

Talleyrand in America as a Financial Promoter, 1794-1796. Übersetzt und herausgegeben von Hans Huth und Wilma Pugh. Washington, D.C. 1942.

Unveröffentlichte Briefe und andere Dokumente von Talleyrand und anderen über seine Handelstätigkeit während seines Exils in Amerika.

Talleyrand intime d'après sa correspondance inédite avec la duchesse de Courlande. Paris, 1891.

Eine Teilausgabe von Talleyrands umfangreichem Briefwechsel mit der Herzogin von Kurland.

II. Manuskripte, veröffentlichte Dokumente, Briefe und Memoiren.

Abrantes, Herzogin von; Mémoires. Paris, 1831-1838. 18 Bde.

Alexander von Rußland; Mémoires, Hrsg. Gräfin Tisenhaus (Madame de Choiseul-Gouffier). Paris, 1891. 3 Bde.

Angeberg, Comte d'; Le Congrès de Vienne et les traités de 1815, Einführung von J.-B. Capefigue. Paris, 1864. 4 Bde.

Apponyi, Comte R.; Vingt-cinq ans à Paris: 1826-1850. Paris, 1913-1926. 4 Bde.

Arblay, Madame d'; Diary and Letters. London, 1846. 7 Bde.

Archives des affaires étrangères:

Correspondance politique: 363, 364, 586, 650, 651, 652.

Mémoires et documents: 28, 32, 33, 320, 321, 650, 651, 652.

Archives nationales:

AF II: cts. 3, 9, 27, 77, 78, 212, 213, 214^a.

AF III: cts. 13, 15, 16, 23, 56, 57, 58, 60, 61, 69, 76, 77, 150^a, 150^b, 151^b, 152^a, 152^b.

Arnault, A. V.; Souvenirs d'un sexagénaire. Nouvelle édition. Paris, 1908.

Aulard, A.; Hrsg., Recueil des actes du comité de Salut Public avec la correspondance officielle des représentants en mission. Paris, 1889-1950. 28 Bde.

Bacourt, A. Fourier de; Souvenirs d'un diplomate. Paris, 1882.

Bailleu, P.; Hrsg., Preußen und Frankreich von 1795 bis 1807. Diplomatische Korrespondenzen. Leipzig, 1880-1887. 2 Bde.

Barante, Prosper de; Souvenirs, 1782-1866. Paris, 1890-1901. 8 Bde.

Barère, B.; Mémoires. Paris 1895.

Barras, Paul Vicomte de; Mémoires de Barras, membre du Directoire, Hrsg. G. Duruy. Paris, 1895-1896. 4 Bde.

Beauharnais, Fürst Eugène de; Mémoires et correspondance politique et militaires, Bd. 1, Paris 1858.

Bertrand, H. G.; Cahiers de Sainte-Hélène, Hrsg. Paul Fleuriot de Langle. Paris, 1949-1959. 2 Bde.

Beugnot, Comte Claude; Mémoires. Paris, 1866. 2 Bde.

Bianchi, N.; Hrsg., Storia documentata della diplomazia europea in Italia, Bd. 1. Turin, 1865.

Blanc, Louis; Histoire de dix ans: 1830-1840. Brüssel, 1846.

Blessington, Lady; The idler in France. Paris, 1841.

Boigne, Comtesse de; Mémoires. Paris, 1907. 3 Bde.

Bonaparte, Napoléon; Correspondance inédite officielle et confidentielle de Napoléon Bonaparte. Paris, 1819-1820. 7 Bde.

Bourrienne, L. A. F. de; Mémoires de Napoléon Bonaparte. Paris, 1830.

Brifaut, Charles; Souvenirs d'un académicien sur la révolution, le premier empire et la restauration. Paris, 1921. British and foreign State Papers, Bd. 1, 1812-1814; Bd. 2, 1814-1815. London, 1838-1841.

Broglie, Duc de; Mémoires, 1825-1870. Paris, 1938.

Broglie, Duc de; Souvenirs, 1781-1870. Paris, 1886.

Campan, Madame; Journal anecdotique. Paris, 1824.

Castellane, Boniface de; Journal du Maréchal de Castellane, Bd. I. Paris, 1896.

Castlereagh, Vicomte; Correspondence, hrsg. von seinem Bruder, Bde. IX, X, und XI. London, 1852.

Caulaincourt, A. de; Mémoires du Général de Caulaincourt, Duc de Vicence, hrsg. mit Einführung und Anmerkungen von Jean Hanoteau. Paris, 1933. 3 Bde.

Champagny, Jean-Baptiste, Comte de; Souvenirs. Paris, 1846.

Chastenay, Victorine, Comtesse de; Mémoires, 1771-1815. Paris, 1896. 2 Bde.

Chateaubriand, François-René de; Mémoires d'outre-tombe. Paris, 1948. 4 Bde.

Clercq, A.; Hrsg., Recueil des traités de la France. Paris, 1864-1900. 21 Bde.

Coigny, Aimée de; Mémoires. Paris, 1902.

Constant (Louis-Constant Wairy); Mémoires de Constant, premier valet de chambre de l'empereur, sur la vie privée de Napoléon. Paris, 1830.

Czartoryski, Adam; Mémoires, Bd. II. Paris, 1887.

Dalberg, Duc de; »Lettres inédites de Dalberg à Talleyrand«, in Revue d'histoire diplomatique, April-Juni, 1937.

Dedibour, A.; Hrsg., Recueil des actes du Directoire exécutif. Paris, 1910. 4 Bde.

Dino, Herzogin von; Chronique de 1831 à 1862. Paris, 1909. 4 Bde.

Dino, Herzogin von; »Lettres à Adolphe Thiers«, in Revue de Paris, Juli-August, 1923.

Dino, Herzogin von; »Lettres à Madame Adélaïde«, in Nouvelle revue rétrospective. Paris, 1901-1902.

Dino, Herzogin von; »Lettres au comte Molé, 1830-1851«, in Revue d'histoire diplomatique. Paris, Juli-Dezember, 1947.

Dino, Herzogin von; »Lettre à Talleyrand«, in L'Amateur d'autographes, Neue Serie, Paris, 1909.

Dino, Herzogin von; »Lettres à Vitrolles«, in La Duchesse de Dino et le Baron de Vitrolles: lettres inédites, 1817-1829, von Louis Royer. Grenoble, 1937.

Dino, Herzogin von; Notice sur Valençay. Paris, 1848.

Dino, Herzogin von; Souvenirs de la Duchesse de Dino, publiés par la comtesse Jean de Castellane. Paris, 1908.

Duquesnoy, Adrien; Journal sur l'Assemblée constituante. Paris, 1894.

Elliot, Grace Dalrymple; Journal of my Life During the French Revolution. London, 1859.

Fouché, Joseph; Mémoires. Paris, 1945.

Gagern, Freiherr H. C. W. von; Mein Anteil an der Politik. Stuttgart, Tübingen und Leipzig, 1823-1845. 5 Bde.

Genlis, Madame de; Mémoires. Vorwort von Lucas Dubreton. Paris, 1892. 2 Bde.

Gentz, F. von; Briefe an Pilat. Leipzig, 1868. 2 Bde.

Gentz, F. von; Dépêches inédites aux Hospodars de Valachie, Bd. 1. Paris, 1876.

Girardin, Stanislas de; Discours et opinions, journal et souvenirs. Paris, 1828.

Gohier, Louis-Jérôme; Mémoires de Louis-Jérôme Gohier, président du Directoire au 18 brumaire. Paris, 1824.

Greville, Henry; Leaves from the Diary of Henry Greville, Hrsg. Vicomtess Enfield. London, 1883-1905. 8 Bde.

Griois, General; Mémoires, 1792-1822. Paris, 1909. 2 Bde.

Guizot, François-Pierre; Mémoires pour servir à l'histoire de mon temps, Bd. IV (Talleyrand après Waterloo). Paris, 1858.

Hauterive, Comte d'; Histoire de la vie et des travaux politique du comte d'Hauterive. Paris, 1839.

Holland, Lord Henry Richard; Foreign Reminiscences, 2. Auflage London, 1851.

Holland, Lady Elizabeth; Lady Holland to Her Son, 1821-1845. London, 1946.

Hortense, Königin von Holland; Mémoires de la reine Hortense, Hrsg. Prinz Napoleon, Paris 1927.

Hyde de Neuville; Baron, Mémoires et souvenirs. Paris, 1888-1892.

Jackson, Sir George; Diaries and Letters, Hrsg. Lady Jackson, Bd. II London, 1873.

Kielmannsegge, Gräfin; Memoiren der Gräfin Kielmannsegge über Napoleon I., Dresden, 1927. 2 Bde.

Klüber, J. L.; Acten des Wiener Congresses. Erlangen, 1817-1835. 9 Bde.

La Garde-Chambonas, Auguste, Comte de; Fêtes et souvenirs du congrès de Vienne. Paris, 1843. 2 Bde.

Lamartine, A. de; Oeuvres complètes, Bde. XXXVII-XL (Mémoires politiques). Paris, 1860-1869.

Larevellière-Lépeaux, Louis-Marie; Mémoires. Paris, 1873.

Las Cases, E. A. D.; Mémorial de Ste. Hélène. Paris, 1823.

La Tour du Pin-Gouvernet, Marquise de; Journal d'une femme de cinquante ans. Paris, 1907-1911. 2 Bde.

Lauzun, Duc de; Correspondance intime du duc de Lauzun, Hrsg. Comte de Lort de Sérignan. Paris, 1906.

Lichnowsky, Fürst Felix; Souvenirs. Paris, 1844.

Lieven, Fürstin; Correspondence of Princess Lieven and Lord Grey, 1824-1841. London, 1890. 3 Bde.

Lieven, Fürstin; »Lettres à M. de Bacourt«, in *Le Correspondant,* August, 1893.

Lieven, Fürstin; Private Letters, Hrsg. Peter Quennell, London, 1937.

Macdonald, Maréchal; Souvenirs du Maréchal Macdonald, Duc de Tarente. Paris, 1893.

Malouet, Baron de; Mémoires de Malouet. Paris, 1868.

Marigny, Madame de, und Underwood, T. R.; Paris en 1814. Paris, 1907.

Martens, F.; Hrsg., Recueil des traités et conventions conclus par la Russie avec les puissances étrangères, Bde. III, IV, VII, XI, XIV. St. Petersburg, 1875 ff.

Martens, G. F.; Hrsg., Nouveau recueil de traités d'alliance, de paix . . . conclus par les puissances et états de l'Europe. Göttingen, 1817-1841. 16 Bde.

Martens, G. F.; Hrsg., Recueil des principaux traités d'alliance, de paix . . . conclus par les puissances de l'Europe. Göttingen, 1817-1835. 8 Bde.

Maxwell, Sir H.; Hrsg., Creevey Papers, London, 1903.

Méneval, Claude-François, Baron de; Mémoires pour servir à l'histoire de Napoléon I. Paris, 1894.

Metternich-Winneburg, Fürst C. W. N. L.; Mémoires, documents et écrits divers laissés par le prince de Metternich, Bde. I und II. Paris, 1880.

Metternich-Winneburg, Fürst C. W. N. L.; Lettres à la princesse de Lieven, Hrsg. J. Hanoteau. Paris, 1909.

Miot de Melito, André-François, Comte de; Mémoires, Hrsg. General Fleishmann. Paris, 1881.

Mirabeau, Honoré-Gabriel Riquetti, Marquis de; Souvenirs de Mirabeau, Hrsg. Étienne Dumont. Paris, 1833.

Molé, Graf; Mémoires du comte Molé, Hrsg. Marquis de Noailles. Paris, 1822-1830. 6 Bde.

»Monseigneur de Quelen et la conversion de Talleyrand: documents inédites«, in Bulletin de littérature ecclésiastique, No. 3, Juli-September, 1957.

Montcalm, Marquise de; Mon journal (1815-1819) pendant le premier ministère de mon frère. Paris, 1935.

Montgaillard, J. G., Comte de; Souvenirs du comte de Montgaillard, agent de la diplomatie secrète pendant la Révolution, l'Empire, et la Restauration. Corbeil, 1895.

Murhard, F.; Hrsg. Nouveaux suppléments au recueil des traités et autres actes remarquables des puissances . . . depuis 1761 jusqu'à nos jours. Göttingen, 1839. 3 Bde.

Moreau de St.-Mery; Voyage aux États-Unis d'Amérique, 1793-1798, Hrsg. S. L. Mims. New Haven, 1913.

Morris, Gouverneur; The Diary and Letters of Gouverneur Morris. New York, 1888.

Nabonne, B.; Hrsg., La Diplomatie du Directoire et Bonaparte d'après les papiers inédites de Reubell. Paris, 1951.

Napoléon I.; Correspondance de Napoléon I., publiée par ordre de l'empereur Napoléon III., Hrsg. H. Plon und J. Dumaine, Paris, 1858-1870. 32 Bde.

Napoléon I.; Correspondance militaire de Napoléon I. Paris, 1883. 32 Bde.

Nesselrode, Charles R.; Lettres et papiers du chancelier comte de Nesselrode. Paris, 1908-1912. 11 Bde.

Neumann, L.; Hrsg., Recueil des traités et conventions conclus par l'Autriche avec les puissances étrangères depuis 1763 jusqu'à nos jours. Leipzig, 1855. 32 Bde.

O'Meara, B. E.; Napoleon in Exile: or, a Voice from St. Helena. New York, 1853.

Orléans, Duc d'; Lettres, 1825-1842. Paris, 1889.

Orléans, Louise-Marie d'; Lettres intimes. Paris, 1933.

Orléans, Marie-Amélie d'; Journal de Marie-Amélie, duchesse d'Orléans. Paris, 1938. 3 Bde.

Ouvrard, G.-J.; Mémoires. Paris, 1826-1827. 2 Bde.

Pasquier, Étienne-Denis, Duc de; Histoire de mon temps. Paris, 1893-1895. 6 Bde.

Pitt, W.; The Speeches of the Right Honourable William Pitt in the House of Commons. London, 1806, 4 Bde.

Potocka, Gräfin; Mémoires. Hrsg. C. Stryienski. Paris, 1897.

Raikes, Robert; A Portion of the Journal kept by Robert Raikes, Esqu., 1831-1847. London, 1856-1858. 4 Bde.

Réimpression de l'ancien Moniteur. Paris, 1847. 31 Bde.

Rémusat, Charles de; Correspondance de M. de Rémusat. Paris, 1884-1886. 6 Bde.

Rémusat, Charles de; Mémoires de ma vie. Paris, 1958-1962. 4 Bde.

Rémusat, Claire de Vergennes, Comtesse de; Lettres de Madame de Rémusat, 1804-1814. Paris, 1881.

Rémusat, Claire de Vergennes, Comtesse de; Mémoires, 1802-1808. Paris, 1880.

Rinieri, G.; Hrsg., Corrispondenza inedita dei cardinali Consalvi e Pacca, Turin, 1903.

Roederer, P. L.; Autour de Bonaparte: Journal du Comte P. L. Roederer. Paris, 1909.

Roederer, P. L.; Mémoires de la Révolution, le Consulat et l'Empire. Paris, 1942.

Rovigo, Duc de; Mémoires du duc de Rovigo (M. Savary). Paris, 1828. 9 Bde.

Ségur, General Comte Philippe-Paul; Histoire et mémoires. Paris, 1894-1895. 4 Bde.

Shelley, Lady Frances; The Diary of Lady Frances Shelley, Hrsg. R. Edgcumbe. London, 1912-1913, 3 Bde.

Thibaudeau, A. C.; Mémoires, 1799-1815. Paris, 1913.

Thibaudeau, A. C.; Mémoires sur la convention et le directoire. Paris, 1824.

Thibaudeau, A. C.; Mémoires sur le consulat. Paris, 1827.

Thiébault, Baron Paul; Mémoires du général baron Thiébault, 1792-1820. Paris, 1962.

Villèle, Comte de; Mémoires et correspondance. Paris, 1880-1890. 4 Bde.

Vitrolles, Baron de; Mémoires et relations politiques. Paris, 1884. 2 Bde.

Weil, M. H.; Les Dessous du congrès de Vienne. Paris, 1917. 2 Bde.

Wellington, Feldmarschall, Herzog von; Despatches, Hrsg. Oberst Gurwood, Bd. XII. London, 1847.

Wellington, Feldmarschall, Herzog von; Supplementary Despatches, Correspondence, and Memoranda, hrsg. von seinen Söhnen. Bde. VIII, IX, X und XI. London, 1860-1864.

III. Sekundärliteratur (Auswahl)

Acton, H.; The Bourbons of Naples (1734-1825). London, 1956.

Acton, Lord; »Essay on the Mémoires of Talleyrand«, in Historical Essays. London, 1906.

Adams, E. D.; The influence of Grenville on Pitt's Foreign Policy, 1787-1798. Washington, 1904.

Alison, Sir A.; Lives of Lord Castlereagh and Sir Charles Stewart. London, 1861. 3 Bde.

Anderson, M. S.; Europe in the Eighteenth Century, 1713-1783. New York, 1961.

Anschütz, G. und Thomas, R.; Handbuch des deutschen Staatsrechts. Tübingen, 1930-1932.

Antoine, A.; Histoire des émigrés français depuis 1789 jusqu'en 1828. Paris, 1828. 3 Bde.

Arrigon, L. J.; »La Duchesse de Dino et la fin de Talleyrand« in Revue des deux mondes, März-April, 1955.

Arrigon, L. J.; Une amie de Talleyrand: la duchesse de Courlande. Paris, 1945.

Atteridge, A. Hilliard; Joachim Murat. London, 1911.

Auckland, Lord; Journal and Correspondence. London, 1862.

Aujay, Édouard; Talleyrand. Paris, 1946.

Aulard, A.; Histoire politique de la Révolution française. 5. Auflage, Paris, 1921.

Aulard, A.; Paris sous le Directoire. Paris, 1923.

Bac, Ferdinand; Le Secret de Talleyrand d'après des témoignages contemporaines. Paris, 1933.

Basily, Callimaki, Madame de; J.-B. Isabey, sa vie et son temps. Paris, 1909.

Bastide, Louis; Vie politique et religieuse de Talleyrand-Périgord. Paris, 1838.

Bernard, J. F.; Up from Cesar. New York, 1970.

Bernardy, Françoise de; Talleyrand's last Duchess, übers. von Derek Colman. New York, 1966.

Bernhardi, T. von; Geschichte Rußlands und der Europäischen Politik im XIX. Jahrhundert, Bd. I. Leipzig, 1863.

Bertaud, J.; Talleyrand. London, 1946.

Bertier de Sauvigny, G. de; Metternich et son temps. Paris, 1959.

Bertier de Sauvigny, G. de; France and the European Alliance. Notre Dame, Indiana, 1958.

Bertuch, Carl; Tagebuch vom Wiener Kongreß. Berlin, 1916.

Bibl, Viktor; François II. Paris, 1936.

Blei, Franz; Talleyrand, homme d'état, aus dem Deutschen übersetzt von René Lobstein. Paris, 1935.

Blennerhasset, Lady; Talleyrand: eine Studie. Berlin, 1894.

Blinn, H. E.; »New Light on Talleyrand at the Congress of Vienna«, *Pacific Historical Review*, Bd. IV, S. 143.

Boulay de la Meurthe, A.; Le Directoire et l'expédition d'Egypte. Paris, 1921.

Boulay de la Meurthe, A.; Histoire de la négotiation du concordat de 1801. Tours, 1920.

Boulay de la Meurthe, A.; Histoire du rétablissement du culte en France. Tours, 1925.

Boulay de la Meurthe, A.; Les justifications de Talleyrand pendant le Directoire. Angers, 1889.

Bourgeois, E.; Manuel historique de politique étrangère. Paris, 1945-1949. 4 Bde. (Neue Ausgabe)

Boutet de Monvel, Robert; Les Anglais à Paris: 1800-1850. Paris, 1911.

Brett-James, A.; 1812: Eyewitness Accounts of Napoleon's Defeat in Russia. New York, 1966.

Brian-Chaninov, J.; »Alexandre Ier et la paix«, in *Revue d'histoire diplomatique*, XLVII, 1933.

Brinton, Crane; The Jacobins. New York, 1930.

Brinton, Crane; The Lives of Talleyrand. New York, 1936.

Brunn, Geoffrey; Europe and the French Imperium. New York, 1938.

Buckland, C. S. B.; Friedrich von Gentz's Relations with the British Government. London, 1934.

Buckland, C. S. B.; Metternich and the British Government. London, 1932.

Burke, Edmund; Reflections on the Revolution in France, Hrsg. E. J. Payne. Oxford, 1896.

Burney, Miss Fanny; The Diary of Fanny Burney, Hrsg. Lewis Gibbs. London, 1950.

Butterfield, H.; The Peace Tactics of Napoleon, 1806-1808. Cambridge, 1929.

Cambon, J.; Le Diplomate. Paris, 1931.

Cambridge Modern History; Bd. IX, Napoleon. Cambridge, 1906.

Camon, H.; La Guerre napoléonienne. Paris, 1903.

Capefigue, L.; Diplomates européens. Paris, 1903.

Capefigue, L.; Histoire de la Restauration, Bd. I Paris, 1942.

Carion, Henri; La Mort d'un grand coupable. Paris, 1938.

Castelot, André; Napoléon. Paris, 1971.

Castellane, Jean de; Talleyrand. Paris, 1934.

Castelnau, J.; Madame Tallien. Paris, 1937.

Castille, Hippolyte; Talleyrand. Paris, ohne Datum.

Cecil, A.; Metternich, 1773-1859. New York, 1933.

Chabrol, G.; Recherches statistiques sur la ville de Paris. Paris, 1821.

Chandler, D. G.; The Campaigns of Napoleon. New York, 1966.

Charles-Roux, F.; Les Origines de l'expédition d'Egypte. Paris, 1910.

Christ, Yvan; Le Louvre et les Tuileries. Paris, 1949.

Chuquet, A.; Dumouriez. Paris, 1914.

Cobban, Alfred; Aspects of the French Revolution. New York, 1968.

Colmache, M.; Reminiscences of Prince Talleyrand. London, 1843. 2 Bde.

Combaluzier, F.; »Le Sacre episcopal de . . . Charles-Maurice de Talleyrand-Périgord, évêque d'Autun, 4 janvier 1789« in *Ami Clerge*, 1967.

Connelly, O.; Napoleons Satellite Kingdoms. New York, 1965.

Cooper, Duff; Talleyrand. London, 1932.

Coudray, R. du; Metternich. London, 1935.

Crozet, R.; Le Château de Valençay. Paris, 1930.

Dard, Emile; Le Comte de Narbonne. Paris, 1943.

Dard, Emile; Dans l'Entourage de l'Empereur. Paris, 1940.

Dard, Emile; Napoléon et Talleyrand. Paris, 1935.

Daudet, E.; Les Émigrés et la Seconde Coalition. Paris, 1886.

Daudet, E.; La Princesse de Lieven. Paris, 1903.

De Conde, A.; Entangling Alliance Politics and Diplomacy under George Washington. Durham, N.C., 1958.

Deschampes, J.; Les îles britanniques et la Révolution française. Paris, 1949.

Deslandres, M.; Histoire constitutionelle de la France: 1789-1870. Paris, 1932-1933. 2 Bde.

Destrem, J.; Les Déportations du Consulat et de l'Empire. Paris, 1885.

Deutsch, H.; The Genesis of Napoleonic Imperialism. Cambridge, Mass., 1938.

Dodd, Anna Bowman; Talleyrand. New York, 1927.

Dodge, T.; Napoleon. Boston, 1904, 4 Bde.

Dontenville, J.; »La Catastrophe du duc d'Enghien«, in *Revue des études napoléoniennes*, Bd. XXV, S. 43-69.

Driault, E.; La Chute de l'Empire. Paris, 1927.

Driault, E.; Le Grand Empire. Paris, 1924.

Driault, E.; Napoléon le Grand. Paris, 1930. 3 Bde.

Driault, E.; »La Politique Extérieure de Napoléon I.«, in *Revue des études napoléoniennes*, Bd. VII, 1915.

Droz, J.; L'Allemagne et la Révolution française. Paris, 1949.

Duana, M.; »Napoléon et le système continental en 1810«, in *Revue d'histoire diplomatique*, Bd. LX, 1946.

Dufour de la Thuilerie, Sosthène; Histoire de la vie et de la mort de M. de Talleyrand-Périgord. Paris, 1838.

Dunan, Marcel; et al., Napoléon et l'Europe. Paris, 1961.

Dupuis, C.; Le ministère de Talleyrand en 1814. Paris, 1919-1920. 2 Bde.

Duvergier de Hauvanne, P.; Histoire du gouvernement parlementaire en France, 1814-1818, Bd. I. Paris, 1857.

Dyssord, J.; Les Belles Amies de M. de Talleyrand. Paris, 1942.

Earl, J. L.; »Talleyrand in Philadelphia, 1794-1796«, in *Pennsylvania Magazine*, Bd. IX, No. 3, 1967.

Egret, J.; La Pré-Révolution française, 1787-1788. Paris, 1962.

Esposito, V., und Elting, J.; A military History and Atlas of the Napoleonic Wars. New York, 1959.

Fabre-Luce, Alfred; Talleyrand. Paris, 1969.

Faure, Élie; Napoleon. Paris, 1924.

Ferrero, Guglielmo; The Reconstruction of Europe, übers. von T. Jaekel. New York, 1961.

Ferval, J.; Campagne de la Révolution française dans les Pyrénées orientales. Paris, 1851-1853. 2 Bde.

Fisher, H.; Napoleon. London, 1913.

Fisher, H.; Studies in Napoleonic Statesmanship: Germany. London, 1903.

Fleury, Serge; Talleyrand: maître souverain de la diplomatie. Montreal, 1942.

Forneron, H.; Histoire générale des émigrés. Paris, 1887. 3 Bde.

Fournier, A.; Der Congress von Châtillon. Leipzig, Wien und Prag, 1900.

Fournier, A.; Die Geheimpolizei auf dem Wiener Kongreß. Wien und Leipzig, 1913.

Fournier, A.; Historische Studien und Skizzen, 2. Aufl. Wien und Leipzig, 1908.

Fournier, A.; Napoleon I., eine Biographie. Wien, 1886-1889. 3 Bde.

Francis, Sir Philip; Memoirs, London, 1867. 2 Bde.

Franz, G. et al.; Bücherkunde zur Weltgeschichte. München, 1956.

Fugier, A.; Histoire des relations internationales: la Révolution française et l'Empire napoléonien. Paris, 1954.

Fugier, A.; Napoléon et l'Espagne. Paris, 1930. 2 Bde.

Funck-Brentano, F.; The Old Regime in France. New York, 1929.

Gaevelle, Y. R.; Vie de la princesse de Talleyrand. Paris, 1948.

Gaje, J. A. de Araujo; Talleyrand et les négociations secrètes pour la paix de Portugal, 1798-1800. Paris, 1950.

Geer, W.; Napoleon and his Family. New York, 1927-1929. 3 Bde.

Gershoy, L.; The French Revolution and Napoleon. New York, 1932.

Godechot, J.; La Grande Nation. Paris, 1956. 2 Bde.

Godechot, J.; Les Institutions de la France sous la Révolution et l'Empire. Paris, 1951.

Gooch, G. P.; Germany and the French Revolution. London, 1920.

Gooch, G. P., und Ward, A. W.; Cambridge History of British Foreign Policy, 1789-1919, Bd. I Cambridge, 1922.

Goodwin, A.; The European Nobility in the Eighteenth Century. London, 1953.

Goodwin, A.; »Calonne, The Assembly of Notables and the Origins of the Révolte Nobiliaire«, in *English Historical Review*, 1946, S. 203-234, 329-377.

Gottschalk, L. R.; The Era of the French Revolution, 1715-1815. Boston, 1929.

Grandmaison, Geoffrey de; L'Espagne et Napoléon. Paris, 1908-1931. 3 Bde.

Grandmaison, Geoffrey de; »Les Princes d'Espagne à Valençay«, in *Le Correspondant*, 25. Mai 1900.

Greer, D.; The Incidence of the Emigration during the French Revolution. Cambridge, 1935.

Greer, D.; The Incidence of the Terror during the French Revolution. Cambridge, 1953.

Griewank, K.; Der Wiener Kongreß und die Neuordnung Europas. Leipzig, 1942.

Grunwald, Constantin de; Metternich. Paris, 1938.

Gruyer, Paul; Napoléon, roi de l'île d'Elbe. Paris, 1906.

Guedalla, P.; Wellington. New York, 1930.

Gulic, E. V.; Europe's Classical Balance of Power. London, 1956.

Guyomard, Y.; Le Secret de Talleyrand. Cherbourg, 1934.

Guyot, Raymond; Le Directoire et la paix de l'Europe. Paris, 1912.

Guyot, Raymond; Du Directoire au Consulat. Paris, 1912.

Guyot, Raymond; »Madame Grand à Paris«, in *Feuilles d'histoire*, Bd. I, 1909.

Guyot, Raymond; Projet de Talleyrand à la conférence de Londres, 16 janvier 1831. Paris, 1907.

Handelsman, M.; »Napoléon et la Pologne«, in *Revue des études Napoléoniennes*, Bd. V, 1914.

Hardman, A.; Napoléon et la Pologne, 1806-1807. Paris, 1909.

Hartmann, L.; Les Officiers de l'armée royale et la Révolution. Paris, 1910.

Hauterive, E. d'; La Police secrète du premier empire. Paris, 1908-1922. 3 Bde.

Hauterive, E. d'; Le Contre Police royaliste en 1800. Paris, 1931.

Hawgood, J. A.; Modern constitutions since 1787. London, 1939.

Hayden, H. E.; French Revolutionary Pamphlets: A Check List of the Talleyrand and other Collections. New York, 1945.

Hazen, Charles D.; The French Revolution and Napoleon. New York, 1917.

Heckscher, E. F.; The Continental System: An Economic Interpretation. London, 1922.

Herman, Arthur; Metternich. London, 1923.

Herold, J. C.; The Age of Napoleon. New York, 1963.

Herold, J. C.; Mistress to an Age: A Life of Madame de Staël. New York, 1958.

Herr, R.; The Eighteenth Century Revolution in Spain. Princeton, N. J., 1958.

Heyman, N. M.; »France Against Prussia: The Jena Campaign of 1806«, in *Military Affairs*, 1966-1967, Bd. XXX.

Hill, H. B.; »The Constitutions of Modern Europe, 1789-1813«, in *Journal of Modern History*, 1939, Bd. VIII, S. 82-94.

Hobsbawn, E. J.; The Age of Revolution: Europe, 1789-1848. New York, 1962.

Holborn, H.; A History of Modern Germany, 1648-1840. New York, 1966

Holtmann, R. B.; Napoleonic Propaganda. Baton Rouge, La., 1950.

Houssaye, Henri; 1814. Paris, 1888.

Houssaye, Henri; 1815. Paris, 1898-1925. 3 Bde.

Hanoteau, J.; »La Transformation sociale à l'époque napoléonienne«, in *Revue des deux mondes*, Bd. XXIII, 1926.

Jaurès, J.; et al., Histoire socialiste de la Révolution française. Paris, 1901-1905. 4 Bde.

Joelson, Annette; Courtesan Princess: Catherine Grand, Princesse de Talleyrand. Philadelphia, 1965.

Kissinger, Henry; A World Restored: Metternich, Castlereagh, and the Problems of Peace, 1815-1822. London, 1958.

Klinkowström, A. F. von; Österreichs Theilnahme an den Befreiungskriegen. Wien, 1887.

Kluchevsky, V. O.; A History of Russia, übers. von C. J. Hogarth, Bd. V. London, 1931.

Kornilov, A. A.; Modern Russian History from the Age of Catherine the Great to the Present, überarbeitete Ausgabe New York, 1924.

Kraft, J.; Prinzipien Talleyrands in der Außen- und Innenpolitik. Bonn, 1958.

Kuscinski, A.; Les Députés à l'Assemblée législative. Paris, 1900.

Labrousse, C. E.; La Crise de l'économie française à la fin de l'ancien régime et au début de la Révolution. Paris, 1944.

Lacombe, Bernard de; La Vie privée de Talleyrand. Neuausgabe. Paris, 1933.

Lacour-Gayet, Georges; Comment on devenait ministre sous le Directoire. Paris, 1926.

Lacour-Gayet, Georges; »L'Enfance de Talleyrand«, in *Revue de Paris*, 16. August 1926.

Lacour-Gayet, Georges; »Napoléon à Fontainebleau en 1814«, in *Revue des études napoléoniennes*, 1922, Bd. XIX.

Lacour-Gayet, Georges; Talleyrand. Paris, 1928-1934. 4 Bde.

Lacour-Gayet, Georges; Talleyrand et la Pologne. Paris, 1927.

Lacretelle, J. de; et al., Talleyrand. Paris, 1964.

Lacroix, Paul; Directoire, Consulat et Empire. Paris, 1884.

Lafourgue, René; Talleyrand, l'homme de la France. Genf, 1947.

Lajusan, M.; »La Deuxième et Dernière Phase de la catastrophe napoléonienne, 1814-1815«, in *Bulletin de la Société d'histoire moderne*, Juni-Juli 1952.

Lanzac de Laborie, L. de; Paris sous Napoléon. Paris, 1905-1913. 8 Bde.

Larivière, C. de; Cathérine II. et la Révolution française. Paris, 1895.

Latouche, Henri de; L'Album perdu. Paris, 1829.

Latreille, A.; L'Église catholique et la Révolution française. Paris, ohne Datum.

Lebon, A.; L'Angleterre et l'émigration française de 1794-1801. Paris, 1882.

Lefebvre, A.; Histoire des cabinets de l'Europe pendant le Consulat et l'Empire. Paris, 1845-1847. 3 Bde.

Lefebvre, Georges; Napoléon. 4. Auflage. Paris, 1953.

Lefebvre, Georges; La Révolution française. 3. Auflage. Paris, 1951.

Lefebvre, Georges; Quatre-Vingt-Neuf. Paris, 1939.

Lefebvre, Georges; Les Thermidoriens. 4. Auflage. Paris, 1960.

Lefebvre, Georges; Le Directoire. Paris, 1946.

Lenotre, G.; Paris révolutionnaire. Paris, 1894.

Lesourd, P.; Lâme de Talleyrand. Paris, 1942.

Lemmi, F., und Fiorni, V.; Storia d'italia dal 1799 al 1814. Mailand, 1918.

Limousin-Lamothe, R.; »La Rétractation de Talleyrand« in *Revue d'histoire de l'église de France*, Bd. LX, Juli-Dezember, 1954.

Lobanov-Rostovsky, A.; Russia and Europe, 1789-1825. Durham, N.C., 1947.

Lockhart, J. G.; The Peacemakers, 1814-1815. London, 1932.

Lokke, C. L.; »Secret negotiations to maintain the Peace of Amiens«, in *American Historical Review*, Bd. XLIX, No. 1, Oktober, 1943.

Longford, Elizabeth; Wellington: The Years of the Sword. New York, 1970.

Loth, A.; »Talleyrand et l'église constitutionelle de France«, in *Revue anglo-romaine*, Bd. X, 1896.

Lovett, G. H.; Napoleon and the Birth of Modern Spain. New York, 1965. 2 Bde.

Ludwig, Emil; Napoleon. New York, 1926.

Lutostanski, K.; Les Partages de la Pologne. Lausanne, 1918.

Maccabe, Joseph; Talleyrand. London, 1906.

Madelin, Louis; Le Consulat et l'Empire. Paris, 1932-1954. 16 Bde.

Madelin, Louis; Fouché, 1750-1820. 2 Bde. 1900.

Madelin, Louis; Talleyrand. Paris, 1944.

Madol, Henri; Le Beau Montrond. Paris, 1926.

Mann, G.; Secretary of Europe: The Life of Friedrich Gentz. New Haven, Ct. 1946.

Masson, F.; Le Département des Affaires étrangères pendant la Révolution. Paris, 1889.

Masson, F.; Les Diplomates de la Révolution. Paris, 1882.

Mathiez, A.; La Réaction Thermidorienne. Paris, 1929.

Mathiez, A.; »La Réforme de la Constitution de l'an III après le coup d'état du 18 Fructidor«, in *Annales historiques de la Révolution française*, Bd. VI, 1929.

Mathiez, A.; Les Grandes Journées de la Constituante: 1789-1791. Paris, 1913.

Mathiez, A.; Rome et le clergé français sous la Constituante. Paris, 1910.

Mentienne, M.; Histoire de deux portefeuille de ministre du temps de la grande Révolution française . . . Paris, 1924.

Michaud, L. G.; Histoire politique et privée de Charles de Talleyrand, ancien évêque d'Autun. Paris, 1853.

Mikhailovitch, De Grand Duc Nicolas; L'Empereur Alexander Ier. St. Petersburg, 1912. 2 Bde.

Missoffe, Michel; Le Coeur secret de Talleyrand. Paris, 1956.

Moran, C.; Black Triumvirate. New York, 1957.

Morton, J. B.; Brumaire: the Rise of Bonaparte. London, 1948.

Mossiker, Frances; Napoleon and Josephine. New York, 1964.

Mowat, R. B.; The Diplomacy of Napoleon. London, 1924.

Münster, E. F. H.; Political Sketches of the State of Europe, 1814-1867. Überarbeitete und erweiterte Ausgabe der deutschen Auflage von 1867.

Nabonne, B.; La Diplomatie du Directoire et Bonaparte. Paris, 1951.

Nicolson, H.; The Congress of Vienna. London, 1946.

Noailles, Marquis de; Le Comte Molé. Paris, 1922-1930. 6 Bde.

Nussbaum, F. L.; Commercial Policy in the French Revolution. Washington, D.C. 1923.

Olden, P. H.; Napoleon und Talleyrand. Berlin, ohne Datum.

Olivier, A.; Le 18 Brumaire. Paris, 1959.

Oman, C.; A History of the Peninsular War. Oxford, 1902-1930. 8 Bde.

Oncken, W.; Das Zeitalter der Revolution, des Kaiserreichs und der Befreiungskriege, Bd. II. Berlin, 1887.

Oncken, W.; »Lord Castlereagh und die Ministerkonferenz zu Langres am 29. Januar 1814«, in *Raumers Historisches Taschenbuch*, Bd. VI, No. 3, Leipzig 1884.

Oncken, W.; »Die Krisis der letzten Friedensverhandlungen mit Napoleon I.« in *Raumers Historisches Taschenbuch*, Bd. VI, No. 5, Leipzig 1886.

Orieux, Jean; Talleyrand, ou le Sphinx incompris. Paris, 1970.

Paléologue, Maurice; Talleyrand, Metternich, et Chateaubriand. Paris, 1924.

Palmer, A.; Napoleon in Russia. New York, 1967.

Palmer, R.; »Fifty years of the Committee of Public Safety«, in *Journal of Modern History*, 1941, Bd. XIII.

Pares, R.; King George III and the Politicians. London, 1953.

Pariset, G.; Le Consulat et l'Empire, Bd. III der Histoire de France contemporaine, Hrsg. E. Lavisse. Paris, 1921.

Petrie, Sir Charles; Lord Liverpool and His Times. London, 1954.

Philips, W. Alison; The Confederation of Europe. London, 1914.

Pichevin, R.; L'impératrice Josephine. Paris, 1909.

Place, Charles, und Florens, J.; Mémoire sur M. de Talleyrand, sa vie politique et sa vie intime . . . Paris, 1838.

Poniatowski, Michel; Talleyrand aux États-Unis, 1794-1796. Paris, 1967.

Pordea, G. A.; Talleyrand et la couronne d'Espagne. Bayonne, 1967.

Rain, P.; L'Europe et la Restauration des Bourbons. Paris, 1905.

Rain, P.; La Diplomatie française de Mirabeau à Bonaparte. Paris, 1950.

Rambaud, A. N.; Popular History of Russia from the Earliest Times, neue Ausgabe. New York, 1904. 2 Bde.

Raoul de Sceau, Père; Guide historique de Valençay. Châteauroux, ohne Datum.

Reinhard, M.; Avec Bonaparte en Italie. Paris, 1946.

Remacle, Comte Louis; Relations secrétes des agents de Louis XVIII., 1802-1803. Paris, 1899.

Renaud, F.; La Onzième Heure, retouches à trois portraits: Mgr. Dupanloup, la duchesse de Dino, Talleyrand. Paris, 1960.

Rinieri, I.; La diplomazia pontificia nel secolo XIX, Bd. 1 Rom, 1902.

Robison, Georgia; Revellière-Lépeaux, Citizen-Director. New York, 1938.

Rose, J. H.; The Revolutionary and Napoleonic Era, 7. Auflage. London, 1935.

Rose, J. H.; Life of Napoleon. New York, 1907, 2 Bde.

Rose, J. H.; »Napoleon and Poland« in *Cambridge History of Poland*. Cambridge, 1941.

Rose, J. H.; Napoleonic Studies. London, 1904.

Rose, J. H.; William Pitt and the Great War. London, 1911.

Rudé, George; The Crowd in the French Revolution. London, 1959.

Rudé, George; Interpretations of the French Revolution. London, 1961.

Rudé, George; Revolutionary Europe: 1783-1815. London, 1964.

Sagnac, P.; La Fin de l'ancien régime et la Révolution américaine, 1763-1789.

Sagnac, P.; La Législation civile de la Révolution française. Paris, 1898.

Sagnac, P.; Le Rhin français pendant la Révolution et l'Empire. Paris, 1917.

Saint-Aulaire, Comte de; Talleyrand. Paris, 1936.

Sainte-Beuve; Monsieur de Talleyrand, Einführung und Anmerkungen von L. Noel. Monaco, 1958.

Salle, A.; Vie politique de Charles-Maurice, prince de Talleyrand. Paris, 1834.

Savant, Jean; Napoleon in His Time. New York, 1958.

Savant, Jean; Talleyrand. Paris, 1960.

Schaumann, A. F. H.; Geschichte des 2. Pariser Friedens. Göttingen, 1844.

Schnerb, R.; »La Dépression économique sous le Directoire«, in *Annales historiques de la Révolution*, 1934.

Sciout, L.; Le Directoire. 1895-1897. 4 Bde.

See, H.; Histoire économique de la France: les temps modernes (1789-1914). Paris, 1942.

Seeley, L. B.; Hrsg. Fanny Burney and Her Friends. London, 1895.

Sieburg, F.; Napoleon: Die Hundert Tage. Stuttgart, 1956.

Sindral, J.; Talleyrand. 1926.

Six, G.; Dictionnaire biographique des généraux et admiraux français de la Révolution et de l'Empire. Paris, 1934. 2 Bde.

Sloane, William M.; The French Revolution and Religous Reform. New York, 1901.

Soreal, A.; L'Europe et la Révolution française. Paris, 1885-1904. 8 Bde.

Sorel, A.; Essais d'histoire et de critique. Paris, 1883-1884.

Stenger, Gilbert; The Return of Louis XVIII. London, 1909.

Stenger, Gilbert; La Société française pendant le Consulat. Paris, 1904.

Stoeckl, Agnes de; King of the French: A Portrait of Louis-Philippe. London, 1957.

Strakhovsky, L. I.; Alexander I. London, 1949.

Straus, H. A.; The Attitude of the Congress of Vienna to Nationalism in Germany, Italy and Poland. New York, 1950.

Tarlé, E.; Napoleon's Invasion of Russia. New York, 1942.

Tarlé, E.; Talleyrand, 2. Auflage. Moskau, ohne Datum.

Tatischeff, Serge; Alexander Ier et Napoléon ... 1801-1812. Paris, 1891.

Tessier, J.; »Les relations anglo-françaises au temps de Louis-Philippe«, in Mémoires de l'Académie nationale des Sciences, Bd. LIX, No. 59, Caen, 1905.

Thiers, Louis A.; Histoire du Consulat et de l'Empire. Paris, 1845-1862. 20 Bde.

Thiry, J.; Le Coup d'état du 18 Brumaire. Paris, 1947.

Thomas, L.; L'Esprit de M. de Talleyrand. Paris, 1909.

Thompson, D.; Europe Since Napoleon. London, 1957.

Tocqueville, Alexis de; The Old Regime and the French Revolution, Neuauflage. New York, 1955.

Touchard-La Fosse, G.; Histoire politique et vie intime de Ch. de Talleyrand, prince de Bénévent. Paris, 1848.

Treitschke, H. von; History of Germany. Bd. I und II. London, 1915-1916.

Turquan, Joseph; Les Favorites de Louis XVIII. Paris, ohne Datum.

Vandal, Albert; L'Avènement de Bonaparte. 2 Bde. Paris, 1903.

Vandal, Albert; Napoléon et Alexandre Ier: l'Alliance Russe sous le premier Empire. Paris, 1896-1903. 3 Bde.

Vars, Baron de; Les Femmes de M. de Talleyrand. Paris, 1891.

Vattel, Emmerich de; The Law of Nations. Philadelphia, 1883.

Viel-Castle, Baron L. de; »Lord Castlereagh et la politique extérieure de l'Angleterre de 1812 à 1822«, in Revue des deux mondes, 1. Juni 1854.

Villemarest, C. M. de; M. de Talleyrand. Paris, 1834-1835. 4 Bde.

Vivent, Jacques; Charles X., dernier roi de France et de Navarre. Paris, 1958.

Vivent, Jacques; Monsieur de Talleyrand intime. Paris, 1963.

Vivent, Jacques; La Vieillesse et la mort de M. de Talleyrand. Paris, 1964.

Waliszewski, K.; Le Règne d'Alexandre Ier, Bd. II. Paris, 1923.

Walter, Gerard; Le Comte de Provence. Paris, 1950.

Ward, Sir A.; The Period of the Congresses, Bd. I und II. London, 1923.

Watson, J. Steven; The Reign of George III, 1760-1815. London, 1960.

Webster, C. K.; British Diplomacy, 1813-1815. London, 1921.

Webster, C. K.; The Congress of Vienna. London, 1919.

Webster, C. K.; The Foreign Policy of Castlereagh, 1813-1815. London, 1931. 2 Bde.

Weil, H.; Le Revirement de la Politique autrichienne à l'égard de Joachim Murat. Paris, ohne Datum.

Weil, H.; Talleyrand et la frontière ouverte. Nancy, ohne Datum.

Weiner, Margery; The French Exiles: 1789-1815. London, 1960.

Welschinger, H.; Le Duc d'Enghien: l'enlèvement d'Ettenheim et l'exécution de Vincennes. Paris, 1913.

Wilkinson, S.; The Rise of General Bonaparte. Oxford, 1930.

Yorke, Henry R.; France in Eighteen Hundred and Two, Hrsg. J. C. A. Sykes. London, 1906.

Young, Arthur; Travels in France During the Years 1787-1789, Hrsg. C. Maxwell. London, 1929.

Zeller, G.; »La Monarchie d'ancien régime et les frontières naturelles«, in *Revue d'histoire moderne*, Bd. VII, 1903.

Ziegler, Philip; The Duchess of Dino. New York, 1963.

Neuere Literatur –
Ergänzungsbibliographie

1. Dokumente

Ballu, P., Talleyrand et l'Algérie, une Correspondance diplomatique inédite. In: La Province du Maine (Le Mans) 75 (1973), Serie 4, Bd. 2, Lfg. 8, S. 371-396.

Palewski, G., Au Congrès de Vienne. Neuf lettres inédites de Talleyrand à son amie la duchesse Anne-Dorothée de Courlande. In: La Nouvelle revue de Deux Mondes (Paris) (1976), Nr. 9, S. 556-566.

Palewski, G. (Hg.), Le miroir de Talleyrand. Lettres inédites à la duchesse de Courlande pendant le Congrès de Vienne. Paris 1976.

2. Sekundärliteratur

Bernardy, F. de, Flahaut, 1785 - 1870, fils de Talleyrand, père de Morny. Paris 1974.

Bossu, J., Talleyrand et la franc-maçonnerie. In: Travaux de Villard de Honnecourt (Paris) (1975), S. 170.

Carrère, C., Talleyrand amoureux. Paris 1975.

Clarac, P., Talleyrand à l'Institut. (= Académie des Sciences morales et politiques, séance publique annuelle, 4 décembre 1972). Paris 1972.

Cultiaux, D., Talleyrand diplomate. In: Marseille, Revue municipale (1977), Nr. 107, S. 18 - 21.

Greenbaum, L. S., Talleyrand, Statesman, Priest. The Agent-general of the Clergy and the Church of France at the End of the Old Regime. Washington 1970.

Greenbaum, L. S., Talleyrand and Vergennes, the Debut of a Diplomat. In: The Catholic Historical Review (Washington) 56 (1970), Nr. 3, S. 543-550.

Literaturangaben bringen auch die genannten Werke von Makanowitzky, Orieux (»The Art ...«), Palewski (»Le miroir ...«) und Peter. Die Neuerscheinungen – auch Zeitschriftenliteratur – verzeichnet fortlaufend die – Bibliographie annuelle de l'histoire de France du cinquième siècle à 1958. Bd. 1 (für 1953/54) ff. Paris 1964 ff. Die Bände 1970 – 1977 wurden hier berücksichtigt.

Hamon, J., Une fille insoupçonnée de Talleyrand. In: Bulletin de la Commission historique et archéologique de la Mayenne (Laval) (1974), Nr. 37 (245), S. 75-88.

Jacquinot, J., En Berry: sur les pas de Monsieur de Talleyrand et de George Sand. In: Les Amis de Saint-François (Paris) 11 (1970), Nr. 1, S. 23f.

Krok, J. E., Talleyrand and the Foreign Policy Thought of Alexander I. The Nature of Talleyrand's Influence, 1807-15. Diss. Ann Arbor, Mich. 1976.

Makanowitzky, B. N., Napoleon and Talleyrand. The Last Two Weeks. New York 1976.

Noël, L., Enigmatique Talleyrand. Paris 1975.

Orieux, J., The Art of Survival. New York 1974.

Orieux, J., Talleyrand. L'art d'aimer les livres et de s'en servir. In: Bulletin de la librairie ancienne et moderne (Paris) 50 (1970), Nr. 130, S. 203-205.

Orieux, J., Talleyrand, die unverstandene Sphinx. Frankfurt ³1972 (franz. Originalausg. u. d. T. Talleyrand ou le sphinx incompris. S. o. Teil III).

Peter, H. W., Charles Maurice de Talleyrand. (= Rowohlts Monographien. 273). Reinbek 1979.

Poniatowski, M., Talleyrand aux Etats-Unis, 1794-1796. Paris 1976 (Erstaufl. 1967. S. o. Teil III).

Schumann, M., Sagesse de Talleyrand. In: Annales du Centre universitaire méditerranéen (Nice) 24 (1971), S. 129-146.

Schumann, M., Talleyrand, prophète de l'Entente cordiale. In: La Nouvelle revue des Deux Mondes (Paris) (1976), Nr. 12, S. 541-556.

Sémon, G., Essai de psychologie de Charles-Maurice de Talleyrand-Périgord et plaidoyer en sa faveur. In: Annales de la Société des lettres, sciences et arts des Alpes-Maritimes (Nice) 61 (1969/70), S. 7-24.

Stinchcombe, W., A Neglected Memoir by Talleyrand on French-American Relations, 1793-1797. In: Proceedings of the American Philosophical Society (Philadelphia) 121 (1977), Nr. 3, S. 195-208.

Vignoli, J., Conversation avec Talleyrand. Paris 1976.

Viguié, P., Le mariage de Talleyrand. In: La Revue de Paris 77 (1970), Nr. 3, S. 115-121.

Villedieu, P., Le tombeau de Talleyrand à Balençay. In: Bulletin de la Société d'art et d'archéologie de la Sologne (Romarantin-Lanthenay) (1973), Nr. 2.

Register